Knötel · Sieg

Farbiges Handbuch der Uniformkunde

BAND 1

Die Entwicklung der militärischen Tracht der deutschen Staaten, Österreich-Ungarns und der Schweiz bis 1937

BAND 2

Die Entwicklung der militärischen Tracht der europäischen und außereuropäischen Staaten bis 1937

(mit Ausnahme der in Band 1 behandelten Streitkräfte)

Mit 1400 farbigen Uniformdarstellungen nach Zeichnungen von Prof. Richard Knötel und Herbert Knötel d. J. und 200 Detailzeichnungen von Hermann Selzer

Herbig

Diese überarbeitete Neuauflage enthält die Kapitel über die deutschen Staaten, Österreich-Ungarn und die Schweiz der zweiten Auflage des »Handbuch der Uniformkunde«, erschienen 1937 beim Verlag Diepenbroick, Grüter & Schulz in Hamburg.

Die Farbreproduktionen sind nach einem handkolorierten Exemplar dieses Handbuchs reproduziert.

Sonderausgabe für die F. A. Herbig Verlagsbuchhandlung GmbH, München, © by W. Speemann Verlag, Stuttgart

© 2000 by F. A. Herbig Verlagsbuchhandlung GmbH, München, für vorliegende Sonderausgabe
Alle Rechte vorbehalten
Schutzumschlaggestaltung: Wolfgang Heinzel
Satz: EDV-Fotosatz Huber/Verlagsservice Pfeifer, Germering; gesetzt in der Times
Druck und Binden: Graficas Estella, Spanien
Printed in Spain 2000
ISBN 3-7766-2144-3

BAND 1

Die Entwicklung der militärischen Tracht
der deutschen Staaten, Österreich-Ungarns und der
Schweiz bis 1937

Begründet von Prof. Richard Knötel,
grundlegend überarbeitet und bis zum Stand von 1937
fortgeführt von Herbert Knötel d. J. und Herbert Sieg

Dem Stand der Forschung angepaßt und ergänzt
von Ingo Prömper

Mit 600 farbigen Uniformdarstellungen nach Zeichnungen
von Prof. Richard Knötel und Herbert Knötel d. J. und
200 Detailzeichnungen von Hermann Selzer

Inhalt

Vorwort.. 7

Einführung 9

*Die Ausrüstung zur Zeit des
Dreißigjährigen Krieges* 9
Allgemeine Erkennungsabzeichen
damals und später 9
Übersicht über die gemeinsamen Grundzüge
der Uniformierung 10

Die Landheere 12

Deutschland 12

Brandenburg-Preußen 12
I. Infanterie 12
II. Jäger, Schützen und
Maschinengewehr-Abteilungen 24
III. Kürassiere 26
IV. Dragoner 29
V. Husaren 32
VI. Ulanen 36
VII. Jäger-Regimenter zu Pferde 39
VIII. Artillerie, Pioniere, Verkehrs-Truppen, Train .. 40
IX. Landwehr und Landsturm 42
X. Freikorps und National-Kavallerie-Regimenter ... 43
XI. Generalität, Rangabzeichen u.a. 44

Das Deutsche Reich 45

Bayern 49
I. Infanterie 49
II. Jäger und leichte Infanterie 53
III. Kürassiere, Schwere Reiter 53
IV. Dragoner und Chevaulegers 55
V. Husaren und Ulanen 56
VI. Artillerie, Pioniere, Train 57
VII. Hofgarden, Generalität, Rangabzeichen 58

Sachsen 61
I. Infanterie 61
II. Leichte Infanterie (Jäger, Schützen) 64
III. Reiter. Kürassiere 64

IV. Dragoner, Chevaulegers, Ulanen und Husaren .. 66
V. Artillerie, Pioniere, Train 67
VI. Generalität. Rangabzeichen 68

Württemberg 70
I. Infanterie 70
II. Jäger und leichte Infanterie 72
III. Leibgarde zu Pferd und
reitendes Feldjägerkorps 73
IV. Reiter, Kürassiere, Grenadiere zu Pferd 73
V. Dragoner, Chevaulegers, Jäger zu Pferd 74
VI. Husaren und Ulanen 75
VII. Artillerie, Pioniere, Train 75
VIII. Generalität 77

Baden 79

Hessen-Darmstadt 81

*Mecklenburg-Schwerin und
Mecklenburg-Strelitz* 84
Schwerin 84
Mecklenburg-Strelitz 86

Oldenburg 86

Hansestädte 88

Braunschweig 89

Waldeck 91

Lippe-Detmold 91

Schaumburg-Lippe 92

Anhalt 93

Sachsen-Weimar 94

Sachsen-Koburg, Sachsen-Koburg-Gotha seit 1826 95

Sachsen-Meiningen-Hildburghausen 96

*Sachsen-Gotha-Altenburg,
Sachsen-Altenburg seit 1826* 97

Reuß	98
Schwarzburg	98
Schwarzburg-Rudolstadt – Schwarzburg-Sondershausen	98

Ehemals souveräne Staaten ... 100

Hannover ... 100
I. Infanterie ... 100
II. Leichte Infanterie, Jäger ... 102
III. Reiterei ... 102
IV. Artillerie, Geniekorps ... 104

Hessen-Kassel ... 104
I. Infanterie ... 104
II. Jäger und Schützen ... 105
III. Reiterei ... 106
IV. Artillerie, Pioniere und Train ... 107

Nassau ... 107

Frankfurt am Main ... 108

Hessen-Homburg ... 109

Hohenzollern-Hechingen – Hohenzollern-Sigmaringen ... 109

Schleswig-Holstein ... 110

Würzburg ... 110

Königreich Westphalen ... 111

Großherzogtum Cleve-Berg ... 112

Österreich ... 113

Österreich-Ungarn ... 113
I. Garden ... 113
II. Infanterie ... 115
III. National-Grenz-Infanterie, Freitruppen, Landwehr- und Honved-Infanterie, Bosnisch-Herzegowinische Infanterie ... 120
IV. Jäger und Schützen ... 122
V. Kürassiere ... 122
VI. Dragoner und Chevaulegers ... 123
VII. Husaren ... 125
VIII. Ulanen ... 129
IX. Artillerie. Genietruppen. Train – Generalität usw. – Rangabzeichen ... 130

Freistaat Österreich ... 134

Schweiz ... 136

I. Infanterie ... 136
II. Kavallerie, Artillerie, Train ... 136

III. Heereseinheitskommandanten, Generalstab – Rangabzeichen ... 137
IV. Die feldgraue Uniform, ihre Waffen- und Rangabzeichen ... 138

Die Kriegsmarinen ... 140

Deutschland ... 141

Ärmelrangtressen der Seeoffiziere nach dem Stand von 1914 bzw. 1934 ... 145
Schutztruppen ... 146

Österreich-Ungarn ... 147

Die Luftwaffe ... 148

Deutschland ... 148

Die deutsche Luftwaffe ... 148

Österreich ... 151

Schweiz ... 151

Details der Uniformierung und ihre Bezeichnung ... 152

Quellenangaben ... 157

Vorwort

Professor Richard Knötel schrieb im Vorwort zu der 1896 erschienenen Ausgabe des »Handbuch der Uniformkunde«:

»Nicht nur in der deutschen, sondern überhaupt in der gesamten Weltliteratur gibt es kein Werk, daß die Geschichte der Uniformen aller europäischen Heere verfolgt, so ausgezeichnete Spezialschriften über einzelne Armeen und Perioden auch vorhanden sind.«

Hieran hat sich seitdem nichts geändert.

1937 erschien die 2. Auflage des Handbuches, grundlegend überarbeitet, fortgeführt und erweitert von Herbert Knötel und Herbert Sieg. Bis heute ist das Handbuch bereits in der 10. Auflage als Nachdruck der Ausgabe von 1937 erschienen. Hiermit ist dokumentiert, daß das Interesse am Studium der Uniformkunde nach wie vor lebendig ist. Der Wunsch nach einer farbigen Ausgabe mußte aus Kostengründen immer zurückgestellt werden. Diesem Wunsche Rechnung tragend, hat sich nunmehr der Verlag entschlossen, zumindest für einen Teilbereich, Deutschland, Österreich-Ungarn und die Schweiz, eine farbige Ausgabe herauszugeben. Das gewählte größere Format kommt dem Text und den Abbildungen zugute. Diese Ausgabe wurde gleichzeitig auf den neuesten Stand der Forschungen gebracht, ergänzt um die Entwicklung der Offiziers-Rangabzeichen der größten deutschen Staaten und die Darstellung von Uniformierungsdetails und ihrer Bezeichnung. Die Quellenangaben aus der 1. Auflage, fortgeführt bis auf den heutigen Stand, sollen den Interessenten die Möglichkeit geben, die Spezialwerke einzusehen.

Der Stand von 1937 wurde beibehalten, eine Fortführung bis in die jüngste Zeit wurde nicht angestrebt, dies würde eine jahrelange Arbeit voraussetzen, die notwendigen Unterlagen zusammenzutragen.

Das muß einer späteren Auflage vorbehalten bleiben.

Einführung

Die Ausrüstung zur Zeit des Dreißigjährigen Krieges

Allgemeine Erkennungsabzeichen damals und später

Schon im Mittelalter lassen sich vielfach Versuche einer gewissen Uniformierung nachweisen. So erscheinen häufig die Gefolgschaften der Fürsten oder einzelner Ritter in deren Wappenfarben gekleidet, ebenso oftmals die Stadtknechte in den Farben der Stadt. Von diesen vereinzelten Bestrebungen müssen wir hier absehen, da die Uniformierung im heutigen Sinne erst nach der Errichtung der stehenden Heere auftritt. Im allgemeinen kann man annehmen, daß erst vom Zeitalter Ludwigs XIV. an von einer allgemeinen Uniformierung gesprochen werden darf.

Während des Dreißigjährigen Krieges trug jeder Mann die Kleidung, die er eben mitbrachte. Bei der Reiterei war, hauptsächlich aus praktischen Gründen, das Lederwams beliebt. Doch herrschte hinsichtlich der Bewaffnung eine gewisse Uniformität. Der Pickenier (Abb. 1, b) trug eiserne Schutzrüstung, und zwar Sturmhaube, Brust- und Rückenpanzer, Halsberge und Vorderschurz. Die Bewaffnung bestand aus der langen Lanze (Picke) und dem Stoßdegen. Der Rondarschier führte dieselbe Schutzrüstung, dazu Rundschild (rondache) und Schwert. Diese Truppengattung kam schon im Anfange des Krieges außer Gebrauch. Der Musketier (Abb. 1, a) hatte als Kopfbedeckung meist den breitkrempigen Hut, hin und wieder auch eine Sturmhaube. Die Ausrüstung bestand aus dem Luntengewehr, welches später durch die Radschloßbüchse verdrängt wurde. Dazu gehörte die Gabel zum Auflegen des Gewehrs und das Bandelier mit den in lederüberzogenen Holzkapseln befindlichen Ladungen sowie Pulverflasche und Lederbeutel. Als blanke Waffe ein Degen. Der Kürassier führte anfänglich den vollständigen Plattenharnisch mit Visierhelm; die Unterschenkel waren statt der Rüstung durch die Schäfte der Stiefel gedeckt (Abb. 1, d). Später fiel auch nach und nach das Unterarmzeug weg; häufig war nur die linke Hand mit dem gefingerten Eisenhandschuh bedeckt, während die rechte mit einem ledernen Stulphandschuh bekleidet war. Die rechte Hand war ja durch den Degenkorb hinlänglich geschützt, und beim Gebrauch der Pistole waren die Eisenglieder nur hinderlich, wenn es galt, den Finger aus dem Abzugsbügel herauszubringen. Der Visierhelm wich später oft anderen Helmformen. Sehr verbreitet war der irrtümlich so genannte Pappenheimerhelm. Er bestand aus einer Glocke mit abstehendem Schirm, Ohrenklappen, großem, geschientem Nackenschirm und verstellbarem Nasenschutz (Abb. 1, c). An dem deutschen Sattel trug der Kürassier rechts und links in den Holftern je eine Pistole. Der lange Degen war mit einem reich geschlungenen Korbe versehen.

Der Lanzier – eine Truppe, die schon im Anfange des Krieges verschwand – war wie der Kürassier ausgerüstet. Dazu noch eine meist wimpellose lange Lanze (Abb. 1, e). Der Karabinier, Arkebusier oder Bandellierreuter trug meist eine leichte Schutzrüstung ohne Armzeug, als Kopfbedeckung eine Eisenhaube. An einem Bandelier über die linke Schulter hing das Feuergewehr mit Zubehör (Pulverflasche usw. [Abb. 1, f]). Die übrige Ausrüstung bestand aus einem Degen und einem rechts in dem Holfter getragenen Pistol. Die Dragonerwaffe, damals ihrer ursprünglichen Bestimmung gemäß berittene Infanterie, schied sich in Dragoner-Musketiere und Pickeniere; die Ausrüstung glich der entsprechenden der Infanterie-Truppenteile. – Charakteristisch ist der Umstand, daß der Dragoner weder Pistolen noch Sporen hatte. Der Dragoner-Musketier trug das Gewehr beim Reiten über die Schulter gehängt (Abb. 1, h). Die Trompeter der Reiterei hatten keine Schutzrüstung. Die damals gebräuchlichen, nach hinten herabhängenden offenen Überärmel blieben bis ins 19. Jahrhundert herein unter der Bezeichnung »Flügel« Trompeterabzeichen (Abb. 1, g). Im Verlaufe des Dreißigjährigen Krieges fanden manche Änderungen in der Ausrüstung statt. Den schwedischen Musketieren z. B. gab Gustav Adolf ein leichteres Gewehr und konnte aus diesem Grunde die unbehilfliche Gewehrgabel abschaffen. Statt des Bandeliers mit den Ladungen führte er eine Art Patrontasche ein.

Wenn in diesem Zeitabschnitt von einem blauen oder gelben Regiment die Rede ist, so bezieht sich diese Bezeichnung mitunter auf Bekleidungsteile, wie Hosen und Strümpfe usw., häufiger aber auf die Farbe der Fahnen. Allerdings kommt auch die Bezeichnung »Gelbröcke«, »Rotröcke« usw. vor, die ja eindeutig ist.

In den Freischaren der kaiserlichen Heere erblicken wir die Urbilder der späteren kaiserlichen Nationalgrenztruppen und der in der Folge allenthalben errichteten Husaren. Auch Kosaken betreten in dieser Periode den Kriegsschauplatz.

Das Wams, bisher Hauptbekleidungsstück, wird zu Ausgang des Dreißigjährigen Krieges mehr und mehr in den Hintergrund gedrängt und lebt im 18. und Anfang des 19. Jahrhunderts zuerst als ledernes, später als tuchenes Kamisol fort. Dafür erhält der Rock (Caputrock), der bisher nur als Mantel diente, immer mehr Bedeutung. Während am Wams farbige Abzeichen verhältnismäßig selten vorkommen, so daß die Regimentsbezeichnung durch verschiedenfarbige Hosen und Strümpfe erreicht werden mußte, ergab der tuchene Rock durch ein andersfarbiges Futter, das durch Umschlagen an den Ärmeln, am Schoß und auf der Brust sichtbar wurde, die Grundelemente unseres Uniformenbegriffes, nämlich das »zweierlei Tuch«. Weitere Unterscheidungsmöglichkeiten brachte das farbige Ausnähen der Knopflöcher und ihre Einfassung mit farbigem Band (Ursprung der Litzen!).

Chargenabzeichen im heutigen Sinne gab es nicht. Die Offiziere waren durch ihre vornehmere Tracht ausgezeichnet. Beim Fußvolk und den Dragonern führten sie Partisanen, die Vorläufer des später gebräuchlichen Spontons. Es scheint auch, daß die als Erkennungsabzeichen zwischen Freund und Feind getragenen Feldbinden nur von den Offizieren (und bei der Reiterei etwa von den Leibkompanien der Regimenter) angelegt wurden. Bei den Kaiserlichen und Spaniern war die Farbe der Binden seit Karl V. vorwiegend hochrot, bei den deutschen Protestanten im Schmalkaldischen und im Dreißigjährigen Kriege gelb, bei den Niederländern orange, ebenso bei den Parlamentstruppen Englands im Bürgerkriege, während die Anhänger der Stuarts blaue oder weiße Abzeichen hatten; bei den französischen Königen ursprünglich blau, seit Heinrich IV. weiß. In Schweden wurde unter Erik XIV. das gelbe Feldzeichen eingeführt »nach dem Kreuz, das unser Wappen teilt und das gelb ist«. Unter Gustav Adolf waren die schwedischen Feldzeichen bereits blau. Solche Erkennungszeichen, die in Zeiten, in welchen noch keine Uniform getragen wurde, nötig waren, erwiesen sich auch später bei der großen Buntscheckigkeit der Uniformen als notwendig. In der Schlacht bei Warschau 1656 trugen die Brandenburger und die Schweden Strohwische an den Hüten. In der Schlacht bei Wien 1683 wanden die Polen, deren Ausrüstung der türkischen sehr ähnelte, Strohseile um den Leib. – Die Preußen (wenigstens vom zweiten und dritten Bataillon des Königsregiments ist dies bezeugt) trugen 1715 vor Stralsund zwei rote Herzen an der Kopfbedeckung, wahrscheinlich um das Bündnis mit Sachsen anzudeuten. Die württembergischen Grenadiere, die fast gleiche Uniform wie die preußischen unter Friedrich dem Großen hatten, bedeckten ihre blanken Grenadiermützen im Siebenjährigen Krieg mit einem weißen Überzug. Friedrich der Große gab 1762 der gesamten preußischen Reiterei weiße Federbüsche, damit sie leichter von der ähnlich uniformierten feindlichen Kavallerie unterschieden werden konnte. Bei der großen Mannigfaltigkeit der Uniformen im Heere der Verbündeten 1813 galt eine weiße Binde um den linken Oberarm als gemeinsames Abzeichen. In der Schweiz waren die Uniformen je nach den Kantonen sehr verschieden. Daher wurde bei Truppenzusammenziehungen die rote Binde mit dem weißen Eidgenossenkreuz angelegt. 1864 legten die Preußen und Österreicher wieder eine weiße Binde an, ebenso 1866 die preußische Mainarmee und die ihr zugeteilten Kontingente. Die süddeutschen Truppen, deren Uniformen den preußischen z.T. sehr ähnlich waren, führten am linken Oberarm eine schwarz-rot-gelbe Binde.

Nach dem 1. Weltkrieg finden wir sehr häufig Abzeichen, die bei gleicher Uniform die Zugehörigkeit zu einer bestimmten Partei anzeigen. So z.B. die weiß-blau-roten Ärmelwinkel der weißrussischen Armeen. Ferner seien als Beispiel die verschiedenen Armbinden im spanischen Bürgerkrieg 1936/37 erwähnt.

Zu den allgemeinen Erkennungszeichen müssen wir auch die Kokarde rechnen. Als internationales Neutralitätsabzeichen gilt die weiße Binde mit dem roten Kreuze, von der Genfer Konferenz im Jahre 1863 vorgeschlagen und bald darauf allgemein eingeführt.

Übersicht über die gemeinsamen Grundzüge der Uniformierung

Die Uniform weist innerhalb bestimmter Zeitabschnitte in allen Ländern gemeinsame Grundzüge auf:

1. *Etwa 1600 bis 1670.* Hauptbekleidungsstück ist das Wams, das bei der Reiterei langschößiger getragen wird. Als Kopfbedeckung dient neben der Sturmhaube der Hut. Haartracht: langes Haar, häufig Spitzbart.

2. *Etwa 1670 bis etwa 1710.* Der dem Schnitt nach dem Bürgerkleid gleichende langschössige Rock wird Hauptbekleidungsstück mit dem breitrandigen Filzhut. Die Kavallerie ist noch weitgehend mit Resten des Panzers der Ritterzeit ausgerüstet. Bei den Offizieren Allonge-Perücken, der Bart wird kleiner.

3. *Etwa 1710 bis etwa 1805.* Die Uniform löst sich endgültig vom Bürgerkleid. Der Rock wird mit der Zeit zweireihig und auf der Brust aufgeschlagen (Rabatten). Die ebenfalls umgeschlagenen Schöße werden schmaler, der Rock erhält einen zunächst kleinen, dann immer größer werdenden Kragen. Die umgeschlagenen Aufschläge werden kleiner, die Ärmel enger. Der Filzhut wird nunmehr dreiseitig aufgeschlagen und mit Tressen verziert. Zopffrisur, der Bart verschwindet.

4. *Etwa 1805 bis 1850.* Ein- oder zweireihiger Frack mit langen oder kurzen Schößen (Collett). Anstelle des Hutes tritt der Tschako, bei den berittenen Truppen auch der mit Kamm und Raupe versehene Lederhelm. Der Zopf ist abgelegt.

5. *1850 bis 1914.* Ein- oder zweireihiger mittellanger Waffenrock, Pickelhaube, in den romanischen Ländern ein stets niedriger werdender Tschako. Haar- und Barttracht sind allgemein freigestellt.

6. *1914 bis zur Gegenwart.* Die seit Beginn des 20. Jahrhunderts in fast allen Staaten in Einführung begriffene schutzfarbene Felduniform nach wechselndem Schnitt findet im Weltkrieg 1914/1918 ihre endgültige Erprobung. Einführung des Stahlhelms. Nach Beendigung des 1. Weltkrieges

Abb. 1. Bewaffnung und Ausrüstung zur Zeit des Dreißigjährigen Krieges
a Musketier – b Pickenier – c, d Kürassiere – e Lanzier – f Karabinier – g Trompeter – h Dragoner

hat der Feldrock nach angelsächsischem Muster mit aufgesetzten Brust- und Seitentaschen seine internationale Form gefunden. Die Farben gehen von erdbraun über khaki bis grüngrau. Stahlhelm und bootsförmige Feldmütze für den Dienst, die Schirmmütze für außer Dienst sind die vorherrschenden Kopfbedeckungen. Für Ausgangs- und Gesellschaftszwecke wird fast überall eine farbige oder besonders ausgestattete Uniform eingeführt.
Die Entwicklung der Standes- und Rangabzeichen verläuft etwa parallel:

17. Jahrhundert. Offiziersstandesabzeichen sind Schärpe und reichere Ausschmückung der Uniform. Ihre Art und Gestaltung bleibt dem einzelnen überlassen.

18. Jahrhundert. Die Standesabzeichen (Ringkragen, Schärpe, Portepee und Stickerei) finden ihre feste für das Gesamtoffizierkorps geltende Regelung.

19. Jahrhundert. Zu den Standesabzeichen tritt die Rangbezeichnung, französischem, schon im letzten Drittel des 18. Jahrhunderts einsetzenden Vorbild folgend. Die nationenweise verschiedenen Rangabzeichen (Tressen, Epauletts, Achselstücke usw.) setzen sich in allen Ländern betont sichtbar durch.

20. Jahrhundert. Der 1. Weltkrieg bringt eine starke Einschränkung der Sichtbarkeit der Rangabzeichen. Nach dem 1. Weltkrieg treten die Offiziersstandesabzeichen alter und auch neuer Form wieder mehr hervor.

Die Landheere

Deutschland

Brandenburg-Preußen
(Kokarde bis zur Reorganisation von 1808 schwarz, seitdem schwarz mit weißem Ring.)

I. Infanterie

Eine der ersten Nachrichten von einer Uniformierung stammt von der Regierungszeit des Kurfürsten Georg Wilhelm, und zwar aus dem Jahre 1632. Als die Leibgarde (1000 Mann Fußvolk und 150 Reiter) aus Preußen, wohin sie den Kurfürsten zur polnischen Königswahl begleitet hatte, nach der Mark zurückkam, war die Truppe durchgängig dunkelblau eingekleidet. Daß wir uns von der Uniformität keinen allzu hohen Begriff machen dürfen, beweist ein Musterungsbericht vom Jahre 1683 (also über fünfzig Jahre später!), in welchem von der Montur der Leibgarde des Großen Kurfürsten gesagt wird: »Sie ist erst vor fünf Vierteljahren ausgeteilt, durchgehends aber gar schlecht und ungleich, maßen Einige blautuchene, Andere lederne Hosen, ein Teil licht-, ein Teil dunkelblaue Röcke haben.« Im allgemeinen wird man annehmen können, daß erst 1670 der Gebrauch der Uniform im größeren Maßstabe auftrat. Im Jahre 1685 erließ der Kurfürst den Befehl, »einem jedweden Regimente eine gewisse Couleur von Fähnleins und Kleidern zu geben«, wobei die Regimenter ihre augenblicklichen Farben zu melden hatten. Im übrigen waren die Freiheiten der Chefs bezüglich der Bekleidung so gut wie unbeschränkt. Als Grundfarbe der Röcke herrschte bei der Infanterie dunkelblau vor; daneben erscheinen aber auch rot und grau gekleidete Regimenter. Der Infanterist trug einen Filzhut nach damaliger Mode, Halstuch, weiten Rock, langes Kamisol, Strümpfe bis über das Kniegelenk reichend, Kniegürtel und Schnallenschuhe. An dem breiten Bandelier waren die Patrontasche und das Pulverhorn befestigt. Als Waffen dienten Gewehr und Degen. Das erste Glied führte Schweinsfedern (kurze Spieße), Abb. 2, b. Offiziere und Unteroffiziere trugen häufig die Uniform in abweichenden Farben. Gelegentlich wurde den Offizieren befohlen, Brustpanzer zu tragen; im allgemeinen war letzterer aber bereits außer Gebrauch. Wenn unzählige Offizierporträts, sogar aus viel späterer Zeit, einen Harnisch zeigen, so ist derselbe als ritterliches Symbol zu betrachten, nicht aber als Ausrüstungsstück. Charakteristisch sind die Wandlungen des Taillensitzes (Degenkoppel, Schärpe). 1672 saß die Taille ziemlich hoch, 1675 normal (wie heute), 1680 bis etwa 1686 ist sie tief herabgegangen, 1688 bis 1695 wieder normal, dann aber tief unter dem Nabel. Und so bleibt der Taillensitz bis ziemlich zu Ende des 18. Jahrhunderts. Die Offiziersschärpe und das Portepee waren immer in den hohenzollernschen Farben schwarzweiß oder schwarzsilber, also nicht die kurbrandenburgischen Farben, rot und silber.

Hier einige Einzelheiten der Uniformierung: Unter dem Großen Kurfürsten war die Leibgarde zu Fuß in blaue Röcke mit weißen Aufschlägen gekleidet. Die Offiziere hatten wahrscheinlich rote Röcke. Das Regiment Kurfürstin Dorothee trug nach einem ausführlichen Musterungsbericht von 1681 rote Leibröcke, weiß gefüttert, die Aufschläge kompanieweise verschieden staffiert, rote, weißgefütterte Mäntel, rote Strümpfe, lederne Kniegürtel, weiße Halstücher mit rotem Bande gebunden, schwarze Hüte mit rotweißer Bandeinfassung, weiße Patrontaschen mit rotem Adler und Chiffre D C Z B (Dorothea Churfürstin zu Brandenburg), rotgestrichene Schweinsfedern mit roten und weißen Fransen, die Unteroffiziere elendslederne Koller mit blauen, tressenbesetzten Aufschlägen, Lederhosen, blaue Strümpfe und Mäntel, weiße oder graue Hüte mit Silberborten. Die Subalternoffiziere waren karmesinrot, die Hauptleute violett gekleidet, Spielleute blau mit rotweißem Schnurbesatz und roten Hosen. 1686 hatte das Regiment rote Montur mit grünen Abzeichen. Das Regiment Anhalt 1688: Gemeine blaue Röcke mit rotem Futter und Aufschlägen, Unteroffiziere rote Röcke mit Silber und Elendkoller, die Regimenter Kurland und Dohna blaue Röcke und Mäntel mit blauem Futter. Kurprinz und Dönhoff blau mit weiß. Varenne blau mit gelb.

Unter Kurfürst Friedrich III. (König Friedrich I.) blieb der allgemeine Typus zunächst wie in der vorhergehenden Periode. Die elendsledernen Kamisöler kamen ab und wurden durch solche von Tuch ersetzt. Die Ringkragen der Offiziere, die auch schon in dem früheren Zeitraume getragen wurden, waren mit dem Wappen des Regimentschefs geschmückt. Dieses Wappen war auch häufig auf den Trommeln aufgemalt. Während der gemeine Mann das lange Haar frei herabwallend trug, war den Offizieren die vorneh-

Abb. 2. Preußen. Musketiere bis 1806
a Musketier-Unteroffizier – b, d, e, f, h, i Musketiere – c Musketier-Trommler – g Offizier

mere, moderne Haartracht gestattet, die sich namentlich bei den höheren Befehlshabern als enorme Wolkenperücke auftürmte. Die Picken waren noch vor Ausgang des 17. Jahrhunderts ganz abgeschafft. Die Grenadiere erhielten eine spitze Mütze. An dem Granattaschenbandelier war ein messingener Luntenberger angebracht. Bajonett zum Einstecken in den Lauf, für gewöhnlich neben dem Degen am Koppel getragen. 1691 wird vom Kurfürsten verordnet, daß alle Bataillone blau gekleidet seien, die von der Garde mit weißen Abzeichen, die übrigen mit roten. Seit dieser Zeit erscheint die gesamte Infanterie (das heißt zunächst die Mannschaften) in Blau.
Einzelheiten der Uniformierung: Leibgarde zu Fuß 1705. Gemeine: blauer Rock mit weißem Futter und Umschlägen, Lederhosen, weiße Strümpfe und Knöpfe; Unteroffiziere: roter Überrock mit blauem Futter und Umschlägen, Goldbesatz, weiße Strümpfe; Offiziere: roter Rock und Kamisol, Goldbesätze, rote Hosen, schwarze Strümpfe, Hut mit Goldborten und weißer Plumage. Silberner Ringkragen mit Adlerschild. In diesem Jahr erhielt die Truppe die Bezeichnung »Füsiliergarde« (auch weiße Garde genannt). Die Abbildung (3,b) der Grenadiere zeigt eine eigenartig ausgezackte Grenadiermütze in blau mit weißen, gelb eingefaßten Verzierungen. Die Spielleute trugen die Montur reich mit weiß und roten Schnüren besetzt; die 1698 abgezweigte rote Grenadiergarde hatte blaue Uniformen mit roten Umschlägen und karmesinroten Grenadiermützen. Die meisten Regimenter scheinen blaue Montur mit roten Umschlägen getragen zu haben; daneben kommen aber auch andere Abzeichen vor, z.B. orange beim Regiment Markgraf Philipp. Der Grenadier vom Regiment Anhalt (Abb. 3, a) trägt einen blauen Rock mit ebensolchen Ärmelaufschlägen und roten Umschlägen, Weste blau mit roten Knopflöchern, rote Strümpfe, weiße buntverzierte Grenadiermütze mit blauem Beutel, gelbe Knöpfe, Granattasche schwarz mit weißen Beschlägen. Das Halstuch ist rot. Im ersten Jahrzehnt des 18. Jahrhunderts fängt der ganze Schnitt an, sich etwas moderner zu gestalten (Abb. 2, d).
Von einschneidender Bedeutung wurde die Regierungszeit Friedrich Wilhelms I. Besonders charakteristisch wurde nunmehr der knappe Schnitt der Uniformen und der Zopf. Das Haar wurde zur Parade gepudert. Die gesamte Infanterie trug rote Halsbinden mit weißem Vorstoß, Offiziere weiße; die Grundfarbe des Rockes blieb die blaue, die wir daher in der Folge bei der Infanterie nicht besonders zu erwähnen brauchen. Der Rock war vielfach, aber durchaus nicht bei allen Regimentern, vorn mit Rabatten geschmückt, die bei kaltem Wetter übergeknöpft werden konnten. Als fernere Regimentsabzeichen dienten ausgenähte oder mit Litzen besetzte Knopflöcher; die Schöße waren durchgängig rot und wurden umgeschlagen getragen. Die Unterkleider (Weste und Hosen) waren entweder rot, gelb oder weiß in verschiedenen Schattierungen. 1713 wurden die roten Strümpfe durch weiße ersetzt, um schließlich ganz zu verschwin-

13

Abb. 3. Preußen. Grenadiere bis 1806
a, b, c, d, e, f, g Grenadiere – h Grenadier-Offizier

den; dafür wurden weiße Gamaschen (sog. Stiefeletten) getragen, unter dem Knie durch Kniegürtel gehalten. Der Hut, dreiseitig aufgeklappt, war die charakteristische Kopfbedeckung der Musketiere sowie sämtlicher Offiziere (auch derjenigen der Grenadiere). Bei den Offizieren war der Hut mit Goldtressen eingefaßt, bei den Mannschaften mit weißer Borte. An beiden Seiten Quasten. Vorn über dem linken Auge war eine Puschel angebracht (Abb. 2, e). Die Grenadiere waren durch eine tuchbezogene spitze Grenadiermütze ausgezeichnet, deren Vorderseite einen durchbrochenen Metallbeschlag zeigte (Abb. 3, d). Die Farben der Grenadiermütze waren regimenterweise verschieden. Ferner trugen die Grenadiere zum Unterschied von den Musketieren in den Ecken der großen Patrontaschen (hier Granattaschen genannt) vier messingene Granaten, vorn am Bandelier den Luntenberger und am Koppel um den Leib eine kleine Kartusche (Abb. 3, d). Die Degen waren bei den Mannschaften durch Säbel ersetzt. Der Offizier trug als Dienstzeichen Portepee, Ringkragen und Schärpe, als Waffen Degen und Sponton. Die Unteroffiziere hatten die Seitengewehre der Mannschaften und führten sogenannte Kurzgewehre, d.h. einen Spieß, welcher bedeutend länger war als das Sponton. Der Name »Kurzgewehr« stammt aus der Zeit, als die langen Picken getragen wurden. Die Unteroffiziere trugen zu dieser Zeit eine etwas kürzere Schaftwaffe.

Eigenartig war das erste Bataillon des Königregiments gekleidet (Abb. 3, c). In dieses Bataillon wurden die größten Leute eingestellt, deren der König habhaft werden konnte, daher die volkstümliche Bezeichnung »Riesengarde«. Vorderseite der Mützen, Kragen, Rabatten, Aufschläge, Weste und Hose waren rot, die Knöpfe gelb, das Lederzeug, wie in der ganzen Armee, von Fahlleder.

Die Regimenter von Nr. 29* ab erhielten nicht Hüte, sondern wachstuchene Füsiliermützen mit gelben Beschlägen. Diese Mützen unterschieden sich von denjenigen der Grenadiere dadurch, daß das Kopfteil hinten etwas von der Spitze abstand und mit einer Glocke, welche eine Flamme trug, verziert war; auch fehlte die Puschel auf der Spitze (Abb. 4, a).

Unter Friedrich dem Großen blieb in den ersten Regierungsjahren der Typus im allgemeinen derselbe. Die Grenadiermütze erhielt statt der durchbrochenen Schilder solche gänzlich aus Metall. Die Abzeichen der Regimenter wurden vielfach geändert. Für die Regimenter, welche der König

---

* *Eigentlich wurden die Regimenter damals nicht durch Nummern unterschieden, sondern führten den Namen der Chefs. Da sich nun diese Bezeichnungen häufig änderten, ist es üblich geworden, die Regimenter kurz mit der Stammnummer (von 1806) anzuführen.*

Abb. 4. Preußen. Füsiliere bis 1806
a, b, e, g, h Füsiliere – c Füsilier-Trommler – d Füsilier-Unteroffizier – f Füsilier-Offizier

von seinem Vater übernommen hatte, blieb die rote Halsbinde charakteristisch; dagegen erhielten die neu errichteten schwarze. Die neuen Regimenter waren sämtlich Füsilierregimenter, zum Unterschied von den alten, welche Musketiere blieben. Auch die früheren Regimenter, welche schon Füsiliermützen (Nr. 29, 30, 31, 32) trugen, wurden nunmehr Musketiere. Nach dem Zweiten Schlesischen Kriege wurden neben den weißen Gamaschen auch schwarze eingeführt, und zwar sollten in den Sommermonaten die weißen, in den Wintermonaten die schwarzen getragen werden. Während Friedrich Wilhelm I. ein Feind silberner Knöpfe und Stickereien war, bevorzugte Friedrich der Große gerade dieses Metall. Seither rangiert in der preußischen Armee das Silber vor dem Gold.

Dienstzeichen und Waffen der Offiziere blieben dieselben wie im vorhergehenden Zeitraum. Die Offiziere der älteren Regimenter unterschieden sich im allgemeinen dadurch, daß sie eine schmale, glatte Huttresse und weiße Halsbinden trugen, während die der neueren eine breite, gebogene Tresse und schwarze Halsbinden hatten. Ebensowenig wie die Grenadiermütze wurde die Füsiliermütze von den Offizieren getragen. Mannschaften und Unteroffizieren war gestattet, Schnurrbärte zu tragen, nicht aber den Offizieren. Auf Abb. 3, e ist das feldmäßige Gepäck dargestellt. Über die rechte Schulter, das Patronenbandelier kreuzend, hängt der Tornister, darunter der Brotbeutel. An den Riemen ist eine Anzahl Zeltpflöcke angebunden; ferner trug jeder Mann ein Stück Schanzzeug, Hacke, Beil oder Spaten, ein Teil des dritten Gliedes eine große Feldflasche aus Blech anstelle des Schanzzeuges. Im Verlauf der Regierungszeit des Großen Königs wurde der Rock vorn immer mehr abgestochen, so daß zuletzt die Rabatten nicht mehr übergeknöpft werden konnten und zur bloßen Zier herabsanken. Der Zopf sollte bis zwischen die beiden Taillenknöpfe herabreichen.

Friedrich Wilhelm II. führte verschiedene Neuerungen ein. Alle Regimenter, die bis dahin keine Rabatten gehabt hatten, erhielten nunmehr solche. Die Unterkleider wurden durchgängig weiß. An Stelle der Hüte trat ein sogenanntes Kasket, d. h. ein zweiklappiger Hut, der wie früher mit weißer Borte und farbiger Puschel geschmückt war und vorn den metallenen königlichen Namenszug zeigte (Abb. 2, h). Auch die Grenadiere erhielten diese Kopfbedeckung, vorn mit einer Granate geschmückt. Sie zeichneten sich außerdem durch einen kleinen weißen Stutz aus. Die Granaten in den Ecken der Patrontaschen fielen weg. Sämtliche Infanterie-Regimenter waren jetzt Musketier-Regimenter. Der Name »Füsiliere« erhielt mit einer neuen Organisation dieser Truppe eine andere Bedeutung. Bisher war der Füsilier nichts anderes wie der Musketier, von dem er sich nur äu-

Abzeichen der preuß. Infanterie im Siebenjährigen Krieg

Regts.-Nr.	Aufschläge	Klappen	Knöpfe	Schleifen	Unterkleider
1	rot	rot	w.	26 weiße	weiß
2	rot	rot	g.	6 rote	paille
3	rot	—	g.	6 weiße mit schwarz	weiß
4	rot	—	g.	24 weiße	paille
5	hellpaille	hellpaille	g.	6 orange	hellpaille
6	rot	—	g.	22 goldene	hellpaille
7	rosenrot	rosenrot	w.	—	paille
8	rot	rot	g.	32 weiße, blaugestreift	weiß
9	rot	rot	g.	22 weiße	weiß
10	gelb	—	w.	22 weiße	gelb
11	rot	—	g.	18 weiße zickzackförmige	weiß
12	rot	rot	g.	22 weiße	paille
13	hellpaille	hellpaille	w.	10 weiße	hellpaille
14	rot	rot	g.	16 weiße zickzackförmig mit roten Streifen	weiß
15					
I. Btl.	rot	—	w.	24 silberne	gelb
II., III. Btl.	rot	rot	w.	18 silberne	gelb
16	rot	rot	g.	6 weiße mit schwarz u. rot	weiß
17	weiß	weiß	g.	22 weiße mit rot	weiß
18	rosenrot	rosenrot	w.	18 weiße	weiß
19	rot	—	g.	22 weiße mit orange	paille
20	rot	rot	g.	weiße Einfassung	weiß
21	rot	rot	g.	28 weiße mit rot	paille
22	rot	rot	g.	10 weiße mit orange	weiß
23	rot	—	w.	20 weiße	weiß
24	rot	rot	g.	22 weiße mit rot	weiß
25	rot	rot	g.	22 weiße mit blau	weiß
26	rot	—	g.	22 gelbe	weiß
27	rot	rot	g.	weiße geschlängelte Einfassung	weiß
28	dunkelblau	—	w.	—	paille
29	rot	—	w.	18 weiße mit rot	weiß
30	rot	—	g.	22 orange	weiß
31	rosenrot	—	g.	—	weiß
32	dunkelblau	—	g.	—	weiß
33	weiß	weiß	g.	—	weiß
34	rot	rot	w.	—	gelb
35	schwefelgelb	—	w.	—	schwefelgelb
36	weiß	—	g.	—	weiß
37	rot	—	g.	—	weiß
38	rot	rot	g.	—	weiß
39	gelb	—	w.	—	gelb
40	rosenrot	—	w.	—	rosenrot
41	hellkarmoisin	hellkarmoisin	g.	6 gelbe	paille
42	orange	orange	g.	—	weiß
43	orange	—	g.	—	weiß
44	rot	—	g.	22 rote	paille
45	rot	—	g.	22 weiße	weiß
46	schwarz	schwarz	g.	—	paille
47	gelb	gelb	g.	—	weiß
48	rot	rot	g.	22 weiße	paille

ßerlich durch die Kopfbedeckung unterschied. Nunmehr wurden aber besondere Füsilierbataillone als eine Art leichter Infanterie errichtet. Die Grundfarbe ihrer Uniform wurde grün, die Abzeichen verschiedenfarbig. Die Kopfbedeckung war mit einem metallenen Adler geschmückt, Halsbinde schwarz mit weißem Vorstoß, alles übrige wie bei der Infanterie (Abb. 4, e). Für kurze Zeit wurden die Beinkleider grün, bald aber wieder weiß. Gegen Ende der Regierung des Königs schwärzte man dann das Lederzeug und trug es gekreuzt.

Unter Friedrich Wilhelm III. gingen bald nach dem Regierungsantritte folgende Veränderungen vor sich: Die Schoßumschläge wurden festgenäht, und die Taschen an beiden Seiten des Rockes fielen weg. Der Kragen wurde höher und erhielt die Form des Stehkragens. Die Kaskets wurden durch den früheren Hut ersetzt, nur war die Form desselben etwas mehr der damaligen Mode entsprechend. Die Grenadiere bekamen eigenartig gestaltete Mützen, hinten mit einem Tuchstreifen von der Abzeichenfarbe besetzt (Abb. 3, g). In den Jahren 1802 bis 1803 erhielt der Rock statt der vorn ausgestochenen Form gerade herabgehende Rabatten (Abb. 2, i). Die Offiziere trugen 1806 die Schärpe nicht mehr unter dem Rock, sondern legten dieselbe darüber an. Die Grenadier-Offiziere waren durch einen weißen Federstutz mit schwarzer Wurzel ausgezeichnet. Schon früher hatten diese statt der Gamaschen Schaftstiefel erhalten (Abb. 3, h). Die Mannschaft trug zur Schonung der Beinbekleidung leinene Überhosen in Form von Pantalons (Abb. 2, i). Der Zopf hatte sich immer mehr verkürzt und reichte zuletzt nur noch bis an den unteren Kragenrand. Die Füsiliere trugen das schwarze Lederzeug nicht mehr gekreuzt. Als Kopfbedeckung anfangs ein Hut mit Stutz und Adlerbeschlag, später Tschakos (Abb. 4, g, h). Der Rock hatte im Jahre 1806 kolletartigen Schnitt, die Unterkleider waren wieder weiß. Die Abzeichen der Füsilier-Bataillone waren brigadeweise verschieden, und zwar nach vielfachem Wechsel 1806:

die erste ostpreußische Brigade hellgrün mit gelben Knöpfen,
die zweite ostpreußische Brigade hellgrün mit weißen Knöpfen,
die erste Warschauer Brigade hellblau mit weißen Knöpfen,
die zweite Warschauer Brigade hellblau mit gelben Knöpfen,
die oberschlesische Brigade schwarz mit weißen Knöpfen,
die niederschlesische Brigade schwarz mit gelben Knöpfen,
die westfälische Brigade karmesin mit weißen Knöpfen,
die magdeburgische Brigade karmesinrot mit gelben Knöpfen.

Die Katastrophe von 1806 hatte mit der Reorganisation der Armee auch eine gänzliche Änderung der Uniform zur Folge. Der Zopf fiel jetzt weg, der Hut wurde durch den Tschako ersetzt, der Rock verlor die Rabatten und erhielt vorn zwei Knopfreihen, die Beinkleider wurden grau; der Tornister nunmehr an zwei Riemen getragen statt der bisherigen Trageweise über einer Schulter. Im einzelnen folgendes: Das Regiment Garde zu Fuß hatte auf den blauen Kolletts* rote Rockkragen und Aufschläge mit weißen Litzen, weiße Achselpatten und Knöpfe. Die Schoßumschläge waren durchgängig rot. Im Sommer weiße Beinkleider, im Winter graue. Dazu Kniestiefel. Der Tschako hatte oben einen Besatz von weißer, bei den Unteroffizieren von silberner Borte und als Beschlag einen Garde-Stern. Hohe weiße Büsche von Roßhaaren, bei den Grenadieren weiß, bei den Füsilieren schwarz. Der Offizier-Tschako war oben mit Silberborte und an den Seiten mit kleinen weißen heraldischen Adlern geschmückt, an welchen Kettchen befestigt waren. Statt des Roßhaarbusches einen Federbusch, in den entsprechenden Farben wie bei den Mannschaften, der untere Teil bei weißem Busche schwarz, bei schwarzem weiß (Abb. 5, a, b). Die Chargen der Offiziere waren durch den Tressenbesatz der Achselstücke ausgedrückt. Die Linienregimenter trugen Kragen und Aufschläge in der Provinzfarbe. Für die einzelnen Provinzen wurden die Achselklappen für das erste Regiment weiß, zweite rot, dritte gelb, vierte blau, d.h. soweit überhaupt mehrere Regimenter existierten; denn nur Ostpreußen hatte vier Regimenter. Kragen und Aufschläge waren für Ostpreußen ziegelrot, Westpreußen karmesin, Pommern weiß, Brandenburg ponceaurot, Schlesien gelb. Die Knöpfe durchgängig gelb, Schoßumschläge rot, Ärmelpatten von der Grundfarbe des Kollets. Die Tschakos zeigten bei den Grenadieren vorn einen gelben Adler, dazu einen schwarzen Roßhaarbusch. Die Musketiere hatten einen verschlungenen Namenszug am Tschako, die Füsiliere eine Bandkokarde. Außerdem waren letztere durch schwarzes Lederzeug gekennzeichnet und trugen statt der Säbel Faschinenmesser. Nach der neuen Formation waren nämlich die Füsiliere den Infanterie-Regimentern als dritte Bataillone zugeteilt und trugen im übrigen die Uniform ihrer Regimenter. Das Säbelkoppel wurde für gewöhnlich über die Schulter geschnallt getragen, doch war es so eingerichtet, daß es bei Paraden auch um den Leib geschnallt werden konnte (Abb. 5, a; Abb. 8, a, b, c). Die Offiziere trugen am Tschako durchgängig eine schwarze silbergerandete Kokarde; im übrigen Kettchen und Adler wie oben beschrieben, dazu eine Goldborte am oberen Rand, die Grenadier-Offiziere außerdem einen schwarzen Busch. Die graue Hose hatte einen roten Vorstoß an den Seiten und längs desselben gelbe Knöpfe. Die Offiziere der Musketiere und Grenadiere Degen, die der Füsiliere Säbel in Lederscheide (Abb. 8, d). Der Tschako wurde von Offizieren wie Mannschaften zur Schonung in wachsleinenem Überzug getragen.

Während der Befreiungskriege war die Bekleidung infolge der zahlreichen Neuformationen recht buntscheckig, namentlich bei den Reserveregimentern, welche vielfach aus England gelieferte Uniformen bekamen. Die Offiziere bedienten sich vielfach als Kopfbedeckung einer mit Wachs-

---

*Das Hauptbekleidungsstück hieß offiziell »Rock«. Zur Vermeidung einer Verwechslung mit einem Waffenrock gebrauchen wir aber, nach dem Vorgang von Mila, den Ausdruck »Koller«, obgleich eigentlich darunter die kurzschößige Montur der Kavallerie verstanden wird.

Preußische Infanterieregimenter im Jahre 1806

Nr. und Name des Regiments	Abzeichenfarbe	Knöpfe	Besatz der Mannschaft	Besatz der Offiziere
1. Kunheim	ponceaurot	w	weiß	Silber
2. Rüchel	hellziegelrot	g	kam., w. Quasten	Gold
3. Renouard	ponceaurot	g	weiß-schwarz	—
4. Kalckreuth	orange	g	weiß-blau	Gold
5. Kleist	blaßpaille	g	orange, w. Quasten	Gold
6. Grenadiergarde	scharlachrot	g	gold	Gold
7. Owstien	rosa	w	—	—
8. Rüts (auch Ruiz, Ruits)	scharlachrot	g	weiß-blau	Gold
9. Schenck	scharlachrot	g	weiß, rechteckig	Gold
10. Wedell	zitronengelb	w	weiß-rot	Silber
11. Schöning	karmesinrot	w	weiß-karm.-blau	Silber
12. Prinz von Braunschweig-Öls	hellziegelrot	g	weiß	Gold
13. Arnim	weiß	w	weiß	Silber
14. Besser	hellziegelrot	g	weiß-rot zickzackförmig	Gold
15. Garde	ponceaurot	w	silber	Silber
16. Diericke	hellziegelrot	g	weiß-rot-schwarz	Gold
17. Tresckow	weiß	g	weiß-rot	Gold
18. Rgt. des Königs	rosa	w	weiß	Silber
19. Prinz von Oranien	orange	w	weiß	Silber
20. Prinz Louis Ferdinand	scharlachrot	g	weiß-blaue Borte	Gold
21. Herzog von Braunschweig	scharlachrot	w	weiß-rot	Silber
22. Pirch	ponceaurot	g	weiß-rot	Gold
23. Winning	rosenrot	w	weiß-blau	Silber
24. Zenge	ponceaurot	g	weiß-rot (Litzen und Borte)	Gold
25. Möllendorf	scharlachrot	g	weiß-blau	Gold
26. Alt-Larisch	hellziegelrot	g	orange, w. Quasten	Gold
27. Tschammer	ponceaurot	g	weiße Borte (schlangenförmig)	—
28. Malschitzki	chamois	w	—	Gold
29. Treuenfels	karmesinrot	g	weiß-karm.-blau	—
30. Borcke	chamois	w	weiß-rot-blau	Silber
31. Kropff	rosenrot	g	—	Gold
32. Fürst Hohenlohe	chamois	g	—	—
33. Alvensleben	weiß	g	—	—
34. Prinz Ferdinand	ponceaurot	w	weiß	Silber
35. Prinz Heinrich	grünlich paille	w	—	Silber
36. Puttkammer	weiß	w	—	Silber
37. Tschepe	karmesinrot	w	—	Silber
38. Pelchrzim	scharlachrot	g	—	—
39. Zastrow	weiß	g	weiß-rot	Gold
40. Schimonsky	rosenrot	w	—	Silber
41. Lettow	hellkarmoisinrot	g	gelb	Gold
42. Plötz	orange	g	—	—
43. Strachwitz	dunkelorange	w	—	Silber
44. Hagken	chamois	g	weiß-blau	Gold
45. Zweiffel	zitronengelb	g	weiß-rot	Gold
46. Thiele	scharlachrot	g	—	—
47. Grawert	dunkelzitronengelb	g	—	—
48. Kurfürst von Hessen	ponceaurot	w	weiß, karm. Quasten	Silber
49. Müffling	weiß	w	weiß-blau	Silber
50. Sanitz	hellkarmoisinrot	w	weiß	Silber

Nr. und Name des Regiments	Abzeichenfarbe	Knöpfe	Besatz der Mannschaft	Besatz der Offiziere
51. Kauffberg	schwefelgelb	w	—	Silber
52. Reinhardt	scharlachrot	w	—	Silber
53. Jung-Larisch	hellgelb	g	—	Gold
54. Natzmer	chamois	w	weiß	Silber
55. Manstein	karmesinrot	g	—	Gold
56. Tauentzien	scharlachrot	w	—	—
57. Grevenitz	hellrosa	g	weiß-rosa	Gold
58. Courbière	hellgelb	w	weiß	Silber
59. Wartensleben	weiß	g	—	—
60. Chlebowski	zitronengelb	g	—	—

Litzenbesatz der Mannschaft meist paarweise unter den Rabatten, auf den Ärmelpatten und hinten zwischen den Taillenknöpfen, bei Nr. 1, 6, 8, 9, 12, 14, 15, 17, 18, 21, 24, 25, 48 auch auf den Rabatten; dagegen bei Nr. 2, 3, 5, 16, 34, 39, 41, 49, 50, 54 kein Ärmelbesatz. Die Litzen waren mit gleichfarbigen Quasten (Puscheln) versehen. Keine Puscheln jedoch bei Nr. 1, 6, 8, 9, 14, 15, 22, 24, 41, 50. Borteneinfassungen an Rabatten und Ärmelaufschlägen hatten Nr. 20, 24 und 27, nur an Ärmelaufschlägen Nr. 9 und 22. Beim I. Batl. Garde Nr. 15 an Kragen und Rabatten Tresseneinfassung.

Die Parade-Uniform der Offiziere hatte gewöhnlich Stickerei oder geschlungene Schleifen auf Ärmelaufschlägen, Taschenpatten, unter den Rabatten und in der Taille, bei Nr. 1, 6, 8, 12, 15, 16, 17, 18, 20, 22, 31, 35, 48 auch auf den Rabatten. Gestickte Einfassungen der Rabatten und Aufschläge bei Nr. 2, 9, 27, mit gestickten Schleifen bei Nr. 1. Goldene oder silberne Achselbänder (Fangschnüre) wurden bei Nr. 13, 15, 46, 47 und 56 getragen.

Schwedische Aufschläge gab es 1806 nur noch bei Nr. 6, 7, 15, 33, 38, 41, 42, 47, 50, 51, 52.

tuch bezogenen Mütze! Das Jahr 1814 brachte verschiedene Änderungen in der Bekleidung. So wurden nunmehr die Kragen vorn geschlossen, die Tschakos erhielten eine geschweiftere Form und infolgedessen einen größeren Deckel. Das bisher runde National wurde jetzt von elliptischer Form. Allmählich wurden Schuppenketten statt der ledernen Sturmriemen eingeführt. Zur Parade weiße Behänge, bei den Unteroffizieren schwarzweiß, bei den Offizieren silbern und schwarz; die Garde außerdem noch schwarze dünne Stutze, bei den Offizieren mit weißer Spitze, die Spielleute rote. Das 1813 errichtete zweite Garde-Regiment hatte zum Unterschied von dem ersten gelbe Knöpfe und Aufschläge in der Form, wie bei der Linie, erhalten (Abb. 5, c). Die Abzeichen der Regimenter wurden 1814 in folgender Weise bestimmt: Kragen und Aufschläge bei den alten Provinzen wie vorher, Magdeburg hellblau, Rheinland krapprot, Westfalen hellrot. Achselklappen für das erste, zweite, dritte und vierte Regiment der Provinz weiß, rot, gelb oder blau, Ärmelpatten durchgängig dunkelblau. 1817 wurden Kragen und Aufschläge durchweg rot und sind es bis zum 1. Weltkrieg geblieben.* Die Regimenter unterschieden sich durch die Ärmelpatten und Achselklappen und erhielten auf letzteren Nummern. Um gleich die Abzeichen hier vorwegzunehmen, ist zu bemerken, daß 1835 alle Linienregimenter rote Ärmelpatten erhielten, und zwar bei den Armeekorps mit ungerader Nummer auf drei Seiten mit weißem Vorstoß versehen.

1. Armeekorps weiße Achselklappen, weißer Pattenvorstoß
2. ” ” ” , kein ”
3. ” rote ” , weißer ”
4. ” ” ” , kein ”
5. ” gelbe ” , weißer ”
6. ” ” ” , kein ”
7. ” hellblaue ” , weißer ”
8. ” ” ” , kein ”

Wir wollen uns nunmehr die Entwicklung der Uniformen bei den Gardekorps ansehen, und zwar zunächst bei den Garderegimentern zu Fuß. Das erste Garderegiment erhielt 1824 für die ersten beiden Bataillone (das Füsilierbataillon erst 1843) spitze Grenadiermützen mit rotem Futter und weißem unterem Rande. Diese Mützen wurden nur zu großen Paraden angelegt und sollen eigentlich nur zu weißen Beinkleidern getragen werden (Abb. 5, e). Sie waren kein Zarengeschenk, wie so häufig behauptet wird. Das zweite Garderegiment, das bisher noch immer Ärmelpatten getragen hatte, erhielt 1834 rote schwedische Aufschläge mit zwei weiße Litzen. 1843 wurden Helm und Waffenrock eingeführt. Die Abzeichen blieben dieselben wie früher. Der Helm, mit dem sogenannten Garde-Adler geschmückt, hatte zur Parade bei den Grenadieren weißen, bei den Füsilieren schwarzen Haarbusch. Beinkleider grau mit roten Biesen oder weiß, das Lederzeug blieb vorläufig dasselbe wie früher (Abb. 5, f), bis 1848 das sog. Virchowsche Gepäck eingeführt wurde, die sogenannte Gürtelrüstung. Das dritte und vierte Garderegiment zu Fuß, die König Wilhelm I. bei seinem Regierungsantritt errichtete, unterschieden sich durch gelbe bzw. hellblaue Achselklappen. Dazu gelbe Knöpfe wie beim zweiten Garderegiment. Das Garde-Füsi-

---
* *Mit der Einschränkung, daß von 1843 bis 1867 nicht der ganze Kragen, sondern nur die Kragenpatten rot waren.*

Abb. 5. Preußen. Garde-Infanterie 1810–1893
a Garde-Regiment z. F. – b Offizier des Regts. Garde z. F. – c zweites Garde-Regt. z. F. – d, e erstes Garde-Regt. z. F. – f, g, h Garde-Regimenter z. F. – i, k, l Garde-Grenadier-Regimenter

lierregiment erhielt die Uniform des Füsilier-Bataillons des ersten Garderegiments, aber mit gelben Achselklappen. Nach dem Feldzuge von 1866 wurde der Kragen, der bisher nur rote Patten (natürlich mit Litzen) gehabt hatte, vollfarbig, der Helm wurde erleichtert. In späterer Zeit wurde das Marschgepäck geändert und der Mantel um den Tornister gelegt getragen. 1894 erhielt das erste Garderegiment eine neue Garnitur von Grenadiermützen in friderizianischer Art und gab die früher getragenen an das Kaiser-Alexander-Garde-Grenadier-Regiment ab. Das 1897 errichtete fünfte Garderegiment zu Fuß erhielt weiße Achselklappen, ferner eine weiße spitze Litze auf dem Kragen, dunkelblaue Ärmelpatten mit drei weißen Litzen, weiße Knöpfe.

Die Garde-Grenadierregimenter. Die beiden ersten Regimenter wurden 1814 errichtet. Sie erhielten auf den Kollets rote Kragen und Aufschläge, Ärmelpatten von der blauen Grundfarbe und Achselklappen: beim Alexander-Regiment weiß mit rotem Namenszug, beim Franz-Regiment rot mit gelbem, Tschako wie bei den Garderegimentern, aber vorn mit fliegendem Adler geschmückt, alles Metallzeug gelb (Abb. 5, i). 1834 erhielt der Kragen auf beiden Seiten zwei weiße Litzen. Dieselben waren auch auf den Kragenpatten des 1843 eingeführten Waffenrockes angebracht. Die von König Wilhelm I. errichteten Regimenter Königin Elisabeth und Augusta unterschieden sich durch gelbe bzw. hellblaue Achselklappen mit roten Namenszügen. 1874 wurden die Ärmelpatten aller vier Garde-Grenadierregimenter mit weißen Litzen versehen; im übrigen wie die Garderegimenter zu Fuß, namentlich, seitdem in neuerer Zeit der Helmadler auch noch mit dem Stern versehen wurde, wie ihn die Garderegimenter zu Fuß trugen. Das 1897 errichtete fünfte Garde-Grenadierregiment erhielt die gleiche Uniform wie das fünfte Garderegiment zu Fuß, aber mit gelben Litzen und Knöpfen.

Bei den Linienregimentern wurden zunächst verschiedene Veränderungen mit der Tschakodekoration vorgenommen. Die Füsiliere der Regimenter 1 bis 12 erhielten 1816 den Namenszug wie die Musketiere, 1828 darüber noch eine Krone. Die seit 1813 gebildeten Regimenter von Nr. 13 an bekamen bei allen Bataillonen vorn eine Kokarde mit messingener Agraffe. 1836 fiel bei den Tschakobehängen das breite Garngeflecht weg (Abb. 8, g). 1843 wurde der Waffenrock eingeführt: Mit Kragen von der Grundfarbe, auf beiden Seiten mit roten Patten versehen. Der Helm erhielt als Beschlag einen heraldischen Adler von gelbem Metall (Abb. 8, h). 1848 Virchowsches Gepäck. In der Folgezeit wurde die Höhe des Helmes vermindert; nach dem Feldzug von 1866 das Gewicht des Helmes erleichtert durch Einführung des sogenannten Tellerbeschlages unter der Spitze an Stelle des sogenannten Kreuz- oder Kleeblattbeschlages. Der Augen-

Abb. 6. Preußen. Grenadier-Regimenter 1914. Unteroffiziere und Mannschaften
a Leib-Gren. R. 8, Parade – b Garde, im Mantel – c Füsilier G.G.R. 1, Parade – d, e Grenadiere, Garde, feldmarschmäßig – f Garde, kleiner Dienst – g Gren.-Rgtr., Unteroffizier, Ausgehanzug – h Garde, Ordonnanz-Anzug – i Garde, etatsmäß. Feldw., Parade

schirm wurde abgerundet*. Der Kragen wurde 1867 ganz rot. In den Feldzügen von 1864, 1866, 1870/71 hatte sich die Sitte herausgebildet, zum feldmäßigen Anzuge die Hosen in den Stiefeln zu tragen (Abb. 8, k). In den letzten Jahren der Regierung Kaiser Wilhelms I. machte sich das Bestreben der Gewichtserleichterung besonders geltend bei Vermehrung der Taschenmunition und bewirkte die Einführung des neuen Marschgepäckes. Auch der Helm wurde wieder erleichtert, und zwar durch Fortfall der (später aber wieder eingeführten) Schirmschiene sowie Ersatz der Schuppenketten durch einen ledernen Kinnriemen (Abb. 8, l). Nur den Garde- und den Linien-Grenadierregimentern 1 bis 12 verblieben die Schuppenketten. Auch wurde das Lederzeug mit Ausnahme der genannten Truppenteile durchgängig schwarz. Zu Paraden wurden von den Linien-Grenadieren schwarze Haarbüsche getragen. Nach und nach erhielten alle Grenadierregimenter den fliegenden Helmadler, die Regimenter 1 bis 8 und 11 eckige Kragen mit einer weißen (Regiment 7 gelben) Litze, Aufschlagpatten mit drei Gardelitzen, Offizierssstickerei friderizianischer Regimenter.

Seit 1910 Einführung der feldgrauen Uniform, die beim Ausmarsch 1914 getragen wird (Abb. 9, b). Mütze, Waffenrock und Hose behielten den alten Schnitt bei Ersetzung des farbigen Grundtuches durch feldgrau. Am Rock schräge Vorderschoßtaschen mit Patte und Knopf und matte Kronenknöpfe, bei den Fußtruppen liegender Kragen. Dieser und der in seiner Form unveränderte Aufschlag aus feldgrauem Grundtuch. Rockvorderteil, Schoßtaschenleisten, Kragen und Aufschlagaußenränder, letztere bei der Garde auch am unteren Rand, rot vorgestoßen. Aufschlagpattenvorstoß stets rot. Achselklappe aus Grundtuch mit Vorstoß in der bisherigen Farbe. Alle Namenszüge und Regimentsnummern rot. Mannschaftskragen- und Aufschlaglitzen in bisheriger Ausführung. Anstelle der Offizierslitzen und Stickereien treten kleine doppelte, stets silberne Kapellenlitzen am Kragen auf Patten in Farbe der Achselstückunterlage (Abb. 9, c). Offiziersrangabzeichen und Generalsstickerei unverändert. Hellgrauer Mantel wie bisher, Helm mit Überzug. Unteroffiziersrangtressen schmaler, am Kragen vorn und unten herum. 1915 wird der Helm an der Front ohne Spitze getragen, auch aus feldgrauem Filz oder Blech gefertigt. Am Rock hohe Rollumschläge ohne Vorstoß. Unteroffizierstresse nur am Kragenende (Abb. 9, e).

Ab Ende 1915 Einführung der neuen Felduniform. Steingraue Hose, feldgraue Bluse im Einheitsschnitt für alle Waffengattungen mit Umlegekragen aus dunklem, grauem Be-

---

* 1867 wurde auch die hintere Helmschiene abgeschafft, nach dem Feldzuge von 1870/71 jedoch wieder eingeführt.

Abb. 7. Preußen. Grenadier-Regimenter 1914. Offiziere
a 1. G.R.z.F., Parade – b G.G.R.1. Parade – c Stabsoffizier, Parade – d Stabsoffizier, Dienstanzug – e,f Straßenanzug – g Dienstanzug, Mantel

1914 waren die Abzeichen folgende:

Regiment	Achselklappen	Ärmelpatten-vorstoß
1. 3. 4. 33. 41. 43. 44. 45.	weiß	weiß
2. 9. 14. 34. 42. 49. 54. 140. 149.	weiß	—
8. 12. 20. 24. 35. 48. 52. 64.	rot	weiß
26. 27. 36. 66. 72. 93. 153. 165.	rot	—
6. 7. 19. 37. 46. 47. 50. 58. 155.	gelb	weiß
10. 11. 22. 23. 38. 51. 62. 63. 157.	gelb	—
13. 15. 16. 39. 53. 55. 56. 57. 159.	hellblau	weiß
25. 28. 29. 40. 65. 68. 69. 161.	hellblau	—
31. 75. 76. 84. 85. 86. 163.	weiß	gelb
73. 74. 77. 78. 79. 91. 92.	weiß	hellblau
32. 71. 82. 83. 94. 95. 96. 167.	rot	gelb
99. 132. 136. 143. 172.	rot	hellblau
80. 81. 87. 88. 145.	hellblau	gelb
30. 67. 98. 130. 135. 144.	gelb	gelb
5. 21. 61. 128. 129. 141. 176.	gelb	hellblau
18. 59. 147.	hellblau	hellblau
17. 60. 70. 97. 131. 137. 138. 174.	hellgrün	weiß

Bei diesen Regimentern waren die Ärmelpatten rot, beim Rgt. 7 blau.

Abb. 8. Preußen. Linien-Infanterie 1810–1894
a Grenadier – b, e, f, g, h, k Musketiere – c Füsilier – d Füsilier-Offizier – i Füsilier-Spielmann – l Linien-Infanterist

Regiment	Achselklappen	Ärmelpatten	Ärmelpatten-vorstoß
154. 156.	gelb	weiß	—
158. 160.	hellblau	weiß	—
162.	weiß	weiß	gelb
164.	weiß	weiß	hellblau
171.	rot	weiß	hellblau
173.	gelb	weiß	gelb
175.	gelb	weiß	hellblau
146. 148. 152.	hellblau	weiß	hellblau
150.	hellblau	gelb	hellblau
151.	hellblau	hellblau	—
166.	hellgrün	weiß	—

satztuch, Rollaufschlägen und Schrägtaschen am Vorderschoß (Abb. 9, g-k). Die mit Litzen ausgestatteten Rgtr. haben nur am Kragen kleine graue Litzen bisheriger Form mit weißem, bei Gardegrenadieren 5 und Grenadieren 7 gelbem Spiegel. Bei Doppellitzen ist der Zwischenraum rot ausgefüllt. Waffenbezeichnung erfolgt nur durch die Achselklappe, Infanterie feldgrau mit weißem Vorstoß. Nummern und Namenszüge rot. Die alten Vorstoßfarben behalten nur die Garde- und Gardegrenadierregimenter, Grenadierregiment 7, 8 und 11, Infanterieregimenter 114, 115. Matte Kragenknöpfe aus Nickel und Tombak. Unteroffiziere tragen hellgraue Rangtressen am Kragenaußenrand.

Abb. 9. Preußen. Fußtruppen 1914–1918
a Linien-Maschinengewehr-Abtlg. – b, k Infanterist – c Offizier der Garde-Inf. – d Offizier – e Unteroffizier – f Schneeschuhtruppe – g Infanterist mit Grabenpanzer – h mit Sturmgepäck und Ärmelabzeichen – i Unteroffizier

Offiziere Achselstücke in matter Ausführung, dunkelbraunes Lederkoppel mit Bronzeschloß. Die auf kleinen Besatztuchpatten befestigten grauen Offizierskragenlitzen ohne farbige Füllung haben je nach Knopffarbe den Spiegel mit matter Gold-oder Silberschnur belegt. Mannschaftslederzeug schwarz. Kopfbedeckung nur noch Stahlhelm mit Schutzanstrich oder Überzug. Einreihiger feldgrauer Einheitsmantel mit breitem, liegendem Kragen aus Besatztuch ohne Kragenpatten; Achselklappen und Offiziersachselstücke wie an der Bluse. Unteroffiziere kurze, senkrechte, mattgraue Kragenlitzen. Der Mantel ist für alle Waffengattungen gleich. Die Feldmütze bleibt unverändert mit farbigen Besatzstreifen und Deckelvorstoß, erhält jedoch für Offiziere feldgrauen Lederschirm und Kinnriemen. Im Feld wird der farbige Besatzstreifen durch ein feldgraues Band bedeckt. Gegen Kriegsende Einführung einer Einheitsfeldmütze mit Besatzstreifen und Deckelvorstoß aus feldgrauem Besatztuch.

II. Jäger, Schützen und Maschinengewehr-Abteilungen

Bald nach seinem Regierungsantritt 1740 errichtete Friedrich der Große ein Jägerkorps zu Fuß und zu Pferde, dessen Formation und Stärke vielfachen Schwankungen unterlag. Die Uniform bestand sowohl für die Fuß- wie für die reitenden Jäger aus einem zeisiggrünen Rock ohne Rabatten, aber mit roten Kragen, Aufschlägen und Schoßumschlägen, auf der rechten Seite gelbe Achselbänder. Die Weste hatte die Farbe des Rockes, die Knöpfe waren gelb, die Halsbinden schwarz. Die Beinkleider von gelbem Leder. Der Hut hatte anfangs einen Goldtressenbesatz, der indessen später wegfiel. Die Fußjäger trugen am Koppel um den Leib einen braunledernen Patronranzen (Abb. 10, a). Anfangs hatten die Fußjäger Gamaschen, die indes noch unter der Regierung des Großen Königs durch Stiefel ersetzt wurden. Unter dem Nachfolger Friedrichs des Großen erhielt der Rock, wie bei der gesamten Infanterie, Rabatten, und zwar von der Grundfarbe. Die Aufschläge wurden nunmehr sogenannte brandenburgische, d. h. sie erhielten eine mit drei Knöpfen besetzte Patte (und zwar von der Grundfarbe). Der Hut, nach Art des damaligen Infanterie-Kaskets geformt, wurde mit einem grünen Stutz geschmückt. Später wurden die Unterkleider weiß, der Schnitt machte alle Wandlungen durch wie die Infanterie-Uniform. Bei den reitenden Jägern hatte die Offiziers-Montur noch gestickte goldene Schleifen.

Nach der Katastrophe von 1806 bildete man aus den Resten des ehemaligen Feldjägerregiments zwei neue Bataillone, nämlich das Garde-Jäger-Bataillon und das ostpreußische Jäger-Bataillon. Die Uniform bestand bei beiden aus dun-

Abb. 10. Preußen. Jäger, Schützen, Artillerie
a, b, e, f, g Jäger – c, d Schützen – h, i, k, l, m, n, o Artillerie

kelgrünen Kollets mit ebensolchen Schoßumschlägen, roten Kragen, ebensolchen schwedischen Aufschlägen, Achselklappen und Vorstoß an den Schößen. Knöpfe gelb. 1811 erhielt das Garde-Bataillon gelbe Litzen auf Kragen und Aufschlägen. Die Beinkleider waren grau. Anfänglich wurden dazu hohe Stiefel getragen. Der Tschako war wie bei der Infanterie gestaltet, hatte aber oben keine Einfassungstresse, dagegen grüne Behänge und schwarze Federbüsche. Vorn beim Gardebataillon ein gelber Stern, beim ostpreußischen eine schwarzweiße Kokarde (Abb. 10, b). Auch der Offiziers-Tschako war wie bei der Infanterie, die Behänge schwarz und silbern. 1815 kam ein Bataillon, das magdeburgische, hinzu, welches gelbe Achselklappen erhielt. 1821 wurden das ostpreußische und das magdeburgische Bataillon in vier Jägerabteilungen umgewandelt, welche sämtlich rote Achselklappen mit gelber Nummer erhielten. Der Tschako machte bezüglich seiner Form die Wandlung wie bei der Infanterie durch und war bis zu seiner Abschaffung mit schwarzem Haarbusch geschmückt (bei den Unteroffizieren mit weißer Spitze, bei den Hornisten rot). 1845 wurde die Zahl der Abteilungen dadurch vermehrt, daß die bisherigen vier Schützenabteilungen (vgl. weiter unten) in ebensoviele Jägerabteilungen umgewandelt wurden. Der 1843 eingeführte Waffenrock hatte einen grünen Kragen mit roten Patten. Achselklappen und Aufschläge blieben wie

bisher. Gleichzeitig mit dem Waffenrock wurde der Helm eingeführt, und zwar mit gelben Beschlägen. Als Dekoration beim Gardebataillon der sogenannte Gardeadler mit silbernem Stern auf der Brust, bei den Linien-Jägerbataillonen der sogenannte heraldische Adler. Zu Paraden bei allen Bataillonen schwarze (Spielleute rote) Haarbüsche (Abb. 10, e).
1854 wurden käppiartige Tschakos mit Augen- und Nackenschirm eingeführt, und zwar beim Gardebataillon mit silbernem Stern, bei den Bataillonen 1, 2, 5 und 6 mit gekröntem königlichem Namenszug, bei 3, 4, 7 und 8 aber mit einer messingenen Litze (Abb. 10, f); zu Paraden schwarze herabhängende Haarbüsche. 1860 wurde der Tschako etwas niedriger und verlor die Schiene um den Augenschirm. Die Dekoration blieb beim Gardebataillon dieselbe, dagegen erhielten die Linien-Bataillone einen messingenen Adler; statt der bisherigen Schuppenketten, die nur den Offizieren verblieben, jetzt lederne Kinnriemen. 1867 wurde der Kragen vollfarbig, alle übrigen Neuerungen wie Marschgepäck usw. vgl. Infanterie (Abb. 10, g).
Schützen. Im Jahre 1808 wurde ein Schützenbataillon, das schlesische, errichtet. Die Uniform bestand aus dunkelgrünen Kollets mit ebensolchen Schoßumschlägen, schwarzen Kragen mit rotem Vorstoß, ebensolche Aufschläge mit dunkelgrünen Patten ohne Vorstoß. Die Achselklappen wa-

ren gleichfalls schwarz mit roter Einfassung. Der Tschako hatte keine Behänge, anfangs auch keine Büsche; etwas später wurden schwarze Roßhaarstutze eingeführt. Als Dekoration vorn die Kokarde mit messingener Agraffe. Beinkleider, Lederzeug, Knöpfe wie bei den Jägern (Abb. 10, c). 1814 wurde in Neufchâtel das Garde-Schützen-Bataillon errichtet. Das Kollett unterschied sich durch die gelben Litzen am Kragen und durch die Form der dunkelgrünen Ärmelpatte, welche dreispitzig war (französische Aufschläge) und außerdem roten Vorstoß zeigte. Der Tschako erhielt die gleiche Form wie beim Garde-Jägerbataillon. 1815 wurde das rheinische Schützenbataillon gebildet. Es erhielt rote Achselklappen; gleichzeitig damit bekam das schlesische weiße, schon im folgenden Jahre indes beide rote mit gelber Nummer. 1821 erfolgte die Teilung der beiden Bataillone in vier Abteilungen. Die Entwicklung der Uniform ging völlig parallel mit der Jäger-Uniform, bis im Jahre 1845 die Linien-Schützen sämtlich in Jägerbataillone umgewandelt waren. Seitdem bestand nur noch das Garde-Schützenbataillon. Es unterschied sich nur durch Kragen und Aufschläge, welche schwarz mit rotem Vorstoß waren, vom Garde-Jägerbataillon. Seit 1874 ist auch die grüne Ärmelpatte gleich dem Kragen mit gelber Litze geschmückt.

Ein völlig anderes Aussehen erhielt die Jägertruppe durch die Einführung der 1910er Felduniform. Die Grundfarbe wurde graugrün. Die roten Abzeichen verschwanden, mit Ausnahme der Bataillonsnummer auf den Achselklappen, dafür wurden grüne vorschriftsmäßig. Auch der Litzenspiegel der Gardelitzen wurde grün. Die Offiziere der Garde hatten grüne Kragenpatten mit rotem Vorstoß und mit mattsilbernen Litzen. Auch bei den Gardeschützen fielen die roten Abzeichen fort und wurden durch grüne ersetzt, doch wurden Mützenbesatzstreifen, Kragenvorstoß und Ärmelvorstöße schwarz.

Bei der Felduniform 1915 ist die Bluse aus graugrünem Grundtuch, der Kragen aus dunkelfarbigem graugrünem Besatztuch. Die Schulterklappen aus Grundtuch haben bei den Jägern hellgrünen, bei den Schützen schwarzen Vorstoß. Nummern und Namenszüge bleiben rot. Die grauen Kragendoppellitzen der Garderegimenter haben gelben Spiegel und bei den Gardejägern hellgrüne, bei den Gardeschützen schwarze Füllung, sonst wie Infanterie.

Die Maschinengewehr-Abteilungen hatten schon bei ihrer Errichtung braune, graugrün bezogene Jägertschakos, graugrüne Röcke und Hosen erhalten (Abb. 9, a). Abzeichen rot, der bei den Mannschaften liegende Kragen und die Ärmelaufschläge vollfarbig. Die erste Garde-Maschinengewehr-Abteilung hatte Litzen. Die zweite Garde-Maschinengewehr-Abteilung die Abzeichen des Garde-Schützen-Bataillons. Zur Parade trugen die Linien-Abteilungen schwarze, die Garde-Abteilungen weiße Haarbüsche.

Die Felduniform änderte hier wenig. Die Kragen und Aufschläge wurden graugrün, die Knöpfe wurden matt. Die Offiziere der Garde-Abteilungen erhielten Kragenpatten in Analogie der Jäger und Schützen. Die besondere Uniform der Maschinengewehr-Abteilungen kommt 1915 in Fortfall. Sie tragen die Uniformen des zugeteilten Truppenteils.

Die freiwilligen Jäger-Detachements von 1813, die bei sämtlichen Regimentern und selbständigen Bataillonen für die Dauer des Krieges errichtet wurden, können an dieser Stelle nur erwähnt werden. Ihre Uniform sollte die der betreffenden Truppenteile sein, jedoch von grüner Grundfarbe. Es kamen aber im einzelnen, wie in der Not des Augenblickes erklärlich, viele Abweichungen vor. Das Lederzeug war durchgängig schwarz. Der Tschako wurde von allen Detachements getragen, auch von denen der Kürassiere (welche Helme trugen).

Das reitende Feldjägerkorps, nur aus Offizieren bestehend, trug von 1808–1848 dunkelgrüne Fracks mit zwei Reihen von je acht gelben Knöpfen, rote Kragen ohne Litzen, ebensolche schwedische Aufschläge und Schoßbesätze, anfangs dunkelgrüne Schulterstücke, später Epauletten mit gelben Halbmonden, Hüte mit weißem Federbusch, graue Beinkleider nach Art der Kavallerie-Offiziere. Der 1847 eingeführte Waffenrock erhielt die gleichen Abzeichen, dazu noch auf Kragenpatten und Aufschlägen goldene Litzen. Infanterie-Helm mit Garde-Adler, zu Paraden schwarze Haarbüsche. Die Wandlungen im Schnitt waren die gleichen, wie wir solche schon kennengelernt haben, z. B. wurde 1867 der Kragen vollfarbig. Die Felduniform hatte Dragonerschnitt und war graugrün. Die Vorstöße blieben rot, nur die Kragenpatte ohne Litzen und die Achselstückunterlage wurde grün. Uniform 1915 wie Jäger. Am Kragen mattgoldene Doppellitzen, Achselstückunterlage bleibt dunkelgrün.

III. Kürassiere

Unter dem Großen Kurfürsten war das Hauptbekleidungsstück des Reiters der aus dem Dreißigjährigen Kriege bekannte Lederkoller. Gerade die Uniformen der Reiterei scheinen am spätesten geregelt worden zu sein. Harnische wurden von den Mannschaften nicht mehr getragen; überhaupt findet sich statt der Bezeichnung »Kürassiere« damals immer die Benennung »Regiment zu Pferde«.

So trugen nach einem Musterungsbericht vom Jahre 1688 die Mannschaften des Regiments Anhalt zu Pferde Koller mit blauen Aufschlägen, grauen Rock, grauen Mantel mit blauem Futter und Kragen, Lederhosen, schwarze Schärpe mit orange und weißen Fransen, weißes Halstuch mit schwarzem Bande und Hut mit Silberbesatz. Das Regiment Gensdarmes, eines der vornehmsten Reiterregimenter, hatte nach einem Berichte vom Jahre 1700 einen blauen Rock, die Ärmel mit silbernen Schleifen, die Knopflöcher mit Silbertresse besetzt, einen blauen Tuchmantel mit goldbesetztem Kragen, Hut mit Silbertresse. Die Garde du Corps des Kurfürsten Friedrich III. in demselben Jahre ebenfalls blaue Röcke mit reichem Goldbesatz und karmesinrote Bandeliere mit Gold und Silber verziert (Abb. 11, a). Schärpen von Karmesin und Gold. Die Grand-Mousquetaires trugen rote, goldbesetzte Röcke, ihre Trompeter blaue.

Unter Friedrich Wilhelm I. bestand die Bekleidung der Kürassiere aus einem ledernen Kollett mit ziemlich langen, umgeschlagenen Schößen, ledernen Hosen, hohen Stiefeln,

Abb. 11. Preußen. Kürassiere 1700–1894
a Garde du Corps – e Kürassier-Offizier

Hut mit Goldtresse und Stulphandschuhe; Koller, Weste und Karabinerriemen waren mit Borten besetzt. Schon seit 1735 wurden die gelbledernen Kolletts allmählich in solche von gelblichem (paille) Tuch oder Kirsey verwandelt, nur das Regiment Nr. 2 behielt bis 1806 gelbe Kolletts, wurde später sogar zitronengelb (daher die Bezeichnung des Regiments bis 1806 als »gelbe Reuter«)*. Das Reglement von 1727 spricht in betreff der Aufschläge usw. nur von rotem, blauem und bleumourant Tuch, ebenso nur von Goldtressen; es verbietet sogar ausdrücklich silberne. Unter den Kolletts wurden Kamisole (Westen) getragen, die aus den alten Mänteln verfertigt wurden. Diese waren von weißem Tuch. Nur das Regiment Gensdarmes hatte blaue Mäntel, mithin auch blaue Westen. Um 1735 wurden Westen (jetzt Chemisettes genannt) in Abzeichenfarbe mit Bortenbesatz eingeführt, nur das Regiment Gensdarmes behielt die blaue Farbe bei. Unter Friedrich dem Großen wurden die Schöße des Kolletts allmählich kürzer. Nach dem Ersten Schlesischen Kriege änderten sich die Abzeichen einiger Regimenter, blieben aber dann bis zur Katastrophe von 1806 stets die gleichen. Im Siebenjährigen Kriege wurde die Huttresse nicht mehr getragen, dagegen 1762 ein weißer Stutz eingeführt, bei den Offizieren mit schwarzer Wurzel, bei den Unteroffizieren mit solcher Spitze (Abb. 11, d, e). Schon unter Friedrich Wilhelm I. war der Rückenteil des Harnischs weggefallen. Es blieb also nur der Brustküraß (plastron) übrig, auf dem Rücken durch Kreuzriemen gehalten. Die Halsbinden, die unter der vorhergehenden Regierung rot waren, wurden unter Friedrich dem Großen schwarz. Abb. 11, d zeigt einen Kürassier vom Rücken. Über dem Kollett wurde zunächst das Pallaschgehänge mit der daran befestigten Pallaschtasche angelegt, darüber kam die Leibbinde (von der Abzeichenfarbe). Darauf wurde der Brustpanzer umgelegt, dann über die rechte Schulter die Kartusche, über die linke das Karabinerbandelier. Letztere beiden wurden durch schmale Achselklappen von der Grundfarbe des Kolletts festgehalten. Bei den Gardes du Corps war der Brustpanzer blank, bei den übrigen Regimentern geschwärzt. Die Offiziere trugen ihn in reicherer Ausstattung, die Kreuzriemen mit Metallbeschlägen verziert. Zum Galawachdienst in den königlichen Schlössern erhielt die Garde du Corps rote Superwesten auf Brust und Rücken mit dem Stern des Schwarzen Adlerordens. Die Offiziere sämtlicher Regimenter hatten

---

*Die gelblichen Kolletts wurden, wenn sie schmutzig waren, weiß gestrichen (gekollert). Dadurch wurde die Farbe immer heller. Gegen Ende der Regierung Friedrichs des Großen gab man den Kolletts dann gleich weiße Grundfarbe. Die gelben Reuter hatten wahrscheinlich früher die gleichen Kolletts wie die anderen Regimenter, nur strich man sie gelb an. Vielleicht auf Wunsch des prinzlichen Chefs blieb dann die gelbe Grundfarbe.

Name des Regiments	Grundfarbe	Abzeichen	Kollettborte	Besatz b. den Offizieren
1. Graf Henckel	weiß	rot	weiß mit 3 roten Streifen	silbern
2. von Beeren	zitronengelb	karmesin	karmesin, an der Weste weiß	silbern
3. Leibregiment	weiß	dunkelblau	dunkelblau mit weißen Streifen	golden
4. von Wagenfeld	weiß	schwarz	weiß-dunkelblau gewürfelt	golden
5. von Bailliodz	weiß	bleumourant	weiß-hellblau gewürfelt	golden
6. von Quitzow	weiß	hellziegelrot	weiß-hellziegelrot gemustert	golden
7. von Reitzenstein	weiß	zitronengelb	weiß mit 3 gelben Streifen	silbern
8. von Heising*	weiß	dunkelblau	weiß mit 2 dunkelblauen Streifen	silbern
9. von Holzendorf	weiß	dunkel-karmesin	weiß mit 3 karmesinroten Streifen	golden
10. Gensdarmes	weiß	rot	rot mit breitem goldenem Streifen	golden
11. Leib-Karabiniers	weiß	hellblau	weiß mit hellblauer Kettenzeichnung	silbern
12. von Bünting	weiß	dunkel-orange	orange mit weißem Streifen	golden
13. Garde du Corps	weiß	rot	rot mit silbernen Streifen	silbern

Diese Aufstellung hat schon für die Zeit des Siebenjährigen Krieges Gültigkeit.

weiße Interims- und Galaröcke mit farbigen Abzeichen (auch Rabatten). Die Galauniform zeigte je nach den Regimentern goldene oder silberne Schleifen, nur bei den Gardes du Corps und den Gendarmen waren die Galaröcke von roter Grundfarbe ohne Rabatten.

Unter Friedrich Wilhelm II. wurden die Brustpanzer abgelegt. Die Offiziere erhielten Kartuschen. Die Schöße des Kolletts wurden immer kleiner, Hut, Stutz und Kragen immer höher, namentlich unter Friedrich Wilhelm III. (Abb. 11,f). Die Abzeichen der Regimenter waren im Jahre 1806 die in der obigen Tabelle genannten.

Bei der Reorganisation der Armee wurden vier Kürassier-Regimenter errichtet. Die Abzeichen waren nach einer Kabinettsordre von 1808 folgende:

Regiment	Abzeichen	Knöpfe
Schlesisches	schwarz	gelb
Ostpreußisches	hellblau	weiß
Brandenburgisches	rot	gelb
Garde du Corps	rot	weiß

Die neue Uniform bestand aus einem weißen Koller mit ebensolchen Schößen und Achselklappen, zwei Reihen von je acht Knöpfen auf der Brust, Kragen, schwedischen Aufschlägen und Vorstößen um die Schoßumschläge und um die Achselklappen in der Regimentsfarbe; graue Überknöpfhosen. Als Kopfbedeckung ein Lederhelm mit Messingbeschlag, hohem ledernem Bügel und schwarzem Roßhaarkamm. Auf dem vorderen Beschlag ein Adler, bei den Gardes du Corps ein Stern. Als kleine Uniform wurde eine dunkelblaue, sogenannte Litewka eingeführt (Abb. 11,h) mit weißen Achselklappen, Kragen in der Regimentsfarbe und zwei Knopfreihen auf der Brust. 1810 erhielt das brandenburgische Regiment für die Kolletts kornblumblaue Abzeichen, behielt dagegen auf den Litewken die roten Kragen bei (noch 1914 trugen die Offiziere dieses Regiments, bei blauen Abzeichen auf den weißen Kollern, zur blauen Interimsuniform rote Abzeichen). Die Garde du Corps hatte auf Kragen und Aufschlägen weiße Litzen erhalten, für die Offiziere wurden 1812 Epauletten eingeführt. 1814/15 erhielten sämtliche Regimenter Brust- und Rückenharnische, auch wurden die alten preußischen Pallasche gegen französische vertauscht. Die Seitenknöpfe an den Hosen fielen weg. 1819 wurde die Kürassierwaffe stark vermehrt. Die Abzeichen waren:

Regiment	Abzeichen	Knöpfe
R. Garde du Corps	rot	weiß
1. Kür.-R.	schwarz	gelb
2. Kür.-R.	karmesin	weiß
3. Kür.-R.	hellblau	weiß
4. Kür.-R.	orange	weiß
5. Kür.-R.	hellrot	gelb
6. Kür.-R.	russischblau	gelb
7. Kür.-R.	gelb	weiß
8. Kür.-R.	grün	gelb

1821 wurde das Garde-Kürassier-Regiment errichtet. Abzeichen kornblumenblau, Knöpfe und Litzen weiß. Die Uniform, wie sie in Abb. 11,i dargestellt ist, wurde bis zum Jahre 1843 getragen und damals durch Koller (ein Waffenrock vorn ohne Knöpfe, durch Haften geschlossen) und Stahlhelme ersetzt. Der weiße Koller hatte einen Kragen von der Grundfarbe, Kragenpatten und Aufschläge von der Abzeichenfarbe. Die gleiche Farbe zeigten Vorstöße an den Ärmel- und Rückennähten, Schoßtaschen-Leisten und um die Achselklappen. Um Kragen, Aufschläge sowie vorn herunter der Koller mit einer weißen, in der Regimentsfarbe durchwirkten Borte besetzt. Die Helme waren bei den beiden Garderegimentern von gelbem Metall und hatten statt des Adlers einen weißen Garde-Stern. Auch beim Regiment Nr. 6 waren die Helme gelb. Die Harnische waren

---
* Das berühmte ehemalige Seidlitzsche Regiment.

Abb. 12. Preußen. Kürassier-Offiziere 1914
a Paradeanzug – b Gesellschaftsanzug – c Hofballanzug (Tänzer) – d, e Dienstanzug – f Litewka (auf Truppenübungsplatz) – g Überrock

ebenfalls für die Garderegimenter gelb, auch bei den Unteroffizieren des 6. Regiments. 1856 erhielt ein Teil der Garde du Corps hohe, bis über das Knie reichende Stulpstiefel, 1868 wurden alle Regimenter mit solchen Stiefeln versehen, doch nunmehr statt der grauen weiße Reithosen eingeführt. Seit 1888 (Garde seit 1886) wurden allgemein statt der hohen, schlappen bis zum Knie reichende steife Stiefel getragen. Bezüglich der Abzeichen ist zu erwähnen, daß das Regiment Nr. 4 1870 die orangefarbenen Abzeichen gegen rote vertauscht. Harnische wurden 1914 nur noch zu Paraden angelegt. Wie die gesamte Kavallerie, wurden auch die Kürassiere mit Lanzen bewaffnet. Die Gardes du Corps erhielten zum Galawachdienst 1843 wieder die Superwesten, wie sie bis 1797 getragen wurden. Zu gewissen Paraden legte das Regiment eine Garnitur schwarzer, rotgerandeter Harnische an, die es im Jahre 1814 vom Kaiser von Rußland zum Geschenk erhalten hatte. Bei beiden Garderegimentern ließ sich die Helmspitze abschrauben und dafür ein weißmetallener, sich zum Fluge anschickender Adler aufsetzen. Dies geschah jedoch nur zur Parade bzw. zum Galawachdienst. Im Juni 1895 erhielt das 2. (pommersche) Kürassier-Regiment als Auszeichnung Ringkragen. Solche erhielten auch die 1. Kürassiere 1896 und die Garde du Corps 1912. Eine besondere Kollerborte nach friderizianischem Muster wurde 1901 dem Kürassier-Regiment Nr. 3 verliehen.
Die 1910 eingeführte Felduniform (Abb. 16, b) hatte Waffenrockschnitt, d. h. die farbigen Rückennähte und die Kollerborte vorn auf der Brust fielen fort, nur am Kragen und den Ärmelaufschlägen blieben die Kollerborten, die eine graue Grundfarbe erhielten. Die feldgrauen Achselklappen hatten zwei Vorstöße, innen von weißer, außen von der Regimentsfarbe. Kragen und Aufschläge wurden feldgrau. Das Bandolier wurde bei der gesamten Kavallerie abgeschafft, dafür erhielten die Mannschaften das Traggerüst mit Patronentaschen.
Die Schulterklappen der Feldbluse sind weiß und haben Vorstoß in Abzeichenfarbe. Gelbe Namenszüge wie bisher. Die feldgrauen Kragenlitzen haben beim Regiment Garde du Corps rote, beim Gardekürassierregiment kornblumblaue Füllung und für beide weiße Spiegel.

IV. Dragoner

Unter dem Großen Kurfürsten waren für die Dragoner ebenfalls Lederkoller in Gebrauch. Für die Aufschläge war die blaue Farbe bevorzugt. Später weiße Röcke. Unter Friedrich Wilhelm I. waren die Regimentsabzeichen blau oder rot, die Unterkleider gelb, Halsbinde rot (Abb. 13, c). Nach dem Zweiten Schlesischen Kriege wurde für sämtliche Dragoner-Regimenter die hellblaue Farbe für die Röcke eingeführt. Die Halsbinden wurden jetzt schwarz. Die Auf-

Abb. 13. Preußen. Dragoner

schläge erhielten durchgängig den sogenannten schwedischen Schnitt; auf der rechten Schulter waren sogenannte Achselschnüre angebracht, die sich in der Farbe nach den Knöpfen richteten. Der Hut war der gleiche wie bei den Kürassieren (Abb. 13, d). Es gilt daher auch hier das dort über Huttresse und Stutz Gesagte. Die Kartusche wurde nicht, wie bei den Kürassieren, an besonderem Bandelier getragen, sondern war am Karabinerbandelier befestigt. Der Pallasch hatte eine braune Lederscheide. Der Rock hatte völlig den Schnitt wie bei der Infanterie. Dagegen war das Schoßfutter meist in der Farbe der Abzeichen.

In der Folgezeit erhielten die Dragoner Kolletts in gleicher Ausstattung wie die bisherigen Röcke, nur waren die Schoßumschläge von der Grundfarbe mit Vorstoß von der Abzei-

Beim Tode Friedrichs des Großen waren die Abzeichen folgende:

Name d. Regiments	Kragen u. Aufschläge	Rabatten	Schoßumschläge	Knöpfe u. Achselbänder	Stickerei bei den Offizieren
1. Graf Lottum	schwarz	schwarz	schwarz	gelb	gold
2. von Mahlen	weiß	weiß	weiß	gelb	gold
3. von Thun	rosa	rosa	rosa	weiß	silber
4. von Götzen	paille	paille	paille	weiß	silber
5. Markgraf v. Ansbach-Baireuth	dunkelrot	dunkelrot	dunkelrot	weiß	silber
6. von Rohr	weiß	weiß	weiß	weiß	silber
7. von Borcke	scharlachrot	keine	scharlachrot	gelb	gold
8. von Brausen	scharlachrot	scharlachrot	scharlachrot	weiß	silber
9. von Zitzewitz	hellblau	keine, aber weiße Litzen	blau	weiß	silber
10. von Rosenbruch	orange	keine	orange	weiß	silber
11. von Bosse	gelb	gelb	gelb	weiß	silber
12. von Kalckreuth	schwarz	schwarz	gelb	weiß	silber

Die Abzeichenfarben waren im Jahre 1806:

Name des Regiments	Kragen, Aufschläge, Rabatten	Knöpfe u. Achselbänder	Stickerei bei den Offizieren
1. König von Bayern	schwarz	gelb	Gold
2. von Prittwitz	weiß	gelb	Gold
3. von Irwing	rosa	weiß	Silber
4. von Katte	paille	weiß	Silber
5. Regiment der Königin	dunkelkarmesin	weiß	Silber
6. von Auer	weiß	weiß	Silber
7. vac. von Rhein	scharlachrot	gelb	Gold
8. von Esebeck	scharlachrot	weiß	Silber
9. Graf von Herzberg	scharlachrot	weiß	Silber
10. vac. Manstein	orange	weiß	Silber
11. " von Voß	zitronengelb	weiß	Silber
12. " von Brüsewitz	schwarz	weiß	Silber
13. " von Rouquette	karmesin	gelb	Gold
14. von Wobeser	chamois	gelb	keine

chenfarbe. Dabei fiel die Weste weg. Die Offiziere behielten dagegen die Röcke bei. Im Jahre 1797 wurde das Lederzeug geteilt und nunmehr das Karabinerbandelier über die linke Schulter, der schmalere Kartuschriemen über die rechte Schulter getragen* (Abb. 13,f).

Bei der Reorganisation von 1808 erhielten die Dragoner hellblaue Kolletts mit ebensolchen Schoßumschlägen, die in der Abzeichenfarbe vorgestoßen waren. Vorn zwei Reihen von je acht Knöpfen. Kragen, Achselklappen und schwedische Aufschläge in der Regimentsfarbe. Graue Überhosen, an den Seiten mit Knöpfen besetzt. Tschako mit Ledergarnitur, rundem National und Adlerbeschlag. Anfänglich lederne Kinnriemen. Schuppenketten sollten erst im Falle einer Mobilmachung ausgegeben werden. Zu Paraden dicke weiße Haarbüsche, die Offiziere wallenden Federbusch. Behänge und Tschakos nach der Farbe der Knöpfe gelb und weiß. Anfänglich wurden die alten Pallasche in Lederscheide getragen (Abb. 13,g) und später durch Säbel ersetzt.

Die Abzeichen waren von 1808 bis 1819:

Name des Regiments	Kragen	Knöpfe
1. Königin	karmesin	weiß
2. 1. Westpreußisches	weiß	weiß
3. Littauisches	rot	gelb
4. 2. Westpreußisches	rot	weiß
5. Brandenburgisches	schwarz	gelb
6. Neumärkisches	hellrot	weiß
seit 1815 { 7. Rhein.	gelb	weiß
{ 8. Magd.	weiß	gelb

Die Offiziere erhielten das Kollett erst 1819. Bis dahin trugen sie sogenannte Leibröcke, d.h. eine Art Frack mit längeren Schößen. Als kleines Bekleidungsstück der Mannschaften diente eine Litewka von hellblauer Grundfarbe, mit Kragen und Achselklappen in der Regimentsfarbe. Für gewöhnlich wurde der Tschako zur Schonung in einem Überzuge getragen. 1814 verloren die Beinkleider den Knopfbesatz an der Seite. 1819 wurden verschiedene Regimenter zu Kürassieren umgewandelt.

Es blieben nunmehr noch vier bestehen, deren Abzeichen von 1819 bis 1843 folgende waren:

Name des Regiments	Kragen	Knöpfe
1. Littauisches	rot	gelb
2. Brandenburgisches	schwarz	gelb
3. Neumärkisches	hellrot	weiß
4. Rheinisches	weiß	gelb

1826 wurden die Tschakobehänge durchgängig weiß. Im selben Jahr fielen die Haarbüsche, die seit 1815 von dünnerer Form waren, ganz weg. 1842 wurden Waffenröcke und Helme eingeführt. Der Kragen des Rockes war von der Grundfarbe mit Patten in der Regimentsfarbe (Abb. 13,i). Seit 1867 wurden die Kragen vollfarbig. Die schwedischen Aufschläge waren anfangs hellblau mit farbigem Vorstoß, seit Oktober 1866 ebenfalls vollfarbig. Das Regiment Nr. 4 erhielt 1850 pompadourrote Abzeichen und gelbe Knöpfe, 1858 schwefelgelbe Abzeichen und weiße Knöpfe. Der Helm trug den sogenannten Dragoner-Adler (mit aufgerichteten Flügeln). Zu Paraden ein schwarzer Haarbusch. Als 1867 der sogenannte Tellerbeschlag des Helmes und die Augenschirme abgerundet wurden, erstreckte sich diese Änderung nicht auf die Dragoner, welche ihre alten Helme behielten. 1870 wurden graublau melierte Beinkleider in hohen Stiefeln eingeführt. 1889 Lanzen (1890 aus Stahlrohr), statt des Kavalleriesäbels der Kavalleriedegen 89. Degen und Karabiner senkrecht am Sattel befestigt (seit 1895). Seit 1911 Karabiner links und Degen rechts (und zwar bei der gesamten Reiterei). Auch erhielten die Regimenter sämtlich Nummern auf den Achselklappen.

---

* *Offiziere führten keine Kartusche.*

Die Abzeichen der Regimenter waren 1914 folgende:

Regiment	Abzeichen	Knöpfe	Bemerkungen
1. Garde-Drag.-R.	rot	gelb	Litzen gelb
2. Garde-Drag.-R.	rot	weiß	Litzen weiß
Drag.-R. Nr. 1	rot	gelb	
Drag.-R. Nr. 2	schwarz	gelb	
Gren.R. z. Pf. Nr. 3	rosarot	weiß	
Drag.-R. Nr. 4	hellgelb	weiß	
Drag.-R. Nr. 5	rot	weiß	
Drag.-R. Nr. 6	schwarz	weiß	
Drag.-R. Nr. 7	rosarot	gelb	
Drag.-R. Nr. 8	zitronengelb	gelb	
Drag.-R. Nr. 9	weiß	gelb	
Drag.-R. Nr. 10	weiß	weiß	
Drag.-R. Nr. 11	karmin	gelb	
Drag.-R. Nr. 12	karmin	weiß	
Drag.-R. Nr. 13	rot	gelb	weiße Vorstöße um Kragen und Aufschläge
Drag.-R. Nr. 14	schwarz	gelb	weiße Vorstöße um Kragen und Aufschläge
Drag.-R. Nr. 15	rosarot	weiß	weiße Vorstöße um Kragen und Aufschläge
Drag.-R. Nr. 16	zitronengelb	weiß	weiße Vorstöße um Kragen und Aufschläge

Das erste Garde-Dragoner-Regiment entstammt der 1811 errichteten Normal-Dragoner-Kompanie, späteren Garde-Dragoner-Eskadron, die 1813 zum leichten Garde-Kavallerie-Regiment gehörte. Die Abzeichen waren rot, dazu gelbe Gardelitzen und Knöpfe. Am Tschako ein Garde-Stern und ausnahmsweise ein Nackenschirm. Letzterer fiel nach den Befreiungskriegen weg, das Regiment trug im übrigen die gleichen Abzeichen weiter. Auch am Waffenrock waren die roten Abzeichen und gelben Litzen angebracht. Der Helm wurde mit dem Garde-Adler verziert; die Haarbüsche weiß. Bei der Armee-Reorganisation unter König Wilhelm I. wurde ein zweites Garde-Dragoner-Regiment errichtet, welches sich in der Uniform nur durch weiße Knöpfe und Litzen und Helmbeschlag unterschied.

1897 erhielt das 3. Dragoner-Regiment die Bezeichnung »Grenadier z. Pf.« und als Abzeichen den Garde-Adler ohne Stern auf dem Helm und vier Granaten in den Ecken der Kartusche. Das 2. Dragoner-Regiment bekam 1913 auf dem Helmadler ein Schild mit dem Kurzepter und darüber den Kurhut.

Die Felduniform 1910 folgt dem Infanteriemuster (Abb. 16,c), behält jedoch die schwedischen Aufschläge und den vorn abgerundeten Stehkragen, alle Vorstöße in der Abzeichenfarbe von 1914. Bei den Regimentern 13 bis 16 ist der Kragen- und der Aufschlagvorstoß weiß. Nummern und Namenszüge durchgängig rot.

Zur Feldbluse 1915 werden kornblumenblaue Schulterklappen mit Vorstoß in der alten Abzeichenfarbe (1914) getragen. Nummern und Namenszüge rot, bei 3, 7 und 15 rosa, 11 und 12 karmin. Desgleichen Hosenvorstöße. Knöpfe weiß, nur 1. Garde-Dragoner-Regiment gelb.

V. Husaren

Die erste Uniform der preußischen Husaren vom Jahre 1721 ist unbekannt. Die Beneckendorffsche Freikompanie, 1730 errichtet, trug anfänglich eine weiße Uniform mit Flügelmütze, 1731, auf ein Korps vermehrt, hellblauen Dolman mit roten Abzeichen und Pelz. Beide Korps, das Berliner und das preußische, änderten 1732 ihre Uniform, sie erhielten roten Dolman mit dunkelblauen Kragen, dunkelblaue Pelze, Mannschaften weiße, Offiziere goldene Verschnürung, niedrige Mützen von Bärenfell mit lang herabhängendem Kolpak, Kordonschnur nach den Eskadrons verschiedenfarbig, lederne Hosen, über diesen Schalavary (auch Scharawaden genannt) von dunkelblauem Tuch. Dolman und Pelz der preußischen Husaren waren etwas weniger reich ausgestattet.

Unter der Regierung Friedrichs des Großen trat eine bedeutende Vermehrung der Husarenwaffe ein. Im allgemeinen blieb der Schnitt der gleiche. Seit 1741 tritt wieder die Flügelmütze auf. Auch die Regimenter, die mit Pelzmützen versehen waren, scheinen für den Sommer über eine Garnitur Flügelmützen verfügt zu haben.

Das 1. Regiment hatte hellgrüne Dolmans und Scharawaden, dunkelgrüne Pelze, Mützenbeutel und Schabracken, letztere mit hellgrünen Zacken, weiße Schnüre (12 auf der Brust), hellgrüne Säbeltaschen. Schärpe rot und weiß.

Das 2., das berühmte »Zietensche« Regiment, trug rote Dolmans und Säbeltaschen, dunkelblaue Pelze und Schabracken, letztere mit rotem Zackenbesatz. Offiziere goldene, Mannschaften weiße Schnüre (auf der Brust 18), Säbeltasche rot. Schärpe dunkelblau mit weiß. Seit 1743 trugen die

Abb. 14. Preußen. Husaren 1740–1894

Offiziere am ersten Revuetag und zur Gala Tigerdecken statt der Pelze. Hierzu steckten die Subalternoffiziere an die Pelzmütze einen Reiherfederbusch, die Stabsoffiziere dagegen einen zepterartigen Stab mit Adlerflügel.

Das 3. Regiment trug weiße Dolmans, dunkelblaue Pelze und Scharawaden, gelbe Schnüre (auf der Brust 18), Pelzmützen mit weißem Beutel und dunkelblaue Schabracken mit weißem Zackenrand. Die Schärpe war gelb mit weißen Knöpfen, die Säbeltaschen gelb mit weißem Besatz.

Das 4. Regiment hellblaue Dolmans mit ebensolchen Kragen und Aufschlägen und hellblau-weißen Schnüren (auf der Brust 15), weiße Pelze, ebenso beschnürt, hellblau und weiße Schärpen. Säbeltaschen mit weißem Grund und hellblauem Besatz, von 1752 bis 1771 Flügelmützen, vorher und nachher Pelzmützen mit hellblauem Beutel. Die Grundfarbe der Schabracken war weiß, die des Zackenrandes hellblau.

Das 5. Regiment, die berühmten »Totenköpfe«, nach den gestickten Totenköpfen an den Filzmützen so genannt, hatte anfänglich ganz schwarze Montur mit weißen Schnüren (auf der Brust 12), später rote Kragen und Aufschläge. Der Rand der schwarzen Schabracke scheint von Anfang an rot gewesen zu sein; die Säbeltaschen waren von schwarzem Leder ohne Besatz.

Das 6. Regiment trug schwarze Flügelmützen und ganz braune Montur mit gelben Schnüren, die Schärpe war gelb und weiß.

Das 7. Regiment Flügelmützen, gelbe Dolmans mit gelben, seit 1771 hellblauen Kragen und Aufschlägen, hellblaue Pelze und Scharawaden, hellblau und weiße Schärpen und Säbeltaschen. Schabracke hellblau mit gelbem Zackenrand. Schnüre weiß (auf der Brust 12).

Das 8. Regiment, das »Bellingsche«, später »Blüchersche«, bis zum Jahre 1764 ganz schwarze Montur mit grünen Kragen und Aufschlägen, Schnüren und Schabrackenbesatz, gelbe Knöpfe und grün und gelbe Schärpen, schwarzlederne Säbeltaschen. Die Flügelmütze zeigte in Stickerei ein liegendes Skelett mit Sanduhr und der Umschrift: »Vincere aut mori«. Wegen des Skelettes war das Regiment im Gegensatz zu den Totenköpfen unter der volkstümlichen Bezeichnung »Der ganze Tod« bekannt. 1764 erhielt das Bellingsche Regiment die Uniform des bei Maxen in Gefangenschaft geratenen Gersdorffschen Regiments, und zwar ganz dunkelrote, weißbeschnürte Uniform (auf der Brust 12 Schnüre). Dazu schwarze Flügelmützen.

Das 9. Regiment bestand aus Lanzenreitern, den Bosniaken, und wird später besprochen werden.

Das 10. Regiment wurde erst in der späteren Regierungszeit Friedrichs des Großen, nämlich 1773, errichtet. Es trug Pelzmützen mit gelblichem Beutel, gelbliche Dolmans mit dunkelblauen Kragen und Aufschlägen und roter Beschnürung (auf der Brust 15 Schnüre), dunkelblaue Pelze und Scharawaden, rot und blaue Schärpen, dunkelblaue Säbeltaschen mit gelblichem Zackenrande und rotem Namenszug. Schabracken dunkelblau mit gelblichem Zackenrand. Die Beschnürung der Offiziere war silbern.

Abzeichen der Regimenter 1806

Name des Regiments	Dolman	Kragen u. Aufschläge	Schnüre	Pelz	Schärpe
1. Regt. v. Gettkandt	dunkelgrün	rot	weiß	dunkelgrün	rot-weiß
2. Regt. v. Rudorff	rot	dunkelblau	weiß	dunkelblau	dunkelblau-weiß
3. Regt. v. Pletz	dunkelblau	gelb	gelb	dunkelblau	gelb-weiß
4. Regt. Prinz Eugen von Württemberg	hellblau	rot	weiß	hellblau	gelb-weiß
5. Regt. v. Prittwitz	schwarz	rot	weiß	schwarz	rot-weiß
6. Regt. v. Schimmelfennig v. d. Oeye	dunkelbraun	gelb	gelb	dunkelbraun	gelb-weiß
7. Regt. v. Köhler	zitronengelb	hellblau	weiß	hellblau	hellblau-weiß
8. Regt. v. Blücher	dunkelkarmesin	schwarz	weiß	dunkelkarmesin	rot-weiß
10. Regt. v. Usedom	dunkelblau	strohgelb	weiß	dunkelblau	karmesin-blau
11. Bataillon v. Bila	dunkelgrün	rot	gelb	dunkelgrün	rot-weiß

Bei dem 5. Regiment der Totenkopf auch auf den Tschakos.

Regimenter nach der Reorganisation 1808

Name des Regiments	Grundfarbe	Kragen u. Aufschläge	Besatz und Knöpfe
Leib-Hus.-R.	schwarz	rot	weiß
1. Brandenburg. Hus.-R.	dunkelblau	rot	weiß
2. Brandenburg. Hus.-R. (Schill)	dunkelblau	rot	gelb
Pomm. Hus.-R. (Blücher)	hellblau	schwarz	gelb
Oberschlesisches Hus.-R.	braun	gelb	gelb
Niederschlesisches Hus.-R.	grün	rot	weiß

Abzeichen der Regimenter 1815

Name des Regiments (Linie 5. 11. 1816 bis 1823)	Grundfarbe für Dolman und Pelz	Kragen und Aufschläge	Beschnürung und Knöpfe
Garde-Hus.-R.	dunkelblau	rot	gelb
1. Hus.-R. (1. Leib-Hus.-R.)	schwarz	rot	weiß
2. Hus.-R. (2. Leib-Hus.-R.)	schwarz	schwarz	weiß
3. Hus.-R. (Brandenburgisches)	dunkelblau	rot	weiß
4. Hus.-R. (1. Schlesisches)	braun	gelb	gelb
5. Hus.-R. (Pommersches)	dunkelblau	dunkelblau	gelb
6. Hus.-R. (2. Schlesisches)	grün	rot	gelb
7. Hus.-R. (Westpreußisches)	schwarz	rot	gelb
8. Hus.-R. (1. Westfälisches)	dunkelblau	hellblau	weiß
9. Hus.-R. (Rheinisches)	kornblumblau	kornblumblau	gelb
10. Hus.-R. (1. Magdeburgisches)	grün	hellblau	gelb
11. Hus.-R. (2. Westfälisches)	grün	rot	weiß
12. Hus.-R. (2. Magdeburgisches)	kornblumblau	kornblumblau	weiß

Bei denjenigen Regimentern, welche Flügelmützen trugen, hatten die Offiziere vorn eine seidene Bandkokarde, und der Flügel hatte einen Besatz von Silber- oder Goldtresse. Der Schnurbesatz bei den Offizieren war silbern oder golden, je nachdem das betreffende Regiment weiße oder gelbe Beschnürung hatte, nur beim Zietenschen Regiment trugen die Offiziere Goldbeschnürung, während die der Mannschaften weiß war. Das Karabinerbandelier hing über die linke Schulter, das braunlederne Kartuschbandelier über die rechte. Die Säbeltasche saß ziemlich hoch (Abb. 14, b). Unteroffiziere und Mannschaften trugen keine Zöpfe, sondern banden das Haar hinten und an den Schläfen in Knoten. Im allgemeinen änderte sich die Uniform bis zum Jahre 1806 wenig. Nur folgende Punkte sind besonders zu bemerken: Die Dolmans erhielten etwas kürzere Schöße, die Kragen wurden höher, die Scharawaden wurden abgeschafft und an ihrer Stelle später Überknöpfhosen eingeführt. Vier Truppenteile hatten 1806 anliegende ungarische Tuchhosen, nämlich das Regiment Nr. 6 und das 1792 errichtete Husarenbataillon Nr. 11, und zwar beide von hellblauer Farbe, und Nr. 3 und Nr. 10 dunkelblau. 1796 wurden die Pelzmützen durchgängig abgeschafft, mit Ausnahme des zweiten Regiments.

1804/05 sollten Tschakos beschafft werden, indessen sind die meisten Regimenter 1806 noch mit den alten Flügelmützen, damals Schackelhauben genannt, ausgerückt. Abb. 14, d zeigt die Form des Tschakos. Vorn war eine wollene Rose, darunter eine Bandkokarde nebst Agraffe angebracht, und zwar Rose und Kokarde in der Farbe des Pelzes und der Beschnürung, nicht in der Nationalfarbe. An der rechten Seite nach hinten ein Behänge; der weiße Stutz war damals von sehr hoher Form (und zwar bei den Husaren wie überhaupt bei der gesamten Reiterei 1762 eingeführt).

Da sich die Abzeichen einiger Regimenter mittlerweile änderten, nebenstehend eine Übersicht aus dem Jahre 1806.

Die Uniform bestand seit 1808 aus Dolman, Pelz, grauen Überknöpfhosen und Tschako. Als Dekoration eine wollene Rose und schwarzgelbe Bandkokarde mit Agraffe. Die Behänge hatten die Farbe der Beschnürung. Federbüsche waren weiß, bei den Trompetern rot. Schon in demselben Jahre wurde das Leibhusaren-Regiment in zwei Regimenter geteilt, das 1. und das 2. Leibhusaren-Regiment. Zur Unterscheidung erhielt das 1. weiße, das 2. rote Schulterklappen. Beide Regimenter trugen die alte Tschakodekoration, den Totenkopf, an Stelle der Kokarde. Das 2. Brandenburgische Regiment wurde infolge des Schillschen Zuges aufgelöst. Die Uniform ging auf das pommersche Regiment über, jedoch mit dunkelblauen Kragen und Aufschlägen. Für dieses Regiment war gerade eine neue Uniform vorgeschrieben worden, und zwar hellblau mit schwarzen Abzeichen und gelben Schnüren. 1811 wurde eine Normal-Husaren-Kompanie, später Garde-Normal-Husaren-Eskadron, errichtet, welche genau die Uniform des ehemaligen Schillschen Regiments erhielt, jedoch mit gelbwollenen Tressen um Kragen und Aufschläge. Zum gewöhnlichen Dienst wurde im Felde der Tschako im Überzug getragen. Die Säbeltaschen waren bei den Leibhusaren-Regimentern von schwarzem Blankleder, bei den übrigen Regimentern mit rotem Tuch bezogen und mit gelber oder weißer Einfassung und mit gekröntem königlichem Namenszug geschmückt. Die Schabracken waren von schwarzem Lammfell und rotem Tuchvorstoß. 1815 waren, nachdem die Normal-Eskadron zum Garde-Husaren-Regiment erhoben und eine Anzahl neuer Regimenter errichtet worden waren, die Abzeichen wie in der Tabelle links unten beschrieben.

Der Dolman erhielt jetzt einen geschlossenen Kragen. Die Seitenknöpfe an den Hosen fielen fort, der Tschako erhielt durch Vergrößerung des Deckels eine andere Form; die Haarbüsche wurden dünner. Bei den Leibhusaren fielen die Schulterklappen fort. Das pommersche Husarenregiment bekam die gleichen Säbeltaschen wie die Leibhusaren. 1826 wurden die Behänge durchgängig weiß, 1832 fiel das vordere Garngeflecht an den Behängen fort, die Fangschnüre wurden verkürzt. Überdies brachte das Jahr 1832 eine größere Änderung: Kragen und Aufschläge erhielten nämlich die Grundfarbe des Dolmans. Da jetzt verschiedene Regimenter die gleiche Uniform gehabt hätten, erhielten das 2., 4., 8. und 10. Regiment Tschakos mit hellblauer Tuchbekleidung (Abb. 14, h), das Garde-Regiment rote Tschakos. Die Haarbüsche wurden nicht mehr getragen, nur die Gardehusaren behielten sie zu Fußparaden bei. Die Bandeliere, bisher schwarz, wurden weiß. 1836 wurde der Schnitt des Dolmans geändert, indem er etwas länger wurde, die Beschnürung erhielt eine andere Form und wurde bei den Offizieren golden oder silbern (statt der bisherigen kamelgarnenen). Das Jahr 1843, das der übrigen Armee Waffenrock und Helm brachte, hatte auch für die Husarenuniform verschiedene Neuerungen im Gefolge. Das Garde- und das 3. Regiment erhielten rote Dolmans mit der bisherigen Beschnürung, die Pelze blieben blau; das 5. blutrote Dolmans und Pelze mit weißen Schnüren. Das Garde- und 3. Regiment bekamen Pelzmützen mit rotem Beutel (Abb. 14, i) (ersteres Garde-Stern), die übrigen Regimenter Flügelmützen mit schwarzem Tuchbezug (Abb. 14, k). Der Flügel, zur Parade herabhängend getragen, war innen mit farbigem Tuch ausgeschlagen. Als Dekoration bei den beiden Leibhusaren-Regimentern neusilberne Totenköpfe. Der Haarbusch stand aufrecht und wurde in der Mitte durch einen messingenen Ring zusammengehalten. 1844 erhielt das 10. Regiment Pelzmützen, 1850 sämtliche Regimenter. 1853 wurde der Dolman durch die sogenannte Husarka oder Attila, welche etwas längere Schöße hatte, ersetzt. Statt der bisherigen engen Verschnürung nur noch 5 Schnurreihen. Der Pelz wurde gänzlich abgeschafft; bei den Linien-Regimentern wurden 1849/50 für Mannschaften und Unteroffiziere schwarzlederne Säbeltaschen eingeführt mit gelbem oder weiß-metallenem königlichem Namenszug. 1860 wurde an der Pelzmütze ein fliegendes Band aus gelbem oder weißem Metall angebracht (Abb. 14, l). Das 7. Regiment änderte seine Grundfarbe 1854 in dunkelblau, 1861 in russischblau. Seit diesem Jahre an der Pelzmütze der königliche Namenszug. 1865 wurden die Pelzmützen niedriger und die Haarbüsche, statt aufrecht,

Die Abzeichen der Friedensuniform waren 1914:

Regiment	Attila	Schnüre	Mützenbeutel
Leib-Garde-Hus.-R.	rot	gelb	rot
1. Leib-Hus.-R. Nr. 1	schwarz	weiß	rot
2. Leib-Hus.-R. Nr. 2	schwarz	weiß	weiß
Hus.-R. Nr. 3	rot	weiß	rot
Hus.-R. Nr. 4	braun	gelb	gelb
Hus.-R. Nr. 5	dunkelrot	weiß	dunkelrot
Hus.-R. Nr. 6	dunkelgrün	gelb	rot
Hus.-R. Nr. 7	russischblau	gelb	rot
Hus.-R. Nr. 8	dunkelblau	weiß	kornblumblau
Hus.-R. Nr. 9	kornblumblau	gelb	kornblumblau
Hus.-R. Nr. 10	dunkelgrün	gelb	pompadourrot
Hus.-R. Nr. 11	dunkelgrün	weiß	rot
Hus.-R. Nr. 12	kornblumblau	weiß	weiß
Hus.-R. Nr. 13	kornblumblau	weiß	rot
Hus.-R. Nr. 14	dunkelblau	weiß	rot
Hus.-R. Nr. 15	dunkelblau	weiß	gelb
Hus.-R. Nr. 16	kornblumblau	weiß	gelb

nunmehr freiwallend. Das Garde-Husaren-Regiment erhielt gleichzeitig dunkelblaue Pelze (das Zietensche 1873). Später haben auch noch einige andere Regimenter dieses Bekleidungsstück erhalten. 1867 änderte sich die Beinbekleidung: an Stelle der lederbesetzten grauen Reithosen traten dunkelblau-melierte Beinkleider mit weißem oder gelbem Bortenbesatz und Husarenstiefel. Auch wurden die Schärpen, die bisher bei den Regimentern verschiedenfarbig waren, durchgängig weiß mit schwarz und weißen Knoten. Die Schabracken mit Zackenrand, 1815 eingeführt, wurden jetzt nur noch zu Paraden getragen. Ausrüstung mit Lanzen und Degen wie bei den Dragonern, auch das gleiche verschmälerte Bandelier.

1910 wurde eine feldgraue Attila ohne farbige Abzeichen mit grauen Schnüren eingeführt (Abb. 16, e). Die Regimentsfarben drückten sich nur in den Schulterstücken (Attila- und Schnurfarbe gemischte Doppelschnüre mit Nummern oder Namenszügen in Knopffarbe) und dem Mützenbesatz aus. Die Leibgarde-Husaren erhielten eine rotgelbe Doppelschnur mit Schleifen am Achselrand. Die Gardeborte wurde grau mit roten und gelben Streifen. Der Mützenbesatzstreifen erhielt die alte Attilafarbe, die Vorstöße behielten die alte Farbe (Schnurfarbe), dazu kam für die Regimenter, die vordem einen andersfarbigen Besatzstreifen hatten, ein weiterer Vorstoß von dieser Farbe über den oberen Besatzvorstoß. Auf den Achselklappen wurden die Regimentsnummern bzw. die Namenszüge angebracht. Die Offiziersattila hatte den Schnitt der Interimsattila. Säbeltasche und Schärpe fielen fort.

Zur Feldbluse wurden die Schulterstücke der Uniform 1910 getragen mit Nummer aus Schnur entgegengesetzt der Knopffarbe. 1. Leibhusaren-Regiment gelben Namenszug W R II mit Krone. Auch die Leibgardehusaren erhielten ein rotgelb geschildertes vierfaches Schnurschulterstück ohne Nummer, dazu am Kragen graue Doppellitzen mit gelbem Spiegel und roter Füllung (Abb. 16, i). Reithose mit gelbem oder weißem Flachschnurbesatz, je nach Knopffarbe, an den Nähten. Offiziersachselstücke mit Vorstoß in Farbe der Friedensattila.

VI. Ulanen

Im Jahre 1740/41 wurde in Preußen ein Ulanen-Regiment errichtet, das aber schon 1742 zu Husaren umgewandelt wurde. Die Uniform bestand aus einer blauen Tuchmütze mit Pelz gebrämt, blaues Wams und Beinkleider, weißes langes Oberkleid ohne Ärmel, rote Leibbinden und rote oder blaue Lanzenflaggen (Abb. 15, a). Ein anderes Ulanenkorps wurde 1745 unter dem Namen »Bosniaken« errichtet und anfangs dem Totenkopf-Husaren-Regiment beigegeben. Später wurde es zum selbständigen Regiment erhoben (Nr. 9 unter den Husaren). Ältere Darstellungen zeigen ein rotes, weiß vorgestoßenes Wams und ebensolche lange, weite Hosen. Dazu ein schwarzes, kurzes Überkleid mit nur bis zum Ellbogen reichenden weiten Ärmeln. Als Kopfbedeckung eine Art Turban, rot mit weißem Bunde. Die spätere Uniform unter Friedrich dem Großen war ganz rot mit weißem Besatz; den Kopf bedeckte eine Pelzmütze ohne Beutel. Im Winter lange dunkelblaue Katanken (Überröcke) mit weißem Besatz. 1796 Husarenpelzmützen, 1798 lange rote Röcke mit stehenden dunkelblauen Kragen und Aufschlägen. Die Uniform des Tatarenpulks machte in der kurzen Zeit ihres Bestehens zu viele Wandlungen durch, um diese hier aufzählen zu können. Die Lanzenflaggen waren eskadronweise verschiedenfarbig (Abb. 15, b). Später traten an die Stelle der Bosniaken und Tataren die »Towarczys«. Sie trugen dunkelblaue Uniform mit ponceauroten Abzeichen, Beinkleider wie die Husaren, rote Paßgürtel mit weißem

Abb. 15. Preußen. Ulanen
a, e, g, h, i, k, l Ulanen – b Bosniak – c Towarczy – d Garde-Ulan – f Garde-Kosak

Vorstoß (Abb. 15, c). Das Regiment Towarczys hatte gelbe, das Bataillon Towarczys weiße Knöpfe, dazu beide Formationen Achselschnüre in der Knopffarbe, die bei den Angehörigen der alten Bosniaken- und Tatarenformationen fehlten. Seit 1805 war der Tschako mit Lederschirm und Garnierung wie bei den Husaren eingeführt worden. Sie rekrutierten sich aus dem kleinen polnischen Adel der damaligen Provinzen Neuostpreußen und Südpreußen.

Aus den Towarczys entstand 1808 das erste und zweite Ulanen-Regiment, zu denen 1809 noch ein drittes hinzukam. Als Hauptbekleidungsstück diente ein dunkelblaues Kollett mit rotem Kragen, spitzen Aufschlägen und zwei Reihen gelber Knöpfe, auf der rechten Seite vorn herunter roter Vorstoß. Die blauen Schöße mit rotem Besatz. Die Achselklappen waren beim ersten Regiment weiß, zweiten rot, dritten gelb. Überknöpfhosen grau. Tschako mit Rose und schwarz-weißer Bandkokarde, gelben Behängen und sehr langen Fangschnüren, die über Brust und Hals geschlagen wurden. Schwarze Federbüsche. Um den Leib ein blauer, rot vorgestoßener Paßgürtel. Die Lanzenflaggen waren unten blau, oben von der Farbe der Achselklappen (Abb. 15, e).

1809 wurde eine Leib-Ulanen-Eskadron gebildet, deren Uniform aus dunkelblauen Kolletts mit roten Kragen, Rabatten, polnischen Aufschlägen und an den Seiten rot umgeschlagenen Schößen bestand. Rote Vorstöße an den Nähten, weiße Knöpfe, weiße wollene Epauletten mit losen Fransen, Paßgürtel weiß mit zwei schwarzen Tressen. Die Mannschaften trugen Beinkleider wie die übrige Kavallerie, die Offiziere blaue mit rotem Besatz, dunkelblaue Tschapkas mit schwarzem Federbusch. Lanzenflaggen unten weiß, oben rot. 1810 wurde die Benennung in Garde-Ulanen-Eskadron geändert und die Uniform den Linien-Ulanen ähnlicher gemacht. Das Kollett hatte gelbe Knöpfe, rote Abzeichen (keine Rabatten), gelbe Gardelitzen; an Stelle der Achselklappen Epauletten mit weißen Feldern und gelben Halbmonden. Die Tschapka erhielt gelbes Schnurwerk, die Lanzenflaggen blieben unverändert (Abb. 15, d). Sämtliche Ulanen hatten schwarze Bandeliere und schwarze Lammfellschabracken mit rotem Vorstoß. Zum kleinen Dienst dunkelblaue Litewka mit rotem Kragen; Achselklappen wie auf den Kolletts. Tschako im Überzuge. 1813 wurde eine Garde-Kosaken-Eskadron errichtet, die mit der Garde-Dragoner-, Garde-Husaren- und Garde-Ulanen-Eskadron das leichte Garde-Kavallerie-Regiment bildete; gleichzeitig wurde auch eine Garde-Volontär-Kosaken-Eskadron formiert, welche bei den Gardes du Corps die Stelle der freiwilligen Jäger-Detachements vertrat. Die Uniform war ganz blau, der Mützenbeutel rot; die Lanze hatte keine Flagge (Abb. 15, f). 1815 wurde die Anzahl der Regimenter vermehrt, und die Garde-Eskadron wurde zum Regiment erhoben.

Die Abzeichen waren:

Name des Regiments (Linie 5. 11. 1816 bis 1823)	Achselklappen	Knöpfe
Garde-Ulan.-R.	rote Epaulettefelder	gelb
1. Ulan.-R. (Westpreußisches)	weiß	gelb
2. Ulan.-R. (Schlesisches)	rot	gelb
3. Ulan.-R. (Brandenburgisches)	gelb	gelb
4. Ulan.-R. (Pommersches)	hellblau	gelb
5. Ulan.-R. (Westfälisches)	weiß	weiß
6. Ulan.-R. (2. Westpreußisches)	rot	weiß
7. Ulan.-R. (1. Rheinisches)	gelb	weiß
8. Ulan.-R. (2. Rheinisches)	hellblau	weiß

Die Tschapka der Garde-Ulanen erhielt einen Stern. Die Linien-Regimenter erhielten nun ebenfalls Tschapkas statt der Tschakos. Zu Paraden ein weißer hoher Haarstutz. Die Schaffellschabracken wurden abgeschafft und dafür Tuchüberdecken eingeführt, und zwar dunkelblau mit rotem Rande. Im Jahre 1821 wurden die Kolletts der Linien-Regimenter mit roten Vorstößen auf den Ärmel- und Rückennähten versehen. 1824 traten an Stelle der Achselklappen Epauletten mit Feldern in der gleichen Farbe. 1825 wurden die Bandeliere weiß. Die Garde-Landwehr-Eskadronen hatten eskadronsweise verschiedenfarbige Abzeichen. 1826 wurde aus ihnen das 1. und 2. Garde-Ulanen-(Landwehr-)Regiment gebildet. 1843 erhielten die Kolletts einen anderen Schoßbesatz, an den Seiten rot aufgeschlagen, und zur Parade aufzuknöpfende rote Brustrabatten, auch auf der linken Seite der Brust einen roten Vorstoß. 1843 wurde auch der obere viereckige Teil der Tschapka, der bisher durchgängig dunkelblau war, den Epaulettefeldern entsprechend verschiedenfarbig. Bis 1844 war die Tschapka ohne Beschlag, sie erhielt jetzt am oberen Teile einen weiß- oder gelbmetallenen Adler. Auch zu diesen Tschapkas wurden zur Schonung Überzüge getragen; zu Paraden wurden weiße fliegende Haarbüsche aufgesteckt (Abb. 15, h). Die Beinkleidung wie bei den Dragonern. Die beiden Garde-Ulanen-Regimenter erhielten 1851 rote Abzeichen, beim ersten Regiment weiße Knöpfe, Litzen, Adler, beim zweiten gelbe. 1853 erhielten die Garde-Regimenter, später auch die übrigen, sogenannte Ulankas, eine Art Waffenrock von besonderem Schnitte. Das Jahr 1867 brachte ein neues Tschapkamodell, das ganz aus schwarzlackiertem Leder bestand und bei welchem der Adler auf dem unten runden Teile Platz fand. Zu Paraden wurde seitdem der obere viereckige Teil mit einer sogenannten Tschapka-Rabatte bekleidet. Der wachstuchene Überzug fiel weg. Die Lanzenflaggen waren seit 1815 schwarz und weiß; früher oben schwarz, jetzt dagegen das Schwarz unten. Wie bei den Dragonern und Husaren wurden auch bei den Ulanen Degen und verschmälerte Bandeliere eingeführt. 1899 erhielt das 13. (Königs-)Regiment silbernen Gardeadler mit Stern, besonderen Namenszug auf die Kartusche und Sterne auf die Schabracken, 1913 das 7. Regiment Gardeadler ohne Stern.

Die Abzeichen waren 1914:

Regiment	Kragen, Aufschläge, Rabatten	Epaulettefelder, Tschapka-Rabatten	Knöpfe	Bemerkungen
1. Garde-Ulan.-R.	rot, Rabatten weiß	weiß	weiß	weiße Litzen
2. Garde-Ulan.-R.	rot	rot	gelb	gelbe Litzen
3. Garde-Ulan.-R.	gelb	gelb	weiß	weiße Litzen
Ulan.-R. Nr. 1	rot	weiß	gelb	—
Ulan.-R. Nr. 2	rot	rot	gelb	—
Ulan.-R. Nr. 3	rot	zitronengelb	gelb	—
Ulan.-R. Nr. 4	rot	hellblau	gelb	—
Ulan.-R. Nr. 5	rot	weiß	weiß	—
Ulan.-R. Nr. 6	rot	rot	weiß	—
Ulan.-R. Nr. 7	rot	zitronengelb	weiß	—
Ulan.-R. Nr. 8	rot	hellblau	weiß	—
Ulan.-R. Nr. 9	weiß	weiß	gelb	—
Ulan.-R. Nr. 10	karmesin	karmesin	gelb	—
Ulan.-R. Nr. 11	zitronengelb	zitronengelb	gelb	—
Ulan.-R. Nr. 12	hellblau	hellblau	gelb	weiße Vorstöße
Ulan.-R. Nr. 13	weiß	weiß	weiß	—
Ulan.-R. Nr. 14	karmesin	karmesin	weiß	—
Ulan.-R. Nr. 15	zitronengelb	zitronengelb	weiß	—
Ulan.-R. Nr. 16	hellblau	hellblau	weiß	weiße Vorstöße

Abb. 16. Preußen. Kavallerie 1908 – 1918
a, g Jäger z. Pf. – b Kürassier – c, h Dragoner – d Husaren-Offizier – e Husar – f Ulan – i Leib-Garde-Husar – k, l Kavallerist

Die feldgraue Uniform von 1910 beließ auch den Ulanen ihren kennzeichnenden Uniformschnitt (Abb. 16, f). So blieb die Ulanka bestehen; Kragen und Aufschläge wurden feldgrau mit Vorstößen in der alten Rabattenfarbe (1. Garde-Ulanen jedoch rot). Die Metallepauletten fielen fort, dafür kamen Achselklappen in Epaulettenform mit Vorstößen in der Farbe der ehemaligen Epaulettefelder zur Einführung. Zur Feldbluse 1915 erhielten auch die Ulanen eckige Schulterklappen, für alle Regimenter rot mit gelben Namenszügen und Nummern, mit Vorstößen in der Farbe der Tschapka-Rabatten von 1914. Die Kragenlitzen der drei Garde-Ulanen-Regimenter hatten Füllung in der Friedenskragenfarbe und weiße bzw. gelbe Spiegel nach der alten Knopffarbe.

VII. Jäger-Regimenter zu Pferde

Die 1895 errichteten Meldereiterdetachements hatten bei der Garde grüne Röcke, beim I. Korps blaue Koller und beim XV. Korps weiße Attilas. 1897 erhielten sie den Namen »Jäger zu Pferde« und damit eine neue Uniformierung. Sie bekamen einen Koller von graugrüner Farbe, hellgrüne Kragen, schwedische Aufschläge und Achselklappen, gelbe Kollerborten mit hellgrünen Streifen. Geschwärzte Kürassierhelme (Garde mit weißem Haarbusch), weiße Mützen mit hellgrünem Besatzstreifen und gelben Vorstößen. Hohe Kürassierstiefel, Bandelier mit messingenem Beschlag, Pfeife und Kette. Alles Leder braun. Die Garde-Jäger zu Pferde am Kragen und den Aufschlägen gelbe Litzen. Auf Helm und Schabracke Gardestern. 1905 wurden aus den Detachements selbständige Regimenter. Im wesentlichen blieb die Uniform unverändert (Abb. 16, a). Die Knöpfe wurden weiß, die Borten grün mit regimenterweise verschiedenfarbigen Mittel- und Randstreifen. Hellgrüne Schulterklappen mit Vorstößen in der Regimentsfarbe und roter Regimentsnummer. Das 1. Regiment bekam 1905 gelben Namenszug. 1903 wurden die Mützen graugrün.

Unteroffiziere und Mannschaften der 1913 errichteten Regimenter trugen nur die Felduniform, dazu Dragonerhelme, geschwärztes Lederzeug und Dragonerstiefel.

Die Abzeichen der Jäger zu Pferde waren 1914 folgende:

Regiment	Abzeichen-farbe	Regiment	Abzeichen-farbe
1 u. 8	weiß	4 u. 11	hellblau
2 u. 9	rot	5 u. 12	schwarz
3 u. 10	zitronengelb	6 u. 13	dunkelblau
7	rosa		

Metallteile 1 – 7 weiß, 8 – 13 gelb

Der schon 1908 eingeführte Waffenrock (auf der Brust Knöpfe statt Kollerborte, graugrüne Kragen und Aufschläge) wird 1910 Felduniform, er erhält grüne Kragen und Aufschläge und am unteren Rande des Rockes einen grünen Vorstoß, ferner Kronenknöpfe statt der glatten.

Die Bluse hat graugrünes Grund- und Besatztuch. Die Schulterklappen bleiben gegen die Uniform 1910 unverändert.

VIII. Artillerie, Pioniere, Verkehrs-Truppen, Train

Unter dem Großen Kurfürsten war die Artillerieuniform im allgemeinen noch nicht geregelt. Nach einer Nachricht soll die Artillerie bei dem Hilfskorps, welches dieser Regent zum Türkenkriege 1686 stellte, braune Röcke getragen haben. Nach einem Musterungsberichte von 1709 trugen die Offiziere rote Röcke mit goldenen Tressen und bleumourant Aufschlägen, paille Westen und Hosen, weiße Strümpfe und goldbesetzten Hut. Die Kanoniere haben nach demselben Bericht einen blauen, strohgelb gefütterten Rock, strohgelbe Weste, Lederhosen, weiße Strümpfe, Hut mit Tresse und rotes Halstuch. In der Folgezeit glich die Uniform im Schnitt völlig derjenigen der Infanterie und machte die gleichen Wandlungen durch. Unter Friedrich Wilhelm I. waren auch die Offiziere blau montiert. Der Artillerierock hatte keine farbigen Abzeichen. Die Aufschläge waren von der Grundfarbe, nur die Schoßumschläge rot. 1731 erhielten die Bombardiere Mützen von schwarzer Wachsleinwand mit Messingbeschlag, ähnlich den Füsiliermützen. Unter Friedrich dem Großen bestand die Uniform aus demselben Rock mit Messingknöpfen, gelben Westen und roten Halsbinden für die Feldartillerie (Abb. 10, i), schwarzen für die Garnison-Artillerie. Die Westen der Offiziere waren mit goldenen Tressen besetzt, ihre Hüte mit einer ebensolchen schmalen. Die Mannschaften hatten eine weiße Bandborte um den Hut. Der Große König schuf die Waffe der *reitenden Artillerie*. Die Bekleidung war die gleiche, nur glich die Beinkleidung derjenigen der Reiterei. Unter Friedrich Wilhelm II. erhielt der Rock dunkelblaue Klappen. Der zweiklappige Hut, das sogenannte Kaskett, welchen der König einführte, war mit einer dreiflammigen Granate geschmückt. 1798 wurden Kragen, Klappen und Aufschläge schwarz, Hut in der Form wie damals bei der Infanterie, bei der reitenden Artillerie Kavalleriehut mit weißem Busch. 1802 bekam die reitende Artillerie Kolletts im Schnitt wie die Dragoner. Die schwarzen Abzeichen, auch die schwarzen Besätze um die Schoßumschläge, waren rot vorgestoßen. Unterkleider weiß.

Bei der Reorganisation von 1808 wurde ein dunkelblaues Kollett mit zwei Reihen von gelben Knöpfen eingeführt. Die Fußartillerie hatte rote Schoßumschläge, schwarze, rot vorgestoßene Kragen und Aufschläge, dunkelblaue Ärmelpatten. Die Achselklappen waren je nach Brigade weiß, rot oder gelb. Hosen, Gamaschen, Tschako wie bei der Infanterie. Als Dekoration eine dreiflammige gelbmetallene Granate. Lederzeug schwarz (Abb. 10, l). Bei der reitenden Artillerie Schöße nach Kavallerieart, von der Grundfarbe mit schwarzem, rot vorgestoßenem Besatz. Kragen wie bei der Fußartillerie, dagegen Aufschläge von schwedischer Form. Lederzeug weiß. Kavallerie-Tschako ebenso verziert wie bei der Fußartillerie. Weiße hohe Federbüsche und gelbe Behänge. Die reitende und Fußartillerie der Garde hatten die gleiche Uniform, nur mit gelben Litzen geschmückt, Tschako mit Stern statt der Granate; die Garde-Fußartillerie schwarzen Haarstutz. Achselklappen rot. Die weiteren Veränderungen im Schnitt der Uniform waren dieselben wie bei den anderen Truppenteilen, z. B. 1814 veränderte Tschakoform, dünnere Haarbüsche, geschlossene Kragen. 1816 wurden durchgängig rote Achselklappen mit gelben Nummern eingeführt. Von 1809–1821 waren auch Litewken im Gebrauch, von dunkelblauer Grundfarbe und schwarzen, rot vorgestoßenen Kragen. Die Tschakobehänge waren bei der Garde rot, bei der Linie nunmehr weiß. 1843 wurden auch bei der Artillerie die Waffenröcke eingeführt. Die Kragenpatten schwarz mit rotem Vorstoß, Aufschläge ebenso, bei der reitenden Artillerie von schwedischer Form, bei der Fußartillerie mit dunkelblauen Ärmelpatten. Der Tschako wurde durch den Helm verdrängt, der mit dem Garde- bzw. Linien-Adler geschmückt war (Abb. 10, n). Bei der Garde weiße, bei der reitenden Linienartillerie schwarze Haarbüsche. Anfänglich hatte der Helm eine Spitze, die aber bald durch eine Kugel ersetzt wurde. Das Lederzeug durchgängig weiß. Hinsichtlich der weiteren Änderungen können wir auf die vorhergehenden Abschnitte hinweisen (Gürtelrüstung, 1867 vollfarbige Kragen usw.). Die Fußartillerie erhielt 1874 weiße Achselklappen mit roten Nummern. Sie wurde mit Gewehren ausgerüstet. Bei dem neuen Marschgepäck, mit Ausnahme der Garde-Fußartillerie, schwarzes Lederzeug. Bei der Feldartillerie wurden 1890 durchgängig schwedische Aufschläge eingeführt. 1899 erhielten die Achselklappen der Feldartillerie die Korpsfarbe, also 1914: beim I., II., IX., X. A.K. weiß, beim III. IV., XI., XV. A.K. rot, beim V., VI., XVI., XVII. A.K. gelb, beim VII., VIII., XVIII. hellblau und beim XXI. A.K. hellgrün. Die Felduniform 1910 entsprach völlig der der Infanterie, jedoch waren Kragen und Aufschläge (bei Feldartillerie und Garde-Fußartillerie schwedisch) schwarz anstatt rot vorgestoßen. Mützenbesatz schwarz mit roten Vorstößen. Zur feldgrauen Bluse 1915 erhielten die Feldartillerie-Regimenter rote Schulterklappen mit gelber Beschriftung. Das 1. Garde-Feldartillerie-Regiment hatte hierzu weißen, das 3. zitronengelben, das 4. hellblauen Vorstoß. Die Schulterklappen der Fußartillerie wurden goldgelb mit roter Nummer und Namenszug, über denen bei allen Regimentern zwei rote gekreuzte Granaten angebracht waren.

Die *Mineure* trugen unter Friedrich dem Großen blaue Röcke mit ebensolchen Aufschlägen (ohne Rabatten); dazu weiße Knöpfe und rotes Schoßfutter. Weste und Beinkleider orange. Halsbinden schwarz. Als Kopfbedeckung eine Art niedriger Füsiliermütze mit weißem Schild, hinten orange. Statt der Glocke und Flamme eine weiße Puschel (Abb. 17, a). Die *Pontoniere* hatten bis 1806 Artillerie-Uniform. Das *Mineurkorps* unter Friedrich Wilhelm II. auf den blauen Röcken dunkelblaue Rabatten und orange Aufschläge und Kragen. Das *Ingenieurkorps* unter Friedrich dem Großen (nur aus Offizieren und sogenannten Kondukteuren bestehend) blaue Röcke mit roten Kragen, Rabatten, Aufschlägen, Schößen und Unterkleidern. Silberne Litzen, auf den Rabatten je drei, Hut mit breiter, gebogener Silberborte. Die Kondukteure trugen dieselbe Uniform ohne Silberbesatz. Unter der Regierung Friedrich Wilhelms III. bis zum Jahre 1806 traten verschiedene Änderungen in der Uniform ein.

Abb. 17. Preußen. Pioniere, Train, Landwehr, Generalität
a, b Mineure – c, d Pioniere – e, f Train – g, i Landwehr-Infanterie – h Landwehr-Reiterei – k, l Generalität

Das Mineurkorps erhielt schwarze Abzeichen, vorn am Bandelier wurde eine Pistole getragen (Abb. 17, b). Das Ingenieurkorps trug dunkelblaue Röcke mit schwarz-manchesternen Abzeichen, gelbe Westen, weiße Beinkleider, Stiefel, um den Hut eine gebogene breite Silbertresse. Die große Uniform war mit Silberlitzen verziert, die kleine dagegen ohne Besatz.

1808 erhielten die *Pioniere* Kolletts gleich denjenigen der Fußartillerie, nur mit weißen Knöpfen und schwedischen Aufschlägen. Die Achselklappen waren schwarz mit roten Vorstößen, der Tschako mit Bandkokarde und weißer Borte verziert. Unterkleider wie bei der Infanterie. Lederzeug schwarz (Abb. 17, c). Die Entwicklung der Uniform ging in der Folge durchaus parallel mit derjenigen der Infanterie. Seit 1830 ponceaurote Achselklappen mit gelber Nummer. Die Gardeabteilungen seit 1816 weiße Litzen. Bei der Garde auf den Tschakos schwarze, stehende Haarbüsche, später auf Helmen ebensolche herabhängende. Die *Eisenbahntruppe* erhielt bei ihrer Errichtung 1871 die Uniform der Garde-Pioniere mit einem gelben E auf den Achselklappen; später bei der Vermehrung dieser Waffe darunter noch eine römische Nummer. 1911 hellgraue Achselklappen mit rotem E und Nummer. Die *Luftschifferabteilung* trug auf den Achselklappen ein L. 1895 wurde für diese Truppe an Stelle des Helmes der Jägertschako mit weißmetallenem Garde-Stern vorschriftsmäßig. Die *Feld-Telegraphen-Abteilungen* trugen 1866 und 1870 Garde-Pionier-Uniform, auf den Achselklappen ein T, darunter römische Abteilungsnummern. 1896 Blitzbündel anstatt des T. 1907 Tschakos. Die Bataillone von Nr. 2 an hatten Linien-Pionier-Uniformen. 1911 hellgraue Achselklappen mit rotem T, darunter arabische Bataillonsnummer.

Die 1912 errichtete *Fliegertruppe* erhielt die Uniform der Luftschiffer, jedoch am Kragen nur eine Litze. Auf der grauen Achselklappe ein beflügelter Propeller, darunter Bataillonsnummer.

Kraftfahrbataillon. Uniform der Eisenbahn-Regimenter, auf der grauen Achselklappe ein rotes K.

Die Felduniform der Pioniere und Verkehrs-Truppen entsprach der der Artillerie mit mattsilbernen Knöpfen usw. unter Beibehalt der besonderen Eigentümlichkeiten, Litzen, Achselklappenfarben (nunmehr als Vorstoß) und Kopfbedeckungen. Die Offiziere der Truppenteile, bei denen die Mannschaften keine solchen hatten, verloren die Litzen.

1915 erhielten die Pioniere zur feldgrauen Bluse schwarze Schulterklappen mit ponceauroten Vorstößen, alle Verkehrstruppen hellgraue ohne Vorstöße. Die Beschriftung war durchgängig rot. Litzen, soweit vorhanden, grau mit weißem Spiegel und schwarzer Füllung. Alle Pionieroffiziere wieder Kragenlitzen.

Der *Train* trug seit seiner Reorganisation im Jahre 1853

Provinz	Kragen	Knöpfe	Provinz	Kragen	Knöpfe
Ostpreußen	ziegelrot	weiß			
Kurmark	rot	gelb			
Neumark	rot	gelb	Dazu kamen Ende 1813:		
Westpreußen	schwarz	weiß	Westfalen	grün	weiß
Pommern	weiß	gelb	Rheinland	krapprot	gelb
Schlesien	gelb	weiß	Elblande	hellblau	gelb

hellblaue Abzeichen und gelbe Knöpfe. Anfänglich Pickelhauben, später lederne Tschakos für die Mannschaften, Pikkelhauben für die Offiziere, seit 1903 wieder Mannschaftspickelhauben. Zur Parade schwarze Haarbüsche. Das *Garde-Trainbataillon* war durch weiße Litzen und zur Parade noch durch weiße Haarbüsche ausgezeichnet. Als Beschlag bei den Mannschaften am Tschako ein Stern statt des Adlers, bei den Offizieren am Helm Garde-Adler. Felduniform 1910 wie Feldartillerie, nur Kragen-, Aufschlags- und Achselklappenvorstöße hellblau. Zur feldgrauen Bluse 1915 kaliblaue Schulterklappen mit roten Nummern. Die in der Zwischenzeit errichtete 2. Garde-Train-Abteilung trug Knöpfe aus Nickel, Gardekragenlitzen hatten weiße Spiegel und kaliblaue Füllung.

IX. Landwehr und Landsturm

Infanterie. Die Landwehr erhielt bei ihrer Errichtung im Jahre 1813 eine sehr einfache Uniform, nämlich dunkelblaue Litewken mit zwei Knopfreihen, die Kragen nach der Farbe der Provinz, ebenso die Knöpfe verschiedenfarbig (siehe Tabelle oben).

Die Achselklappen waren innerhalb des Regiments nach Bataillonen verschieden, und zwar weiß, rot, gelb, hellblau. Während des Waffenstillstandes 1813 wurden die Achselklappen mit gelben oder roten Nummern versehen. Die Landwehrmütze von der bekannten Form mit großem Dekkel und Schirm dunkelblau mit Besatzstreifen von der Kragenfarbe, vorn ein weißmetallenes Landwehrkreuz (Abb. 17,g). Die Uniformität war im übrigen sehr gering, namentlich was die Beinbekleidung anbetrifft. Bis in den Winter hinein wurden aus Mangel an Tuchhosen vielfach leinene getragen. Mäntel und Tornister waren oft gar nicht vorhanden. Säbel hatten anfangs kaum die Unteroffiziere. Aus Mangel an Feuergewehren bewaffnete man zuerst das erste Glied mit Lanzen. Es wurde sowohl weißes wie schwarzes Lederzeug getragen, je nachdem Vorräte verfügbar waren. 1817 wurde die Landwehr-Infanterie in bezug auf die Abzeichen der Linien-Infanterie gleichgestellt. Der Unterschied von der Linie bestand in einem blauen Vorstoß um den Kragen. Als Kopfbedeckung Tschakos mit Landwehrkreuz. Im einzelnen fanden noch viele Änderungen statt, die aufzuführen der Raummangel verbietet*. 1843 Helme und Waffenröcke, 1849 Gürtelrüstung. Bei den Waffenröcken fehlte der rote Vorstoß vorn herunter. Der Helmadler war mit dem Landwehrkreuz belegt. 1860 an Stelle der Helme Ledertschakos. Als Dekoration schwarzes Oval mit weißer Einfassung, in der Mitte Landwehrkreuz (Abb. 17,i). 1881 wieder Helme, natürlich von modernerer Form, aber mit dem früheren Beschlage – Adler mit Landwehrkreuz. Auf den Helmüberzügen des ersten Aufgebots über der Nummer ein R. Beim zweiten Aufgebot über der Nummer ein L.

In der Felduniform unterschieden sich die Aktiven, Reserve- und Landwehr-Regimenter außer den Helmen und den Helmüberzügen nicht. Nur trugen hier die von den Grenadier-Regimentern oder litzentragenden Linien-Formationen aufgestellten Reserve- und Landwehr-Truppen keine Litzen und keine Namenszüge.

Landwehr-Kavallerie. 1813 erhielt die Landwehr-Kavallerie die gleichen Litewken wie die Landwehr-Infanterie mit ebensolchen Provinzialabzeichen. Beinbekleidung wie die Dragoner; Tschakos, meist im Überzug getragen, auf dem das Landwehrkreuz angebracht war. Schwarze Bandeliere, Lanzen, anfangs ohne, bald mit Flaggen, die den Farben der Provinz entsprechen sollten. Indessen herrscht in diesem Punkte völlige Willkür. Schwarze Lammfellschabracken mit Tuchvorstoß (Abb. 17,h). Im einzelnen kamen in der Uniform vielfache Abweichungen von der hier gegebenen Norm vor. 1815 wurde die Uniform ulanenartig gestaltet: Schnitt des Kolletts, Form der Aufschläge, Paßgürtel. Achselklappen dunkelblau mit gelber Nummer und rotem Vorstoß. Kragen und Aufschläge in den Provinzialfarben. Dragoner-Tschako mit Landwehrkreuz. Schwarz-weiße Lanzenflaggen, dunkelblaue Schabracken mit Besatz in der Abzeichenfarbe. 1822 Tschakos wie bei den Ulanen, mit Landwehrkreuz. 1830 weiße Bandeliere. Von 1843–1852 Waffenröcke und Helme; letztere mit gelbem Beschlage. Der Rockkragen war dunkelblau, die Kragenpatten nach den Regimentern verschiedenfarbig, ebenso die Achselklappen. Polnische Aufschläge von der Grundfarbe, dunkelblaue Paßgürtel, alle Vorstöße von der Farbe der Kragenpatten, Knöpfe gelb oder weiß. Die *Garde-Landwehr-Ulanen* gingen in der Truppe der Garde-Ulanen auf. 1852 fand eine Reorganisation der Landwehrreiterei statt, die nunmehr nach den Waffengattungen des stehenden Heeres gegliedert wurde. *Schwere Landwehrreiter* dunkelblaue Waffenröcke mit farbigen Kragenpatten, Achselklappen, schwedischen Aufschlägen und Vorstoß an den Nähten. Die Abzeichenfarbe war gelb für Nr. 1 und 5, weiß 2 und 4, rot 3 und 6, hellblau 7

---

* Mila, »Geschichte der Bekleidung und Ausrüstung der Königlich Preußischen Armee in den Jahren 1808 bis 1878«.

und 8; die Knöpfe weiß bei 1, 3, 4 und 8, bei den übrigen gelb. Helme wie die Linien-Kürassiere, auf dem Adler Landwehrkreuz. Beinbekleidung wie damals die gesamte Kavallerie. Pallasche, weiße Bandeliere. *Landwehr-Dragoner* Waffenröcke wie die schweren Landwehrreiter, jedoch ohne Vorstöße auf den Ärmel- und Rückennähten. Auch waren die Aufschläge von der Grundfarbe; Abzeichen bei Nr. 1 und 2 rot, bei 3 weiß, 4 gelb. Knöpfe bei Nr. 1 weiß, die anderen gelb. Helme wie bei der Infanterie mit gelben Beschlägen. Auf dem Adler natürlich das Landwehrkreuz. Säbel am weißen Koppel, weißes Bandelier. Die *Landwehr-Husaren* trugen einen dunkelblauen Schnürrock mit schwarz und weißem Schnurbesatz. Als Kopfbedeckung eine schwarze Flügelmütze, deren Flügel je nach den Regimentern verschiedenes Futter zeigten, und zwar bei 5, 8 und 11 weiß, 1 und 3 rot, 2, 4, 6 gelb, 7, 9, 10 und 12 hellblau. Vorn an der Mütze ein aufzuklappender Schirm, darüber neusilberne Regiments-Nummer, oben an der rechten Seite eine Kokarde, darunter das Landwehrkreuz. *Landwehr-Ulanen:* Waffenröcke wie die schweren Landwehrreiter, jedoch mit dunkelblauen polnischen Aufschlägen. Paßgürtel mit Vorstoß in der Abzeichenfarbe. Letztere war für 4 und 5 weiß, 3 und 8 rot, 1 und 2 gelb, 6 und 7 hellblau. Helme wie die Landwehr-Dragoner. Säbel und weißes Bandelier. Lanze mit schwarz und weißer Flagge; bei den Regimentern 4 und 6 führten auch die Unteroffiziere solche, von weißer Grundfarbe mit schwarzem Adler.

1857 erhielt die Landwehr-Kavallerie die gleiche Bekleidung und Ausrüstung wie die entsprechenden Linien-Kavallerie-Regimenter, mit einzelnen kleinen Abweichungen. Im Mobilmachungsfalle wurden bei den einzelnen Armeekorps *Reserve-Kavallerie-Regimenter* gebildet, welche die Bekleidung und Ausrüstung der Linien-Kavallerie-Regimenter trugen, von welchen die Einkleidung erfolgte, doch mit dem Abzeichen der Landwehr an der Kopfbedeckung.

X. Freikorps und National-Kavallerie-Regimenter

Die Freikorps, die Friedrich der Große im Siebenjährigen Kriege errichtete, trugen meistens, was die Infanterie betrifft, dunkelblaue Röcke; die Abzeichen waren hellblau, die Knöpfe gelb oder weiß. Im einzelnen unterschied sich die Korps durch Rabatten und Kragen bzw. das Fehlen derselben, die Form der Aufschläge und teilweise durch Litzenbesatz voneinander. Verschiedenen Freikorps waren auch Jägerabteilungen beigegeben, bei denen die grüne Grundfarbe der Röcke charakteristisch ist. Als Kopfbedeckung für Infanterie und Jäger Hüte; bei einigen Freikorps, die teilweise aus österreichischen Deserteuren errichtet wurden, trugen die Grenadiere Pelzmützen. Bunter war die Kavallerie der Freikorps.

Besonders charakteristisch und einzig in ihrer Art war die Uniform der *»Kleistschen Grünen Frei-Dragoner«*, nach der Uniformfarbe so genannt. Die Abzeichen waren ebenfalls grün, der Rock mit weißen wollenen Schleifen besetzt. Als Kopfbedeckung eine Pelzmütze mit weißem Schilde, hinten mit grüner Abfütterung. Es gab auch eine Abteilung *»Kleistscher Grüner Kroaten«,* welche als Kopfbedeckung Flügelmützen trugen.

Die Freikorps des Jahres 1807 waren sehr bunt zusammengewürfelt und meist aus den Resten von Regimentern, Depots, Versprengten und Fahnenflüchtigen gebildet, die zum großen Teile die Uniform ihrer Regimenter im abgerissensten Zustande trugen. Auch in den Befreiungskriegen wurden verschiedene Freikorps gebildet, von denen vor allen das *Lützowsche* durch die Gestalt seines Sängers Theodor Körner volkstümlich geworden ist. Die Uniform bestand aus schwarzen Litewken, ebensolchen Kragen, Aufschlägen und Achselklappen mit roten Vorstößen und gelben Knöpfen. Die Tschakos waren sehr verschiedenartig verziert, ein Umstand, der aber weniger ins Gewicht fiel, da sie meistens im Überzuge getragen wurden. Die Beinkleider waren schwarz, bei der Reiterei an den Seiten mit Knöpfen versehen. Die *Husaren* trugen schwarze, ebenso beschnürte Dolmans und Pelze. Die *Ulanenuniform* wie oben beschrieben, dazu Lanzen mit Flaggen, wie es scheint, letztere rot und schwarz. Ein *Tiroler Jäger-Detachement,* welches den Freikorps beigegeben war, trug graue Kolletts und Beinkleider mit grünen Abzeichen, auch Rabatten und weiße Knöpfe, österreichische Jägerhüte mit grünem Busch. Lederzeug schwarz im ganzen Korps. Die *Ausländerbataillone von Reuß* wie die Linien-Infanterie-Regimenter, aber mit hellblauen Abzeichen. Das *Ausländische Jägerbataillon von Reiche* Uniform der Linien-Jägerbataillone mit hellgrünen Achselklappen und rotem Vorstoß. Beim *Hellwigschen Freikorps* hatte die Infanterie dunkelgrüne Kollets mit weißem Vorstoß, schwarze Kragen, Achselklappen und Achselwülste, und ebensolche polnische Aufschläge. Auf der Brust drei Reihen weißer Knöpfe, graue Beinkleider, Tschako mit weißem Schützenhorn, schwarzes Lederzeug. Die Reiterei trug rote Dolmans und Pelze, erstere mit blauen Kragen und Aufschlägen. Beschnürung weiß, bei den Offizieren golden. Pelzmützen mit blauen Beuteln, links fliegender weißer Haarbusch, schwarze Schaffellüberdecken, rot und gelbe Schärpen, graue Reithosen. Das erste Glied war mit Lanzen bewaffnet, deren Flaggen oben blau, unten rot waren.

Zu den Freiwilligen-Formationen sind auch die sog. National-Kavallerie-Regimenter zu rechnen, die einzelne Provinzen auf Kosten der Stände errichteten.

Das *ostpreußische National-Kavallerie-Regiment* trug lange dunkelblaue Röcke mit roten Kragen und spitzen Aufschlägen, gelber Beschnürung und weißen Achselklappen. Dunkelblaue Überknöpfhosen mit zwei roten Vorstößen auf jeder Seite. Schwarze Säbeltaschen. Tschakos mit gelbem Adler und Behängen, Lanzen mit Flaggen, oben weiß, unten bei der 1. Eskadron ebenfalls weiß, der 2. rot, 3. blau, 4. grün. Die Eliten hatten Pelzmützen mit rotem Beutel und gelbmetallene Epauletten.

Das *pommersche* grüne Kolletts, wie bei den Dragonern geschnitten, weiße Kragen und spitze Aufschläge. Gelbe Knöpfe. Graue Überhosen. Tschakos mit grünen Behängen. Hellgrüne Paßgürtel mit roten Vorstößen. Die Eliten gelbe Schuppenepauletten.

Das *schlesische National-Husaren-Regiment* ganz schwarze Husarenuniform, anfänglich mit gelben, später mit roten Kragen und Aufschlägen. Rote Beschnürung. Husaren-Tschakos mit Behang.

Das *Elb-National-Husaren-Regiment* Uniform wie die Linien-Husaren von grüner Grundfarbe mit hellblauen Abzeichen und gelben Schnüren. Alle diese Regimenter hatten schwarzes Lederzeug.

XI. Generalität. Rangabzeichen u. a.

In der sogenannten alten Armee, d.h. der Armee vom Ursprunge bis zum Jahre 1806, gab es bei den Offizieren keine eigentlichen Rangabzeichen, nur die Generale zeichneten sich seit 1741 durch sogenannte Plumage (Federbesatz um die Krempen des Hutes) aus, und zwar war der Besatz von weißer Farbe. Gegen Ende des 18. Jahrhunderts wurde für die Generale, die bis dahin immer die Uniform ihrer Regimenter trugen, eine Felduniform eingeführt, und zwar dunkelblau mit ebensolchen Rabatten und Schoßumschlägen mit goldenem Besatz. Kragen und Aufschläge waren rot. 1806 war der Rock der Generale vorn rund ausgeschnitten. Auf der rechten Schulter ein goldenes Achselband, weiße Beinkleider in Stiefeln. Hut mit Federbusch. Die roten Abzeichen hatten eine Goldstickerei. Diese Uniform wurde auch bei der Reorganisation der Armee beibehalten, der Hut in der Folgezeit aber nicht mehr mit der Breitseite, sondern mit einer Spitze nach vorn getragen. Auf der linken Schulter eine schwarz und silbergedrehte Schnur. Der Rock wurde nun vorn nicht mehr rund, sondern eckig ausgeschnitten, so daß sich nunmehr die Form des Fracks ergab. Als 1843 der Waffenrock eingeführt wurde, behielten die Generale den Frack noch bei und legten ihn erst 1856 ab. Der seitdem getragene Waffenrock hatte vorn herunter zwölf Knöpfe, von denen die oberen acht denjenigen an den übrigen Waffenröcken entsprachen, während die andern vier vorn am Schoß von der Taille abwärts gesetzt waren. Die Schoßtaschenleisten zeigen ebenfalls Goldstickerei. Die kleine Uniform ist die gleiche, nur fehlt alle Stickerei. Statt des Hutes 1843 Helme mit dem Garde-Adler; zu Paraden weißer Federbusch mit schwarzer Füllung. Zur kleinen Uniform wurden Epauletten oder Achselstücke getragen. Die Beinkleider hatten roten Vorstoß und auf jeder Seite zwei rote Streifen. Seit 1888 wurden auch zu Paraden die Beinkleider in hohen Stiefeln getragen. Die große Schabracke von der Grundfarbe des Waffenrockes hatte Goldbesatz und war in den hinteren Ecken sowie auf den Schabrunken mit Stern und Krone geschmückt. 1900 Einführung eines neuen Interimsrockes mit eckigem Kragen. Auf diesem und den Aufschlägen altpreußische Stickerei (des Regts. Alt-Larisch 1806). 1909 wurde dieser Rock auch Gala- und Paradebekleidung. Hierzu wurden Fangschnüre angelegt. Der Feldrock der Generale 1910 hatte einige Besonderheiten, eine Reihe matter Kronenknöpfe, geschweifte Brusttaschenklappen, rot vorgestoßene Rollaufschläge, rote lange Kragenpatten mit goldener Generalstickerei. Hierzu die üblichen Achselstücke. An der feldgrauen Hose rote Lampassen. Dieser Feldrock konnte auch zur Uniform 1915 weiter getragen werden. Die Feldbluse erhielt Kragen aus Besatztuch mit verkleinerter mattgoldener Generalsstickerei auf feldgrauer Patte, verdeckte Knopfreihe, roten Vorstoß um den Kragenaußenrand, Rollumschlag. Beim Frontdienst im Feld sollten die Lampassen nicht getragen werden. Der Mantel der Generalsuniform 1915 erhielt rotes Brustklappenfutter und Vorstöße um Aufschläge, Taschen und Rückenriegel. Die Uniformen des *Generalstabes* folgten der Generalsuniform im Schnitt und der dunkelblauen Farbe des Rockes. Der Kragen und die schwedischen Aufschläge sowie alle Vorstöße waren jedoch karmin. Kragen und Aufschlag außerdem mit je zwei silbernen Kolbenlitzen besetzt. Knöpfe weiß. Zunächst Hut, später Gardehelm mit weißem Beschlag und weißem Busch. Das *Kriegsministerium* hatte die gleiche Uniform mit Gold. Zur Felduniform 1910 verloren Kriegsministerium und Generalstab die gestickten Litzen und erhielten dafür karmoisinrote Kragenpatten, die bei der Feldbluse M 15 wieder fortfielen. Dafür gestickte mattsilberne bzw. -goldene Kolbenlitzen in verkleinerter Ausführung auf Besatztuchunterlage am Kragen. Karmin Lampassen wie früher.

Eigentliche Rangabzeichen sind in der Armee erst 1808 eingeführt worden. Sponton und Ringkragen wurden abgeschafft, die Schärpe als Dienstzeichen dagegen beibehalten. Die Rangabzeichen bestanden aus silbernen, zweimal schwarz durchzogenen Tressen, und zwar trug der Subalternoffizier eine solche Tresse auf der Achselklappe von oben über die Mitte nach der Schulter zu. Hauptleute und Rittmeister hatten Tresseneinfassung um die beiden äußeren Ränder; die Stabsoffiziere ringsherum und einen roten Vorstoß. 1812 erhielten die Kürassier-Offiziere Epauletten, 1813 die Stabsoffiziere aller Waffen mit Ausnahme der Husaren und 1814 sämtliche Offiziere, ebenfalls ausschließlich der Husaren, Epauletten mit goldenen oder silbernen Monden. Die Leutnants hatten Tressenbesatz auf den beiden äußeren Kanten des Schiebers, Hauptleute, Rittmeister, sowie Stabsoffiziere dazu noch auf der oberen Kante. Letztere durchgängig silberne Halbmonde und ebensolche dünne Fransen. Die bis dahin von den Offizieren einzelner Waffengattungen getragenen Achselbänder fielen fort (z.B. 1. Garde-Regiment, Gardejäger, sämtliche Dragoneroffiziere). 1830 erhielten Premierleutnants und Oberstleutnants auf den Epaulettefeldern einen, die Obersten zwei Rangsterne. 1832 auch die Hauptleute und Rittmeister zwei Rangsterne. Dazu bei allen Chargen Tressenbesatz am oberen Teile des Epauletteschiebers. Während der kurzen Regierungszeit Kaiser Friedrichs wurden keine Epauletten getragen.

1914 waren die Abzeichen:

Leutnant:	kein Stern.
Oberleutnant:	ein Stern.
Hauptmann (Rittmeister):	zwei Sterne

Major:	kein Stern, dünne Fransen.
Oberstleutnant:	ein Stern, dünne Fransen.
Oberst:	zwei Sterne, dünne Fransen.
Generalität:	dicke Fransen
Generalmajor:	kein Stern.
Generalleutnant:	ein Stern.
General d. Inf., Kav., Art.:	zwei Sterne.
Generaloberst:	drei Sterne.
Generaloberst im Range eines Generalfeldmarschalls:	vier Sterne.
General-Feldmarschall:	gekreuzte Kommandostäbe.

1866 wurde für den Feldzug die Anlegung von Achselstükken befohlen, die aus silberner, zweimal schwarz durchzogener Tresse bestanden. Rangsterne wie auf den Epauletten, Stabsoffiziere aus geflochtener silberner schwarz durchzogener Schnur auf farbiger Unterlage, bei der Generalität aus gleicher Schnur, die mit Goldschnur eingefaßt ist, aber ohne Unterlage. Ebenfalls Rangsterne. 1888 wurde das Modell der Achselstücke für Subalternoffiziere geändert. Diese bestanden nun ebenfalls aus Schnur, aber nicht verschlungen, sondern vierfach nebeneinander genäht.

Die Offiziersachselstücke und Rangsterne blieben auch zur Felduniform M 10 und zur Feldbluse und Mantel M 15 dieselben. Nur waren sie bei der letzteren mattsilbern bzw. mattgolden. Zur Uniform M 15 wurden die Schulterstücke allgemein auf einer einen Vorstoß bildenden Tuchunterlage angebracht, die die Farbe der Mannschaftsachselklappe bzw. wenn diese feldgrau deren Vorstoßfarbe zeigt. Bei Mannschaftsachselklappen, die neben der Hauptfarbe noch eine Nebenfarbe (Vorstoß) trugen, trat diese beim Offiziersachselstück als Innenvorstoß hinzu. Zum Beispiel Pioniere Unterlage schwarz und rot.

Die Unteroffiziere unterschieden sich im 18. Jahrhundert in folgenden Stücken: Hutpuschel (die bei den einzelnen Regimentern sehr verschieden gefärbt war) schwarz und weiß geviertet, schwarzweiße Säbelquaste und Gold- oder Silbertresse um den Hut. Dazu meist Gold- oder Silberlitzen um die Aufschläge. Indessen kommen hier zu viele Einzelheiten vor, als daß sich eine allgemeine Norm geben ließe. 1808 wurde durchgängig eine Gold- oder Silbertresse um Kragen und Aufschläge eingeführt, bis zum Jahre 1814 aber nicht um den oberen, sondern den unteren Kragenrand herumlaufend. Dazu war die Bandborte, die damals von den meisten Fußtruppen um den oberen Tschakorand getragen wurde, je nach den Knöpfen von Gold oder Silber. Auch bei den Büschen war die Charge des Unteroffiziers gekennzeichnet. Weiße Büsche hatten eine schwarze, schwarze Büsche eine weiße Spitze. Die Gradabzeichen waren 1914 für Gefreite ein Knopf an jeder Kragenseite, Unteroffiziere Tressen um Kragen und Aufschläge, Sergeanten Tressen und Kragenknöpfe, Vizefeldwebel ebenso mit Offizierdegen, etatsmäßige Feldwebel dazu noch eine schmalere zweite Tresse über der Aufschlagstresse (seit 1889), 1887 wurde der Grad des Offizierstellvertreters geschaffen. Er erhielt zur Uniform des Vizefeldwebels um die Achselklappen eine Tresse in der Knopffarbe. Auch die Unteroffiziers- und Gefreitenabzeichen blieben bei den Felduniformen grundsätzlich unverändert. Die Unteroffizierstressen auf der Felduniform M 10 waren jedoch erheblich schmaler. Bei der Feldbluse M 15 war die Kragentresse aus feldgrauem, weiß vorgestoßenem Band, das häufig nur in den vorderen Kragenecken winkelförmig angebracht wurde. 1894 wurden sogenannte Schützenschnüre eingeführt, an Stelle der bisherigen Schießauszeichnung, die in Form von schmaleren oder breiteren schwarzweißen Borten über dem Aufschlage angebracht waren. Bemerkenswerterweise zeigt die Schützenschnur nicht die preußischen, sondern die Reichsfarben. Diese Schnüre sind je nach den Klassen verschieden reich ausgestattet. Außerdem gab es noch eine ganze Reihe verschiedener Abzeichen, z.B. bei der Kavallerie Fechtauszeichnungen in Form von Chevrons auf den Oberarmen, für Beschlagschmiede Hufeisen aus gelbem Tuch auf den Unterarmen aufgenäht. Die Einjährig-Freiwilligen trugen eine schwarzweiße Schnur um die Achselklappen.

Das Deutsche Reich

Als das deutsche Heer 1918 aus dem 1. Weltkrieg in die Heimat zurückkehrte, war es in alle denkbaren Zusammenstellungen der während der Kriegsjahre getragenen Felduniformen gekleidet. Hierzu wurden vielfach, politischem Zwang folgend, neue provisorische Dienstgradabzeichen in Form von dunkelblauen waagrechten Tuchstreifen am linken Arm an Stelle der bisherigen getragen. Unteroffiziere 1-4 schmale über dem Ellbogen (Abb. 18, a), Offiziere 1 mittelbreiter, breiter oder doppelbreiter mit zusätzlich 1-2 schmalen am Unterarm. Die zahlreich zum Grenzschutz und zur Niederwerfung innerer Unruhen aufgestellten Freiwilligen-Abteilungen kennzeichneten sich durch am Kragen oder linken Oberarm getragene metallene Abzeichen eigener Wahl (Abb. 18, b, c). Meist findet hier ein Eichenlaubzweig, das Edelweiß, der Gardestern oder das betreffende Landeswappen Verwendung.

Im März 1919 wird die vorläufige Reichswehr gebildet. Damit erhält zum ersten Male das deutsche Heer eine für alle Bundesstaaten gleiche Uniform. Die landsmannschaftlichen Abzeichen werden auf Kokarde und Wappenschild an Mütze und Stahlhelm beschränkt. Die für alle Rangstufen und Waffengattungen im Schnitt gleiche Uniform ist aus grauem, ins Grünliche spielendem Grundtuch, Mantel- und Rockkragen, die besonders geformten Rockaufschläge und das Mützenband sind aus dunklerem Besatztuch, alle Knöpfe weiß. Gemeinschaftliches Wehrmachtsabzeichen wurden die grauen doppelten Kapellenlitzen auf Besatztuchpatten am Kragen und der weißmetallene Eichenkranz an der mit schwarzem Schirm und Kinnriemen versehenen Dienstmütze. Auf den Schultern werden am Rock und Mantel Doppelschnüre mit zwei Schiebern getragen, Mannschaft feldgrau, Offiziere mattsilbern, Generale mattgold. Die Dienstgradabzeichen aus mattsilberner Tresse befinden sich an beiden Armen: Gefreiter waagrechte kurze Tresse (Abb. 18, c), Unteroffizier 1–4 Winkeltressen, Spitze unten am Oberarm, Offizier 1–3 waagrechte mit Schleife am obersten bzw. 1 breiten oder doppelbreiten (Generale) in der Mitte eine Spitze bildend, hier bei den höheren Dienstgraden zusätzlich mit 1 oder 2 schmalen darüber, am Unterarm. Silbernes geschlossenes Portepee am feldgrauen Lederriemen. Die Truppenarten unterscheiden sich durch die Waffenfarbe, die im wesentlichen den 1937 gültigen gleichen. Sie wurde in den Band- und Deckelvorstößen der Schirmmütze, in den Spiegeln der Kragenlitze und der Einfassung und Beschriftung der Armspiegel sichtbar. Nachrichtentruppe hatte karmin, Flieger braun. Generale und Generalstab hatten keine Armspiegel und behielten ihre alte Kragenstickerei und Lampassen. Der Einheitsmantel wurde zweireihig, Generale rotes Brustklappenfutter.

Nach Bildung der endgültigen, in Zahl und Waffen beschränkten Reichswehr 1921 erhält der Feldrock eine Reihe von 6 Knöpfen und hohe gerollte Aufschläge aus Grundtuch ohne Vorstoß. An Stelle der Armspiegel und Schulterschnüre treten abgerundete Achselklappen aus Grundtuch mit Vorstoß und Beschriftung in Waffenfarbe (Abb. 18, e), die bei der Nachrichtentruppe hellbraun wird. Die Rangabzeichen erfahren eine endgültige Neuregelung. Die Offiziere erhielten wieder die alten matten Schulterstücke ohne Beimischung in Landesfarben mit Vorstoß in Waffenfarbe. Adjutanten mattsilberne einfache Fangschnur rechts (Abb. 18, h).

Unteroffiziere tragen eine mattsilberne Tresse am vorderen und oberen Kragenrand des Rockes. Die Schulterklappen sind mit der gleichen Tresse beim Unteroffizier an beiden Seiten und oben, Unterfeldwebel, Feldwebel und Oberfeldwebel ringsherum eingefaßt. Die Feldwebel haben zusätzlich unter der Regiments-Nr. aus Weißmetall einen weißmetallenen Stern, die Oberfeldwebel je einen Stern unter und über der Nummer des Truppenteils. Mannschaftsdienstgrade tragen auf dem linken Oberarm eins bis drei nach oben offene Tressenwinkel.

An der Schirmmütze tritt die Landeskokarde auf den Randstreifen, die ovale gelbe Adlerkokarde in den Eichenlaubkranz (Abb. 18, f). Die Hose bleibt steingrau, feldgraue weiche Feldmütze mit Stoffschirm und Band aus Besatztuch mit Landeskokarde. Generale goldene Knöpfe an allen Kleidungsstücken. 1927 erhalten die Generale am Rock rote Kragenpatten und roten Vorderteilvorstoß, die Vorstöße an der Schirmmütze in Gold und an Stelle des Kinnriemens goldene doppelte Mützenkordel mit zwei Schiebern, alle anderen Offiziere die Mützenkordel mit Schiebern in Silbergespinst. Der Feldrock erhält sechs Knöpfe und abgerundete Achselklappen aus Besatztuch mit Vorstoß und Bezeichnung in Waffenfarbe.

Für alle anderen Offiziere wird ein Gesellschafts-Anzug im Schnitt des bisherigen Waffenrockes eingeführt mit Kragenpatten aus Abzeichentuch in der Waffenfarbe, die Doppellitzen in hellsilberner Stickerei, Schulterstücke hellsilbern und mattsilberne Knöpfe. Der Rockvorderteilvorstoß und die Vorstöße an der langen Tuchhose in der jeweiligen Waffenfarbe. Die Schirmmütze der Offiziere erhält eine Mützenkordel mit Schiebern in Silbergespinst. Ab 1929 braunes Lederkoppel mit Schulterriemen. Zum großen Gesellschaftsanzug weiße Handschuhe und doppelte silberne bzw. Generale goldene Fangschnüre rechts. Zum Ausgangsanzug auch der Mannschaften sind waffenfarbige Kragenpatten, Rockvorderteil- und Hosen-Vorstöße, sowie hellmetallene Knöpfe und Litzen gestattet. Die Unteroffizierskragentresse geht dann vorn und oben herum (Abb. 18, f). Ab 1930 erhält der Stahlhelm ein verändertes Modell (Abb. 18, h).

Die Uniform des *Reichsheeres* nahm nach der Machtergreifung durch Hitler die Hoheitszeichen des nationalsozialistischen Reiches an. Nach der Wiedereinführung der allgemeinen Wehrpflicht waren 1937 folgende Veränderungen eingetreten:

Rock- und Mantelgrundtuch wird grüngrau (resedafarben), das Besatztuch bläulich dunkelgrün. Die 1933 eingeführte Feldbluse hat flachen, liegenden Kragen aus bläulich-dunkelgrünem Abzeichentuch, Offiziere Stehumlegekragen, eine Reihe von 5 mattweißen Knöpfen. Brust- und Seitentaschen mit geschweiften Patten mit Quetschfalte sind aufgesetzt. Ärmelaufschläge kommen in Fortfall. Spitze Achselklappen aus Besatztuch ohne Vorstoß mit Bezeichnung in Waffenfarben. Mattgraue Hoheitsabzeichen auf der rechten Brust. Am Stahlhelm rechts Schild mit schwarz-weiß-roten Reichsfarben, links schwarzes Schild mit weißem Reichswehradler und Hakenkreuz. Fuß- und Lederzeug durchgängig schwarz (Abb. 18, k, l). Für Mannschaften bootsförmige Feldmütze (Abb. 18, l). Auf dem Aufschlag schwarz-weiß-rote Kokarde in nach unten offenem Schnurwinkel in Waffenfarbe, darüber Hoheitsabzeichen. Seitengewehr- und Säbeltroddeln nehmen die geschlossene Form des Portepees an. Band grau, sonst in den alten Farben. Stäbe alles dunkelgrün. Unteroffiziere grün mit Silber gemischt. Oberschützen mattgrauer Stern am linken Oberarm, Gefreite einen Tressenwinkel, Obergefreite zwei Tressenwinkel. Wiedereinführung der Schützenschnur in Vorkriegsform aus Aluminiumgespinst. Offiziere Metallteile aus Aluminiumgespinst. Als Feldmütze Dienstmütze in weicher Ausführung ohne Sturmriemen. Wiedereinführung der schwarz-weiß-roten Kokarde auf dem Mützenband. Die Landeskokarde verschwindet, an ihre Stelle tritt das Hoheitszeichen. Die Waffenfarben des Reichsheeres sind:

Kriegsministerium u. Führerstäbe:	karmin
Infanterie:	weiß
Jäger:	grün
Pioniere:	schwarz
Kavallerie:	goldgelb
Nachrichtentruppe:	zitronengelb
Panzer- und Kraftfahrtruppe:	rosa
Artillerie:	rot
Nebeltruppe:	bordeauxrot
Fahrtruppe:	hellblau
Wehrersatzwesen:	orange.

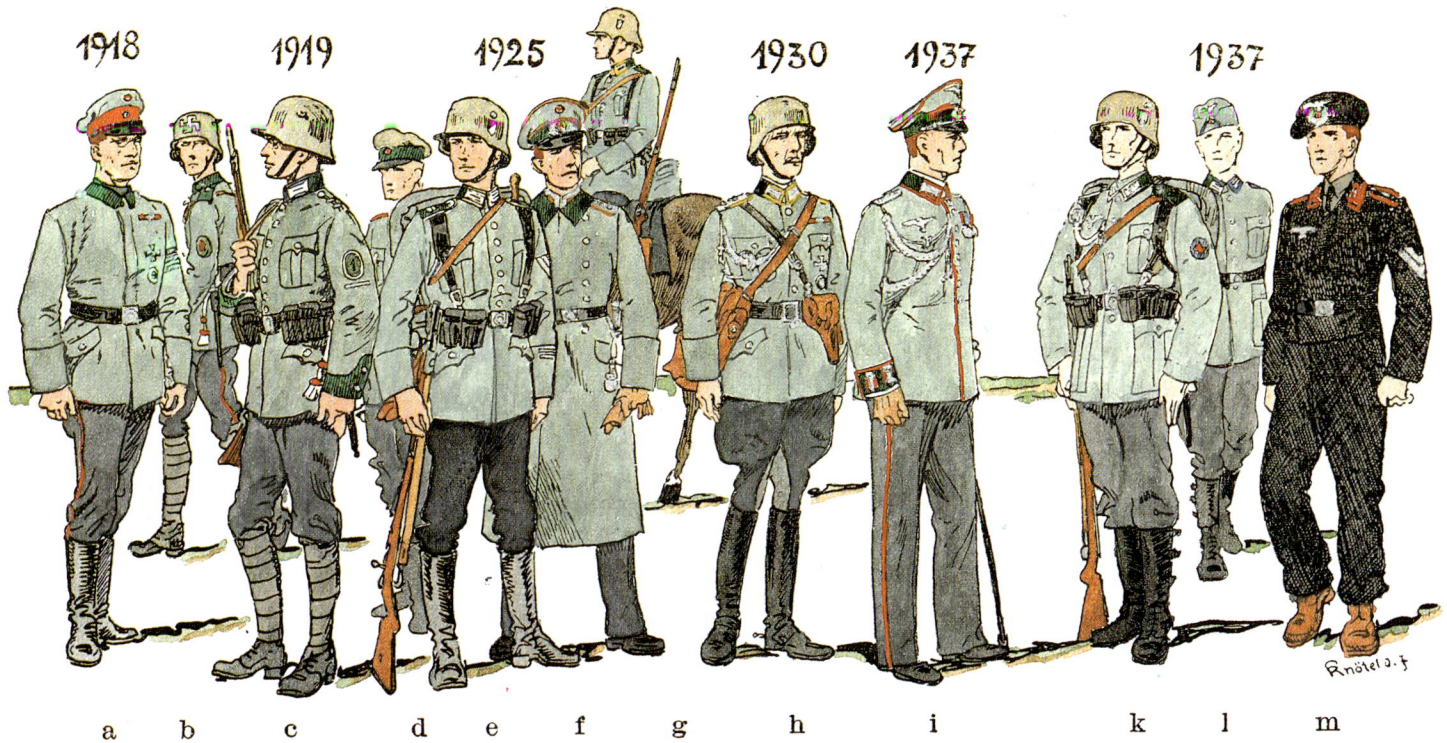

Abb. 18. Deutsches Reich. Fußtruppen 1918–1937
a Vizefeldwebel – b Freikorps – c, e Gefreite – d, l Infanteristen mit Feldmütze – f Unteroffizier im Mantel – g Reiter – h Adjutant, Feldanzug – i Offizier, gr. Gesellschaftsanzug – k Oberschütze – m Panzertruppe, Obergefreiter

Die Panzertruppen haben einen besonderen Dienstanzug (Abb. 18, m), schwarz mit rosa Achselklappen-, Kragen- und Kragenpattenvorstößen, auf letzteren weißer Totenkopf. Zum Dienst- und Paradeanzug schwarzes Barett, das über dem Sturzhelm getragen wird, mit weißem Eichenlaubkranz und Kokarde mit Hoheitszeichen darüber. Dunkelgraues Hemd mit schwarzem Binder.

Außerdienstlich wird die steingraue Hose mit Vorstoß in Waffenfarbe getragen. Einführung eines Waffenrocks aus Grundtuch, eine Reihe mit 7 Knöpfen, Stehumlegekragen und schwedische Aufschläge aus Besatztuch. Auf dem Kragen silberne Doppellitzen, auf den Aufschlägen zwei einfache Litzen auf rechteckigen waffenfarbigen Patten. Kragen, Rockvorderteile und Aufschläge und die geschweiften dreiknöpfigen Schoßtaschenleisten in Waffenfarbe vorgestoßen, Unteroffizierskragentresse auch hier am vorderen und oberen Kragenrand. Bei Generalen, Kriegsministerium und Führerstäben tritt an die Stelle der Kapellenlitze die besondere Stickerei. Für Offiziere zum Ausgangsanzug Dolch mit Elfenbeingriff in aluminiumfarbiger Metallscheide an 2 gleichfarbigen Standern untergeschnallt bzw. aus der Manteltasche getragen.

Seite 48: Die Entwicklung der Offiziers-Rangabzeichen im Königlich preußischen Heer ab 1808

	1808	1812/13	1815/16	1832	1854	1866	1888/89
Gen. Feldmarschall 1) Gen. Oberst mit dem Rang eines Feldmarschalls 1911 2) Gen. Oberst wie vor, 1854–1911		1)			2)		
Generaloberst 3) Gen. Feldzeugmeister der Artillerie					3)		
General der Inf., etc.							
Generalleutnant		1813					
Generalmajor							
Oberst			ab 29.12.1813				
Oberstleutnant		27.8. bis 28.12.1813					
Major			Husaren				
Capitain 1808–12 Hauptmann Rittmeister der 4) Ulanen 5) Husaren	4)			5)			
Oberleutnant							
Leutnant							

48

Bayern

(Kokarde hellblau-weiß)

I. Infanterie

Die ersten Spuren einer Uniformierung lassen sich schon in der Mitte des 15. Jahrhunderts finden. Abgesehen von diesen frühen Einzelversuchen, ferner abgesehen von den Leibgarden kann man für Bayern den Beginn einer eigentlichen Uniform auf das Jahr 1671 datieren. Die Farben waren sehr verschieden, häufig sogar kompanieweise innerhalb eines Regiments. Während bis 1673 die weiße und graue Rockfarbe vorwog, trat nunmehr blau in den Vordergrund. Diese blauen Röcke wurden in jener Zeit auch »savoyisch« genannt. 1683 wurden 7 Infanterie-Regimenter errichtet, und zwar:
Berlo (bis 1918 im 1. und 10. Infanterie-Regt.), perlgrauer Rock, weiße Aufschläge.
Puech (1688 aufgelöst), grüner Rock mit gelben Aufschlägen.
Degenfeld (bis 1918 2. Infanterie-Regiment), perlgrau mit dunkellila Aufschlägen.
Montfort (1688 abgedankt), dunkelgrauer Rock mit blauen Aufschlägen.
Perusa (1705 abgedankt), blau mit violetten Aufschlägen.
Steinau (1705 abgedankt), blau mit roten Aufschlägen.
Preysing (1705 abgedankt), blau mit gelben Aufschlägen.
1684 bestimmte ein Dekret vom 5. März, daß der Rock durchgängig blau sein sollte. Er war mit weiten Ärmeln und sehr großen Taschen versehen und reichte bis zum Knie. Die Weste war sehr lang und hatte die Farbe der Aufschläge. Rote Kniehosen und Gamaschen von verschiedener Farbe. Die Offiziere trugen während der Türkenkriege häufig den Rock von der Aufschlagfarbe. Das Unterfutter blau, später aber in der Farbe wie die Mannschaften. Die Offizierswesten waren mit Bortenbesatz versehen, bei den Unteroffizieren die Rockärmel betreßt. Als Dienstzeichen führten die Offiziere eine Schärpe von blauem Taffet mit Silberfransen, anfänglich um den Leib, später über die rechte Schulter.

Abzeichen 1684
Mercy weiß
Steinau rot
Rummel violett
Preysing gelb
della Rose hellfliederfarben
Puech graue Röcke mit blau
Montfort graue Röcke mit blau

Abzeichen 1701
Leibregiment weiß
Kurprinz blau
Grenadiere blau
Lützelburg rot, rote Westen
Haxthausen rot
Maffei gelb
Tattenbach gelb, gelbe Westen
Die ersten drei Formationen weiße Litzen.

Regiment Chevalier de Bavière 1706 aurorafarbene Aufschläge und Westen, 1718 schwefelgelb.

Das Haar wurde freiwallend getragen (Abb. 19, a), später hinten geknotet, weiterhin Zöpfe. Um 1702 erhielten die Grenadiere zuckerhutförmige Bärenmützen ohne Schild (Abb. 19, b). Die *Landfahnen*, eine Miliztruppe, erhielten im Anfange des 18. Jahrhunderts verbrämte Hüte, rote Halstücher, blauen Rock mit weißgrauen Aufschlägen, weiße Strümpfe, blaue Westen, Patrontaschen an gelbem Riemen und ebensolches Koppel; die Offiziere waren lichtgrau gekleidet, ohne Gold- und Silberbesatz. Sie trugen blaue Strümpfe, blauen Federbesatz um die Hutkrempen; weißblaue Schärpe und silberne Ringkragen und Spontons. Bei den Linientruppen wurden die Beinkleider schon im Anfange des Jahrhunderts blau, 1748 gelb. Die Röcke erhielten vielfach Rabatten. 1740 wurden an den Bärenmützen hinten Tuchbeutel angebracht. 1748 rotlederne Halsbinden. Im Dienste trugen die Offiziere Spontons, Unteroffiziere Kurzgewehre.

Die Unterkleider 1770 weiß. Hüte nunmehr von etwas kleinerer Form. Halsbinden schwarz. 1774 mußten sämtliche Regimenter ihre Röcke weiß füttern lassen, dagegen blieben

Liste der Abzeichen im Siebenjährigen Kriege*

Regiment	Rock	Klappen- u. Aufschläge	Knöpfe	Westen	Hosen
Leibregiment	hellblau	weiß	weiß	weiß	hellblau
Herzog Klemens	hellblau	gelb	weiß	gelb	hellblau
Minucci	hellblau	ledergelb	gelb	ledergelb	hellblau
Morawitzky	hellblau	dunkelrot	gelb	dunkelrot	hellblau
Kurprinz	hellblau	weiß	gelb	weiß	hellblau
Preysing	hellblau	rot	weiß	rot	hellblau

* Nach Gillardone in »Die Zinnfigur«.

Abb. 19. Bayern. Infanterie

die farbigen Abzeichen bestehen. Die Mannschaften trugen an Stelle des Seitengewehres das Bajonett am Koppel über der Weste, die Grenadiere einen Säbel, Unteroffiziere Haudegen. Die Grenadiermützen hatten vorn über der Stirn ein Blech mit dem kurfürstlichen Wappen (Abb. 19, d), Bärte durften nur von den Unteroffizieren abwärts getragen werden. 1777 wurde die kurpfälzische Armee mit der bayerischen vereint.

Wir geben hier die Abzeichen der pfälzischen Infanterie, wie solche bei der Vereinigung bestanden:

Leibregiment (1914 1. und 3. Inf.-Regt.), blauer Rock mit rotem Kragen, Klappen und Aufschlägen, rot gefüttert und mit weißen Borten besetzt. Unterkleider und Hutborte weiß. Gelbe Knöpfe. Offiziere goldene Schleifen, Achselbänder und Hutborten.

Zweibrücken (1914 6. Inf.-Regt.), blauer Rock mit roten Aufschlägen und Rabatten, rot gefüttert und mit weißen Borten besetzt. Weste, Hosen und Knöpfe weiß, Offiziere silberne Schleifen.

Birkenfeld (eingegangen), blauer Rock mit gelben Aufschlägen und Rabatten, gelb gefüttert; Unterkleider, Hutborten und Knöpfe weiß.

Effern (abgegeben), blauer Rock mit rotem Futter, Rabatten und Aufschlägen, weiße Unterkleider und Hutborten, gelbe Knöpfe.

Rodenhausen (1914 im 9. Inf.-Regt.), dunkelblauer Rock mit rotem Futter, ohne Rabatten, weiße Schleifen, Aufschläge, Unterkleider und Hutborten. Gelbe Knöpfe, Offiziere goldene Schleifen.

Leopold von Hohenhausen (1914 im 9. Inf.-Regt.), dunkelblauer Rock mit roten Rabatten, Aufschlägen und Futter. Weißer Bortenbesatz, weiße Unterkleider und Hutborten, gelbe Knöpfe. Offiziere silberne Schleifen.

Osten (eingegangen), dunkelblauer Rock ohne Rabatten, mit gelben Aufschlägen und Futter. Unterkleider, Knöpfe und Hutborten weiß.

Josef von Hohenhausen (1914 im 3. Inf.-Regt.), blauer Rock mit weißen Rabatten, Aufschlägen und Futter; weiße Unterkleider und Hutborten, gelbe Knöpfe. Die Röcke der Offiziere etwas helleres Blau.

vac. Baden (eingegangen), dunkelblauer Rock mit roten Rabatten, Aufschlägen und Futter. Unterkleider weiß. Knöpfe gelb.

Das Blau der pfälzischen Regimenter war heller als das der Bayern. 1782 wurde diese hellere Farbe allgemein eingeführt.

1778 legten die Offiziere das Sponton ab. Die Grenadieroffiziere behielten die von ihnen schon vorher getragenen Gewehre, dazu kleine, über die Schulter hängende Patronentaschen. Die Schärpen wurden abgeschafft, dagegen der Ringkragen eingeführt. Zur Unterscheidung erhielten die Stabsoffiziere auf jeder Achsel ein goldenes oder silbernes Epaulette mit Fransen, bei den Obersten mit drei, bei den Oberstleutnants zwei, den Majoren einer Reihe; die Subalternoffiziere trugen ein Fransenepaulette, und zwar auf der linken Achsel, bei dem Hauptmann mit drei, dem Oberleutnant zwei und Unterleutnant einem Börtchen quer darüber. Die Hüte hatten bei den Offizieren ein Feldzeichen von blauer Seide und Silber, sowohl oben wie in den beiden Ecken, dazu breite Borten von Gold oder Silber; die Unteroffiziere um die Krempen Besatz von schmalen silbernen Borten und drei Rosetten von blau und weißer Seide; Mannschaften weiße Hutborte und blau und weißwollene Quasten. Verschiedene Regimenter hatten keine Aufschläge von abstechender Farbe, jedoch erhielten diese Kragen von der Regimentsfarbe. Das Leibregiment und *Kurprinz* hatten an jedem Knopf eine Litze mit Tresse, andere hatten um die Aufschläge einen Bortenbesatz, wieder andere auch um die Taschenpatten, einzelne trugen gar keine Litzen. 1785 wurde für den Rock die weiße Grundfarbe eingeführt, die Hutborten fielen weg (Abb. 19, e), ebenso die Offiziersepauletten. Schon 1789 ist eine abermalige Uniformänderung zu erwähnen. Die ganze Armee erhielt eine Art Einheitsuniform, nur die Farben waren für die verschiedenen Waffen verschiedene. Als Kopfbedeckung diente nunmehr ein Kaskett von schwarzem Leder mit Augenschirm, vorn ein messingenes Schild mit dem Wappen, oben in einen Löwenkopf auslaufend, der an der Vorderseite des Bügels angebracht war. Bis zum Genick fiel ein Roßhaarbusch herab (Abb. 19, f). Letzterer war für die Grenadiere weiß, für die Füsiliere schwarz. Der Schnitt des Rockes wurde sehr knapp. Die Infanterie trug den Rock von weißer Grundfarbe; je zwei Regimenter hatten gleichfarbige Kragen, Rabatten, Aufschläge und Schoßumschläge. Sie unterschieden sich durch die Farbe der Knöpfe. An die grauen anliegenden Hosen waren Gamaschen in Form von ungarischen Stiefeln angenäht. Das Lederzeug wurde zum ersten Male gekreuzt getragen. Zu gleicher Zeit führte man schwarzlederne Epauletten mit Messingbeschlag ein, und zwar für die ganze Armee. Bei den Offizieren waren die Messingteile vergoldet. Die Ringkragen wurden abgelegt, die Gradauszeichnung bestand in einer mehr oder minder zahlreichen Einfassung der Knopflöcher. 1799 wurde die Grundfarbe des Rockes, der jetzt zum Kollett wurde, hellblau mit regimenterweise verschiedenen Abzeichen. Von 1800–1806 waren die Abzeichen folgende:

Als Kopfbedeckung wurde der Raupenhelm eingeführt, vorn mit einem Schildchen und Krone darüber und Kettchen, die von zwei seitwärts angebrachten Löwenköpfen gehalten wurden. Über dem Augenschirm ein Metallband mit der Regimentsbezeichnung. 1803 erhielten die Grenadiere dazu rote Stutze (Huppen), 1804 die Schützen dergleichen grüne, 1805 legten auch die Offiziere statt der inzwischen getragenen Hüte das Kaskett an, und zwar mit Raupe von Bärenfell. In diesem Jahre fiel der Zopf fort; 1806 wurde am Kaskett links die weißblaue Kokarde angebracht. Die Tornister seit November 1807 an zwei Riemen getragen (Abb. 19, g). 1808 legten die Offiziere die grauen Beinkleider ab und trugen weiße wie die Mannschaften oder hellblaue Pantalons.

Die Regimenter König und Kurprinz hatten auf den Rabatten und an den Aufschlägen weiße bzw. gelbe Litzen. Die Schoßumschläge waren durchgängig rot. Die weißen Tuchbeinkleider wurden in schwarzen Gamaschen getragen. Beim ersten Regiment war der Rock mit weißen, beim zweiten mit gelben Borten besetzt. Die für die Offiziere im Jahre 1800 wieder eingeführten Schärpen wurden unter dem 22. März 1812 abgeschafft und dafür Ringkragen eingeführt. Die ganze Infanterie erhielt 1814 rote Kragen, Rabatten und Aufschläge und unterschied sich nur durch die Regimentsnummer auf den gelben Knöpfen. Das im gleichen Jahre errichtete *Grenadier-Garderegiment* hatte die gleiche Uniform mit weißem Litzenbesatz und trug Bärenmützen mit Federbusch und Behängen. Die Litzen, welche das erste und zweite Regiment bisher getragen hatte, fielen weg. Auch für die Mannschaften wurden bald hellblaue Pantalons eingeführt. In der Folgezeit wurde der Raupenhelm immer höher. 1825/26 trat an Stelle des Kolletts mit Rabatten ein solches ohne Rabatten, vorn nur mit einer Knopfreihe geschlossen (Abb. 19, h). Die Regimentsabzeichen wurden wieder verschiedenfarbig und blieben dann bis zum Jahre 1872 unverändert (siehe Tabelle Seite 52 Mitte).

Das Leibregiment hatte auf den Aufschlägen zwei horizontale weiße Litzen übereinander. Vorstöße und Schoßumschläge waren durchgängig rot, die Beinkleider hellblau, im Sommer weiß. Diese Uniform blieb bis zum Jahre 1814 bestehen. An Stelle des Kolletts trat ein Waffenrock (Abb. 19, i) mit eine Knopfreihe und durchgängig roten Vorstößen und Achselklappen. Diejenigen Regimenter, die schwarze oder

Regiment	Kragen, Aufschläge u. Rabatten	Knöpfe	Litzen
Leibregiment	schwarz (seit 1802 rot)	weiß	weiß
Kurprinz	schwarz (seit 1802 rot)	gelb	gelb
Herzog Karl	rot	gelb	
Weichs	schwefelgelb	weiß	
Preysing	rosa mit roten Vorstößen	weiß	
Herzog Wilhelm	rot	weiß	
Morawitzky	weiß	gelb	
Herzog Pius	schwefelgelb	gelb	
Ysenburg	scharlachrot	gelb	
Junker	karmoisin	weiß	

Die Abzeichen der Regimenter waren nach der Rangliste von 1811:

Name des Regiments	Rabatten, Aufschläge	Kragen	Vorstöße	Knöpfe
1. König	rot	rot	keine	weiß
2. Kurprinz	rot	rot	keine	gelb
3. Prinz Karl	rot	rot	weiß	gelb
4. Sachsen-Hildburghausen	gelb	gelb	rot	weiß
5. Preysing	rosa	rosa	keine	weiß
6. Herzog Wilhelm	rot	rot	weiß	weiß
7. Löwenstein-Wertheim	rosa	rosa	keine	gelb
8. Herzog Pius	gelb	gelb	rot	gelb
9. Ysenburg	gelb	rot	rot	gelb
10. Junker	gelb	rot	rot	weiß
11. Kinkel	schwarz	rot	rot	weiß
13. ohne Namen	schwarz	rot	rot	gelb

(Das 12. Regiment fehlt; es war wegen Meuterei aufgelöst worden.)

Abzeichen der Regimenter 1826

Regiment	Aufschläge	Knöpfe	Regiment	Aufschläge	Knöpfe
Leibregiment	rot	weiß	Nr. 8	gelb	gelb
Nr. 1	dunkelrot	gelb	" 9	karmesin	gelb
" 2	schwarz	gelb	" 10	karmesin	weiß
" 3	rot	gelb	" 11	schwarz	weiß
" 4	gelb	weiß	" 12	orange	weiß
" 5	rosa	weiß	" 13	dunkelgrün	weiß
" 6	rot	weiß	" 14	dunkelgrün	gelb
" 7	rosa	gelb	" 15	orange	gelb

dunkelgrüne Abzeichen hatten, bekamen rote Vorstöße um Kragen und Aufschläge. Das Kaskett erhielt die Form des schon vorher bei den Jägern eingeführten Raupenhelmes und hieß fortan Helm. Die Dekoration bestand unter Fortfall des Messingbandes sowie der Kettchen aus einem strahlenförmigen Schild mit dem königlichen Namenszuge. Die Löwenköpfe an den Seiten wurden tiefer angebracht und dienten als Halter für die Schuppenketten. Das Lederzeug wurde bis zum Jahre 1860 gekreuzt getragen und war bis dahin für die ersten beiden Bataillone der Regimenter weiß, für die dritten (Schützenbataillone) schwarz. Im genannten Jahre wurde die sogenannte Gürtelrüstung eingeführt, durchweg von schwarzem Leder. An Stelle der Achselklappen traten rote Achselwülste (Abb. 19, k). Auf dem Helme fiel später das strahlenförmige Schild weg. Der Beschlag bestand nur noch aus dem gekrönten Namenszuge. Diese Uniform war im allgemeinen bis 1872 vorschriftsmäßig. In diesem Jahre erhielt der Rock den preußischen Schnitt (Abb. 19, l) bei gleicher Grundfarbe wie früher. Kragen, Aufschläge, nunmehr auch Ärmelpatten und Achselklappen rot; letztere mit gelber Nummer. Das I. Bayer. Armeekorps mit weißem Vorstoß um die Ärmelpatten, das II. ohne solche. Knöpfe gelb, nur beim Leibregiment weiß. Letzteres erhielt Aufschläge von schwedischer Form und weiße Litzen auf Kragen und Aufschlägen. Auf den Achselklappen eine gelbe Krone. Die Offiziere legten den Ringkragen ab und tragen seitdem eine silberne, blau durchzogene Schärpe. Der Raupenhelm, mit ledernen Sturmbändern, Schiene um den Augenschirm und gekröntem L, wurde 1886 durch die Pickelhaube ersetzt. Diese erhielt einen viereckigen Augenschirm, Kreuzbeschlag, geriefelte Spitze und vorn das bayerische Wappen mit Schildhaltern, alles von gelbem, beim Leibregiment von weißem Metall. Die hellblauen Beinkleider wie früher mit rotem Seitenvorstoß versehen. Lederzeug, Marschgepäck wie in Preußen (Abb. 19, m).

Das III. Bayerische Korps erhielt gelbe Vorstöße an den Ärmelpatten. Am Helm wurde der Vorderschirm rund, die Spitze glatt.

Die erste Felduniform glich völlig der preußischen, nur waren die Achselklappen nicht nach der Farbe der alten Achselklappen, sondern nach den Ärmelpattenvorstößen vorgestoßen. Auch das Leibregiment erhielt brandenburgische Aufschläge, diese sollten nur in Friedenszeiten Litzen haben, tatsächlich rückte aber das Regiment mit diesen 1914 ins Feld.

Auch die Felduniform M 15 war im Schnitt der preußischen

völlig angeglichen, jedoch Hose, Blusen- und Mantelkragen aus feldgrauem Grundtuch. Achselklappenvorstöße weiß, Nummern rot, beim Leibregiment Krone. Dieses hatte auch graue Doppellitzen mit weißem Spiegel und roter Füllung. Offiziere mattgraue Doppellitzen mit goldener Spiegelschnur ohne Füllung. Die gesamte bayerische Armee trug als besonderes Landesabzeichen um die äußeren Ränder des Blusen- und Mantelkragens eine schmale mattgraue bzw. für Offiziere mattsilberne Borte mit eingewebtem hellblauen Rautenmuster.

II. Jäger und leichte Infanterie

Das Bayerische Jägerkorps trug 1781 grüne Röcke ohne Rabatten mit ziegelroten Aufschlägen und gelben Knöpfen, Fransenepauletten; das Bergische Jägerkorps 1782 grüne Röcke mit roter Einfassung, schwarze Aufschläge und Rabatten, weiße Knöpfe und Fransenepauletten, beide Formationen Zweispitze.
1805 wurde ein *Jägerkorps zu Pferd* und *zu Fuß* errichtet. Die reitenden trugen lange grüne Fracks mit einer Reihe gelber Knöpfe, gelbe Kragen, Aufschläge und Vorstöße, lange grüne Beinkleider mit gelben Streifen, gelbe Epauletten, dreieckige Hüte mit weiß und blauem Federbusch, schwarzes Lederzeug, Säbel und Säbeltasche, grüne, hinten zugespitzte Schabracken. Die *Fußjäger* bei gleicher Uniform Infanterie-Kasketts, Artillerie-Säbel und kalblederne Büchsenranzen. Die Jäger wurden 1801 in leichte Bataillone umgewandelt. Die Uniform der *leichten Infanterie* bestand aus hellgrünen, seit 1809 dunkelgrünen Kollets mit schwarzen Rabatten und Aufschlägen, roten Vorstößen und Schoßumschlägen. Lange graue Beinkleider. Die an Stelle der Grenadiere dabei bestehenden Karabiniers hatten auf den Kasketts grüne Stutze. Alles übrige wie bei der Linien-Infanterie (Abb. 22, a).
Nach mehrfacher Änderung der Farben waren die Abzeichen im Jahre 1811:

Bataillon	Kragen	Knöpfe
1. Gedoni	rot	gelb
2. Wrede	rot	weiß
3. Bernclau	schwarz	weiß
4. Theobald	schwarz	gelb
5. Buttler	gelb	weiß
6. La Roche	gelb	gelb

1815 wurde die leichte Infanterie aufgehoben. Es wurden an ihrer Stelle bald *Jägerbataillone* errichtet. Uniform wie bei der Linien-Infanterie mit hellgrünen Kragen, Aufschlägen, Schoßumschlägen, Rabatten und Pantalons. Kaskett wie bei der Infanterie mit grünem Stutz. Lederzeug schwarz. 1825/26 wurde der Schnitt der Uniform wie bei der Linie geändert. Die Abzeichen blieben grün, die Knöpfe gelb, Hosen wurden hellblau. In den Ecken der Schoßumschläge gelbe Jagdhörner, an Stelle der Kasketts traten 1829 einfache Tschakos, vorn mit einer Kokarde verziert (Abb. 22, b). 1845 der sogenannte Jägerhelm, schon unter Infanterie beschrieben. Grün-wollene Schützenschnüre bereits seit Errichtung der Bataillone. Die Achselklappen auf den 1848 eingeführten Waffenröcken waren grün, ebenso die späteren Achselwülste. Das Lederzeug blieb schwarz. 1872 hellblaue Waffenröcke preußischen Schnitts, Abzeichenfarbe grün, die Aufschläge von schwedischer Form. 1886 wurde der Helm eingeführt, wie bei der Infanterie ausgestattet. 1896 Jäger-Tschako. Die Felduniform von 1910 war der preußischen gleich, nur war das Grundtuch nicht graugrün, sondern feldgrau. Desgleichen bei der Uniform M 15 mit gleichfarbenem Kragen. Achselklappen vollfarbig hellgrün mit gelber Bataillonsnummer. Die Maschinen-Gewehr-Abteilung trug zur Friedens- und Feld-Uniform die gleiche Bekleidung wie die Jäger, nur befand sich auf der Achselklappe eine römische I.

III. Kürassiere, Schwere Reiter

1682 wurden folgende Regimenter errichtet:
Haraucourt: lichtgrauer Rock mit blauen Aufschlägen.
Bärtels: (Farben unbekannt)
Beauvau: lichtgrau mit roten Aufschlägen.
Schütz: (Farben unbekannt).
Als Kopfbedeckung wurden Eisenhauben oder Hüte getragen. Während des spanischen Erbfolgekrieges Hüte. Während dieser Zeit trugen die Kürassiere lichtgraue Röcke, elendslederne Koller und Handschuhe, Radmäntel und hirschlederne Hosen, schwere Stiefel. Der schwarze Hut war auch bei den Gemeinen mit goldener Borte eingefaßt. Der Küraß war matt geschliffen. Die Trompeter hatten Röcke in gewechselten Farben. Auf dem Rücken von den Achseln herabfallend bortenbesetzte Bänder, sogenannte Flügel.
1701 unterschieden sich die Regimenter in folgender Weise:
Arco: grauweißer Rock mit blauen Aufschlägen, Futter und Kamisol.
Weichel: grauweißer Rock mit karmin Aufschlägen, Futter und Kamisol.
La Tour: grauweißer Rock mit grünen Aufschlägen, Futter und Kamisol.
1717 legten die nach Ungarn marschierenden Regimenter schwarze Kokarden an den Hüten an. Später wurde die Uniform für die Kürassiere weiß. Regiment Törring Unterfutter, Aufschläge und Kamisol rot, Hosen gelb, Knöpfe weiß. Regiment Rechberg ebenso, nur blaue Abzeichen. Regiment Costa grüne Abzeichen. Vorn oben war eine Litze mit Knopf angebracht. Die Aufschläge der Ärmel und Vorstöße an den Rockschößen sowie die Litze zeigten die Regimentsfarbe. Weste und Hosen gelb, weiße Stiefelmanschetten, hohe Stiefel. Der Brustharnisch wurde unter dem Rock getragen. Das über dem Rock angelegte Bandelier wurde links durch ein in der Regimentsfarbe verziertes Achselband festgehalten. Der Hut hatte keine Einfassung, aber an jeder Seite zwei senkrecht gesetzte Börtchen. Nach dem Siebenjährigen Kriege weißblauer Federbusch (Abb. 20, b). Bei der Vereinigung der pfälzischen Truppen mit der bayerischen

53

Abb. 20. Bayern. Schwere Reiter, Dragoner
a, b, c, d, e Kürassiere – f Schwerer Reiter – g, h, i, k, l, m Dragoner

Armee 1777 trug das *pfälzische Reiterregiment Prinz Max* weißen Rock ohne Rabatten, rot gefüttert mit roten Aufschlägen. Gelbe Unterkleider und Knöpfe. Hut für die Mannschaften ohne, für die Offiziere mit goldenen Borten. Nach der Vereinigung von Kurpfalz und Bayern bestanden 3 Kürassier-Regimenter: Ysenburg: Rock weiß, Kragenpatte, Aufschläge, Einfassung der Schoßumschläge hochrot, Epauletten rot durchzogen, Knöpfe weiß, Weste hellgelb. Prinz Taxis wie Ysenburg, nur blaue Abzeichen. Zweibrücken (später Winkelhausen): gelbe Röcke, roter liegender Kragen, rote Abzeichen und Kamisol. Seit 1780 ganz wie Ysenburg, nur gelbe Knöpfe. 1785 lieferten die Kürassiere ihre Brustharnische an das Zeughaus ab, knöpften den ziemlich verkürzten Rock bis unten zu und schnallten die Koppel darüber. Bei der Einführung der Einheitsuniform 1789 trat an Stelle des Hutes das schon beschriebene Kaskett mit weißem Roßhaarschweif. Rock wie bei der Infanterie, aber mit weißem Kragen. Weste weiß, Hosen gelb, Kniestiefel. Epauletten ebenfalls wie die Infanterie. Der Säbel wurde an weißem Koppel über die linke Schulter getragen. 1800 Einführung des Raupenhelmes. Die Grundfarbe der Uniform blieb weiß. Die Waffe der Kürassiere ging, nachdem zuletzt nur noch ein Regiment bestanden hatte, 1804 ein. 1814 wurde ein *Regiment Garde du Corps* errichtet, welches hellblaue Kolletts mit roten Abzeichen, weiße Beinkleider und hohe Stiefel erhielt. Weißmetallene Epauletten ohne Fransen mit rotem Futter, gelbe Harnische (und zwar Brust- und Rückenharnische) mit roten, weiß vorgestoßenen Küraßmanschetten. Gelbmetallene Helme mit Bügel und schwarzer Raupe. Um die Glocke herum schwarze Verbrämung, bei den Offizieren mit goldener Eichenlaubgirlande geschmückt. 1815 wurden das 1. und 2. *Kürassier-Regiment* errichtet, die ähnliche Uniformen erhielten, aber mit weißmetallenen Harnischen und Helmen (Abb. 20, d). Sie unterschieden sich durch die Farbe der Knöpfe. Das 3. Kürassier-Regiment trug 1863–1867 karmoisinrote Abzeichen. Die Uniform behielt trotz mannigfacher Änderungen im Schnitt im allgemeinen ihren Charakter und auch die Farben bis zur Umwandlung in schwere Reiterregimenter (1879). Beide Regimenter trugen jetzt hellblaue Waffenröcke mit roten Abzeichen, im Schnitt wie bei den preußischen Dragonern (Abb. 20, f). Das erste Regiment mit weißen, das zweite mit gelben Knöpfen. Helme mit Beschlag nach der Farbe der Knöpfe. Zu Paraden weißer Haarbusch. Beinkleider von schwarz und blau meliertem Tuch in hohen Stiefeln, weißes Lederzeug. Wie die gesamte Kavallerie des Deutschen Reiches führten auch die Reiter Lanzen mit Flaggen in den Nationalfarben. Die Felduniform 1910 entsprach der preußischen Dragoneruniform, doch hatten die Schweren Reiter anstatt des Stehkragens einen Stehumlegekragen. Abzeichen- und Knopffarben blieben die alten.
1915 erhielten die Schweren Reiter gelbe Abzeichenfarbe.

Die gleichfarbigen Achselklappen trugen außerdem einen stahlgrünen Vorstoß. Regimentsnummern wurden auf den Achselklappen nicht getragen.

IV. Dragoner und Chevaulegers

Die Dragoner trugen 1683 rote Röcke mit blauen bzw. blaue Röcke mit roten Abzeichen. Auch in der Folgezeit blieb diese Farbenzusammenstellung maßgebend. 1694 bekam das Regiment Monasteral blaue Röcke mit grauen Abzeichen. Kopfbedeckung Hüte. 1701 unterschieden sich die Regimenter durch folgende Uniformfarben: *Fels:* blau mit roten Abzeichen; *Verita:* rot mit grünen Abzeichen; *Rote:* rot mit gelben Abzeichen. Das *Regiment Hohenzollern-Dragoner* hatte 1735 rote Röcke mit paille Aufschlägen, Futter und Unterkleidern. Vorn eine Reihe weißer Knöpfe. Links eine weiße Achselschnur, das schwarze Bandelier haltend. Hüte mit Silberborte (Abb. 20, h).
Piosasque-Dragoner ebenfalls rote Röcke mit paille Futter, blauen Aufschlägen, Westen und Hosen. Gelbe Knöpfe und goldene Hutborte. 1748 wurden Westen und Hosen durchweg paille. Es scheint, daß die Hohenzollern-Dragoner 1768 schwarze Abzeichen bekommen haben. Damals wurden auch die Hutborten abgeschafft und dafür ein weiß und blauer Federstutz eingeführt. 1769 erhielt die Uniform Epauletten, bei den Offizieren von Gold oder Silber, bei den Mannschaften nur eine Epaulette auf der linken Schulter mit Streifen in der Regimentsfarbe. Die Ärmelaufschläge beim Regiment Wahl und La Rosée schwedisch, bei den anderen an der Seite offen mit zwei Knöpfen auf und zwei über dem Aufschlage (siehe Tabelle unten).
Nach der Verordnung vom 11. März 1785 wurde damals allgemein, auch bei den Dragonern, eine weiße Uniform eingeführt. Die Mannschaft knöpfte den Rock, dessen Schöße verkürzt wurden, vorn ganz zu (Abb. 20, k), die Mäntel waren weiß. Leibdragoner und Wahl erhielten schwarze Kragen und Aufschläge, Wahl mit weißen Knöpfen. Leiningen, La Rosée blau; letztere ebenfalls mit weißen Knöpfen. 1789 blieben nur noch zwei Dragoner-Regimenter bestehen. Die damals eingeführte Einheitsuniform war auch für die Dragoner weiß. Der Kragen hatte die Grundfarbe des Rockes; Rabatten und Aufschläge schwarz, die Knöpfe beim 1. Regiment weiß, beim 2. gelb. Das neue Kaskett hatte weißen Roßhaarschweif (Abb. 20, l). 1800 wurde der Raupenhelm eingeführt (Abb. 20, m). 1811 wurden die beiden Dragoner-Regimenter zu Chevaulegers umgewandelt.

Chevaulegers: Die Chevaulegers sind eine Schöpfung Rumfords, des Reorganisators der bayerischen Armee. Die Errichtung der Truppe erfolgte 1790. Anfänglich gab es vier Regimenter. In Wirklichkeit nur 3, da bis 1799 das 4. Regiment nur auf dem Papier bestanden hatte. Die Uniform hatte den Charakter der damals eingeführten Einheitsbekleidung. Das Kaskett war mit einem weißen Haarschweif geziert. Rock und Weste waren grün, der Kragen von der Grundfarbe, Epauletten von schwarzem Leder mit Messingbeschlag wie in der ganzen Armee. Beinkleider und Schabracken grau (Abb. 21, a). Das 1. und 2. Regiment unterschied sich durch schwarze Rabatten, Aufschläge und Schoßumschläge, das 3. durch dergleichen apfelgrüne. Die ungeraden Nummern hatten weiße, die geraden gelbe Knöpfe. Lederzeug weiß. Über der Schabracke ein weißes Lammfell mit grünem Vorstoß. 1799 wurde tatsächlich ein viertes Regiment errichtet, aber bereits 1801 wieder aufgelöst. Dafür entstand 1803 ein neues Regiment. Im Jahre 1800 wurde der Raupenhelm eingeführt. Der Rock erhielt die Form des Kolletts; Schöße von der Grundfarbe und dazu Vorstöße von der Farbe der Abzeichen. Als Achselstücke wurden weiße Schuppenepauletten, und zwar anfänglich sehr weit nach hinten getragen, so daß sie von vorn nicht gesehen werden konnten. Das Kaskett war links mit weißem Stutz versehen. Handschuhe mit ganz kurzen Stulpen. Die grauen Beinkleider in ungarischen Stiefeln. Als Abzeichenfarbe erhielt das Regiment Leiningen scharlachrot, wie es das Regiment »Kurfürst« bereits hatte, Fugger schwarz und durfte, wie das neu errichtete Regiment Bubenhofen, nach der Order vom 8. April 1803 seine schwarzen Kragen, Rabatten, Aufschläge und Schoßvorstöße rot einfassen lassen. Die beiden, durch Umwandlung der Dragoner in Chevaulegers (1811), hinzugekommenen Regimenter erhielten scharlachrote Abzeichen, dagegen Kragen von der grünen Grundfarbe mit roten Vorstößen, das 1. weiße, das 2. gelbe Knöpfe. Das Tuch der Kolletts war anfänglich heller, seit November 1809 aber dunkelgrün. Die Offiziere hatten seit 1804 zur Schonung der weißen Beinkleider, die inzwischen auch für die Mannschaften eingeführt wurden (Abb. 21, b), lange graue Überhosen mit Streifen von der Abzeichenfarbe. Die Offizierskartuschen und Bandeliere waren von 1802 bis 1804 gestickt, seitdem von Silber. Die Schabracken rot, bei den Offizieren mit Silber- oder Goldbesatz, bei den Mannschaften weiß und blau gerautet.
Abzeichen 1811 siehe Tabelle Seite 56.
Nach den Befreiungskriegen traten an Stelle der weißen Beinkleider grüne mit farbigen Seitenstreifen. In der Zeit

Abzeichen der Dragoner-Regimenter 1780

Regiment	Aufschläge	Schoßfutter	Knöpfe	Epauletten
Leibdragoner	schwarz	rot	gelb	rot und gelb
La Rosée	blau	gelb	gelb	rot und blau
Wahl	schwarz	gelb	weiß	rot und schwarz
Leiningen	grün	grün	weiß	rot und grün

Chevaulegers. Abzeichen 1811

Regiment	Rabatten, Aufschläge, Schoßvorstöße	Kragen	Vorstöße	Knöpfe
1. (ohne Namen)	rot	grün	keine	weiß
2. Taxis	rot	grün	keine	gelb
3. Kronprinz	schwarz	schwarz	rot	gelb
4. König	rot	rot	keine	weiß
5. Leiningen	rot	rot	keine	gelb
6. Bubenhofen	schwarz	schwarz	rot	weiß

von 1814 bis 1826 hatten sämtliche Regimenter gleich der damaligen Infanterie rote Abzeichen, sonst wurden wenig Neuerungen eingeführt. 1826 gelangten die farbigen Abzeichen zur Tragung, die noch 1914 die Regimenter unterschieden, nämlich karmesinrot für 1 und 2, rosa für 3 und 6, rot für 4 und 5. Bei den ungeraden Nummern gelbe, bei den geraden weiße Knöpfe. Auf den damals eingeführten Kolletts waren die Schöße in den hinteren Ecken bei den ungeraden Nummern mit Kronen, bei den geraden mit Löwen geschmückt, die Achselschuppen von weißem Metall (Abb. 21, c). An Stelle des Kolletts trat später der Waffenrock. Der Helm wurde 1848 nach Art des sogenannten Jägerhelms verändert, indessen wurden die metallenen Seitenspangen, die den Chevaulegerhelm charakterisiert hatten, beibehalten. Der Vorderschirm erhielt eine Messingschiene. Die farbigen Rabatten wurden nur zur Parade aufgeknöpft. Im Felde wurde statt des Waffenrocks der Spenzer getragen, eine Jacke mit Kragen in der Regimentsfarbe, dagegen mit Aufschlägen von der Grundfarbe (Abb. 21, d). Einige Abänderungen erlitt die Uniform im Jahre 1872. Statt der weißen Achselschuppen bekamen die Chevaulegers nunmehr Achselklappen von der Regimentsfarbe. Die Beinkleider blieben grün, wurden nun aber nach preußischer Art in Reitstiefeln getragen. Der Helm, vorn mit gekröntem L geschmückt, unter Beibehaltung der Seitenspangen und Schirmschiene, erhielt zu Paraden statt des stehenden einen hängenden weißen Roßhaarbusch (Abb. 21, e). Später trat an Stelle des Raupenhelmes die Pickelhaube mit Ausstattung wie bei der bayerischen Infanterie. Zu Paraden werden auf die Spitze weiße Haarbüsche aufgeschraubt. Die grünen Schabracken, seit 1872 rund geschnitten, mit Besatz von der Regimentsfarbe und Krone in den hinteren Ecken, werden nur noch zu Paraden aufgelegt. Seit 1890 wie die gesamte Kavallerie, Lanzen mit Flaggen in den Nationalfarben, also hier weiß und blau (Abb. 21, f). Das 7. (errichtet 1905) und das 8. (errichtet 1909) Regiment bekam weiße Abzeichen mit gelben bzw. weißen Knöpfen. Zur Felduniform 1910 behielten die Chevaulegers den Schnitt der Uniform und die Abzeichenfarben bei, der Kragen war in Stehumlegeform. Auch bei den Chevauleger-Regimentern tritt bei Einführung der Uniform M 15 teilweise eine Änderung der Abzeichenfarbe ein, nämlich orange statt karminrot für die Rgtr. 1 und 2. Die vollfarbigen nummernlosen Achselklappen tragen bei der ganzen bayerischen Kavallerie stahlgrünen Vorstoß zur Erinnerung an die alte Rockfarbe. Hosenvorstöße in Abzeichenfarbe.

V. Husaren und Ulanen

1688 errichtete der Generaladjutant *Lidl von Borbula* ein Husaren-Regiment, welches unter dem Namen »*Baron Lidlische Grännitz-Hungarn zu Pferdt*« aufgeführt wird. Die Uniform war blau, die Stiefel rot. Im Anfange des 18. Jahrhunderts kommt ein Husaren-Regiment von *Locatelli* vor. Diese Husaren trugen blaue Dolmans mit weißer Verschnürung und weiße Knöpfe in Birnenform, blaue Hosen, Schärpen von Silber und weißer Wolle. Mütze von Fuchspelz mit blauem Beutel, blaue, weißbesetzte Säbeltasche, blaue, weiß eingefaßte Schabracken.

Ende Dezember 1813 wurde ein *bayerisches Land-Husarenkorps* errichtet, welches 1815 in zwei Linien-Husaren-Regimenter geteilt wurde. Wie die früheren bayerischen Husaren, so trugen auch die Regimenter blaue Dolmans mit weißer Beschnürung. Beinkleider von gleicher Farbe. Kragen und Aufschläge waren ebenfalls blau, die Schärpe blauweiß. Die Landhusaren hatten weiße Pelze, 1814 blaue. Blaue Pelze hatten auch die beiden Linien-Husaren-Regimenter. Das erste Rgt. hatte schwarze Tschakos, das 2. rote Tschakos und weiße Pelze mit ebensolchen Schnüren (Abb. 21, g). Schabracken anfangs blau mit weißem Besatzstreifen, seit Anfang 1814 rot mit weißem Besatz. Säbeltaschen schwarz mit gekröntem Namenszug M. K. Die Stutze auf den Tschakos oben weiß, unten blau. 1822 wurden beide Regimenter aufgelöst.

Ulanen: 1813 wurde ein Ulanen-Regiment errichtet, dessen Uniform nach österreichischer Art geregelt war. Kurtka und Pantalons waren grün, letztere unten mit Lederbesatz: Kragen, Rabatten, Aufschläge und Besatz der Rücken- und Ärmelnähte sowie Hosenstreifen anfangs hellblau, 1814 rot. Tschapka mit hellgelbem Oberteil und stehendem weißen Roßhaarbusch, bei den Offizieren mit hängendem Feder-

Abb. 21. Bayern. Chevaulegers, Husaren, Ulanen
a, b, c, d, e, f Chevaulegers – g Husar – h, i, k Ulanen

busch. Weiße Achselschuppen und Knöpfe. Weiß und blau gestreifter Paßgürtel. Lanze mit weißer, unten blauer Flagge (Abb. 21, h). 1822 ging diese Waffengattung ein und wurde erst 1863 in der Stärke von zwei Regimentern wieder errichtet. Die Uniform war durchaus grün, ganz ähnlich wie bei den Chevaulegers geschnitten, die Abzeichen karmesinrot, beim 1. Regiment mit gelben, beim 2. mit weißen Knöpfen. Die Tschapka war rot bezogen und trug vorn den königlichen Namenszug. Dazu niedriger weißer Roßhaarbusch, im Felde Überzug (Abb. 21, i). Als kleine Uniform ein Spenzer, wie bei den Chevaulegers beschrieben. 1872 gingen die gleichen Änderungen wie bei der Chevauleger-Uniform vor sich. Statt der Achselschuppen wurden Achselklappen eingeführt, die aber später durch Epauletten nach preußischem Muster ersetzt wurden. Auch die Tschapka erhielt die Form der preußischen, die Regimentsabzeichen blieben dieselben. Von den preußischen Ulanen unterschied sich die bayerischen, abgesehen von der grünen Grundfarbe, dem National und dem Tschapkabeschlag, dadurch, daß sie keinen Paßgürtel, sondern das weiße Koppel über der Ulanka anlegten (Abb. 21, k). In der Felduniform 1910 unterschieden sich die bayerischen Ulanen von den preußischen nur durch den Stehumlegekragen. Felduniform 1915 wie Preußen. Achselklappen karmin mit stahlgrünem Vorstoß ohne Nummern.

VI. Artillerie, Pioniere, Train

Die Uniform der Artillerie anfangs hechtgrau mit blau. Seit 1791 sind die Farben dunkelblau, die Abzeichen schwarz, und zwar im genannten Jahre dazu das Rumfordsche Kaskett mit schwarzem Roßhaarschweif. Die hellgrauen Beinkleider steckten in ungarischen Stiefeln. Das Lederzeug wurde weiß an Stelle des bisher getragenen gelben. Die schwarzen Abzeichen erhielten später rote Vorstöße. Die Knöpfe waren gelb (Abb. 22, e). Die Entwicklung seitdem völlig wie bei der Infanterie, nur ist zu bemerken, daß der Raupenhelm bei seinen verschiedenen Wandlungen in der Form stets die Seitenspangen wie bei den Chevaulegers trug. Der Stutz an der linken Seite war rot. Die *reitende Artillerie,* deren Kolletts wie bei den Chevaulegers geschnitten waren, hatte rote hängende Haarbüsche an der linken Seite des Raupenhelmes; gelbe Achselschuppen wurden sowohl von der reitenden wie von der Fuß-Artillerie getragen. Für die spätere Zeit ist zu bemerken, daß die reitende Artillerie bei Fußparaden auf den dunkelblauen Beinkleidern breite rote Streifen trug. Wegen Einführung des Waffenrockes usw. verweisen wir auf die früheren Abschnitte. 1872 fielen neben anderen Änderungen die Achselschuppen weg und wurden durch rote Achselklappen ersetzt. Nachdem der Helm preußischen Modells eingeführt war, bestand die

Abb. 22. Bayern. Verschiedenes
a Leichte Infanterie – b Jäger – c, d Hartschiere – e Fuß-Artillerie – f, g Reit. Artillerie – h Pontonier-Offizier – i Geniesoldat – k Pionier – l General

Uniform aus dunkelblauem Rock und Hosen mit roten Vorstößen. Kragen, Aufschläge und Ärmelpatten schwarz, rot vorgestoßen, Knöpfe gelb, Helm wie bei der bayerischen Infanterie, ohne Kugel auf der Spitze. Die reitende Artillerie zu Paraden rote Haarbüsche. Die Bandeliere der Offiziere, rot abgefüttert, von Goldstoff, blau durchzogen. Die *Pioniere* trugen eine der Artillerieuniform ganz ähnliche, die sich hauptsächlich durch die weißen Knöpfe unterschied. 1822 wurde eine *Pontonier-, Mineur-* und eine *Sappeurkompanie* errichtet. Damals wurde die dunkelblaue Uniform mit schwarztuchenen Kragen und Aufschlägen eingeführt. Die Pontoniere hatten weiße, die anderen gelbe Knöpfe. Der Raupenhelm hatte gelben Beschlag; die Unterscheidungszeichen bestanden für Mineure in einem roten, unten schwarzen Stutz, auf den Frackschößen gekreuzte Spitzhakken; für Sappeure in schwarzem, unten rotem Stutz und Schanzkörben auf den Schößen; die Pontoniere hatten hellblauen Stutz und auf den Schößen Anker. Später erhielten auch Mineure und Sappeure weiße Knöpfe. Das Lederzeug war weiß. Im übrigen gleiche Entwicklung wie vorher. 1914 unterschied sich die Uniform der Pioniere von der preußischen nur durch die dunkelblaue Grundfarbe der Beinkleider und die Form der Helmbeschläge. Auch die Verkehrstruppen folgten dem preußischen Muster, nur daß die Einführung der hellgrauen Achselklappen später erfolgte. Das *Fuhrwesen* war anfangs blau, später hellgrau uniformiert mit blauen Abzeichen. Die Mannschaft trug an schwarzem Koppel über die Schulter die Infanteriesäbel, die Unteroffiziere den Kavalleriesäbel, Offiziere dazu noch seit 1812 die Kartusche mit weißer Garnitur; 1822 wurde die dunkelblaue Uniform eingeführt mit ebensolchen Abzeichen und roten Vorstößen. Gelbe Knöpfe und Achselschuppen. Die übrige Entwicklung wie bei der Artillerie. 1914 glich die Uniform fast der des preußischen Trains, nur hatten die Beinkleider die dunkelblaue Farbe des Waffenrockes, und die Schabracke die bayerische Form. Als Kopfbedeckung wurde die Pickelhaube in derselben Form wie bei der bayerischen Infanterie getragen. Felduniform 1910 bei allen diesen Formationen wie in Preußen. Bei der Feldartillerie Achselklappen nach der Korpsfarbe (vgl. bayer. Infanterie). Felduniform 1915 wie Preußen.

VII. Hofgarden, Generalität, Rangabzeichen

Die Leibgarde der *Hartschiere* ist eine uralte Truppe, deren Anfänge bis ins Mittelalter zurückreichen. Früher bestanden außer den Hartschieren noch *Karabiniers* und *Grenadiere*. Alle diese Truppen waren beritten. Die Uniform war blau mit reichem Silberbesatz. Die Hartschiere hatten rote, die Karabiniers und Grenadiere blaue, mit Silber besetzte Mäntel. Mitte des 18. Jahrhunderts war mit Ausnahme des

Schnittes, der sich vielfach änderte, die Uniform der Hartschiere die gleiche, wie sie bis 1852 getragen wurde, nur hatten sie rote Mäntel und keinen Federstutz auf dem Hute, sondern nur eine schwarze Rosette. Sie ritten Rappen. Die Schabracken waren blau, bei den Offizieren von Samt. Später wurde die Truppe unberitten, behielt indes Reitstiefel und Sporen bei.

Abb. 22, c stellt die 1852 abgeschaffte Uniform dar, und zwar die Galauniform. Der silberbortierte Hut hat einen weißen, unten hellblauen Stutz, der Frack von hellblauer Grundfarbe hat gelbe Schoßumschläge, schwarze Kragen, Rabatten und Aufschläge mit Silberbesatz, silberne Epauletten ohne Fransen, gelbe Kniehosen, weiße Strümpfe und Schnallenschuhe. Degen an schwarzem, silberbetreßtem Koppel. Über dem Frack eine sogenannte Kasake, hellblau und schwarz gestreift, mit Silberbesatz und gelbem Futter. Die gewöhnliche Dienstuniform bestand aus dem Hut und Frack, Degen und Koppel wie oben beschrieben. Dazu weiße Beinkleider und hohe Reitstiefel mit Anschnallsporen. Karabiner- und Kartuschbandelier gekreuzt getragen, von schwarzer Farbe mit Silberbesatz. Als Waffe außer dem Degen ein Karabiner. Zur Gala eine sogenannte Couse, d. h. eine Schaftwaffe mit einem messerartig gestalteten Eisen mit reicher Verzierung. Der Zopf fiel erst 1825 fort. Die 1852 eingeführte Uniform bestand zur Gala aus einem hellblauen Waffenrock mit schwarzem Kragen und Aufschlägen mit Silberlitzen. Die Brust ebenfalls mit Silberlitzen bedeckt. Über dem Waffenrock eine weiße Superweste mit dem Stern des St.-Hubertus-Ordens verziert. Achselwülste silbern und hellblau. Weiße Beinkleider und Stulphandschuhe. Lange hellgraue Stiefel, weißmetallener Helm mit gelben Beschlägen, oben mit einem Löwen verziert, vollenden den Anzug (Abb. 22, d). Als Waffen die eben beschriebene Couse und Degen an schwarzem silberbortiertem Gehänge. Zum Dienstanzuge gehören außer jenem Waffenrock weiße Beinkleider, schwarze hohe Stiefel mit Anschnallsporen und ein Bandelier über die linke Schulter in der Farbe des Degenkoppels. Statt des Löwen war der Helm mit einem weißen Haarbusche verziert.

Die *Generalität* erhielt bei der Einführung der Einheitsuniform 1790 eine Bekleidung, die in Schnitt und Farbe jener der damals von der Armee getragenen glich. Die Auszeichnung bestand in einer Anzahl von gestickten Knopflöchern auf den Rabatten. Die Generale behielten Hut und Degen. 1799 blaue Uniform. Frack mit roten Kragen, Rabatten und Aufschlägen und reicher Silberstickerei. Dazu Hüte mit Federbusch und Tressenbesatz. Der *Generalstab* dieselbe Uniform mit violetten Abzeichen, die Knopflöcher mit silbernen Litzen eingefaßt. Achselschnüre, weiße Westen und Beinkleider, hohe Stulpstiefel. Als Dienstzeichen Schärpen. Als 1812 die Schärpe abgeschafft wurde, behielten die Generale und Flügeladjutanten, Generalstab und Offiziere der Hartschiere die Schärpen bei. Die Adjutanten der Generale legten sie über die Schulter an. In der Folgezeit, und zwar nach Angaben aus dem Jahre 1826, trug der *Feldmarschall* einen hellblauen Frack mit einer Reihe von weißen Knöpfen, rote Kragen und Aufschläge mit Silberstickerei, solche von eigenartiger Form auch vorn unter dem Kragen. Hut mit Silbertresse und weißer Plumage, weiße Beinkleider und Reitstiefel. Die Generale hellblaue, ebenfalls einreihige Fracks mit roten Kragen und Aufschlägen und Silberstickerei. Silberne Epauletten ohne Fransen, hellblaue lange Beinkleider mit schmalen roten Vorstößen, Hut ohne Tresse, aber mit hellblau und weißem Federbusch. Ähnlich war auch die Uniform der General- und Flügeladjutanten, aber mit Goldstickerei und gelben Knöpfen. Statt des Fracks später Waffenrock in gleicher Weise ausgestattet. Noch bis 1912 trugen die Generale den Hut mit weiß und blauem Federbusch. Die Einzelheiten der Uniformierung sind indessen mehr der entsprechenden preußischen Uniform angenähert, z. B. breite rote Streifen an den Hosen zu beiden Seiten der Biese, auf der rechten Schulter goldene Raupen mit ebensolchen Achselschnüren. Der Generalstab hat wie in Preußen karmesinrote Abzeichen. Zur Felduniform 1910 behielten die Generale die weißen Knöpfe und die Generalsstickerei bayerischen Musters auf der Kragenpatte. Die Felduniform 1915 richtet sich völlig nach preußischem Muster, auch in der Generalsstickerei, die jedoch ebenso wie die Knöpfe weiß bleibt.

Die *Rangabzeichen* waren dieselben wie im ganzen Reichsheere. Von 1802 bis 1872 war dagegen eine andere Anordnung der Chargenabzeichen in Gebrauch. Der Unterleutnant hatte am Kragen eine schmale Litze von Gold- oder Silberstoff, Oberleutnant zwei, Hauptmann oder Rittmeister drei. Die Stabsoffiziere außerdem eine Krageneinfassung von Gold- oder Silbertresse. Dazu bei den Majoren eine, Oberstleutnants zwei, Obersten drei schmale Litzen. In ähnlicher Weise waren die niederen Chargen ausgezeichnet, und zwar durch Litzen und Tressen von gelber oder weißer Wollborte; der Gefreite trug eine schmale Litze, der Korporal ebenso, dazu eine gelbe oder weiße Borte um den Rand des Kragens, beim Sergeanten zwei, beim Feldwebel drei schmale Litzen. Die Spielleute hatten bis 1872 keine Schwalbennester, sondern eine Borte um den Kragen und Aufschläge, der Bataillonstambour dazu Achselschuppen, die Hoboisten keine Borte, dagegen gleichfalls Achselschuppen, der Musikmeister zwei Borten um Kragen und Aufschläge, die Trompeter der Kavallerie und Artillerie hatten dazu noch auf dem Rücken mit Borten besetzte Tuchstreifen, die sogenannten Trompeterflügel.

1872 wurde als Dienstabzeichen für die Offiziere die Schärpe wieder eingeführt, dagegen der Ringkragen abgelegt.

Seite 60: Die Entwicklung der Offiziers-Rangabzeichen im Kurfürstlich, später Königlich bayerischen Heer ab 1789

	1789/90	1802	1873	1888/89	
Gen. Feldmarschall		1814			1824/26
Gen. Feldzeugmstr. der Armee 1876		Bis 1. Januar 1811 gab es nur Generalmajors und Generalleutnants			1848
General der Inf., etc.		1811			
Generalleutnant					Gen. Oberst mit dem Rang eines Feldmarschalls 1896
Generalmajor					
Oberst					Gen. Oberst mit dem Rang eines Feldmarschalls 1912
Oberstleutnant					Gen. Oberst 1912
Major					
Hauptmann Rittmeister					
Oberleutnant					
Leutnant					

Sachsen

(Kokarde bis 1815 weiß, seitdem grün und weiß.)

I. Infanterie

1683 bestand die Bekleidung der Infanterie aus einem tuchenen Rock mit Friesfutter, zinnenen oder messingenen Knöpfen, Hut, Tuchstrümpfen von der Farbe des Friesfutters und bockledernen Hosen. Das *Leibregiment* hatte rote Röcke, die übrigen Regimenter graue. Die Abfütterung verschieden. Kurfürst Johann Georg III. befahl, die Picken zu Hause zu lassen und sämtliche Infanterie mit Musketen und Schweinsfedern, die zum Auflegen der Musketen benutzt werden konnten, auszurüsten. 1686 wurde statt der bisher bestandenen einen *Grenadier-Kompanie* jedem Regimente eine solche beigegeben. Die Grenadiere erhielten blautuchene Grenadiermützen. 1687 hörte die Unterscheidung der Mannschaft in Musketiere und Pickeniere endgültig auf. 1695 wird die rote Grundfarbe der Uniform eingeführt.

1715 erhielten die Offiziere Ringkragen mit gelben Wappen und über die rechte Schulter zu tragende silberne, karmoisindurchwirkte Schärpen. Der Rock hatte keine Rabatten und wurde vorn herunter ganz zugeknöpft, so daß von der Weste nichts zu sehen war (Abb. 23, b).

In diesem Jahre wurde ein *Janitscharenkorps* errichtet. Die Uniform bestand aus einem zitronengelben Rock, roter Weste und Hosen von ungarischem Schnitt mit blauweißer Borte. Gelbe Halbstiefel, gelbe Janitscharenmütze, für die Offiziere Turban. Das Lederzeug war gelb. Als Interimsuniform grüne Ober-, gelbe Unterkleider.

1730 trägt die Infanterie rote Röcke mit andersfarbigen Rabatten, Schoßumschlägen, schwedischen Aufschlägen und Westen. Die Beinkleider lederfarben, Strümpfe weiß. Bor-

Abzeichen im Jahre 1701:

Regiment		Abzeichen*
1. Polnische Garde	2. Sächsische Garde	weiß
3. Königin	4. Egidy	isabellenfarben
5. Kurprinz	6. Thielau	zitronengelb
7. Steinau	8. Zeitz	grün
9. Biron	10. Tromp	(unbestimmt)
11. Pistoris	12. Reuß	bleumourant
13. Sacken	14. Marschall	moosfarben
15. Fürstenberg	16. Löwenhaupt	dunkelblau
17. Görtz	18. Rothenburg	meergrün
19. Beichlingen	20. Weimar	grau
21. Dönhof	22. Flemming	(unbestimmt)

Abzeichen im Jahre 1730:

Regiment	Rock	Abzeichen	Knöpfe
Leibgrenadier-Garde	zitronengelb	rot	weiß
1. und 2. Garde	paille	rot	weiß
Kronprinz	rot	zitronengelb	weiß
Weißenfels	rot	gelb	weiß
Marchen	rot	weiß	gelb
Löwendahl	rot	bleumourant	gelb
Wilcke	rot	zimtbraun	gelb
Sachsen-Gotha	rot	dunkelblau	gelb
Böhn	rot	paille	weiß
Caila	rot	papageigrün	weiß
Weimar	rot	grün	weiß
Grenadier-Kompanie	paille	rot	weiß

Nach Schuster und Franke.

Abzeichen im Jahre 1754:

Regiment	Rock	Abzeichen	Knöpfe
Leibgrenadier-Garde	hellrot	gelb	weiß
Garde zu Fuß	weiß	rot	gelb
Königin	weiß	cochenille	gelb
Kurprinzessin	weiß	bleumourant	gelb
Friedrich August	weiß	gelb	gelb
Xaver	weiß	bleumourant	gelb
Clemens	weiß	franzblau	gelb
Brühl	weiß	rot	gelb
Lubomirsky	weiß	gelb	weiß
Rochow	grün	rot	gelb
Minckwitz	weiß	franzblau	weiß
Gotha	weiß	bleumourant	weiß
Friesen	weiß	grün	gelb
1. Kreisregiment	lichtgrau	gelb	weiß
2. Kreisregiment	lichtgrau	bleumourant	weiß
3. Kreisregiment	lichtgrau	rot	weiß
4. Kreisregiment	lichtgrau	grün	weiß

tierter Hut mit farbiger Puschel. Die Patronentasche an lederfarbenem Bandelier zeigt für die Musketiere keinen Beschlag, für die Grenadiere Wappen und Granaten in den Ekken, sowie Luntenberger am Bandelier, am Koppel um den Leib Kartusche. Als Seitengewehre Degen. Die Grenadiermütze hatte vorn ein rotes Schild mit Messingbeschlag, hinten einen farbigen Beutel (Abb. 23, c).

1733 wurden vier Kreisregimenter errichtet, welche bis 1756 bestanden. Uniform rot mit blauen Abzeichen. 1734 erhielt die Infanterie weiße Röcke, nur die Leibgrenadiergarde behielt rot bei. 1742 bekamen die Röcke zwei Knopfreihen von je sechs Stück, die Rabatten fielen fort. Die Aufschläge rund geschnitten. 1745 wurden auf der Offiziers- und Unteroffiziersmontur farbige Kragen angebracht. Die Kreisregimenter erhielten graue Röcke, alle Regimenter weiße Hosen.

Der Siebenjährige Krieg brachte der sächsischen Armee gleich im Anfange die Katastrophe von Pirna. Friedrich der Große bildete aus den gefangenen Sachsen preußische Regimenter, die indessen jede Gelegenheit benutzten, dem aufgezwungenen Dienste sich zu entziehen. Die Flüchtigen sammelten sich zum großen Teil in geschlossenen Truppenkörpern anfänglich in Böhmen, später in Oberösterreich und traten dann 1758 in französischen Sold. 1761 bekamen die Grenadiere Bärenmützen. Nach dem Siebenjährigen Kriege, und zwar im Jahre 1765, wurde mit der Reorganisation der Armee eine neue Uniform eingeführt. Die Infanterie behielt weiße Röcke (mit Ausnahme der Grenadier-Garde). Schoßumschläge von der Grundfarbe; Kragen, Rabatten, Aufschläge und Westen von der Abzeichenfarbe. Anliegende weiße Beinkleider mit weißen ungarischen Knoten, schwarze Gamaschen in Form von ungarischen Stiefeln, rote Halsbinden. Hut mit weißer Borte und farbigen Puscheln (Abb. 23, f). An Stelle des Seitengewehres Bajonett, die Grenadiere Säbel. Die Offiziere trugen den Hut mit Gold- oder Silberborte eingefaßt, dazu weiße Kokarde. Halsbinden weiß, Ringkragen mit kurfürstlichem Namenszuge in der Mitte auf farbigem Samtuntergrund. Schärpe silbern und rot, vorn auf der rechten Seite geschlungen.

Abzeichen im Jahre 1765:

Regiment	Abzeichen	Knöpfe
Kurfürst	krapprot	gelb
Borcke	krapprot	weiß
Prinz Xaver	lichtblau	gelb
Kurfürstin	lichtblau	weiß
Prinz Clemens	dunkelblau	gelb
Prinz Anton	dunkelblau	weiß
Prinz Maximilian	gelb	gelb
Block	gelb	weiß
Prinz Karl	grasgrün	gelb
Prinz Gotha	grasgrün	weiß
Graf Solms	purpurrot	gelb
Thiele	purpurrot	weiß

Die Leibgrenadier-Garde behielt die roten Röcke mit gelben Abzeichen (wie wir gleich vorgreifend bemerken wollen, bis zur Auflösung der Truppe 1848). 1771 erhielten die Beinkleider und Gamaschen den früheren Schnitt. Bis zum Jahre 1810 änderte sich die Bekleidung sehr wenig, nur wurde der Schnitt der Mode entsprechend geändert, also der Kragen höher, der Rock vorn mehr abgestochen, die Hüte runder, der Zopf kürzer (Abb. 23, g). 1793 wurden bei der Infanterie bei jeder Kompanie ein Unteroffizier und acht Mann als Schützen ausgebildet und äußerlich durch grüne Federstutze auf den Hüten ausgezeichnet. 1810 trat eine Neuuniformierung ein. Der Rock wurde zum Kollett (oder Spenzer) mit gerade herabhängenden Rabatten. Die weißen

Abb. 23. Sachsen. Infanterie
c, d, e Grenadiere

Schoßumschläge hatten Vorstoß von der Regimentsfarbe, ebenso die Achselklappen. Weiße Tuchbeinkleider und kurze schwarze Gamaschen, rote Halsbinden, Tschakos mit gelbem Schild und Schuppenketten, weißer Kokarde, farbigem Regimentspompon und weißen Behängen (Abb. 23, h). Grenadiere rote Behänge und Federstutz. Die Offiziere hatten längere Schöße und Epauletten nach französischem Muster. Dazu Ringkragen als Dienstzeichen. Die weißen Beinkleider in Kniestiefeln.

Abzeichen nach der Rangliste von 1813:

Regiment	Abzeichen	Knöpfe
König	rot	gelb
Niesemeuschel	rot	weiß
Prinz Anton	blau	weiß
Low	blau	gelb
Prinz Maximilian	gelb	gelb
Rechten	gelb	weiß
Prinz Friedrich August	grün	gelb
Steindel	grün	weiß

Das Regiment Prinz Friedrich August erhielt im selben Jahre hellblaue Abzeichen.

Infolge der Kriegsdrangsale war die Bekleidung der Infanterie Ende 1813 bei der Neuuniformierung im höchsten Grade mangelhaft. 1815 wurde die weiße Kokarde mit grünem Ringe eingeführt. Die Infanterie erhielt weiße Kolletts ohne Rabatten, aber mit zwei Reihen gelber Knöpfe. Kragen und Aufschläge wurden durchgängig grün. Die Garde bekam eine schmale Litze auf dem Kragen und grüne Epauletten. Der Tschako verlor die Behänge. Als Beinkleider graue Pantalons (Abb. 23, i). Die Tschakos hatten ein flaches, kreisförmiges Pompon mit grünem Rande. Die innere Füllung war für das Leibregiment grün, 1. Regiment blau, 2. schwarz, 3. rot. Darauf die Kompanie-Nummer von 1 bis 12 von gelbem Metall. Grüntuchene Feldmützen mit Schirm. 1832 wurden an Stelle der weißen grüne Kolletts eingeführt. Kragen, Aufschläge, Beinkleider und Feldmützen hellblau, Vorstöße rot, zwei Reihen gelber Knöpfe (Abb. 23, k). Die Regimentsabzeichen bestanden aus den nunmehr stutzförmigen Pompons und Achselklappen, beim Leibregiment rot, 1. hellblau, 2. weiß, 3. grün, Garnisondivision schwarz. Der Tschako erhielt einen Nackenschirm und vorn eine Sterndekoration. Bisher bestanden die Gradabzeichen der Offiziere aus Tressenbesatz am Kragen, nunmehr aber aus Rangsternen auf den Epauletten. Die Spielleute wurden durch Tuchepauletten mit Wollfransen ausgezeichnet, und zwar von hellblauer Farbe mit gelbmetallenem Halbmonde. 1842 ersetzte man die stutzartigen Pompons durch ovale; an Stelle der farbigen Achselklappen traten solche von der dunkelgrünen Farbe des Rockes. 1849 wurde die Infanterie in Brigaden eingeteilt und die Bataillone durch die ganze Infanterie fortlaufend numeriert.

1. Brigade	Bataillon	1 bis 4
2. Brigade	Bataillon	5 bis 8
3. Brigade	Bataillon	9 bis 12
4. (Leib-)Brigade	Bataillon	13 bis 16

Zugleich erhielt die Infanterie den Waffenrock in gleicher Ausstattung wie die bisherigen Kolletts. Das Lederzeug, bisher weiß, wurde schwarz. Auch kam die Virchowsche Tragart des Gepäckes zur Einführung. Tschakos in Form eines abgestumpften Kegels waren schon 1846 zur Ausgabe gelangt (Abb. 23, l). Die Patronentasche erhielt 1851 ihren Sitz vorn. Auf den Achselklappen rote Bataillonsnummern, bei der Leibbrigade noch eine Krone darüber. Die Offiziere schnallen das Säbelkoppel über den Rock und legen die Ringkragen ab. 1861 wurden die seit 1849 abgeschafften Trommeln wieder eingeführt, 1862 wird die Farbe des Rokkes geändert, der Rock mit den Achselklappen wie die Beinkleider waren jetzt hellblau (Abb. 23, m). Die 1. Brigade trug rote, 2. gelbe, 3. schwarze, 4. weiße Kragen und Aufschläge. Der Rock war rings rot vorgestoßen, und zwar lief der Vorstoß auch um den unteren Kragenrand. 1866 rückte die Infanterie in Tellermützen mit Schirmen aus. Die Grundfarbe der Mützen hellblau, der Rand von der Brigadenfarbe, Vorstöße und Kompanienummer über der Kokarde rot. Die Bataillonsnummer wurde auf den Achselklappen angebracht. Die Offiziere legten die Epauletten ab und erhielten als Gradauszeichnung Sterne vorn am Kragen. 1867 wurde eine neue Bekleidung eingeführt, die sich an das preußische Vorbild anlehnt, doch blieb manche charakteristische Eigenart bestehen. Der dunkelblaue Waffenrock hat ringsum roten Vorstoß, die Schoßtaschenleisten haben nur je zwei Knöpfe; Kragen und Aufschläge wurden rot, doch behielten letztere ihre alte Form mit zwei Knöpfen hinten. Als Kopfbedeckung Helm preußischen Modells, vorn Sterndekoration mit dem sächsischen Wappen. Beschläge wie Knöpfe gelb. Beinkleider grau mit roter Biese (Abb. 23, n). Die Regimenter unterschieden sich durch gelbe Nummern auf den Achselklappen, welche die Grundfarbe zeigten und mit rotem Vorstoße versehen waren. Lederzeug schwarz. Die übrigen Wandlungen (z. B. Marschgepäck) wie in Preußen. Die Grenadier-Regimenter hatten Litzen auf Kragen und schwedisch geformten Aufschlägen, sowie schwarzen Haarbusch zur Parade. Nr. 100 hatte weiße Knöpfe. Die sächsische Infanterie führte innerhalb des Reichsheeres folgende Regimentsnummern: 100, 101 (Grenadiere), 102, 103, 104, 105, 106, 107, 133, 134, 139, 177, 178, 179, 181, 182. Das Regiment 108 behandeln wir im folgenden Abschnitt.

Die Felduniform M 1910 beließ den sächsischen Truppen die Form der Ärmelaufschläge, den roten Schoßvorstoß und die sächsischen Schoßtaschenleisten, dagegen erhielten die Achselklappen die preußische Form. Der Achselklappenvorstoß wurde beim XII. A.K. weiß, beim XIX. A.K. rot. Eine weitere Besonderheit bildeten die Kragenpatten des Mantels, die nur in Sachsen feldgrau mit rotem Vorstoß wurden. Auch Sachsen folgte bei der Felduniform M 15 im Mantel-, Blusen- und Hosenschnitt völlig preußischem Vorbild. Graue Doppellitzen mit weißem Spiegel und roter Füllung erhielten die Grenadierregimenter 100 und 101.

II. Leichte Infanterie (Jäger, Schützen)

1809 wurde aus den der Infanterie zugeteilten Schützen ein *Korps leichter Infanterie* errichtet und in demselben Jahre ein *Jägerkorps*. Die Uniform war für beide dunkelgrün mit schwarzen Abzeichen und gelben Knöpfen, im Schnitt wie unter Infanterie beschrieben. Der Tschako hatte bei der leichten Infanterie grüne Behänge und Stutz, sowie gelbes Schild (Abb. 25, a), bei den Jägern weiße Behänge, grünen Stutz und Jägerhorn. Das Lederzeug schwarz. Die Zusammenstellung von grün, schwarz und rot ist der leichten Truppe stets charakteristisch geblieben. Im allgemeinen folgen die Änderungen im Schnitte und in der Ausstattung denjenigen der Infanterie. Die 1822 eingeführten scheibenförmigen, grün eingefaßten Pompons hatten schwarze Füllung und gelbmetallene römische Nummer. 1832 wurden die Aufschlagspatten bataillonsweise verschieden, ebenso wie die Achselklappen, und zwar 1. Bataillon rot, 2. hellgrün, 3. hellblau. Die 1832 für die Spielleute eingeführten Epauletten hatten schwarzes Feld und Fransen und gelbmetallene Halbmonde. Wegen Einführung des Waffenrocks und neuen Tschakomodells vgl. vorhergehenden Abschnitt. Von der 1862 eintretenden Uniformänderung wurde die Truppe wenig betroffen. Auch bei der Neuuniformierung von 1867 blieb die Uniform der früher getragenen sehr ähnlich. Das seitdem getragene sehr niedrige Käppi ohne Hinterschirm war mit einem seitlich nach links befestigten schwarzen Roßhaarbusch versehen (Abb. 25, c). Die roten Vorstöße liefen nicht um den oberen, sondern um den unteren Kragenrand herum, bei den Offizieren um den ganzen Kragen. Die Achselklappen von der Grundfarbe zeigten ein rotes Jägerhorn, darunter die Nummer. Das Schützen-(Füsilier-)Regiment 108 hatte gelbe Knöpfe, die Jägerbataillone 12, 13 und 15 (bald wieder aufgelöst) weiße. Die sächsische Maschinen-Gewehr-Abteilung trug die Uniform der preußischen Abteilungen mit folgenden Abweichungen: sächsisches National, sächsischer Tschako-Stern und sächsische Schöße. Felduniform mit entsprechenden Änderungen wie in Preußen. Die Felduniform 1910 der Jäger und Schützen ebenfalls der preußischen entsprechend. Bei den Schützen Kragen und Aufschläge mit schwarzen Vorstößen. Mantelkragenpatte graugrün mit grüner bzw. schwarzer Umrandung. Die graugrüne Bluse der Felduniform M 1915 glich der der preußischen Jäger. Der Achselklappenvorstoß ist grün, Jägerhorn und Nummer rot, die Knöpfe bleiben weiß. Das Schützenregiment 108 behielt die gelben Knöpfe und hat schwarzen Achselklappenvorstoß.

III. Reiter. Kürassiere

1695 war die Grundfarbe der Uniform rot. Die gleiche Farbe hatten auch die Mäntel. Als Kopfbedeckung Hüte. Beinbekleidung gelbe Lederhosen in hohen Stiefeln.

Die Abzeichen waren im Jahre 1707 folgende:

Regiment	Abzeichen
Leibregiment	weiß
Königin	paille
Kurprinz	gelb
Prinz Alexander	grün
Beust	schwarz
Eichstaedt	kaffeebraun
Damitz	bleumourant

1734 wurde die Grundfarbe der Röcke weiß. Küraß unter dem Rock. Die Schabracken hatten die Abzeichenfarbe. 1740 paille Kolletts und ebensolche Westen. Die Unteroffiziere hatten Tressen um den Hut. 1741 auf den Röcken Rabatten mit 8 paarweise gesetzten Knöpfen.

Während des Exils der Sächsischen Armee im Siebenjährigen Kriege sammelten sich die Kürassiere als Grenadier-Kompanien im französischen Solde. Bei der Neuformierung der Armee im Jahre 1765 erhielten die *Gardes du Corps* gelbliche Kolletts und Beinkleider, blaue Kragen, Aufschläge, Schoßumschläge und Westen, alles mit gelbem, rot durchwirktem Bortenbesatz versehen. Halsbinde rot, Hut mit goldener Tresse und weißer Kokarde. Die Interimsuniform sowie die große Galauniform der Offiziere war rot. Das *Karabiner-Regiment* hatte dieselbe Uniform, nur statt der blauen Abzeichen rote. Das *Kürassier-Regiment Kurfürst* hatte auf den gelblichen Kolletts rote Abzeichen und gelbe, rot durchwirkte Borten, *Fürst Anhalt-Kürassiere* hatten gelbe Abzeichen, die Offiziere Silberborten (die übrigen Regimenter Gold). In gleicher Ausstattung erhielt sich die Uniform bis zum Jahre 1810, nur fielen für die Mannschaften die Hutborten weg; dagegen wurde ein Federstutz eingeführt (Abb. 24, c, d), bei den Offizieren mit schwarzer Wurzel, bei den Unteroffizieren mit schwarzer Spitze. Der geschwärzte Küraß bestand nur aus einem Bruststück. 1810 erfolgte die Einführung des Bügelhelmes, und zwar für die *Garde du Corps* von gelbem Metall mit schwarzem Bräm und Raupe. Das Kollett war gelb, Kragen, Aufschläge und Schoßumschläge blau. Um Kragen, Aufschläge und Schöße sowie vorn herunter ein Bortenbesatz aus blauen, roten und gelben Streifen bestehend; bei den Offizieren Goldtresse, Beinkleider weiß, Helmstutz wie früher auf den Hüten. Die beiden Linien-Kürassier-Regimenter hatten ebenfalls den gelbmetallenen Helm, dazu weiße Kolletts und Hosen, hohe Stiefel, Stulphandschuhe, schwarzen Halbküraß und Achselschuppen (Abb. 24, e). Die Abzeichen waren für die *Leib-Kürassiere* (früher König-Kürassiere) rot, der Bortenbesatz rot und gelb, für *Zastrow Kürassiere* (früher Anhalt) gelb, der Bortenbesatz weiß und schwarz. 1815 wurden beide Kürassier-Regimenter vereinigt und 1821 daraus das *Garde-Reiter-Regiment* errichtet. In demselben Jahre wurden auch die beiden anderen noch bestehenden Kavallerie-Regimenter (Husaren und Ulanen) als Reiter-Regimenter ausgerüstet. Für alle drei Reiter-Regimenter wurde die gleiche Uniform eingeführt, nämlich ein Lederhelm mit gelbem Beschlag und Schuppenketten, schwarzem Bügel und Raupe (Abb. 24, i). Weißes Kollett mit zwei Reihen gelber Knöpfe, hellblaue Kragen, Aufschläge und Vorstöße, Beinkleider, Schabracken und Mantelsack, gelbe Achselschuppen, weiße Biese auf den Hosen und Besatz auf der Schabracke nach Husarenart. Auf den Knöpfen und den Böden des Mantelsacks beim Garde-Regiment eine Krone, bei den andern beiden Nummern. Das Garde-Regiment führte die früheren leicht gekrümmten Kürassiersäbel mit Messingkorb, die andern beiden leichte Kavalleriesäbel mit Stahlkorb. 1832 wurden hellblaue Kolletts mit weißen Vorstößen eingeführt (Abb. 24, k). Die Regimenter unterschieden sich durch Kragen, Aufschläge und Schoßbesatz, und zwar beim Garde-Reiter-Regiment durch weiße, beim 1. leichten Reiter-Regiment rot, beim 2. karmesin. 1840 fielen diese verschiedenfarbigen Abzeichen weg. Alle Regimenter erhielten weiße Abzeichen und unterschieden sich nur durch die neu eingeführten Ärmelpatten, und zwar für das Garde-Regiment weiß, 1. rot, 2. hellblau. 1849 wurde ein 3. Regiment errichtet, welches gelbe, später orange Patten erhielt; in demselben Jahre wurden die Raupen auf dem Helme abgeschafft. An Stelle des Kolletts traten Waffenröcke, die Schabracken, wie bisher nach Husarenart geschnitten, wurden abgerundet und erhielten einen Besatzstreifen von der Pattenfarbe. 1852 auch weißer Vorstoß um den unteren Rockrand. Die bisher weißen Kragen erhalten die Farbe der Aufschlagspatte, die Aufschläge selbst sind sogenannte schwedische mit zwei Knöpfen (Abb. 24, l). 1862 wird die Knopfreihe vorn herunter abgeschafft, der Rock seitdem durch Haften geschlossen. Vorn herunter nunmehr Bortenbesatz. 1867 wurde ein neues Helmmodell eingeführt mit schwarzer Raupe auf dem Bügel (Abb. 24, m). Die Abzeichen beim Garde-Reiter-Regiment weiß, beim 1. Regiment ponceaurot, beim 2. purpurrot, beim 3. schwarz. Die Grundfarbe des Rockes und der Beinkleider blieb die hellblaue, Lederzeug weiß, schwarzes Sattelfell. Die Trompeter rote Raupe, keine

1754:

Regiment	Rock	Abzeichen	Knöpfe
Garde du Corps	rot	bleumourant	gelb
Leibkürassiere	weiß	hochrot	gelb
Königl. Prinz-Kürassiere	weiß	bleumourant	weiß
Arnim-Kürassiere	weiß	karmesin	weiß
Fürst Anhalt-Kürassiere	weiß	gelb	weiß
Plötz-Kürassiere	weiß	grün	gelb
Vitzthum-Kürassiere	weiß	dunkelblau	gelb

Abb. 24. Sachsen. Reiterei
a, b, c, d, e Kürassiere – f Dragoner – g, h Chevaulegers – i, k, l, m, n Reiter – o, p, q Husaren – r Ulan

Schwalbennester, dagegen auf der Brust dreizehn weiße Bandlitzen. Die Offiziere trugen keine Schärpen. Als die beiden sächsischen Husaren-Regimenter errichtet wurden, blieben nur noch zwei Regimenter bestehen, und zwar das *Garde-Reiter-Regiment* und das *Karabinier-Regiment;* ersteres behielt die weißen Abzeichen, letzteres die schwarzen des 3. Reiter-Regiments. Als Kopfbedeckung Kürassierhelm preußischen Modells von gelbem Metall mit weißen Beschlägen, vorn ein Stern mit dem sächsischen Wappen (Abb. 24, n). Zur Parade weiße Haarbüsche. Die Beinkleider wurden in hohen Stiefeln getragen. Bei der Bewaffnung der gesamten Kavallerie mit Lanzen erhielten die sächsischen Reiter solche mit weiß und grünen Flaggen, die Lanzen aber anfänglich aus Holz. 1907 bekamen die Garde-Reiter auf dem Helm zur Parade einen silbernen Löwen.
Felduniform 1910 wie preußische Kürassiere, jedoch sächsischer Schoßtaschenschnitt. Kollerborte der Garde-Reiter anstatt der hellblauen nunmehr weiße Streifen. Mantelkragenpatten feldgrau mit weißen bzw. schwarzen Vorstößen. Die Schulterklappen der Uniform M 1915 sind kornblumenblau und haben beim Garde-Reiter-Regiment weiße, beim Karabinier-Regiment schwarze Vorstöße. Das Garde-Reiter-Regiment hat weiter gelben Namenszug auf den Achselklappen und graue, weiß bespiegelte und kornblumenblau gefüllte Doppellitzen am Kragen. Die Hosenvorstöße bleiben rot.

IV. Dragoner, Chevaulegers, Ulanen und Husaren

Die sächsischen Dragoner erhielten 1695 rote Röcke, gelbe Lederhosen und Hüte.
Die Abzeichen waren 1707:

das Regiment	Baireuth	lichtblau
” ”	Brause	gelb
” ”	Schulenburg	paille
” ”	Dünewald	grün
” ”	Goltz	schwarz
” ”	Wrangel	kaffeebraun.

Um 1730 waren den Dragoner-Regimentern auch Grenadiere zugeteilt, welche dieselben Grenadiermützen trugen wie die Grenadiere der Infanterie. Die Uniform hatte nunmehr Kragen und Rabatten (Abb. 24, f). Die Halsbinden waren schwarz. Westen und Hosen lederfarben. Das Lederzeug von Fahlleder, bei den Grenadieren vorn mit Luntenbergern geschmückt.
Die Abzeichen waren 1730: Regiment Grenadiers à Cheval paille, Regiment Arnstädt dunkelblau, Regiment Katte papageigrün, Regiment Goldacker grasgrün, Regiment Chevalier de Saxe bleumourant. Alle Regimenter weiße Knöpfe.
Das Regiment *Mier-Dragoner* trug polnische Bekleidung. Bis zum Ausbruche des Siebenjährigen Krieges hatte sich

die Uniform etwas geändert. 1754 trug das *Regiment Rutowsky, leichte Dragoner,* rote Röcke mit schwarzen Abzeichen, paille Kolletts und gelbe Knöpfe. 1765 erhielten die bisher grün gekleideten Chevaulegers rote Röcke, und zwar *Albrecht-Chevaulegers* mit grünen Abzeichen, *Renard-Chevaulegers* mit blauen Abzeichen. Dazu gelbe Knöpfe. Weste und Hosen paille. Das Regiment *Kurland-Chevaulegers,* welches erst 1762 eingekleidet worden war, trug seine grünen Röcke mit roten Abzeichen bis 1767 auf. *Sacken-Dragoner* rot mit schwarzen Abzeichen und weißen Knöpfen. Das Rot der Chevaulegersuniform war ziemlich hell. 1767 wurden auch bei Kurland-Chevaulegers rote Röcke eingeführt, und zwar mit papageigrünen Plüschaufschlägen. Knöpfe gelb. Die Uniform der Chevaulegers blieb im ganzen bis 1810 die gleiche, mit Ausnahme des der Mode unterworfenen Schnittes. Die Borten auf den Hüten wurden in der Folge abgeschafft und durch weißen Stutz ersetzt (Abb. 24, g). Die Schabracken waren von roter Grundfarbe. Gegen Ausgang des 18. Jahrhunderts wurden dazu schwarze Schaffellüberdecken eingeführt. 1810 Tschakos (Abb. 24, h). Bei der engen Verbindung von Kursachsen mit Polen finden wir in der sächsischen Armee öfters *Ulanentruppen* erwähnt. 1754 werden folgende *Pulks* eingeführt:
Wilczewski weiße lange Röcke mit roten Abzeichen und bleumourant Unterkleidern,
Rudnicki ebenso uniformiert, nur auf den weißen Röcken bleumourant Abzeichen, und
Bronikowsky mit gelben Abzeichen. Knöpfe durchgängig gelb. Die Abteilungen scheinen indessen nicht lange bestanden zu haben. Ein neues *Ulanen-Regiment* wurde 1813 gebildet. Der Schnitt der Uniform war der damals übliche, die Grundfarbe für Kolletts und Hosen blau, Abzeichen schwarz, Vorstöße rot, Knöpfe und Beschläge weiß, blaue Tschapka. 1815 wurde die Uniform geändert. Nunmehr rote Kolletts, hellblaue Abzeichen, Beinkleider und Tschakos. Das Regiment ging später in der Reitertruppe auf. 1867 wurden nach Abgaben anderer Regimenter zwei Ulanen-Regimenter gebildet. Die Uniform erhielt den preußischen Schnitt. Die Grundfarbe der Ulanka und der Beinkleider hellblau, Kragen, Aufschläge und bei den Paraden überzuknöpfende Rabatten von karmesinroter Farbe, Beinkleider mit breiten karmesinroten Streifen. Das 1. Regiment weiße, das 2. gelbe Gardelitzen. Vorstöße weiß, bei beiden Regimentern gelbmetallene Schuppenepauletten. Tschapkas vorn mit Stern, zu Paraden beim 1. Regiment mit weißen, beim 2. mit karmesinroten Tschapkarabatten. Die Grundfarbe der Mütze ist weiß, der Besatzstreifen beim 1. Regiment hellblau, beim 2. karmesinrot. Zur Parade schwarze Schaffelldecken wie die Reiter. Das 1905 errichtete 3. Regiment (Nr. 21) erhielt die Uniform des 1. Rgts. (Nr. 17), aber mit weißem Metall und hellblauer Tschapkarabatte. Lanze mit weiß und grüner Flagge. Die Regimenter führten in der Ulanentruppe des Reichsheeres die Nrn. 17, 18 und 21.

Felduniform 1910 völlig wie die preußische, nur die Achselklappen nicht in Epaulettenform, sondern wie die Infanterie. Die Regimenter verloren ihre bisherigen Abzeichenfarben und unterschieden sich durch folgende Vorstöße: 17 weiß, 18 rot und 21 gelb. Zur Felduniform M 15 erhielten die Ulanenregimenter rote Achselklappen mit gelben Nummern und farbigen Vorstößen, Nr. 17 weiß, 18 purpurrot, 21 goldgelb.

1791 wurde ein *Husaren-Regiment* errichtet. Die Uniform bestand in hellblauen Pelzen mit schwarzem Vorstoß und weißen Schnüren. Weiße Dolmans mit hellblauen Aufschlägen, Kragen, Borten und Schnüren, rote Schärpe und weiße Unterkleider. Schwarze Flügelmützen mit weißem Bortenbesatz und blauem Flügelfutter. Weiße Federstutze, blaue Mäntel (Abb. 24, o). Später wurden auch die Dolmans hellblau mit weißen Schnüren, die Abzeichen schwarz, dazu 1810 ein Tschako (Abb. 24, p). 1822 wurde das Regiment zu Reitern umgeformt. Seit 1875 bestanden zwei *Husaren-Regimenter,* und zwar das 1., welches die Nr. 18 führte, aus dem 1. Reiter-Regiment, das 2., Nr. 19, aus dem 2. Reiter-Regiment, welches aus dem 1791 errichteten Husaren-Regiment hervorgegangen war, gebildet. Die Uniform war für beide Regimenter sowohl für Attila wie für Beinkleider hellblau, die Schnüre beim 1. gelb, beim 2. weiß. Ersteres hatte rote, letzteres karmesinrote Beutel an der Pelzmütze, welche mit dem Stern geschmückt ist. Die Säbeltaschen waren hellblau mit Besatz in der Schnurfarbe (Abb. 24, q). Zur Parade Sattelüberdecken von schwarzem Schaffell.

Das 1910 errichtete 20. Rgt. trug nur die Felduniform. Es erhielt hellblauen Kolpak und an der Mütze kornblumenblauen Besatzstreifen, weiße Vorstöße und einen hellblauen Streifen. Zur Parade Stutz und Felldecke. Im übrigen fehlten dem Regiment alle Friedensstücke. Felduniform M 1910 nach preußischem Vorbild, nur waren die Nummern auf den Achselschnüren bei allen Regimentern gelb. Mantelkragenpatten feldgrau mit beim Regiment 18 roten, 19 purpurroten und 20 hellblauen Vorstößen. Schulterklappen feldgrau mit roter Nummer. Die sächsischen Husarenregimenter legten zur Felduniform M 15 ebenfalls Bluse, Mantel und Hose preußischen Schnitts an mit geschilderten Achselstücken der Felduniform 1910. Die Nummern auf den Schulterschnüren waren für Regiment 18 weiß, für 19 und 20 goldgelb.

V. Artillerie, Pioniere, Train

1691 war die Artillerie grau bekleidet mit roten Aufschlägen, Kragen und Tuchstrümpfen. Hut mit Schnur. 1717 grüne Röcke mit roten Kragen, Rabatten, Aufschlägen, paille Unterkleider. Die grün und rote Uniformfarbe hat sich mit der kurzen Unterbrechung von 1728 bis 1730, wo die Feldartillerie paille Abzeichen trug, bis 1914 erhalten. Die Uniform mit gelben Knöpfen, bei den Chargen mit Goldstickerei, blieb stets im Charakter der Infanterieuniform, so daß wir bezüglich der Entwicklung auf diese hinweisen können. Beinkleider grau. Die reitende Artillerie, die später errichtet wurde, erhielt für die Uniform den Schnitt wie bei den Chevaulegers, gleichfalls unter Zusammenstellung von Grün und Rot, mit gelben Knöpfen. 1810 wurde der Tschako eingeführt (Abb. 25, f). Für die reitende Artillerie 1843 bis 1867

67

Abb. 25. Sachsen. Verschiedenes
a, b, c Leichte Infanterie (Jäger, Schützen) – d, e, f, i, k Artillerie – g, h Reit. Artillerie – l Trainsoldat – m General

Raupenhelm nach bayerischem Muster (Abb. 25, h). 1849 statt des bisher getragenen gelben Lederzeuges bei der Fuß- und reitenden Artillerie solches von schwarzer Farbe (Abb. 25, i). 1867 grüner Waffenrock mit rotem Kragen und gelben Knöpfen sowie rotem Vorstoß. Bei der reitenden Artillerie letztere auch an Ärmel- und Rückennähten. Helm mit Dekoration wie bei der Infanterie. Auf der Spitze eine Kugel (Abb. 25, k). Zu Paraden schwarze Haarbüsche. Die reitende Artillerie messingene Achselschuppen, Fußartillerie grüne Achselklappen mit rotem Vorstoß, Regimentsnummer und einflammiger Granate. Felduniform M 1910 wie Preußen, aber mit sächsischen Schößen. Achselklappen des XII. A.K. weißer Vorstoß, beim XIX. roter Vorstoß. Fußartillerie weiße Achselklappenvorstöße und sächsische Aufschläge. Felduniform M 15 nach preußischem Muster. Achselklappe der Feldartillerieregimenter rot mit gelber Beschriftung. Die Regimenter 12 und 32 dazu weißen Vorstoß. Bei den Fußartillerieregimentern 12 und 19 gelbe Achselklappen mit roten Nummern und gekreuzten Granaten. Die Pioniere unterschieden sich von der Artillerie in den verschiedenen Perioden im wesentlichen durch die weiße Farbe der Knöpfe. Verkehrstruppen hatten die betreffende blaue preußische Uniform mit sächsischen Hoheitszeichen. 1913 bekam das T.B. 7 hierzu die sächsischen Schöße. Felduniform der Pioniere wie in Preußen, jedoch mit sächsischen Schößen, Aufschlägen und Achselklappen. Felduniform 1915 wie Preußen. Weiße Knöpfe. Die Achselklappen der sächsischen Pioniere behalten gekreuzte Spaten und Hacke in Rot über der Nummer.

Der *Train* trug um 1800 ebenfalls schon die gleiche Farbenzusammenstellung wie 1914, nämlich hellblau mit schwarzen Abzeichen und roten Vorstößen. Als Kopfbedeckung diente der Tschako ohne Hinterschirm. Nachdem der preußische Train für die Mannschaften die Pickelhaube eingeführt hatte, folgte auch Sachsen diesem Beispiel. Die Felduniform 1910 entsprach der preußischen, jedoch hatten die Schöße den sächsischen Schnitt. Felduniform M 15 nach preußischem Muster. Achselklappen auch hier kaliblau mit roter Nummer.

VI. Generalität. Rangabzeichen

1735 erhielten die Generale weiße Röcke mit rotem Futter, rote Westen und Beinkleider. Die Rangstufen waren durch mehr oder weniger reiche Gold- oder Silberstickerei angedeutet. 1766 wurde die Farbe des Rockes blau und ist seitdem so geblieben. Im einzelnen hat die Uniform sehr viele Wandlungen erlitten. Bis 1867 wurde als Kopfbedeckung der Hut getragen, seitdem Helme. Die Paradeuniform ist ähnlich wie die preußische ausgestattet, nur der Schnitt der sächsische. Die Gradabzeichen bestanden seit 1832 in Metallsternen auf den Epauletten, die 1866/67, wie schon unter Infanterie erwähnt, durch Rangsterne auf den Kragen nach österreichischem Muster ersetzt wurden, seitdem wie in Preußen. Die Felduniform M 1910 und M 1915 folgen für die Generalität und den Generalstab preußischem Muster, ebenso die Rangabzeichen.

	1812/13	1815 Kragen	1815 Ärmelaufschläge	1832	1866 bis 1870	1870/71
General der Inf.						
Generalleutnant						
Generalmajor						
Oberst			General Generalleutnant Generalmajor			
Oberstleutnant	1)					
Major			Oberst Oberstleutnant Major		Rangabzeichen am Kragen nach österreichischem Muster	Epauletten und Achselstücke nach preußischem Muster
Hauptmann						
Oberleutnant	2)		Hauptmann Oberleutnant Leutnant			
Unterleutnant 1852 Leutnant	2) re. li.					

1) Feld und Schieber in gewechselter Knopffarbe
2) Streifen im Epaulettfeld und Schieber karmesinrot

Die Entwicklung der Offiziers-Rangabzeichen im Königlich sächsischen Heer ab 1812

Württemberg

(Kokarde bis gegen Ende des 18. Jahrh. schwarz, dann rot-schwarz-gelb. Seit 1817 rot-schwarz.)

I. Infanterie

In der ersten Periode herrschen helle Farben vor. Die Röcke sind meist von weißer, hellblauer oder gelber Farbe. Die Leibgarde trug 1683 graue, gelb aufgeschlagene Röcke, gelbe Kamisöler, lederfarbene Hosen und graue Strümpfe. Im allgemeinen erhält sich der Charakter der Ziviltracht bis in die dreißiger Jahre des 18. Jahrhunderts. 1734 unterschieden sich die Regimenter bei weißen Röcken wie die folgende Tabelle zeigt:

Regiment	Rabatten	Aufschläge	Westen	Knöpfe	
Erbprinz	rot	rot	rot	weiß	
Prinz Friedrich	rot	rot	rot	gelb	
Leib-Rgt.	rot	rot	rot	weiß	rote Litzen
Prinz Ludwig	—	blau	blau	gelb	
Kreis-Rgt.	—	blau	blau	weiß	blaue Litzen

1745 bekam die ganze Infanterie mit Ausnahme des Kreis-Rgts. gelbe Röcke und rote Westen. 1752 blaue Röcke.

1757 waren die Abzeichen folgende:

Regiment	Aufschläge und Rabatten	Knöpfe und Schulterschnüre	Besonderes
Leib-Rgt.	karmin	weiß	silberne Litzen und gelbe Westen
Prinz Louis	rot	weiß	
Romann	rot	gelb	
Roeder	rosa	weiß	
Prinz Friedrich Wilhelm	weiß	gelb	Füsilier-Mützen
Truchsess	schwarz	weiß	

In den achtziger Jahren des 18. Jahrhunderts wurden Bärenmützen getragen. In der Folgezeit bis 1799 wurde der Rockschnitt etwas moderner, das heißt vorn mehr abgestochen.

1798 folgten einschneidende Formationsänderungen. Die Infanterieregimenter wurden in selbständige Bataillone geteilt.

Bataillon	Kragen, Aufschläge, Rabatten	Achselklappen	Knöpfe Hutborte
Mylius	gelb	gelb	gelb
Obernitz	hellblau	hellblau	weiß
Seeger	rot	weiß	weiß
Beulwitz	rosa	rosa	weiß
Perglas	weiß	weiß	weiß

a b c d e f g h i k l m n o

Abb. 26. Württemberg. Infanterie

Die Schoßumschläge waren wie in Preußen durchgängig rot. Einen gänzlich veränderten Charakter erhielt die Uniform 1799. Als Kopfbedeckung wurde ein ledernes Kaskett, dem damals in Bayern getragenen Rumfordschen sehr ähnlich, eingeführt, vorn mit gelben Beschlägen, auf der Höhe ein Pompon, nach hinten herabfallend ein schwarzer Roßhaarschweif. Die Abzeichenfarben blieben zunächst dieselben, dagegen wurde der Schnitt des Rockes gänzlich geändert (Abb. 26, e). Er wurde stark verkürzt und erhielt sog. halbe Rabatten mit zwei Knöpfen darunter. Das Koppel wurde darübergeschnallt. Beinkleider und Lederzeug wie schon in der früheren Epoche weiß, schwarze Gamaschen. 1808 wurde wieder die Einteilung in Regimenter beliebt und verschiedene Änderungen in der Bekleidung vorgenommen.

Ende 1806 war ein Füsilier-Regiment errichtet worden (von Neubronn), welches eine etwas abweichende Uniform erhielt. Der Roßhaarschweif auf dem Kaskett fiel nämlich fort und wurde durch eine schwarze Raupe ersetzt. Die Rabatten des Kolletts nicht von der roten Abzeichen-, sondern von der blauen Grundfarbe und mit rotem Vorstoße besetzt. Diese beiden Änderungen, Raupenhelm und blaue Rabatten, wurden in den folgenden Jahren auch auf die übrigen Infanterie-Regimenter ausgedehnt. 1811 erscheint diese Umwandlung völlig durchgeführt. Nunmehr taucht, vorerst vereinzelt, der Tschako auf, und zwar vorn mit rhombisch geformtem Beschlag und Vorder- und Hinterschirm versehen. Oben links die Kokarde, 1813/14 bildet er die allgemeine Kopfbedeckung (Abb. 26, g).

Regiment	1813 Kragen, Aufschläge und Schoßumschläge	Vorstöße	Knöpfe
1.	gelb	gelb	weiß
2.	orange	orange	weiß
3.	weiß	weiß	weiß
4.	rosa	weiß	weiß
5.	hellblau	weiß	weiß
6.	weiß	rot	gelb
7.	rot	rot	gelb
8.	strohgelb	strohgelb	gelb
9.	schwarz	schwarz	gelb

1814 erhielten die Regimenter, die Angehörige des Königl. Hauses als Chef hatten, Litzen.

Die große Uniformenänderung, die 1817 bei der ganzen Armee stattfand, erstrebte die größtmögliche Einfachheit (Abb. 26, h). Die Bekleidung erhält ein ungemein nüchternes Aussehen. Der Tschako war gänzlich ohne Beschlag, nur mit Kinnriemen und vorn oben mit der Kokarde versehen. Der königsblaue Rock reichte bis zum Knie und wurde vorn durch Haften geschlossen. Die Aufschläge waren entweder rot oder gelb, die Kragen von der Grund- oder der Abzeichenfarbe. Paßgürtel mit rotem oder gelbem Vorstoß, Epauletten mit gelben, roten oder blauen Feldern, königsblaue Beinkleider ohne Vorstoß, weißes Lederzeug. Im kleinen Dienste wurde ein königsblauer Spenzer getragen; die Stabsoffiziere Säbelgehänge um den Leib, Subalternoffiziere weißes Koppel, vorn mit silbernen Schildchen geschmückt, über die rechte Schulter. Das Jahr 1821 brachte wieder eine neue Uniformierung (Abb. 26, i). Der Tschako erhielt ein rotes Pompon und unter der Kokarde ein weißmetallenes Schildchen mit der Regimentsnummer. An Stelle des langschößigen Rockes trat ein königsblaues Kollett mit zwei Reihen weißer Knöpfe. Der Kragen war rot, Aufschläge blau mit rotem Vorstoße. Epauletten blau mit weißen Halbmonden und Regimentsnummer. Das Futter rot. Die Beinkleider erhielten roten Vorstoß. Für Offiziere silberne Pompons und Epauletten. 1836 wurde über dem Pompon noch eine rote lose Puschel angebracht, die Aufschläge wurden rot. 1844 nur eine Knopfreihe. 1846 neues Tschakomodell in Form eines abgestumpften Kegels. Der Tschako war mit pulverblauem Tuch bezogen, unten mit schwarzem Leder, oben mit weißer Borte besetzt. Vorn Kokarde mit weißer Agraffe. Darüber blaues (bei den Schützen grünes) Doppelpompon. 1849 wird der Waffenrock eingeführt (Abb. 26, k). Er hatte eine Reihe weißer Knöpfe und war wieder von königsblauer Farbe. Kragen, Aufschläge, Achselklappen und Vorstöße rot, auf den Schoßtaschenleisten je drei Knöpfe, Beinkleider königsblau mit roter Biese, wie schon früher. Das Lederzeug blieb weiß. An Stelle des Infanteriesäbels ein Faschinenmesser. 1859 wurde das gekreuzte weiße Lederzeug abgeschafft und dafür schwarze Gürtelrüstung eingeführt. Eine neue Umänderung erfuhr die Uniform im Jahre 1864, wobei aber gleich bemerkt werden muß, daß die neue Bekleidung vorerst nur zur Parade ausgegeben wurde. Die Mannschaften rückten 1866 noch in der alten Montierung aus. Dazu blaue Schirmmützen mit rotem Rande. Bei den neuen Uniformen bildete die Paradekopfbedeckung eine käppiartig gestaltete Mütze von dunkelblauem Tuch mit rotem Rand und Vorstoß, ferner Metallschildchen und National. Als zweite und zugleich feldmäßige Kopfbedeckung diente eine dunkelblaue Mütze mit rotem Vorstoß und kleiner Kokarde (Abb. 26, m). Der dunkelblaue Waffenrock hatte zwei Reihen weißer Knöpfe, roten Kragen, Achselklappen, Achselwülste und Vorstöße rings herum. Auf den Schoßtaschenleisten je zwei Knöpfe. Auf den Achselklappen die Kompanienummer. Die grauen Hosen hatten rote Vorstöße. Lederzeug schwarz (Abb. 26, l). Als Regimentsabzeichen dienten farbige Kragenpatten, und zwar beim 1. Regiment weiß, 2. schwarz, 3. orange, 4. grün, 5. hellblau, 6. blau, 7. dunkelrot, 8. gelb. Die Offiziere trugen die Gradauszeichnung am Kragen nach österreichischer Art. Als Dienstabzeichen eine schwarzrote Schärpe (die übrigens, wie bemerkt werden muß, seit 1817 in Gebrauch war), mit linksgetragener Peitsche und Quaste nach Husarenart. Am 1. August 1870 wurde das Anlegen der preußischen Offiziersachselstücke befohlen. 1871 erfolgte eine neue Bekleidungsvorschrift, welche das preußische Vorbild zugrunde legte. Die Infanterie erhielt die Pickelhaube mit dem Landeswappen und der württembergischen Kokarde. Der Waffenrock erhielt zur Erinnerung an die frühere Uniform zwei Knopfreihen (Abb. 26, n). Die Knöpfe wurden gelb, Achselklappen rot mit gelber Nummer. Rote Aufschläge und Ärmelpatten, letztere mit hellblauer Einfassung. Die Grenadier-Regimenter Nr. 119 und Nr. 123 weiße Litzen auf Kragen und schwedisch geformten Aufschlägen. Seit 1892 nur eine Knopfreihe am Rock (Abb. 26, o). Zur Parade legten die Grenadier-Regimenter Haarbüsche an, und zwar Nr. 119 weiße, Nr. 123 schwarze. Marschgepäck usw. wie in Preußen. Die württembergischen Regimenter führten im Reichsheere die Nummern 119 bis 127 und 180. Felduniform wie in Preußen, ebenso Felduniform 1915.

II. Jäger und leichte Infanterie

1799 wurde eine Fußjägerkompanie errichtet und einem Grenadierbataillon zugeteilt, 1800 aber selbständiges Jägerkorps. Die Uniform bestand aus einem schwarzen korsischen Hut mit gelbem Namenszug F II und grünem Stutz. Grünes Kollett im Schnitt wie damals bei der Infanterie mit schwarzen, weiß vorgestoßenen Kragen, Aufschlägen, halben Rabatten und Schoßumschlägen. Gelbe Knöpfe, grüne Beinkleider, schwarzes Koppel um den Leib, vorn Kartusche mit Namenszug, Hirschfänger und Stutzen. 1801 wird die Truppe zum Bataillon erhoben unter dem Namen *von Romann*. Die Uniform blieb dieselbe, nur wurde ein Tschako eingeführt mit grünem Bunde und Stutz (Abb. 28, a). 1805 Errichtung eines zweiten Bataillons, dessen Uniform sich durch weiße Knöpfe unterschied. Das schwarze Lederzeug nunmehr gekreuzt. 1813 beide Bataillone vereinigt als Fußjäger-Regiment König. Die Uniform hatte seit 1811 Rabatten von der Grundfarbe, 1814 gelbe Litzen an Kragen und Aufschlägen, gelbe Knöpfe, Tschako wie die Infanterie mit weißen Behängen und Stutz. 1815 ging die Truppe ein.

Leichte Infanterie wurden 1805 zwei Bataillone errichtet, die 1813 zu einem leichten Infanterie-Regiment vereinigt wurden. Uniform 1805 wie die Infanterie. Grundfarbe grün, Abzeichen hellblau, Vorstöße weiß, Knöpfe und Lederzeug gelb, Hosen weiß, Kaskett mit schwarzem Schweif. 1807 Tschako wie die Jäger, aber mit rotem Stutz. Die Auflösung der leichten Infanterie erfolgte 1817.

Eine Jägertruppe wurde erst sehr viel später wieder errichtet. 1866 bestanden zwei, 1870 drei Bataillone. Die Uniform war der von 1864 bei der Infanterie eingeführten sehr ähnlich, nur war das Käppi hellgrün mit blauem Rand und Vorstoß; dazu gehörte ein kleiner schwarzer Haarbusch. Waffenrock wie die Infanterie mit grünen Kragenpatten. Stücke, die bei der Infanterie rot waren, hier grün. Statt der Hosenbiese grüne Streifen. Auf der Brust grüne Schützenschnüre (Abb. 28, b). Nach dem Feldzuge von 1870/71 hörte die Jägertruppe wieder zu bestehen auf.

III. Leibgarde zu Pferd und reitendes Feldjägerkorps

Die Geschichte der Leibgarde zu Pferd ist sehr verwickelt und die Uniformierung unterlag so vielen Änderungen, daß wir hier nur die hauptsächlichsten Züge wiedergeben können. Anfänglich war die reitende Leibgarde als schwere Reiter (Kürassiere) ausgerüstet. Die Grundfarbe war um die Wende des 17. und 18. Jahrhunderts gelb, Umschläge rot, die Besätze silbern. Blanker Brust- und Rückenharnisch. Silberbortierter Hut. Die Umschläge wurden 1739 schwarz. 1776 bestand die Leibgarde aus drei Kompanien mit verschiedener Uniform.
1. Kompanie. Husarenuniform ganz dunkelrot mit gelben Schnüren, hellblaue Kragen, Aufschläge, Schärpe und Bandelier. Dunkelroter Mützenbeutel und Säbeltasche. Auf letzterer gekröntes gelbes CC.
2. Kompanie. Gelbe Kürassieruniform mit dunkelroten Abzeichen und Bandelier. Blanker Harnisch, Hut mit Silberborte.
3. Kompanie. Reitende Jäger. Rock grün mit rot und silber. Unterkleider weiß, Hut mit gebogener Silberborte. Weißer Stutz, rote Säbeltasche.
1794 wurde die Garde aufgelöst, aber 1798 wieder errichtet. Die Uniform bestand aus gelben Kolletts mit schwarzen Kragen. Schwarze Superwesten mit weißem Stern, weiße gekreuzte Bandeliere, Stulphandschuhe und Hosen, hohe Stiefel. Kaskett mit schwarzem Schweif und weißem Stutz. Später weißer Metallhelm mit Bügel und schwarzer Raupe.
1809 bestand die Leibgarde aus folgenden Teilen:
1. Eskadron Leibjäger. Pelzmütze ähnlich wie bei den reitenden Garde-Grenadieren Napoleons I. Grüner Frack mit einer Reihe von gelben Knöpfen, gelbe Fransenepauletten, schwarze Kragen, Aufschläge und gekreuzte Bandeliere. Weiße Stulphandschuhe und Hosen, hohe Stiefel.
2. Eskadron Garde du Corps. Gelbe Kolletts, schwarze Superwesten, Helme usw. wie oben beschrieben.
3. und 4. Eskadron Grenadiere zu Pferde. Pelzmützen wie 1. Eskadron, blaues Kollett mit gelbem Kragen, weiße Epauletten, Stulphandschuhe und Hosen, hohe Stiefel, blanke Harnische.
Jede Eskadron ritt Pferde von anderer Farbe. Wenn das Regiment geschlossen ausrückte, waren alle vier Eskadrons als Grenadiere zu Pferd gekleidet mit Pelzmütze und Harnisch, – die 1. Eskadron in grün, die anderen in blauen Uniformen. 1815 wurde die Truppe aufgelöst und eine *Schwadron Leibgarde zu Pferd* errichtet. Die Uniform erhielt die schmucklose Gestaltung, die wir unter »Reiter« noch näher beschreiben werden. Als Kopfbedeckung eine sehr breite Pelzmütze mit gelben Schuppenketten. Die weitere Ausgestaltung der Bekleidung bis zur Auflösung der Truppe ging parallel mit derjenigen der übrigen Reiterei. (Seit 1817 gab es nur Reiter-Regimenter.) Nur ist zu bemerken, daß die Pelzmütze 1825 dem Tschako wich. Alle Abzeichen, die bei den Reitern rot waren, hatten bei der Leibgarde zu Pferde amarantrote Farbe. Wir schließen hier an das *Feldjägerkorps,* unter diesem Namen 1759 errichtet. Grüne Röcke, Westen und Hosen, rote Abzeichen, gelbe Knöpfe und Hutborte. Eine Fußabteilung bestand bis 1765, die reitende wurde 1768 aufgelöst. 1782 erfolgte eine Neubildung der Truppe, die seitdem stets beritten war. 1798 erhielt die Grundfarbe einen dunkleren Ton, die Knöpfe wurden weiß. Schnitt und Kaskett wie damals allgemein in der Armee. Lederzeug schwarz. Später Raupenhelme und schwarze Abzeichen. Auch schwarze Superwesten (Abb. 28, l). 1815 wird die Truppe nach Ulanenart bekleidet und erhält auch die Bezeichnung *Leibulanenkorps*. Die Uniformfarben waren grün mit rot. Dazu Goldbesatz. 1817 wieder *Feldjägerkorps*. Die Uniform bestand aus königsblauem langschößigem Rock mit schwarzen Abzeichen, Pelzmützen wie die Leibgarde. 1819 wurde die Grundfarbe dunkelblau, die Abzeichen hellblau. Die weitere Entwicklung der Uniform wie bei der übrigen Reiterei.

IV. Reiter, Kürassiere, Grenadiere zu Pferd

1683 wurde ein »*schwäbisches Kreis-Regiment zu Pferd von Höhnstedt*« errichtet, das blaugraue Montierung trug. Eigentümlich erscheinen die ledernen Panzer, mit denen das Regiment in dem Werke von Stadtlinger auf den 1683 und 1703 datierten Abbildungen ausgerüstet ist (Abb. 27, a). Später wurde die Truppe Dragoner-Regiment und 1775 mit dem Regiment »*reitende Grenadiere von Pfull*« vereinigt, dessen Uniform aus roten Röcken mit schwarzen Umschlägen, gelben Knöpfen und Achselbändern bestand. Weiße Unterkleider, über der Weste Harnisch, Pelzmütze vorn mit gelbem Metallschild. 1758 wurde ein »*Kürassier-Regiment von Pfull*« errichtet, das 1761 zu Dragonern umgeformt wurde. Der Rock war gelb mit roten Umschlägen und gelbrotem Bortenbesatz. Rote Westen, weiße Bandeliere. In der Folgezeit finden wir nur Dragoner, Chevaulegers und reitende Jäger-Regimenter in der Armee vertreten und verweisen deshalb auf den nächsten Abschnitt. 1817 wurde die gesamte Kavallerie zu Reiter-Regimentern gemacht. Der königsblaue Rock mit langen Schößen, vorn durch Haften geschlossen, hatte genau denselben Schnitt wie bei der Infanterie. Der Kragen und der spitze Aufschlag in Grundfarbe waren mit rotem Vorstoß versehen. Vorn herunter hatte der Rock einen roten Vorstoß, was bei der Infanterie nicht der Fall war. Der Paßgürtel war ebenfalls rot eingefaßt. Auf den Schultern gelbe Schuppenepauletten, rote Biesen an den königsblauen Hosen, weißes Bandelier. Das 1. Regiment trug Pelzmützen, 2.–4. Regiment Tschakos wie die Infanterie, jedoch farbig bezogen; zweites Regiment gelb, drittes dunkelrot, viertes rot. 1820 erhielten alle vier Regimenter rote Tschakos und farbige spitze Ärmelaufschläge, Nr. 1 rot,

Abb. 27. Württemberg. Reiterei
a, g, h, i, k, l Reiter – b, d, m, n Dragoner – c, e Chevaulegers – f Jäger zu Pferd

Nr. 2 gelb, Nr. 3 königsblau mit rotem Vorstoß, Nr. 4 schwarz.
1821/23 tritt eine Uniformänderung ein (Abb. 27, h). Die durchgängig roten Tschakos erhalten ein rotes Pompon und gelbes Schildchen mit der Regimentsnummer. An Stelle des Rockes tritt ein Kollett mit zwei Reihen von gelben Knöpfen. Grundfarbe königsblau, ebenso der Kragen. Aufschläge, Schoßbesatz und Vorstöße auch auf den Ärmel- und Rückennähten rot. Die königsblauen Hosen mit roter Biese und Seitenstreifen. 1844 erhält das Kollett eine Knopfreihe und rote, mit einem Knopfe besetzte spitze Kragenpatten sowie rotes Doppelpompon. Die Schützen hatten grünes. Sie waren mit Karabinern ausgerüstet, während die übrige Mannschaft Lanzen mit rot und schwarzen Flaggen führte. Auch wurde der Schoßbesatz geändert. 1845 Tschakos wie gleichzeitig die Infanterie, aber mit rotem Tuche bezogen und mit gelber Borte und Agraffe sowie mit schwarzem Haarbusch geschmückt (Abb. 27, i). 1849 Waffenrock ebenso ausgestattet wie vorher das Kollett. Die Seitenstreifen auf den königsblauen Beinkleidern fielen fort, nur die Biese wurde beibehalten. Die 1864 eingeführte Uniform glich im Schnitt der damaligen neuen Infanterieuniform (Abb. 27, l). Das Käppi war rot mit blauem Rande und Vorstößen, gelbem Schildchen mit weißer Regimentsnummer, darüber ein kleiner Haarbusch. Der dunkelblaue Waffenrock hatte ebensolche Kragen und Aufschläge, rote Vorstöße, Achselklappen und Achselwülste. Die Kragenpatten waren beim 1. Regiment hellblau, 2. gelb, 3. rot, 4. weiß. Das Lederzeug blieb weiß. Die grauen Beinkleider hatten rote Seitenstreifen. Die Lanze wurde abgelegt. 1870 rückte die Kavallerie in Pickelhauben aus. 1871 erfolgte die Umwandlung in Dragoner und Ulanen.

V. Dragoner, Chevaulegers, Jäger zu Pferd

Das schon erwähnte Reiter-Regiment von Höhnstedt wurde 1732 ein Kreis-Dragoner-Regiment, und zwar mit dem Namen *Württemberg*. Rock und Beinkleider waren weiß, Kragen, Aufschläge, Rabatten, Schoßfutter und Weste hellblau; Knöpfe, Achselbänder und Hutborte gelb (Abb. 27, b). In den fünfziger Jahren des 18. Jahrhunderts erscheint es in blauer Uniform mit schwarzen Abzeichen, gelblich weißen Unterkleidern. Knöpfe usw. wie früher. (Nebenbei sei bemerkt, daß Abbildungen dieses Regiments starke Abweichungen zeigen. So finden sich z. B. die schwarzen Abzeichen bald mit Borteneinfassung, bald ohne diese dargestellt; die Grundfarbe bald dunkelblau, bald hellblau.) In den neunziger Jahren des 18. Jahrhunderts war die Uniform blau mit roten Abzeichen und gelben, rot vorgestoßenen Schoßumschlägen. Dazu gelbe Achselschuppen und Hut mit schwarzem Stutz. Das schon erwähnte Kürassier-Regiment von Pfull wurde 1761 zu Dragonern umgewandelt und 1766 aufgelöst. Rock und Hosen waren weiß, Kragen, Aufschläge, Rabatten und Schoßfutter rot, Weste, Knöpfe, Achselbänder und gebogene Hutborte gelb. Gegen Ende des 18. Jahrhunderts taucht die Truppe der Chevaulegers auf. Die Uniform erhielt den damals üblichen Schnitt mit halben Rabatten. Als Kopfbedeckung Kaskett mit Roßhaarschweif, Hosen weiß in hohen Stiefeln (Abb. 27, c). Die Grundfarbe war blau. Bald darauf wurden auch *Jäger zu Pferd* errichtet mit grüner Uniform. Die Periode von 1798 bis 1817 zeichnet sich überhaupt durch häufigen Wechsel in Formation und Bekleidung aus. Im Mai 1811 erhielten die Regimenter Nummern.

1811:
Chevauleger-Regiment Nr. 1 Prinz Adam. Blaue Kolletts mit ebensolchen Rabatten, weißen Vorstößen, gelben Knöpfen, Kragen, Schoßumschlägen und Paßgürteln. Helm mit Bügel und schwarzer, oben gelber Raupe. Weißes Lederzeug und Hosen (Abb. 27, e).
Leib-Chevauleger-Regiment Nr. 2. Uniform wie vorher beschrieben, nur ziegelrote Abzeichen, Vorstöße und Paßgürtel. Weiße Knöpfe und Litzen am Kragen. Kaskett mit schwarzem Roßhaarschweif.
Jäger-Regiment zu Pferd Nr. 3 Herzog Louis. Kollett, Kragen, Rabatten und anliegende Beinkleider grün. Vorstöße und Achselschuppen gelb. Knöpfe weiß, Lederzeug und Stulphandschuhe schwarz, Helm mit weißem Beschlag, auf dem Bügel grüne, oben gelbe Raupe. Ungarische Stiefel.
Jäger-Regiment zu Pferd Nr. 4. Ganz grüne Uniform wie das vorhergehende. Kragen rosa, Vorstöße und Knöpfe weiß, Helmraupe grün.
Dragoner-Regiment Nr. 5 Kronprinz. Grünes Kollett mit weißem Kragen und Schoßumschlägen, Knöpfen und Achselschuppen, rote Vorstöße, weiße Beinkleider und Lederzeug, schwarze Stulphandschuhe. Tschako wie die Infanterie mit weißen Beschlägen und Behängen (Abb. 27, d).
Mit Ausnahme des 1. Regiments wird die Grundfarbe 1814 durchgängig grün, als Kopfbedeckung der Tschako. Seit 1817 bestehen weder Chevaulegers noch Jäger zu Pferd.
1871 wurden zwei Dragoner-Regimenter errichtet, und zwar wurde das 4. Reiter-Regiment zum 1. Dragoner-Regiment, das 2. zum 2. Dragoner-Regiment. Beide erhielten hellblaue Röcke im Schnitt wie bei der württembergischen Infanterie, also mit zwei Knopfreihen. (Seit 1892 nur eine Knopfreihe.) Beinbekleidung wie in Preußen. Beim 1. Regiment wurden Kragen, schwedische Aufschläge, Vorstöße und Achselklappen weiß, letztere mit rotem gekrönten O geschmückt. Gelbe Knöpfe und weiße Gardelitzen mit roten Spiegeln. Pickelhaube mit weißen Beschlägen und zur Parade weißem Haarbusch. Das 2. Regiment erhielt gelbe Abzeichen und weiße Knöpfe, weiße Helmbeschläge und schwarzen Busch. Auf den Achselklappen ein gekröntes rotes W. Auf den Kartuschen keinen Beschlag. Wie die gesamte Kavallerie seit Ausgang der achtziger Jahre Lanzen mit oben roten, unten schwarzen Flaggen. Das 1. Regiment (Nr. 25) erhielt 1913 auf den Kartuschbandelieren silberne Beschläge und Kettchen. Felduniform 1910 und 1915 nach preußischem Muster.

VI. Husaren und Ulanen

Eine Husarentruppe lernten wir bereits in dem Abschnitt über die Leibgarde zu Pferd kennen. 1735 wurde eine *Leibhusaren-Schwadron* errichtet, die 1758 zum Regiment erhoben wurde (von Gorcy, 1763 von Bouwinghausen), 1798 aufgelöst. Dolman und Pelz waren grün, die Beinkleider rot, Schnüre gelb. Kragen und Aufschläge schwarz. Pelzmützen mit rotem Beutel, rotgelbe Schärpe und Säbeltasche. Bandeliere von Fahlleder. Seitdem finden wir keine württembergischen Husaren mehr. Das *Leibulanenkorps* 1815 bis 1817 haben wir bereits bei den Feldjägern erwähnt. 1871 wurde aus dem 1. Reiter-Regiment das *1. württembergische Ulanen-Regiment Nr. 19* errichtet und aus dem 3. Reiter-Regiment in demselben Jahre das *2. württembergische Ulanen-Regiment Nr. 20*. Die Uniform glich der preußischen (natürlich mit Ausschluß von Tschapkabeschlag, Kokarde, Portepee). Die Abzeichen waren beim 1. Regiment rot, beim 2. gelb. Knöpfe und Halbmonde der Epauletten weiß. Das 1. Regiment hatte weiße Gardelitzen. Lanzenflaggen wie bei den württembergischen Dragonern. Felduniform 1910 und 1915 ebenfalls nach preußischem Vorbild.

VII. Artillerie, Pioniere, Train

Die älteste Uniform der württembergischen Artillerie scheint rot gewesen zu sein. 1735 war der Rock noch von roter Grundfarbe mit ebensolchen Schoßumschlägen, schwarzen Kragen und Aufschlägen; Knöpfe, Hutborte und Weste gelb, die in Gamaschen getragenen Beinkleider weiß (Abb. 28, c). In den fünfziger Jahren des 18. Jahrhunderts, als der preußische Typus für die Uniform maßgebend wurde, erhielt der Rock lichtblaue Grundfarbe. Kragen, Rabatten, Aufschläge, Schoßumschläge schwarz, auch wurden schwarze Rabatten angebracht. Knöpfe und Hutborte gelb, Unterkleider weiß (Abb. 28, d). Bis 1817 war die Grundfarbe lichtblau. Die Abzeichen blieben zunächst dieselben, nur erhielt die Weste die Farbe des Rockes. Die Bedeckungskompanie war durch Pelzmützen mit gelbem Schild und gelbe Achselbänder ausgezeichnet. 1799 hellblaue Kolletts in dem damals neu eingeführten Schnitte mit schwarzen halben Rabatten, Aufschlägen und Kaskett mit gelben Beschlägen und schwarzem Roßhaarbusch. Lederzeug weiß wie vorher. Die weißen Beinkleider in Kniestiefeln (Abb. 28, e). 1804 tritt an Stelle des Kasketts mit Schweif ein solches mit schwarzer Raupe. Die reitende Artillerie hatte die gleiche Uniform, nur hellblaue Beinkleider und schwarze Paßgürtel. Der Säbel am Schleppkoppel war an einem über die rechte Schulter gehenden Bandelier befestigt. Auf den Kaskets weißer Stutz. Die Gardebatterie war durch weiße Litzen auf den schwarzen Rabatten und Aufschlägen ausgezeichnet. Auch erhielt die reitende Artillerie damals

Abb. 28. Württemberg. Verschiedenes.
a, b Fußjäger – c, d, e, f, h, i Fuß-Artillerie – g Reit. Garde-Artillerie – k Reit. Artillerie – l, m Feldjäger – n General

weißmetallene Achselschuppen. 1811 wurden die halben Rabatten hellblau gleich dem Kollett mit gelben Vorstößen besetzt, die Beinkleider auch bei der Fußartillerie hellblau (Abb. 28, f). 1813 Tschako mit Hinterschirm und gelben, bei der Garde-Artillerie weißen Beschlägen; letztere auch weiße Behänge (Abb. 28, g). 1817 änderte man die Grundfarbe in königsblau um. Der Schnitt war derselbe wie damals in der ganzen Armee. Der Rock hatte schwarze Kragen, spitze Aufschläge und Epaulettefelder, rote Vorstöße, auch vorn herunter, blaue, rot eingefaßte Paßgürtel, Tschako mit Kokarde, weißen Seitenspangen und Schuppenketten, weißes Lederzeug (Abb. 28, h). Die Abzeichen blieben nunmehr dieselben. Der Schnitt änderte sich in gleicher Weise wie seitdem in der ganzen Armee. Bei der reitenden Artillerie waren 1817 schwarze Pelzmützen mit weißen Schuppenketten eingeführt worden, welche bis 1838 getragen wurden. Damals waren rote Tschakobehänge in Gebrauch, sowohl für die reitende wie für die Fuß-Artillerie. Der 1845 eingeführte modernere Tschako war mit pulverblauem Tuch bezogen, oben weiß, unten schwarz eingefaßt. Als Dekoration weiße gekreuzte Kanonenrohre, darüber Kokarde mit weißer Agraffe und hängender schwarzer Roßhaarbusch (Abb. 28, i). Die 1864 eingeführte Uniform erhielt statt der königsblauen die dunkelblaue Farbe. Die Abzeichen blieben schwarz, Vorstöße rot, Knöpfe weiß, Achselwülste rot. Das dunkelblaue, mit schwarzem Rand und roten Vorstößen verzierte Paradekäppi war gleichfalls mit schwarzem Roßhaarbusch geschmückt. Beinkleider wie damals bei der Infanterie, für die reitende Artillerie gleich den Reiter-Regimentern. Das Lederzeug wurde schwarz. 1871 wurde die Uniform nach preußischem Vorbilde geregelt. Abzeichen wie in Preußen, bis 1888 zweireihiger, später einreihiger Rock. Pickelhaube mit gelben Beschlägen und Kugel auf der Spitze, Lederzeug schwarz (Abb. 28, k). Seit 1815 bestand eine *Pionierkompanie,* welche fast die gleiche Uniform hatte, aber durch gelbe Knöpfe und Beschläge unterschieden war. Auch war später bei der Tschakodekoration ein Abzeichen von gelben gekreuzten Beilen angebracht. Der 1854 eingeführte modernere Tschako oben mit gelben Borten eingefaßt. Seit 1871 ganz ähnlich den preußischen Pionieren, nur mit den die württembergische Uniform charakterisierenden Eigentümlichkeiten. Knöpfe und Beschläge seit 1871 weiß. Der *Train* trug ebenfalls die gleichen Abzeichen wie in Preußen, nur Lederzeug schwarz. Felduniform 1910 dieser Truppenteile der preußischen entsprechend, ebenso Felduniform M 15.

VIII. Generalität

In der ersten Hälfte des 18. Jahrhunderts hatten die Generale rote Röcke mit Goldbesatz und ebenso verzierte gelbe Westen. Hüte mit Goldborte und weißen Federn. Später blaue Röcke, 1782 hellblaue mit schwarzen Kragen, Aufschlägen und Rabatten, silbernen Schleifen und Achselschnüren. Lichtblaue Westen, weiße Beinkleider. Hut mit Silberborte und weißem, unten schwarzem Federstutz. 1798 dunkelblaue Röcke mit roten Kragen und Aufschlägen sowie oben umgelegten Klappen, alles mit Goldbesatz; eine Reihe gelber Knöpfe, Hut mit weißer Plumage und goldener Agraffe, Stutz und Beinkleider wie vorher, Stiefel mit steifen Stulpen. Später erhielten die Röcke dunkelblaue Rabatten mit roten Vorstößen und reicher Stickerei sowie Fransenepauletten. Letztere sowie alle Verzierungen bei den Generalen der Infanterie von Gold, bei denen der Kavallerie von Silber. Die Schärpe war silbern mit rot und gelb durchzogen. In den zwanziger Jahren einfacher Hut mit goldener Agraffe und schwarzem Stutz, rote Kragen und Aufschläge; auf der Brust Guirlandenstickerei. Für gewöhnlich königsblaue Beinkleider mit rotem Vorstoß, zur großen Uniform weiße in hohen Stiefeln. Rot und schwarze Schärpe nach Husarenart. 1829 Goldstreifen an den Hosen. Die kleine Uniform hatte zwar gestickte Kragen und Aufschläge, dagegen fiel die Guirlandenstickerei auf der Brust weg. Der Frack wurde nur mit einer Knopfreihe geschlossen. 1849 Waffenröcke in derselben Ausstattung, 1851 Tschakos mit reichem Besatz von Goldborten (Abb. 28, n). Bei der kleinen Uniform waren Kragen und spitze Aufschläge von der Grundfarbe mit roten Vorstößen besetzt, die Beinkleider ebenfalls nur mit roten Vorstößen statt der Goldborten. 1864 erhielten die Generale schwarze Röcke und Mützen mit roten Abzeichen und goldenem Besatz. Die Rangabzeichen nach österreichischer Art. Auf dem Käppi weißer Federbusch mit rot und schwarzer Füllung. Die *Adjutanten des Königs* hellblaue Grundfarbe und Silberbesatz. Seit 1871, wie wir schon in den vorhergehenden Abschnitten gesehen haben, preußischer Typus. Der Federbusch zur Parade wurde in den Farben wie 1864 getragen. Die Schärpe von Silber mit rot und schwarz durchzogen. Die Rangabzeichen haben wir schon an früherer Stelle behandelt. Der Generalstab trug bis 1870 schwarze Abzeichen und goldene Kragen- und Aufschlaglitzen.

	1807	1817/18	1841	1864	
General der Inf.					Epauletten und Achselstücke ab 1872 nach preußischem Muster
Generalleutnant					
Generalmajor					
Oberst					
Oberstleutnant					
Major					
Hauptmann und Rittmeister, 1807 Hauptmann und Rittmeister 1. Kl. 1817					
Stabshauptmann, 1807. Hauptmann u. Rittmeister 2. Kl. 1817/18 Oberleutnant 1841					
Unterleutnant u. Oberleutnant, 1807 Leutnant, 1841					
	1)		2)		

1) Oberleutnant, 1810
2) Generale, 1853

Die Entwicklung der Offiziers-Rangabzeichen im Königlich württembergischen Heer ab 1807

Abb. 29. Baden
a, b, c, d, e, f, g Infanterie – h Garde du Corps – i, k, l, m Dragoner – n Reit. Artillerie – o Fuß-Artillerie

Baden
(Kokarde im 18. Jahrhundert schwarz, später rot-gelb-weiß, dann rot-gelb.)

Bis zur Mitte des 18. Jahrhunderts war die Grundfarbe weiß, seitdem ist das preußische Vorbild fast immer maßgebend gewesen. Im 18. Jahrhundert dunkelblaue Röcke mit verschiedenfarbigen Abzeichen, helle Unterkleider. Um 1790 trug das *Markgräflich Badische Leibregiment* eine Uniform, welche dem preußischen Regiment »Garde« (Nr. 15) nachgebildet zu sein scheint. Der Rock hatte rote Kragen, Rabatten, schwedische Aufschläge und Futter; reicher Besatz von weißen Litzen mit Tresse, weiße Knöpfe und Unterkleider. Die Halsbinden waren schwarz. Nur an Sonn- und Feiertagen wurden rote angelegt. Bei den Musketieren weißbortierter Hut mit roter Puschel, bei den Grenadieren Mützen, vorn mit gelbem Blech, hinten mit blauer, unten roter Abfütterung (Abb. 29, a). Das Füsilier-Bataillon »Erbprinz« trug im genannten Jahre einen blauen, einreihigen Rock mit gelben Kragen, Aufschlägen und Schoßfutter, weiße Unterkleider. Die Füsiliermütze von gelbem Bleche hatte hinten blaues Futter (Abb. 29, b). Die Gamaschen waren bei der ganzen Infanterie zur Parade weiß, sonst schwarz. Die Offiziere legten als Dienstzeichen Ringkragen und silberne rot und gelb durchzogene Schärpe an. Bis 1793 trugen die Subalternen Gamaschen, seitdem Stiefel. In demselben Jahre wurden die Offizierssspontons abgeschafft. Im Jahre 1803 erhielt die Uniform einen anderen Schnitt mit gerade herabgehenden Rabatten. Die Offiziersschärpen wurden nunmehr über dem Rocke angelegt. 1806 fielen die Zöpfe fort, ebenso die Kurzgewehre der Unteroffiziere. Die *Leibgrenadiergarde* erhielt unterm 21. Oktober 1806 eine neue Uniform, und zwar dunkelblaue Röcke, rote Kragen, Aufschläge und Schoßfutter, dunkelblaue Ärmelpatten und weißen Litzenbesatz auf der Brust wie auf den Patten. Rechts weiße Achselschnüre, weiße Beinkleider, schwarze Gamaschen, Pelzmützen mit weißmetallenem Blech, weißrotgelben Behängen und weißem Stutz (Abb. 29, d). 1809 erhielt der Rock Kollettschnitt. Im gleichen Jahr bekam die Linien-Infanterie dunkelblaue Kolletts mit ebensolchen Ärmelpatten, roten Kragen, Aufschlägen und Schoßumschlägen, keine Rabatten. Knöpfe weiß, vorn in zwei Reihen. Beinbekleidung wie vorher (Abb. 29, e). Als Kopfbedeckung eine Art Raupenhelm (1806 eingeführt) mit gelben Beschlägen, beim

Leib-Regiment mit weißen. Auch hatte letzteres weiße Litzen auf Kragen und Ärmelpatten. 1808 erhielten die Offiziere Epauletten. Der Raupenhelm wurde im Frühjahr 1813 durch den Tschako ersetzt, gleichzeitig wurden die Abzeichen wieder verschiedenfarbig. Die *Jäger* hatten dunkelgrüne Uniform mit schwarzen Abzeichen, weißen Vorstößen und Knöpfen; grüne Epauletten, Helmraupe und Stutz, grüne Hosen und kurze schwarze Gamaschen. Schon während der Befreiungskriege wurde die Uniform ganz nach preußischem Muster geregelt. 1820 erhielt die Infanterie auf der dunkelblauen, zweireihigen Montur rote Kragen und verschiedenfarbige Achselklappen. 1833 unterschieden sich die Regimenter bei roten Kragen und Aufschlägen durch die Ärmelpatten, Achselklappen und Knöpfe. Das *Leibgrenadier-Bataillon* hatte silberne Litzen.

Regiment	Ärmelpatten, Achselklappen	Knöpfe
Nr. 1	weiß	gelb
" 2	rot	weiß
" 3	gelb	gelb
" 4	hellblau	gelb

Die Beinkleider waren beim Grenadierbataillon grau, bei der übrigen Infanterie dunkelblau mit rotem Vorstoß. Lederzeug weiß. Das *leichte Bataillon* grüne Uniform, hellblaue Kragen, Aufschläge und Schoßbesatz, gelbe Knöpfe, hellblaue Achselklappen und Patten, graue Hosen, Tschakos, schwarzes Lederzeug. 1834 wurden wieder rote Achselklappen eingeführt mit weißen Nummern. Der Tschako erhielt Hinterschirm und als Beschlag den badischen Greif. 1843 vorn nur *eine* Knopfreihe statt der doppelten. Während des für die badische Armee verhängnisvollen Jahres 1849 waren Tschako und Kollett im Gebrauch, indessen war gerade damals eine neue Uniform eingeführt, jedoch noch nicht allgemein ausgegeben worden. Teilweise bemächtigten sich die meuternden Soldaten dieser Bestände und erschienen nun in der neuen Uniform. Sie bestand aus einer Pickelhaube mit gelbem Greifenbeschlag und Kugel an Stelle der Spitze, blauem Waffenrock ohne andersfarbige Aufschläge und Vorstöße. Farbige Kragenpatten und Achselklappen: rot mit gelber Litze für die Leib-Grenadiere, rot für das 1. Regiment, weiß für das 2., gelb für das 3. und hellblau für das 4. Graue Hosen ohne Biese. Gekreuztes Lederzeug. Bei der Reorganisation von 1850 erhielt die Pickelhaube die preußische Spitze an Stelle der Kugel. Die Infanterie, in selbständige Bataillone eingeteilt, bekam rote Kragenpatten und ebensolche **brandenburgischen** Aufschläge sowie weiße Achselklappen. Seit 1856 wieder verschiedenfarbige Achselklappen (die Leib-Grenadiere 1856 bis 1867 weiße Knöpfe, dann wieder gelbe, 1885 wieder weiße). 1852 wurde der Regimentsverband wiederhergestellt. Die Jäger trugen dunkelgrüne Waffenröcke mit schwarzen Kragen und Aufschlägen, roten Achselklappen und Vorstößen. Gelbe Knöpfe. Pickelhaube zur Parade mit schwarzem Haarbusch. Später Hüte ähnlich denjenigen der österreichischen Jäger, schwarzes Lederzeug. Abweichend von dem preußischen Muster waren die Tragriemen des Tornisters gestaltet (Abb. 29, g). 1864 wurde das Lederzeug bei der Infanterie durchgängig schwarz. 1866 rückte die Armee in der blauen, rot gerandeten Feldmütze aus. In der Folgezeit wurde das preußische Muster ganz und gar eingeführt. Der Helm zeigte als Beschlag den badischen Greifen.

1914 trugen die Regimenter folgende Abzeichen:
Leib-Grenadier-Regiment Nr. 109: weiße Achselklappen mit roter Krone, weiße Knöpfe und Gardelitzen. Aufschläge von schwedischer Form, weißer Helmbeschlag und zur Parade weißer Haarbusch.
Die folgenden Regimenter hatten alle rote Ärmelpatten ohne Vorstoß und gelbe Knöpfe.
Nr. 110: weiße Achselklappen mit rotem Namenszug. Zur Parade weißer Haarbusch.
Nr. 111 u. 169: rote Achselklappen.
Nr. 112 u. 142: gelbe Achselklappen.
Nr. 113 u. 170: hellblaue Achselklappen
Nr. 114: grüne Achselklappen.
Die *Markgräflich Badische Garde du Corps* bestand 1790 aus drei Kompanien, und zwar aus der *Kompanie Garde du Corps,* einer *Kürassier-* und einer *Dragonerkompanie*.
Die Gardes du Corps hatten gelbe Röcke, rote Kragen, Schoßumschläge und Leibbinden, rot und weißen Bortenbesatz und Achselschnüre, Lederhosen und hohe Stiefel. Silberne Hutborten und weißer Stutz (Abb. 29, h). Weißlederne Kartuschen mit Messingschild. Die Dragonerkompanie trug die Uniform des schwäbischen Kreis-Regiments Württemberg. Blaue Uniform mit schwarzen Abzeichen, gelben Knöpfen und weißen Unterkleidern. Hut mit weißer Borte und Stutz. Die Kürassierkompanie hatte die Uniform des schwäbischen Kreis-Regiments Hohenzollern, und zwar denselben Hut wie die Dragoner, weiße Röcke mit roten Abzeichen, schwarzen Küraß mit rotem Futter. 1796 wurde die Uniform der Garde du Corps durchgängig weiß mit roten Abzeichen (ohne Rabatten), Unterkleider gelb, Hut mit weißer Borte und Stutz. 1799 am oberen Teile der Brust vier silberne Litzen. 1801 hellblaue Röcke mit dunkelroten Kragen, Rabatten und Aufschlägen, weißen Knöpfen und Achselbändern, gelben Schoßumschlägen und Unterkleidern. Der Stutz unten rot, oben weiß. 1804 weiße Kolletts mit roten Kragen, rotweißem Bortenbesatz, roten Säbeltaschen mit gleichem Besatz, darin gekröntes C.F.; weiße Beinkleider, rote Leibbinde. Als Kopfbedeckung 1806 Helm mit weißer Raupe, am Kollett zwei Reihen weißer Knöpfe. 1813 Gardelitzen, der rote Paßgürtel fällt fort. 1819 Kürassierhelm nach preußischer Probe. Gegen Ende des 18. Jahrhunderts bestanden auch *Markgräflich Badische Husaren*. Pelz und Dolman waren grün, Kragen und Aufschläge rot, die Beschnürung gelb. Grüne Säbeltasche mit gelbem Namenszug. Schwarze Filzmützen mit ebensolchem Flügel. Lederhosen und ungarische Stiefel. 1806 Tschakos mit grünem Stutz und rote ungarische Hosen. 1807 dunkelgrüne Reithosen mit roter Biese zwischen zwei

schmalen roten Streifen. Das Regiment ging 1812 in Rußland fast gänzlich zugrunde. Im Jahre 1803 übernahm der Markgraf Karl Friedrich bei dem Anfall verschiedener Landesteile infolge des Reichsdeputationshauptschlusses auch eine vollständig ausgestattete bayerische Chevaulegers-Eskadron. Sie erhielt den Namen »*Leichte Dragoner-Eskadron*«. Später zum Regiment erhoben. Als Kopfbedeckung anfänglich Hüte mit Federstutz, hellblaue Kolletts mit roten Kragen, Aufschlägen und Rabatten. Weiße Knöpfe und Litzen, gelbe Westen, weiße Beinkleider und hohe Stiefel. 1805 bayerischer Raupenhelm mit weißen Beschlägen, aber vorläufig nur für die Mannschaften, seit 1808 auch für die Offiziere. Zur Schonung der weißen Beinkleider wurden hellblaue Reiterhosen mit rotem Besatz eingeführt (Abb. 29, i). 1808 fielen die Litzen fort, 1810 auch die Rabatten. Dagegen behielt das Kollett zwei Knopfreihen. Im Jahre 1833 bestand auch ein *Garde-Dragoner-Regiment,* welches an die Stelle der Gardes du Corps getreten war. An *Linien-Dragonern* zwei Regimenter. Kollett und Hosen hellblau. Helm mit Bügel und schwarzem Roßhaarkamm wie bei den damaligen preußischen Kürassieren. Weißes Lederzeug (Abb. 29, k). Das Garde-Dragoner-Regiment hatte rote Kragen und Aufschläge mit weißen Litzen und weiße Knöpfe.

Das *1. Regiment* weiße Aufschläge und Kragen und gelbe Knöpfe. Keine Litzen.

Das *2.* rote Abzeichen und gelbe Litzen und Knöpfe. 1834 erfolgte eine Uniformänderung. Der Helm erhielt eine andere Form und wurde vorn mit einem gelbmetallenen Greif und ebensolchem Bügel verziert, der schwarze Kamm beibehalten (Abb. 29, l). Alle drei Regimenter hatten hellblaue Kolletts mit einer Reihe von gelben Knöpfen, hellblaue Hosen, zur Parade mit weißen Streifen geschmückt. Für gewöhnlich lederbesetzte Reithosen mit weißer Biese. Kragen, Aufschläge, Achselklappen, Vorstöße und Besatz der Schoßumschläge weiß, das Regiment *Großherzog* auf den Achselklappen eine Krone, die beiden anderen Nummern. Die hellblauen Schabracken mit weißem Besatze zeigten vorn eine Krone, in den hinteren Ecken gekrönten Namenszug. Bei der Reorganisation von 1850 hellblaue Waffenröcke wie die preußischen Dragoner und Pickelhauben. Graue Hosen mit rotem Vorstoß. Beim 1. Regiment rote Kragen, Aufschläge und Vorstöße, beim 2. gelbe, beim 3. schwarze Abzeichen und rote Vorstöße. Alle drei Regimenter weiße Knöpfe und gelbe Helmbeschläge. Als kleine Uniform Spenzer. Die Uniform wurde seitdem der entsprechenden preußischen noch mehr angenähert. Die Abzeichen blieben dieselben. Die Regimenter führten 1914 die Nrn. 20, 21 und 22. Zur Parade weiße Haarbüsche. Bei der Bewaffnung der Kavallerie des Deutschen Reiches mit Lanzen erhielten die badischen Dragoner rot und gelbe Lanzenflaggen. Das Regiment Nr. 20 (badisches Leib-Dragoner-Regiment) hatte auf den Achselklappen eine gelbe Krone. *Artillerie* und *Pioniere* haben im allgemeinen dieselben Uniformänderungen durchgemacht, wie wir unter Infanterie gesehen haben. Die Abzeichen waren am Ende des 19. Jahrhunderts schon schwarz, später kamen noch rote Vorstöße dazu. Die Artillerie war durch gelbe Knöpfe von den Pionieren unterschieden, welche weiße trugen. Die Uniform der *Generalität* hat sich ebenfalls der preußischen angeschlossen. Die Felduniform 1910 der preußischen entsprechend, ebenso die von 1915. Achselklappenvorstoß beim Infanterie-Regiment 114 hellgrün, beim Dragoner-Regiment 22 schwarz.

Hessen-Darmstadt
(Kokarde schwarz, seit 1807 rot und weiß.)

Die älteste Infanterietruppe bestand aus dem sogenannten Landausschuß, eine Art Miliz, welche im Jahre 1700 reguliert und den Feldtruppen gleichgemacht wurde. Das Bataillon der *Obergrafschaft* trug blaue Röcke mit rotem Boy gefüttert, orange Aufschläge, vier Finger breite orange Kragen nebst ebensolchen Klappen. Jede Rockseite mit vier Falten versehen, drei Dutzend zinnerne Knöpfe, Hut mit vier Finger breiten Borten eingefaßt, graue Beinkleider und Strümpfe, Musketen und Degen. Die Unteroffiziere hatten blaue Aufschläge und Unterfutter. Eine Abbildung eines Offiziers der Landmiliz vom Jahre 1717 zeigt dunkelblauen Rock mit weißen Knöpfen, Aufschlägen und weiß (silber?) ausgenähten Knopflöchern. Weiße Halstücher, blaue Hosen, rote Strümpfe. Hut mit gebogener Silberborte und roter Plumage. Die Schärpe silbern mit rot und blau durchzogen. Als Waffen Degen und Sponton. Außer der Schärpe als Dienstzeichen silberner Ringkragen mit goldenem Namenszuge E L (Ernst Ludwig) und Krone. Ein Offizier vom Regiment *von Schrautenbach* trägt die gleiche Uniform, nur sind die silberbortierten Kragen und Aufschläge rot (Abb. 30, a). Das *Düringsche Bataillon* hatte in derselben Zeit weiße Uniform mit gelben Aufschlägen, das *Dallwigsche* weiß mit rot, das *Lehrbachsche* weiß mit blau, das *Geismarsche* weiß mit grün, das *Kreis-Regiment* blau mit weiß. Letzteres Regiment erscheint auch in der Schlacht bei Roßbach, wo es zur Reichsarmee gehörte und unter den wenigen Truppen war, die mannhaft standhielten, noch in denselben Abzeichen. Der blaue Rock war mit weißen Kragen, Aufschlägen und Schoßumschlägen versehen. Auf der Brust und über den Ärmelaufschlägen weiße Litzen. Knöpfe und Achselbänder weiß, ebenso die Unterkleidung. Halsbinden rot. Die Grenadiermützen mit durchbrochenem gelben Blech auf weißem Grunde, Hinterteil rot, die Puschel weiß (Abb. 30, b). Das Leibgrenadierkorps hatte von 1739 bis 1768 weiße Röcke und Unterkleider, rote Halsbinden, Kragen, Rabatten, Aufschläge und Schoßfutter, gelbe Knöpfe und Pelzmützen mit gelbem Blech und rotem Beutel. Die Offiziere hatten rote Unterkleider. Im übrigen war die darmstädtische Infanterie ganz nach preußischem Vorbild uniformiert. Namentlich wurden unter Landgraf Ludwig IX. 1768 bis 1790, der von 1743 bis 1757 als Erbprinz Chef des damaligen preußischen Infanterie-Regiments Nr. 12 gewesen war, auch selbst die Kleinigkeiten im Anzuge nach preußischem Muster geregelt, ebenso wie das preußische Exerzierreglement und die Dienstvorschriften eingeführt wurden. Die dunkelblaue Grundfarbe ist seitdem für die Infanterie charakteristisch geblieben. Gegen Ende des 18. Jahrhunderts erhielten die Röcke den vorn mehr abgestochenen Schnitt. 1803 bestand die Infanterie aus drei Brigaden zu je drei Bataillonen. Allen gemeinsam waren der weiße Litzenbesatz, die roten Schoßumschläge, weißen Unterkleider, schwarzen Gamaschen, weißbortierter Hut mit rotweißen Seitenquasten und Puscheln in der Kompaniefarbe (Abb. 30, c). An den umgeschlagenen Schößen die kleinen Laschen für Knopf und Knopfloch von der Abzeichenfarbe. Die dritten Bataillone hießen Füsiliere und trugen die Abzeichen der Brigaden bei grüner Grundfarbe des Rockes. Die Abzeichen waren für Leib-Brigade rot, Landgraf hellblau, Erbprinz gelb. Die Tornister wurden an einem Riemen über die rechte Schulter getragen wie in Preußen. Während der Rheinbundperiode wurden verschiedene Uniformänderungen befohlen. 1806 kam im Juli der Zopf in Fortfall. Den Offizieren wurde gestattet, anliegende blaue Hosen in Suwarow-Stiefeln zu tragen. Da häufig Mißverständnisse wegen der der preußischen ähnlichen Uniform vorkamen, wurde befohlen, daß die Offiziere hohe rote, oben schwarze Federbüsche auf den Hüten tragen sollten an Stelle der weiß-roten. Der Tornister wurde mit zwei Tragriemen versehen und nunmehr über beide Schultern angelegt. Das früher kugelförmige Hutpompon erhielt die Form eines kleinen Stutzes, und zwar wie früher in der Kompaniefarbe. Darunter die Kokarde in den Landesfarben, die bis dahin nur von den Offizieren, aber in schwarzer Farbe, getragen worden war. Säbelgehänge seit 1808 nicht mehr um den Leib, sondern über die Schultern. 1808 erhielten die Mannschaften blaue Beinkleider in kürzeren Gamaschen. Auf dem Marsche lange blaue oder leinene Hosen über den Gamaschen. Die dritten grünen Bataillone gingen ein. 1809 Tschakos mit ledernen Sturmbändern, weißem Schildchen, Kokarde und Doppelpompon (Abb. 30, d). Der obere Teil des Pompons war rot, der untere Teil zeigte die Kompaniefarbe. 1. Kompanie weiß, 2. schwarz, 3. blau, 4. rot, 5. gelbweiß, 6. schwarzweiß, 7. blauweiß, 8. rotweiß. Die Brigaden waren wieder zu Regimentern geworden, und zwar bestand das *Leibgarderegiment* und das *Leibregiment* aus zwei Bataillonen zu je vier Kompanien; das Regiment *Erbprinz* erhielt 1809 französische Organisation, nämlich zwei Bataillone zu je sechs Kompanien, darunter zwei Grenadier- und zwei Voltigeurkompanien. Gleichzeitig wurde in der Uniform des Regiments verschiedenes nach französischem Vorbilde geändert. Die Grenadiere rote Stutze und Tschakobehänge sowie rote Fransenepauletten. Bei den Voltigeuren diese Stücke in grün, die Epauletten mit gelben Halbmonden. Die Rabatten wurden nur noch zu Paraden aufgeknöpft, und der Litzenbesatz fiel mit Ausnahme desjenigen auf den Rabatten fort. Die Gamaschen bei diesem Regiment von ungarischem Schnitt. Die Abzeichen waren gelb; die Füsiliere hatten blaue gelbeingefaßte Achselklappen. Das Regiment Erbprinz focht in dieser Uniform in Spanien; die andern beiden in Deutschland zurückbleibenden Regimenter, von denen das Leibgarderegiment rote, das Leibregiment hellblaue Abzeichen trug, behielten den Litzenbesatz (sieben weiße Litzen auf jeder Rabatte, zwei darunter, zwei auf der Seitentasche, eine an jedem Taillenknopfe, drei auf den Ärmelpatten) zunächst bei. Auf den Achseln dunkelblaue Contreepauletten mit Einfassung in der Regimentsfarbe ohne Passanten (Abb. 30, f). Die Offiziere trugen einreihige blaue Marschfracks. Epauletten der Offiziere von Silber, bei den Subalternen ein Fransen- und ein Contreepaulette. Die Mannschaften trugen auf Märschen die blauen Hosen über den Gamaschen. 1812 wurde ein provisorisches leichtes Infanterie-Regiment errichtet (1813 Garde-Füsilier-Regiment) mit scharlachroten Abzeichen und weißen Knöpfen. 1813/14 scheinen die Litzen mit Ausnahme derjenigen auf den Rabatten weggefallen zu sein. 1814 kamen die Contreepauletten der Mannschaften ab, dagegen wurden blaue Achselklappen eingeführt, wie sie schon die Füsiliere des Regiments Erbprinz getragen hatten. 1820 wurde die Uniform wieder geändert. Sie bestand nunmehr aus dunkelblauen Kolletts mit einer Reihe von weißen Knöpfen. Kragen, Aufschläge je nach dem Regiment von roter, hellblauer oder gelber Farbe. Das Garde-Füsilier-Regiment wurde 2. Garde-Regiment und erhielt 1830 statt der scharlachroten rosenrote Abzeichen. Auf den Kragen und Aufschlägen weiße, Offiziere silberne Litzen. Die Beinkleider blau oder weiß. Tschakos wie früher. Keine Tschakobehänge (solche waren auch früher nicht im Gebrauch, mit Ausnahme des Regiments Erbprinz). Offiziere als Dienstzeichen Ringkragen, aber keine Schärpen. Die Offiziere erhielten 1824 außer den blauen noch Nankinghosen, daneben weiße Beinkleider. 1827 erhielten die Achselklappen die Abzeichenfarbe. 1832 fielen die Suwarow-Stiefel der Offiziere fort. 1834 am Tschako statt der ledernen Sturmriemen Metallschuppenbänder (Abb. 30, e), bei der Garde schon 1819. Die Feldmützen seit 1836 mit Schirmen. 1842 kommt ein neues Epaulettenmodell für die Offiziere auf. Generale und Obersten mit festen Fransen, Oberstleutnants und Majore mit losen, Hauptmann eins mit Fransen auf der rechten, eins »ohne« auf der linken Schulter, Leutnants ohne Fransen. Futter überall rot, Halbmond und Feld silbern. In letzterem der Leutnant, der Major und Generalmajor einen, Oberleutnant, Oberstleutnant und Generalleutnant zwei, Hauptmann und Oberst keinen, General der Infanterie drei Sterne. 1846 erhielten die blauen Hosen Vorstöße von der Regimentsfarbe. 1849 fand eine Neuuniformierung statt. Die Uniform bestand nun aus einem dunkelblauen Waffenrock mit rotem Vorstoß. Aufschläge von der Grundfarbe mit spitzer Form gleichfalls rot vorgestoßen. Achselklappen rot, Knöpfe weiß, Beinkleider grau mit rotem Vorstoß. Weißes Lederzeug in Form der Gürtelrüstung. Helme nach preußischem Muster mit Messingbeschlag. Vorn am Kragen auf jeder Seite zwei weiße Litzen mit Knöpfen. Die Kragenfarben rot, hellblau und gelb wie früher. 1849 wandelte das 2. Regiment seine rosenroten Abzeichen in weiße um. 1850 statt der Ringkragen wieder Schärpen für die Offiziere. Letztere erhalten 1852 Korbsäbel statt der Degen, und zwar die berittenen mit Stahlscheiden, die andern in Lederscheiden. 1866 legten die Offiziere Feldachselstücke an. 1867 wurde

Abb. 30. Hessen-Darmstadt
a Infanterie-Offizier – b, c, d, e, f, g Infanterie – h Garde du Corps – i, k Chevaulegers – l Dragoner – m Artillerist

das Lederzeug schwarz (Abb. 24, f). 1872 Neuuniformierung nach preußischem Vorbilde.

Die wesentlichsten Unterscheidungsmerkmale waren 1914 außer Kokarde und dem Beschlag mit dem Löwen am Helm usw. die weißen Knöpfe und die farbigen Aufschlagspatten, welche mit den Achselklappen gleichfarbig waren. Kragen und Aufschläge wie in Preußen rot. Das Regiment Nr. 115 hatte rote Achselklappen und Aufschlagpatten, weiße Gardelitzen. Zur Parade schwarze Haarbüsche, Nr. 116 Achselklappen und Ärmelpatten weiß, ebenfalls schwarze Haarbüsche bei Paraden, 117 kaliblau, dazu bei Paraden schwarze Haarbüsche, 118 gelb, 168 rot, 115 bis 117 trugen Namenszüge auf den Achselklappen, die andern Nummern. Felduniform 1910 wie in Preußen mit weißen Knöpfen, ebenso M 1915, Achselklappenvorstoß bei 115, 168 rot, 116 weiß, 117 kaliblau, 118 gelb.

Von 1861 bis 1872 bestanden auch Jägertruppen. 1860 als provisorisches Scharfschützen-Korps aus den Scharfschützen aller Infanterie-Regimenter gebildet. Bis 1866 wurde die bisherige Regimentsuniform getragen. Ab 1866 Waffenrock der Infanterie mit grünem Kragen, darauf beim 1. Bataillon (Garde-Jäger-Bataillon) rote Patte, beim 2. (Leib-Jäger-Bataillon) weiße. Auf der Patte je eine weiße Litze. Auf der Schulternaht grüne Wülste. Tschakos ohne Hinterschirm (im Feldzug 1870 stets unter Wachstuchüberzug getragen) mit kompanieweise verschiedenen Stutzen.

Unter den *Reitertruppen* ist zunächst, und zwar unter dem Landgrafen Ludwig VI. 1661 bis 1678 die *Leibgardekompanie zu Pferd* zu erwähnen, die dunkelblaue Röcke mit Tressenbesatz, rotes Futter, karmesinrote Schärpen mit Fransen, rotsamtne Karabinerriemen und dunkelblaue Schabracken hatte. 1716 wurde eine Kompanie *Grenadiere zu Pferde* errichtet. Die Grenadiere waren in blaue Röcke gekleidet mit roten Aufschlägen und Westen, dazu Grenadiermützen und Achselbänder. Aus diesen Grenadieren bildete man 1731 das Regiment *Garde de Dragons*. Die Uniform war ebenfalls dunkelblau mit rot. 1739 erhielt das Regiment weiße Uniform mit roten Abzeichen. 1763 finden wir ein *Husarenkorps* mit grüner Uniform. Die Garde de Dragons wurde 1768 aufgelöst. Die damalige *Garde du Corps* trug paille Uniform mit roten Kragen, Aufschlägen und Westen und weißrotem Bortenbesatz. Dazu Pelzmützen mit weißmetallenem Schild, rotem Deckel, der Länge nach weiß und hellblau gestreiftem Stutz und Lederbeinkleider (Abb. 30, h). An Stelle der Pelzmützen traten bald Hüte. Die *Husaren* waren in derselben Zeit hellblau uniformiert. Eine zweite kleine Husarenabteilung hatte rote Uniformen. 1790 wurde ein *landgräflich hessisches Chevauleger-Regiment* errichtet. Der Rock war grün, der Kragen rot, vorn mit schwarzer Patte. Rabatten und Aufschläge schwarz. Alles mit weißem Litzenbesatz. Gelbliche Unterkleider, schwarze Halsbinden und Kasketts nach englischem Vorbilde. Die Schoßumschläge waren rot, die Schabracken grün mit schwarzem Zackenrand, weißem Vorstoß und Namenszug in den hinteren Ecken. Im allgemeinen, wenn man von den Wandlungen im Zeitgeschmack absieht, erhielt sich die Uniform bis 1872. 1809 wurde der Schnitt kolettartig, das Lederzeug schwarz (bisher von Fahlleder), die Beinkleider grün mit rotem Vorstoß, das Kaskett mehr in Form des bayerischen Raupenhelmes (Abb. 30, i). 1820 fallen die Rabatten fort, das Kollett wird mit einer Reihe weißer Knöpfe geschlossen, nur noch zwei weiße Litzen auf den schwarzen Patten des roten Kragens. Aufschläge von der Grundfarbe mit rotem Vorstoß in spitzer Form. Die grünen Beinkleider mit roten Seitenstreifen (Abb. 30, k). Weiße Achselschuppen. 1850 Waffenrock in gleicher Ausstattung mit nur einer Kragenlitze, graue Hosen mit rotem Vorstoß, Pickelhauben mit gelbem Beschlag. Zu Paraden schwarze Haarbüsche. Die Bandeliere der Offiziere für gewöhnlich in schwarzem Überzuge mit weißen Knöpfen. 1860 wurde das Regiment geteilt und ein zweites errichtet, mit weißen Abzeichen. Seit 1872 hatte die Uniform den Schnitt wie bei den preußischen Dragonern (Abb. 30, l). Die Grundfarbe war dunkelgrün; beim 1. Regiment – 1. großherzoglich-hessisches Dragoner-Regiment (Garde-Dragoner-Regiment) Nr. 23 – hatte der dunkelgrüne Waffenrock rote Kragen, Achselklappen und schwedische Aufschläge, weiße Knöpfe und Gardelitzen, auf den Achselklappen gekröntes weißes L. Helm mit weißen Beschlägen und zur Parade schwarzem Haarbusch. Schwarzes Lederzeug. Auf dem Koppel statt der Schnalle ein Schloß mit Krone. Das 2. großherzoglich-hessische Dragoner-Regiment (Leib-Dragoner-Regiment) Nr. 24 ebenso, nur weiße Abzeichen statt der roten und keine Litzen, auf den Achselklappen rotes N mit Zarenkrone. Die Schabracken bei beiden Regimentern grün mit weißer Krone in den hinteren Ecken und Besatz von der Regimentsfarbe. Beinbekleidung wie bei den preußischen Dragonern. Felduniform 1910 wie in Preußen, ebenso M 1915. Die kornblumenblauen Achselklappen hatten dunkelgrünen Innen- und abzeichenfarbigen Außenvorstoß.

Die *Artillerie* trug 1790 dunkelblaue Röcke mit schwarzen Kragen, Rabatten und Aufschlägen, rotem Schoßfutter und gelben Knöpfen. Weiße Unterkleider, schwarze Gamaschen. Hüte bei den Offizieren mit breiter gebogener Goldborte. Halsbinden schwarz. Die Ärmelpatten waren von der Grundfarbe des Rockes. 1803 wurden die Knöpfe weiß, dazu weißer Litzenbesatz (Abb. 30, m). Später Tschakos, rote Vorstöße um die schwarzen Abzeichen und dunkelblaue Beinkleider. Schnitt wie bei der Infanterieuniform, deren Wandlungen die Bekleidung nun folgte. 1850 Waffenröcke mit blauen polnischen Aufschlägen durch roten Vorstoß markiert. Weiße Litzen am schwarzen Kragen, rote Vorstöße, weiße Knöpfe, graue rot vorgestoßene Beinkleider. Helm wie in Preußen mit gelbem Löwenbeschlag und Spitze ohne Kugel. Die Bandeliere der Offiziere für gewöhnlich zur Schonung in schwarzem Überzug mit weißen Knöpfen wie bei den Chevaulegers. 1872 wurde die Uniform gänzlich nach preußischem Vorbilde geregelt. Auf der Helmspitze nunmehr eine Kugel. Das Lederzeug schwarz. Koppelschloß wie bei den Chevaulegers. Die blauen Ärmelpatten rot vorgestoßen, Knöpfe nunmehr gelb. Alles übrige vgl. unter Preußen. Feld-Artillerie-Regiment 25 gelbe Gardelitzen mit weißem Spiegel. Die Uniform der *Pioniere* folgte derjenigen der Infanterie. Die Abzeichen karmesinrot. Der *Train* war ebenfalls nach preußischer Norm bekleidet, aber mit schwarzem Lederzeug. Die Abzeichen der *Generale* waren früher bei blauer Uniform rot mit Silber.

Mecklenburg-Schwerin und Mecklenburg-Strelitz

(Kokarde blau-gelb-rot.)

Schwerin

Die ersten Uniformen waren sehr verschiedenfarbig, doch wurden bis zum Jahre 1705 vorwiegend graue Röcke getragen. 1715 traten an Stelle der Halstücher Halsbinden. Im allgemeinen richtete sich die Uniform nach dem preußischen Vorbild.

Unsere Abbildung 31 a zeigt einen Musketier von 1749, in dunkelblauem Rock. Hutpuschel, Halsbinde, Rabatten, Aufschläge und Schoßfutter rot. Hutborte, Knöpfe und Unterkleider gelb. Dieselbe Abb. b in gleichen Farben, nur weiße Hutborte, Knöpfe, Litzen und Unterkleider. Die Gamaschen sind schwarz. Figur c hat bei roten Abzeichen ebenfalls weiße Knöpfe und Unterkleider.

In der Rheinbundzeit zeigte die Bekleidung eine merkwürdige Mischung von preußischen und französischen Einflüssen. Das blaue Kollett mit roten Abzeichen glich im Schnitt fast dem preußischen, ebenso die grauen Beinkleider in schwarzen Gamaschen. Dagegen waren die Abzeichen der Grenadiere und Voltigeure ganz französischer Art. Sie bestanden aus roten Tschakobehängen, Stutz und Fransenepauletten für die Grenadiere, und grünen für die Voltigeure (Abb. 31, d). Die Füsiliere trugen keine Säbel; ebenso war ihnen der Schnurrbart verboten. Die Offiziere, welche die Säbel an weißem Gehänge über die Schulter anlegten, hatten silberne Epauletten bzw. Contreepauletten wieder nach französischem Muster. Um den Leib trugen sie die goldene Schärpe mit rot und blau durchzogen. 1813 wurde aus Freiwilligen ein Fußjäger- und ein reitendes Jäger-Regiment gebildet. Die Uniform bestand für beide aus dunkelgrünen Kolletts mit roten Kragen und Aufschlägen schwedischer Form mit goldenen Gardelitzen. Beinkleider grün. Tschakos mit gelbem Stern und weißmetallenem ovalem Wappen. Nach den Befreiungskriegen erhielt die Infanterie dunkelblaue Kolletts mit roten Kragen und Aufschlägen sowie Schoßbesatz. Weiße Knöpfe. Graue Beinkleider mit rotem Vorstoß, im Sommer weiße.

Das Grenadier-Bataillon hatte Pelzmützen mit weißen, bei den Offizieren goldenen Behängen. Links roter Stutz.

Abb. 31. Mecklenburg-Schwerin und Mecklenburg-Strelitz
Mecklenburg-Schwerin: a, b, c, d, e, f, g, h Infanterie – i, k Reiterei
Mecklenburg-Strelitz: l Husar – m, n Infanterie

Mannschaften rote Fransenepauletten. Auf den Kragen und den dunkelblauen Ärmelpatten weiße Litzen, Offiziere silberne. Bei den Linien-Bataillonen fehlte der Litzenbesatz auf den Kragen und den blauen Aufschlagspatten. Die Achselklappen waren beim 1. Bataillon weiß, beim 2. gelb. Tschakos ohne Behänge (Abb. 31, e). Das leichte Bataillon unterschied sich durch grüne Kragen, Aufschläge, roten Schoßbesatz, weiße Knöpfe, schwarzes Lederzeug und Tschakos mit grünen Behängen.
1848 Waffenröcke mit roten Kragen, Aufschlägen, Vorstößen. Weiße Knöpfe und Achselklappen mit roter Nummer. Pickelhaube mit gelbem Beschlag. Zu Paraden weiße Haarbüsche. Beinkleider wie früher (Abb. 31, f). In den sechziger Jahren statt der Helme dunkelblaue Mützen mit rotem Rand und schwarzem Haarbusch in russischer Form (Abb. 31, g). Nunmehr rote Ärmelpatten und schwarzes Lederzeug. Die Mütze mußte wieder der Pickelhaube weichen, welche aber außer dem Beschlag mit dem Landeswappen eine anfangs andersgeformte Spitze trug. Die Schwerinschen Truppen bestanden 1914 aus dem 1. und 3. Bataillon der Großherzoglich Mecklenburgischen Grenadier-Regiments Nr. 89 sowie dem Regiment Nr. 90.
Der dunkelblaue Waffenrock hatte rote Kragen und Aufschläge sowie Vorstöße. Die Ärmelpatten waren dunkelblau mit roter Biese. Auf Kragen und Aufschlägen weiße Litzen. Auf den weißen Achselklappen roter Namenszug.

Zur Parade schwarzer Haarbusch. Die Litzen der Offiziere waren eigenartig geformt. Halbmonde der Epauletten von Silber. Schärpe und Portepee in den mecklenburgischen Farben. Das Regiment Nr. 90 hatte weder Litzen noch Haarbüsche, dagegen rote, gelbvorgestoßene Ärmelpatten und weiße Knöpfe und Achselklappen. Letztere mit rotem Namenszug. Helmbeschlag gelb, Lederzeug schwarz.
Das leichte Infanterie-Bataillon, später Jäger-Bataillon (Nr. 14), behielt bis 1890, abgesehen von den modischen Änderungen und Wandlungen der Ärmelaufschläge, seine alte Uniform bei. 1890 erhielt es die preußische Jägeruniform mit weißen Knöpfen und 1899 hellgrüne rotvorgestoßene Abzeichen und weiße Gardelitzen. Felduniform 1910 und 1915 nach preußischem Vorbild.
Die Dragoner trugen wie die Infanterie anfangs weißgraue, seit 1705 blaue Röcke. Von 1719 bis 1782 bestand keine Reiterei. Die Garde-Reiter trugen 1809 gelbe Kolletts mit roten Abzeichen. 1819 wurde ein Chevauleger-Regiment aufgestellt. Die Uniform bestand aus hellblauen Kolletts mit roten Kragen, Aufschlägen, Schoßumschlägen und Epaulettefeldern. Hellblaue Ärmelpatten, gelbe Litzen, Knöpfe und Halbmonde um die Epauletten. Graue Hosen mit rotem Vorstoß. Helme ähnlich denjenigen der damaligen preußischen Kürassiere mit gelben Beschlägen (Abb. 31, i). Die Feldequipage nach österreichischem Vorbilde aus roter Unterlegedecke und schwarzer, rot gerandeter Lammfellüber-

85

decke bestehend. 1838 fielen die Epauletten fort und wurden durch rote Achselklappen ersetzt. An Stelle des Helmes trat ein Tschako, so daß die Uniform nunmehr fast derjenigen der preußischen Gardedragoner gleicht. 1847 Waffenröcke in denselben Farben wie früher und neusilberne Helme in Form der Pickelhaube. 1865 trat eine hellblaue, rot gerandete Mütze an die Stelle des Helmes (Abb. 31, k). Zu Paraden Haarbusch. 1868 Pickelhauben aus gebranntem Leder. 1867 wurde durch Teilung ein zweites Dragoner-Regiment errichtet (den Namen Dragoner führte das Stamm-Regiment schon seit 1837). Das zweite Regiment unterschied sich durch schwedische Aufschläge in der Grundfarbe des Rockes mit rotem Vorstoß. Das 1. Regiment schwarze, das 2. weiße Lammfellüberdecken. So viele Abweichungen in Einzelheiten auch vorkommen, hielt doch die Entwicklung der Uniform seither mit der entsprechenden preußischen gleichen Schritt. Das 2. Regiment, welches die Nummer 18 führte, änderte seine Abzeichenfarbe in schwarz mit weißen Knöpfen und silbernen Gardelitzen. Beide Regimenter erhielten Lanzen mit gelb-roten Flaggen und zählten als Nr. 17 und 18 in der Dragonerwaffe des Reichsheeres. Felduniform 1910 und 1915 nach preußischer Probe.

Die *Artillerieuniform* ist stets der entsprechenden preußischen sehr ähnlich gewesen, nur waren die Knöpfe weiß. Dieses Abzeichen unterschied noch bis 1918 die mecklenburgische Artillerie. Kragen auch unten herum roten Vorstoß. Die *Generalität* hatte als Abzeichenfarbe bei dunkelblauer Grundfarbe karmin, später rot mit Silber. Besondere Generalsstickerei nach russischem Vorbild.

Mecklenburg-Strelitz

Die Strelitzer Infanterie war während der Rheinbundzeit der Schwerinschen fast gleich uniformiert. Das hauptsächlichste Unterscheidungsmerkmal bilden die gelben Knöpfe. In den dreißiger Jahren dunkelblaues Kollett mit ebensolchen Ärmelpatten, roten Kragen, Aufschlägen, Achselklappen und Schoßumschlägen. Gelbe Knöpfe und Gardelitzen auf Kragen und Patten (Abb. 31, m). Tschakos mit gelbem Beschlag und grünen Behängen, graue Hosen mit roten Vorstößen, im Sommer weiße Beinkleider; bis auf die grüne Farbe der Behänge also fast genau nach preußischem Muster, das auch für die weitere Entwicklung maßgebend war. Strelitz stellte zum Regiment 89 das 2. Bataillon. Im allgemeinen war es wie das 1. und 3. Bataillon, die wir unter Schwerin besprochen haben, gekleidet, doch waren Knöpfe und Litzen gelb, die Achselklappen rot mit gelbem Namenszug. Bei den Offizieren die Ärmelpatten dreispitzig (Abb. 31, n). An Reiterei stellte Strelitz 1813 bis 1815 ein *Husaren-Regiment* (Abb. 31, l). Die Uniform bestand aus schwarzen Dolmans mit ebensolchen Kragen und Aufschlägen, schwarzen Pelzen, gelben Schnüren, hellblauer ungarischer Hose, schwarz und gelber Schärpe, schwarzen Säbeltaschen mit gelbem C, Tschakos mit gelbem wendischen Kreuze und gelben Behängen. Schwarze Schabraken mit hellblauem gelbbesetzten Zackenrand. Zur Schonung der ungarischen Beinkleider für gewöhnlich graue Überknöpfhosen. Die freiwilligen Jäger des Regiments hatten dieselbe Uniform, nur grüne Grundfarbe für Pelz und Dolman, dabei aber schwarze Kragen und Aufschläge. Die Behänge waren grün.

Oldenburg

(Kokarde: Blaues Feld mit rotem Kreuz, weißer Rand, später blau mit rotem Ring.)

1775 wurde eine stehende Truppe in der Stärke von einer Kompanie errichtet. Die Uniform hatte den preußischen Schnitt (Abb. 32, a). Der Rock war dunkelblau mit roten Abzeichen und weißen Knöpfen. Weiße, blau und rot durchzogene Litzen mit Puscheln unter den Rabatten, über den Aufschlägen und in der Taille. Weiße Unterkleider, schwarze Gamaschen, weiße Hutborte, rot und blaue Hutpuschel. Als Oldenburg genötigt wurde, dem Rheinbund beizutreten, mußte es ein Bataillon Infanterie stellen, das aus einer Grenadier-, einer Schützen- und vier Füsilierkompanien bestand. Die dunkelblauen Kolletts hatten rote Abzeichen und Vorstöße, weiße Knöpfe, weiße, rot vorgestoßene Achselklappen, graue Hosen und schwarze Gamaschen. Die Kopfbedeckung der Grenadiere bildeten Bärenmützen mit weißen Behängen und rotem Deckel. Schützen und Füsiliere trugen Filzhüte mit links aufgeschlagener Krempe (Abb. 32, b), darüber Stutz, bei den Füsilieren weiß, den Schützen grün. Nach der Schlacht bei Leipzig wurden zwei Infanteriebataillone errichtet. Sie erhielten dunkelblaue Kolletts mit roten Abzeichen, weiße Knöpfe, dunkelblaue Beinkleider ohne Vorstöße; im Sommer weiße. Schulterklappen und Lederzeug weiß. Tschakos mit gelbem, bei den Offizieren silbernem Schild, darüber Krone. Weiße Schuppenketten und Behänge, schwarzer Stutz (Abb. 32, c). 1818 wurden die Unteroffiziersabzeichen, bisher nach französischer Art als Chevrons auf den Ärmeln, nach preußischer Art angelegt. Bis 1825 trugen die Offiziere den Ringkragen, der nun durch goldene Schärpe mit rot und blauen Streifen ersetzt wurde. In den dreißiger Jahren wurde die Infanterie vermehrt. Das 1. Regiment erhielt weiße Achselklappen und Knöpfe, das 2. gelbe. 1838 gelangte das Virchowsche Gepäck zur Einführung. Die Beinkleider erhielten 1841 einen roten Vorstoß. An Stelle des Kolletts trat 1843, zunächst versuchsweise, im folgenden Jahre endgültig der Waffenrock von blauer Grundfarbe mit ebensolchen spitz geschnittenen Aufschlägen, rotem Kragen und Vorstößen. Das Lederzeug blieb weiß. Als Kopfbedeckung eine Pickelhaube mit eigentümlich geformter Spitze (Abb. 32, e). Beinkleider wie vorher. 1849 bestanden vier Linien- und ein leichtes Bataillon. Dieses Bataillon bekam grüne Kragen und Achselklappen, erstere mit roten Vorstößen, letztere mit roter Nummer 5. Die übrigen Vorstöße grün, Lederzeug schwarz. Als Kopfbedeckung Käppis mit Roßschweif. 1855 erfolgte eine Formationsänderung. Die leichten Kompanien gingen ein. Die Ba-

Abb. 32. Oldenburg. Infanterie

taillone traten in Regimentsverband. 1858 wurden für die Offiziere Epauletten nach preußischer Probe eingeführt. Die bisher blauen Beinkleider wurden grau mit rotem Vorstoß. 1861 wurde beim dritten Bataillon und 1863 bei den beiden ersten Bataillonen das Lederzeug schwarz. Die bisher in Scheiden getragenen Bajonette wurden als Seitengewehre abgeschafft. 1864 blaue Tuchmützen nach russischem Schnitt mit roten Vorstößen an Stelle des Helmes (Abb. 32, f). Zu Paraden vorn ein weißes Schildchen und schwarzer Roßhaarbusch. 1867 wurde eine Militärkonvention mit Preußen geschlossen. Die Infanterie bildete nunmehr das Regiment Nr. 91. Seitdem preußische Linieninfanterieuniform mit hellblauen Vorstößen um die Aufschlagspatten und weiße Achselklappen mit rotem gekröntem P.

An *Reiterei* errichtete Oldenburg im Jahre 1849 ein Regiment. Die erste Uniform bestand aus schwarzgrünen Waffenröcken mit hellblauen Kragen, Achselklappen, spitzen Aufschlägen und weißen Knöpfen. Sämtliche Vorstöße auch um Kragen und Aufschläge weiß. Ebenso Knöpfe. Graue Reithosen mit hellblauen Vorstößen. Stahlhelme nach Art der preußischen Kürassiere mit gelbem Beschlag. Lederzeug weiß. Schon im Errichtungsjahre des Regiments wurden die weißen Vorstöße gegen hellblaue vertauscht und im folgenden Jahre Uniform- und Abzeichenfarbe gewechselt. Die Bekleidung bestand nunmehr aus hellblauen Waffenröcken mit schwarzen Kragen, weißen Achselklappen, hellblauen, schwarz vorgestoßenen schwedischen Aufschlägen, schwarzen Vorstößen und weißen Knöpfen. Beinkleider wie früher, aber mit roten Biesen. Die Offiziere hatten Interimsröcke von hellblauem Tuch mit schwarzem Schnurbesatz nach Husarenart. Gleichzeitig wie bei der Infanterie wurden 1864 die Helme abgeschafft und durch russische Mützen ersetzt. Die Grundfarbe der Mütze hellblau, Rand schwarz, Deckelvorstoß weiß. Zu Paraden silbernes Schildchen und weißer Haarbusch. 1867 Helme wie bei den preußischen Dragonern geformt, zur Parade mit schwarzen Büschen. Rock und Beinkleider wie vorher, nur wurden die schwedischen Aufschläge jetzt schwarz. Auf den weißen Achselklappen gekröntes rotes A. Alle übrigen Uniformänderungen wie bei den preußischen Dragonern. Lanzenflaggen rot und blau. Das Regiment führte in der Dragonerwaffe die Nummer 19.

Die *Oldenburgische Artillerie* trug seit ihrem Bestehen (1815) dunkelblaue Kolletts mit ebensolchen Aufschlagpatten und dunkelblaue Beinkleider ohne Vorstoß. Kragen und Aufschläge schwarz; Achselklappen, Schoßumschläge und Vorstöße rot, Knöpfe gelb, Tschakos mit roten Behängen. Lederzeug schwarz. Später Waffenröcke und Helme, seit 1858 graue, rot vorgestoßene Beinkleider. Im übrigen gleiche Entwicklung wie bei der Infanterie, z. B. 1864 russische Mützen, zur Parade mit Schildchen und schwarzen Haarbüschen. Die beiden Oldenburgischen Batterien wurden 1867 dem 10. Feldartillerie-Regiment zugeteilt.

Hansestädte
(Kokarde: früher schwarz, später weiß mit rotem Kreuz.)

Im 18. Jahrhundert scheint die rote Farbe für die Uniform vorherrschend gewesen zu sein.
Eine plastische farbig bemalte Darstellung eines *Grenadiers* im Museum für Kunst und Kulturgeschichte in Lübeck (Abb. 33, a) zeigt roten Rock, weiße Abzeichen, Knöpfe und Unterkleider, fahlledernes Bandelier mit gelbem Luntenberger, gelbes Mützenschild, in der Mitte ein orangefarbener Kreis, darin das Lübecker Wappen. Weiße Unterkleider, Abb. 33, b stellt einen *Hamburger Offizier* vor, der roten Rock mit ebensolchen Kragen trägt. Kragenpatten, Rabatten und Aufschläge hellblau. Gelbe Knöpfe und Epauletten. Silberner Ringkragen mit goldenem Hamburger Wappen. Einfacher Hut mit schwarzer Kokarde und goldener Agraffe.
In den Hansestädten bestanden neben dem besoldeten Militär noch Bürgergarden, bei deren Bekleidung, die übrigens nicht allgemein geregelt war, die rote Farbe, wenigstens bei den Offizieren, den Vorzug genossen zu haben scheint. Nachdem Tettenborn mit seinen Kosaken Hamburg befreit hatte, wurde eine neue *Bürgergarde* errichtet, deren Uniform, wie aus der Not des Augenblicks erklärlich, ziemlich einfach war. Die Bekleidung bestand für die Infanterie aus langen, bis über die Knie reichenden dunkelblauen Schoßröcken ohne Knöpfe, vorn durch Haften geschlossen. Kragen und Vorstoß um die dunkelblauen Aufschläge hellblau; Beinkleider und Schirmmütze dunkelblau mit hellblauem Besatz, vorn an der Mütze eine weiße Kokarde mit rotem Hansekreuz. Gekreuzte weiße Bandeliere. Die Artillerie trug dieselbe Uniform, nur waren alle Abzeichen statt hellblau hier rot. Die Jäger langschößige grüne Röcke, auf der Brust mit schwarzem Schnurbesatz; grüne Mützen mit hellgrünem Rand, Jägerhorn, darüber Kokarde und hellgrüner Stutz. Graue Beinkleider mit hellgrünen Streifen; Kartusche und Hirschfänger an schwarzem Leibkoppel. Die Bekleidung der Kavallerie glich derjenigen der Infanterie, nur war der Rock auf der Brust mit schwarzen Schnüren besetzt. Als Kopfbedeckung eine tschapkaartige Mütze von dunkelblauer Grundfarbe mit hellblauem Rand, gelben Behängen, weißem Stutz und Hansekokarde. Kartuschenbandelier schwarz. Bei der Wiederbesetzung Hamburgs durch die Franzosen wurde die Hamburger Bürgergarde aufgelöst, dagegen Ende 1813 eine *hanseatische Bürgergarde* errichtet. Diese erhielt dunkelblaue Beinkleider, graue Mäntel englischen Schnitts, englische Infanteriekasketts. Bei der Infanterie waren Mantelkragen und Hosenstreifen hellblau. Kaskettbehänge weiß, Stutz unten rot, oben weiß. Die Scharfschützen Beinkleider wie die Infanterie, die andern erwähnten Stücke grün. Die Artillerie dieselben Abzeichen, auch die Hosenstreifen in rot. Stutz oben weiß. Dazu noch rote Fransenepauletten. Die Jäger ähnlich wie bei der Hamburger Bürgergarde ohne Schnurbesatz; die Kavallerie dunkelblaue Dolmans und Beinkleider sowie Tellermützen mit hellblauen Abzeichen und schwarzen Schnüren. Außerdem Säbel, Lanzen mit weißer Flagge und rotem Hansekreuz. Das spätere *Hamburgische Bürgermilitär* hat im einzelnen die Uniform mehrmals gewechselt, doch blieben im allgemeinen die Abzeichen dieselben, also bei dunkelblauer Montur für Infanterie und Kavallerie hellblau, für die Artillerie rot, für die Jäger bei grüner Grundfarbe hellgrün. Die Kopfbedeckung bildete 1815 ein Tschako mit sehr großem Deckel, seit 1853 mehr käppiartig gestaltete Tschakos. 1868 wurden die Bürgergarden aufgelöst. Gleichzeitig mit der Hamburger Bürgergarde wurde während der Tettenbornschen Episode eine *Hanseatische Legion* errichtet, und zwar aus Freiwilligen. Die Uniform bestand aus langschößigen, vorn durch Haften geschlossenen Röcken, Beinkleidern. Tellermützen von grüner Grundfarbe. Kragen, Ärmelvorstöße, Hosenstreifen, Mützenbesatz und Deckelvorstoß hellblau. Auf dem Mützenrande die Hansekokarde. Lederzeug schwarz. Diese Uniform galt sowohl für Infanterie wie Artillerie und Kavallerie, nur hatten erstere beiden noch gelbe Litzen auf jeder Kragenseite. Die Reiterei führte Lanzen ohne Flaggen. 1814 wurden die Uniformen geändert. An Stelle der Mütze trat der Tschako, an Stelle des Rokkes das Kollett. Die Kavallerie schied sich in Ulanen und Kosaken. Bei beiden die Grundfarbe grün, die Ulanen mit karmesinroten Abzeichen, weißen Knöpfen, schwarzer Tschapka mit schwarzem Busch. Lanzenflagge oben rot, unten weiß. Die Kosaken hatten rote Abzeichen und Pelzmützen mit rotem Beutel. Lanzen ohne Flagge. Die *Lübecker Freiwilligen* 1813 grüne langschößige Röcke und Beinkleider, rote Vorstöße um die grünen Abzeichen, auch vorn herunter an der Haftenreihe. Hohe Schirmmütze von grüner Grundfarbe mit rotem Rand und Vorstoß, auf dem Rande gelbes Jagdhorn, oben Hansekokarde. 1815 Kolletts mit roten Kragen und Aufschlägen, graue Hosen mit roten Streifen, dieselbe Mütze mit schwarzem Busch. Die *Bremer freiwillige Infanterie* 1815 schwarze Kolletts mit roten Abzeichen und gelben Knöpfen. Tschako mit weißen Behängen, gelben Schuppenketten und rotweißem Stutz (Abb. 33, c). Die Jäger dunkelgrüne Kolletts mit hellgrünen Abzeichen; graue Hosen mit hellgrünen Streifen, Tirolerhüte mit raupenartig gelegtem hellgrünem Busch. Auf jeder Kragenseite eine gelbe Litze. Die Reiterei Litewken und Hosen von schwarzer Farbe mit roten Abzeichen und gelben Knöpfen. Gelbe Litze am Kragen. Schwarze Tschapkas, rotweiße Lanzenflaggen, Lederzeug durchgängig schwarz.
In der langen Friedensperiode, welche den Befreiungskriegen folgte, war die Uniform der *hanseatischen Truppen* für die Infanterie durchgängig grün, die Abzeichen rot, die Knöpfe gelb. Die unterscheidenden Merkmale in der Uniform zwischen Hamburg, Bremen und Lübeck bestanden in der abweichenden Gestalt des Pompons, Tschakobeschlages usw. Die Hamburgische Infanterie hatte weißes, die Bremer und Lübecker schwarzes Lederzeug. Die Tschakobehänge waren weiß, Beinkleider grau, im Sommer weiß (Abb. 33, d). Bei den Offizieren auf den grauen Beinkleidern rote Biese und Seitenstreifen. Die Hamburger Schützen grüne Kolletts mit ebensolchen Achselklappen und Ärmelpatten, schwarze Kragen und Aufschläge, rote Vorstöße,

Abb. 33. Hanseaten
a Lübecker Grenadier – b Hamburger Infanterie-Offizier – c Bremer Freiwilliger – d, e Hamburger Infanteristen

gelbe Knöpfe und Litzen am Kragen. Lederzeug und Tschakobehänge schwarz. Die Artillerie ganz blau mit schwarzen Abzeichen, roten Vorstößen, gelben Knöpfen und roten Tschakobehängen. Die Reiterei bestand aus Dragonern. Die Uniform war grün mit karmesinroten Abzeichen, weißen Litzen und Epauletten, sowie Knöpfen. Graue Beinkleider mit rotem Vorstoß. Helm mit Bügel und schwarzer Raupe. Daneben hatte Hamburg noch eine Ulanenabteilung, welche fast die gleiche Uniform trug, nur als Kopfbedeckung Ulanentschapka mit karmesinrotem Oberteil, weißen Beschlägen und dünnem hohen Stutz. Karmesinroter Paßgürtel mit weißen Vorstößen, Lanzenflagge oben rot, unten weiß. Ende der vierziger, Anfang der fünfziger Jahre änderte sich der Typus der hanseatischen Uniform durch Einführung der Pickelhaube und des Waffenrocks. Die Kavallerie behielt die gleiche Grundfarbe bei und trug nunmehr einen Helm nach Art der preußischen Kürassiere. Die Infanterie, die auch das Virchowsche Gepäck annahm, vertauschte die Pickelhaube später mit Käppis (Abb. 33, e), deren Form bei den Kontingenten verschieden war. Seit der Militärkonvention von 1866 stellten die Hansestädte die Regimenter 75 und 76, deren Abzeichen unter Preußen zu finden sind.

Braunschweig
(Kokarde: früher schwarz, dann hellblau-gelb.)

Im 18. Jahrhundert war die Uniformierung der braunschweigischen Truppen in Form und Schnitt ganz nach preußischer Norm geregelt, wie ja auch aus den engen Beziehungen des braunschweigischen Herrscherhauses zur

Abzeichen 1756

Regiment	Aufschläge usw.	Knöpfe	Besonderes
Leib-Regiment	rot	gelb	keine Rabatten weiße Litzen
Behr	rot	weiß	
Imhoff	weiß	gelb	
Zastrow	gelb	weiß	

Abb. 34. Braunschweig
a, c, e, f, g Infanterie – b Scharfschütze – d Gelernter Jäger – h Ulan – i, k, l Husaren – m Artillerie

preußischen Armee leicht erklärlich. Bereits 1697 erhielt die Infanterie blaue Röcke mit roten, gelben und weißen Abzeichen; diese drücken sich anfänglich durch Weste und Strümpfe aus, seit etwa 1730 durch Rabatten. Abzeichen 1756 siehe Tabelle 89.

1806 bestanden zwei Infanterie-Regimenter. Sie unterschieden sich folgendermaßen: Warmstedt hatte rote Abzeichen und weiße Litzen, Griesheim rote Abzeichen, Rabatten mit einer weißen blaudurchzogenen Borte eingefaßt. 1. Regiment gelbe, 2. weiße Knöpfe. Grenadiere Pelzmützen mit Blech und Beutel, sonst alles nach preußischer Probe. Eigenartig in bezug auf Uniform war das »Schwarze Korps« ausgestattet, welches Herzog Friedrich Wilhelm von Braunschweig-Oels 1809 in Böhmen warb und das durch seinen Zug zur Wesermündung hinreichend bekannt ist. Die *Infanterie* (Abb. 34, a) trug einen schwarzen langschößigen sogenannten Polrock mit hellblauem Kragen und schwarzen Brustschnüren mit sechs schwarzen Schnüren zwischen drei Reihen von schwarzen Knebelknöpfen. Beinkleider und Lederzeug ebenfalls schwarz. Der mit schwarzem herabfallenden Haarbusch geschmückte Tschako zeigte vorn einen weißmetallenen Totenkopf und gekreuzte Knochen. Die *Husaren* (Abb. 34, i) waren ähnlich gekleidet, nur statt des Polrocks ein schwarzer Dolman mit hellblauen Kragen und Aufschlägen. Schärpen hellblau und gelb. Die *Ulanen* (Abb. 34, h) grüne Kolletts, Paßgürtel, Beinkleider und Schabracken, rote Abzeichen und Besätze, gelbe Knöpfe, Tschapka mit gelbem Oberteil und gelben Fangschnüren und weißmetallenem Totenkopf. Die *Artillerie* wie die Infanterie, aber statt der Polröcke Kolletts mit schwarzen Schnüren und hellblauen Schoßumschlägen, Aufschlägen und Achselklappen. Beim schwarzen Korps bestand auch eine *Scharfschützen-Kompanie* (Abb. 34, b), die grüne Kolletts mit roten Abzeichen und gelben Knöpfen trug. Hüte mit grünem Band und Vorstoß. Das Korps trat bekanntlich in englische Dienste und focht in Spanien, Portugal und teilweise in Italien. Während dieser englischen Periode legten die Offiziere und Unteroffiziere die englischen Dienstauszeichnungen an. Besonders ist die karmesinrote Schärpe der Offiziere zu bemerken. Bei den Sergeanten ebenfalls karmesinrote Schärpe, in der Mitte von einem Streifen in der Kragenfarbe durchzogen. Bei der Rückkehr des Herzogs in sein Land 1814 wurden die braunschweigischen Truppen neu organisiert. Die *Infanterie* bestand 1815 aus einer leichten Infanteriebrigade und einer Linienbrigade. Zur leichten Brigade gehörte das *Leibbataillon,* welches eine der früheren ähnliche Uniform behielt, nämlich schwarze Jacken mit schwarzen Schnüren, hellblaue Kragen und Achselklappen, schwarze Beinkleider, Tschakos mit ziemlich breitem Deckel, mit Totenkopf und schwarzem Busch geschmückt. Die übrigen *leichten Bataillone* hatten dieselbe Uniform, nur verschiedenfarbige Kragen und Achselklappen. Als Tschakobeschlag ein weißes Jägerhorn, Stutz in Birnenform, oben gelb, unten hellblau. Die Abzeichen waren beim 1. Bataillon anfänglich hellblau, dann hellorange, darauf rosenrot; beim 2. gelb, beim 3. orange. Die *Linienbataillone* (Abb.

34, c) trugen die gleiche Uniform, nur als Tschakobeschlag ein weißes Schildchen mit dem springenden Roß und Stutz, oben hellblau, unten gelb. Abzeichen beim 1. Bataillon rot, beim 2. grün, beim 3. weiß. Die *Husaren* ganz ähnlich wie früher, Aufschläge dagegen schwarz. Die *Ulanen* schwarze Kolletts und Hosen, hellblaue Abzeichen und Tschapkas. An Schützentruppen das *Avantgarde-Bataillon* mit hechtgrauer Bekleidung und grünen Abzeichen, grünem Stutz und Hutbesatz; weiße Knöpfe (Abb. 34, d). Die *Artillerie* schwarze Kolletts mit gelben Vorstößen, Tschakos mit Totenkopf und schwarzem Busch für die reitende Artillerie, dagegen mit Granate und gelbem Birnenpompon für die Fußartillerie. Im Jahre 1823 wurde eine Uniform nach preußischem Muster eingeführt, nur das Leibbataillon behielt die schwarz und hellblaue Uniform bei. Im Jahr 1830 trug die *Infanterie* (Abb. 34, f) dunkelblaue Kolletts mit roten Kragen, Aufschlägen und Stoßbesatz. Weiße Knöpfe und Gardelitzen. Graue Beinkleider mit roter Biese – im Sommer weiße. Tschakos mit weißen Behängen und weißem, unten hellblauem Stutz. Das *Grenadierbataillon* (Abb. 34, e) hatte Pelzmützen nach österreichischem Muster mit rot und weißem Futter, Schild und Schuppenketten weiß. Der Tornister wurde an sehr schmalen Riemen getragen. Um den Druck auf die Schultern zu vermindern, trug man lederne Laschen mit zwei Schlaufen (Abb. 34, f). 1848 erhielt die Infanterie zur Erinnerung an die alte Uniform durchgehend einen schnurbesetzten Waffenrock, gleich den Beinkleidern von schwarzer Farbe. Kragen und Aufschläge hellblau. Die Knöpfe der Montierung von schwarzem Glase. Als Kopfbedeckung Tschako mit gerade abstehendem Schirm und schwarzem Haarbusch (Abb. 34, g). 1872 wurde die Form der Kopfbedeckung dem Käppi der preußischen Jäger ähnlicher. Am 18. März 1886 wurde preußische Bekleidung eingeführt, indessen die alten Bestände aufgetragen, die endgültig erst am 11. April 1892 abgelegt wurden. Seitdem unterschied sich das braunschweigische Infanterie-Regiment Nr. 92 durch den Stern bzw. den Totenkopf auf dem Helmadler, weiße Achselklappen mit gekröntem W und hellblaue Vorstöße um die Ärmelpatten. Die *Husaren* (Abb. 34, k) trugen in den dreißiger Jahren ganz blaue Uniformen mit gelber Beschnürung und Behängen, rotem Mützenbeutel und Hosenvorstoß. 1850 wurde die Grundfarbe schwarz. Noch 1914 hatte das Regiment im Vergleich zu den preußischen Husaren verschiedene Eigentümlichkeiten aufzuweisen. An der Pelzmütze seit 1883 Totenkopf, schwarzes Bandelier, weißhellblaue Schärpen, Säbeltaschen rot mit gelbem gekrönten W. Das Regiment führte die Nummer 17. Lanzenflaggen wie in Preußen, später blau-gelb. Die *Artillerie* trug in den dreißiger Jahren (Abb. 34, m) Uniform wie die Infanterie, aber mit gelben Litzen und Knöpfen. Als Kopfbedeckung Raupenhelme, später Waffenröcke, deren Grundfarbe 1850, gleichzeitig mit der Infanterie, schwarz wurde. Zur Erinnerung an die Artillerie des ehemaligen schwarzen Korps gelbe Vorstöße. 1863 wurde der Raupenhelm mit dem Infanterie-Tschako vertauscht. Die braunschweigische Artillerie legte noch früher als die Infanterie die entsprechende preußische Uniform an.

Waldeck*
(Kokarde schwarz-rot-gelb.)

Das Fürstentum Waldeck mußte im April 1807 dem Rheinbunde beitreten und als Kontingent drei Kompanien Infanterie stellen, die für den Feldzug in Spanien bestimmt waren. Eine Kompanie war dem sogenannten Fürstenbataillon (Schwarzburg-Rudolstadt, Lippe, Reuß) zugeteilt worden. Als diese im Felde furchtbare Verluste erlitten hatte, kamen die Reste zum 6. Rheinbundregiment, welchem die andern beiden Waldeckschen Kompanien einverleibt waren. Die Uniform (Abb. 35, a) bestand aus weißen Kolletts mit dunkelblauen Kragen, Rabatten und Aufschlägen, gelben Knöpfen und Tschakos mit weißen Behängen ohne Stutz sowie weißem Lederzeuge (nach Weiland, Ausgabe 1812, gelbe Behänge und gelbes Doppelpompon). Nach den Befreiungskriegen mußte Waldeck zum deutschen Bundesheere drei Infanterie- und eine Jägerkompanie stellen. Die Infanterie erhielt dunkelgrüne Kolletts mit roten Kragen, Aufschlägen, Schulterklappen und Schoßumschlägen. Gelbe Knöpfe, graue Hosen und schwarze Gamaschen, Tschakos mit weißen Behängen. Die Jäger hatten hellgrüne Abzeichen und Behänge. Lederzeug für Infanterie und Jäger schwarz (Abb. 35, b). Die Jäger gingen später ein. In den vierziger Jahren wurde der Waffenrock eingeführt. Dazu Helm nach preußischem Muster. Der Kragen war hinten von der grünen Grundfarbe. Kragenpatten, Achselklappen, schwedische Aufschläge und Vorstöße rot. Knöpfe und Helmbeschlag gelb. Schärpen, Portepees usw. silbern mit schwarz, rot und gelb durchzogen. Die Aufschläge des Waffenrocks anfangs von brandenburgischer, später von schwedischer Form (Abb. 35, c). Seit der Konvention vom 6. August 1867 wurde das Waldecksche Kontingent dem 83. Regiment eingereiht. An der Kopfbedeckung die preußische und waldecksche Kokarde.

Lippe-Detmold
(Kokarde rot-gelb.)

Gleichzeitig mit Waldeck trat Lippe dem Rheinbund bei. Die beiden Lippeschen Staaten hatten zusammen ein Bataillon als Kontingent zu stellen. Die Uniform bestand 1808 aus weißem Rock mit grünem Kragen und Aufschlägen, langen grauen Hosen und niedrigen Hüten mit seitlich aufgeschlagener Krempe, grünem Stutz und weißem Lederzeug. 1812 weiße Kolletts mit ebensolchen Rabatten, Ärmelpatten und Achselklappen. Grüne Kragen, Aufschläge und Vorstöße, weiße Beinkleider, Lederzeug, Tschakobeschläge, Behänge und Knöpfe (Abb. 35, d). Nach den Befreiungs-

---
* *Die kleineren nord- und mitteldeutschen Staaten sind nach der Folge ihrer Regimentsnummern im alten Heere geordnet.*

Abb. 35. Waldeck. – Lippe-Detmold. – Schaumburg-Lippe
Waldeck: a, c Infanterie – b Jäger   Lippe-Detmold: d, e, f, g Infanterie   Schaumburg-Lippe: h, i Karabiniers – k, l Infanterie

kriegen hatte Detmold ein Bataillon Infanterie zum Bundesheere zu stellen. Die Uniform war dunkelgrün. Kragen, schwedische Aufschläge, Achselklappen und Schoßumschläge rot. Knöpfe gelb, graue Beinkleider mit rotem Vorstoß (Abb. 35, e). In den vierziger Jahren Waffenröcke und Pickelhauben. Grundfarbe grün, ebenso der Kragen. Die Kragenpatten, Achselklappen, Aufschläge und Ärmelpatten rot. Vorstöße um diese Abzeichen gelb, dagegen der Vorstoß vorn herunter und um die Schoßtaschenleisten rot, Knöpfe gelb, Lederzeug weiß. Helmbeschläge gelb. Beinkleider wie früher (Abb. 35, f). 1861 wurde das Bataillon zu Füsilieren umgewandelt. Die Grundfarbe des Rockes blieb grün, die Kragen (nunmehr vollfarbig), die schwedischen Aufschläge und die Achselklappen schwarz mit roten Vorstößen. Auch die übrigen Vorstöße rot, die Knöpfe weiß. Das Lederzeug wurde schwarz. Als Kopfbedeckung ein Tschako wie bei den preußischen Jägern. Vorn ein weißer Stern mit der Lippeschen Rose. Nationale rot, außen gelb (Abb. 35, g). In dieser Uniform focht das fürstlich Lippesche Füsilierbataillon 1866 auf preußischer Seite bei Kissingen. Laut Konvention vom 26. Juni 1867 ging das Kontingent in der preußischen Armee auf. Die Militärpflichtigen traten in das 55. (6. Westfälische) Infanterie-Regiment und trugen an der Kopfbedeckung die Landeskokarde sowie die preußische.

Schaumburg-Lippe
(Kokarde blau-rot-weiß, später rot-weiß.)

Der berühmte Graf Wilhelm von Schaumburg-Lippe-Bükkeburg errichtete 1753 ein *Karabinierkorps,* anfänglich 75 Reiter und 50 Fußgänger stark, welches er in eine sehr merkwürdige Uniform eigener Erfindung kleidete (Abb. 35, h). Als Kopfbedeckung diente ein Eisenhelm mit Bärenfell verbrämt. Vorn war auf einem grünen Schilde die Inschrift angebracht: Pulchrum mori succurrit in extremis. Über dem schwarzledernen Kollett, welches rot aufgeschlagen war, wurde ein schwarzer Brust- und Rückenharnisch getragen. Anfänglich auch schwarze eiserne Oberarmschienen. Die Beinkleider waren von gelbem Leder. Das Korps war vorzugsweise mit schwarzen spanischen Hengsten beritten. Es zeichnete sich während des Siebenjährigen Krieges als Parteigängerkorps aus und wurde mit wenig veränderter Uniform, allerdings bei gänzlich geänderter Bestimmung beibehalten. Es tat in der Folge Gendarmeriedienst. Während der Rheinbundzeit hatte das Schaumburgische Kontingent mit den Detmoldern gleiche Uniform. Seit 1815 stellte Schaumburg zwei Kompanien *Infanterie*. Die besten Leute wurden zu einer Jägerabteilung vereinigt. Abzeichenfarbe wie bei Detmold. Die Jäger unterschieden sich durch grüne Kragen

Abb. 36. Anhalt
a, d Anhalt-Dessauer Jäger – b Anhaltisches Rheinbundkontingent – c Anhalt-Köthener Infanterie – d Anhalt-Dessauer Infanterie –
e, f Anhalt-Bernburger Scharfschütze und Jäger – g Gesamthaus Anhalt, Infanterie

und Aufschläge sowie schwarzes Lederzeug. Ende der dreißiger Jahre wurde das ganze Kontingent zu Jägern umgeformt. Die Uniform wurde dunkelgrün mit schwarzem Kragen, schwarzen Aufschlägen, Achselklappen und Schoßbesatz, roten Vorstößen und gelben Knöpfen. Graue Hosen mit roten Vorstößen. Schwarzes Lederzeug, Tschakos mit gelben Beschlägen, weißen Behängen und schwarzen hängenden Federbüschen. In den vierziger Jahren unter Beibehaltung der bisherigen Farben Waffenröcke nach preußischem Muster. Als Kopfbedeckung Raupenhelme in bayerischer Form mit Schuppenketten und Stern von Messing (Abb. 35, l). Auf dem Stern neusilbernes Schild mit dem Nesselblattwappen. Der Kragen war vollständig schwarz. In gleicher Farbe Aufschläge und Achselklappen, alles rot vorgestoßen. Auf den Achselklappen ein messingener Namenszug G A mit Krone. Lederzeug schwarz. 1866 gehörte das Kontingent zur Besatzung von Mainz. Seit der Konvention vom 30. Juni 1867 wurden die Militärpflichtigen in das Westfälische Jägerbataillon Nr. 7 eingestellt.

Anhalt
(Kokarde grün.)

In den Jahren 1684 bis 1689 stellte Anhalt ein Kontingent zum Reichsheer, welches gegen die Türken aufgeboten wurde. Die Uniform war blau mit roten Umschlägen. Kamisöler und Hosen rot, Strümpfe weiß. Als Kopfbedeckung Hut mit grüner Bandschleife. Ähnlich waren die Reiter gekleidet, die außerdem einen blauen, rotgefütterten Mantel hatten. Während des 18. Jahrhunderts trug die *Anhalt-Zerbster* Infanterie weiße Röcke mit roten Abzeichen und gelben Knöpfen. Die Unterkleider weiß. Musketiere Hüte, Grenadiere Pelzmützen.

Die erste stehende Truppe wurde 1795 in Dessau errichtet, und zwar das *Dessauische Jägerkorps* (Abb. 36, a). Die Uniform bestand aus einem dunkelgrünen Rock mit weißen Knöpfen, Schoßumschlägen und Epauletten. Aufschläge von der Grundfarbe, Kragen rot, Unterkleider weiß, ebenso das Lederzeug. Hut mit grünem Busch. Während der Rheinbundzeit stellten die Anhaltischen Staaten *zusammen ein Kontingent,* welches grüne einreihige Kolletts mit weißen Knöpfen trug. Aufschläge von der Grundfarbe. Kragen, Achselklappen und Vorstöße rosenrot, Lederzeug schwarz. Graue Beinkleider in schwarzen Gamaschen (Abb. 36, b).

Die Grenadiere und Voltigeure waren durch rote bzw. grüne Fransenepauletten, Tschakobehänge und Pompons ausgezeichnet. Die Tschakobeschläge von weißem Metall. 1813 verlangte Napoleon auch die Gestellung eines reitenden Jäger-Regiments, dessen Uniform ähnlich war, nur waren die Aufschläge von der Kragenfarbe und spitz geschnitten. Graue Reithosen mit Besatzstreifen von der Kragenfarbe, weiße Tschakobehänge und Achselschuppen. 1818 stellte *Anhalt-Dessau* (Abb. 36, d) zum Bundesheere ein Kontingent in der Stärke eines Bataillons. Die Grundfarbe des Kolletts sowie der schwedischen Aufschläge blieb dunkelgrün, die Abzeichen rosa, die Knöpfe weiß. Die Beinkleider anfangs dunkelgrün, später grau mit rosa Streifen. Die Tschakos hatten Pompons in der Kompaniefarbe (rot, weiß, grün, gelb), später National.

Anhalt-Köthen (Abb. 36, c) stellte seit 1818 ebenfalls ein Bataillon. Die Uniform bestand in dunkelgrünen Kolletts mit ebensolchen Aufschlagspatten und Schoßumschlägen, gelben Kragen, Achselklappen und Aufschlägen, alles rot vorgestoßen. Knöpfe und Tschakobeschläge weiß. Beinkleider grau mit doppelten roten Seitenstreifen. Lederzeug schwarz.

Anhalt-Bernburg stellte 1818 eine Grenadierkompanie und drei Jägerkompanien. Die Grenadiere hatten dunkelgrüne Kolletts, rote Kragen, Aufschläge und Vorstöße, weiße Gardelitzen und Knöpfe. Tschakos mit weißen Beschlägen und Behängen; weißes Lederzeug, graue Hosen mit rotem Vorstoß. Die Jäger (Abb. 36, e), ebenfalls dunkelgrüne Kolletts, Aufschlagspatten von der Grundfarbe, Kragen, Achselklappen und Aufschläge hellgrün mit roten Vorstößen. Beinkleider wie die Grenadiere, Lederzeug schwarz. Tschako mit weißen Beschlägen und grünen, später weißen Fangschnüren. Grüner Stutz. 1846 erhielten die Jäger dunkelgrüne Waffenröcke preußischen Schnitts (Abb. 36, f). Abzeichen hellgrün, Vorstöße rot, Knöpfe weiß wie bisher auf den Kolletts. Pickelhauben mit weißen Beschlägen und schwarzen Haarbüschen. Auf den Patronentaschen ein weißes Schützenhorn, als Seitengewehr Hirschfänger mit Bügel. Die übrigen Anhaltischen Staaten führten ebenfalls Waffenröcke unter Beibehaltung der bisherigen Farben ein. Dazu Pikelhauben mit weißen Beschlägen. 1854 übernahm Dessau das Köthener Kontingent. 1863 erfolgte auch die Einverleibung des Bernburger Kontingents. Es bestand nunmehr ein *Regiment Anhalt* (Abb. 36, g) mit zwei Kompanien Scharfschützen. Der dunkelgrüne Waffenrock dieser Truppe hatte völlig den preußischen Schnitt, nur waren die Schoßtaschenleisten nur je mit zwei Knöpfen besetzt. Die schwedischen Aufschläge zeigten die dunkelgrüne Grundfarbe. Kragen, Vorstöße und Achselklappen rosenfarben, um letztere weißer Vorstoß. Graue Beinkleider mit rosenfarbiger Biese. Knöpfe, Koppelschloß usw. weiß. Helme mit weißen Beschlägen. Das gerade Seitengewehr hatte gelbmetallenen Bügel und ebensolches Ortband. Die Scharfschützen Hirschfänger und grüne Säbeltroddel; sonst gleiche Uniform. Laut Konvention vom 28. Juni 1867 trat das Regiment als Infanterie-Regiment Nr. 93 in den preußischen Heeresverband.

Sachsen-Weimar
(Kokarde schwarz-grün-gelb.)

Die Weimarischen Truppen waren im 18. Jahrhundert ganz nach preußischem Muster gekleidet. Ende der achtziger Jahre erhielten die Grenadiere Pelzmützen. 1788 wurde vom Herzog Karl August ein *Jägerbataillon,* später *Scharfschützenbataillon* genannt, errichtet. Die Uniform (Abb. 37, a) bestand 1790 aus einem grünen Kollett mit ebensolchen brandenburgischen Aufschlägen und Kragen, gelben Kragenpatten und Schoßumschlägen, gelben Knöpfen und roter Halsbinde. Hut mit roter Schnur links aufgeschlagen; grüner Stutz. Weiße Beinkleider, kurze schwarze Gamaschen, gelbliche Bandeliere. 1796 wurde das Lederzeug schwarz, Kartusche am Koppel um den Leib. Die Beinkleider bei gleichem Schnitt wie früher grün. 1806 statt der Kartusche wieder eine Patronentasche an Schulterbandelier. Als Kopfbedeckung eine Art Grenadiermütze (Abb. 37, b), ähnlich der damaligen preußischen, vorn mit gelbmetallenem Reife, links grüner Stutz. 1807 neues Modell für den Hut (Abb. 37, c). Er erhält vorn ein gelbes Schildchen und gelbe Einfassung. Stutz wie früher. Das Lederzeug wird gelb, aber 1809 wieder schwarz. Auch werden jetzt lange graue Pantalons, über die Gamaschen gehend, getragen. 1812 Tschakos mit weißen Behängen und gelbem Horn (Abb. 37, d). Die Behänge fielen später wieder fort. Die grauen Beinkleider erhielten gelbe Vorstöße; im Sommer weiße Hosen. In dieser Ausstattung erhielt sich die Uniform bis zur Einführung des Waffenrocks. Die Farben blieben dieselben. Kragen und Aufschläge grün mit gelben Vorstößen. An Stelle des Tschakos trat die Pickelhaube mit gelben Beschlägen, Offiziere gelbe Schärpen (Abb. 37, e). Seit dem 26. Juni 1867 bildete das Weimarische Kontingent das Infanterie-Regiment Nr. 94. Abzeichen siehe unter Preußen. An Kavallerie bestand 1914 noch eine kleine Husarenabteilung, deren Ursprung tief in das 18. Jahrhundert hinein reicht. Die Uniform glich fast genau derjenigen des preußischen Zieten-Husaren-Regiments. Rote Dolmans mit weißen Schnüren, blaue Pelze, blaue Schabracken mit rotem Zackenrand. Kragen waren rot, Aufschläge blau. Als Kopfbedeckung Pelzmützen mit rotem Beutel, später schwarze Flügelmützen, dann Tschakos, später wieder Pelzmützen. Die Abzeichenfarben blieben die gleichen.

Ende 1813 wurde ein *freiwilliges Jägerkorps* errichtet. Die Fußjäger trugen dunkelgrüne Litewken mit gelben Kragen und Aufschlägen, zwei Reihen gelber Knöpfe; graue Beinkleider in ebensolchen Gamaschen, rote Achselklappen, Tschakos mit Vorder- und Hinterschirm, gelbe Schuppenketten und Kreuz, darüber schwarz-gelb-grünes National. Die reitenden Jäger schwarze Litewken, vorn ohne Knöpfe, aber mit gelben Borten besetzt. Beinkleider schwarz mit gelben Streifen. Gelbe Achselschuppen, Tschako wie die Fußjäger, dazu schwarze Büsche. Schwarze Stulphandschuhe und Lederzeug.

Abb. 37. Weimar.
a, b, c, d Scharfschützen – e Infanterie-Offizier

Sachsen-Koburg, Sachsen-Koburg-Gotha seit 1826

(Kokarde grün-weiß.)

Koburg stellte während der Rheinbundzeit ein Kontingent zum 4. Rheinbund-Regiment, dem Regiment der Herzöge von Sachsen. Die Uniform (Abb. 38, a) bestand aus dunkelgrünen Kolletts mit ebensolchen Ärmelpatten, gelben Kragen und Aufschlägen, weißen Knöpfen und Litzen auf den Patten. Die Schoßumschläge waren rot. Hellblaue ungarische Hosen mit gelber Beschnürung, kurze schwarze Gamaschen, auch lange leinene Pantalons. Lederzeug weiß, Tschako mit weißen Behängen und gelbem Schild, darauf ein Jägerhorn. Die Grenadiere trugen Pelzmützen und rotwollene Fransenepauletten. Die Offiziere anfangs Hüte, später Tschakos.

Die *freiwilligen Jäger,* die Koburg 1813 mit Meiningen und Hildburghausen ins Feld stellte, hatten grüne Röcke mit roten Aufschlägen und gelben Borten. Graue, grün vorgestoßene Hosen, Tschakos mit grünen Behängen. Es war ferner gestattet, Stulpstiefel mit glanzledernen Schäften zu tragen. Die Landwehr hatte grüne Litewken und schwedische, seitlich aufgeschlagene Hüte.

1826 starb das Haus Sachsen-Gotha aus. Das Koburgische und Gothaische Kontingent wurde nun zu einem *Sachsen-Koburg-Gothaischen Infanterie-Regiment* vereinigt. Die Uniform (Abb. 38, b) bestand aus dunkelgrünen Kolletts mit schwarzen, rot vorgestoßenen Kragen und Aufschlägen – erstere mit gelben Litzen –, roten Schoßumschlägen. Achselklappen erst schwarz mit roten Vorstößen, dann rot mit gelben. Beinkleider zuerst grün, dann grau; im Sommer weiß. Tschakobehänge weiß. Das Kontingent war 1846 nur noch 6 Kompanien stark nebst einer Jägerabteilung. Als Bekleidung jetzt ein Waffenrock in den früheren Farben. Achselklappen und spitz geschnittene Ärmelpatten rot, Beinkleider grau. Raupenhelme mit gelben Beschlägen und weißem Stutz (Abb. 38, c). Lederzeug weiß, für die Jäger schwarz. 1861 schloß Koburg-Gotha mit Preußen eine Militärkonvention ab. Bis 1867 bestand die Uniform (Abb. 38, d) aus einem dunkelgrünen Waffenrock mit schwarzen, ringsherum rot vorgestoßenen Kragen, roten Achselklappen und Ärmelpatten, schwarzen Aufschlägen und roten Vorstößen. Knöpfe gelb. Rote Biese an den Beinkleidern, Lederzeug schwarz. Helme mit eigenartig gestalteter Spitze, oben mit kleiner Kugel. Zu Paraden I. Batl. weiße, II. Batl. schwarze Haarbüsche, welche von der erwähnten Kugel überragt wurden (Abb. 38, e). 1866 fochten die Koburg-Gothaer bei Langensalza und weiter bei verschiedenen Kämpfen der Mainarmee. Seit 1867 mit den Meiningern vereint führte das Regiment die Nummer 95. Uniform unter Preußen.

Abb. 38. Koburg-Gotha. – Meiningen
Koburg-Gotha: a, b, c, d, e Infanterie
Sachsen-Meiningen: f Schütze – g, h Füsilier – i Füsilier-Offizier

Sachsen-Meiningen-Hildburghausen

(Kokarde grün-weiß.)

Bis 1807 bestand das Meiningische Militär aus Jägern. Die Uniform war grün mit roten Abzeichen. Als Kopfbedeckung Kasketts. 1807 zu *Musketieren* umgeformt, gleiche Uniform wie unter Sachsen-Gotha-Altenburg beschrieben. Hildburghausener gleiche Uniform wie die Weimarischen Truppen. Die 1814 errichteten Freiwilligen Jäger vergleiche unter Koburg. 1821 neue Uniformierung: Grüner Rock mit blauen Kragen und Aufschlägen, Schöße rot vorgestoßen. Tschako mit weißen Fangschnüren. 1826, nach dem Aussterben des Stammhauses, ergriff die Meininger Linie Besitz von Hildburghausen, während die Hildburghausener Linie Altenburg erhielt und sich nun Sachsen-Altenburg nannte. Das Kontingent war jetzt als Bataillon formiert nebst einer Schützenabteilung. Die Uniform bestand seit 1827 aus dunkelgrünen Kolletts mit schwarzem Kragen, spitzen Aufschlägen, Achselklappen und Achselwülsten. Auf der Brust zwei Reihen gelber Knöpfe, die sich unten einander näherten. Beinkleider anfangs dunkelgrün, später grau, im Sommer von weißem Leinen. Tschakos mit schwarzen, bei den Schützen hellgrünen Behängen und Roßhaarbusch. 1827 wurde das Bataillon zu Schützen umgewandelt (Abb. 38, f). 1846 dunkelgrüne Waffenröcke mit schwarzen Kragen und Aufschlägen, roten Achselklappen und Ärmelpatten. Rote Vorstöße (beim Kragen ringsherumlaufend), gelbe Knöpfe, graue Hosen mit roter Biese. Auf den Achselklappen gelbe Bataillonsnummer. Lederzeug schwarz (später Gürtelrüstung). Helme mit gelben Beschlägen und weißem Stern (Abb. 38, g). 1864 begann eine Neuuniformierung. Die Bekleidung bestand aus einem dunkelgrünen Rock mit schwarzen Brustschnüren und Knöpfen (Abb. 38, h). Kragen, Achselklappen und spitze Ärmelaufschläge schwarz, Vorstöße rings um den Kragen, um die Aufschläge und Achselklappen rot. Dazu sollte ein Käppi mit schwarzem Roßhaarbusch eingeführt werden, es scheint aber, wenigstens für die Mannschaften, kaum zur Ausgabe gelangt zu sein. Die Uniform der Offiziere hatte keine roten Vorstöße, dagegen schwarzen Band- und Schnurbesatz. Gradabzeichen und Tragweise der silbernen, grün durchzogenen Schärpe wie in Österreich (Abb. 38, i). 1867 wurde mit Preußen eine Militärkonvention abgeschlossen, nach welcher Koburg-Gotha und Meiningen das 95. Regiment stellten.

Abb. 39. Gotha-Altenburg. – Reuß. – Schwarzburg
Gotha-Altenburg: a, b, c, d Infanterie – Reuß: e, f, g, h Infanterie
Schwarzburg: i, k, l, m Infanterie

Sachsen-Gotha-Altenburg, Sachsen-Altenburg seit 1826
(Kokarde grün-weiß)

Zur Zeit des Siebenjährigen Krieges trug das Gothaische Militär weiße Röcke mit roten Kragen und Aufschlägen, rote Westen und Halsbinden, weiße Beinkleider und weiß bortierte Hüte. Um 1780 werden die Röcke blau, die Unterkleider weiß, Abzeichen rot, Knöpfe gelb. Am 18. April 1807 trat Sachsen-Gotha dem Rheinbunde bei und mußte in Gemeinschaft mit Sachsen-Meiningen zwei Bataillone zum Regiment der Herzöge von Sachsen stellen. Infolge Vertrags zwischen beiden Häusern bestand die Uniform aus blauen Röcken mit roten Kragen, Aufschlägen und Rabatten, weißen Unterkleidern, schwarzen kurzen Gamaschen und dreieckigem Hut mit Pompon. Weiße Hutborte. Kokarde von schwarzem Leder mit Gold (Abb. 39, a). Die Grenadiere und leichte Infanterie waren durch einen roten bzw. gelben Wollstutz ausgezeichnet. 1809 wurden neben den weißen Beinkleidern dunkelblaue Pantalons mit roten Streifen getragen. Zwischen den Gothaern und Meiningern zeigten sich immerhin einige Abweichungen in der Bekleidung, da erstere den französischen Schnitt angenommen hatten und weißes Lederzeug trugen, während letztere noch Uniformen nach altem preußischen Muster und schwarzes Lederzeug hatten. 1812 war die Gleichförmigkeit nach französischem Vorbilde völlig hergestellt (Abb. 39, b). Nach der Katastrophe von 1812 mußten die Herzöge ein neues Bataillon stellen, welches den Namen »Thüringisches Marschbataillon« erhielt. Es trat in Altenburg am 20. April 1813 zu den Verbündeten über und focht noch in seiner alten Uniform an der Katzbach gegen die Franzosen. Die Bekleidung bestand aus sehr breitschößigen dunkelblauen Fracks mit roten Kragen und hellblauen Aufschlägen. Hosen hellgrau, ebenso der Mantel, der einen kleinen Überfallkragen hatte. Als Kopfbedeckung der Weimarische Tschako. Offiziere Wachstuchmützen. Im Verlauf des Feldzuges erhielt das Batl. dunkelblaue englische Uniformen mit hellblauen Abzeichen. Um den Ausfall des übergetretenen Bataillons zu decken, verlangte Napoleon nunmehr ein ganzes Regiment. Die Uniform war dieselbe wie 1812. Nach dem zweiten Pariser Frieden wurde die Uniform gänzlich umgestaltet. Grüne Kolletts mit einer Reihe gelber Knöpfe, schwarze Kragen und Aufschläge mit gelben Litzen, rote Vorstöße. Musketiere rote, Jäger schwarze Achselklappen. Graue, im Sommer weiße Beinkleider. Tschako mit gelbem Stern und Schuppenketten, weißen Behängen und grün-weißem National (Abb. 39, c). Musketiere weißes, Jäger schwarzes Lederzeug. Offiziere goldene Litzen, silberne Behänge, goldene Epauletten. Ringkragen bis 1850.

Bis 1825 bestand auch eine Garde du Corps von 70 bis 75 Köpfen. Als Bekleidung gelbe Kolletts mit rotem Kragen und Aufschlägen, weißlederne Hosen. Stulpstiefel mit Sporen (die Truppe war unberitten), weiße Mäntel, Pallasche und Karabiner.

Die Uniform der Infanterie erlitt 1845 eine Änderung durch Einführung des Waffenrocks nach preußischem Schnitt und des Helmes. Kragen und Aufschläge blieben unverändert. Vorn eine Reihe von acht gelben Knöpfen, hinten nur zwei in der Taille. Die Achselklappen erhielten gelbe Kompanienummern. Der Helm hatte einen gelben Stern. Der obere Teil der Spitze war als sogenannte Irmensäule gestaltet (Helmzier des sächsischen Rautenkranzwappens). Zur Parade für die Musketiere weiße, Jäger schwarze, Spielleute rote Haarbüsche. 1850 wurde das Kontingent Füsilierbataillon. Die Uniform blieb dieselbe, nur wurde das Lederzeug durchgängig schwarz und nicht mehr gekreuzt getragen (Abb. 39, d). Seit 1867 bildete das Altenburgische Kontingent das erste Bataillon des 96. Infanterie-Regiments.

Reuß
(Kokarde schwarz-rot-gelb.)

Die älteste Uniform war weiß mit rot (vgl. unter Schwarzburg). 1750 wurde die Grundfarbe blau. Die Bekleidung bestand nunmehr aus blauen Röcken mit roten Kragen, Aufschlägen und Futter. Knöpfe gelb, Unterkleider weiß. Die Greiz-Lobensteiner Kompanie erhielt 1778 rote Rabatten (die Ebersdorfer weißes Futter) und wurde 1780 in eine Grenadierkompanie verwandelt. Sie bekam als solche Bärenmützen mit gelbem Wappenschild, nur das Lobensteiner Kontingent statt der bisherigen Hüte Kasketts. 1807 erhielt das Rheinbundkontingent (Abb. 39, e) (ein Bataillon zu drei Kompanien) weiße Röcke mit gelben Knöpfen, hellblaue Kragen, Aufschläge und Schoßumschläge, schwarze, weiß vorgestoßene Halsbinden, ungarische hellblaue Beinkleider mit schwarz-rot-gelber Schnur besetzt. Schwarze Gamaschen. Tschako mit ovalem Schild, worauf ein R. Behänge von schwarz-rot-gelber Schnur, roter Stutz, weißes Lederzeug. Nach dem zweiten Pariser Frieden blieb die Uniform ähnlich, wie sie vorher gewesen. Nach verschiedenen kleineren Änderungen bestand sie 1822 in einem weißen Rock mit acht gelben Knöpfen geschlossen. Abzeichen hellblau, Achselklappen weiß, hellblau vorgestoßen. Zum kleinen Dienst graue Ärmelwesten mit hellblauen Abzeichen. Im Sommer weiße, im Winter graue Pantalons. Der Tschako verlor die Behänge (Abb. 39, f). Die Feldmütze preußischen Schnitts schwarz mit hellblauem Besatz. 1845 wurde die weiße Uniform abgeschafft, dafür schwarze Waffenröcke (Abb. 39, g), mit hellblauen Kragenpatten, Aufschlagspatten und Vorstößen. Schwarze Hosen mit hellblauer Biese, im Sommer weißleinene Beinkleider, Pickelhauben mit gelbem Beschlag, auf dem Stern ein neusilbernes Wappen. Zu Paraden schwarze, bei den Spielleuten rote Haarbüsche. 1850 erhielten die Offiziere unterzuschnallende Schleppsäbel. An Stelle des gekreuzten Lederzeuges Gürtelrüstung, anfänglich für Musketiere weiß, für Füsiliere schwarz. 1861 durchgängig schwarz. Die Kragen wurden 1854 vollfarbig (Abb. 39, h). Seit 1867 bildete das Reußische Kontingent das 2. Bataillon des 96. Regiments.

Schwarzburg

Schwarzburg-Rudolstadt –
Schwarzburg-Sondershausen
(Kokarde weiß-blau.)

Zum Spanischen Erbfolgekriege stellte Schwarzburg im Verein mit Reuß ein Infanterie-Regiment. Die Bekleidung bestand aus weißen Röcken ohne Kragen und Rabatten, dagegen mit roten Aufschlägen geschmückt. 1733, als der Polnische Erbfolgekrieg ausbrach, erging erneut die Aufforderung zur Reichshilfe. Die Schwarzburgischen und Reußischen Häuser stellten wiederum gemeinsam ein Regiment. Eine förmliche Auflösung dieser Truppe fand nie statt, doch kam auch keine derartige Verbindung mehr zwischen den schwarzburgischen und reußischen Kontingenten zustande.

In einem Bericht von 1791* werden auch Schwarzburgische Gardes du Corps erwähnt. Der Rock war blau mit roten Kragen und Aufschlägen, die Westen paille mit rot und blauen Borten besetzt. Zur Parade paille Kolletts mit roten Aufschlägen und Borten, Hüte mit weißer Feder. Nach demselben Berichte hatten die Grenadiere neben den Bärenmützen auch weiß eingefaßte Hüte. Zur Parade weiße, sonst schwarze Gamaschen. Auch Husaren werden erwähnt. Die Uniform bestand aus grünen Dolmans mit roten Aufschlägen. Rote, schwarz verbrämte Pelze, weiße Schnüre, gelbe Lederhosen. Pelzmütze mit rotem Beutel und weiß und schwarzem Stutz. Rote Schabracken mit grünem, weiß besetztem Zackenrande, darauf wie auf der gleichfarbigen Säbeltasche Namenszug C F, gelbe Bandeliere.

Zum ersten Koalitionskriege gegen Frankreich stellte Schwarzburg 1792 ein Kontingent mit folgender Uniform: blauer Rock mit ebensolchen Rabatten – letztere rot vorgestoßen –, rotes Futter, Kragen und Aufschläge, gelbe Knöpfe, weiße Unterkleider. Als Kopfbedeckung Hut mit weißer Borte und farbigen Puscheln, je nach der Kompanie verschieden; daneben noch Tuchmützen.

Die beiden Kompanien, die Schwarzburg 1808 zum Für-

---

* *Abgedruckt bei von Döring, »Geschichte des 96. Infanterie-Regiments«.*

stenbataillon (Bataillon des princes)* zu stellen hatte, trugen dunkelgrüne Kolletts und Beinkleider, rote Kragen, Aufschläge und Hosenstreifen. Tschakos mit weißen Fangschnüren und rotem Stutz. Schwarzes Lederzeug. Da die Gradabzeichen bei den Kontingenten des Bataillons sehr verschieden waren, wurden durchgehend französische Offiziersepauletten angelegt. Statt der grünen, rot besetzten Beinkleider finden sich auf Abbildungen auch graue in kurzen Gamaschen (Abb. 39, i). Nach den Befreiungskriegen gestaltete sich die Uniform folgendermaßen: Grundfarbe russisch-grün mit roten Kragen, Aufschlägen und Schoßbesatz und grünen, rot vorgestoßenen Achselklappen. Vorn eine Reihe von neun gelben Knöpfen. Graue lange Hosen mit roter Biese, im Sommer weißleinene. Tschako mit gelbem Doppeladler und Schuppenketten, blauweißem National und weißen Behängen (Abb. 39, k). Grüne Mütze, rot vorgestoßen, ohne Kokarde (letztere erst seit 1845). Schwarzes Lederzeug. Auf der Patronentasche gelbes ovales Schild mit Doppeladler. Die Offiziere trugen goldene Epauletten mit weißen, den Rang kennzeichnenden Sternchen. Stabsoffiziere Fransen. 1845 wurde ein grüner Waffenrock mit ebensolchen Aufschlägen und roten Kragen und Vorstößen eingeführt, vorn durch eine Reihe von neun gelben Knöpfen geschlossen. Als Kopfbedeckung der bayerische Raupenhelm mit Doppeladler (Abb. 39, l), später ebenso verzierte Pickelhauben. Das Lederzeug blieb schwarz. In den fünfziger Jahren wurde die Gürtelrüstung eingeführt (Abb. 39, m). Die Offiziere erhielten statt des Degens leichte Schleppsäbel. 1866 zum 2. Reserve-Armeekorps bei der Mainarmee gehörig, ließen die Schwarzburger die Helme zurück, da das ganze Korps der Gleichmäßigkeit halber nur Mützen trug (die dazugehörigen Mecklenburger hatten keine andere Kopfbedeckung). Seit 1867 stellten die Schwarzburger das 3. Bataillon zum 96. Infanterie-Regiment.

---

* 1. Kompagnie Schwarzburg-Sondershausen.
   2.   "   Schwarzburg-Rudolstadt.
   3.   "   Lippe-Detmold.
   4.   "   Lippe-Bückeburg.
   5.   "   Reuß.
   6.   "   Waldeck.

Ehemals souveräne Staaten

Hannover
(Kokarde bis 1803 schwarz. Nach den Befreiungskriegen schwarz-gelb-weiß.)

I. Infanterie

Die Grundfarbe der Uniformierung war bis 1837 vorwiegend rot. Die Abzeichenfarben der Regimenter waren verschieden. Der Rock wurde anfänglich mit einer Reihe von Knöpfen geschlossen (Abb. 40, a). 1727 kamen sogenannte halbe Rabatten auf der oberen Hälfte der Brust auf (Abb. 40, b). 1730 erhielten auch die Aufschläge die Farbe der Westen, welche bisher das Regiments-Unterscheidungszeichen waren. 1761 wurden die Westen und Schoßumschläge hellfarbig. 1763 waren bei roten Röcken die Abzeichen folgende:

1766 lange Rabatten (Abb. 40, c). 1790 erhält der Rock frackartigen Schnitt. Bald darauf fallen bei den Mannschaften die Rabatten ganz weg. Der Rock nunmehr mit einer Knopfreihe geschlossen, dazu weißer Litzenbesatz auf der Brust. 1793 bekommt die Infanterie Mäntel, lange Hosen und Halbgamaschen. In demselben Jahre wurde die Form des Hutes, der mit Borte eingefaßt war, geändert. 1800 erhielten die Röcke hohe Stehkragen. Die Grenadiere, welche seit 1701 spitze Grenadiermützen trugen, hatten 1787 Bärenmützen erhalten. Das Lederzeug war erst gelb, seit 1785

Regiment	Aufschläge u. Rabatten	Knöpfe, Litzen u. Hutborten	Schoßumschläge u. Westen
Garde	dunkelblau	gelb	hellgelb
v. Scheither	grün	gelb	hellgelb
v. Otten	weiß	gelb	weiß
v. Spörcken	mattgelb	gelb	mattgelb
v. Schele	strohgelb	weiß	strohgelb
v. Reden	schwarz	weiß	weiß
v. d. Schulenburg	schwarz	gelb	hellgelb
v. Bock	dunkelblau	weiß	weiß
v. Craushaar	schwarz	weiß	hellgelb
v. Laffert	gelb	weiß	weiß
v. Behr	orange	gelb	hellgelb
v. Hardenberg	orange	weiß	weiß
v. Linsingen	gelb	weiß	weiß
v. Wangenheim	strohgelb	weiß	strohgelb
v. Plessen	hellocker	gelb	hellocker
v. Rhoeden	weiß	weiß	weiß
v. Block	weiß	weiß	weiß
v. Wurmb	grün	weiß	weiß
v. Zastrow	grün	weiß	weiß
Pr. v. Mecklenb. Strelitz	grün	weiß	weiß
1. neues Bataillon	rot	weiß	weiß
v. Goldacker	gelb	gelb	mattgelb
de la Chevallerie	gelb	gelb	mattgelb
v. Kielmannsegg	grasgrün	weiß	weiß
v. Estorff	grasgrün	weiß	weiß
v. Ahlefeld	blau	weiß	weiß
2. neues Bataillon	rot	weiß	weiß

Abb. 40. Hannover. Infanterie, Jäger, Artillerie
a Infanterie-Korporal – b, c, d, e, f, g, h Infanterie – i, k, l Leichte Infanterie und Jäger – m, n, o Artillerie

weiß. Die Offiziere trugen seit 1705 gelbe Schärpe über die rechte Schulter, 1773 aber die Schärpe um den Leib, auf der rechten Schulter gestickte Epauletten, Stabsoffiziere (seit 1785 alle Offiziere) auf beiden Schultern. Hutkokarden, nur von den Offizieren getragen, schwarz.

Nach der Besetzung des Landes durch die Franzosen im Jahre 1803 sammelten sich zum großen Teil die alten Regimenter in englischem Solde in der sogenannten englisch-deutschen Legion (The Kings German Legion). Die Uniform wurde nunmehr ganz und gar nach englischem Vorbilde geregelt. Sie bestand, wie in England, aus einem roten Kollett mit einer Reihe von weißen Knöpfen, blauen Kragen*, Aufschlägen und Achselklappen; dazu Besatz von weißen, blau durchzogenen Litzen. Die Schoßumschläge blau, Beinkleider grau, Gamaschen schwarz. Als Kopfbedeckung das in England damals gebräuchliche Kaskett (Abb. 40, d). Die Zentrumskompanien hatten an den Achselklappen weiße kurze Wollfransen. Die sogenannten Flankkompanien schmale dunkelblaue Schwalbennester mit weißem Besatz und weißen kurzen Fransen. Als Feldflasche ein hellblau gestrichenes hölzernes Tönnchen, welches übrigens für die Hannoversche Armee bis zu ihrer Auflösung charakteristisch blieb. Nach den Befreiungskriegen änderte sich einiges in der Bekleidung. Die Aufschläge erhielten dunkelblaue Patten, der Kragen zwei Litzen, die Beinkleider wurden hellblau. Als Kopfbedeckung Tschakos mit gelbem Beschlag und weißen Behängen. Schwarz-gelb-weißes National (Abb. 40, e). Das Garde-Grenadier-Bataillon hatte Pelzmützen. 1837 wurde die Uniform nach preußischem Muster geändert. Die Kolletts nunmehr dunkelblau mit gleichfarbigen Ärmelpatten (Abb. 40, f). Nur das Garde-Rgt. hatte keine Ärmelpatten, sondern schwedische Aufschläge. Kragen und Aufschläge sowie Schoßumschläge rot, die Achselklappen beim Garde-Regiment weiß, 2. und 3. Infanterie-Regiment rot, 4. und 5. gelb, 6. und 7. hellblau. Beim Garde-Regiment weiße Gardelitzen, bei den andern gelbe. Beinkleider grau mit roten Vorstößen. Die Knöpfe hatten die Farbe der Litzen. 1849 (Abb. 40, g) Waffenröcke in denselben Farben und Pickelhauben. Auf letzteren die Garde den Georgs-Stern, die andern Regimenter das springende weiße Roß. Zu Paraden bei der Garde weißer Haarbusch. 1858 wurden Käppis in Form des österreichischen Tschakos eingeführt. Die Tragriemen an der inzwischen zur Aufnahme gekommenen Gürtelrüstung waren eigenartig gestaltet. 1866 wurden lederne Wadenstücke getragen; zum gewöhnlichen Dienst und im Felde Tschako im Überzuge (Abb. 40, h). Die Tellermütze war einer Mütze von österreichischer Form gewichen. Die Offiziere legten beim Ausmarsch 1866 die Epauletten ab.

---

* *In England trugen die Infanterieregimenter, welche den Namen des Königs führten, blaue Abzeichen.*

II. Leichte Infanterie. Jäger

Das 14. leichte Inf.-Rgt. hatte 1791 graue Röcke mit grünen Abzeichen, die Jäger ganz grüne Uniformen. Beide Formationen Korsenhüte mit rot-weiß-grünem Stutz. Zur englisch-deutschen Legion gehörten zwei leichte Bataillone, deren Uniform an die englischen Scharfschützen (Rifles) erinnert. Das 1. leichte Bataillon trug dunkelgrüne Kolletts mit einer Reihe von weißen Knöpfen, schwarze Kragen, Aufschläge, Achselklappen und Achselwülste. Tschakos in Form eines abgestumpften Kegels mit kurzem schwarzem Stutz und Behängen sowie weißem Jägerhorn. Lederzeug schwarz. Hirschfänger mit einfachem Bügel. Beinkleider wie bei der Linie. Die Offiziere hatten zwei Reihen von weißen Knöpfen und silberne Achselraupen, schwarze Kartuschbandeliere, rote Husarenschärpe und Schleppsäbel. Das 2. leichte Bataillon unterschied sich vom 1. durch drei Reihen weißer Knöpfe, schwarze lose Wollfransen an den Achselklappen an Stelle der Achselwülste und durch schwarzes Kugelpompon an Stelle des Stutzes (Abb. 40, i). Die Offiziere, ähnlich ausgestattet wie diejenigen des 1. Bataillons, hatten schwarze Husarenschnüre zwischen drei Knopfreihen und keine Achselwülste. Nach den Befreiungskriegen hellblaue Beinkleider und ebenso geformte Tschakos wie die Linie. Die Grundfarbe des Kolletts blieb grün, Abzeichen schwarz, Knöpfe weiß, Tschakobehänge schwarz. Die Gardejäger hatten auf den Kolletts eine Knopfreihe und auf beiden Seiten der Brust eine Tasche mit je einem Knopf. Auf den Schultern Achselwülste. Bei gekreuztem Lederzeug schmaler Leibriemen mit kleiner Kartusche vorn. Hirschfänger mit daran befestigter Bajonettscheide. Die beiden anderen Bataillone zwei Knopfreihen, schwarze Ärmelpatten, schwarze Contreepauletten mit grüner Einfassung (Abb. 40, k), an Stelle des Hirschfängers Bajonettscheide. 1837 erhielten die Gardejäger rote Vorstöße um die schwarzen Abzeichen. Die Beinkleider nunmehr grau wie bei der Linieninfanterie. Bei der Einführung der Waffenröcke 1849 blieb ebenfalls die Farbenzusammenstellung schwarz mit grün, Knöpfe weiß, bei den Gardejägern rote Vorstöße. Als Kopfbedeckung Käppis mit schwarzem Haarbusch, welcher stets getragen wurde (Abb. 40, l).

III. Reiterei

Die schwere Reiterei legte 1683 die Kürasse ab. Die Uniformfarben waren beim Leibreuter-Regiment 1698 rot mit dunkelblau, dazu gelbe Knöpfe. Vorher trug das Regiment weiß mit gelb. Die übrigen Reiter-Regimenter hatten meistens weiße Röcke. Die Abzeichen waren regimentsweise verschieden. Im Anfang des 18. Jahrhunderts waren die Hüte von weißem Filz (Abb. 41, a), später von schwarzem. Im Siebenjährigen Kriege wurden mehrfach Freikorps errichtet. Unter diesen sind zu erwähnen die *Luckner-Husaren* (erst grüne, dann weiße Dolmans, grüne bzw. rote Pelze, gelbe Schnüre, anfangs Flügelmützen, dann Pelzmützen), ferner die *Freytagschen reitenden Jäger* (ganz grüne Uniform mit weißen Knöpfen, Hüte) und die *Scheitherschen Karabiniers* (strohgelbe Kolletts mit grünen Abzeichen, Hüte). Die weiße Grundfarbe der Uniform wich in den Jahren 1761 bis 1768 der dunkelblauen, nur die reitende Leibgarde behielt bis 1799 die rote Farbe bei, vertauschte sie aber im genannten Jahre ebenfalls gegen dunkelblau. Die leichten Dragoner erhielten nach dem Siebenjährigen Kriege Bügelhelme mit roten Roßhaarschweifen nach Art der englischen Dragoner (Abb. 41, c). Bei der Auflösung der Armee im Jahre 1803 waren die Abzeichen folgende:

Regiment	Abzeichen	Knöpfe
Leibgarde	rot	gelb
1. Kavallerie-Regiment	rot	weiß
2. " "	weiß	gelb
3. " "	gelb	weiß
4. " "	weiß	weiß
5. (Dragoner-Regiment)	weiß	weiß
6. " "	gelb	weiß
7. " "	gelb	weiß
8. " "	weiß	gelb
9. (Leichtes Dragoner-Rgt.)	rot	gelb
10. " " "	rot	weiß

In der englisch-deutschen Legion bestanden zwei *Dragoner-Regimenter,* die von 1808 bis 1812 schwere Regimenter waren, dann leichte wurden. Als Uniform ein rotes Kollett mit ebensolchen Achselklappen und Schulterwülsten, gelbe Vorstöße und Brustlitzen. Das 1. Regiment hatte dunkelblaue, das 2. schwarze Abzeichen. Beinkleider und Lederzeug weiß. Als Kopfbedeckung Hüte mit rotweißem Federstutz (Abb. 41, d). 1814 wurde die Uniform geändert und beiden Regimentern die Bekleidung der englischen leichten Dragoner gegeben (Abb. 41, e). Sie bestand aus dunkelblauen Kolletts, weißen Beinkleidern, roten Kragen, Rabatten, Aufschlägen und Schoßumschlägen, rotblauem Paßgürtel. Gelbe Knöpfe, Epauletten und Tschakogarnitur beim 1. Regiment, beim 2. diese Stücke in weiß. Sowohl zu der Uniform der schweren wie der leichten Dragoner zur Schonung der weißen, in den Stiefeln getragenen Beinkleider graue Überhosen. Ferner gehörten zur Legion *drei Husaren-Regimenter,* deren Bekleidung ebenfalls nach englischem Muster geregelt war (Abb. 41, f). Dolmans und Pelze dunkelblau, Paradehosen weiß in Husarenstiefeln, im Felde graue Überhosen. Kragen und Aufschläge waren beim 1. Regiment rot, beim 2. weiß, beim 3. gelb. Die Schnüre beim 1. und 2. gelb, beim 3. weiß. Das 1. Regiment hatte Pelzmützen von sehr breiter Form, das 2. und 3. schmälere mit ledernen Augenschirmen. Alle drei rote Beutel und rot-weißen Stutz.

1813 wurden drei neue Husarenregimenter errichtet (nicht zur Legion gehörig). Das *Lüneburgische Regiment* trug dunkelblaue Dolmans und rote Pelze; Kragen und Aufschläge rot, Schnüre weiß. Beinkleider grau mit roten, bei den Offizieren silbernen Streifen. Graue Pelzmützen mit hellblauem Beutel. Das Husaren-Regiment *Bremen und Verden* grüne Dolmans mit roten Abzeichen; rote Pelze,

Abb. 41. Hannover. Reiterei
a Reiter – b, k, m Dragoner – c Offizier der leichten Dragoner – d Schwerer Dragoner – e Leichter Dragoner – f, i, l Husaren – g Ulan – h Leib-Kürassier – n Garde du Corps

weiße Schnüre, die 1. Schwadron Tschakos mit schwarzem, die 4. mit rotem Besatz, die 2. und 3. graue Pelzmützen mit rotem Beutel, Beinkleider wie oben. Das *freiwillige Husaren-Regiment Herzog von Cumberland* grüne Dolmans und Pelze, rote Kragen und Aufschläge, Tschakos mit gelbem Besatz, graue Hosen mit gelben Streifen. 1816 folgte eine Neuformation der Kavallerie. Das *Garde-Kürassier-Regiment* (später Garde du Corps) weiße Kolletts mit roten Abzeichen und gelbem Besatz, gelbe Kürasse, hohe Bügelhelme mit Raupe. Das *Leib-Kürassier-Regiment* weiße Kolletts mit blauen Abzeichen und gelbem Besatz, schwarze Kürasse und Bügelhelme mit Raupe (Abb. 41, h), das *Garde-Husaren-Regiment* die Uniform des 1. Husaren-Regiments der Legion, das 2. und 3. ebenfalls die ehemalige Uniform der entsprechenden Regimenter der Legion, nur jetzt ebenfalls breitere Pelzmützen ohne Augenschirm. Das *4. Husaren-Regiment* dunkelblaue Pelze und Dolmans mit roten Abzeichen und weißen Schnüren. Pelzmützen wie die übrigen Husaren-Regimenter. Das *1. Ulanen-Regiment* grüne Kolletts und Beinkleider, rote Abzeichen, gelbe Knöpfe, weißgelbe Paßgürtel, rote Tschapkas (Abb. 41, g). Das *2. Ulanen-Regiment* ebenso, aber schwarze Tschapkas. 1833 wurde die ganze Kavallerie zu Dragonern umgeformt. Die Garde du Corps legte die Harnische ab. Die Uniform wurde durchgängig dunkelblau, Beinkleider hellblau. Als Kopfbedeckung ein schwarzer Helm mit Bügel und schwarzer Raupe (Abb. 41, k).

Regiment	Abzeichen	Knöpfe u. Litzen
Garde du Corps	rot	gelb
Königs-Dragoner	rot	gelb
Königin-Dragoner	weiß	gelb
Cambridge-Dragoner	gelb	weiß

Die neue Formation wurde indessen bald aufgehoben. 1838 trug die *Garde du Corps* weiße Kolletts mit roten Abzeichen und weißen Litzen, Helme wie preußische Kürassiere. Das *Gardekürassier-Regiment* weiße Kolletts mit kornblumblau und gelben Litzen. Beide Regimenter legten die Kürasse wieder an. Das *Garde-Husaren-Regiment* blaue Pelze und Dolmans, gelbe Schnüre, rote Tschakos. Das *Königin-Husaren-Regiment* ebenfalls blaue Dolmans und Pelze, aber weiße Schnüre und karmesinrote Tschakos. Die *Cambridge-Dragoner* dunkelblau mit lichtblauen Abzeichen und weißen Knöpfen. *Kronprinz-Dragoner* dunkelblau mit weißen Abzeichen und gelben Knöpfen. *Königs-Dragoner* dunkelblau mit roten Abzeichen, gelben Knöpfen; *Leib-Dragoner* dunkelblau mit gelben Abzeichen und weißen Knöpfen. Alle Dragoner-Regimenter trugen schwarze Tschakos.

1849 wurde der Waffenrock bzw. Koller eingeführt. Die *Garde du Corps* in denselben Farben wie vorher, dazu Stahlhelme mit gelben Beschlägen. Zur Parade weißen Roßhaarbusch. Die Farbe des Kürasses war, wie schon früher, gelb, weißmetallene Sonne als Dekoration (Abb. 41, n). Das *Garde-Kürassier-Regiment* gleichfalls die alten Uniformfarben, dieselben Helme wie die Garde du Corps, schwarze Harnische mit gelbem Stern. *Garde-Husaren* und *Königin-Husaren* auch die früheren Farben. Seit 1847 Pelzmützen mit rotem bzw. karmesinrotem Beutel (Abb. 41, i), *Cambridge-Dragoner* hellblaue Waffenröcke mit karmesinroten Abzeichen und weißen Knöpfen und Litzen. Als Kopfbedeckung schwarze Pickelhauben, aber nicht aus Leder, sondern aus lackiertem Blech gefertigt, mit springendem Roß (Abb. 41, m). Zu Paraden weiße Haarbüsche. *Kronprinz-Dragoner* hellblaue Waffenröcke mit weißen Abzeichen, ebenfalls Pickelhauben. Bei der gesamten Kavallerie graue Beinkleider wie in Preußen. Seit 1840 bestand eine Sektion *Königs-Gensdarmerie,* eine Art Ordonnanztruppe. Rote Dolmans, blaue Pelze, gelbe Schnüre und graue Beinkleider. Tschakos nach Art der ungarischen Husaren, anfangs rot, seit 1859 schwarz.

IV. Artillerie, Geniekorps

Die *Artillerie* trug im 18. Jahrhundert hellblaue Röcke im Schnitt wie bei der Infanterie. 1743 bestanden die Abzeichen aus halben roten Rabatten und Westen sowie Schoßumschlägen, schwarzen Ärmelpatten, gelben Vorstößen und Knöpfen und ausgenähten Knopflöchern. Gelbe Beinkleider. Der Hut war mit gelber Borte eingefaßt. Die Pulverflasche an rotem, gelb vorgestoßenem Bandelier (Abb. 40, m). Später wurden die Unterkleider weiß; die Uniformfarben erhielten sich bei wechselndem Schnitt bis zur Auflösung der Armee im Jahre 1803. Die Uniform der Artillerie in der englisch-deutschen Legion, von dunkelblauer Grundfarbe mit roten Abzeichen und gelben Besätzen, völlig wie in England. Fußartillerie Infanterie-Kasketts, gelbe Brustlitzen und graue Hosen, reitende Artillerie Raupenhelm, gelbe Brustverschnürung, Hosen wie die Reiterei. Nach den Befreiungskriegen war die Artillerie in dunkelblaue Kolletts mit roten Abzeichen gekleidet. Knöpfe und Litzen am Kragen sowie Epauletten gelb. Der Tschako hatte gelbe Behänge (Abb. 40, n). 1838 waren die Abzeichen schwarz, Achselstücke und Vorstöße rot. 1849 Waffenröcke in gleicher Farbenzusammenstellung, Pickelhauben mit gelbem Beschlag und weißem springendem Roß. Auf der Spitze eine Kugel. Die reitende Artillerie dazu noch schwarze Haarbüsche. 1859 wurden Tschakos österreichischen Modells eingeführt (Abb. 40, o). 1862 erhält die reitende Artillerie Helme in ähnlicher Form, wie solche die reitende Artillerie der Legion trug.

Die *Ingenieure* hatten bis 1803 dieselbe Uniform wie die Artillerie. Bei der englisch-deutschen Legion bestand seit 1808 ein Ingenieurkorps, aber nur aus 10 Offizieren. Als Uniform dunkelrote Fracks mit schwarzen Kragen und Aufschlägen, gelben Knöpfen und grauen Hosen. Hüte mit gelber Agraffe und weiß-rotem Federbusch. Nach den Befreiungskriegen war die Grundfarbe der Uniform blau, Abzeichen schwarz, die Knöpfe gelb. Als Kopfbedeckung Tschakos, 1838 wie die Artillerie, aber weiße Knöpfe, 1849 Waffenröcke, Helme mit Kugel, wie solche die Artillerie bekam, aber mit weißem Beschlag. 1859 Käppis mit schwarzem Haarbusch, schwarzes Lederzeug.

Hessen-Kassel
(Kokarde rot-weiß.)

I. Infanterie

Bis zum Jahre 1806 war die Infanterie im allgemeinen nach preußischem Muster gekleidet. Die Grenadiere trugen im 18. Jahrhundert Grenadiermützen ähnlich den preußischen. Musketiere bortierten Hut, Füsiliere Füsiliermützen preußischen Modells. Die Grundfarbe der Uniform war blau, Abzeichen verschiedenfarbig. Bis etwa 1750 waren die Hosen blau, die Halsbinden blieben bis zum Ende des 7jährigen Krieges für Offiziere weiß, für Mannschaften rot. Abzeichen 1759 siehe Tabelle rechts.

In den folgenden Jahren war die Uniform häufigen Änderungen unterworfen. 1784 erhielten die Grenadiere Pelzmützen.

1806 erfolgte bekanntlich die Auflösung der Armee oder, wie man es nannte, die Beurlaubung. Nach der Vertreibung des Königs Jérôme aus Kassel wurde Ende 1813 die Armee neu gebildet. Die Infanterie (Abb. 42, a) erhielt dunkelblaue Kolletts mit roten Schoßumschlägen und zwei Knopfreihen vorn. Die Beinkleider waren weiß, dazu schwarze Gamaschen bis unter die Kniescheibe reichend. Die Einführung dieser Bekleidung hat sich dann aber aufgrund der Finanzlage des Staates und der voraufgegangenen Kriegsereignisse bis zum Jahre 1817 verzögert.

Die *Leib-Grenadier-Garde* hatte rote Kragen, Achselklappen und schwedische Aufschläge, weiße Knöpfe und Gardelitzen. Pelzmützen mit weißem Blech und Behängen, Stutz weiß mit roter Spitze. Das *Garde-Grenadier-Regiment* die gleiche Uniform, aber Tschakos vorn mit weißer Granate geschmückt. Dazu weiße Schuppenbänder und Behänge, karmesinweißes National und Stutz wie die Leibgrenadiergarde. Die *Linien-Infanterie* hatte dunkelblaue Ärmelpatten und Tschakos vorn ohne Beschlag, nur mit Schuppenketten, weißen Behängen und Stutz geschmückt. Die Abzeichen waren beim Regiment »Kurfürst« gelb, die Knöpfe weiß; »Kurprinz« weiß, Knöpfe gelb; »Landgraf Karl« rot, Knöpfe gelb; »Solms-Braunfels« karmesinrot, Knöpfe weiß. Das Lederzeug war wie in Preußen angeordnet. Diese Uniformen wurden bis zum Jahre 1821 getragen. Dabei muß noch bemerkt werden, daß von 1813 bis zum genannten Jahre der Zopf wieder vorschriftsmäßig war, allerdings

Regimentsabzeichen 1759

Regiment	Rabatten	Litzen	Rabatten- und Ärmel-Einfassung	Knöpfe
Garde	rot	weiß mit roten Streifen	weiß	weiß
Leib-Grenadiere	rot	weiß		weiß
Leib-Regiment	–	gelb		gelb
Erbprinz	gelb	weiß	weiß	weiß
Prinz Ferdinand	rot		gelb	weiß
Prinz Karl	rot			gelb
Prinz Ysenburg	hellgelb	weiß		gelb
Mansbach	weiß			gelb
Gilsa	rot			gelb
Canitz	gelb			weiß
Toll	orange			gelb
Prinz Wilhelm (Hanau)	karmin	weiß		weiß

nur in sehr kleiner Form bis zum unteren Kragenrande reichend, und zwar wurde er von allen Waffengattungen getragen.
1813/14 wurde auch *Landwehr-Infanterie* ins Feld gestellt. Die Uniform war der entsprechenden preußischen sehr ähnlich. Als Abzeichenfarbe trug das 1. Landwehr-Regiment karmesinrot, das 2. schwarz, das 3. rot. Die Knöpfe waren weiß. Als Kopfbedeckung Tschakos im Überzug, vorn mit Landwehrkreuz. 1821 erhielt die *Schweizer Leibgarde* dunkelblaue Kolletts mit ebensolchen Ärmelpatten, roten Kragen, Rabatten, Aufschlägen und Schoßfutter. Achselklappen weiß mit gelber Granate. Kragen, Rabatten und Ärmelpatten mit weißen Puschellitzen versehen. Als Kopfbedeckung Pelzmützen mit weißen Behängen und Schild sowie Schuppenketten. Mützendeckel rot mit weißer Granate. Das *Leibgarde-Regiment* Kolletts fast genau denen des preußischen 1. Garde-Regiments entsprechend. Auf den weißen Achselklappen bis 1832 eine gelbe Krone. Beinkleider, Tschako und Lederzeug wie in Preußen, natürlich mit National von der Landesfarbe. Behänge für die Chargierten rot durchflochten. Die *Linien-Infanterie-Regimenter* trugen gleichfalls Kolletts wie in Preußen, beim 1. Regiment Achselklappen weiß, Ärmelpatten gelb, beim 2. beide Stücke weiß, beim 3. Achselklappen rot, Ärmelpatten hellblau. Der Tschako hatte außer dem National eine Kokarde mit Agraffe, darunter den kurfürstlichen Namenszug. Ferner Schuppenketten und Behänge. 1832 führten die Regimenter Nummern auf den Achselklappen. 1832 wurden Ärmelpatten und Achselklappen gleichfarbig (Abb. 42, b), beim 1. Regiment gelb, 2. weiß, 3. rot. 1846 Waffenröcke und Pickelhauben nach preußischem Muster. Die Schweizer Leibgarde und das Garde-Regiment hatten weiße Helmbeschläge, die übrigen gelbe. Zu Paraden für die beiden Garde-Regimenter Haarbüsche, und zwar für die Schweizer Leibgarde weiße, für das Garde-Regiment schwarze. Der Waffenrock unterschied sich von dem preußischen besonders dadurch, daß er nicht rote Kragenpatten, sondern ganz roten Kragen hatte (Abb. 42, c). Rote Ärmelpatten, beim 1. Regiment mit gelbem Vorstoß, 2. Regiment mit weißem Vorstoß und 3. Regiment ohne Vorstoß. Später wurde die Gürtelrüstung eingeführt.

II. Jäger und Schützen

1813 wurde ein *Jägerbataillon* errichtet. Die Uniform glich im Schnitt derjenigen der Infanterie. Die Farbe des Kolletts war dunkelgrün, die Abzeichen karmesinrot, Knöpfe weiß, Hosen hellgrau. Als Kopfbedeckung Tschakos. Die freiwilligen Jäger 1814 trugen dunkelgrüne Kolletts mit gelben Knöpfen, hellblaue Abzeichen, graue Hosen, schwarzes Lederzeug. Tschakos mit National, gelbem Jägerhorn, grünen Behängen und Busch. 1821 wurde das bisherige Jägerbataillon zu einem *Garde-Jägerbataillon* formiert. Die dunkelgrünen Kolletts, ganz wie in Preußen geschnitten, hatten rote Kragen und Aufschläge, weiße Knöpfe und Litzen. Die Achselklappen weiß mit gelber Krone. Am Tschako weißer Stern, grüner Stutz und Behänge. 1832 wurden Knöpfe, Litzen und Tschakosterne gelb, die Achselklappen rot, der Stutz schwarz. Das Bataillon wurde von 1832 bis 1834 *1. Schützenbataillon* ohne Uniformänderung. 1834 in Jägerbataillon umbenannt. 1832 wurde das *2. Schützenbataillon* errichtet, ab 1834 nur noch Schützenbataillon benannt. Die Uniform bestand aus grünen Kolletts mit ebensolchen Ärmelpatten und Schoßumschlägen, hellblauen Abzeichen, gelben Kragenlitzen und Knöpfen, roten Vorstößen und Achselklappen. Tschako mit weißen Behängen und Stutz. Dekoration wie bei der Infanterie. Lederzeug schwarz. 1846 erhielt es grüne Waffenröcke, dazu Helme mit gelbem Beschlag. Zu Paraden schwarze Haarbüsche. Das Jägerbataillon im gleichen Jahr grüne Waffenröcke ohne Litzen und Helme wie die Schützen. 1858 Tschako, in Hessen-Kassel Käppi genannt, mit gekröntem gelben Namenszug und schwarze Haarbüsche. 1851 wurde das Schützenbataillon zu Füsilieren (also blaue Uniform) umgewandelt, 1856 dagegen wurde es wieder Schützenbataillon und erhielt als sol-

Abb. 42. Hessen-Kassel
a, b, c Infanterie – d, e, g Dragoner – f, h Husaren – i Reitende Artillerie

ches grüne Waffenröcke mit schwarzen Kragen und Aufschlägen, roten Achselklappen und gelben Knöpfen. Helme mit schwarzen Haarbüschen, 1858 Käppis wie die Jäger.

III. Reiterei

Im 18. Jahrhundert war die Reiterei ebenfalls entsprechend der preußischen Uniform, sogar zum Verwechseln ähnlich. In den achtziger Jahren machte sich aber teilweise englischer Einfluß geltend, so sehen wir z. B. die Dragoner mit englischen Dragonerhelmen ausgerüstet (Abb. 42, d). Im allgemeinen blieb aber der preußische Einfluß vorherrschend, bis zur Auflösung der Armee im Jahre 1806. 1813 bis 1821 bestanden folgende Truppenteile:

Garde du Corps: Uniform fast genau wie die damalige preußische, nur bayerischer Raupenhelm.

Garde-Husaren: Pelz und Dolman dunkelblau, Kragen, Aufschläge und Säbeltaschen sowie Beutel der Pelzmütze rot, Schnüre weiß. Lederhosen in Husarenstiefeln.

Leib-Dragoner-Regiment (Abb. 42, e): hellblaue Kolletts mit zwei Reihen gelber Knöpfe, rote Abzeichen, Tschakos, Beinbekleidung wie die Husaren.

Husaren-Regiment: Uniformfarben wie bei den Garde-Husaren. Als Kopfbedeckung Tschakos.

Für die Garde du Corps ist für die Folgezeit zu bemerken, daß sich die Uniform in gleicher Weise entwickelte wie bei der entsprechenden preußischen Truppe. 1821 Lederhelme mit Bügel und schwarzem Roßhaarkamm, gelbem Beschlag mit weißem Stern. Abzeichen rot mit weißen Gardelitzen; Beinbekleidung, Schabracken wie in Preußen, nur waren die Harnische weiß. Seit 1846 weiße Koller und Kürassierhelme preußischen Modells.

1821 bis 1832 bestanden zwei *Husaren-Regimenter* (Abb. 42, f). Das 1. trug dunkelblaue Dolmans, Pelze und Schabracken, rote Kragen, Aufschläge und Zackenrand auf der Schabracke. Die Schnüre waren weiß, das Lederzeug schwarz. Schärpe weiß und rot. Das 2. Regiment Pelze und Dolman dunkelbraun, ebenso die Schabracken, deren Zakkenrand gleich den Kragen und Aufschlägen hellblau war. Säbeltasche rot, Schnüre gelb, Schärpe hellblau und gelb. Beiden gemeinsam war der Tschako mit National, Kokarde, Agraffe und weißen Behängen. Graue Beinkleider mit roter Biese. Zu erwähnen ist, daß Pelz und Dolman mit Achselklappen in der Kragenfarbe versehen waren. Um die Achselklappen herum ein kleiner Kettenbesatz. Auf der Achselklappe Regimentsnummer in der Farbe der Beschnürung. Von 1832 bis 1845 waren beide Regimenter in ein einziges Regiment formiert, das den Namen »Leib-Dragoner-Regiment« (Abb. 42, g) führte. Kolletts hellblau mit zwei Reihen gelber Knöpfe, rote Kragen, Achselklappen und schwedische Aufschläge, Vorstoß um die Schoßumschläge ebenfalls rot. Lederzeug weiß. Helme wie die damaligen preußischen Kürassiere. Hosen grau mit roter Biese. Das 1840 errichtete

2. Dragoner-Regiment erhielt die gleiche Uniform, nur mit weißen Abzeichen und gelben Knöpfen, und hatte keinen Litzenbesatz.

Von 1845 bis 1866 waren die Regimenter wieder in *zwei Husaren-Regimenter* umgewandelt worden (Abb. 42, h), von denen das 1. hellblaue, das 2. dunkelblaue Uniform trug. Die Beschnürung war weiß, Mützenbeutel und Säbeltasche rot. Diese Uniformfarben haben auch die beiden Regimenter 13 und 14 als preußische Regimenter beibehalten, nur wurde die Säbeltasche blankledern.

IV. Artillerie, Pioniere und Train

Die frühere Uniform der *Artillerie* war blau mit karmesinrot. Dieselben Farben wurden auch bei der Neubildung der Armee im Jahre 1813 beibehalten, und zwar erhielt der Kragen Gardelitzen, die Knöpfe waren gelb. Als Kopfbedeckung Tschakos. Fußartillerie weiße Beinkleider, reitende dunkelblaue mit karmesinroter Biese. 1821 wurde die Grundfarbe der Kolletts dunkelgrün, die Abzeichen schwarz; gelbe Gardelitzen und Knöpfe, rote Schulterklappen. Die reitende Artillerie hatte Schöße nach Kavallerieart, d. h. Umschläge von der Grundfarbe und Besatz von der Kragenfarbe, dazu rote Vorstöße; Fußartillerie rot umgeschlagene Schöße. Am Tschako, auf der Patronentasche bzw. Kartusche gelbe Granate. Gelbe Schuppenketten, rote Behänge. Für die reitende Artillerie dunkelgrüne Roßhaarstutze, Lederzeug weiß, bei der Fußartillerie schwarz. 1832 erhielten Kragen und Aufschläge einen roten Vorstoß (Abb. 42, i), die Fußartillerie ebenfalls weißes Lederzeug. Die Roßhaarstutze, die jetzt auch die Fußartillerie erhielt, wurden schwarz. 1846 dunkelblaue Waffenröcke nach preußischer Probe, Helme mit gelbem Beschlag. Zur Parade schwarze Haarbüsche.

Die *Pioniere,* seit 1842 erst von der Artillerie getrennt, trugen bis 1846 die Uniform der Fußartillerie, nur weiße Litzen, Knöpfe, Tschakobehänge und Beschlag, schwarze Stutze und Lederzeug. 1846 Waffenröcke wie in Preußen ohne Litzen, Helme mit weißen Beschlägen. Zu Paraden schwarzer Haarbusch.

Der *Train* wurde 1854 zu einer Trainabteilung formiert. Dunkelblaue Waffenröcke, karmesinrote Abzeichen, gelbe Knöpfe. Als Kopfbedeckung dunkelblaue Schirmmützen mit karmesinroten Streifen und Vorstoß. Säbel an schwarzem Koppel.

Nassau
(Kokarde schwarz, National blau und orange.)

Ein Regiment, welches Nassau-Weilburg zum oberrheinischen Kreise stellte, trug seit den fünfziger Jahren des 18. Jahrhunderts blaue Uniformen mit weißen Abzeichen und Unterkleidern, wie überhaupt die Truppen des oberrheinischen Kreises. 1803 wurde ein *Leibbataillon von Todenwarth* errichtet. Die Kolletts waren von dunkelgrüner Grundfarbe, vorn mit einer Reihe gelber Knöpfe geschlossen. Kragen, Aufschläge, Schoßumschläge und Achselklappen rot, gelber Borten- und Litzenbesatz. Unterkleider weiß, Lederzeug gelb. Als Kopfbedeckung Raupenhelme mit schwarzem Stutz (Abb. 43, a). 1808 ging dieses Bataillon in dem damals errichteten *1. nassauischen Infanterie-Regiment* auf. Zu gleicher Zeit wurde ein *2. Regiment* gebildet. Beide Regimenter trugen dunkelgrüne Kolletts mit ebensolchen Schoßumschlägen und einer Reihe von gelben Knöpfen. Kragen und Aufschläge schwarz, mit orange Bortenbesatz. Lederzeug wie früher, weiße Westen, hellgraue Beinkleider mit schwarzen Verschnürungen am Latze, schwarze Gamaschen. Als Kopfbedeckung Tschakos, die Offiziere den Hut, bald darauf ebenfalls Tschakos. Als Dienstgradabzeichen goldene Epauletten nach französischem Muster, als Dienstzeichen Ringkragen. Degen an gelbem Schulterbandelier, vorn ein Schildchen mit dem nassauischen Wappen. Die Grenadiere und Voltigeure Epauletten und Stutz wie in der französischen Armee. Als Kopfbedeckung sollten die Grenadiere die alten Helme des ehemaligen Bataillons von Todenwarth tragen (Abb. 43, b). Die 2. Grenadierkompanie des 1. Regiments rückte jedoch 1809 in Tschakos nach Spanien aus. 1810 wurden die Raupenhelme ganz abgeschafft und durch Pelzmützen mit rotem Beutel, Stutz und Behängen ersetzt (Abb. 43, d). Statt der orangefarbenen Litzen und Besätze wurden um 1809 die Kragen und Aufschläge mit einem einfachen gelben Vorstoß geschmückt. Ebenso die Achselklappen (Abb. 43, c). 1814 erhielten die Grenadiere und Flanqueure (Voltigeure) statt der Fransenepauletten rote bzw. gelbe Achselwülste. Bei den Zentrumskompanien waren auf den Tschakos je nach den Kompanien verschiedenfarbige Pompons angebracht. In dieser Ausstattung erhielt sich die Uniform bis 1833. Die Unterscheidung in Grenadiere und Flanqueure fiel jetzt weg, nur wurden die 3. Bataillone sogenannte leichte Bataillone, und als solche durch ein Jägerhorn an Stelle der gelbmetallenen Sonne am Tschako äußerlich gekennzeichnet. Kollett und Beinkleider waren jetzt dunkelgrün, bei den Offizieren letztere grau. Kragen und Aufschläge schwarz. Tschakobehänge, Achselklappen, Achselwülste, Schoßumschläge und Vorstöße rot. Lederzeug und Knöpfe gelb. Am Tschako blaues National mit orange Rand (Abb. 43, e). 1849 wurde der Regimentsverband aufgehoben. Die Infanterie zerfiel in sechs selbständige Bataillone. Gleichzeitig wurde der Waffenrock eingeführt, und zwar von dunkelgrüner Grundfarbe mit schwarzen Kragen und Aufschlägen, roten Achselklappen und Vorstößen. Graue Hosen mit roter Biese. Als Kopfbedeckung Pickelhauben mit eigentümlich gestalteter Spitze, Beschläge gelb. Knöpfe, Lederzeug und Bataillonsnummer auf den Achselklappen ebenfalls gelb (Abb. 43, f). 1855 wurde der Regimentsverband wieder eingeführt. 1862/63 erfolgte eine Uniformänderung, und zwar mit Anlehnung an das österreichische Vorbild. Die Uniform behielt die gleichen Farben wie vorher, doch wurden jetzt vorn zwei Knopfreihen angebracht. Der Vorstoß lief rings um den Rock. Als Kopfbedeckung Käppis nach dem Modell der österreichi-

Abb. 43. Nassau
a, b, c, d, e, f, g Infanteristen – h, i Jäger – k Artillerist

schen Artillerie, linksseits befestigten schwarzen Roßhaarbusch (Abb. 43, g). Die Schützen unterschieden sich durch eine gelbe Einfassung der Achselklappen und das Fehlen des Bügels am Seitengewehr. Der Tschako wurde gewöhnlich im Überzuge getragen. Beim Ausmarsch in den Feldzug 1866 schwärzte man das gelbe Lederzeug. 1857 wurde ein *Jägerbataillon* errichtet. Es erhielt dunkelgrüne Waffenröcke preußischen Schnitts, schwarzen Kragen und Aufschläge, weiße Achselklappen, Vorstöße und Knöpfe. Schwarzes Lederzeug, graue Hosen mit weißer Biese. Käppis mit schwarzem, linksseits befestigten Roßhaarbusch und weißem Wappenstern (Abb. 43, h). 1864 wurden Rock und Hosen ganz schwarz, Brustschnüre und Schnitt wie bei den Braunschweigern. Kragen und Aufschläge von der schwarzen Grundfarbe (Abb. 43, i). Die Kopfbedeckung blieb dieselbe. Die orange Schärpe, welche die Offiziere trugen, erhielt 1864 bei den Jägeroffizieren die Form der Husarenschärpe. Die Gradabzeichen seit 1862 nach österreichischem Muster. Reiterei besaß Nassau nur während der Rheinbundzeit, und zwar ein Regiment Jäger zu Pferd. Die Uniform war ganz grün mit weißen Husarenschnüren, schwarzem Lederzeug und ebensolcher Säbeltasche mit Namenszug F. M. und Krone aus weißem Metall. Als Kopfbedeckung anfangs bayerische Raupenhelme, später Pelzmützen mit rotem Beutel. Die nassauische Artillerie war 1833 ganz ähnlich wie die Infanterie uniformiert, nur waren alle Stücke, die dort rot waren, hier karmesinrot, die Beinkleider grau mit karmesinroten Streifen (Abb. 43, k). Dieser Unterschied kennzeichnete auch bei den späteren Änderungen der Uniform, die entsprechend denjenigen bei der Infanterie waren, die Bekleidung der Artillerie.

Frankfurt am Main
(Kokarde schwarz, später rot und weiß.)

1806 mußte Frankfurt am Main unter dem Fürsten Primas von Dalberg ein *Rheinbunds-Kontingent* stellen. Die Uniform bestand für die Füsiliere (Abb. 44, a) aus weißen Röcken österreichischen Schnitts mit roten Abzeichen und weißen Knöpfen. Lederzeug und Hosen weiß, schwarze Gamaschen. Hut mit schwarzer Kokarde. Die Jäger (Abb. 44, b) trugen eine Art von französischem Surtout, gleich den Beinkleidern von grüner Grundfarbe. Um die ebenfalls grünen Abzeichen rote Vorstöße. Knöpfe weiß, Weste gelb, Lederzeug und Gamaschen schwarz. Grüner Tschako mit schwarzem Stutz und weißroten Behängen. 1808 bis 1809 wurde die Bekleidung ganz nach französischer Norm geregelt. Dunkelblaue Röcke (im Schnitte des Surtout) mit ebensolchen Kragen. Die spitzgeschnittenen Rabatten und Aufschläge sowie das Schoßfutter rot. Vorstöße und Knöpfe weiß. Tschako mit weißem Schildchen und Kokarde. Die

Abb. 44. Frankfurt am Main. Infanteristen

Abzeichen der Füsiliere, Grenadiere und Voltigeure wie in Frankreich. Beinkleider blau in schwarzen Gamaschen (Abb. 44, c), für gewöhnlich blautuchene oder weißleinene Überhosen.

Das spätere *Kontingent,* das Frankfurt *zum deutschen Bundesheere* stellte, trug dunkelblaue Kolletts und Beinkleider, rote Abzeichen und Vorstöße, Knöpfe, Lederzeug und Tschakobehänge weiß, Tschakobeschlag gelb, weißes Pompon mit roter Puschel (Abb. 44, d). Die Schützen hatten grüne Kragen, Aufschläge, Achselklappen mit roten Vorstößen. Tschakobehänge und Pompon ebenfalls grün. Vorn am Tschako gelbes Jägerhorn mit Kreuz im Rund der Schallröhre. Lederzeug schwarz. Später Waffenröcke und Helme nach preußischem Muster (Abb. 44, e). Grundfarbe des Rockes blau, Abzeichen rot, Knöpfe weiß, Beinkleider wie in Preußen. Helmbeschläge gelb.

Hessen-Homburg

Das landgräflich Hessen-Homburgische Bundeskontingent trug eine Uniform, welche fast genau der des damaligen Hessen-Darmstädtischen Regiments »Erbprinz« entsprach. 1839 Uniform wie preußisches Garde-Schützen-Bataillon mit weißen Knöpfen. Seit 1849 Helm, grüne Waffenröcke mit karminroten Abzeichen, weiße Knöpfe. 1863 Jäger-Tschakos.

Hohenzollern-Hechingen – Hohenzollern-Sigmaringen

Die beiden Hohenzollernschen Fürstentümer traten 1849 ihre Souveränität an Preußen ab. Das Kontingent, das beide bis dahin zum deutschen Bundesheere stellten, trug dunkelblaue Kolletts und Beinkleider, rote Kragen, Aufschläge und Schoßumschläge. Die Ärmelpatten waren bei der 1. Kompanie von weißem, bei der 2. gelbem, bei der 3. dunkelblauem Tuche, bei den Schützen, die von Liechtenstein gestellt wurden, von grünem Tuche. Die 1. Reservekompanie hellblaue, die 2. orange Patten. Die Tschakos hatten ein weißmetallenes Schild und rote Doppelpompons. Das Lederzeug war weiß, für die Schützen schwarz. In den vierziger Jahren wurden die Kragen, Aufschläge und Achselklappen durchgängig hellgrün, dazu weiße Gardelitzen. Auf den Tschakos schwarze, Spielleute weiße Haarbüsche. Lederzeug schwarz. 1845 dunkelblaue Waffenröcke mit zwei Reihen weißer Knöpfe. Hellgrüne Abzeichen. Die nunmehr dunkelblauen Achselklappen bekamen roten Vorstoß.

109

Abb. 45. Würzburg
a, b Infanteristen – c, d Dragoner (Chevaulegers)

Schleswig-Holstein

Die Schleswig-Holsteinische Infanterie der Jahre 1848 bis 1850 trug eine fast genau der damaligen preußischen entsprechende Uniform, nur ging die rote Farbe beim Kragen ganz herum. Die Achselklappen waren weiß mit roter Bataillonsnummer, Knöpfe und Lederzeug weiß. Dänische hellblaue Beinkleider mit rotem Vorstoß. Pickelhauben vorn mit gelbem Doppeladler geschmückt, darauf das Schleswig-Holsteinische Wappen. Die *Jäger* dieselben Waffenröcke, nur in grüner Grundfarbe mit roten Abzeichen und Achselklappen. Knöpfe weiß. Beinkleider grau mit roten Vorstößen. Lederzeug schwarz. Käppis mit Vorder- und Hinterschirm, gelbem Doppeladler und tief herabhängendem schwarzen Roßhaarbusch. Bei den *Dragonern* Waffenrock und Beinkleider hellblau; Kragen, spitze Aufschläge und Vorstöße rosa. Achselklappen weiß mit roter Nummer. Knöpfe und Lederzeug weiß, Helme wie die preußischen Kürassiere von weißem Metall mit gelben Beschlägen. *Artillerie* dunkelblaue Waffenröcke und hellblaue Hosen. Abzeichen und Vorstöße karmesinrot. Knöpfe und Helmbeschlag gelb. Auf dem Helm eine Kugel. Lederzeug weiß. *Pioniere* dieselben Helme wie die Artillerie, also mit Kugel. Waffenröcke dunkelblau mit ebensolchen Aufschlägen, schwarze Kragen und Achselklappen, erstere mit roten, letztere mit weißen Vorstößen. Die übrigen Vorstöße rot, Knöpfe gelb, Lederzeug schwarz. Hosen wie die Infanterie.

Würzburg

Die Würzburgischen Truppen des 18. Jahrhunderts trugen weiße Uniformen, und zwar das eine der Regimenter mit roten, das andere mit blauen Abzeichen. 1795 wurde ein Würzburgisches *Kreiskontingents-Bataillon* errichtet. Die Bekleidung bestand aus einem blauen Rock mit weißen Knöpfen, roten Kragen und Aufschlägen, weißen Unterkleidern und schwarzem Hut mit ebensolcher Borte. 1801 wurden die Röcke weiß und die Bataillone durch rote, blaue und grüne Abzeichen unterschieden. Die Grenadiere trugen Mützen, die Füsiliere Kasketts. In dem Werke von Weiland, Ausgabe von 1807, trägt die Würzburgische *Infanterie* (Abb. 45, a) weiße Röcke nach österreichischem Muster mit roten Abzeichen und gelben Knöpfen. Hosen und Lederzeug weiß, Gamaschen schwarz. Als Kopfbedeckung österreichische Helme, bei den Grenadieren roter, den Voltigeuren grüner Stutz. Außerdem die Voltigeure noch grüne Epauletten. Etwas später wurde der Tschako eingeführt. Die Farben der Uniform blieben dieselben, doch änderte sich der Schnitt nach französischer Probe. Nunmehr rote Rabatten und weiße Ärmelpatten. Die weißen Abzeichen mit roten, die roten mit weißen Vorstößen. Die Unterkleider blieben weiß. Grenadiere und Voltigeure durch Epauletten, Stutz in roter bzw. grün-gelber Farbe ausgezeichnet (Abb. 45, b). *Artillerie*-Uniform gleichen Schnitts, nur war die Grundfarbe für Rock, Weste und Beinkleider hellgrau-

110

Abb. 46. Königreich Westphalen
a Garde-Grenadier – b Garde-Jäger – c Linien-Infanterie – d Offizier der leichten Infanterie – e Garde du Corps – f Garde-Chevauleger – g Kürassier – h Husar – i Artillerie-Offizier

braun. Auf den Schultern gelbe Achselschuppen. Tschako mit roter Einfassung; Schärpen und Stutz. Keine Vorstöße um die roten Abzeichen. Die *Dragoner* (Chevaulegers) grüne einreihige Kolletts mit gelben Knöpfen und roten Abzeichen. Lederzeug und Unterkleider weiß. Bügelhelme mit gelbem Beschlag und schwarzem, oben rotem Stutz (Abb. 45,c). Die Uniform blieb auch später noch, nur wurden rote Fransenepauletten und Tschako mit roten Behängen eingeführt. Stutz wie früher (Abb. 45,d). Nach den Beschlüssen des Wiener Kongresses fiel Würzburg bekanntlich 1815 endgültig an Bayern.

Königreich Westphalen
(Kokarde blau und weiß.)

Das Königreich Westfalen stellte unter Jérôme, dem Bruder des Usurpators, eine stattliche Armee ins Feld. Schon vor Ablauf des Jahres 1808 waren fünfzehn Bataillone, acht Kompanien Infanterie, vierzehn Eskadrons Kavallerie und zehn Kompanien Artillerie vorhanden. Die *Linien-Infanterie,* anfänglich aus acht Regimentern bestehend, war weiß uniformiert, und zwar trugen das 1. und 2. Regiment dunkelblaue Kragen, Aufschläge, Rabatten und Vorstöße. Das 3. und 4. Regiment hatte als Abzeichenfarbe hellblau, das 5. und 6. gelb. Ferner unterschieden sich die Regimenter durch vollfarbige bzw. durch weiße farbig vorgestoßene Rabatten und Schöße in den obengenannten Farben. Die Grenadiere waren wie in der französischen Armee durch rote Tschakobehänge und Stutz sowie rote Fransenepauletten ausgezeichnet. Die Voltigeure hatten grüne Tschakobehänge, grünen, oben gelben Stutz und grüne Epauletten mit gelben Halbmonden. Die Zentrumskompanien (Füsiliere) trugen Achselklappen von der weißen Grundfarbe, mit Vorstößen von der Abzeichenfarbe. Die Behänge waren weiß. Den Tschako schmückte ein kreisförmiges Pompon mit gelber Kompanienummer und Rand in der Kompaniefarbe, wie in der französischen Armee. In gleicher Weise hatte man auch die französischen Chargenabzeichen übernommen. Um 1810 wurde die Uniform vereinfacht, dergestalt, daß die verschiedenen Regimentsfarben wegfielen und dafür allgemein dunkelblaue Kragen, Rabatten usw. üblich wurden. Die Knöpfe waren gelb (Abb. 46, c). Im Jahre 1812 wurde ein Infanterie-Regiment »Königin« errichtet, welches dieselbe Uniform wie die Linien-Infanterie trug, also weiß mit dunkelblau. Nur waren Kragen, Rabatten und Aufschlagspatten mit weißen Litzen besetzt, die Knöpfe waren weiß. Die *leichte Infanterie* trug zuerst kornblumblau mit orange, später grüne einreihige Uniform mit hellblauen Abzeichen und weißen Knöpfen. Die Carabiniers, welche wie in Frankreich bei der leichten Infanterie die Stelle der Grenadierkompanien einnahmen, waren durch die bekannten roten Grenadierabzeichen kenntlich. Außer diesen Infanterietruppen gab es auch noch Garde-Regimenter. Die *Garde-Grenadiere* (Abb. 46, a) hatten weiße langschößige Fracks mit roten Kragen, Aufschlägen, Rabatten, Schoßumschlägen und Epauletten. Erstere drei Stücke mit goldenen Litzen besetzt. Die Unterkleider waren weiß. Als Kopfbedeckung diente eine Pelzmütze ohne Schild mit roten Behängen, Stutz und Deckel; letzterer mit gelber Granate. Gelbe Schuppenketten. Bei den Offizieren war der Stutz weiß, die Behänge golden. Die *Garde-Jäger* (Abb. 46, b) hatten grüne Fracks, Hosen und Epauletten, Rabatten von der Grundfarbe, Kragen, Aufschläge und Vorstöße gelb. Auf Kragen und Aufschlägen sowie auf den Rabatten weiße Litzen. Knöpfe und Schnurverschlingung auf den Beinkleidern, Besatz der Gamaschen weiß, Tschako mit weißen Behängen und grünem, oben gelbem Stutz. Beschläge von weißem Metall. Die *Voltigeur-Carbabiniers* hatten ganz grüne Uniform. Litzen auf den Kragen, Vorstöße und Besätze rot, ebenso die Halbmonde der grünen Epauletten, Knöpfe gelb, Lederzeug schwarz. Tschako mit gelben Beschlägen und grünem, oben rotem Stutz. Die *Garde du Corps* hatte doppelte Uniform. Die Paradeuniform (Abb. 46, e) bestand aus dunkelblauem Kollett, roten Abzeichen, gelben Litzen und Fangschnüren, Brustharnisch von Stahl mit gelber Sonne, Stahlhelm mit gelben Beschlägen, schwarzer Raupe und weißem Stutz; schwarzes gelbgerandetes Lederzeug mit gelben Beschlägen. Die weißen Beinkleider wurden in hohen Stiefeln getragen. Zum Gala-Wachtdienst war ein weißes Kollett vorschriftsmäßig, mit blauen Kragen, Rabatten und Aufschlägen; alles rot vorgestoßen und mit goldenen Litzen besetzt. Dazu gelbe Schuppenepauletten. Kurze Bajonettgewehre. Helm, Lederzeug und Beinbekleidung wie vorhin beschrieben. Die Trompeter hatten rote Fracks mit blauen Abzeichen und Goldbesatz. Der Helm zeigte eine weiße Raupe und roten Stutz. *Chevauleger-Lanciers der Garde* (Abb. 46, f): grüne Kolletts und Hosen, rote Kragen, Aufschläge und Schoßfutter, gelbe Litzen und kleeblattförmige Epauletten. Fahlledernes Bandelier, schwarzer Helm mit ebensolcher Raupe, gelben Beschlägen und Stutz. 1808 wurde ein *Linien-Chevauleger-Lanciers-Regiment* errichtet, das ähnliche Uniform erhielt. Die Abzeichen waren orange, die Knöpfe weiß. Der Litzenbesatz fehlte. Im Oktober 1812 wurde die Errichtung eines zweiten Regiments befohlen. 1811 sollten die Chevauleger-Lanciers Lanzen erhalten. Das *1. Kürassier-Regiment* wurde 1808 gebildet. Es erhielt weiße Fracks mit karmesinroten Kragen, Rabatten, Aufschlägen und Schoßfutter, weißen Vorstößen und Knöpfen; weiße Beinkleider, rote Grenadierepauletten, später blaue Uniformen. Stahlhelm mit gelben Beschlägen, schwarzer Raupe und brauner Pelzverbrämung. Anfangs keine, später weiße Brustharnische (Abb. 46, g). Das *2. Kürassier-Regiment* bekam blaue Kolletts mit orange Abzeichen, französische Harnische und Helm wie das 1. Regiment, aber mit schwarzer Verbrämung. Das *1. Husaren-Regiment* (Abb. 46, h) hatte ganz grüne Uniform mit weißer Beschnürung und rot und weißer Schärpe, schwarze Säbeltaschen mit weißer Nummer, schwarzes Lederzeug, Tschako mit weißen Beschlägen und grünem Stutz. Das *2. Husaren-Regiment* ganz hellblau mit rosaroten Kragen und Aufschlägen. Im übrigen wie das 1. Stutz weiß. Das 1813 errichtete *Husaren-Regiment Jérôme-Napoléon* hieß wegen seiner roten Uniform im Volksmunde »die Krebse«. Die Beschnürung war gelb. Pelze und Hosen blau, Tschakos rot. Die *Fußartillerie* (Abb. 46, i) hatte blauen Frack mit ebensolchen Rabatten, rote Kragen, Aufschläge, Ärmelpatten, Schöße und Vorstöße. Blaue Hosen, gelbe Knöpfe und Tschakogarnitur, Grenadierepauletten. Der *Train* trug grauen Surtout mit ebensolchen Rabatten, rote Kragen, Aufschläge und Vorstöße, weiße Knöpfe, rote weißbeschnürte Weste, graue Hosen mit weißer Besetzung. Fahlederne Bandeliere, Tschakos mit weißen Beschlägen und Behängen, rotes Flammenpompon. Die *Generalität* war ganz nach französischem Muster uniformiert – blau mit Gold. *Flügeladjutanten:* blauer einreihiger Frack mit gelben Abzeichen, goldene Epauletten und Achselschnüre, gelb und blaue Schärpe um den Leib geschlungen, weiße Beinkleider in hohen Stiefeln getragen. Hut mit gelbem Stutz. Die *Ordonnanzoffiziere des Königs* hatten einen grünen Frack mit ebensolchen Rabatten, roten Kragen und spitzen Aufschlägen. Die reiche Stikkerei sowie Epauletten und Achselschnüre in Silber, weiße Unterkleider. Weiße Plümage im Hute.

Großherzogtum Cleve-Berg
(Kokarde blau-weiß.)

Die Schicksale dieses Großherzogtums während der Rheinbundzeit fallen ziemlich mit denen des Königreichs Westfalen zusammen. Die *Infanterie* trug weiße Spenzer mit hellblauen Kragen, Rabatten, Aufschlägen und Schoßumschlägen. Die Knöpfe gelb, Unterkleider weiß. Als Kopfbedeckung ein Tschako, die Grenadiere anfänglich Pelzmütze mit rotem Stutz, später ebenfalls Tschakos, Grenadier- und Voltigeurabzeichen wie in Frankreich. Die Offiziere Fracks mit eckig geschnittenen Rabatten. Das Chevaulegers-Regiment trug bei seiner Errichtung 1807 zur großen Uniform weiße Kurtkas, zur kleinen graue Westen, beide mit rosaroten Abzeichen, weiße Epauletten und weiße Knöpfe, dazu Tschapkas; 1809, als Chaseurs à cheval, eine der französischen ähnliche grüne Uniform mit rosenroten Abzeichen und gleichfarbigen Tschakos, 1810 als Lancier-Regiment dazu Lanzen, nach seiner Teilung in zwei Regimenter Chevaulegers-Lanciers Tschapkas. Die Artillerie blaue Spenzer mit ebensolchen Rabatten und gleichfarbige Beinkleider. Kragen, Aufschläge, Schoßfutter und Vorstöße rot, Ärmelpatten blau, Knöpfe gelb. Tschako mit roten Behängen.

Abb 47. Österreich-Ungarn. Hofgarden
a, b, c, d Arcieren-Leibgarde (Hartschiere) – e, f, g Trabanten-Leibgarde – h Hofburgwache – i Leibgarde-Reiter – k Leibgarde-Infanterie – l Ungarische Leibgarde – m Ungarische Kronwache

Österreich

Österreich-Ungarn

(Kokarde von Österreich schwarz-gelb,
von Ungarn grün-weiß-rot.)

I. Garden

Garden im Sinne des preußischen Gardekorps oder der ehemaligen französischen Kaisergarden besaß dieser Staat nicht, sondern nur Hof- und Palastgarden. Die älteste von diesen Truppen ist die *Erste Arcieren-Leibgarde.* Sie wurde von Ferdinand II. errichtet und zur Begleitung des Kaisers auf Reisen sowie zum Wachtdienst bestimmt. Im Jahre 1700 (Abb. 47 a) bestand die Uniform aus einem goldbortierten Hut mit weißen Federn, schwarzem goldbesetzten Rock, ebensolchem Kamisol und Unterkleidern. Rote Ärmel mit gelben Aufschlägen und grün und rot gestreifte hängende Überärmel; alles reich mit Gold besetzt. Als Waffen dienten Degen und Couse. Später fielen die Überärmel sowie der Federbesatz am Hute weg, die Unterkleider wurden weiß. 1817 roter Frack mit schwarzen Kragen und Aufschlägen, reichem Goldbesatz und goldenen Epauletten. Schwarzes Bandelier mit Goldeinfassung, weiße Beinkleider, hohe Stiefel, goldbortierter Hut mit schwarzem Federbusch. Bis zur Aufhebung der Monarchie bestand die Uniform (Abb. 47, d) aus einem weißmetallenen Helm mit gelben Beschlägen und weißem Haarbusch. Roter Waffenrock, reich mit goldenen Litzen besetzt, goldene Epauletten und Bandeliere. Unterkleider wie früher. Unter Leopold I. entstand eine *Trabanten-Leibgarde,* welche schwarz-gelbes gepufftes, sogenanntes Alt-Schweizerkostüm (Abb. 47, e) trug und mit der Hellebarde bewaffnet war. *1767* waren Rock, Weste und Beinkleider rot; ersterer mit schwarzen Aufschlägen und Kragen. Auf Rock und Weste goldener Litzenbesatz. Hut, Bandelier und Koppel schwarz mit Goldbesatz, weiße Gamaschen. Als Waffen Degen und Hellebarde. Um *1800* (Abb. 47, f) wurde ein Helm mit Bügel und Raupe eingeführt. Die Uniform erhielt schwarze goldbesetzte Rabatten und goldene Epauletten, Kniestiefel. Später wurde der Helm wieder durch den Hut ersetzt. Zuletzt war die Uniform ähnlich derjenigen der Arcieren-Leibgarde,

Abb. 48. Österreich-Ungarn. Deutsche Infanterie
a, b, d, e, g–k Deutsche Infanteristen – c, f Offiziere

nur zeigte der rote Rock schwarze Rabatten und Aufschläge mit Goldbesatz. Die *Leibgarde-Infanterie-Kompanie* ist aus der Hofburg-Wache entstanden. 1802, in welchem Jahre diese Truppe aus der von Maria Theresia errichteten Hofgarde gebildet wurde, bestand das Kostüm aus einem einfachen schwarzen Hut mit kleinem ebensolchem Stutz, grauem Rock mit einer Reihe von gelben Knöpfen, schwarzen Kragen, Aufschlägen, Achselklappen und Schulterwülsten. Weiße Unterkleider und Bandeliere, Kniestiefel. Als Waffen Säbel und Gewehr. *1844* (Abb. 47, h) zeigte der Hut goldene Einfassung und Agraffe, schwarzen Federbusch. Der graue Rock hatte goldene Epauletten, schwarzsamtene Kragen und Aufschläge mit Goldbesatz. Blaue Hosen mit weißen Streifen, schwarze Bandeliere. *1890* (Abb. 47, k) bestand die Uniform aus einem grünen zweireihigen Rock mit rotem Kragen, Aufschlägen und Vorstößen, gelben Schuppenepauletten, Knöpfen und Achselschnüren, grauen Hosen mit rotem Vorstoß, schwarzem Helm mit ebensolchem Haarbusch und gelben Beschlägen. Schwarzes Koppel mit gelbem Schlosse, Säbel und Bajonett in Scheide. Gewehre mit schwarzen Riemen. Ganz ähnlich war die *Leib-Garde-Reiter-Eskadron* (Abb. 47, i) gekleidet, nur weißes Bandelier und Stulphandschuhe, weiße Beinkleider und hohe Stiefel. Die *1760* errichtete *Königl. ungarische adelige Leibgarde* trug ein ganz rotes Nationalkostüm mit reicher Silberverschnürung, Pantherfell mit silbernem Schilde auf der Brust, Kalpaks mit grünem Beutel und weißem Stutz. Die Uniform blieb im wesentlichen unverändert (Abb. 47, l). Die *1782* errichtete, aber schon *1791* wieder aufgelöste *polnische Leibgarde* hatte ein reiches Nationalkostüm, nämlich weiße, pelzverbrämte Konföderatka mit goldenen Besätzen und Behängen, rotes Unterkleid, von dem nur die Ärmel, die mit Goldbesatz und blauen Aufschlägen geschmückt waren, sichtbar blieben. Darüber ein blaues Oberkleid mit roten kleinen Rabatten; alles reich mit Gold besetzt. Bandelier und Schärpe rot mit Gold, rote Stiefel, Lanzen mit schwarzgelber Flagge. *1812* wurde eine *böhmische Adelsgarde* errichtet. Sie begleitete den Monarchen *1813* und *1814* und wurde dann aufgelöst. Weiße einreihige Montur mit roten Kragen, Aufschlägen und Schoßumschlägen, Goldbesatz um die ersteren, goldene Epauletten und Schärpe, weiße Beinkleider und hohe Stiefel, Hut mit goldener Borte und Agraffe, schwarzer Federbusch, schwarze Bandeliere mit gelben Beschlägen.

1838 errichtete Kaiser Ferdinand I. eine *lombardisch-venetianische Leibgarde,* die *1848* aufgelöst wurde. Die Uniform bestand aus einem roten goldbesetzten Frack mit himmelblauen Kragen und Aufschlägen, weißen goldbesetzten Hosen; anfänglich ein Hut, wie ihn die böhmische Leibgarde trug; seit *1840* weißmetallener Bügelhelm mit gelben Be-

Abb. 49. Österreich-Ungarn. Ungarische Infanterie
a, c, d, f, h, i Ungarische Infanteristen – b, e Offiziere – g Hornist

schlägen. Die jüngste der Garden ist die *königlich ungarische Kronwache* (Abb. 47, m). Die Uniform besteht in einem versilberten Helm mit gelben Beschlägen und aufrecht stehender Feder, krapproter Attila mit Silberbesatz, ebensolchen Beinkleidern und gelben Stiefeln. Schwarze Halsbinde mit Silberfransen. Als Waffen ungarischer Säbel und Couse mit sensenartig geschweiftem Eisen. Darunter rote Fransen.

II. Infanterie

Die Grundfarbe der Infanterieuniform war bis zum ersten Viertel des 18. Jahrhunderts vorherrschend perlgrau, dann weiß. Die *Musketiere* (Abb. 48 a) führten z. T. bis gegen *1670* die Gabelmuskete, die dann von dem Steinschloßgewehr verdrängt wurde. Um *1700* erschienen die Bajonette mit Dille, welche nunmehr auch beim Schießen aufgesteckt bleiben konnten. Damit gleichzeitig wurde die Waffengattung der *Pickeniere* überflüssig. Ihren Bestand hatte Montecucculi schon seit *1670* immer mehr verringert. Die ersten *Grenadiere* kommen in der kaiserlichen Armee *1664* vor. Ihre Offiziere führten Flinten, die des übrigen Fußvolks Partisanen. Abgesehen von den 8 niederländischen Nationalregimentern, die grün mit kirschroten Abzeichen uniformiert waren, gab es 1718 keine farbigen Röcke mehr. Die perlgraue Farbe war 1708 vorgeschrieben worden. Die Regimenter unterschieden sich durch die Farben der Aufschläge, des Futters, der Westen, der Hosen und der Strümpfe. Sehr häufig kamen tuchbezogene Knöpfe vor. Alle Chargen sowie die Spielleute trugen vorwiegend gewechselte Farben. Die Offiziere legten erst sehr spät (gegen 1718) Uniformen an. Scheinbar waren diese anfangs ebenfalls in gewechselten Farben. Die Schärpen waren schwarz-gelb, für Stabsoffiziere schwarz-gold. Eine Art Rangabzeichen bildeten die verschieden reich ausgestatteten Partisanen der Offiziere. Der Rock war ursprünglich sehr weit und lang und die Aufschläge sehr groß. 1710 beginnt man die Schöße aufzuschlagen, die Gesamtform wird knapper, die Ärmelaufschläge kleiner. Im Felde wurde grünes Laub, im Winter ein Strohwisch oder ein anderes Zeichen an den Hut gesteckt. In einer Vorschrift aus dem Jahre 1720 werden für den Mann folgende Stücke verlangt: »Ein von dauerhaftem, gutem Tuch gemachter und mit Boy oder Futtertuch wohlgefutterter Rock mit einem dergleichen Kamisol, ein Paar gute lederne Hosen, ein Paar wollene starke Socken, ein Paar juchtene mit Pfundsohlen gemachte starke Schuhe, ein dauerhafter guter Hut, zwei Hemden, zwei Halstücher oder Flor, ein guter Ranzen, eine Patronentasche mit zugehörigen Riemen, ein Ober- und Untergewehr nebst Bajonett.« Die Offiziere trugen Tressen auf den Hüten, Röcken und

Linien-Infanterie 1740 – 1780

1769 wurde die Numerierung der Regimenter durchgeführt:

Nr.	Regiments-Name bzw. Inhaber	errichtet	Abzeichen-Farben Knöpfe
1.	I.R. Erbprinz v. Lothringen 1726, 1729 Herzog, 1745 Kaiser Franz I., Joseph II. 1765	1716	rot, 1767 pompadourrot, g. Kn.
2.	I.R. Ujváryi 1741, Erzherzog Karl 1749, Ferdinand 1761	1741	kaisergelb, g. Kn.
3.	I.R. Karl v. Lothringen 1736, Erzherzog Karl 1780	1715	1757 rot, 1767 saphirblau, w. Kn.
4.	I.R. Hoch- und Deutschmeister	1696	saphirblau, g. Kn.
5.	1. Garnisons-Regiment (1807 i. d. 1. und 2. Garn.-Btl. umgeschaffen)	1766	dunkelblau, w. Kn.
6.	2. Garnisons-Regiment (1807 i. d. 3. und und 4. Garn.-Btl. umgeschaffen)	1775	schwarz, w. Kn.
7.	I.R. Neipperg 1717, Harrach 1774	1691	1743 rot, 1748 blau, 1767 dunkelblau, w. Kn.
8.	I.R. Sachsen-Hildburghausen 1732	1647	rot, g. Kn.
9.	Niederländ. I.R. Los-Rios 1725, Clerfayt 1775	1725	apfelgrün, g. Kn.
10.	I.R. Braunschweig-Wolfenbüttel 1740	1715	1757 rot, 1767 paperlgrün, w. Kn.
11.	I.R. Wallis, Franz Wenz. Graf v. 1739, Wallis, Mich. Joh. Graf v. 1774	1662	1743 blau, 1748 rot 1767 rosenrot, w. Kn.
12.	I.R. Botta d'Adorno 1739, Khevenhüller-Metsch 1775	1702	1757 blau, 1767 dunkelbraun, g. Kn.
13.	I.R. Moltke 1737, Zettwitz 1780 (1809 reduziert)	1630	1740 rot, 1743 blau, 1767 grasgrün, g. Kn.
14.	I.R. Salm-Salm 1733, Ferraris 1770, Tillier 1775	1733	1740 lichtblau, 1748 schwarz, g. Kn.
15.	I.R. Pallavicini 1736, Fabris 1773	1701	1740 blau, 1757 rot, 1778 krapprot, g. Kn.
16.	I.R. Livingstein 1722, Königsegg-Rothenfels 1741, Terzy 1778	1703	1740 blau, 1767 violett, g. Kn.
17.	I.R. Kollowrat-Krakovsky 1737, Koch 1773	1675	1740 rot, 1767 schwefelgelb, 1770 lichtbraun, w. Kn.
18.	I.R. Seckendorff 1719, Marschall v. Biberstein 1742, Brinken 1773	1683	1740 rot, 1767 pompadourrot, w. Kn.
19.	Ungar. I.R. Palfy 1734, d'Alton 1773	1734	1740 blau, 1767 saphirblau, w. Kn.
20.	I.R. Diesbach 1719, Colloredo-Waldsee 1744	1682	1740 blau, 1743 rot, 1757 blau, 1760 gelb, 1767 krebsrot, w. Kn.
21.	I.R. Schulenburg 1734, Arenberg 1754, Gemmingen 1778	1733	1740 blau, 1767 meergrün, w. Kn., 1778 g. Kn.
22.	I.R. Suckow 1734, Roth 1741, Hagenbach 1748, Sprecher v. Bernegg 1756, Lacy 1758	1708	1740 rot, 1767 kaisergelb, w. Kn.
23.	I.R. Baden-Baden, Ludw. Gg. 1707 u. Aug. Gg. 1761, Ried 1771, Erzherz. Ferdinand 1779 (1809 reduziert)	1672	1740 blau, 1767 rot, w. Kn.
24.	I.R. Starhemberg, Max Adam Gr. 1703, Starhemberg, Em. Mich. Gr. 1741, Preiß 1771	1632	1740 blau, 1767 dunkelblau, w. Kn.
25.	I.R. Wachtendonk 1731, Piccolomini 1741, Thürheim 1757	1672	1740 rot, 1742 blau, 1751 rot, 1767 meergrün, w. Kn.
26.	I.R. Grünne 1737, Puebla 1751, Riese 1776	1717	1740 blau, 1743 rot, 1767 paperlgrün, g. Kn.
27.	I.R. Hessen-Cassel, Max. Prinz 1732, Baaden-Durlach, Chrph. Prinz 1753	1682	1740 blau, w. Kn. 1767 kaisergelb, g. Kn.
28.	I.R. Arenberg 1716, Scherzen 1754, Wied-Runkel 1754, Wartensleben 1779	1698	1740 grün, 1743 rot, 1748 grün, g. Kn., 1767 grasgrün, w. Kn.
29.	I.R. Braunschweig-Wolfenbüttel 1736, Loudon 1760	1709	1740 rot, 1748 blau, 1767 hellblau, w. Kn.
30.	Niederländ. I.R. Prié-Turinetti 1725, Sachsen-Gotha 1753, Ligne 1771	1725	1740 blau, 1767 hechtgrau, g. Kn.
31.	Ungar. I.R. Haller v. Hallerstein 1741, Esterhazy 1777, Orosz 1780	1741	1741 blau, 1767 kaisergelb, w. Kn.
32.	Ungar. I.R. Forgáts, Ign. Graf 1741, Giulay 1773	1741	1741 blau, 1767 himmelblau, g. Kn.

Nr.	Regiments-Name bzw. Inhaber	errichtet	Abzeichen-Farben Knöpfe
33.	Ungar. I.R. Andrassy 1744, Esterhazy, Nic. Fürst 1753	1741	1748 gelb, 1762 dunkelblau, w. Kn.
34.	Ungar. I.R. Kökemesdy de Vetés 1734, Bathyany 1756, Esterhazy, Ant. 1780	1734	1748 gelb, 1767 krapprot, w. Kn.
35.	I.R. Waldeck 1739, Marquire 1763, Hessen-Darmstadt 1767, Wallis 1774	1682	1738 blau, 1743 rot, 1767 krebsrot, g. Kn.
36.	I.R. Browne, Ulysses 1737, Browne, Jos. 1757, Tillier 1759, Kinsky 1761	1675	1738 lichtblau, 1767 gris de lin (graulila), w. Kn.
37.	Ungar. I.R. Szirmay 1741, Esterhazy, Jos. Gr. 1744, Siskovics 1762	1741	rot, g. Kn.
38.	Niederländ. I.R. Ligne 1725, d'Aynse 1766, Kaunitz 1774 (1809 reduziert)	1725	rosenrot, g. Kn.
39.	Ungar. I.R. Palffy 1756, Preysach 1758	1756	rot, w. Kn.
40.	I.R. Damnitz 1734, Colloredo Carl Gr. 1754	1734	1740 blau, 1743 rot, 1748 blau, g. Kn., 1767 karminrot, w. Kn.
41.	I.R. Bayreuth, Friedr. Pr. 1734, Plunquet 1763, Fürstenberg, Carl Eg. 1770, Belgiojoso 1777, Bender 1778	1701	1740 lichtblau, 1743 rot, 1767 himmelblau, 1770 schwefelgelb, w. Kn.
42.	I.R. O'Nelly 1734, Gaisruck 1743, Gemmingen 1769, Mathesen 1775	1683	1740 blau, 1743 rot, 1757 blau, 1767 orangegelb, w. Kn
43.	I.R. Platz 1737, Buttler 1767, Thurn 1775 (1809 reduziert)	1715	1740 blau, 1743 rot, 1767 schwefelgelb, g. Kn.
44.	Ital. I.R. Clerici 1744, Gaisruck 1769, Belgiojoso 1779	1744	1744 krapprot, g. Kn.
45.	I.R. Daun, Heinr. 1711, O'Kelly 1761, Bülow, Baron Ferd. 1767, Lattermann 1776 (1809 reduziert)	1682	1740 rot, 1767 karminrot, g. Kn.
46.	Tyroler Land- u. Feld-Rgt. Spauer 1745, Ogiloy 1748, Sincere 1751, Marquire 1752, Migazzy 1764 (1809 reduziert)	1745	1745 rot, 1767 dunkelblau, g. Kn.
47.	I.R. Harrach, Jos. Gr. 1704, Bayreuth, Fr. Chr Markgr. 1764, Elrichshausen 1769, Kinsky 1779	1682	1740 blau, 1743 rot, 1757 blau, 1767 stahlgrün, w. Kn.
48.	Ital. I.R. Vasquez de Binas 1734, Luzan 1755, Ried 1765, Caprara 1773 (1796 reduziert)	1721	1740 grün, 1767 lichtbraun, g. Kn.
49.	I.R. Walsegg 1724, Bärnklau 1743, Kheul 1747, Angern 1758, Pellegrini 1767	1715	1740 rot, 1767 hechtgrau, w. Kn.
50.	I.R. Wurmbrand 1727, Harsch 1749, Poniatowsky 1766, Stain 1773 (1809 reduziert)	1642	1740 rot, 1767 violett, w. Kn.
51.	Ungar. I.R. Gyulay, Steph. Gr. 1735, Gyulay, Franz, Gr. 1759	1702	1757 blau, 1767 dunkelblau, g. Kn.
52.	Ungar. I.R. Bethlen 1741, Karoly 1763	1741	1743 rot, 1748 blau, 1757 lichtgrün, 1767 rot, g. Kn.
53.	Ungar. I.R. Simbschen 1756, Beck 1763, Palfy 1768	1756	1756 rot, 1767 dunkelrot, w. Kn.
54.	I.R. Königsegg-Rothenfels 1720, Sincere 1751, Callenberg 1769	1661	1740 rot, 1767 apfelgrün, w. Kn.
55.	I.R. Arberg 1742, Murray 1768 (1809 reduziert)	1742	1743 rot, 1767 lichtblau, g. Kn.
56.	I.R. Daun, Phil. 1690, Merci-Argenteau 1741, Nugent 1767	1684	1741 blau, 1767 stahlgrün, g. Kn.
57.	I.R. Thüngen 1735, Andlau 1745, Colloredo-Waldsee, Jos. Gr. 1769	1689	1740 rot, 1767 karminrot, g. Kn.
58.	Niederländ. I.R. Vierset 1763	1763	1763 blau, g. Kn., 1767 schwarz, w. Kn.
59.	I.R. Daun, Leop. Jos. Mar. 1740, Daun, Franz 1766, Langlois 1771	1682	1741 rot, 1767 orangegelb, g. Kn.

Abb. 50. Österreich-Ungarn. Grenadiere
a, b, c, e, g deutsche Grenadiere – d, h ungarische Grenadiere – f ungarischer Grenadier-Offizier

Westen. Später wurden die Unterkleider weiß. 1735 wird der Rock wiederum enger, jedoch ohne die preußische Knappheit zu erreichen; die linke Schulter erhält Achseldragoner. Vom 18. Oktober 1743 bis 4. Oktober 1745 war die Offiziersschärpe grasgrün mit Gold und Silber durchwirkt. 1755 wurden statt der Leinenranzen die teilweise schon vordem getragenen Felltornister vorschriftsmäßig. Die *ungarische Infanterie* (Abb. 49, a) hatte im Anfange des Jahrhunderts Nationaltracht, die sehr willkürlich ausgestattet war. Im Siebenjährigen Kriege bestand die Uniform der *deutschen Infanterie* (Abb. 48, d) aus einem weißen Rock, ebensolcher Weste, letztere teils mit einer Knopfreihe, teils mit zwei solchen versehen. Die Beinkleider waren weiß, die Gamaschen weiß oder schwarz, letztere waren 1753 offiziell eingeführt worden, doch kamen bis 1767 vereinzelt noch Strümpfe vor. Der Rock hatte Rabatten und Aufschläge, die nach den Regimentern verschiedenfarbig waren. Die umgeschlagenen Schöße waren entweder von der Grundfarbe oder von derjenigen der Abzeichen. Die kleinen Tuchriegel, durch welche die Schöße zusammengehalten wurden, waren in Form und Farbe sehr verschiedenartig. Als Kopfbedeckung diente ein Hut, mit weißer oder gelber Borte eingefaßt. Die Grenadiere (Abb. 50, c) hatten Pelzmützen mit farbigem Beutel; am Bandeliere metallene Luntenberger. Sie trugen ferner Säbel, während die übrige Mannschaft nur das Bajonett in der Scheide führte. Die Halsbinden waren für die deutsche Infanterie fast durchgängig rot, für die ungarische Infanterie schwarz. Letztere (Abb. 49, c) trug einen Rock ohne Rabatten, aber mit farbigen Litzen verziert. Die Westen von abstechender Farbe zeigten Husarenbeschnürung; die anliegenden Beinkleider, in der Farbe mit der Weste übereinstimmend, wurden in Schnürschuhen getragen. Über der Weste eine Husarenschärpe. Einige Regimenter hatten auch Säbeltaschen. Hüte wie bei der deutschen Infanterie.

Tief eingreifende Veränderungen brachte das Jahr *1767*. Die gesamte Infanterie erhielt nämlich einreihige Röcke, welche vorn herunter ganz zugeknöpft wurden (Abb. 48, e, 49, d). Die Rabatten fielen daher weg. Es wurde allgemein ein liegender Kragen eingeführt, welcher mit den Aufschlägen und Schoßumschlägen zugleich mit der Knopffarbe das Unterscheidungszeichen des Regiments bildete. Von nun an waren die Abzeichenfarben beständiger. Viele Regimenter behielten ihre Farben bis zum Weltkriege bei. Die Kompanien unterschieden sich durch farbige Gewehrpfropfen. Die Mannschaften erhielten lederne Kasketts, vorn mit einem aufrechtstehenden schwarzen Schilde mit Messingbeschlag. Bei den Grenadiermützen fiel der herabhängende Beutel weg (Abb. 50, d). Die Offiziere hatten Hüte, farbige Westen und Kniestiefel. Die ungarische Infanterie behielt die farbigen anliegenden Beinkleider in Schnürschuhen, während die deutsche Infanterie weiße Hosen in schwarzen hohen Gamaschen trug. Die Bajonettflinte der Grenadieroffiziere war schon *1760* abgeschafft worden. *1798* erhielt der Rock Stehkragen. Im Jahre *1800* wird ein lederner Helm mit Bügel, gelben Beschlägen und schwarzgelber Raupe eingeführt (Abb. 48,g), der jedoch 1808 dem Tschako mit Vorder- und Hinterschirm, Pompon und Kokarde weichen mußte. Im gleichen Jahre wurde der Rockkragen höher. 1804 war der Zopf abgelegt worden. Die ungarische Infanterie unterschied sich durch die nunmehr durchgängig hellblauen Beinkleider mit schwarzgelber Beschnürung sowie durch den weißen Litzenbesatz (Bärentatzen genannt) an den Aufschlägen. In den dreißiger Jahren erhielt auch die deutsche Infanterie hellblaue Beinkleider in Form von Pantalons mit weißen Vorstößen. *1840* wurde ein neues Tschakomodell ausgegeben (Abb. 49,f). Gleichzeitig fiel der große Messingbeschlag auf der Grenadiermütze weg und wurde durch eine gelbe Granate ersetzt (Abb. 50,g). In das Jahr *1849* fällt die Einführung des Waffenrockes. Er hatte zwei Knopfreihen, Kragen, Aufschläge, Achselklappen, Vorstöße in der Regimentsfarbe (Abb. 49,g). Die ungarische Infanterie blieb wie früher durch die anliegenden ungarischen Beinkleider und die Bärentatzen unterschieden. Die Pelzmütze der Grenadiere wurde kurze Zeit darauf abgeschafft; sie blieben nur noch durch die Granaten auf dem Riemenzeuge sowie durch die Säbel ausgezeichnet (Abb. 50,h). Nach dem italienischen Feldzuge von *1859* führte man liegende Kragen ein. Der Waffenrock erhielt nunmehr eine Knopfreihe (Abb. 48,i). Die Offiziere legten die Schärpe, die bisher um den Leib getragen wurde, über die Schulter an. Eine neue Uniformierung brachte das Jahr *1868,* in welchem der weiße durch den dunkelblauen Waffenrock ersetzt wurde. Im allgemeinen ist diese Uniformierung trotz verschiedener Änderungen bis zum Weltkriege maßgebend geblieben. Sie bestand aus einem einreihigen Rock mit andersfarbigem stehenden Kragen, Aufschlägen, Achselklappen und Schulterwülsten (Abb. 49,i). Als Interimsbekleidungsstück blaue Bluse mit farbigen Kragenpatten (Abb. 48, k). Der Mantel war grau mit zwei Knopfreihen, liegendem Kragen und farbigen Kragenpatten. Die Beinkleider hellblau, bei den ungarischen Regimentern anliegend und mit schwarzgelber Verschnürung. Als Kopfbedeckung Tschako mit gelbem Doppeladler und Nationale. Die Offiziere hatten keine Schulterstücke, wie denn überhaupt das Epaulette nie recht heimisch in der österreichischen Armee geworden ist. Die Offizierschärpe wurde sei *1868* wieder um den Leib angelegt.

1909 wurde eine Felduniform von hechtgrauer Farbe eingeführt. Die Feldbluse behielt ähnlichen Schnitt wie bei der bisherigen blauen Bluse, mit aufgesetzten Brustfaltentaschen. Die Regimentsfarben der Kragenpatte blieben die alten, nur bei aschgrauen Abzeichen wurde die Patte durch einen dunkelbraunen Vorstoß vom Kragen abgesetzt. Die Hosen wurden ebenfalls hechtgrau, die ungarischen Hosen behielten ihren Schnitt und den früheren Besatz. Das Lederzeug wurde braun. Der dunkle Mantel erhielt ebenfalls hechtgraue Farbe (Abb. 56, a, d).

Bereits ab 1915 wird aus deutschen Tuchbeständen die Felduniform unter Beibehaltung des bisherigen Schnittes aus feldgrauem Tuch hergestellt. 1918 erhält die Feldbluse einen sehr breiten liegenden Kragen mit schmalen senkrechten abzeichenfarbigen Tuchstreifen. Die Rangsterne werden davor befestigt. Die Achselklappen erhalten quer über das untere Ende eine Wachstuchpatte mit aufgemalter Regimentsnummer (Abb. 56,f). Deutscher Stahlhelm.

1914 waren die Abzeichenfarben in folgender Weise verteilt:

Egalisierungs-farben	Deutsche Regimenter Knöpfe		Ungar. Regimenter Knöpfe		Egalisierungs-farben	Deutsche Regimenter Knöpfe		Ungar. Regimenter Knöpfe	
	gelb	weiß	gelb	weiß		gelb	weiß	gelb	weiß
schwarz	14	58	26	38	meergrün	21	87	70	25
weiß	94	92	—	—	papageigrün	91	10	46	50
rotbraun	55	17	68	78	apfelgrün	9	54	85	79
dunkelbraun	93	7	12	83	grasgrün	8	28	61	62
dunkelrot	1	18	52	53	meergrasgrün	102	—	—	—
bordeauxrot	89	88	—	—	stahlgrün	56	47	48	60
amarantrot	90	95	86	—	hechtgrau	30	49	76	69
krapprot	15	74	44	34	aschgrau	11	24	51	33
kirschrot	73	77	43	23	orangegelb	59	42	64	63
karminrot	84	81	96	82	kaisergelb	27	22	2	31
scharlachrot	45	80	37	39	schwefelgelb	99	41	16	101
krebsrot	35	20	71	67	lichtdrap	100	98	—	—
blaßrot	57	36	65	66	lichtblau	40	75	72	29
rosenrot	13	97	5	6	himmelblau	4	3	32	19

Abb. 51. Österreich-Ungarn. Grenztruppen, Jäger
a, b, c, d, e, f Grenz-Infanterie – g, h, i, k, l Jäger

III. National-Grenz-Infanterie, Freitruppen, Landwehr- und Honved-Infanterie, Bosnisch-Herzegowinische Infanterie

Zum Schutze gegen die Einfälle der Türken hatte man in den Grenzländern Kolonisten angesiedelt, welche gegen Zusage der Religions- und Abgabenfreiheit zur Bewachung der Grenze verpflichtet wurden. Das Gebiet war in Generalate eingeteilt. *1699* entstand das *Karlstädter-, Warasdiner-* und *Banal-Grenzgeneralat, 1702* das *slawonische*. Später kamen noch folgende hinzu: *1747* die *Banater Grenze, 1764* die *Szekler* und *1766* die *Wallachische* Grenze. Bis kurz vor dem Siebenjährigen Kriege trugen diese Truppen sehr verschiedenartige Nationaltrachten (Abb. 51, a, b). Während jenes Krieges erscheinen sie in schwarzen Tschakos ohne Schirm, in beschnürten Jacken und Westen und anliegenden ungarischen Beinkleidern. Dazu kamen noch eine Husarenschärpe und ein meist roter Mantel (Abb. 51, c). Bei einigen hatte der Rock den Schnitt der ungarischen Infanterie-Uniform.

1762:

Bezeichnung	Rock	Aufschläge	Weste	Schnüre	Hosen	Bemerkungen
Licaner	rot	grün	grün	gelb	rot	
Oguliner	blau	gelb	blau	gelb	rot	
Ottochaner	rot	hellblau	hellblau	gelb	hellblau	
Creutzer	weiß	grün	grün	weiß	weiß	Rock ungar. Schnittes m. grünen Litzen
Brooder	schwarzbraun	gelb	hellblau	gelb	hellblau	Rock ungar. Schnittes ohne Litzen
Szluiner	hellblau	rot	rot	gelb	hellblau	
St. Georger	weiß	grün	grün	weiß	weiß	Rock ungar. Schnittes m. grünen Litzen

1812:

Regiment	Rock	Kragen und Aufschläge	Knöpfe
5. (Warasd.) Creutzer	weiß	krebsrot	gelb
6. (Warasd.) St. Georger	dunkelbraun	krebsrot	weiß
7. (Slav.) Brooder	weiß	bleichrot	weiß
8. (Slav.) Gradiskaner	weiß	bleichrot	gelb
9. (Slav.) Peterwardeiner	weiß	lichthechtgrau	gelb
12. (Banat.) Deutschbanatisches	dunkelbraun	himmelblau	weiß
13. (Banat.) Wallachisch-Illyrisches	weiß	lichthechtgrau	weiß
14. (Siebenbürg.) Erstes Szekler	weiß	rosenrot	gelb
15. (Siebenbürg.) Zweites Szekler	dunkelbraun	rosenrot	weiß
16. (Siebenbürg.) Erstes Wallachisches	weiß	paperlgrün	gelb
17. (Siebenbürg.) Zweites Wallachisches	weiß	paperlgrün	weiß

Bei der Neuformierung der Armee im Jahre *1767* erhielt die Grenz-Infanterie graue einreihige Röcke im Schnitte wie die Linie, mit farbigen liegenden Kragen und Aufschlägen, weiße ungarische Beinkleider in Schnürschuhen und weißes Lederzeug. Als Kopfbedeckung schirmloser Tschako (Abb. 51, d).

Die Carlstädter (Rgtr. 1-4) und Banal-Militär-Grenze (Rgtr. 10 und 11) waren 1809 dem Kaiserreich Frankreich einverleibt worden.

1871 wurde die Grenz-Infanterie der Linie einverleibt. Von *1815* (Abb. 51, e) bis zum genannten Jahre trug der Grenzer eine Uniform, die völlig der ungarischen Infanterie-Uniform entsprach; nur war die Grundfarbe des kurzschößigen Fracks und später des Waffenrocks dunkelbraun, das Lederzeug schwarz. Die Abzeichen waren kaisergelb, krebsrot, bleichrot, karminrot, scharlachrot, himmelblau oder lichthechtgrau, die Knöpfe weiß oder gelb. Eine besondere Uniform hatte das *Titler-Grenzbataillon,* früher unter dem Namen *Tschaikisten* bekannt. Die Uniform war von jeher lichtblau mit roten Abzeichen und weißen Knöpfen. Unter den Freikorps sind besonders die *Panduren* bekannt, die aber eine eigentliche Uniform nicht trugen. Im Siebenjährigen Kriege finden wir ein *Loudonsches Freikorps.* Die Uniform entsprach völlig derjenigen der Linien-Infanterie. Die Farbe des Rockes, der Schoßumschläge, Weste und Beinkleider war grün; Aufschläge und Rabatten rot, Knöpfe weiß. Weiße Hutborte, schwarze Gamaschen und weißes Lederzeug. Ebenso uniformiert waren die *Volontairs von Böck;* nur hatten Kragen und Aufschläge eine gelblichweiße Färbung. Eine ganze Reihe von Freikorps finden wir während der Koalitionskriege gegen die Französische Revolution. Verschiedene französische Emigrantenkorps, z. B. das Regiment *Royal-Allemand-Dragoner,* trugen ihre alte französische Uniform in kaiserlichen Diensten weiter, nur legten sie schwarz-gelben Stutz und Kokarden an. Die *Legion Erzherzog Karl* hatte *1749* hellgraue Röcke und Beinkleider, weiße Westen, rote Kragen, Aufschläge, Rabatten und Schöße, niedrige schwarze Gamaschen, Helm mit schwarzer Raupe und Stutz sowie weißem Beschlag. Die *Wiener Freiwilligen:* grüne Uniformen, graublaue Beinkleider und korsischen Hut. Außer den erwähnten erschien noch eine ganze Reihe anderer Freikorps. In verschiedenen dieser Truppenteile haben wir die Anfänge der Landwehr-Formationen zu suchen, die damals allerdings etwas wesentlich anderes war, als heute unter diesem Begriff verstanden wird. Im Anfang des 19. Jahrhunderts war die *österreichische Landwehr* mit einem grauen einreihigen Rock bekleidet; die Knöpfe waren weiß, ebenso die Beinkleider. Lederzeug und Gamaschen schwarz; der links aufgeklappte Hut zeigte vorn die Kokarde und ein gelbmetallenes Schild. Die *steirische Landwehr* trug *1809* einen vorn rund ausgeschnittenen grünen Rock mit weißen Kragen, Achselklappen, Aufschlägen, Knöpfen, Hosen und Lederzeug. Als Kopfbedeckung eine Art Zylinderhut, links mit einer Kokarde geschmückt. Später unterschied sich die Uniform der *deutschen Landwehr* nicht wesentlich von derjenigen der Linie. Die *ungarische* war ganz blau montiert mit weißer Beschnürung, kurzen Stiefeln, naturledernem Riemenwerk und Tschako mit einer Kokarde ohne sonstigen Beschlag. *1880* trug die *deutsche Landwehr* dunkelblaue Blusen mit roten Kragenpatten und Achselklappen. Auf letzteren weiße Regimentsnummern. Graue Feldmützen und ebensolche Beinkleider mit roten Vorstößen. *1892* hechtgraue Bluse mit grünen Kragenpatten, dunkelgraue, später hechtgraue Beinkleider und Mütze. Die *Honved-Infanterie (ungarische Landwehr)* dunkelblauen Waffenrock mit ebensolchen Kragen und Aufschlägen, weichselrote Husarenverschnürung, Einfassungen, Achselschnüre und Achselwülste (Offiziere goldene Schnüre). Dazu bis etwa 1885 krappröte ungarische Beinkleider, die solchen von hellblauer Farbe wichen. Darauf ebenfalls weichselrote Verschnürung. An Stelle des Waffenrockes trat für solche Fälle, wo die übrigen Truppen die Bluse anlegen, ein ähnlicher Rock, wie oben beschrieben, nur fehlte die Husarenbeschnürung und die Einfassung vorn herunter und um die unteren Ränder des Rockes. Die Feldmütze war hellblau, daneben zur Parade ein roter Tschako. Felduniform 1909 wie ungarische Infanterie, nur Hosenbesatz dunkelblau. Die *Bosnisch-Herzegowinische Infanterie* trug lichtblaue Waffenröcke und Blusen. Die Abzeichen,

Abb. 52. Österreich-Ungarn. Kürassiere
a, b, c, d, e, f, g, i Kürassiere – h Kürassier-Offizier

wie bei der übrigen Infanterie geformt, alizarinrot (Jägergrün), die Knöpfe gelb. Als Kopfbedeckung ein Fez, krapprot mit dunkelblauer Quaste. Die Felduniform 1909 ersetzt auch hier das bisher lichtblaue Grundtuch durch hechtgrau unter Beibehaltung der Abzeichenfarbe. Die weitere Entwicklung folgt der Infanterie.

IV. Jäger und Schützen

Schon im Siebenjährigen Kriege gab es ein *Feldjägerkorps* (Abb. 51,g), welches indessen nicht lange bestand. Die Grundfarbe des Rockes, der Weste und der Beinkleider war grau. Die Aufschläge, liegenden Kragen und Schoßumschläge grün, die Knöpfe gelb, Lederzeug schwarz, Kniestiefel. Als Kopfbedeckung ein Kaskett, wie es 1767 die gesamte Infanterie erhielt. Das Vorderschild hatte keinen Metallbeschlag, dagegen war es grün eingefaßt. Um *1800* bestanden verschiedene Jägerkorps, aber als Freitruppen. Die ältesten stehenden Jägerbataillone wurden *1808* errichtet, das *Tiroler Jäger-Regiment 1816*. Die Uniform machte im allgemeinen im Schnitte die Wandelungen durch wie bei der Infanterie. Die Farbe war stets hechtgrau sowohl für Röcke wie für Beinkleider. Kragen, Aufschläge und Vorstöße grasgrün, Knöpfe gelb. Lederzeug schwarz. Der mit einem grünen Hahnenfederbusch geschmückte Hut hat seine Form im Laufe der Zeit mehrfach geändert (Abb. 51,i,k,l). Die *Landesschützen* waren wie die deutsche Landwehr gekleidet. Offiziere trugen den Jägerhut, *berittene Landesschützen* hatten bei gleicher Uniform Kavallerieausrüstung. Die Landesschützenregimenter und das Landwehr-Inf.-Rgt. Nr. 4 trugen auf den Kragenpatten ein Edelweißabzeichen aus Aluminium. Diese Gebirgstruppen hatten an der linken Kappenseite einen Schmuck aus schwarzen und weißen Spielhahnfedern. Die Bluse hatte bereits vor dem Kriege Umlegekragen, ferner grüne silberbesetzte Achselklappen mit Namenszug.
Die Felduniformen im gleichen Schnitt wie bei der Infanterie, Abzeichenfarbe grasgrün.

V. Kürassiere

1720 war für den Kürassier vorgeschrieben: »Ein von gutem Tuch gemachter und mit Boy wohlgefütterter Mantel, ein Paar von guter Zackel- oder Hirschhaut gemachte Hosen, ein Paar juchtene mit Pfundsohlen gemachte Stiefel, ein dauerhafter guter Hut, ein Paar Hemden und Halstücher oder ein guter Flor dafür; eine Patronentasche mit zugehörigen Riemen, ein guter Degen mit ledernem Wehrgehänge, ein guter Karabiner und ein Paar Pistolen; ein guter, von trockenem Leder gemachter und mit Roßhaaren wohlgestopfter Sattel mit zugehörigen Pistolenhalftern, gutes Hinter- und Vorderzeug samt Gurten und Hauptgestell, Stangen, Steigbügel, Sporen, Kaskett und Küraß; ein gutes Paar lederne Handschuhe.« Jedenfalls aber kam das Kaskett, die Eisenhaube, bald nachher in Fortfall. Das Kaskett war ein eisernes Hutkreuz. Es wurde bis 1781 im Hut eingenäht getragen. Die Grundfarbe der Uniform war ein lichtes Grau, später weiß. Der Küraß hatte Brust- und Rückenstück. Auf dem Brustteil des blanken Kürasses waren vergoldete Keile als Rangabzeichen angebracht: Subalternoffiziere bis zur Mitte der Brust, Rittmeister bis zum unteren Rande, Stabsoffiziere außerdem beiderseits Goldtauschierungen. 1754 wurden diese Abzeichen vereinfacht. Bei den einzelnen Regimentern wurden *Carabiniers-Kompanien* errichtet, welche Bajonettkarabiner trugen.

Bis zum Jahre *1767* hatten alle Regimenter rote Abzeichen mit Ausnahme des *Regiments Modena*, welches solche von blauer Farbe trug. Die Unterkleider waren teils weiß, teils rot. Die Regimenter unterschieden sich ferner durch die Farbe und Anzahl der Knöpfe (Abb. 52,c). Nach dem Siebenjährigen Kriege wurde ein schwarz-gelber Federstutz eingeführt. *1767* fand, wie wir schon in den vorhergehenden Abschnitten gesehen haben, eine Neuuniformierung der Armee statt. Die weißen Kolletts der Kürassiere waren nunmehr mit einer Knopfreihe versehen und oben durch einen kleinen Tuchriegel geschlossen (Abb. 52,d). Dieser bildete im Verein mit den Aufschlägen, Schoßumschlägen und Vorstößen das Abzeichen des Regiments, indem er, wie man in Österreich sagt, die Egalisierungsfarbe zeigte. Der Brustharnisch war geschwärzt, der Rückenpanzer fiel fort, die Schabracken rot mit gelben Borten und Namenszügen. *1798* wird der Hut von einem Helm verdrängt. (Abb. 52,e), welcher schon ziemlich die Form hatte, wie ihn noch 1914 die österreichischen Dragoner trugen, nur war der Bügel mit einer schwarz-gelben Raupe geschmückt. *1805* fällt der Zopf weg. Der kleine Tuchriegel nahm die Form von Kragenpatten an, so daß also der weiße Kragen jetzt mit Patten in der Regimentsfarbe versehen war (Abb. 52,f). Die rote Schabracke, wie früher verziert, war mit einer weißen Schaffellüberdecke belegt. Abzeichen 1812 siehe unten.

1840 (Abb. 52,g) erhielten die Kürassiere hellblaue Beinkleider an Stelle der weißen. *1850* wurde der Waffenrock eingeführt, die Raupe auf dem Helmbügel abgenommen. Die Abzeichen blieben dieselben. Die Schaffellüberdecken waren nunmehr schwarz. *1860* kam der Küraß in Fortfall (Abb. 52,i). Die Uniform unterschied sich nunmehr kaum von derjenigen der Dragoner. *1868* ging die Waffe der Kürassiere gänzlich ein.

VI. Dragoner und Chevaulegers

Um das Jahr *1700* war der Dragoner ähnlich gekleidet wie der Kürassier; nur trug er an Stelle der Eisenhaube den Hut und statt des Kürasses ein ledernes Koller, aber unter dem Rock. Die Grundfarbe der Uniform war bis nach dem Siebenjährigen Kriege sehr verschieden. Die *reitenden Grenadiere* zeichneten sich durch Bärenmützen aus. Die *spanischen Dragoner* im kaiserlichen Heere trugen um *1716* dieselbe Kopfbedeckung wie die spanischen Dragoner, d. h. eine Art Kaskett mit hohem Vorderschild. Während des Siebenjährigen Krieges waren die Abzeichen wie in der Tabelle auf der folgenden Seite oben beschrieben.

Erst nach dem Siebenjährigen Kriege werden die Dragoner von den Chevaulegers unterschieden, erstere erhielten weiße Uniformen mit verschiedenfarbigen Abzeichen und Hüte, letztere grüne oder weiße Montur und Kasketts wie die Infanterie (Abb. 53, d). Beide Truppengattungen hatten helle Unterkleider und hohe Stiefel. Im allgemeinen folgte die Uniformierung der Dragoner und Chevaulegers von jetzt ab derjenigen der Kürassiere in bezug auf Kopfbedeckung sowie im Schnitte der gesamten Uniform. Die Kragen waren nicht weiß mit Patte, sondern vollfarbig. Vorübergehend wurden sämtliche Dragoner- und Chevaulegers-Regimenter in leichte Dragoner umgewandelt. Diese Formation hatte nur von 1798 bis 1801 Bestand. Die leichten Dragoner hatten grüne, einreihige Kolletts mit verschiedenfarbigen Abzeichen, dazu Bügelhelme mit schwarz-gelber Raupe, weiße Beinkleider in hohen Stiefeln (Abb. 53,f). Abzeichen 1835 siehe Seite 124 Mitte.

1812 waren die Abzeichen folgende:

Name des Regiments	Kollett, Kragen, Beinkleider	Kragenpatten, Aufschläge, Vorstöße	Knöpfe
Kaiser (Franz)	weiß	dunkelrot	weiß
Erzherzog Franz Joseph d'Este	weiß	schwarz	weiß
Herzog Albert zu Sachsen-Teschen	weiß	pompadourrot	gelb
Kronprinz (Ferdinand)	weiß	grasgrün	weiß
Sammariva	weiß	lichtblau	weiß
Liechtenstein	weiß	schwarz	gelb
Lothringen	weiß	dunkelblau	weiß
Hohenzollern-Hechingen	weiß	scharlachrot	gelb

Abzeichen im Siebenjährigen Krieg

Name des Regiments	Rock	Schöße, Aufschläge, Rabatten	Weste Farbe	Weste Anzahl der Knopfreihen	Knöpfe	Hosen	Bemerkungen
Bathyany	dunkelblau	rot	dunkelblau	2	gelb	dunkelblau	
Savoyen, Eugen Prinz v.	rot	schwarz	rot	2	gelb	rot	
Liechtenstein	dunkelblau	rot	rot	2	gelb	rot	
Kolowrat	dunkelblau	rot	rot	2	weiß	rot	
Württemberg	rot	schwarz	weißgelb	1	gelb	weißgelb	
Erzherzog Josef	hellgrün	rot	hellgrün	1	gelb	weißgelb	
Zweibrücken	dunkelblau	rot	dunkelblau	2	gelb	weißgelb	
Modena	rot	hellblau	hellblau	2	weiß	hellblau	
Sachsen-Gotha	rot	hellblau	hellblau	1	gelb	weißgelb	keine Rabatten, Weste ohne Knöpfe, durch Haken geschlossen
Saint Ignon	grün	rot	rot	2	gelb	weißgelb	
Althann	weiß	rot	weiß	2	gelb	weiß	
Hessen-Darmstadt	rot	grün	weißgelb	—	gelb	weißgelb	
Löwenstein	grün	rot	rot	2	weiß	rot	

Abzeichen 1835

Name des Regiments	Grundfarbe des Kolletts	Kragen, Aufschläge, Schoßbesatz	Knöpfe
Dragoner:			
1. Erzherzog Johann	weiß	schwarz	weiß
2. König von Bayern	weiß	dunkelblau	weiß
3. Minutillo	weiß	dunkelrot	weiß
4. Windisch-Graetz	weiß	hellrot	weiß
5. Savoyen, Eugen Prinz v.	weiß	dunkelgrün	weiß
6. Ficquelmont	weiß	lichtblau	weiß
Chevaulegers:			
1. Kaiser Ferdinand	dunkelgrün	hellrot	gelb
2. Hohenzollern	dunkelgrün	hellrot	weiß
3. Alberti de Poya	weiß	hellrot	gelb
4. Windisch-Graetz	dunkelgrün	dunkelrot	gelb
5. Schneller	weiß	lichtblau	gelb
6. Fitzgerald	weiß	dunkelrot	gelb
7. Nostiz-Rinek	weiß	karmesinrot	weiß

Dragoner 1868 – 1914:

Abzeichenfarbe	Knöpfe gelbe	Knöpfe weiße	Abzeichenfarbe	Knöpfe gelbe	Knöpfe weiße
schwarz	6	2	grasgrün	9	4
weiß	15	—	dunkelrot	3	1
kaisergelb	12	5	krapprot	14	13
schwefelgelb	10	7	scharlachrot	8	11

Abb. 53. Österreich-Ungarn. Dragoner und Chevaulegers
a, b, c, e, g, i, k Dragoner – d, h Chevaulegers – f Leichter Dragoner

Im Jahre *1840* wurden statt der weißen in hohen Stiefeln getragenen Beinkleider farbige lange Hosen eingeführt, und zwar erhielten die Dragoner und weiß uniformierten Chevaulegers hellblaue Hosen, die dunkelgrünen Chevaulegers dunkelgrüne. *1850* wurde der Waffenrock eingeführt (Abb. 53, i). Die Helmraupe fiel fort. *1852* wird die Truppengattung der Chevaulegers aufgehoben und in Dragoner und Ulanen umgewandelt. Gänzlich geändert wurde die Dragoneruniform im Jahre *1868*. Die Grundfarbe der Uniform wurde hellblau, die der Hosen rot. Abzeichenfarben siehe links unten. Im allgemeinen blieb die Uniform bis 1914 maßgebend, wenn auch im einzelnen viele Änderungen vor sich gingen. Der Helm behielt seine Form, die Beschläge waren gelb. Statt der zunächst gebräuchlichen dunkelblauen Bluse trug der Dragoner seit den 90er Jahren des vorigen Jahrhunderts einen lichtblauen einreihigen Waffenrock mit abzeichenfarbigem Kragen, runden Aufschlägen und Vorstößen. Über die linke Schulter hing ein zweireihiger lichtblauer Rock mit Pelzkragen und farbigen runden Aufschlägen und Vorstößen. Die Hosen waren rot, ebenso die schirmlose Feldmütze.

Die Felduniform für die Kavallerie kam erst während des Weltkrieges zur Einführung. Zunächst erhielt die Kavallerie hechtgraue Überzüge über die Kopfbedeckungen, sowie Ausgang 1914 durchgängig eisengraue Hosen. Weiter wird der Feldrock im Infanterieschnitt eingeführt, auch im weiteren Verlauf des Krieges der Pelzrock für alle Waffengattungen gleichmäßig, zweireihig, feldgrau, ohne farbige Vorstöße oder Aufschläge.

VII. Husaren

Die ungarischen Husaren sind die eigentliche Nationaltruppe ihrer Heimat. Um *1700* war von eigentlichen Uniformen noch keine Rede. Der Husar trug als Hauptbekleidungsstück im allgemeinen einen kurzen Rock, welcher die Eigentümlichkeit hatte, daß er keine Knopflöcher zeigte, sondern mittels Schnüren geschlossen wurde (Abb. 54, a). Aus diesem Bekleidungsstück hat sich der Dolman entwickelt. Als Kopfbedeckung diente entweder eine Beutelmütze mit Pelzverbrämung oder die sogenannte Heiduckenmütze aus Filz, aus welcher die sogenannte Flügelmütze entstand. Die Beinkleider waren anliegend, die niedrigen Stiefel häufig von farbigem Leder. 1734 trugen:

Regiment	Mützenbeutel	Dolman u. Pelz	Schabracke
Karoly	rot	hellblau	hellblau
Czungenberg	rot	grün	grün
Dezsöffy, Steph.	dunkelblau	dunkelblau	rot

Alle rote Scharawaden und rote Schnüre. Bis 1748 kommen naturlederfarbene Schafpelze vor.
Im Siebenjährigen Kriege war die Husarenwaffe vollständig uniformiert.

1762:

Name des Regiments	Dolman Grund	Dolman Aufschläge	Pelz	Schnüre	Knöpfe	Beinkleider	Mützenbeutel
Nadasdy	rot	rot	dunkelblau	gelb	gelb	dunkelblau	rot
Baranyay	grün	grün	grün	rot	gelb	hellblau	rot
Sceczeny	dunkelblau	rot	dunkelblau	rot	gelb	dunkelblau	dunkelblau
Palffy	hellblau	rosa	hellblau	rosa	gelb	hellblau	rosa
Dessöfy, Jos.	hellblau	rot	hellblau	rot	weiß	rot	rot
Spleny	grün	rot	grün	weißrot	weiß	rot	grün
Hadik	dunkelblau	rot	dunkelblau	gelb	gelb	rot	rot
Bethlen	hellblau	rosa	hellblau	rosa	gelb	hellblau	rosa
Esterhazy	hellblau	gelb	hellblau	gelb	gelb	rot	rot
Kalnoky	hellblau	hellblau	hellblau	gelb	gelb	rot	rot
Kaiser (Franz)	dunkelblau	gelb	dunkelblau	gelb	gelb	dunkelblau	dunkelblau
Palatinal	hellblau	karmesin	hellblau	weiß	weiß	rot	karmesinrot
Carlstädter	dunkelblau	rot	dunkelblau	gelb	gelb	dunkelblau	rot
Kukez	rot	rot	rot	weiß	weiß	rot	rot
Esclavonier	grün	grün	grün	gelbweiß	gelb	rot	rot

Bei der Neuuniformierung von *1767* wurde allgemein die Filzmütze eingeführt. Nur Offiziere, Wachtmeister und Standartenträger (beide letzteren bis 1771) behielten die Pelzmütze bei. Der Kolpakbeutel hatte die Farbe der Flügelmützen. Die Trompeter waren in der Regel nicht husarisch, sondern deutsch uniformiert. Die Flügelmütze erhielt vorn Nationale und Kokarde sowie schwarzgelben Stutz und Fangschnüre. Später bildete sie sich durch Hinzufügen eines Augenschirms zum Tschako aus. Die Grundfarbe der Kopfbedeckung war nach den Regimentern verschieden. Gegen Anfang des 19. Jhd. wurden auch graue Überknöpfhosen eingeführt. 1770 alle Schnüre schwarz-gelb.

1812 waren die Farben der Regimenter folgende:

Name des Regiments	Tschako	Pelz und Dolman	Beinkleider	Knöpfe
1. Kaiser Franz	schwarz	dunkelblau	dunkelblau	gelb
2. Erzherzog Josef Anton	krapprot	lichtblau	lichtblau	gelb
3. Erzh. Ferdinand Carl d'Este	aschgrau	dunkelblau	dunkelblau	gelb
4. Hessen-Homburg	hellblau	paperlgrün	hellrot	weiß
5. Radetzky	krapprot	dunkelgrün	karminrot	weiß
6. Blankenstein	schwarz	kornblumenblau	kornblumenblau	gelb
7. Liechtenstein	grasgrün	lichtblau	lichtblau	weiß
8. Kienmayer	schwarz	paperlgrün	hellrot	gelb
9. Frimont	schwarz	dunkelgrün	karminrot	gelb
10. Stipsicz	grasgrün	lichtblau	lichtblau	gelb
11. Szekler	schwarz	dunkelblau	dunkelblau	weiß
12. Palatinal	schwarz	kornblumenblau	kornblumenblau	weiß

Abb. 54. Österreich-Ungarn. Husaren und Ulanen
a, b, c, d, e, f, g Husaren – h, i, k, l, m Ulanen

Zu bemerken ist dabei, daß die Beschnürung auf Dolman, Pelz und Beinkleidern durchgängig gelb mit schwarz gemischt war. Die Schärpe war gelb mit schwarzen Knoten, die Säbeltasche rot mit gelbem Namenszuge und gelb-weißschwarzer Borteneinfassung. Die gleiche Einfassung zeigte auch die Schabracke, welche von roter Grundfarbe war und zum größten Teil von einer Pelzdecke verhüllt wurde. Diese Schabracken waren für die gesamte Reiterei vorschriftsmäßig. Im Jahre *1850* verdrängte die Attila den Dolman. Derselbe hatte nunmehr an Stelle der reichen Verschnürung gleich dem Pelz fünf Schnurreihen. Der Tschako erhielt eine modernere, niedrigere Form. Die Abzeichen wurden vereinfacht, nämlich Attila und Beinkleider erhielten dunkelblaue oder lichtblaue Farbe. Neben dieser bildete jeweils die Färbung des Tschakos und der Knöpfe das Regimentsabzeichen.

1854:

Name des Regiments	Tschako	Attila und Beinkleider	Knöpfe
1. Kaiser Franz Josef	grasgrün	dunkelblau	gelb
2. Großfürst Nikolaus	weiß	lichtblau	gelb
3. Prinz Carl von Bayern	weiß	dunkelblau	gelb
4. Schlick	scharlachrot	lichtblau	weiß
5. Radetzky	scharlachrot	dunkelblau	weiß
6. König Wilhelm von Württemberg	scharlachrot	lichtblau	gelb
7. Fürst Reuß	grasgrün	lichtblau	weiß
8. Kurfürst von Hessen	scharlachrot	dunkelblau	gelb
9. Liechtenstein	weiß	dunkelblau	weiß
10. Friedrich Wilhelm III. v. Preußen	grasgrün	lichtblau	gelb
11. Prinz Alexander zu Württemberg	grasgrün	dunkelblau	weiß
12. Haller	weiß	lichtblau	weiß

Als der Krieg von *1866* ausbrach, war die Husarentruppe in einer Uniformänderung begriffen, die bald nach dem Kriege vollständig durchgeführt wurde. Die Attila blieb dunkel- oder lichtblau, dagegen wurden die Hosen krapprot. Als Kopfbedeckung diente eine Pelzmütze mit farbigem Beutel, Kutsma genannt (Abb. 54, f).

Danach gestalteten sich 1868 die Abzeichen:

Name des Regiments	Beutel der Kutsma	Attila	Hosen	Oliven (Knebelknöpfe)
1. Kaiser Franz Josef	dunkelblau	dunkelblau	krapprot	gelb
2. Großfürst Nikolaus	weiß	lichtblau	krapprot	gelb
3. Crenneville	weiß	dunkelblau	krapprot	gelb
4. Edelsheim	krapprot	lichtblau	krapprot	weiß
5. Radetzky	krapprot	lichtblau	krapprot	weiß
6. König Karl von Württemberg	aschgrau	lichtblau	krapprot	gelb
7. Prinz Friedrich Carl v. Preußen	lichtblau	lichtblau	krapprot	weiß
8. Kurfürst von Hessen	krapprot	dunkelblau	krapprot	gelb
9. Liechtenstein	weiß	dunkelblau	krapprot	weiß
10. Friedrich Wilhelm III. von Preußen	lichtblau	lichtblau	krapprot	gelb
11. Prinz Alexander zu Württemberg	aschgrau	dunkelblau	krapprot	weiß
12. Haller	weiß	lichtblau	krapprot	weiß
13. Iazygier und Kumanier	dunkelblau	dunkelblau	krapprot	weiß
14. Husaren-Regiment	krapprot	dunkelblau	krapprot	gelb

Als gewöhnliches Kleidungsstück wurde statt der Attila die dunkelblaue Bluse getragen, die aber wieder abgeschafft wurde. Ebenso ist die Pelzmütze wieder durch den farbigen Tschako ersetzt worden.

1914 unterschieden sich die Regimenter durch folgende Abzeichen:

Regiments-Nummer	Tschako	Attila und Pelz	Hosen	Oliven
1	dunkelblau	dunkelblau	krapprot	gelb
2	weiß	lichtblau	krapprot	gelb
3	weiß	dunkelblau	krapprot	gelb
4	krapprot	lichtblau	krapprot	weiß
5	krapprot	dunkelblau	krapprot	weiß
6	aschgrau	lichtblau	krapprot	gelb
7	lichtblau	lichtblau	krapprot	weiß
8	krapprot	dunkelblau	krapprot	gelb
9	weiß	dunkelblau	krapprot	weiß
10	lichtblau	lichtblau	krapprot	gelb
11	aschgrau	dunkelblau	krapprot	weiß
12	weiß	lichtblau	krapprot	gelb
13	dunkelblau	dunkelblau	krapprot	weiß
14	krapprot	lichtblau	krapprot	gelb
15	aschgrau	dunkelblau	krapprot	gelb
16	aschgrau	lichtblau	krapprot	weiß

Pelzvorstoß überall schwarz, Schnüre gelb und schwarz gedreht. Der Tschako hatte einen schwarzen Stutz und schwarzgelbe Behänge (Abb. 54, g). Die Dienstmütze war wie bei der gesamten Kavallerie rot. Die Offiziere tragen schwarze Mütze wie bei sämtlichen anderen Truppenteilen und schwarzgraue Interimsbeinkleider mit roten Vorstößen.

Ungarische Landwehr (Honved) trug die Uniform der Husaren, die Mannschaften jedoch rote Schnüre, Mäntel mit weißem Pelzbesatz. Wegen Felduniform siehe Dragoner. Die Kragenpatten der Husaren waren dunkel- bzw. hellblau nach der alten Attilafarbe.

VIII. Ulanen

Das erste Ulanenkorps wurde im Jahre *1784* errichtet. Später in Divisionen den Chevaulegers-Regimentern zugeteilt, wurde *1791* die Truppe wieder als Ulanen-Regiment Nr. 1 selbständig. Zu gleicher Zeit entstand als Nr. 2 ein aus einem galizischen Freikorps hervorgegangenes Ulanen-Regiment. Die erste Uniform bestand aus einer lichtblauen Kurtka (Abb. 54, h) mit gelbem Kragen, Aufschlägen, Rabatten und Schoßumschlägen. Die Knöpfe waren gelb, Weste und Hosen lichtblau. Als Kopfbedeckung diente eine polnische viereckige Mütze mit Pelzrand. Die Farbe des Tuchbezuges war gelb. Die Lanzenflagge gelb und schwarz geviertet. Schon im nächsten Jahre wurde die Uniform insoweit geändert, als die Grundfarbe der Kurtka weiß wurde, die der Abzeichen dunkelrot. Unterkleider und Kopfbedeckung wie vorher. *1786* blieb die Grundfarbe weiß, dagegen wurden die Abzeichen lichtblau, die Unterkleider weiß. *1792* grüne Kurtka mit roten Abzeichen und gelben Knöpfen, grüne Weste und weiße Hosen. Die Mütze blieb gelb. Die grüne Grundfarbe blieb die für die Waffengattung charakteristische bis zur Neuuniformierung von *1867*. Nach und nach versteifte sich die polnische Mütze zur Form der Tschapka. Die Kurtka wurde gerade herunter geschlossen und erhielt gelbe Wollepauletten, die Beinkleider wurden grün mit roten Streifen. Um den Leib ein schwarz-gelber Paßgürtel. So erscheint die Uniform um *1809* (Abb. 54, i). Die Lanzenflagge war oben schwarz, unten gelb. Die Tschapka, deren Oberteil nach den Regimentern verschiedenfarbig war, zierte ein schwarz-gelber Stutz.

1812:

Name des Regiments	Tschapka	Grundfarbe	Abzeichen	Knöpfe
1. Merveldt	kaisergelb	grasgrün	scharlachrot	gelb
2. Schwarzenberg	grasgrün	grasgrün	scharlachrot	gelb
3. Erzherzog Karl	scharlachrot	dunkelgrün	scharlachrot	gelb

Das 1813 errichtete 4. Regiment bekam die Uniform des 3. mit weißer Tschapka.

Die Tschapka hatte inzwischen ihre Form verändert. An die Stelle des schwarz-gelben Stutzes war links ein hängender schwarzer Roßhaarbusch getreten. Auf der linken Seite wurde kein Epaulette, sondern nur eine gelbe Achselklappe getragen (Abb. 54, k). Anfangs der fünfziger Jahre erhielten die Ulanen statt der Kurtka eine dunkelgrüne Ulanka, ebenfalls mit roten Abzeichen. Epauletten wurden jetzt auf beiden Achseln getragen.

1854:

Name des Regiments	Tschapka	Knöpfe
1. Civalart	kaisergelb	gelb
2. Schwarzenberg	dunkelgrün	gelb
3. Erzherzog Carl-Ludwig	scharlachrot	gelb
4. Kaiser Franz Josef	weiß	gelb
5. Wallmoden-Gimborn	lichtblau	gelb
6. Kaiser Josef II.	kaisergelb	weiß
7. Erzherzog Carl-Ludwig	dunkelgrün	weiß
8. Erzherzog Maximilian	scharlachrot	weiß
9. Liechtenstein	weiß	weiß
10. Clam-Gallas	lichtblau	weiß
11. Großfürst Alexander	karminrot	weiß
12. König von Sicilien	karminrot	gelb

Ulanen, Regimentsfarben 1867

Name des Regiments	Tatarka	Ulanka	Aufschläge und Hosen	Knöpfe
1. Grünne	kaisergelb	lichtblau	krapprot	gelb
2. Schwarzenberg	dunkelgrün	lichtblau	krapprot	gelb
3. Erzherzog Carl	krapprot	lichtblau	krapprot	gelb
4. Kaiser Franz Josef	weiß	lichtblau	krapprot	gelb
5. Wallmoden-Gimborn	lichtblau	lichtblau	krapprot	gelb
6. Kaiser Josef II.	kaisergelb	lichtblau	krapprot	weiß
7. Erzherzog Carl Ludwig	dunkelgrün	lichtblau	krapprot	weiß
8. Kaiser von Mexiko	krapprot	lichtblau	krapprot	weiß
9. aufgelöst	—	—	—	—
10. Clam-Gallas	lichtblau	lichtblau	krapprot	weiß
11. Kaiser von Rußland	dunkelblau	lichtblau	krapprot	weiß
12. König von Sicilien	dunkelblau	lichtblau	krapprot	gelb

1860 wurde ein *Freiwilligen-Ulanenregiment* errichtet, welches eine abweichende Uniformierung erhielt, nämlich eine krapprote polnische Mütze (Tatarka) mit Adlerfeder, lichtblaue Ulanka und Hose, hohe Stiefel und braunen Mantel. Nach dem Vorbilde dieses Regiments begann man *1865/66* auch die übrigen Ulanenregimenter zu uniformieren. Lanzenflaggen wurden 1866 nicht mehr getragen. Völlig durchgeführt wurde diese Neumontierung *1867* (Abb. 54, l). Regimentsfarben siehe Tabelle oben.
Die Ulanka hatte nur eine Knopfreihe und war auf jeder Brustseite sowie auf jedem Vorderschoß mit je einer Tasche versehen. Später wurde die Tschapka wieder eingeführt. Das Oberteil ist verschiedenfarbig; links herabhängender schwarzer Roßhaarbusch und gelber Beschlag. Für gewöhnlich wurde eine dunkelblaue Bluse getragen. Sie hatte krapprote Kragenpatten. Die Ulanka durchgängig lichtblau. Später wurde die Bluse abgeschafft. Ihre Stelle vertrat eine lichtblaue einreihige Ulanka. Über die Schulter hing eine zweireihige mit Pelzkragen besetzte Ulanka, ebenfalls von lichtblauer Farbe (Abb. 54, m). Bei kaltem Wetter wurde sie angezogen. Hosen durchgängig krapprot.

1914 waren die Abzeichen folgende:

| Tschapka-Überzug | Knöpfe | |
	gelbe	weiße
weiß	4	—
lichtblau	5	—
dunkelblau	12	13
dunkelgrün	2	7
kaisergelb	1	6
krapprot	3	8
kirschrot	—	11

Regimenter 9 und 10 waren aufgelöst. Die Landwehr-Ulanen waren uniformiert wie Regiment Nr. 8, auf den Knöpfen befand sich die Regimentsnummer (Abb. 56, b). Wegen Felduniform siehe Dragoner.

IX. Artillerie. Genietruppen. Train. — Generalität usw. — Rangabzeichen

Bei der *Artillerie* ist erst ziemlich spät von einer eigentlichen Uniformierung die Rede. Der Grund liegt darin, daß diese Waffe mehr eine Zunft als eine Waffengattung war. Um 1734 (Abb. 55, b) erscheinen auf Abbildungen Artilleristen in grauen Röcken mit gelben Knöpfen und roten Ärmelaufschlägen, grauen Kamisölern, weißen Gamaschen, Hüten mit Goldborte. Die Abzeichen blieben in der Folgezeit stets rot, während die Grundfarbe allmählich durch Rehbraun und Wolfsgrau in Dunkelbraun überging. 1760 sind Rock, Weste und Beinkleider von rehbrauner Farbe, 1798 von wolfsgrauer. Außer den Aufschlägen zeigen jetzt auch Kragen und Schoßumschläge sowie die Westen der Offiziere rote Farbe. Die Kopfbedeckung blieb immer der Hut, dessen Form manchen Wandlungen unterworfen war. 1840 (Abb. 55, f) ist die Uniform dunkelbraun, die Beinkleider hellblau (vorher waren letztere weiß). Der Rock glich im Schnitt demjenigen der Infanterie. Bis 1850 frackartig ausgeschnitten, wurde er in diesem Jahr durch den zweireihigen Waffenrock ersetzt, 1860 durch einen einreihigen mit liegendem Kragen. Seit 1851 Tschakos. Seit 1868 bis zur Einführung der Felduniform trug die Feldartillerie dunkelbraune einreihige Waffenröcke mit roten Abzeichen, bei den Offizieren mit ebensolchen Vorstößen und gelben Knöpfen. Dunkelbraune Bluse mit roten Kragenpatten, hellblaue Beinkleider, Tschako mit schwarzem Roßhaarbusch. Die Mütze der Mannschaft war hellblau, die steife Offiziersmütze wie überall schwarz. Die Festungsartillerie trug zusätzlich breite rote Streifen an den Beinkleidern. Bei der Felduniform, die im Schnitt und Ausstattung im übrigen der Infanterie folgt, wird die dunkelbraune Grundfarbe des Rockes und die hellblaue Farbe der Hose durch hechtgrau ersetzt. Die Hosenbesatzstreifen der Festungsartillerie kommen in Fortfall. Für die *Genietruppe, Pioniere, Mineure* und *Pontoniere* gab es in der österreichischen Armee vielfach verschiedene Uniformen. Die *Pioniertruppe* trug 1760 ein schwarzes Kaskett, grauen Rock und Weste mit gelben (später weißen) Knöp-

Abb. 55. Österreich-Ungarn. Artillerie, Pioniere, Generale
a, b, c, d, e, f, g Artillerie – h, k Pioniere – i Sappeur – l, m Generale in großer deutscher und ungarischer Uniform

fen, grünen Kragen, Aufschlägen und Schoßumschlägen. Weiße Beinkleider und ebensolches Lederzeug. Schwarze Gamaschen. Im übrigen folgte die Uniform ganz und gar den Veränderungen, wie wir solche bei der Infanterie kennengelernt haben. Um 1830 diente als Kopfbedeckung ein links aufgeschlagener Hut, vorn mit Kokarde, Agraffe und schwarzgelbem Stutz (Abb. 55, h). 1840 tritt an Stelle des Hutes ein Tschako, mit schwarzem Busch verziert. Die Beinkleider erhalten nunmehr die Grundfarbe des frackartigen Rockes, der 1850 durch den Waffenrock ersetzt wird und seitdem alle Veränderungen im Schnitt durchgemacht hat wie bei der Infanterie. Rock, Beinkleider, Bluse und Mütze der Mannschaften sind grau, die Abzeichen grün, die Knöpfe weiß, das Lederzeug seit 1840 schwarz (Abb. 55, k). Auch die Felduniformen folgen unter Beibehalt der Abzeichen- und Knopffarbe im übrigen der Infanterie. Die *Pontoniere* waren dunkelblau gekleidet mit roten Abzeichen und weißen Knöpfen. Schnitt der Uniform wie bei den Pionieren. Die *Mineure* grau mit dunkelrot und gelben Knöpfen. Die *Sappeure* dunkelblau mit dunkelrot und gelben Knöpfen (Abb. 55, i). Die *Genietruppe* trug von 1868 bis 1914 lichtblauen Waffenrock sowie Bluse mit kirschroten Abzeichen und blaugraue Beinkleider. Felduniform war hechtgrau mit kirschroten Abzeichen. Die Mannschaften des *Fuhrwesens* trugen 1778 ganz weiße Uniformen mit gelben Kragen und schwarzgelber Binde um den linken Oberarm. Dazu das bekannte Kaskett. Später wurden die Uniformen grau mit gelben Abzeichen und weißen Knöpfen, weiße Beinkleider und Hut mit schwarzgelbem Stutz. 1815 ist die Uniform wieder ganz weiß mit gelben Abzeichen. Dazu Tschako und schwarzes Lederzeug. Die Offiziere hatten braune Uniformen mit gelben Abzeichen und Hüte. Weiße Beinkleider in hohen Stiefeln. 1840 werden die Abzeichen hellblau, ebenso die Beinkleider. Seitdem blieb die Uniform immer ähnlich derjenigen der Artillerie, nur waren die Beinkleider krapprot, ebenso die Mützen der Mannschaften. Neben dem braunen Waffenrock mit hellblauen Abzeichen dunkelblaue Blusen. Zur hechtgrauen Felduniform wurden hellblaue Abzeichen getragen.

Von einer *Generalsuniform* kann man erst seit den Zeiten der Kaiserin Maria Theresia sprechen. Der Rock war weiß; Abzeichen, Weste und Hosen rot, Besatz golden. Diese Farbenzusammenstellung hat sich bei stets nach der Mode wechselndem Schnitt für die Galauniform erhalten. Die kleine Uniform bestand zuletzt aus einem hellgrauen Waffenrock mit roten Abzeichen und goldenen Besätzen und dunkelgrauen Beinkleidern mit roten Streifen. Zur Parade goldbortierter Hut mit hellgrünem Federbusch (Abb. 55, l). Für die *ungarische Generalität* wurde unter Maria Theresia ein reiches Husarenkostüm bestimmt. Diese Uniform war zeitweise und für die Generale der Kavallerie vorschriftsmäßig; später für ungarische Generale. Da sich die Uniform wenig änderte, beschreiben wir die Uniform von 1890 (Abb. 55, m). Attila und Beinkleider rot mit ebensolchen Abzeichen und reicher Goldverschnürung, weißer Pelz mit Besatz wie auf dem Attila. Pelzmütze mit rotem Beutel und weißem Stutz. Als kleine Uniform grauer Attila mit roten Abzeichen und goldenem Schnurwerk und Besatz. Pelz ebenso mit schwarzem Vorstoß. Dunkelgraue Beinkleider mit roten Streifen. Als Kopfbedeckung Husarenschako und die allgemein übliche schwarze Offiziersmütze. Die Uniform der *General- und Flügeladjutanten* glich derjenigen der Generale, nur war die Grundfarbe dunkelgrün. Galabeinkleider dunkelgrau mit rotem Vorstoß und breiten Goldstreifen. Die Uniformen des Generalstabes folgen im Schnitt und Form der der Generale. Rock dunkelgrün mit schwarzem, rot vorgestoßenen Samtkragen und Aufschlägen, dunkelgraue Hose mit roten Lampassen. Als Galakopfbedeckung Hut mit grünem Geierbusch.

Die Felduniformen der Generale zeichnen sich durch lange rote Kragenpatten aus. Der Rangtressenbesatz läuft nicht ganz bis zum Ende der Kragenpatte. Bei der Felduniform der Generalstabsoffiziere ist die Kragenpatte schwarz Samt mit rotem Vorstoß und breitem roten Streifen am hinteren Ende.

Als *Rangabzeichen* dienten Besätze um Kragen und Aufschläge sowie Sterne in den Kragenecken. Der Feldmarschall trug breite gebogene Goldtresse mit Blattverzierung. Bei den folgenden Chargen glatte gemusterte Goldtresse. Silberne Rangsterne.

Feldzeugmeister und General der Kavallerie Borte und drei Sterne.
Feldmarschalleutnant zwei Sterne.
Generalmajor einen Stern.

Bei den regimentierten Offizieren richtet sich die Borte um Kragen und Aufschläge nach der Farbe der Knöpfe. Die Rangsterne auf goldenen Borten in Silber und umgekehrt.
Oberst: Tresse und drei Sterne.
Oberstleutnant: Tresse und zwei Sterne.
Major: Tresse und einen Stern.
Hauptmann: drei Sterne.
Oberleutnant: zwei Sterne.
Leutnant: einen Stern.
Fähnrich: schmale Goldtresse und einen Stern.
Kadettfeldwebel: schmale Gold- und darüber gelbe Tresse, drei weiße Sterne.
Feldwebel: gelbe Seidentresse und drei weiße Sterne.
Zugführer: drei weiße Sterne.
Korporal: zwei weiße Sterne.
Gefreiter: einen weißen Stern.

Die Offiziersschärpe war aus gelber und schwarzer Seide. Bei Generalen von Gold und schwarzer Seide. Adjutanten trugen die Schärpe über die linke Schulter. Die Schützenabzeichen bestanden für Infanterie aus roten, für Jäger aus grünen wollenen Schützenschnüren, welche an der linken Brustseite angelegt werden. Kavallerie- und Artillerieoffiziere trugen eine silberne Kartusche, deren Deckel mit dem goldenen Doppeladler geschmückt ist, an schmalem goldenen Bandeliere.

Die Rangabzeichen blieben auch an den Felduniformen dieselben, jedoch werden die Tressen nur in Winkelform an den Kragenenden in Länge der Aufschlagpatte getragen.

Die Offiziers-Rangabzeichen im Österreichisch-Ungarischen Heer ab 1849

Rangabzeichen ab 1849.

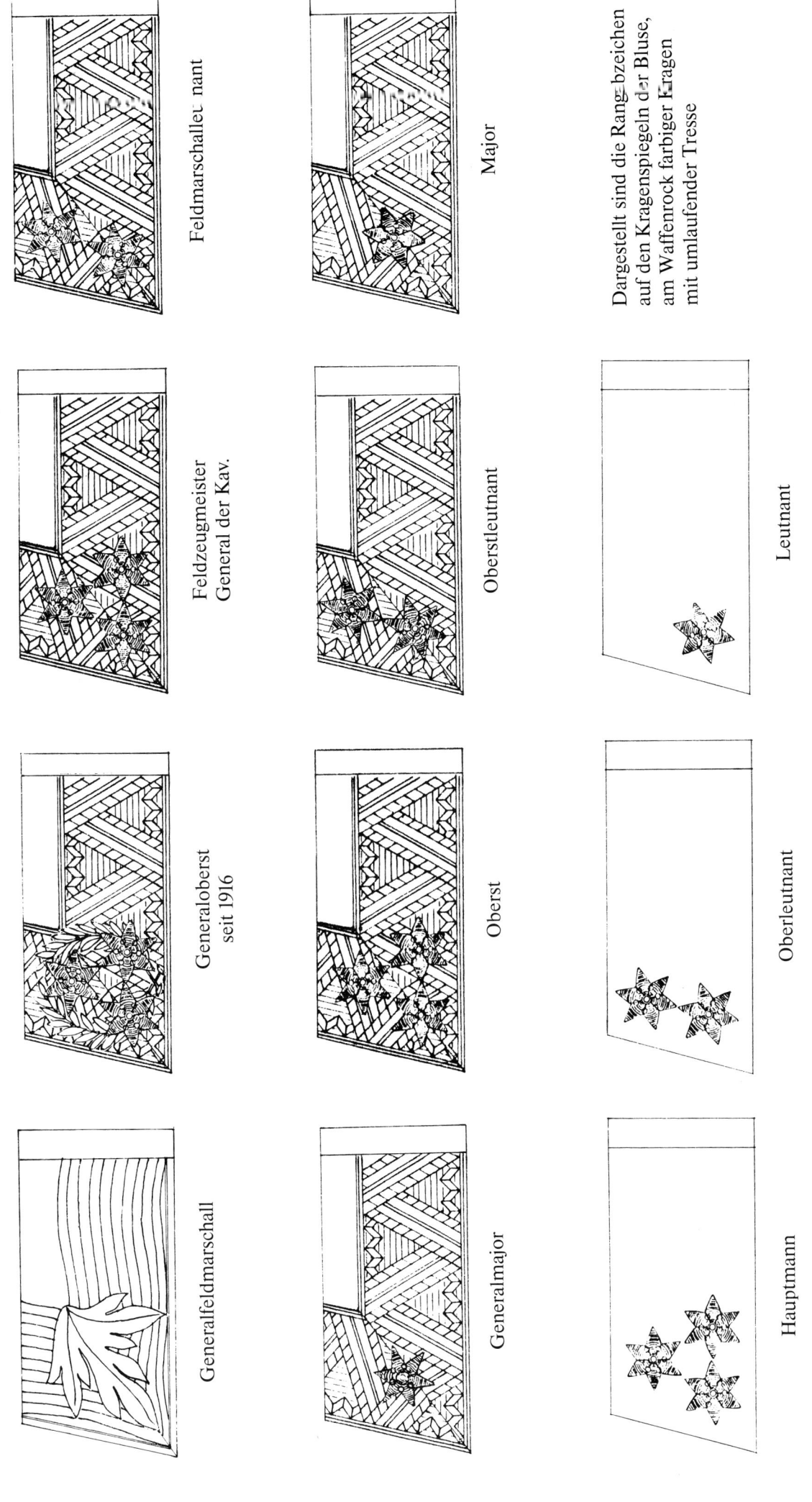

Abb. 56. Österreich-Ungarn (a–f). Freistaat Österreich (g–n) 1914–1936
a Infanterie-Offizier – d, f, k, n Infanteristen – b Ulan – c Bosnische Infanterie – e Husar – g Zugführer der Volkswehr – h Stabsoffizier – i Kavallerist – l General – m Garde

Freistaat Österreich

(Kokarde rot-weiß-rot.)

Nach dem 1. Weltkrieg wurde zunächst eine nur aus Infanterie bestehende Volkswehr gebildet, von der die Restbestände der feldgrauen Kriegskleidung getragen wurden. Gemeinschaftliches Kennzeichen der Volkswehr war ein gelbes rundes Ansteckschild auf der linken Brustseite mit der Aufschrift »Volkswehr«. An Kragen und linker Kappenseite wurde ein breites rotes Band getragen (Abb. 56, g). Rangabzeichen: Unteroffiziere dunkelblaue Winkeltressen am linken Oberarm, Offizier waagerechte gleichfarbige Streifen am linken Unterarm. Bei Bildung des Bundesheeres 1920/1921 trat eine starke Angleichung an die Uniform der deutschen Reichswehr ein. Gemeinschaftliches Wehrmachtsabzeichen des Bundesheeres wurde die feldgraue/silberne doppelte Kapellitze am Blusenkragen mit waffenfarbigem Spiegel (Abb. 56, k). Neben dem Stahlhelm deutschen Modells trat die Schirmmütze in Reichswehrform mit etwas kleinerem Deckel, waffenfarbigen Vorstößen am Band- und Deckelrande, sowie einer rot-weiß-roten Kokarde und darunter ein aus Messing gestanztes Bundes- oder Landeswappen (Abb. 56, h). Die Waffenfarben waren dieselben wie bei der deutschen Reichswehr mit der Abweichung, daß die Infanterie grasgrün, die Jäger gelbgrün erhielten. Die Rangabzeichen der Offiziere wurden zunächst in Form von kurzen waagerechten silbernen Rangstreifen auf beiden Unterarmen getragen, die oberste mit waffenfarbig gefüllter Schleife. Subalternoffiziere 1–3 schmale, Stabsoffiziere mittelbreite und 1–3 schmale Tressen, General eine breite mit einer schmalen darüber; Stabsoffiziere trugen hierzu flache silberne Achselstücke. Der Mantel behielt zunächst speerspitzenförmige Kragenpatten in Waffenfarbe, für Offiziere und Unteroffiziere mit kleinem Knopf.

1923 findet bezüglich der Rangabzeichen eine völlige Angleichung an die deutsche Reichswehr statt, auch wird Blusen- und Mantelkragen, sowie die Besatzstreifen der Mütze nunmehr aus dunklerfarbigem Besatztuch hergestellt (Abb. 56, k). In Abweichung vom Reichsheer ist die goldene Generalstickerei rot vorgestoßen auf besatztuchfarbener Patte. Unteroffiziere haben keine Kragentresse, der Tressenbesatz der Achselklappe läuft ringsum, die Rangsterne sind gold. Offizierstellvertreter und Fähnriche haben vollwaffenfarbige Achselklappen und zusätzlich eine Mitteltresse. Schon seit 1923 ist im österreichischen Heer für Ausgangszwecke ein Waffenrock mit einer Reihe von sechs silbernen Knöpfen eingeführt, der waffenfarbige Vorstöße auch am unteren Kragenrand und rings um die Schöße trägt. Die Aufschläge sind rund ohne Litze. Der Mantel verliert die farbige Kragenpatte. Zum Felddienst wird eine schirmlose Feldmütze alten Modells getragen. Die Kavallerie behält auch den über die Achseln getragenen zweireihigen Pelzrock mit Pelzkragen ohne waffenfarbige Abzeichen, aber mit Achselklappen bzw. Achselstücken (Abb. 56, i). Das Offizierssportepee ist offen und gold.

Ende 1933 findet eine völlige Neuuniformierung des österreichischen Bundesheeres statt, und zwar erhält jeder Truppenteil sowohl die feldgraue wie die farbige Uniform seines Stammtruppenteils von 1914 unter Ersetzung der alten schwarz-gelben Kokarde durch rot-weiß-rote, so daß sich eine nähere Beschreibung erübrigt (Abb. 56, n). Infanterieregimenter 1–3, Alpenjägerregimenter 8 und 9 wie die frühere deutsche Landwehr, Infanterieregiment Nr. 4 = alt Nr. 4, Nr. 5 = 84, Nr. 6 = 49, Nr. 7 = alt Nr. 7, Alpenjägerregiment Nr. 10 = 27, 11 = 47, 12 = 59, 13 = 30, 14 = 14, 15 = 99, Tiroler Landesschützenregiment und Kraftfahrjäger wie Jäger. Panzertruppe Abzeichenfarbe schwarz mit gelbem Knopf, Friedenswaffenrock hechtgrau, ebenso Kraftfahrtruppe. Von den Kavallerieschwadronen führt die Schwadron 6 die Tradition der berittenen Landesschützen weiter, Abzeichenfarbe grasgrün, Friedenswaffenrock hechtgrau, die anderen Schwadronen die Tradition der Dragonerregimenter, Friedenswaffenrock hellblau, Abzeichenfarbe wie 1914 Dragonerregiment 3, 4, 5, 11 und 15. Die Kavallerie trägt zum farbigen Waffenrock die alten roten Hosen und roten schirmlosen Kappen weiter. Die Gebirgstruppen tragen auf der Kragenpatte und an der linken Kappenseite ein weißes Edelweißabzeichen, Kraftfahrtruppe ein Flügelrad. Panzertruppe über der rechten Brusttasche auf dreieckiger schwarzer Unterlage gepanzerten Ritter in gold, silber oder dunkelgrau gestickt. Die Rangabzeichen sind völlig die des alten österreichischen Heeres, ebenso die schwarz-gelbe Offiziersschärpe und die sonstigen Ausstattungsstücke (Abb. 56, l). Wachtmeister jetzt stets gelbe Borte, Stabswachtmeister mittelbreite mit schmaler darüber in Silber, Offiziersstellvertreter dieselben Borten, aber mit einem Messingstern, Vizeleutnant mittelbreite goldene mit einem Silberstern, ebenso Fähnrich, aber dazu großer Knopf am Pattenende.

Weiter ist 1933 ein Gardebataillon neu geschaffen, das am Stahlhelm vorn ein zisiliertes Staatswappen und eine doppelte weiße, für Offiziere goldene Fangschnur an der linken Schulter trägt. Abzeichenfarbe rot mit weißem Vorstoß, Knöpfe weiß, Friedenswaffenrock dunkelgrün (Abb. 56, m).

Schweiz
(Kokarde rot und weiß.)

I. Infanterie

Die Uniformierung war im 18. Jahrhundert, durch die eigentümlichen politischen Verhältnisse bedingt, eine sehr mannigfaltige. Sehr interessant für die Geschichte der älteren Schweizeruniformen sind die Kupferstichblätter, die als »Neujahrsgeschenk der Züricher Konstabler-Gesellschaft« und der »Militärischen Gesellschaft zu Zürich« von etwa 1689 durch ein ganzes Jahrhundert erschienen. Diesen Blättern, die leider im Original nicht farbig sind, haben wir einige Abbildungen entnommen (Abb. 57, a – d). Auf dem Neujahrsblatt von 1763 ist bei der Darstellung der »Finalexercitii« von 1760 in dem kurzen Begleittext die Rede von roten und blauen Grenadieren. Die Uniform der Helvetischen Legion wird im Revolutionsalmanach von 1800 (Göttingen, bey J. Ch. Dieterich) wie folgt beschrieben: Die Uniform ist dunkelgrüne Kolletts, schwarze Kragen und Aufschläge, eine Reihe gelber Knöpfe, lange grüne Hosen, kurze Stiefel, runde Hüte auf der linken Seite aufgeschlagen à la Heinrich IV., mit einer scharlachroten Kokarde und einer gleichfarbigen Binde um den linken Oberarm. Grenadiere haben zur Unterscheidung zitronengelbe Epauletten, Offiziere goldene (Abb. 57, e).

Erst nach dem Wiener Kongreß, 1814/15, begann man, an eine gleichförmige Bekleidung des Milizheeres zu denken. Es wurden aber nur die Uniformfarben für die einzelnen Waffengattungen bestimmt, für Linien-Infanterie blau mit rot, Scharfschützen grün mit schwarz. Daher erhielten sich bis etwa 1860 in den einzelnen Kantonen sehr viele Verschiedenheiten in bezug auf Bekleidung und Ausrüstung. Auch war der Frack in verschiedenen Schnitten, teils mit einer, teils mit zwei Knopfreihen, neben dem Waffenrock im Gebrauch. 1862 erhielt die Infanterie langschößige zweireihige Waffenröcke mit Stehkragen und Vorstößen an den Rockvorderteilen, den runden Aufschlägen und den dreiknöpfigen Schoßtaschen, Füsiliere dunkelblau-rot, weiße Knöpfe; Schützen dunkelgrün-schwarz, gelbe Knöpfe; dazu graublaue Hosen mit Vorstoß, weiße Gamaschen, schwarzes Schuh- und Lederzeug. Mannschaften waffen-, Offiziere knopffarbige Epauletten. Füsiliere niedriger Ledertschako mit rotem Pompon, Schützen an den Seiten aufgeschlagener schwarzer Lederhut mit grünem Hahnenfederbusch links. Graublauer zweireihiger Mantel mit waffenfarbigen doppelt geschweiften Kragenpatten. 1869 werden die Hosen schwarzgrau mit Vorstoß, schwarzer tuchüberzogener Tschako mit Vor- und Nackenschirm, vorn Waffenabzeichen und Regimentsnummer darunter, oben Kantonskokarde und Pompon in Kompaniefarbe (1 grün, 3 orange, 5 rot, 2, 4, 6 ebenso mit weißem Mittelstreif). Der Rockkragen wird vorübergehend liegend. Offiziere hohes weiches Käppi aus Rocktuch mit waffenfarbigen Band-, Deckel- und Seiten-Vorstößen, schwarzem Lederschirm und breitem Kinnriemen. Seit 1897 sind die Rockschöße sehr kurz und auch unten herum vorgestoßen. Gerade zweiknöpfige Schoßtaschenleisten, auf den Achselklappen farbige Patten mit Abteilungsnummer. Die Radfahrtruppen erhalten einreihigen dunkelblauen Waffenrock (5 gelbe Knöpfe) mit karmin Vorstößen, Stehumlegekragen mit karmin Patten, Lagermütze. Zum Felddienst wird seit den 70er Jahren eine auch bei den Schützen dunkelblaue Bluse mit versenkten Brust- und Seitentaschen getragen. Offiziere haben waffenfarbige Kragenpatten.

Die Maschinengewehrabteilungen tragen die Uniform der Stammwaffe mit senkrechten an der Außenseite zweimal geschweiften, mit drei Knöpfen besetzten waffenfarbigen Aufschlagpatten, Offiziere auch auf der Bluse. 1910 ist das Lederzeug naturfarben. Die Festungsinfanterie trägt seit den 70er Jahren Infanterieuniform, jedoch mit gelben Knöpfen und Rangabzeichen.

II. Kavallerie, Artillerie, Train

Nach dem Wiener Kongreß wurde bestimmt, daß die Reiterei grüne Uniformen mit roten Abzeichen tragen sollte. Die Verschiedenheit der Uniformierung in den einzelnen Kantonen war hier womöglich noch größer als bei der Infanterie. Neben Uniformen mit Brustklappen erscheinen einreihige Kolletts, neben hohen zylindrischen Tschakos niedrige, oben breitausladende, neben hohen aufrechtstehenden schwarzen Stutzen weiße hängende Büsche usw. In den 50er Jahren war die Uniform ziemlich einheitlich grün, und zwar Kollett, Hosen, Schabracke und Mantelsack. Abzeichen rot. Helm (Abb. 57, k) mit gelbem Beschlag und schwarzer Raupe für Dragoner, gelber für Guiden. Auf den Achseln weiße Metallschuppen. Schwarze Handschuhe ohne Stulpen. Anfang der 60er Jahre wurde ein niedriger Ledertschako französischen Modells mit waagerechtem Schirm eingeführt, der 1869 dem auch für die Infanterie eingeführten Tschakomodell (Abb. 57, o) wich. Dieser Tschako hatte für Dragoner schwarzen, für Guiden weißen hängenden, nach vorn fallenden Haarbusch, sowie für Dragoner schwarze, für Guiden karminfarbene Fangschnüre. 1880 erfolgt eine neue Formänderung (Abb. 58, b). Der Tschako hatte seitdem bis 1918 schwarzledernen Stirn- und Nackenschirm, Rumpf mit dunkelgrünem Tuch überzogen, der obere Rand und die Seitenvorstöße mit Nickelbändern belegt. Über dem Vorderschirm weißer achtstrahliger Stern mit aufgelegtem Schweizer Kreuz von Nickel und schwarzer Schwadronsnummer, sowie für Dragoner schwarzer, für Guiden und Maschinengewehrschwadron weißer Haarstutz, weiße Kinnkette. Der dunkelgrüne Rock mit zwei Rei-

Abb. 57. Schweiz 1693–1869
a Züricher Artillerist – b, c, d Züricher Infanteristen – e Infanterist der Helvetischen Republik – g Waadtländischer Infanterist – h Baseler Infanterist – i, l, n Infanteristen – f, k, o Kavalleristen – m Artillerie-Offizier – p Artillerist

hen weißer Knöpfe folgt im Schnitt der Entwicklung des Infanterierockes. 1869 dunkelgrüne, karmin vorgestoßene Achselklappen und Stehumlegekragen, letztere mit karmin Kragenpatten, Offiziere Briden. 1880 karmin Stehkragen und weiße Schuppenepauletten. Die schwarzgraue Hose hat roten Vorstoß. Seit den 80er Jahren zum Dienst dunkelgrüne Bluse mit karmin Kragenpatten, die auch der blaugraue Mantel aufweist. Offiziersmäntel haben außerdem noch Vorstöße um Kragen, Aufschläge, Taschenklappen und Rückenriegel. Das Lederzeug wird auch hier 1910 naturfarben, Patronentaschen in Bandelierform.

Die Uniform der Artillerie entsprach sowohl in Schnitt wie Form fast genau der französischen, blau mit roten Abzeichen und gelben Knöpfen, rote Fransenepauletten, blaugraue Hose mit rotem Vorstoß. Anfang der 70er Jahre wird ein dunkelblauer Waffenrock mit zwei Reihen gelber Knöpfe und roten Vorstößen eingeführt. Auf dem dunkelblauen Kragen eine gleichfarbige, hinten spitze Patte mit rotem Vorstoß. Der Tschakobelag ist gelb, Waffenabzeichen zwei gekreuzte Kanonen, Hose schwarzgrau mit rotem Vorstoß. Seit 1897 wird der Rockkragen vollfarbig rot mit einer dunkelblauen für Offiziere goldenen schräggestellten platzenden Granate in den Kragenecken. Das Tschakopompon ist rot. Die dunkelblaue Bluse hat rote Kragenpatten ohne Granate, ebenfalls der Mantel.

Die Genietruppe trägt bis Ende der 60er Jahre einen langen dunkelblauen zweireihigen Waffenrock mit gelben Knöpfen, karmin Kragen und Vorstößen. Dazu einen runden schwarzen Lederhut mit dem eidgenössischen Wappen vorn und schwarzen Haarbusch links, blaugraue Hose. Danach dunkelblauen Waffenrock mit zwei Reihen gelber Knöpfe, grundfarbene Kragen, alles rot vorgestoßen. Tschakoabzeichen 2 gekreuzte Äxte. 1897 erhält der Kragen an Rock, Bluse und Mantel schwarze, an der Rückseite zweimal geschweifte Kragenpatten. Die Hose ist dunkelgrau mit rotem Vorstoß.

Train hat seit der gleichen Zeit dunkelblauen zweireihigen Waffenrock mit roten Vorstößen ringsum und am Aufschlag, dunkelblauen Kragen ohne Vorstoß mit kurzer waagerechter gelber, für Offiziere goldener rot vorgestoßener Litze.

III. Heereseinheitskommandanten, Generalstab – Rangabzeichen

Die Rangstufen des Generals gibt und gab es in der Schweiz nur in kriegerischen Zeiten, in denen das Volksheer mobil gemacht wurde. Es wird dann ein Oberstkommandierender mit dem Rang eines Generals besonders eingesetzt. Infolgedessen gab es auch keine eigenen Uniformen für die Generalität, die vielmehr die Uniform des Generalstabes mit den Rangabzeichen eines Obersten und zusätzlich auf dem Hut einen weißen Federbusch trugen. 1869 erhielten die Heereseinheitskommandanten eine besondere Uniform, dunkelblaue zweireihige Waffenröcke mit schwarzem Samtkragen, roten Vorstößen und gelben Knöpfen mit den Rangabzeichen eines Obersten, der General zusätzlich am oberen

Abb. 58. Schweiz 1904–1936
a, c, d, e Infanteristen (c Feldwebel – d Leutnant – b Dragoner)

Käppirand eine Goldtresse; General und Oberstkorpskommandant weißer Federbusch, Oberstdivisionär und Oberstbrigadier grünen Federbusch am Käppi. 1897 wird der Kragen vollfarbig rot, die schwarze Hose erhält einfache breite rote Streifen, der Waffenrock wird auch unten herum vorgestoßen, Federbüsche fallen fort. An ihre Stelle tritt ein goldener Pompon. Ein weiteres Abzeichen des Generals und des Oberstkorpskommandanten ist die silberne, rot durchzogene Schärpe mit Schleifen und Quaste links. Die Bluse der Heereseinheitskommandanten ist schwarzblau mit roten Kragenpatten. Der Oberstbrigadier trägt jetzt Infanterieuniform, jedoch mit breiten roten Streifen an der Hose.

Die Uniformen des Generalstabes waren ursprünglich bis 1869 grün mit karmin Kragen und Vorstößen, gelbe Knöpfe, seitdem bis 1897 dunkelblau mit schwarzem Samtkragen und roten Vorstößen. Seit 1897 dunkelblaue Röcke mit gelben Knöpfen und karmin Kragen und Vorstößen, karmin Besatzstreifen an den Hosen. Bluse dunkelblau mit karmin Kragenpatten. Heereseinheitskommandanten, Generalstab und die keiner Truppeneinheit angehörenden Offiziere trugen am unteren Käppirand das eidgenössische Kreuz, oben die eidgenössische Kokarde.

Rangabzeichen: Bis 1869 waren die Rangabzeichen der Offiziere und Unteroffiziere ganz nach französischem Muster. Seit 1869 tragen die Kavallerieoffiziere 1–3 silberne Rangsterne auf den Epauletten, die für Subalternoffiziere glatten, für Stabsoffiziere gemustert ausgeprägten Halbmond aufweisen. Das Feld ist bei Subalternoffizieren karmin, bei Stabsoffizieren schwarz. Die Offiziere aller übrigen Waffengattungen tragen auf Rock und Bluse auf den Schultern »Briden«, querlaufende schwarze, rot vorgestoßene Samtstreifen, die für Subalternoffiziere mit einfacher, Stabsoffiziere mit breiter Metalltresse in Knopffarbe eingefaßt sind und zusätzlich im Feld 1–3 Sterne tragen. Am unteren Rand des Tschakos und am oberen Bandrand des Käppis Rangtressen in Knopffarbe, Subalternoffiziere 1–3 schmale, Stabsoffiziere 1–3 mittelbreite. 1897 traten an Stelle der bisherigen Achselstücke (Briden) längs den Schultern laufende Achselstücke aus Gold- oder Silbertresse mit abzeichenfarbigem Vorstoß, die bei Stabsoffizieren noch einen geprägten Rand aufweisen. Auf der Tresse 1–3 übereinander stehende Sterne in entgegengesetzter Knopffarbe, sowie die Abteilungsnummern. Diese Achselstücke werden auch von den Kavallerieoffizieren zur Bluse getragen. Sonst bleiben die Rangabzeichen unverändert.

Die Rangabzeichen des Gefreiten und Obergefreiten sind waffenfarbig vorgestoßene wollene Schrägtressen in Knopffarbe über dem Aufschlag, bei den Unteroffizieren 1–2 waffenfarbig vorgestoßene Winkeltressen in knopffarbigem Metall mit der Spitze nach oben, beim Furier und den Adjutant-Unteroffizieren zusätzlich am Oberarm eine knopffarbige Schrägtresse. Auch diese Abzeichen bleiben bis zur Einführung der feldgrauen Uniform unverändert.

IV. Die feldgraue Uniform, ihre Waffen- und Rangabzeichen

Schon seit 1914 in Erprobung, wird 1917 eine feldgraue Uniform eingeführt. Das Grundtuch ist grünlich-grau, der Schnitt für alle Waffengattungen und Ränge gleich. Der

Feldrock hat eine Reihe von 6 feldgrauen Knöpfen, aufgesetzte Brust- und Seitentaschen und marengofarbene (dunkelmausgraue) Vorstöße um die spitzen Aufschläge und die abgerundeten Achselklappen. Waffenbezeichnung erfolgt durch farbige Patten; sie sind am Stehkragen an der Rückseite zweimal geschweift, auf den spitzen Aufschlägen von der Spitze des Aufschlages in 4 cm Breite gerade bis zum unteren Aufschlagende heruntergehend und auf den Achselklappen quer über das untere Ende. Waffenfarben sind: Heereseinheitskommandanten und Generalstab schwarz, Infanterie dunkelgrün, bei den Schützenbataillonen sind die ganzen Aufschläge dunkelgrün mit feldgrauer Patte, Kavallerie zitronengelb, Artillerie ziegelrot, Genie marengo, Train braun, Kraftfahrtruppe weinrot. Die Genietruppen tragen abweichend von den übrigen Waffen den ganzen Kragen waffenfarbig, Maschinengewehrabteilungen haben die äußere Seite der Aufschlagpatte zweimal geschweift, Gebirgstruppen am unteren Ende der Aufschlagpatte ein schwarzes, Offiziere goldgesticktes Dreieck. Die metallenen Rangabzeichen sind durchgängig gold, bei der Kavallerie silber. Es befinden sich am Rock für Offiziere auf den Kragenpatten 1–3 fünfstrahlige Sterne, bei Stabsoffizieren ist zusätzlich die Kragenpatte am vorderen und oberen Rande mit einer 1 cm breiten Metallstickerei eingefaßt. Der Oberst-Divisionär trägt eine mattgoldene Lorbeerstickerei auf der vorn und oben mit Goldschnur eingefaßten Kragenpatte, der Oberst-Korpskommandant und General darauf 1 und 2 Silbersterne. Dem Offizier ist gestattet, zum Ausgang einen Waffenrock ohne aufgesetzte Taschen und mit goldenen oder silbernen Knöpfen zu tragen. Subalternoffiziere und Mannschaften tragen auf den Achselklappen ihre Abteilungsnummer. Die Hose aus Grundstoff trägt marengofarbigen Vorstoß. Der Mantel hat zwei Reihen von je 5 Knöpfen, zwei seitliche Taschen mit Klappen und Rückenriegel. Er hat keinerlei farbige Vorstöße oder Verzierungen. Der Stahlhelm hatte bis 1935 deutsche Form, seitdem neues Modell (Abb. 58, e). Schirmlose Feldmütze mit aufgeklapptem Nacken- und Ohrenschutz und Vorstoß aus Marengotuch. Die höheren Unteroffiziere und Offiziere haben ein Käppi mit schwarzem Lederschirm und sehr breitem gleichfarbigen Kinnriemen. Band-, Deckel- und Seiten-Vorstöße marengofarbig. Am oberen Bandrand Rangtressen wie am farbigen Käppi. Die Käppis der Heereseinheitskommandanten und Generalstabsoffiziere haben ein Kopfband aus schwarzem Besatztuch. Dieses ist beim Oberst-Divisionär mit einfacher Lorbeerstickerei bedeckt, beim Oberst-Korpskommandanten dazu am oberen Käppirand eine goldgestickte Tresse, der General zwei Reihen schmaler Lorbeerstickerei. Die Heereseinheitskommandanten haben an den Beinkleidern je zwei schwarze Streifen, Generalstabsoffiziere einen. Die Abzeichen der Gefreiten und Unteroffiziere befinden sich an den Unterarmen in Form von Winkeltressen aus feldgrauer Borte mit weißem, Kavallerie gelbem Muster. Der Gefreite trägt eine kurze Winkeltresse, der Obergefreite eine lange, der Wachtmeister zusätzlich über dem Aufschlag ein feldgraues Wappenschild mit zwei Lorbeerzweigen. Der Feldwebel hat zwei Winkeltressen und Wappenschild, der Adjutant-Unteroffizier dazu am Oberarm noch eine weitere Winkeltresse. Auch ist der Kragen sämtlicher Unteroffiziere am oberen Rand mit einer schwarzeingefaßten Gold- oder Silberborte besetzt.

Das geschlossene silberne Portepee wird am silbernen, rot durchzogenen Band getragen, der General und die Armeekorpskommandanten tragen als Dienstabzeichen eine silberne, rot durchzogene Schärpe mit Quaste links, die höheren Adjutanten doppelte silberne Fangschnüre an der rechten Schulter.

Bis zum 1. Weltkrieg trugen bei größeren Zusammenziehungen alle Truppen am linken Oberarm die rote Armbinde mit dem eidgenössischen weißen Kreuz.

Die Kriegsmarinen

Die Entwicklungsgeschichte der Uniformen bietet bei der Kriegsmarine erheblich größere Schwierigkeiten als beim Heer. Das vorliegende Material ist äußerst beschränkt und schwer zu beschaffen, da bei der hauptsächlichen Einstellung der größten Wehrmächte auf Landkriegsführung die Darstellung der Marineuniformen sehr in den Hintergrund getreten ist. Zum anderen war auch die Bekleidung der Kriegsmarinen lange Zeit nicht so streng reglementiert, wie wir es schon seit Mitte des 18. Jahrhunderts bei Landheeren gewohnt sind. Andererseits vereinfacht sich die Aufgabe, da seit etwa 1860 die Marineuniformen sämtlicher seeführenden Länder außerordentlich einheitlich werden und in großen Zügen in allen Kriegsmarinen dieselben Bekleidungsstücke in fast demselben Schnitt verwandt werden. Maßgebend für diese Uniformentwicklung ist das englische Vorbild. Großbritanniens Flotte, die im vergangenen Jahrhundert die Meere beherrschte, hatte und hat auch jetzt noch auf die Gestaltung der Kriegsmarineuniformen einen alles beherrschenden Einfluß. Gerade die Entwicklungsgeschichte im 20. Jahrhundert zeigt, wie sich die Marineuniformen bis in die letzte Zeit hinein mehr und mehr der englischen bezüglich des Schnittes einzelner Kleidungsstücke und der Art der Rangbezeichnung angleichen. Es genügt daher und dient gleichzeitig zur Einführung für den Leser, wenn zunächst eine Darstellung der allgemein gebräuchlichen Marinebekleidungsstücke gegeben wird, die bei der konservativen Einstellung der Marine zu Bekleidungsfragen für die Gesamtzeit von 1860 bis in die neueste Zeit Gültigkeit hat. Soweit erforderlich, wird die Uniformgeschichte der früheren Zeit und abweichende Einzelheiten bei den entsprechenden Ländern gesondert behandelt. Vorauszuschicken ist, daß die Grundfarbe aller Marinebekleidungsstücke grundsätzlich ein dunkles, oft bis an blau-schwarz grenzendes Blau ist. Im Sommer und in den Tropen treten an seine Stelle Weiß (Leinen). Knöpfe, Rangabzeichen, Tressen und ähnliches sind ebenso grundsätzlich bei der Marine gold. Silber als Abzeichen- und Knopffarbe findet sich hauptsächlich beim Verwaltungspersonal. Die wesentlichsten, in allen Marinen fast unverändert wiederkehrenden Bekleidungsstücke sind folgende:

Hut: Schwarzer zweiseitig aufgeklappter Seidenfilzhut, mit den Spitzen nach vorn und hinten getragen. Die englische Form hat hohe runde Aufschläge, die französische niedrige viereckige; goldene Agraffe, die bei der englischen Form von der Mitte des Hutaufschlages senkrecht nach unten, bei der französischen Form von rechts vorn zur Mitte geht. In den beiden Spitzen befinden sich goldene Quasten. Admirale tragen in den meisten Marinen die Hutaußenränder mit breiter Goldtresse eingefaßt, auch vielfach schwarze oder weiße Straußenfederfüllung.

Galarock: Zweireihig hochgeschlossen mit Stehkragen als Rock oder als Frack geschnitten mit reicher Kragenstickerei oder Tresseneinfassung, auf den Aufschlägen die Rangtressen oder Stickerei.

Galahose: Dunkelblaue lange Hose mit je nach Rang verschieden breiten Goldtressen an den Außennähten.

Säbel: Leicht gekrümmt mit goldenem Korb, weißem Elfenbeingriff, schwarzer Lederscheide mit Goldbeschlag, wird an einem schwarzen, zur Gala oft goldbestickten Leder- oder Seidenkoppel übergeschnallt getragen.

Epauletten: Die Epauletten der Marinen sind stets ganz aus Gold mit gewirktem Mond und auch für die Subalternoffiziere starken oder mittelstarken Fransen. Auf dem Feld häufig ein unklarer Anker, d. h. Anker mit Ankertau.

Offiziersmütze: Dunkelblaue Tellermütze mit schwarzem Lacklederschirm und Kinnriemen, schwarzem Seiden- oder Mohairbesatzband, über der Stirn ein Anker oder die Landeskokarde im Eichenlaubkranz mit der Krone oder einem sonstigen Hoheitszeichen darüber, ohne den Eichenlaubkranz vielfach auch für Deckoffiziere gebräuchlich. Der Teller ist je nach Mode kleiner oder größer. Englischem Vorbild folgend hat es sich eingebürgert, die Stabsoffiziere und Admirale durch einfache bzw. doppelte goldene Eichenlaubstickerei längs des Schirmaußenrandes zu kennzeichnen. In den romanischen Ländern traten vielfach an Stelle des Eichenlaubs Lorbeerblätter.

Rock: Mit langen Schößen und zwei Reihen von 3–6 Knöpfen, die meist Ankerprägung tragen. Der Rock wurde in vielen Marinen noch bis zum Ausgang des vorigen Jahrhunderts hochgeschlossen getragen, in der englischen Marine und deren Beispiel folgend in allen jetzigen Marinen über der Brust offen, der Mode des bürgerlichen Gehrocks im Schnitt folgend. In den letzten Jahrzehnten geht die Mode nach möglichst wenig Knöpfen und sehr tiefen Reversen. Auf der Rückseite zwei- oder dreiknöpfige Schoßtaschenleisten, auf den Ärmeln befinden sich die goldenen Ranglitzen (siehe Schema). Auf den Schultern werden in vielen Marinen goldene Passanten getragen, jedoch nicht bei der englischen und den ihrem Vorbild folgenden Ländern.

Bordjackett: Ist zweireihig, hat denselben Schnitt wie der Rock, jedoch nur mittellange bis kurze Schöße. Keine Knöpfe im Rücken, hierzu nur Ärmelrangtressen gebräuchlich. Findet vielfach auch als Bekleidungsstück der Deckoffiziere und höheren Unteroffiziere Verwendung.

Matrosenmütze: Dunkelblaue, im Sommer weiße Tellermütze mit niedrigem Besatzband. Dieses wird von einem schwarzen Seidenband bedeckt, das über der Stirn in goldener oder gelber Beschriftung den Namen des Stammtruppenteils oder Schiffes trägt. Die Enden des Seidenbandes hängen hinten herunter oder bilden an der linken oder rechten Seite eine kleine Schleife. Der Teller ist nach deutschem Muster vorn, nach englischem an allen Seiten versteift.

Hemd: Aus dunkelblauem Wollstoff, im Sommer aus weißem Leinen mit hinten herabfallenden breiten Kragen, an der Brust einen tiefen Ausschnitt bildend, wird meist blusig in die Hose gesteckt getragen, in einigen Marinen auch lang überfallend. Hierzu gehört ein hell- bis mittelblauer weit hinten überfallender Hemdkragen, dessen Außenkanten stets mit drei schmalen weißen Borten besetzt sind. Das Unterhemd, welches in dem Brustausschnitt sichtbar wird, ist weiß, meist mit blauer Bandeinfassung oder auch weiß-blau waagerecht gestreift. Unter dem Hemdkragen wird ein schwarzes Seidentuch, über der Brust einen Knoten bildend, getragen. Bei der deutschen Marine hat es einen mittelblauen Diagonalstreifen, der schräg über den Mittelteil des Knotens laufend sichtbar wird. Der Knoten wird vielfach durch eine weiße Schleife am Hemdkragen festgehalten.

Pyjackett: Kurzer zweireihiger Mantel bis zu den Hüften reichend mit flachem liegenden Kragen, über der Brust offen, mit breiten Reversen. Zu diesem Jackett wird der Hemdkragen unter dem Mantel getragen.

Hose: Dunkelblau, vorn mit Klappenverschluß. Die Hosenbeine sind nach jahrhundertealter Seemannstradition unten trompetenförmig sehr weit geschnitten und bedecken fast das ganze Schuhzeug.

Matrosenjacke: Kurze zweireihige schoßlose Jacke, wird offen getragen und über der Brust durch einen Doppelknopf gehalten, so daß das Hemd sichtbar bleibt. Dient in verschiedenen Marinen als Ausgangs- und Paradeanzug der Mannschaften. Der hellblaue Hemdkragen befindet sich hierbei über der Jacke.

Messejackett: Kurze schoßlose Jacke mit zwei Reihen von je drei Knöpfen, wird offen in Smokingform getragen, mit tief ausgeschnittener dunkelblauer oder weißer Weste, weißem steifen Hemd und Kragen, schwarzem Seidenquerbinder. Ärmelrangabzeichen: In einigen wenigen Staaten hierzu auch Achselschnüre oder Epauletten bei großen festlichen Anlässen. Dient als Gesellschaftsanzug der Offiziere, wird je nach dem Grad der Feierlichkeiten mit langer blauer oder mit Galahose getragen.

Umhang: Langer dunkelblauer glockenförmiger Umhang mit liegendem Kragen, hellgrauem oder schwarzem Seidenfutter, über der Brust durch eine kleine an zwei Löwenköpfen befestigte Kette geschlossen, fast in allen Staaten ohne Rangabzeichen getragen, hat in der deutschen Marine die Bezeichnung Spanier.

Weißes Zeug: Im Sommer und in den Tropen können fast sämtliche Kleidungsstücke durch gleichartige aus weißem Leinen ausgetauscht werden. Bei Offizieren tritt an Stelle des Rockes oder des Jacketts ein durchgängig einreihiges oder blusenförmig geschnittenes Jackett, seit dem 1. Weltkrieg fast überall mit aufgesetzten Brust- und Seitentaschen mit kleinem Knopf und Quetschfalte. Hierzu weiße Wäsche und schwarzer Binder, meist Stehkragen, jedoch kommt auch Stehumlegekragen und Zivilschnitt vor, zu diesem Anzug stets Achselstücke bei Offizieren.

Deutschland

Von den deutschen Staaten unterhielt nur Preußen seit Beginn des 19. Jahrhunderts eine nennenswerte Kriegsmarine. 1849/52 wurde der Versuch zur Schaffung einer deutschen Reichsflotte unternommen. 1867 ging die preußische Kriegsmarine in die des Norddeutschen Bundes auf und wurde 1871 nach Gründung des Deutschen Reiches die Kaiserlich Deutsche Kriegsmarine. Die Kokarden waren dementsprechend bis 1874 schwarz-weiß, seitdem schwarz-weiß-rot. Die Reichsmarine 1849/52 trug schwarz-rot-goldene Kokarden.

Die Uniformierung der Kriegsmarine in der Zeit bis etwa 1840 hält sich stark an das Heeresvorbild. Die Offiziere hatten zunächst einreihige, später zweireihige Fräcke mit roten brandenburgischen Aufschlägen und blauer dreiknöpfiger Patte, dunkelblaue rot vorgestoßene Kragen mit goldgesticktem unklaren waagerechten Anker in den Ecken, dunkelblaue Hose mit roten Lampassen. Schärpe und Hut nach Heeresmuster, gelbe Knöpfe. Die Matrosen hatten kurze dunkelblaue Jacke mit drei Reihen gelber Knöpfe, in dem ersten Drittel des 19. Jahrhunderts rote Kragen und Aufschläge, schwarzen runden Lederhut mit breiter flacher, später rundum aufwärts gebogener Krempe. Die an Bord eingeschifften Infanteristen und Artilleristen trugen blaue Fracks mit drei Reihen Knöpfe, rote Kragen und brandenburgische Aufschläge, rote Schoßumschläge, Tschako, schwarzes Lederzeug. Zur Bedienung der königlichen Fahrzeuge auf dem Potsdamer Havelsee wurde eine kleine Truppe Gardemariniers unterhalten. Diese trugen zur Parade dunkelblaues zweireihiges Kollett, dunkelblaue Kragen mit zwei gelben Gardelitzen, brandenburgische rote Aufschläge mit blauer Patte, rote Achselklappen und Schoßumschläge, schwarzes Lederzeug, Gardetschako mit Behang, im Dienst eine kurze blaue schoßlose Jacke mit einer Reihe von Knöpfen, sonst wie der Frack, dunkelblaue Tellermütze mit dunkelblauem Band und roten Vorstößen. Um 1844 werden der Kragen, die jetzt schwedischen Aufschläge und das Schoßfutter der Offiziere weiß. Bei den Stabsoffizieren tritt eine goldene Stickereieinfassung an Kragen und Aufschlagaußenrändern hinzu. Goldene Epauletten. Außerdienstlich wird von den Offizieren bereits derzeit eine dunkelblaue Schirmmütze mit breitem Goldtressenbesatz um das Band, sowie schwarzlederem Kinnriemen und ein kurzer Hirschfänger am schwarzen Leibkoppel getragen. Die Mannschaftsuniform wird ganz dunkelblau (Abb. 59, a). Die Uniformen der Reichsmarine 1849/52 folgen mit den entsprechenden Kokarden den Uniformen der preußischen Marine. Um 1860 ist die Uniformierung der preußischen Kriegsmarine folgende:

Die Paradekopfbedeckung des Offiziers ist der schwarze, an beiden Seiten hochgeklappte Seidenfilzhut mit Kokarde und goldener Agraffe an der rechten Seite. Die Form der hochgeklappten Seitenteile und des Kopfes ist ziemlich niedrig. Bei Admiralen sind die Aufschlagaußenränder mit breiter Goldtresse eingefaßt. Zur Gala wird ein zweireiher dunkelblauer Frack getragen. Der Kragen und die runden mit drei goldenen Knöpfen besetzten Aufschläge sind bei Admiralen mit der Eichenlaubstickerei der preußischen Generalsuniform bedeckt. Die oberen Rockvorderteile werden aufgeknöpft getragen. Sie sind weiß gefüttert und mit je nach Rang verschieden breiter Goldtresse an den Außenrändern eingefaßt. Die Admirale haben goldene Achselbänder, die übrigen Offiziere goldene Epauletten mit silbernem unklarem Anker und Fransen bis zum Leutnant einschließlich. Der Kragen der Stabs- und Subalternoffiziere ist an dem Außenrand mit breiter Goldtresse eingefaßt, auf den Aufschlägen unter den 3 Knöpfen 1–4 mittelbreite Tressen, waagerecht laufend. Die dunkelblauen Hosen sind mit breiten Goldstreifen besetzt. Der Marinesäbel hat goldenen Korb, schwarze Lederscheide und goldene Beschläge. Der Löwenkopfgriff hat ein grünes und ein rotes Auge. Portepee wie beim Heer. Als großer Dienst- und Gesellschaftsanzug wird ein offener Frack mit Epauletten und Ärmelrangstreifen, auch für Admirale, benutzt. Als Dienstanzug finden ein dunkelblauer zweireihiger, offen getragener Rock oder ein gleiches kurzes Jackett mit dunkelblauer oder weißer Weste, weißer Wäsche, schwarzem Querbinder, dunkelblauer Hose und dunkelblauer Tellermütze mit goldenem Besatzstreifen Verwendung. Zum Dienstrock werden keine Ärmelstreifen, dafür Achselstücke nach preußischem Husarenmuster angelegt (Abb. 59, c). Seekadetten und Fähnriche haben schon derzeit einen kleinen Dolch mit weißem Griff und Messingscheide, letztere an den beiden Kragenenden von Jacke und Frack eine kurze schwarz-silberne Litze mit einem Knopf am Ende. Die Deckoffiziere haben die Offiziersuniform ohne Rangstreifen und Achselstücke, an den Kragenenden einen goldenen unklaren gekrönten Anker, Mütze mit etwas schmälerem goldenen Besatzstreifen. Von den Unteroffizieren und Mannschaften wird blaues oder weißes Hemd mit schwarzem Binder, mittelblauer Hemdkragen mit drei weißen Streifen an den Außenrändern, dunkelblaue zweireihige offen getragene Jacke, dunkelblaue Hose sowie ein dunkelblauer mit zwei Reihen Hornknöpfen geschlossener kurzer Paletot getragen. Die Kopfbedeckung ist die dunkelblaue Matrosenmütze mit damals noch kleinem und weichem Deckel, schwarzem Seidenband, vorn mit den Worten »Königliche Marine« in Gold und hinten herabfallenden Bändern, sowie zur Parade ein schwarzer runder Lacklederhut mit ringsum hochstehendem Rand. Die Rangabzeichen der Unteroffiziere bestanden schon derzeit aus goldenem Anker mit Fachabzeichen, Obermaate mit Krone darüber auf dem linken Oberarm.

In der Zeit von 1874–1888 ist die Uniform gegen die vorherige Zeit nur wenig geändert. An Stelle der preußischen Mützenkokarde tritt die schwarz-weiß-rote Bundes-, später Reichskokarde. Der Galafrack kommt für Stabs- und Subalternoffiziere in Fortfall. Der zweireihige dunkelblaue Offiziersrock, der dem Waffenrock des Heeres entspricht, wird jetzt hochgeschlossen getragen und hat dunkelblauen liegenden Kragen, zwei Reihen von je 6 goldenen Knöpfen mit gekröntem Anker und trägt auf den Schultern die silbernen schwarz und rot durchzogenen Passanten und zum großen Dienstanzug die Epauletten des Dienstranges. Auf den runden Ärmelaufschlägen befinden sich je drei später fortfallende Knöpfe nebeneinander und darüber die Ärmelrangstreifen, und zwar hat der Unterleutnant zur See einen schmalen, der Leutnant zur See einen, der Kapitänleutnant 2, der Korvettenkapitän 3, der Kapitän zur See 4 mittelbreite Goldstreifen, der Konteradmiral eine breite, der Vizeadmiral 1, der Admiral 2 mittelbreite Rangtressen (Abb. 59, c) darüber. Über den Rangabzeichen befindet sich später das Korpsabzeichen, für das Seeoffizierskorps ein sechsstrahliger Stern, für den Marinestab eine sechsblättrige Rosette und für den Admiralstab die Kaiserkrone. Die Marineingenieure tragen keine Korpsabzeichen, dafür aber die Rangabzeichen mit schwarzem Samt unterlegt, auch ist der Rockkragen aus schwarzem Samt. Zum Rock gehört eine silberne schwarz und rot durchzogene Husarenschärpe, deren 2 Quasten an langen Schnüren an der rechten Seite im Bogen nach vorn verlaufen und dort durchgesteckt werden. Die lange dunkelblaue Hose hat zur Gala breiten Goldtressenbesatz. Hut und Mütze bleiben bis auf die jetzt schwarz-weiß-rote Kokarde unverändert. Im kleinen Dienst und außerdienstlich wird der Überrock getragen, ein zweireihiger dunkelblauer Rock im Zivilschnitt mit dunkelblauer einreihiger Weste. Auf den Ärmeln befinden sich keine Rangstreifen, sondern nur das Korpsabzeichen. Die Rangbezeichnung erfolgt durch die silbernen schwarz und rot durchzogenen Achselstücke. Hierzu stets die Mütze. An Bord wird daneben noch ein zweireihiges dunkelblaues Jackett getragen, das ebenfalls Achselstücke und keine Ärmelrangtressen aufweist. Die Epauletten sind ganz Gold, für Admirale und Stabsoffiziere mit dicken Fransen, für Kapitänleutnant und Leutnant zur See mit dünnen, Unterleutnant zur See ohne Fransen. In dem Feld befindet sich der silberne unklare Anker und die Rangsterne nach Armeemuster, bei Admiralen dazu silberner Adler mit Krone darüber auf dem Schieber. Um den Schieber zieht sich die silberne schwarz-rot durchzogene Besatztresse. Die Epauletts der Ingenieure haben schwarzen Samtschieber und -feld und das goldene Waffenabzeichen, klarer Anker mit aufgelegtem Zahnrad, das sich auch auf den Achselstücken befindet. Die Deckoffiziere haben keinen Frack, sondern nur den Rock ohne Ärmeltresse und Achselstücke. Die Rangabzeichen befinden sich in den vorderen Kragenecken in Gestalt der Waffenabzeichen, für die Oberdeckoffiziere mit Krone darüber. Bei-

Abb. 59. Deutsche Marine und Schutztruppe 1848–1936
a Matrose der deutschen Marine – b Seesoldat (Preußen) – c Seeoffizier (Norddeutscher Bund) – d Kontre-Admiral – e Schutztruppe für Deutschsüdwest – f Askari. Ostafrika – g Marine-Infanterie – h Seeoffizier. Matrosen-Regt. – i Feldwebel – k Matrose

spiele: Bootsmann unklarer Anker, Feuerwerker klarer Anker mit zwei gekreuzten Kanonenrohren, Maschinist klarer Anker mit Zahnrad, Meister klarer Anker. Die Kadetten und Seekadetten, die den jetzigen Dienstgraden Seekadett und Fähnrich zur See entsprechen, haben eine kurze offen getragene Jacke mit zwei Reihen von je 7 Knöpfen, runde Aufschläge mit drei großen Ankerknöpfen, die Fähnriche zur See auf den Kragenenden noch eine silberne schwarz und rot durchzogene schmale Litze mit einem kleinen Knopf am oberen Ende. Die Seekadetten tragen die Offiziersmütze, die Kadetten eine dunkelblaue Schirmmütze mit Kokarde über dem Schirm und schmaler goldener Schnur auf dem oberen Rand des dunkelblauen Besatzbandes. Die Mannschaftsuniform war praktisch dieselbe, wie sie auch heute noch ist. Die kurzen zweireihigen Mäntel der Unteroffiziere und Mannschaften hatten ziemlich breiten liegenden Kragen und auf den Kragenenden mittelblaue rechteckige Kragenpatten, über deren obere Enden bei Unteroffizieren eine, bei Feldwebel und Obermaaten zwei schmale silberne schwarz-rot durchzogene Tressen liefen. Das technische Personal hatte silberne Knöpfe und Ärmelrangabzeichen. Das Abzeichen der Spielleute bestand aus zwei gelben Winkeltressen am Unterarm von Jakke und Hemd, bei den Hornisten waren die Tressen aus Gold. Die obere bildete eine Schleife. Obermatrosen, dem Range des Heeresgefreiten entsprechend, tragen auf dem linken Oberarm einen gelben, auf dem weißen Hemd blauen, nach oben offenen Tuchwinkel.

Die nächste größere Uniformänderung trat bei Beginn der Regierungszeit Kaiser Wilhelm II. 1889/90 ein. Der Galafrack der Admirale und der Frack der übrigen Offiziere werden abgeschafft, an ihre Stelle tritt ein langer dunkelblauer zweireihiger Rock mit gleichfarbigem Stehkragen, der bei Admiralen mit goldener Eichenlaubstickerei bedeckt ist, während die übrigen Seeoffiziere eine breite goldene Tresse am Kragenaußenrand haben. Die Brustteile sind weiß gefüttert, mit je nach Rang verschieden breiter Goldtresse eingefaßt, und werden aufgeschlagen getragen. Auf dem Arm befindet sich eine weiße dreiknöpfige geschweifte hohe Aufschlagpatte mit Goldtressenaußeneinfassung, unter der die Rangtressen hindurchlaufen. Die Admirale haben bis 1900 einen runden, mit dichter Eichenlaubstickerei bedeckten Aufschlag, dann den Aufschlag der übrigen Seeoffiziere mit den entsprechenden Rangtressen. Alle Seeoffiziere erhalten als Korpsabzeichen die Kaiserkrone in Goldstickerei über den Rangtressen. Die Husarenschärpe wird ersetzt durch ein mit silberner, schwarz und rot durchzogener Tresse bedecktes Leibkoppel mit goldenem Koppelschloß, auf dem später in einem Eichenlaubkranz der gekrönte kaiserliche Namenszug auf dem klaren Anker sich befindet. Zu dieser Schärpe wird die Waffe untergeschnallt getragen. Hut und Hose bleiben unverändert, ebenso die Epauletten. Der

Rock wird nicht mehr hochgeschlossen, sondern im Zivilschnitt getragen (Abb. 59, d). Zum Tagesanzug treten an Stelle der Epauletten die Achselstücke. Der zwischenzeitlich geschaffene Rang des Fregattenkapitäns, der dem des Oberstleutnants in der Armee entspricht, trägt vier mittelbreite Ärmeltressen und einen Stern auf Epaulett und Achselstück. Beim Jackett werden die Rangabzeichen von jetzt an nur noch durch die Ärmeltressen gekennzeichnet, Achselstücke fallen fort. Die Mütze erhält einen Besatzstreifen aus schwarzem Mohairband. Über dem Schirm wird die Reichskokarde in einem goldenen gekrönten Eichenlaubkranz befestigt. Die Ausstattung ist für alle Rangstufen bis zum Fähnrich zur See herab die gleiche. Der dunkelblaue zweireihige Mantel mit gleichfarbigen Rollumschlägen und sechsknöpfigen geschweiften Schoßtaschenleisten und kleinem Riegel hat keine Achselstücke oder Rangbezeichnung, für Admirale aber kornblumenblaues Brustfutter. Die Deckoffiziere erhalten die Offiziersmütze, aber vorn nur die schwarz-weiß-rote Kokarde mit der Kaiserkrone mit fliegenden Bändern darüber. Die Kragenrangbezeichnung am Rock kommt in Fortfall. An ihre Stelle treten dunkelblaue spitze Achselklappen mit goldenem Waffenabzeichen, der Oberdeckoffizier mit Krone darüber. Die Ärmelaufschläge sind rund mit je drei Knöpfen besetzt. Jackett wie die Offiziere mit entsprechenden Achselklappen, die auch auf dem Mantel angebracht sind. Die Seeoffiziere erhalten 1901 nach russischem Muster einen kurzen am schwarzen Seidenkoppel und zwei Standern getragenen Dolch in Messingscheide mit Elfenbeingriff und Kaiserkrone als Griffabschluß. Das Portepee war seit 1874 Silber mit schwarz und roten Seidenfäden durchzogen. An der Mannschaftsuniform tritt nur insofern eine Änderung ein, als bei den Torpedobootsdivisionen die blauen Mantelkragenpatten und der Deckel der Mannschaftsmütze rot vorgestoßen sind. Die Mannschaften der Kaiserlichen Jacht Hohenzollern haben die Kragenpatten weiß. Als Gesellschaftsuniform wird von den Offizieren ein kurzes Messejackett in Smokingschnitt nach englischem Muster getragen mit Ärmelrangabzeichen. Die Mütze der jetzt als Seekadetten bezeichneten Offiziersanwärter trägt über dem Schirm nur die schwarz-weiß-rote Kokarde, die Kragenranglitze der Fähnriche befindet sich auf beiden Schultern und wird auch zum kurzen Überzieher getragen.

Eine besondere Uniform hatten die Feldwebel, die obersten Unteroffiziersgrade des Landmarinepersonals, sowie die Wachtmeister. Sie trugen die Mütze der Deckoffiziere, zur Parade die Jacke der Obermaaten mit den entsprechenden Rangabzeichen am linken Oberarm und der zusätzlichen Feldwebeltresse an den Unterärmeln. Dazu weiße Wäsche und schwarze Querbinder, Säbel mit Portepee untergeschnallt, lange blaue Hose. Beim Dienstanzug wird die Jacke durch das zweireihige Jackett mit dem Rangabzeichen am linken Oberarm ersetzt.

Während des 1. Weltkrieges änderte sich die Uniform der Kriegsmarine fast gar nicht, jedoch wurde es für die Offiziere üblich, auch zum Ausgangsanzug das zweireihige Jackett mit untergeschnalltem Dolch, weiches Hemd mit schwarzem Langbinder zu tragen. Die auf den U-Booten und Luftschiffen eingeschifften Offiziere und Mannschaften erhielten schwarze zweireihige hochgeschlossene Lederjacken mit liegenden marineblau bezogenen Kragen. Als Rangabzeichen wurden von Offizieren und Deckoffizieren Achselstücke, von den Unteroffizieren goldene Anker mit Fachbezeichnung auf dem linken Oberarm getragen. Dazu gehören kurze schwarze Lederhosen, sowie Mützen, deren Deckel ebenfalls mit schwarzem Leder bezogen war. Das Lederzeug der Kriegsmarine war stets schwarz. 1916 wird auch für die Kriegsmarine angeordnet, daß auf dem Mantel der Offiziere Achselstücke anzubringen sind. Die während des 1. Weltkrieges aufgestellten Matrosenregimenter trugen zunächst feldgrau gefärbtes Matrosenzeug, Offiziere Blusen und feldgraue Deckelmütze mit schwarzem Besatzband (Abb. 59, h). Später erhielten auch die Matrosenregimenter die im Heer übliche Bluse M 15, behielten jedoch, falls nicht der Stahlhelm getragen wurde, stets die Marinekopfbedeckungen, allerdings mit feldgrauem Deckel. Bei den Offizieren wurden die Rangbezeichnungen teilweise nur durch Achselstücke oder durch Ärmelstreifen, zum Teil auch durch beide zusammen ausgedrückt. Die Unteroffiziere trugen im allgemeinen ihre Ärmelrangabzeichen weiter, zur Bluse M 15 auch kurze Winkeltressen an den Kragenenden. Nach dem 1. Weltkriege kamen bei der Kriegsmarine zunächst alle kaiserlichen Abzeichen in Fortfall, jedoch durften Achselstücke, Passanten, Schärpe und Portepee in bisheriger Form aufgetragen werden. Nach und nach wurden dann die vorschriftsmäßigen Abzeichen ganz in Silber angelegt. Die Schärpe bestand aus gerippter Silbertresse mit zwei schwarzmelierten Seidenstreifen, das Koppelschloß aus einem Anker im Lorbeerkranz. An Stelle der Kaiserkrone auf den Ärmelrangabzeichen der Seeoffiziere, bei denen im übrigen der Galarock und fürs Inland auch die Verwendung der Epauletten in Fortfall kamen, trat ein fünfstrahliger goldener Stern. Die anderen Fachoffizierkorps erhielten ihrer Waffe entsprechende Abzeichen, Ingenieure ein Zahnrad. Die Epauletten der Admirale erhalten glatten silbernen Schieber und Feld, darauf goldenen unklaren Anker und Rangsterne. Die Ärmelrangtressen der Offiziere werden insofern verändert, als der Leutnant 1 mittelbreite, Oberleutnant 2 mittelbreite, der Kapitänleutnant 2 mittelbreite mit 1 schmalen dazwischen erhält. Die Achselstückabzeichen blieben dieselben. Auf der Mütze kommt die Krone in Fortfall. An Stelle der schwarz-weiß-roten Kokarde tritt bis 1933 die ovale gelbe Kokarde mit dem schwarzen Adler. Das Eichenlaub wird in der Form höher und oben geschlossen. Die Rangstufen der Deckoffiziere kommen nach und nach in Fortfall. Dafür erhalten die neu geschaffenen Feldwebelgrade, Feldwebel und Oberfeldwebel, die Offiziersmütze sowie zum Offiziersjackett und -mantel spitze grundfarbene Achselklappen mit goldener Tresseneinfassung ringsum, im Feld einen goldenen Anker mit Fachabzeichen und 1 oder 2 silberne Sterne dazu. Alle Offiziere und Portepee-Unteroffiziere erhalten zum Landanzug den Dolch mit Portepee, an Stelle der Kaiserkrone mit einer runden Verzierung und zunächst mit schwarzem Griff. An der Mannschaftsuniform ändert sich lediglich die Kokarde, auch fällt beim Torpedopersonal der rote Vorstoß fort, das technische Personal erhält gelbe Knöpfe und Abzeichen. Bei den Obermaaten tritt an Stelle der Kaiserkrone unter dem Fachabzeichen am linken Oberarm ein nach oben offener kurzer goldener Winkel.

Die Mannschaftsgrade haben 1-4 goldene Tressenwinkel, Spitze nach unten, darüber das von allen Mannschaften getragene Waffenabzeichen, seemännisches Personal fünfstrahligen Stern, technisches Zahnrad in gelb.

Die Küstenwehrabteilungen, jetzt Marineartillerieabteilungen, tragen auch feldgraue Uniformen im Heeresschnitt mit gelben Knöpfen und Rangabzeichen, graue, gelb bespiegelte Kragenlitzen. Die Schirmmütze hat Besatzstreifen und Deckelvorstoß aus Besatztuch. Offiziersrangbezeichnung erfolgt nur durch Achselstücke. Die Mannschaftsachselklappen tragen 2 gekreuzte klare Anker in gelber Stickerei. 1933 wird bei der gesamten Kriegsmarine die schwarz-weiß-rote Kokarde wieder eingeführt. 1934 tritt an der Mütze über der Kokarde und an der rechten Brustseite das Hoheitsabzeichen neu hinzu. 1936 wird für die Offiziere eine goldene Schirmrandbestickung eingeführt, die für Subalternoffiziere aus einer schmalen innen gewellten Tresse, für Stabsoffiziere aus einer einfachen, für Admirale aus einer zweifachen Eichenlaubstickerei besteht. Der neu geschaffene Rang des Generaladmirals erhält zur Kennzeichnung über der breiten Ärmeltresse 4 mittelbreite und auf den Achselstücken und Epauletten 3 Rangsterne in Dreieckform.

1850 war in der preußischen Marine ein Marinierkorps in Stärke von 2 Kompanien geschaffen, das 1854 die Benennung Seebataillon erhielt. Dies waren an Bord eingeschiffte Infanterie und Artillerie, welche Art der Verwendung sich bis in die 90er Jahre hinein erhielt. In späterer Zeit wurde ein II. Seebataillon geschaffen und Ende des 19. Jahrhunderts noch ein drittes, welches seinen Standort in Tsingtau erhielt. Die Seebataillone, zusammengefaßt als Marineinfanterie bezeichnet, waren seit 1867 Bundes-, seit 1871 Reichstruppen und trugen infolgedessen Kokarde, Achselstücke, Schärpe und Portepee in Reichsfarben. Die Uniform bestand seit der Gründung aus einem dunkelblauen Waffenrock mit gleichfarbigem Kragen und brandenburgischen Aufschlägen. Der Kragen, die Rockvorderteile und die dreiknöpfigen geschweiften Schoßtaschenleisten waren weiß vorgestoßen. Die Offiziere trugen am Kragen eine goldene Gardelitze und die Aufschlagpatten weiß vorgestoßen. Die weißen Achselklappen und die Offiziersepauletts mit weißem Feld und Schieber trugen einen unklaren Anker. Lederzeug schwarz, Hose dunkelblau mit weißem Vorstoß, Kopfbedeckung bis 1862 der Helm der Linienartillerie mit gelbem Beschlag, von da an bis 1883 ein blaubezogener Filztschako mit schwarzem Lederschirm vorn. Als Beschlag ein bronzener Anker mit der Inschrift: »Mit Gott für König und Vaterland.« 1875 wurde der Beschlag geändert, indem auf den Anker der fliegende Reichsadler gelegt wird. Auch erhielt der Tschako gelbe Schuppenketten. 1883 bekam der Tschako ledernen Vor- und Hinterschirm, für Offiziere schwarzen Tuchbezug, der Mannschaftstschako wird ganz aus Lackleder. Auch wird zur Parade ein schwarzer, für Spielleute roter Busch getragen. Zunächst dunkelblaue Tellermütze mit weißem Vorstoß am oberen Besatzstreifenrand, über dem Schirm die Buchstaben K. M., seit 1854 die Nationalkokarde, die Offiziersmütze hatte schwarzen Lederschirm und Kinnriemen. Ab 1875 ist der Besatzstreifen und der Deckelvorstoß der dunkelblauen Tellermütze weiß. Am Waffenrock traten im Laufe der Zeit folgende Veränderungen ein:

1875 wird Kragen und Aufschlag weiß. Seit 1888 haben Mannschaften und Offiziere auf dem Kragen je 2 und auf der Aufschlagpatte 3 gelbe bzw. goldene Gardelitzen. Auf den Achselklappen und Epaulettfeldern werden seit 1878 2 gekreuzte Anker mit darüberstehender Kaiserkrone, später zusätzlich mit der römischen Bataillonsnummer darunter getragen. Die Offiziere tragen auf den Achselstücken nur die goldene Kaiserkrone.

Die Entwicklung des Mantels erfolgt parallel dem Heer. Seit 1906 ist das Mantelbrustfutter der Seebataillonsoffiziere weiß. Das III. Seebataillon in Kiautschou trug im dortigen Dienst kakifarbige Uniform mit Stehumlegekragen und den Waffenrockachselklappen, braunes Lederzeug, kakifarbenen Tropenhelm mit dem gelben Adler über der Stirn. Von 1857-67 bestand eine besondere Seeartillerieabteilung. Diese trug die Uniform des Seebataillons, jedoch mit schwarzem Kragen und Aufschlag. Auf dem Achselklappenanker befanden sich zwei gekreuzte Kanonenrohre. Zur Felduniform M 10 erhielt das Seebataillon weiße Kragen-Aufschlag-Achselklappen- und Rockvorderteil-Vorstöße, gelbe Gardelitzen auf dem Stehumlegekragen und den Aufschlagpatten, gelbe Achselklappenbeschriftung. Offiziere weiße Kragenpatten mit silberner Doppellitze und silbernen Aufschlagpattenlitzen. Zur Uniform M 15 hatte die Mannschaftsbluse gelbe Kragenlitzen mit weißem Spiegel. Bei der Wiedererrichtung der Wehrmacht 1919 wurde die Marineinfanterie nicht mehr aufgestellt.

Ärmelrangtressen der Seeoffiziere nach dem Stand von 1914 bzw. 1934

In dem folgenden Schema sind mit s = schmal bezeichnet Tressen von 0,7 cm (1914) bzw. 0,9 cm (1934); mb = mittelbreit solche von 1,3 cm (1914) bzw. 1,6 cm (1934); b = breit solche von 5,2 cm (1914) bzw. 5,3 cm (1934) Breite. Die Rangtressen sind golden und zählen stets von unten nach oben.

	Subalternoffiz.: Lt. z. See Oblt. z. See Kapitänlt.	Stabsoffiz.: Korv.-Kapt. Freg.-Kapt. Kapit. z. See	Admirale: Konteradm. Vizeadm. Admiral (Großadm.)	Bemerkungen
1913	1 s 1 mb 2 mb	3 mb 4 mb 4 mb	1 b + 1 - 4 mb	Über der obersten Rangtresse Korpsabzeichen: Kaiserkrone, Ing. schwarze Samtunterlage
1934	1 mb 2 mb 1 mb + 1 s + 1 mb	3 mb 4 mb 4 mb	1 b + 1 - 4 mb	Über der obersten Rangtresse Dienstzweigabzeichen: Seeoffiz. 5str. Stern, Ingenieure Zahnrad.

Schutztruppen

Ostafrika. 1889/91 bestand die Truppe des Reichskommissars. Die europäischen Offiziere und Unteroffiziere trugen den weißen Tropenhelm mit schwarz-weiß-roter Kokarde vorn, zur Parade dunkelblauen, im Dienst weißen einreihigen Waffenrock mit liegendem Kragen, schwarz-weiß-rot durchzogene Achselstücke und 1-3 goldene Ärmelrangtressen, deren oberste eine Schleife bildete, gelbe Knöpfe, silberne schwarz und rot durchzogene Schärpe und gleichfarbiges Portepee für die Offiziere. Außerdem wurde ein kakifarbener Feldanzug gleichen Schnitts getragen. Die Rangabzeichen der Unteroffiziere bestanden aus 1-3 Winkeln am linken Oberarm. Die Eingeborenen-Truppe trug kakifarbene einreihige Röcke, Turban oder roten Fes mit blauer Kordel, blaue Wickelgamaschen, braunes Lederzeug. Nach Übernahme in den kaiserlichen Dienst trug die Schutztruppe von 1891-1896 folgende Uniformen:

Offiziere zur großen Uniform schwarzen Lederhelm mit gelbem Reichsadler, Spitze und Schuppenketten, dunkelblauen einreihigen Waffenrock mit gelben Knöpfen, der liegende Kragen, die Rockvorderteile, die brandenburgischen Aufschläge und die Schoßtaschenleisten weiß vorgestoßen, in den Kragenecken eine goldene Kaiserkrone. Achselstücke und Schärpe nach Seebataillonsmuster, dunkelblaue Hose mit weißem Vorstoß. Der Tagesanzug ist weiß, in gleicher Form mit Brust- und Seitentaschen, an Stelle der weißen Vorstöße dunkelblaue. Hierzu weißer Tropenhelm mit gelbem Beschlag und Spitze oder weiße Mütze mit dunkelblauem Besatzstreifen und Kokarde über dem Schirm. Der Feldanzug ist kakifarben im gleichen Schnitt wie der weiße Rock und trägt gelbe Vorstöße und ebenfalls die Kaiserkrone in den Kragenecken. Unteroffiziersrangabzeichen nach englischer Art, die Uniform der Eingeborenen-Askaris bleibt unverändert. Seit 1896 wird eine allgemeine Schutztruppenuniform eingeführt. Die Heimatuniform besteht aus hellgrauem Kord mit Stehumlegekragen, schwedischen Aufschlägen und Vorstößen in Kolonialfarbe, die für Deutsch-Ostafrika weiß ist, gleichfarbige Hose mit weißem Vorstoß, breitkrempiger grauer Hut mit Band und Randeinfassung in Kolonialfarbe. Der Hut ist rechtsseitig hochgeschlagen und trägt auf dem Aufschlag eine große schwarz-weiß-rote Kokarde. Rockkragen und Aufschlag haben weiße Gardelitzen mit rotem Spiegel, für Offiziere silberne. Achselstücke, Feldbinde und Portepee nach Armeeart in den Reichsfarben. Offiziere tragen zum Paradeanzug doppelte silberne Fangschnur an der linken Schulter, das Lederzeug ist braun. Generale rote Abzeichen mit goldener Stikkerei nach preußischem Muster, goldene Knöpfe und Huteinfassung. Der Feldanzug der europäischen Kolonialtruppen ist kakifarben, Feldrock mit einer Reihe weißer Knöpfe, Umlegekragen, runde Aufschläge, alles mit blauem Vorstoß ohne Litzen, Hose ebenfalls, Kakitropenhelm mit Kokarde über der Stirn. Die Askaris tragen ebenfalls kakifarbene Röcke mit liegendem Kragen und weißen Knöpfen, einen kakifarbenen Fes mit Nackenschutz und silbernem Reichsadler über der Stirn, braunes Lederzeug, dunkelblaue Wickelgamaschen und braunes Schuhzeug (Abb. 59, f).

Deutsch-Südwestafrika. Die Truppen des Reichskommissars von 1889/93 hatten graue Kordröcke, Hose und Hüte des späteren Kolonialmusters ohne farbige Verzierung, braunes Lederzeug, 1893-1896 auch nach der Übernahme in den Reichsdienst hellblaue Kragen und polnische Aufschläge mit einer weißen rot bespiegelten Gardelitze, für Offiziere silber. Bis 1895 wird ein kleines Käppi getragen mit blauem Band und Deckelvorstoß, schwarzem viereckigen Lederschirm, schwarz-weiß-roter Kokarde darüber, seit 1896 die allgemeine Schutztruppenuniform mit hellblau als Abzeichenfarbe, im Felddienst auch hier braune Drellfeldröcke wie Deutsch-Ostafrika. Der Waffenrock im Schnitt der Heimatsuniform ist aus grauem Kord.

Kamerun. Die Abzeichenfarbe der Schutztruppenuniform war rot, ebenso die winkelförmigen Rangabzeichen und Schwalbennester der Eingeborenen-Truppe. Die gleiche Uniform trug die Polizeitruppe in Togo.

Österreich-Ungarn

Nach dem Uniformreglement von 1815 war die Offiziersuniform ganz im Schnitt der derzeitigen Heeresuniform, jedoch aus dunkelblauem Tuch mit lichtblauen Abzeichen. In den Kragenecken befand sich ein liegender goldener unklarer Anker; Knöpfe gelb, Überrock dunkelblau mit lichtblauen Ärmelaufschlägen. Stabsoffiziere trugen Distinktionsbörtchen an den Ärmelaufschlägen wie beim Heer. Sämtliche Offiziere hatten den mit der Spitze nach vorn und hinten gesetzten Hut im Armeeschnitt in ziemlich hoher Form, alle übrigen Ausstattungsstücke einschließlich Schärpe wie beim Heer. Das Matrosenkorps trug einen runden ledernen Zylinderhut, vorn gekrönten Anker, links oben am Rand die schwarz-gelbe Rose, dunkelblaue zweireihige Jacke mit gelben Knöpfen, für Unteroffiziere mit kurzen Schößen hinten, dunkelblaue Hose. Die Marineinfanterie hatte Herresuniform aus lichtblauem Grundtuch mit lichtroten Abzeichen, gelbe Knöpfe, runden Hut. 1820 statt dessen Tschako, Artillerie Hut à la Corse. Seit 1817 ist den Marineoffizieren das Tragen goldener Epauletten gestattet, die auch von den Marineinfanterie- und Artillerieoffizieren angelegt werden. 1827 wird für die Seeoffiziere ein ganz dunkelblauer Überrock eingeführt. An Bord wird statt des Säbels ein Dolch in schwarzer Lederscheide mit Goldbeschlag getragen. Deckoffiziere haben dunkelblauen zweireihigen Rock mit Stehkragen ohne weitere Abzeichen. 1836 erhalten sämtliche Knöpfe Ankerprägung, die Matrosen-Artillerie Tschakos, Seeoffiziere goldene Passanten, Stabsoffiziere 2 Epauletten mit starken Fransen, Subalternoffiziere rechts Fransenepaulett, links Conterepaulett. 1849 macht auch die Marineuniform die Änderung im Schnitt der Heeresuniform mit. Der dunkelblaue Waffenrock hat zwei Reihen gelber Knöpfe, dunkelblauen Stehkragen und runden Aufschlag, gelbe Knöpfe, Rangabzeichen nach Heeresmuster, für Offiziere 2 Epauletten, Stabsoffiziere mit dicken, Subalternoffiziere mit dünnen Fransen. Der Rock wird an Bord oft offen getragen mit blauer oder weißer hochgeschlossener Weste; dunkelblaue Hose ohne Vorstoß, zur Parade mit Goldstreifen. Neben dem Hut, von jetzt ab ohne Federbusch, wird eine dunkelblaue Tellermütze mit goldenem Besatzstreifen und vorn am Rand über dem schwarzen Lederschirm mit schwarz-goldener Rose eingeführt. 1852 wird die Matrosenuniform der sonst allgemein üblichen angeglichen, dunkelblaues, im Sommer weißes Hemd mit lichtblauem, hinten abfallendem Hemdkragen mit je nach Rang 1-3 weißen Litzen und weißen Sternen in den Kragenecken, zweireihiges dunkelblaues Jackett, dunkelblaue Hose, Matrosenmütze mit schwarzem Seidenband und goldener Beschriftung vorn, die Bänder hinten herabfallend. Die Uniform der Marineinfanterie wird ganz dunkelblau mit roten Vorstößen im Heeresschnitt. 1859 wird für die Offiziere der zweireihige lange dunkelblaue Flottenrock im Zivilschnitt mit weißer Wäsche und schwarzem Querbinder eingeführt. Der Rock hat goldene Passanten, zum großen Dienstanzug goldene Epauletten wie bisher, auf den Ärmeln werden die Rangabzeichen durch Goldtressen gekennzeichnet, 1 und 2 schmale, 1 mittelbreite und 1 und 2 schmale, 1 ganz breite und 1 und 2 schmale für die Admiralsgrade. Auf den Epauletten befinden sich 1-3 silberne Rangsterne, Admirale mit goldener Krone darüber. 1866 erhält der Waffenrock liegenden Kragen. Er wird von jetzt ab nur zur Gala getragen. Die Offiziersepauletten verlieren die Rangsterne, gleichzeitig wird die Bordkappe eingeführt, die für die österreichische Marine bis in den Anfang des 20. Jahrhunderts charakteristisch war. Neben dem Flottenrock wird auch ein zweireihiges dunkelblaues Jackett getragen mit Ärmelrangabzeichen und goldenen Passanten. Um 1890 sind die Ärmelrangabzeichen an Rock und Jacke für Subalternoffiziere 1-3 schmale waagerechte Goldtressen, Stabsoffiziere 1 mittelbreite, Admirale eine ganz breite Tresse darunter. An der Kappe werden um das schwarze Besatzband umlaufend je nach Dienstklasse 1-3 schmale Goldbörtchen angebracht. Der Hut hat das englische Modell mit hohem Kopf behalten. Deckoffiziere tragen die Offiziersmütze ohne Börtchen, auf den Ärmeln des Flottenrocks 1-3 gelbe waagerechte Seidenschnüre. Die Unteroffiziere und Mannschaften erhalten auf dem Rand der Matrosenmütze eine goldene Kaiserkrone mit fliegenden Bändern. Zur weißen Offiziersuniform werden dunkelblaue Achselstücke mit den Ärmelrangtressen darauf eingeführt. Um 1900 haben die Admirale über der breiten Tresse statt der schmalen Tressen 1-3 sechsstrahlige große goldene Sterne, ebenso in Silber auf den Epauletten, auf denen für alle anderen Offiziere ein gekrönter goldener Anker im Feld angebracht ist. 1907 erhält die Offiziersmütze die englische Tellermützenform, Offiziere über dem Schirm den goldenen Namenszug F. J. I. auf goldenem Anker im gekrönten Lorbeerkranz auf schwarzem Grund, die Deckoffiziere den Namenszug im Kreis mit Kaiserkrone darüber auf schwarzem Grund. Bei den Seeoffizieren bildet die oberste Tresse jetzt eine Schleife, bei den Admiralen kommen die Sterne in Fortfall, statt dessen ebenfalls 1-3 schmale Tressen und über der Schleife der obersten Tresse eine große goldene Krone. Die Deckoffiziere erhalten 2 oder 3 11 cm lange mittelbreite Goldborten längs des Aufschlages mit kleinem Knopf am Vorderende. Unteroffiziere haben 1-3 Tuchsterne in den Hemdkragenecken. Von diesen und den Mannschaften werden am linken Oberarm Spezialitätenabzeichen in gelb, für Unteroffiziere mit Krone darüber getragen, z. B. unklarer Anker, Propeller, Anker mit gekreuzten Kanonenrohren usw.

Die Luftwaffe

Bis zum 1. Weltkrieg war die militärische Luftfahrt in ihrer Entwicklung noch nicht weit fortgeschritten. Zwar bestanden schon seit den 80er Jahren des vorigen Jahrhunderts in vielen, besonders größeren Armeen Fesselballontrupps, die jedoch keine selbständige Waffengattung bildeten, sondern zum Genie gehörten und dessen Uniform trugen. Auch bis zum Kriege verblieb der innere Zusammenhang zwischen Genie und Luftfahrtruppe uniformmäßig gesehen in allen Heeren der gleiche. Erst die unerwartete Entwicklung während und besonders nach dem 1. Weltkrieg machte die Fliegerwaffe zunächst zu einer selbständigen Truppengattung, und in der neuesten Zeit zu einem eigenen, dem Heer und der Flotte gleichgestellten Wehrmachtsteil. Mit dieser Entwicklung Hand in Hand geht auch die Entwicklung einer eigenen Uniform für die Luftwaffe. Nur wenige Länder sind dabei verblieben, der Luftwaffe die Genieuniform zu belassen und ihr lediglich Spezialabzeichen zuzuerkennen. Sie werden im folgenden nicht besonders erwähnt. Die Mehrzahl aller Länder schuf für die Luftwaffe eine Uniform, die in sehr erheblicher Weise von den bisher gebräuchlichen Heeresuniformen abweicht. Es tritt bei dieser jüngsten Waffe international eine weitgehende Ähnlichkeit im Schnitt zutage, ist doch die Uniform der Luftwaffe der durch Tradition ungehinderte Ausdruck einer nach jetztzeitigem Empfinden praktischen und gleichzeitig dem Auge gefälligen militärischen Bekleidung. Der internationale Uniformtyp der Luftwaffe, erkennbar englischen Ursprungs, ist danach das einreihige vierknöpfige Ziviljackett mit aufgesetzten Brust- und Seitentaschen möglichst großen Formats, farbige, außer Dienst weiße Wäsche, lange Hose, möglichst mit Umschlag, sowie eine Tellermütze mit Schirm und Sturmriemen.

Deutschland

Die 1887 gegründete Luftschifferabteilung, später Btl. 1 und 2, erhielt die Uniform der Gardepioniere mit einem gelben L auf der roten Achselklappe und seit 1895 den Jägertschako mit weißem Beschlag und schwarzem Busch. Nach der Zusammenfassung der Verkehrstruppen 1911 wird die Achselklappe hellgrau mit roter Beschriftung, wobei zu dem L die Bataillonsnummer 1–5 hinzutritt. Bei den Luftschifferbataillonen 3–5 fehlen Gardelitzen und Haarbusch. Die bis zum Weltkrieg errichteten preußischen 4 Fliegerbataillone erhielten dieselbe Uniform, jedoch nur eine Kragenlitze und geflügelten Propeller mit Bataillonsnummer auf der Achselklappe. Die bayerischen Formationen trugen zwei Gardelitzen. Zur Felduniform M. 1910 sind die Kragen- und Aufschlagvorstöße schwarz, Knöpfe weiß, Achselklappenvorstöße mausgrau, Beschriftung rot, Kragen- und Aufschlaglitzen weiß mit schwarzem Spiegel, die Offiziere hatten eine Kragenpatte von schwarzem Samt mit rotem Vorstoß und silbernen Litzen. Zur Felduniform M. 15 weiße Kragenlitzen mit schwarzer Füllung und weißem Spiegel, die Fliegerbataillone 1–4 eine Litze, die Achselklappen ganz hellgrau mit roter Beschriftung.

Die deutsche Luftwaffe

Nach dem 1. Weltkrieg war es Deutschland aufgrund der Bestimmungen des Versailler Vertrages verboten, Luftstreitkräfte zu unterhalten. Eine Neuaufstellung erfolgte erst im Jahr 1935 und nun als selbständiger Wehrmachtsteil. Für sämtliche Kleidungsstücke wurde die blaugraue Grundfarbe eingeführt. Im Schnitt wich die Uniform der Luftwaffe vollkommen von der des Heeres ab. Der Tuchrock hat den allgemein üblichen Jackettschnitt mit einer Reihe von 4 Knöpfen, rechteckige Kragenpatten, Vorstoß um Kragenaußenrand und die oben abgerundeten Achselklappen in Waffenfarbe; blaumelierte, außerdienstlich weiße Wäsche mit schwarzem Langbinder und Stehumlegekragen. Lederzeug für Offiziere dunkelbraun mit Schulterriemen, Mannschaften braun mit Schulterriemen, der 1936 in Fortfall kam. Schuhzeug schwarz. Hosen ohne waffenfarbige Vorstöße, nur die Generale trugen einen weißen Vorstoß mit weißen Lampassen. Tellermütze in Reichswehrform mit schwarzem Lederschirm und Kinnriemen, Besatzstreifen aus schwarzer Kunstseidentresse mit waffenfarbigen Vorstößen oben und unten, bei Offizieren in silberner Gespinstlitze, bei Generalen goldfarbig. Auf dem Besatzstreifen schwarz-weiß-rote Kokarde in kleinem Eichenlaubkranz zwischen zwei stilisierten Adlerschwingen. Darüber auf dem Rand Hoheitsabzeichen (fliegende Adler mit Hakenkreuz), das sich auch über der rechten Brusttasche gestickt befindet. Der Mützendeckel ist wie der Besatzstreifen vorgestoßen. Die Mützenstickerei allgemein aluminiumfarbig, bei Generalen golden. Für Offiziere, Portepee-Unteroffiziere und fliegendes Personal Dolch mit blauer Lederscheide und

1936

Abb. 60. Luftwaffe 1936
Deutsches Reich: a Offizier, Dienst – b Mannschaft, Dienst – England: c Offizier, Parade – Frankreich: d Unteroffizier – Italien: e Offizier – Polen: f Offizier – Schweden: g Unteroffizier

nach unten gebogener Parierstange, Stahlhelm in Heeresform. Im Dienst wird eine Fliegerbluse mit Kragen- und Achselklappenvorstößen und Kragenpatten wie am Rock getragen (Abb. 60, b). Hierzu bootsförmige Feldmütze, der Aufschlag bei Offizieren mit Aluminiumschnur, bei Generalen goldfarbener Schnur eingefaßt. Kokarde und Hoheitsabzeichen über dem Aufschlag auf dem Kopfteil. Der Mantel ist zweireihig mit waffenfarbigen Kragenpatten und Achselklappen wie am Rock, sonst ohne farbige Vorstöße, Generale weißes Brustklappenfutter, Riegel mit zwei Knöpfen. Die Rangabzeichen auf den Achselklappen und -stücken sind dieselben wie beim Heer, die Unteroffizierstresse befindet sich am Fliegerrock und der Fliegerbluse am Kragenaußenrand, am Mantel auf dem unteren und äußeren Kragenspiegelrand. Neben den üblichen Dienstgrad-Abzeichen wurden auf den Kragenspiegeln von den Mannschaften und Unteroffizieren 1 – 4 Doppelschwingen aus Weißmetall getragen. Bei den Offizieren waren am Rock und an der Fliegerbluse der Kragenaußenrand sowie die Kragenspiegel mit einer silberfarbenen Aluminiumschnur eingefaßt.

Auf den Kragenspiegeln trugen die Offiziere 1 – 3 silberne, Generale goldene gestickte Doppelschwingen, darunter die Subalternoffiziere zwei Eichenzweige, Stabsoffiziere und Generale einen geschlossenen Eichenlaubkranz in der gleichen Farbe wie die Doppelschwingen.

Die Knöpfe, Stickereien und alle Metallteile sind bei den Generalen golden, sonst weiß.

Die Waffenfarben sind: Generale und Regiment Göring weiß, Fliegertruppen goldgelb, Luftabwehrartillerie rot, Luftnachrichtentruppe goldbraun, Luftfahrtministerium schwarz. Bei Offizieren sind sämtliche waffenfarbigen Vorstöße aus Aluminiumschnur, bei Generalen gold. Zur Parade wird von den Offizieren ein silberner, schwarz und rot durchzogener Leibgurt, eine silberne bzw. goldene doppelte Fangschnur von der rechten Schulter, sowie das Fliegerschwert mit langer Klinge in dunkelblauer Lederscheide angelegt. Im Sommer wird weißer Mützenüberzug, weiße Hose und von Offizieren auch ein weißer Rock im Jackettschnitt getragen.

Außerdem besteht noch eine Offiziers-Gesellschaftsuniform aus Grundtuch mit Achselstücken und silbernem bzw. goldenem Kragenvorstoß, in Smokingform, mit breiten silbernen bzw. goldenen Hosenstreifen zur langen blaugrauen Hose.

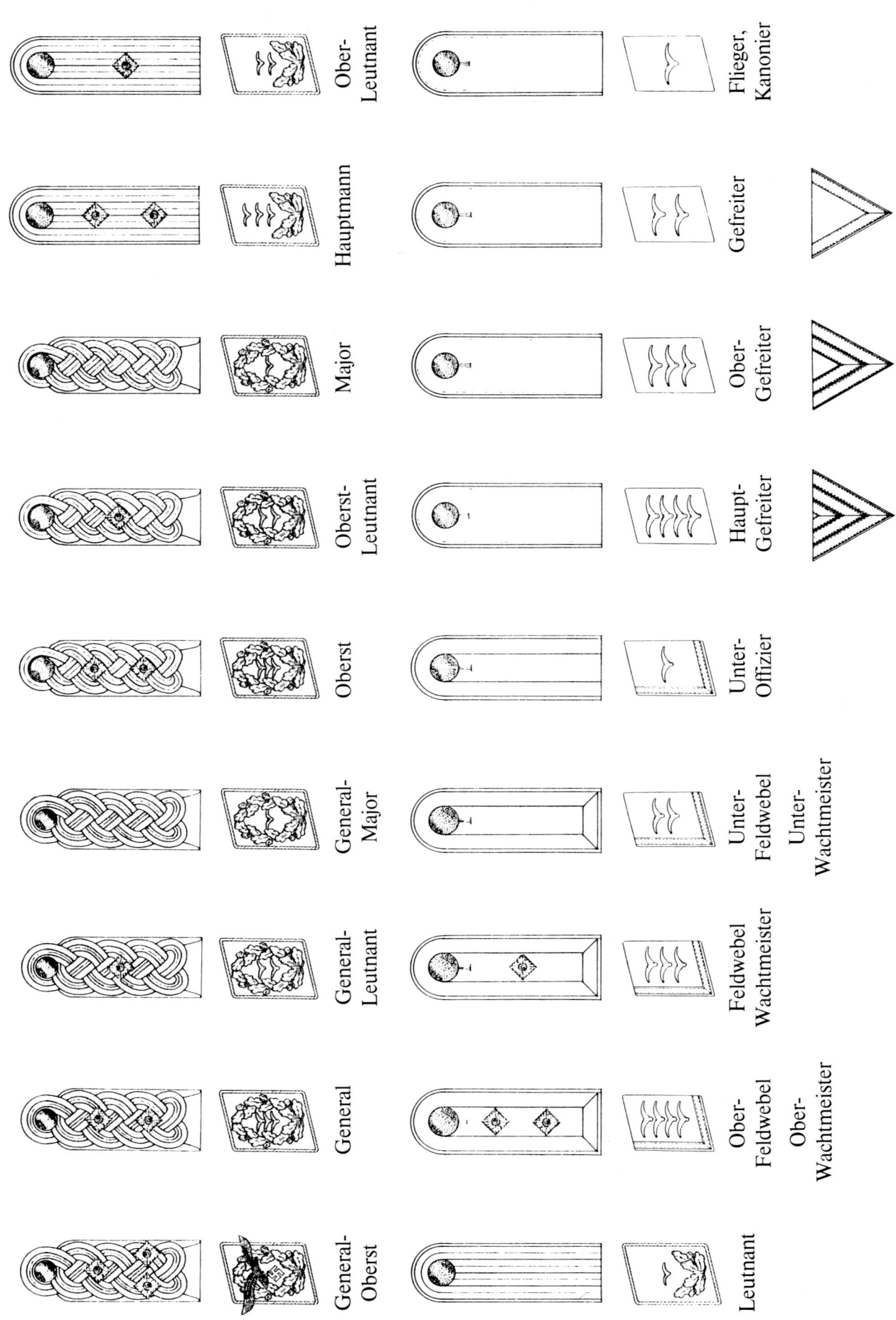

Dienstgradabzeichen der Deutschen Luftwaffe 1935–1945

Österreich

Die Luftwaffe ist erst 1935 neu geschaffen worden und umfaßt die Flieger- und die Luftschutz-Truppe.

Die Uniformen weichen von dem traditionellen österreichischen Heeresschnitt völlig ab und folgen dem internationalen Vorbild. Die Dienstuniform besteht aus einem feldgrauen Jackett mir vier feldgrauen Knöpfen, aufgesetzten Taschen mit geschweiften Patten und Knopf. Das Waffenabzeichen wird über der rechten Brusttasche gestickt getragen; zwischen zwei stilisierten Adlerschwingen – Offiziere golden, Unteroffiziere silbern, Mannschaften dunkelblaue Seide – für die Fliegertruppe roter goldgeränderter Knopf mit weißem Dreieck, für die Luftschutztruppe rot-weiß-roter Knopf mit Pfeil und Bogen. Feldgraues oder weißes Hemd, schwarzer Binder, kurze und lange steingraue Hose ohne Vorstoß. Feldgrauer Mantel, zweireihig in Ulsterschnitt, Kragenpatten schwarz, Generale rotes Brustfutter. Die Rangabzeichen befinden sich an beiden Unterarmen von Jackett und Mantel in Gestalt von 8 cm langen waagerechten Tressen, deren oberste bei Offizieren eine Schleife bildet, Subalternoffiziere 1–3 Tressen je 1 cm breit, Stabsoffiziere darunter eine 4 cm breite, Generale eine 5,3 cm breite, alle Tressen golden. Unteroffiziere Silbertresse ohne Schleife, Wachtmeister eine schmale, höhere Grade darüber noch 1–3 ganz schmale, Mannschaftsgrade 1–3 Winkeltressen, Spitze oben, aus blauer Seide. Feldmütze wie Heer, sonst feldgraue Tellermütze mit schwarzem Schirm. Darüber fliegender Adler bzw. Pfeil und Bogen im Eichenlaubkranz in Farbe der Rangtressen und gleichfarbige Mützenkordel. Rings um das feldgraue Band der Mütze tragen Generale 3 schmale goldene Tressen, Stabsoffiziere die beiden unteren, Subalternoffiziere die unterste, Unteroffiziere diese eine in Silber, Mannschaftgrade in dunkelblauer Seide. Auf dem Randteil der Mütze rot-weiß-rote Kokarde. Alle Offiziere und das fliegende Personal tragen einen Dolch mit Elfenbeingriff untergeschnallt.

An Stelle des Heereswaffenrocks tritt eine ganz dunkelblaue Uniform mit weißer Wäsche, bei der das Jackett 2 Reihen von je 3 Knöpfen, versenkte Taschen sowie geflochtene Achselstücke in der Farbe der Ärmelrangabzeichen hat.

Schweiz

Vor und während des 1. Weltkrieges tragen die Ballontruppen die farbige Uniform des Genie, Tschakoabzeichen geflügelter gelber Anker, Fliegeroffiziere Uniform der Herkunftswaffe, dazu am linken Oberarm einen Adlerflügel, Beobachter mit viereckigem Stern darunter in Knopffarbe.

Zur feldgrauen Uniform im allgemeinen Heeresschnitt trägt die Luftwaffe gelbe Knöpfe, schwarze Kragen und Aufschlagpatten, auf letzteren tragen die Fliegerkompanien einen hellbraunen bzw. goldgestickten, geflügelten Propeller.

Details der Uniformierung und ihre Bezeichnung

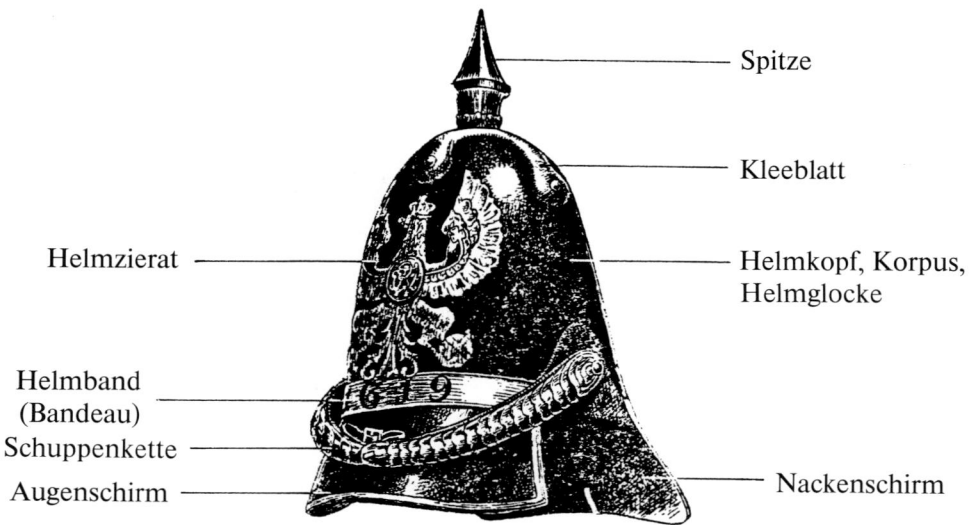

Infanterie-Helm, Preußen, 1842

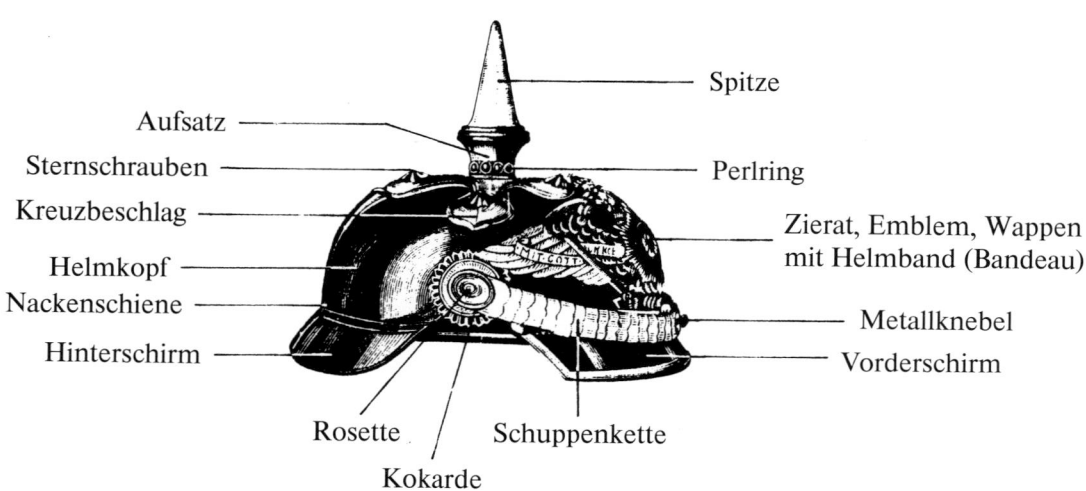

(Garde) Infanterie-Helm, Preußen, 1867

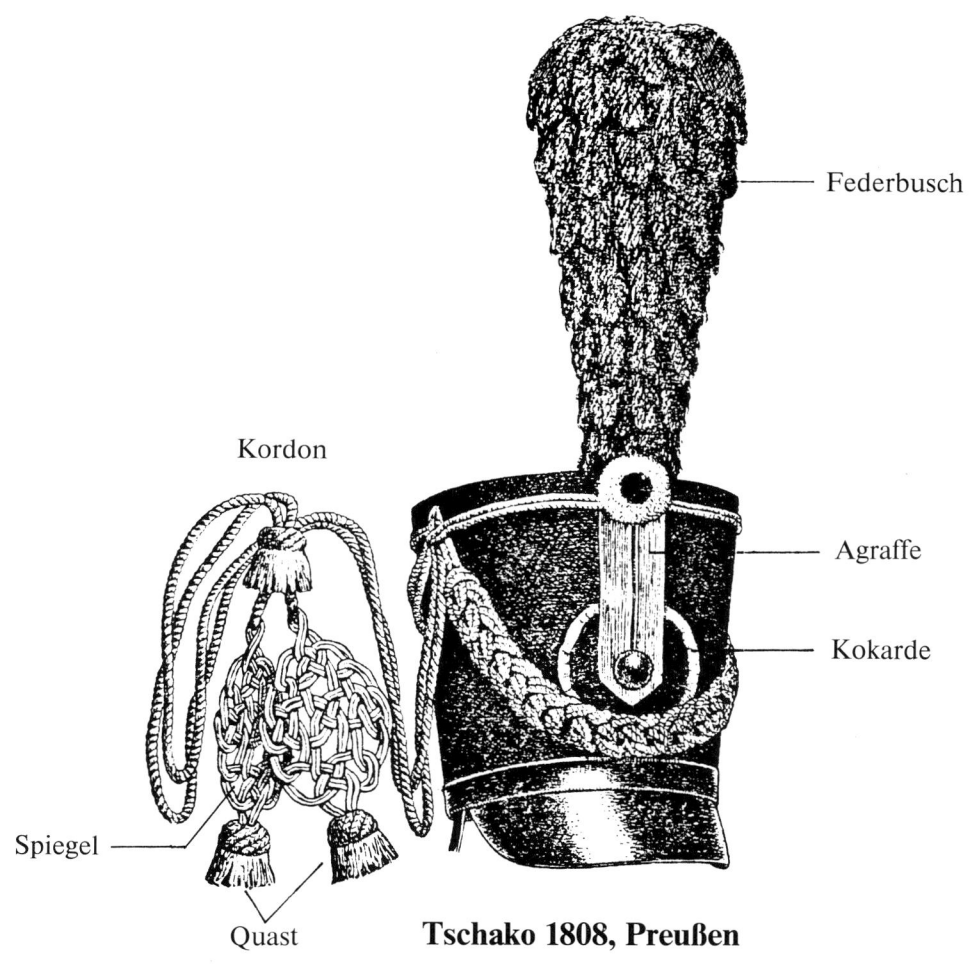

Tschako 1808, Preußen

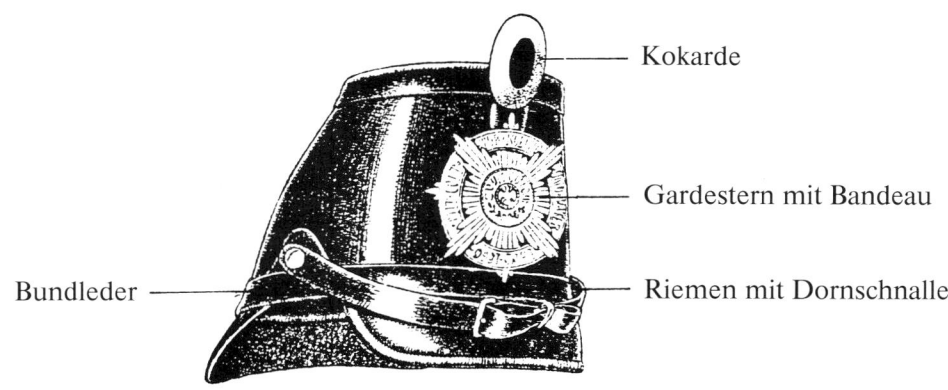

Tschako 1860, Preußen

Epauletten

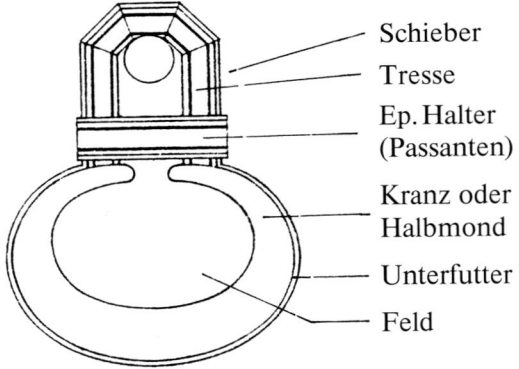
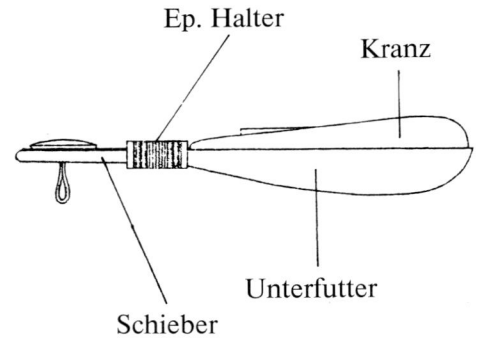

mit Fransen für Stabsoffiziere

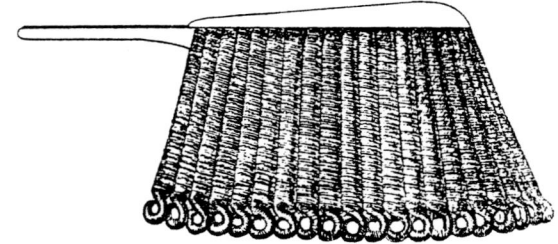

mit Bouillons für Generale

Achsel- bzw. Schulterklappen und Achsel- bzw. Schulterstücke

 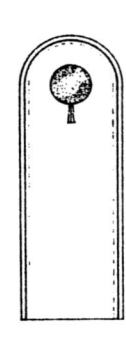 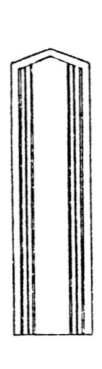  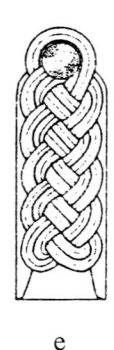 

a   b   c   d   e   f

a. Achselklappen der Mannschaften und Unteroffiziere bis 1918
b. Schulterklappen der Mannschaften im Reichsheer
c. Feldachselstücke der Subaltern-Offiziere 1866 bis 1888/89
d. Achsel- bzw. Schulterstücke der Subalternoffiziere ab 1888/89, Reichsheer
e. Achsel- bzw. Schulterstücke der Stabsoffiziere ab 1866, Reichsheer
f. Achsel- bzw. Schulterstücke der Generale ab 1866, Reichsheer

Abzeichen der Spielleute

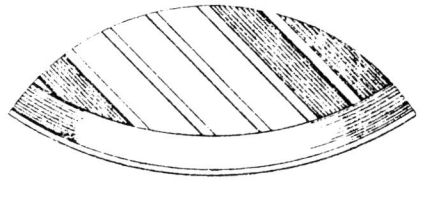 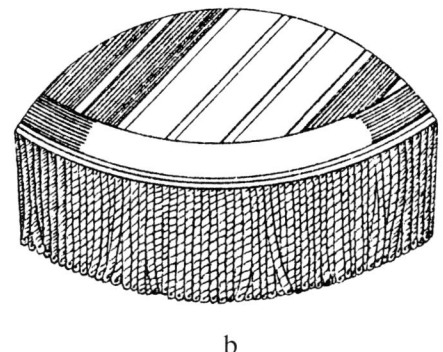 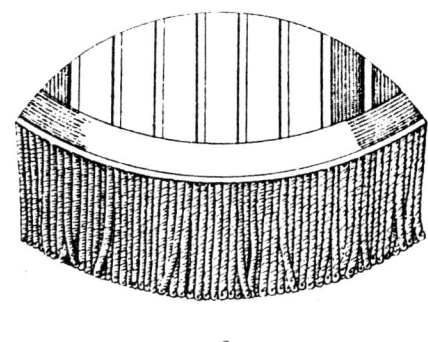

a   b   c

a. Schwalbennest rechts mit Tressenbesatz eines Trompeters der Kavallerie
b. Schwalbennest links eines Stabstrompeters der Kavallerie
c. Schwalbennest eines Stabshoboisten und Rgts.- oder Batl.-Tambours der Infanterie

Ärmel-Aufschläge

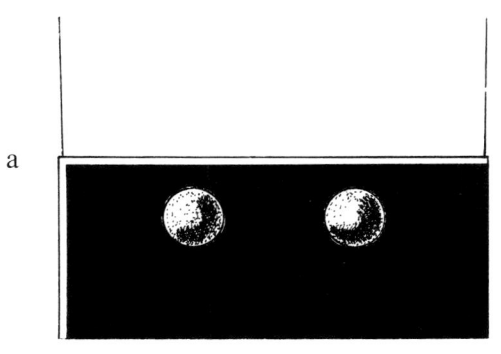 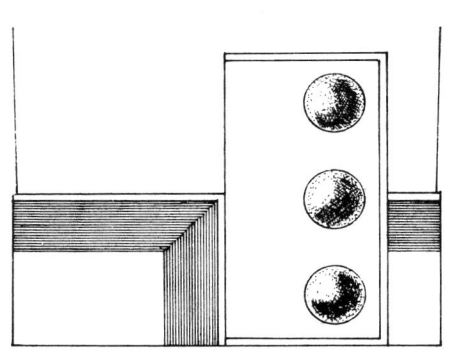

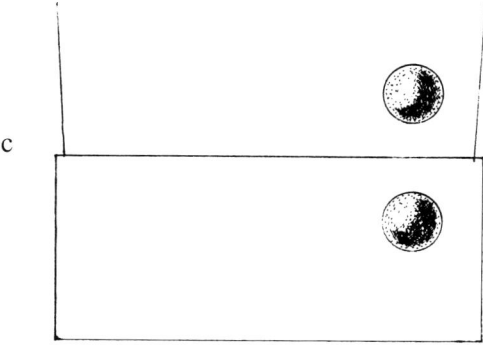 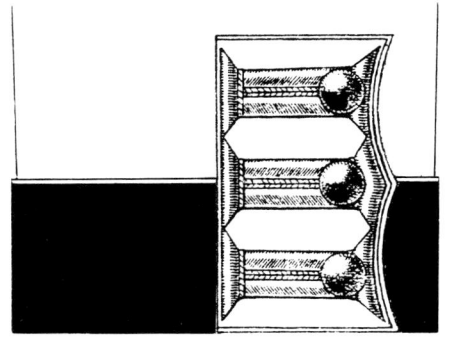

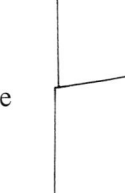

a. Schwedischer Aufschlag
b. Linker – brandenburgischer – Aufschlag mit Patte und Uffz.-Tresse
c. Sächsischer Aufschlag
d. Linker – französischer – Aufschlag mit dreispitziger Patte und Litzen der Garde-Schützen (Offiziere)
e. Polnischer Aufschlag

Kragen- bzw. Aufschlags-Litzen

Einfache Kapellen-Litze

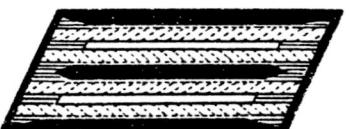

Gewebte Doppellitze
Reichswehr (Reichsheer)

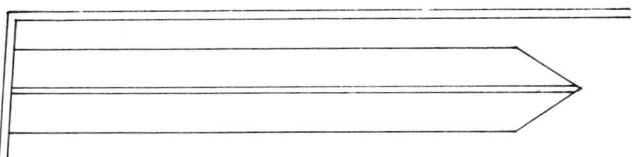

altpreußische Litze

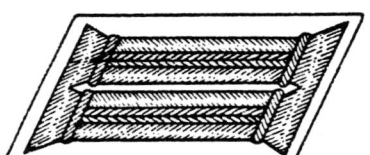

Gestickte Doppellitze
Reichswehr (Reichsheer)
Offiziere

Portepee, Troddel, Faustriemen

 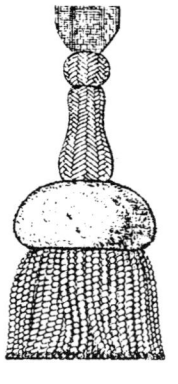   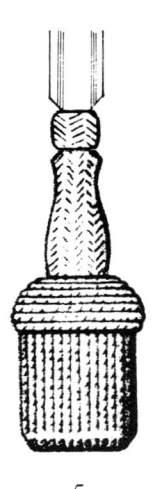

Band
Schieber
Stengel
Kranz
Quast

1   2   3   4   5

1. Offiziers-Portepee, offene Form
2. Mannschafts-Säbelquaste bzw. Troddel, offene Form
3. Offiziers-Portepee, geschlossene Form
4. Faustriemen (Reichsheer)
5. Mannschafts-Troddel, geschlossene Form (Wehrmacht)

Quellenangaben

In der 1. Auflage des »Handbuch der Uniformenkunde« Leipzig 1896 hat Prof. Richard Knötel die wichtigsten uniformkundlichen Werke aufgeführt. In den späteren Auflagen entfiel die Quellenangabe. Da es sich aber um grundsätzliche uniformkundliche Quellen handelt, hielten wir es für angebracht, für den vorliegenden Teilbereich diese wieder aufzuführen, erweitert um die nach 1896 herausgegebenen wichtigsten uniformkundlichen Werke und die heutigen unveränderten Nachdrucke bzw. Neuerscheinungen.

Deutscher Bund. *Friderici,* Friedr. v. Übersicht der deutschen Truppen hinsichtlich ihrer Einteilung, Formation, Uniform, Bewaffnung, ihrer Orden und Feldzeichen. Berlin, Mittler u. Sohn 1833.

Eckert, Monten, Weiß. Das deutsche Bundesheer in charakteristischen Gruppen. Würzburg, Weiß (etwa 1833 bis 1840).

Deutsches Reich. *Lange u. Krickel.* Das deutsche Reichsheer in seiner neuesten Bekleidung und Ausrüstung. Berlin, Toussaint & Co. 1888 – 1890. Nachtrag dazu 1892 bei Hochsprung erschienen.

(Mila.) Uniformierungsliste des deutschen Reichsheeres und der kaiserlichen Marine. Berlin, Mittler u. S. 1876 u. 1881.

Haber, v. Die Kavallerie des Deutschen Reiches. Rathenow, Babenzien 1886.

Die Uniformen und Fahnen der deutschen Armee. Leipzig, Moritz Ruhl.

Preußen. *Die gedruckten Stammlisten.*

Mülverstedt. Die brandenburgische Kriegsmacht unter dem Großen Kurfürsten. Magdeburg, 1888.

Eickstedt, C. v. Reglements und Instruktionen für die Churfürstl. Brandenburgischen Truppen. Berlin, 1837.

Lange u. Menzel. Heerschau Friedr. des Großen. Leipzig, 1856.

Lange u. Menzel. Die Soldaten Friedrichs des Großen. Leipzig, ohne Jahr.

Menzel, A. Die Armee Friedrichs des Großen in ihrer Uniformierung gezeichnet und erläutert. 3 Bände.

(Schmalen, v.) Accurate Vorstellung der sämmtlichen Königl. Preuß. Armee, Worinnen zur eigentlichen der Uniform von jedem Regiment ein Offizier und ein Gemeiner in völliger Montirung und ganzer Statur nach dem Leben abgebildet sind nebst beigefügter Nachricht. Herausgegeben und gezeichnet von J. C. H. v. S. Königl. Preuß. Lieutenant. Nürnberg, Raspe 1759. (Ausgaben desselben Werkes auch aus späteren Jahren.)

Preußische Armeeuniformen unter Friedrich Wilhelm II. Potsdam, Horvath 1788 – 89.

Ramm, Aug. Leop. Abbildungen von allen Uniformen der Königl. Preuß. Armee. Berlin, 1800.

Henschel, A. u. W. Kostüme der ganzen preuß. Armee 1806. Berlin, Schiavonetti.

Wolf u. Jügel. Abbildungen der neuen Königl. Preuß. Armeeuniformen. Berlin, 1813 – 15.

Krüger u. Lieder. Darstellung der Königl. Preuß. Kavallerie. Berlin, Wittich 1821.

Lieder u. Jügel. Darstellung der Königl. Preuß. Infanterie. Berlin, 1827.

Sachse. Das Kgl. Preuß. Heer. 72 Blatt. Berlin 1830 – 40.

Rechlin u. Schulz. Das Preuß. Heer unter Friedr. Wilhelm IV. Berlin, 1845.

Hammer u. A. v. Werner. Das Kgl. Preuß. Heer in seiner gegenwärtigen Uniformirung. Gr. qu. folg. 30 Bl. 1864.

Hiltl u. Schindler. Preußens Heer. Berlin, 1882.

(Thümen, v.) Die Uniformen der Preuß. Garden von ihrem Entstehen bis auf die neuste Zeit 1704 – 1836. Berlin, Gropius 1836.

Rabe u. Burger. Die brandenburgisch-preußische Armee in historischer Darstellung. Berlin, 1885.

Ciriacy, v. Chronologische Übersicht der Geschichte des Preuß. Heeres. Berlin, 1820.

Alt. Das Kgl. Preuß. stehende Heer. Berlin, 1869 – 70.

Die Reorganisation der Preuß. Armee nach dem Tilsiter Frieden. 2 Bände. Berlin, 1862 – 66.

(Mila.) Geschichte der Bekleidung und Ausrüstung der Preuß. Armee in den Jahren 1808 – 1878. Berlin, Mittler u. Sohn 1878.

Bayern. *Münnich.* Geschichte der Entwicklung der bayerischen Armee seit zwei Jahrhunderten. München, 1864.

Die Ranglisten.

Volz, J. Bayerische Armee. Volz del., Nilson sc. Augsburg bei Herzberg, 1816.

Militär-Almanach, Allgemeiner. 1. Jahrgang. Darmstadt, 1828.

L'armée bavaroise. Leipzig, Schrader 1859.

Behringer. Die bayerische Armee unter König Ludwig II.

Sachsen. *Pragmatische Geschichte* der sächsischen Truppen. Leipzig, 1792.

Hauthal. Geschichte der sächsischen Armee in Wort und Bild. fol. Leipzig, 1859.

Schuster u. Francke. Geschichte der sächsischen Armee von der Errichtung bis auf die neueste Zeit. 3 Bände. Leipzig, 1885.

Sauerweid, H. Kgl. Sächsische Armee nach der Organisation von 1810. Dresden.

Beck, A. Die Kgl. Sächsische Armee in ihrer neusten Uniformirung. Dresden, 1867.

Württemberg. *Stadlinger, v.* Geschichte des Württembergischen Kriegswesens. Stuttgart, 1856.

Baden. *Badischer Militär-Almanach.*
Völlinger, J. Großherzogl. Badisches Militär. Karlsruhe, 1824.
Schreiber, G. Bilder des deutschen Wehrstandes. Baden und der schwäbische Kreis. 1500 – 1800. Karlsruhe, 1851.

Hanseaten. *Roßmäßler jun.* Hamburgs Bürgerbewaffnung. Hamburg, 1816.
Gädechens, E. F. Hamburgs Bürgerbewaffnung. Hamburg, 1872.

Braunschweig. *Walter, P.* Braunschweig in den Jahren 1806 – 1815. Braunschweig, 1890. (Katalog der Ausstellung vaterländ. Erinnerungen. Enthält sehr schätzenswerte Angaben.)

Weimar, *Geschichtliche Uebersicht* der Schicksale und Veränderungen des Großherzogl. Sächs. Militärs. Weimar, 1825.

Hannover. *Geschichte,* kurz gefaßte, aller Chur-Braunschweig-Lüneburgischen Regimenter z. F. u. z. Pf., welche bis auf das Jahr 1760 fortgesetzt . Frankfurt u. Leipzig, 1760.
Accurate Vorstellung der sämmtl. Churfürstl. Hannöverschen Armee, zur eigentlichen Kenntniß der Uniform von jedem Regimente. Nebst beygefügter Geschichte etc. Nürnberg, Raspe 1770.
Ludlow Beamith. Geschichte der Kgl. Deutschen Legion. Hannover, 1832.
Leopold, F. Abbildungen der Kgl. Hannoverschen Armee. Hannover, J. G. Schrader (um 1830).
(Brandis, v.) Einige Nachrichten über Alt- und Neu-Hannoversche Truppen ... nebst 16 kolorierten Abbildungen. Hannover, 1878.
Reitzenstein. Die Kgl. Hannoversche Cavallerie und ihre Stammkörper von 1631 – 1866. Baden-Baden, 1892.

Westfalen. *Sauerweid.* Abbildungen des Westfäl. Militärs (um 1810).
Recueil des planches représentant les troupes des différents armes et grades de l'armée Royale Westphalienne. Cassel chez Pintras, peintre (um 1810).

Österreich-Ungarn. *L'Allemand, F.* Die k. k. österreich. Armee im Laufe zweier Jahrhunderte. Wien, 1840.
Gerasch, F. Das österreich. Heer von Ferdinand II., Römisch-Deutschen Kaiser, bis Franz Joseph I., Kaiser von Oesterreich. Wien, (um 1855).
Anger. Illustrierte Geschichte der k. k. österreich. Armee. 3 Bände mit 62 Uniformtafeln und vielen Textbildern. Wien, 1886/87.
Accurate Vorstellung der sämmtl. Kayserl. Kgl. Armeen. Nürnberg, Raspe 1762.
Judex. Uniformen, Distinctions- und sonstige Abzeichen der gesammten k. k. österr. ung. Wehrmacht. Troppau, 1884.
Cahiers d'enseignement illustrés. Heft 41 bis 44. L'armée Autrichienne.

Geschichte der Bekleidung, Bewaffnung und Ausrüstung des königl. Preußischen Heeres.
 I. Teil Die Infanterie-Regimenter im Jahre 1806
 II. Teil Die Kürassier- und Dragoner-Regimenter seit Anfang des 18. Jahrhunderts bis zur Reorganisation der Armee 1808.
 III. Teil Die leichte Infanterie oder
  Die Füsilier-Bataillone 1787 – 1809 und
  Die Jäger 1744 – 1809
  C. Kling, Weimar 1902/12

Die Organisation, Bekleidung, Ausrüstung und Bewaffnung der Königl. Bayerischen Armee von 1806 – 1906.
K. Müller – L. Braun
A. Oehrleins Verlag, München 1906.

Die Armee Friedrichs des Großen in ihrer Uniformierung
gezeichnet von Adolph Menzel
Eine Auswahl von 100 Tafeln in mehrfarbiger Faksimile-Reproduktion. Battenberg-Verlag, München 1978

Das altpreußische Heer
Erscheinungsbild und Wesen 1713 – 1807
insbesondere
Teil I Bd. 1 Entwicklung der altpreußischen Uniform
 Bd. 2 Die Ökonomie-Reglements des altpreußischen Heeres 1713 – 1807
Teil III Bd. 1 Die Dessauer Spezifikation von 1729
 Bd. 2 Die Dessauer Spezifikation von 1737
 Bd. 3 Die Uniformen der Infanterie 1753 – 1786
 Bd. 4 Die Uniformen der Kavallerie, Husaren und Lanzenreiter 1753 – 1786
 Bd. 5 Die Uniformen der Technischen Truppen, Rückwärtigen Dienste und Kriegsformationen 1753 – 1786
H. Bleckwenn – F. G. Melzner
Biblio Verlag, Osnabrück 1970/84
Teil III Bd. 1 – 5 als Taschenbuchausgabe bei Harenberg, Dortmund 1983. Text von H. Bleckwenn, unwesentlich gekürzt.

Die Formations- u. Uniformierungs-Geschichte des preußischen Heeres 1808 – 1914
2. vermehrte Auflage. 2 Bände. P. Pietsch, Hamburg 1963/66.

Grenadiermützen der Armee Friedrichs des Grossen – Geschichte der Grenadiere Friedrichs des Großen.
1 Textband, 79 Farbtafeln.
A. Gay – S. Fiedler. München 1981. Schild Verlag

Bayerische Armee 1873 – 1918
 I. Epauletts u. Feldachselstücke, Kragen und Ärmelaufschläge der Offiziere und Sanitätsoffiziere (89 Tafeln und Text)
 II. Epauletts u. Feldachselstücke, Kragen und Ärmelaufschläge der Militärbeamten (83 Tafeln u. Text)
Hermann Selzer, Selbstverlag München 1975

Mittheilungen zur Geschichte der militärischen Tracht.
Als Beilage zu seiner »Uniformenkunde« herausgegeben von Richard Knötel, fortgesetzt von Herbert Knötel d. J., 2 Bände, unveränderter Nachdruck.
W. Spemann – Verlag, Stuttgart 1980

Das deutsche Bundesheer in characteristischen Gruppen
von Eckert, Monten, Weiß, Kommentar E. Graf v. Matuschka, Nachdruck Verlag Wolfgang Weidlich, Frankfurt a. M. o. J.
Taschenbuch-Ausgabe bei Harenberg, Dortmund 1981. Bearbeitet v. G. Ortenburg.
Das Deutsche Heer, Friedensuniformen bei Ausbruch des Weltkrieges.
1 Text – 2 Tafel-Bände. H. Knötel – Collas.
2. überarbeitete und erweiterte Auflage.
W. Spemann – Verlag, Stuttgart 1982.
Uniformen der Deutschen Wehrmacht von E. Hettler mit Zeichnungen vor Herbert Knötel, Paul Pietsch, Egon Jantke.
Uniformen – Markt Verlag Otto Dietrich, Berlin 1939/40
Die Uniformen der k. k. österr. und k. u. k. österr.-ungar. Kriegsmarine 1797 – 1918
E. Steinböck – L. Baumgartner
H. Weishaupt Verlag, Graz 1984
Wort und Brauch im deutschen Heer »Transfeldt«
8. Auflage, bearbeitet von O. Quenstedt
W. Spemann – Verlag, Stuttgart 1983
Zeitschrift für Heereskunde
(1934 – 1960 Zeitschrift für Heeres- und Uniformkunde)
Jahrgänge 1929 ff
Selbstverlag Beckum
Organ der Deutschen Gesellschaft für Heereskunde e. V., gegr. 1898, Sitz Berlin (West)
Herausgegeben im Auftrag der Deutschen Gesellschaft für Heereskunde e. V.:
Das Königlich Preußische Heer 1861 – 1865
Zusammengestellt von F. W. Hammer
Gezeichnet von A. v. Werner u. R. Meinhardt 1862 – 1865
Text I. Prömper
Beckum 1980
Die Sächsische Armee von 1763 – 1862
von F. Kersten u. G. Ortenburg
Beckum 1982
Hessisches Militär zur Zeit des Deutschen Bundes
von F. Kersten u. G. Ortenburg
Beckum 1984
Die Chur-braunschweig.-lüneburgische Armee im Siebenjährigen Kriege.
J. Niemeyer – G. Ortenburg
B. Vogel Verlag, Beckum 1976
Die Hannoversche Armee 1780 – 1803
J. Niemeyer – G. Ortenburg
B. Vogel Verlag, Beckum 1981

Aus drucktechnischen Gründen beginnt in vorliegender einbändiger Ausgabe Band II der Originalausgabe wiederum mit Seite 5.

BAND 2

Die Entwicklung der militärischen Tracht der europäischen und außereuropäischen Staaten bis 1937

(mit Ausnahme der in Band 1 behandelten Streitkräfte)

Begründet von Prof. Richard Knötel,
grundlegend überarbeitet und bis zum Stand von 1937
fortgeführt von Herbert Knötel d. J. und Herbert Sieg

Dem Stand der Forschung angepaßt und ergänzt
von Ingo Prömper

Mit mehr als 800 farbigen Uniformdarstellungen auf
100 Tableaus nach Zeichnungen von Prof. Richard Knötel
und Herbert Knötel d. J.

Inhalt

Vorwort 8

Die europäischen Länder

Albanien 9
Belgien 10
Bulgarien 13
Dänemark 14
Estland 20
Finnland 21
Frankreich 22
Griechenland 56
Großbritannien 58
Irland 75
Italien: *Königreich Sardinien, Kirchenstaat, Neapel, Modena, Parma, Toscana, Die cisalpinische Republik und das Königreich Italien unter dem Vizekönig Eugen* 76
Jugoslavien, Serbien, Montenegro 94
Lettland 97
Litauen 98
Luxemburg 98
Niederlande 99
Norwegen 107
Polen 109
Portugal 117
Rumänien 124
Rußland 128
Sowjet-Rußland 150
Schweden 151
Spanien 157
Tschechoslowakische Republik 167
Ungarn 169

Die außereuropäischen Staaten

Argentinien 171
Brasilien 173
Chile 176

China 178
Indien 179
Japan 180
Mexiko 182
Türkei 185
Vereinigte Staaten von Amerika 188

Die Kriegsmarine

Rangabzeichen, außer Deutschland 195
Dänemark 198
Estland 199
Finnland 199
Lettland 199
Frankreich 199
Großbritannien 200
Italien 201
Niederlande 202
Norwegen 203
Polen 203
Portugal 203
Rumänien 203
Rußland 204
Sowjet-Rußland 205
Schweden 205
Spanien 205
Ungarn 205
Japan 205
Mexiko 206
Türkei 206
Vereinigte Staaten von Amerika 206

Die Luftwaffe

Die europäischen Staaten außer Schweiz und Österreich 207
Außereuropäische Staaten 211

Vorwort

Das von Professor Richard Knötel Ende des letzten Jahrhunderts begründete „Handbuch der Uniformkunde" wurde in den dreißiger Jahren von Herbert Knötel und Herbert Sieg grundlegend überarbeitet und erweitert. Es bot einen so umfassenden Überblick über die Entwicklung der Uniform europäischer und außereuropäischer Heere, von den Anfängen bis 1937, wie kein anderes Werk. Seither sind davon bereits acht weitere Auflagen als Nachdruck erschienen.

Der Wunsch nach einer farbigen Ausgabe des bis dahin schwarzweiß illustrierten Werkes konnte 1985 für den Teilbereich Deutschland, Österreich-Ungarn und die Schweiz erfüllt werden. Nun liegt auch der zweite Teil in Farbe und im größeren Format vor. Es werden darin die europäischen und außereuropäischen Staaten behandelt, mit Ausnahme der in Band 1 aufgenommenen Streitkräfte.

Der Stand von 1937 wurde auch bei diesem Band beibehalten. Der unverhältnismäßig große Aufwand, den eine Fortführung bis in heutige Zeit erfordert hätte, sollte dem Erscheinen nicht im Wege stehen.

Die Landheere

Albanien
(Kokarde rot-schwarz-rot)

In der kurzen Zeit des Bestehens des Fürstentums Albanien 1912/1914 trug das Heer hellgraue Uniformen in Form der albanischen Nationaltracht mit schwarzen Abzeichen und Verschnürung. Rangabzeichen am Kragen und auf den Achselstücken, Kalpak. Mannschaften für den Felddienst Landestracht (Abb. 1 a, b).

Nach dem I. Weltkrieg erhielt die Armee eine graugrüne Uniform. Die Feldbluse hatte Stehkragen mit waffenfarbigen Patten, versenkte Brust- und Seitentaschen mit geschweiften Patten. Die schirmlose Feldmütze österreichischer Form trug über der Stirn auf dem Kopfteil den Skanderbeghelm (Rundhelm mit aufliegendem Antilopenschädel) sowie waffenfarbigen Vorstoß um den Aufschlag. Die Hose mit Wickelgamaschen für die Mannschaft war aus Grundtuch, Lederzeug braun, Schuhzeug schwarz. Von Offizieren und Unteroffizieren wurde in und außer Dienst blanke Seitenwaffe nicht getragen, wohl aber an der linken Seite die durch einen Schulterriemen über die rechte Schulter gehaltene Pistole am Koppel. Die Rangabzeichen der Unteroffiziere bestanden in 1–3 schmalen senkrechten Goldtressen auf den Kragenpatten, bei Offizieren in 1–3 Silbersternen auf den Kragenpatten, die für Subalternoffiziere einen breiten grundfarbigen Mittelstreifen, für Stabsoffiziere grundfarbene Randstreifen aufwiesen und an der linken Seite der Feldmütze in goldenen senkrechten Rangtressen 1–3, Stabsoffiziere mit mittelbreiter Tresse davor.

Waffenfarben: Generale und Generalstab scharlachrot, königliche Garde dunkelkarmin, Infanterie grün, Artillerie dunkelblau, Genie violett.

1929 erhielt die Feldbluse aufgesetzte Taschen, spitze Achselklappen mit waffenfarbigem Vorstoß sowie einen vollwaffenfarbigen Stehkragen, auf dem in den Ecken für Mannschaften und Unteroffiziere die Abteilungsnummer in gelbem Metall befestigt wurde, die Unteroffiziersrangabzeichen in Gestalt von 1–3 senkrechten Balken dahinter. Die Offiziersgrade wurden nunmehr durch 1–3 waagerecht nebeneinander an den Kragenecken angebrachte goldene fünfstrahlige Sterne gekennzeichnet, bei den Stabsoffizieren trat eine schmale Goldtresse am vorderen und unteren Kragenrand bis zur Höhe des Achselstücks hinzu, während die Generale eine mittelbreite goldene Tresse am vorderen und unteren Kragenrand ringsum hatten. Der zweireihige Mantel aus Grundtuch ohne farbige Abzeichen hatte einen Stehumlegekragen, vorgestoßene Achselklappen und zweiknöpfigen Riegel hinten, der graugrüne Umhang liegenden Kragen. Die Feldmütze erhielt schwarzledernen Schirm und Kinnriemen und für Offiziere einen waffenfarbigen Vorstoß auch unten um den Aufschlag sowie quer über das Kopfteil, auf dem vorn der goldene Skanderbeghelm bei Offizieren, das waffenfarbige königliche Monogramm Z (Zogu I) bei Mannschaften befestigt war. Mannschaften hatten keine waffenfarbigen Vorstöße. Auch wurden bei den Offizieren die Rangabzeichen nunmehr auf dem Aufschlag über dem Schirm angebracht in Gestalt der Kragensterne, Stabsoffiziere Tresse darunter, Generale hatten zwei gekreuzte goldene Eichenlaubzweige mit 1 oder 2 goldenen, nach oben

Abb. 1. Albanien.
a Stabsoffizier in Parade – b Landwehrmann in Landestracht – c Stabsoffizier – d Unteroffizier

offenen Winkeln darunter, auch rote Lampassen an den Hosen (Abb. 1 c). Der Stahlhelm hatte italienische Form mit kleinem Bügel.
1936 erfolgt eine weitere Uniformänderung. Offiziere und Mannschaften erhalten ein Jackett im Zivilschnitt, für Mannschaften mit verdeckten Knöpfen, Offiziere mit einer Reihe von 4 goldenen Knöpfen, aufgesetzte Brust- und Seitentaschen mit Quetschfalte. Bei dem Mannschafts- und Unteroffiziersjackett ist der Kragen grundfarbig und trägt in den Enden je eine speerspitzenförmige waffenfarbige Patte mit kleinem weißen Knopf in der Spitze und Abteilungsnummer darunter. Bei Offizieren ist der Kragen dunkelblau Samt mit waffenfarbigem Vorstoß an den Außenseiten, Generale und Generalstab zusätzlich in den Ecken ein dreiblättriges goldenes Eichenlaub. Neben dem Stahlhelm neuer halbrunder Form ohne Verzierung wird die schirmlose Feldmütze von vor 1929 mit den damaligen Rangabzeichen (Generale breite gemusterte Tresse mit schmalen Gradstreifen) wieder getragen, aber ohne den Skanderbeghelm, an dessen Stelle für Offiziere eine schwarz-rote Kokarde mit dem königlichen Monogramm im roten Feld tritt. Zum kleinen Dienst und außerdienstlich wird eine Schirmmütze in Reichswehrform eingeführt mit schwarzem Lederschirm und Kinnriemen, die bei Mannschaften und Unteroffizieren auf dem Band über dem Schirm ein waffenfarbiges Rechteck mit gelben senkrechten Gradstreifen und darüber auf dem Randteil das königliche Monogramm in weiß trägt (Abb. 1 d). Bei Offizieren ist der Besatzstreifen dunkelgrün; waffenfarbiger Deckel- und Bandvorstoß. Über dem Schirm befinden sich die Rangabzeichen wie an der Mütze M 29, bei Generalen goldener Eichenlaubzweig ringsum und über dem Schirm 1–3 Silbersterne. Über den Gradsternen befindet sich der Skanderbeghelm mit dem königlichen Monogramm darunter in Goldstickerei. Zur großen Uniform tritt an Stelle des Kinnriemens eine goldene Doppelkordel sowie eine rot-schwarz-rote Seidenschärpe von der rechten Schulter zur linken Hüfte, goldenes Koppel mit Schloß und Säbel in weißer Nickelscheide, goldenes Portepee mit dicken Fransen an goldener Doppelkordel. Die königlichen Garden haben eine einfache Fangschnur von der rechten Schulter zur linken Hüfte, Offiziere gold, Unteroffiziere silber, Mannschaften schwarz-rote Seide. Das graugrüne Hemd ist hochgeschlossen, für Offiziere mit weichem Kragen und Langbinder, außerdienstlich weiße Wäsche mit schwarzer Krawatte. Die Rangabzeichen werden auf den waffenfarbig vorgestoßenen Achselklappen des Rockes angebracht, Unteroffiziere 1–3 gelbe Balken, Offiziere 1–3 fünfstrahlige Goldsterne in Dreiecksform am unteren Ende, für Stabsoffiziere mit goldener Tresseneinfassung rings um den Außenrand, Generale goldenes geflochtenes Achselstück mit Silbersternen auf roter Unterlage. Zur großen Uniform wird der Skanderbeghelm über den Gradabzeichen befestigt. Der sonst unveränderte Mantel erhält Ulsterschnitt. Die Offiziere tragen außerdienstlich auch einen schwarzen Pelzattila mit schwarzem Pelzkragen, -aufschlag und -vorstößen ringsum und 5 Reihen schwarzer Brustverschnürung.

Belgien
(Kokarde schwarz-gelb-rot)

I. Infanterie

Abgesehen von der Brabanter Revolution 1789 gab es bereits 1814 eine »Belgische Legion«. Die Uniform bestand in einem weißen einreihigen Frack; Abzeichen beim 1. Regiment grün, beim 2. gelb, beim 3. hellblau und beim 4. rot. Hosen hellgrau, Tschakos.
1815 unterschieden sich die belgischen Truppen erheblich von den übrigen Niederländern; so trugen sie unter anderen Abweichungen Kasketts englischen Modells.
Die Armee des seit 1831 selbständigen Königreichs Belgien hat sich in der Uniformierung immer eng an das Vorbild Frankreichs angelehnt. Anfänglich hatte die blaue Infanterieuniform Rabatten. Die *Füsilierkompanien* blaue Achselklappen, *Grenadiere* rote und *Voltigeure* grüne Epauletten. Der Tschako war französischen Modells. Die Beinkleider grau. Gegen 1840 fielen die Rabatten weg. Die Uniform bestand nunmehr aus einem einreihigen blauen Rock mit ebensolchem Kragen, roten Vorstößen und Aufschlägen, gelben Knöpfen (Abb. 2, a). Die Füsilierkompanien hatten an Stelle der Achselklappen rote Konterepauletten erhalten. Die Fransen der Voltigeurepauletten waren gelb geworden. Um dieselbe Zeit trugen die *drei Fußjägerregimenter* ganz grüne Uniform. Als farbige Abzeichen dienten nur rote Vorstöße um Kragen und Ärmelaufschlag und auf dem vorderen und unteren Uniformrand sowie auf den Rockschößen, Taschenpatten und Hosen. Die von der Mannschaft getragenen Fransenepauletten waren grün und rot, die Knöpfe gelb, Tschakopompons rot, die darauf befindlichen Puschel grün. Das Lederzeug war schwarz. Das *Scheldebataillon* hatte einen grünen langen Überrock mit gelben Knöpfen, gelben Vorstößen und grünen Voltigeurepauletten mit gelben Halbmonden. Grüne Beinkleider, Hut mit grünen Fangschnüren und grünem Federbusch. Als Ende der 40er Jahre die Uniform zweireihig wurde, fielen (die Grenadieruniform ausgenommen) die Epauletten fort, dafür wurden Achselwülste angelegt. Die Uniform der *Linieninfanterie* (Abb. 2, c) bestand 1913 aus einem königsblauen Rock mit zwei Reihen gelber Knöpfe. Polnische Aufschläge von Grundfarbe; Kragen rot, graublaue Beinkleider mit roten Vorstößen. Tschako mit gelbem Beschlag, rotem Stutz und Pompon. Schwarzes Lederzeug. Kurz vor dem I. Weltkrieg wurde der Schnitt geändert, die bisher roten Abzeichen waren nunmehr blaugrau. Die *Grenadiere* (Abb. 2, d) trugen denselben Rock, nur noch in den Ecken des roten Kragens Granate. Schwarze Beinkleider mit roten Streifen. Pelzmützen vorn mit einer Granate geschmückt. Rote Fransenepauletten. Lederzeug weiß. *Karabiniers* (Abb. 2, e): Rock im Schnitt wie Infanterie, ganz grün mit gelben Vorstößen. Am Kragen zwei gelbe Jagdhörner. Beinkleider eisengrau mit gelbem Vorstoß. Als Kopfbedeckung ein sogenannter Tirolerhut. Lederzeug

Abb. 2. Belgien.
a, c Linien-Infanterie – b Linien-Infanterie, Offizier – d Grenadier – e Karabinier, Offizier – f Kürassier – g, i Ulanen – h, k Jäger zu Pferd – l Guide – m, n Artilleristen

schwarz. Die *Jäger* trugen die gleiche Uniform, nur fehlen die Jagdhörner am Kragen und an die Stelle des Hutes tritt ein Tschako.

Die belgische Armee ging mit ihren Friedensuniformen in den I. Weltkrieg und wurde erst langsam in die später eingeführte im Schnitt bis auf den auch von Offizieren getragenen Stehkragen der englischen gleichende kakifarbene Felduniform eingekleidet. Französischer Stahlhelm mit dem belgischen Löwen im Eichenlaubkranz vorn (Abb. 3, b, c). Lederzeug naturfarben. Waffenbezeichnung durch farbige geschweifte Kragenspiegel. Infanterie ziegelrot, Grenadiere scharlachrot. Schwarze Regimentsnummer, bei Grenadieren flammende Granate, auf den Achselklappen. Rangabzeichen 1 bis 3 goldene Sterne, bei Stabsoffizieren mit einem senkrechten Balken dahinter auf den Kragenspiegeln. Unteroffiziere kurze Schrägtressen auf den Unterarmen. Kragenspiegel der Jäger und Karabiniers grün, Regimentsnummern gelb, dazu Jagdhorn. Die Uniform ist auch nach dem I. Weltkrieg in ihren Grundzügen unverändert geblieben. Seit 1935 für Offiziere Rock im Jackettschnitt mit kaki bzw. weißer Wäsche. Außer Dienst Tellermütze englischer Form, Regimentsbezeichnung mit Krone darüber über der Stirn. Seit 1930 Einführung einer Gesellschaftsuniform für Offiziere. Dunkelblauer Waffenrock mit farbigem Kragen und französischen grundfarbenen Aufschlägen mit Vorstößen in Waffenfarbe für die Infanterie und Jäger, und waffenfarbigen Aufschlagpatten für Grenadiere und Karabiniers (rot bzw. grün). Dunkelblaue Hosen mit roten, für Jäger und Karabiniers gelben Lampassen. Dunkelblaue Tellermütze mit schwarzem Schirm, Band und Deckelvorstoß in Waffenfarbe. Rangabzeichen auf den Kragenpatten, goldene geflochtene Achselschnüre.

II. Kavallerie

Wie die Infanterie, so war auch die Kavallerie ganz nach französischem Muster uniformiert. Die *Kürassiere* (Abb. 2, f) trugen den bekannten Stahlhelm mit schwarzem Roßschweif und rotem Stutz. Blaues Kollett mit einer Reihe von weißen Knöpfen. Kragen, Aufschläge, Schoßfutter und Vorstöße bei dem einen Regiment rot, bei dem andern gelb. Blaue Beinkleider mit Streifen in der Abzeichenfarbe. Rote Grenadierepauletten, blanke Brust- und Rückenharnische, weiße Kartuschbandeliere und Stulphandschuhe. Die Uniform der *beiden reitenden Jägerregimenter* (Abb. 2, h) bestand in dunkelgrünen Kolletts und ebensolchen Beinkleidern mit roten Abzeichen, ferner in hohen schwarzen Tschakos mit weißem hängenden Busch und weißen Fangschnüren. Weiße Fransenepauletten und Lederzeug. Schabracke grün mit rot. Darüber eine Schaffelldecke. Das Regiment der *Guiden* trug dunkelgrüne Kolletts

Abb. 3. Belgien.
a, c Infanterie – b Jäger zu Pferd – d Guiden-Oberleutnant – e Kavallerie-Offizier, gr. Gesellschaftsanzug

und Reithosen, hellkarminrote Kragen, Aufschläge, ursprünglich hellkarminrote Rabatten, Schoß- und Hosenbesätze. Fransenepauletten, Achselschnüre und Lederzeug weiß. Als Kopfbedeckung Kalpaks mit roten Beuteln und Federbüschen. Die *beiden Ulanenregimenter* (Abb. 2, g) waren ganz blau gekleidet, das 1. mit karminroten, das 2. mit gelben Abzeichen. Epauletten und Lederzeug weiß, die Lanzenflaggen schwarz-rot-gelb.
Die zwei Guidenrgtr. (Abb. 2, l) trugen 1914 grünen Dolman mit amarantroten spitzen Aufschlägen und Kragen; orangegelbe Beschnürung. Amarantrote Beinkleider mit zwei gelben Streifen. Dazu Pelzmütze. Die beiden Regimenter *reitender Jäger* (Abb. 2, k) hatten als Hauptbekleidungsstück einen königsblauen Dolman mit weißer Beschnürung. Die Beinkleider waren graublau mit weißen Streifen. Das erste Regiment trug Tschako, Kragen und Aufschläge gelb, das zweite scharlachrot. Tschakos mit weißer Borte eingefaßt und mit einem kleinen weißen Busch geschmückt. Für gewöhnlich wurde diese Kopfbedeckung in schwarzem Überzug getragen. 1914 bestanden *vier Lanciersregimenter* (Abb. 2, i). Sie trugen denselben Dolman wie die reitenden Jäger und ebensolche Beinkleider. Tschapka, Kragen und Aufschläge für das erste Regiment amarantrot, für das zweite gelb, dritte weiß, vierte Ultramarinblau. Die Verschnürung bei den ersten beiden Regimentern weiß, beim 3. und 4. gelb. Die Trompeter hatten Verschnürung in Abzeichenfarbe. Die Lanzenflagge zeigte drei Dreiecke in schwarzer, gelber und roter Farbe.

Die Waffenfarben zur Felduniform sind für Lanciers weiß, Jäger zu Pferde gelb, Guiden dunkelrosa mit grünem Vorstoß. Der Gesellschaftsrock hat Ulankaschnitt.

III. Artillerie, Genie, Train, Gendarmerie – Generalität

Die alte belgische *Artillerieuniform* glich in Schnitt und Farbe fast ganz der französischen (Abb. 2, m). 1914 war der Tschako nur noch für die schweren Batterien in Gebrauch. Die *Feldartillerie* trug eine niedrige Pelzmütze mit rotem Beutel. Im übrigen war die ganze Uniform blau; Kragen, Vorstöße und Hosenstreifen rot, Knöpfe gelb. Die *Genietruppe* trug den königsblauen Waffenrock der Infanterie mit schwarzem Kragen. Königsblaue Beinkleider mit roten Streifen; rote Fransenepauletten und weißes Lederzeug. Der *Train* königsblauen Rock mit ultramarinblauen Kragenpatten; ebensolche Streifen an den schwarzen Beinkleidern, Tschako mit Stirn- und Nackenschirm. Die *Gendarmerie* erinnerte durch ihre großen Pelzmützen an die Garde-Gendarmen des zweiten Kaiserreichs. Der königsblaue Rock zeigte eine Reihe weißer Knöpfe und rote Kragen- wie Aufschlagspatten. Achselschnüre und Lederzeug weiß; Beinkleider schwarzgrau. Die Uniform der *Generalität* unterschied sich auch wenig von der französischen.
Die Waffenfarben der Felduniform sind für Artillerie und

Abb. 4. Bulgarien.
a Bulgarenlegion – b, c Infanteristen – d Kavallerist

Abb. 5. Bulgarien
a, e Infanterie – b Kavallerie – c Leibgarde – d Infanterie-Offizier

Generale dunkelblau mit rotem Vorstoß, Pioniere schwarz, Fahrtruppe hellblau. Die Generale tragen hinter den Rangsternen am Kragen sowie beiderseits des Mützenabzeichens zwei senkrechte Balken.
Erwähnt sei hier die Garde civique, in der alle Waffengattungen vertreten waren. Im allgemeinen folgte die Uniformierung dem Muster der aktiven Armee. 1914 unterschied sich ihre Infanterie unter anderem von der Linie durch den Hut der Karabiniers.

Bulgarien
(Kokarde rot-grün-weiß)

Die Anfänge der bulgarischen Armee sind in den Freischaren zu sehen. So trug bereits 1867–68 die »Heilige Legion« eine einheitliche Uniform, die, reich verschnürt, starke Anklänge an die Nationaltracht aufwies.
1877 bildete sich aus Freiwilligen bulgarischer Abstammung in Bukarest und Ploesti die Bulgarenlegion, deren Bekleidung, abgesehen von dem Umlegekragen, bereits den Typ der späteren Uniformierung zeigte (Abb. 4, a). Die Offiziere dieser Legion waren ausschließlich Russen. Die Bekleidung und Ausrüstung war ganz nach russischem Muster, und auch heute noch ist die Uniformierung der Armee der ehemaligen russischen sehr ähnlich.
1890 trug die Infanterie dunkelgrüne Röcke und Beinkleider (Abb. 4, b); der Rock war eigentümlich geschnitten. Er wurde von oben durch eine Reihe schrägstehender Knöpfe geschlossen und dann vornherunter zugehakt. Kragen und Aufschläge waren von der Grundfarbe. Die Kanten des Rockes mit roten Biesen besetzt. Nur beim Alexander-Rgt. waren Kragen, Achselklappen und Ärmelpatten rot mit goldener Stickerei, beim Ferdinand-Rgt. weiß, beim Clementiner-Rgt. hellblau. Die Mütze glich in der Form der russischen und war vorn mit dem Bulgarenkreuz geschmückt. Erdgraue Mäntel, aus einem Gewebe von Wolle und Ziegenhaar hergestellt.
Die Reiterei (Abb. 4, d) trug dunkelblaue kurze Röcke mit roten silbergestickten Kragen und Aufschlägen; beim 1. Regiment waren die Nähte und Kanten mit weißen Vorstößen besetzt, beim 2. mit roten, beim 3. mit gelben, beim 4. mit blauen. Die schwarze Lammfellmütze hatte einen weißen aufrechtstehenden Busch.
Die Artillerie hatte den Uniformrock der Kavallerie mit Aufschlägen und Kragen von schwarzem Samt und roten Kalpakdeckel. Die Pioniere waren wie die Infanterie bekleidet, hatten jedoch Kragen und Aufschläge von schwarzem Samt und weiße Knöpfe. Die fürstliche Leibgarde trug

Abb. 6. Dänemark. Infanterie.
a Infanterie-Trommler – b, g Grenadier – c, e, h Infanterie-Offiziere – d, f, i, k, m Infanteristen – l Gardegrenadier

rote Attila mit weißen Schnüren und weiße Lammfellmützen mit rotem Deckel.
Im Sommer wurden allgemein weißleinene Uniformen getragen (Abb. 4, c), dazu ebensolche Schirmmützen. Die Offiziere unterschieden sich in ihren Graden durch die Zahl der Sterne auf Epaulett und Achselstück. Die silberne, grün-rot durchzogene Feldbinde wurde von den Regimentskommandeuren und den höheren Offizieren mit Quaste (als Schärpe) getragen. Die Infanterie trug 2 Patronentaschen an ledernen Riemen. Offiziere, Feldwebel und Spielleute trugen Revolver. Die Mannschaften der Infanterie hatten keine Seitengewehre.
Um 1900 erhielt der Rock Ulankaschnitt, bei den Offizieren mit zwei Knopfreihen.
1914 hatten die Infanterie-Regimenter 1, 4, 5, 6, 8, 9, 17 und 22 Litzen und auf den Achselklappen Namenszüge (Abb. 5, a).
Die Kavallerie hatte Ulankas beim 1., 2. und 3. Regiment von blauer, beim 4. von grüner Grundfarbe. Bei den ersten drei Regimentern waren die Abzeichen rot, beim 4. himbeerrot, die Vorstöße beim 1. und 4. weiß, bei den anderen rot (Abb. 5, b). Das Leibgarde-Kavallerie-Regiment (Abb. 5, c) hat die alte Husarenuniform beibehalten. Offiziers-Interims-Attila hellblau.
Seit 1908 Einführung graugrüner Felduniform nach russischem Muster ohne farbige Abzeichen. Während des I. Weltkriegs weitgehend deutsche feldgraue Bekleidungsstücke mit bulgarischen Abzeichen.

Nach dem I. Weltkrieg wird die Felduniform kaki mit Kragenpatten und Mützenbesatzstreifen in den alten Waffenfarben (Abb. 5, d, e). Feldrock einreihig. Rangabzeichen unverändert nach altrussischem Muster. Auch der grüne Waffenrock ist einreihig geworden. Vorzugsweise wird die weiße Mütze getragen. Kalpak nur noch bei Leibgarde-Kavallerie-Regiment. Einige Truppenteile tragen weiterhin Opanken.

Dänemark
(Kokarde rot-weiß-rot)

I. Infanterie

In der dänischen Armee war von altersher die rote Farbe bevorzugt. Rot war die alte nordische Lieblingsfarbe, wie Worsaae in seinem Werke »Dänen und Normannen« nachweist. Um 1700 trug das Grenadier-Korps rote Röcke mit himmelblauen Aufschlägen, dazu himmelblaue Strümpfe. Als Kopfbedeckung eine Grenadiermütze mit himmelblauem Beutel. Die National-Infanterie war in dieser Periode in schlichtes Grau gekleidet. Über den Schnitt der Uniform geben die Abbildungen Auskunft. Der Trommler von 1740 (Abb. 6, a) trug roten Rock, gelbe Kragen, Aufschläge, Weste und Hutborte. Hosen und Gamaschen weiß. Der

Trommelsarg war gelb, die Ränder grün; der Grenadier (Abb. 6, b) hatte roten Rock mit weißen Knopflöchern, blaue Abzeichen und Weste, weiße Beinkleider, schwarze Gamaschen. Der Hinterteil der Grenadiermütze rot, das Vorderschild blau mit weißen Besätzen. Um 1750 hatten die roten Uniformen der Linienregimenter Rabatten. Die Unterkleider stimmten in der Farbe mit den Abzeichen des Rockes überein. Die National-Regimenter hatten ebenfalls rote Röcke, jedoch ohne Rabatten, ferner rote Westen und Hosen. Die Offiziere (Abb. 6, c), durch Ringkragen, Sponton und rotgelbe Schärpe ausgezeichnet, die über der Schulter getragen wird, trugen den Degen, wie die Mannschaften den Säbel, an braunledernem Leibgurt.

1762 waren die Abzeichen folgende:

Name des Regiments	Rock	Kragen, Aufschläge, Rabatten	Vorstöße um Kragen, Aufschläge und Rabatten	Schoßumschläge	Knöpfe
Garde	rot	hellblau keine Rabatten	keine	weiß	weiß
Dänisches Leibregiment	rot	hellgelb	keine	weiß	weiß
Norweg. Leibregiment	rot	hellgelb	weiß	weiß	weiß
König	rot	hellblau	keine	weiß	weiß
Königin	rot	hellblau	keine	weiß	gelb
Kronprinz	rot	hellblau	weiß	weiß	weiß
Erbprinz Friedrich	rot	grün	keine	weiß	weiß
Fünensches Regiment	rot	weiß	keine	weiß	weiß
Seelandsches Regiment	rot	grün	weiß	weiß	weiß
1. Jütisches Regiment	rot	schwarz	weiß	weiß	gelb
2. Jütisches Regiment	rot	weiß	keine	weiß	gelb
3. Jütisches Regiment	rot	schwarz	weiß	weiß	weiß
Oldenburgisches Rgt.	rot	grün	keine	weiß	weiß
Schleswigsches Regiment	rot	hellblau	weiß	weiß	gelb
Holsteinsches Regiment	rot	grün	weiß	weiß	gelb

Die beiden letzten Regimenter hatten weiße Vorstöße um die Rabatten. Die Jäger trugen eine der preußischen Uniform sehr ähnliche grüne Kleidung. Die Westindischen Truppen waren wie die Linie uniformiert (gelbe Abzeichen, weiße Litzen, weiße Unterkleider).

1770 waren die Unterkleider weiß (Abb. 6, e). Gegen Ende des 18. Jahrhunderts wurde als Kopfbedeckung ein zylinderartig gestalteter Hut mit Stutz eingeführt. Die Röcke, immer noch von roter Grundfarbe, erhielten die Form der russischen Kurtka, d. h. die kurzen Schöße waren nur vorn umgeschlagen. Kragen, Rabatten und Aufschläge von der Regimentsfarbe. Aufschlagspatten rot. Die Hosen, von hellgrauer Farbe, zeigten Gamaschenschnitt (Abb. 6, f). Die Garde hatte einen langschößigen Rock mit Silberbesatz, dazu eine eigenartig gestaltete Kopfbedeckung.

1801 waren die Abzeichen folgende:

Regiment	Kragen, Rabatten, Aufschläge u. Schöße	Knöpfe u. Litzen	Westen und Hosen
Garde z. F.	hellorange	weiß	hellorange
d. Königs Leib-Rgt. z. F.	dunkelblau	weiß	strohgelb
d. Königin Leib-Rgt. z. F.	gelb	weiß	gelb
Kronprinz	grün	weiß	weiß
Pr. Friedrich	gelb	gelb	dunkelblau
Jütsches	weiß	weiß	weiß
Seeländisches	blau Schoß gelb	weiß	gelb
Oldenburgisches	weiß	gelb	grün
Bornholmsches	grün	weiß	grün
Schleswigsches	blau	gelb	weiß
Holsteinsches	hellgrün	weiß	strohgelb
Nordenfieldsches	blau	weiß	blau
Südenfieldsches	gelb	weiß	grün
Falster	schwarz Schoß strohgelb	weiß	strohgelb
Moensches	schwarz Schoß weiß	gelb	weiß

Die Grenadiere waren durch eine Art Grenadiermütze von eigentümlicher Form ausgezeichnet (Abb. 6, g). Die Vorderseite der Kopfbedeckung war schwarz, unten mit gelbem Blech. Über dem Schilde eine weiße Raupe, von einer Schläfe zur andern gehend. Der weiße Stutz hatte eine farbige Spitze. Nach hinten fiel ein farbiger Beutel herab. Am Bandelier Luntenberger. *Jäger und leichte Infanterie* trugen dieselbe Uniform wie die Linien-Infanterie, nur von grüner Grundfarbe mit schwarzen Rabatten, weißen Vorstößen und Schoßumschlägen und gelben Knöpfen. Die Grenadierjäger Mütze wie die Grenadiere, mit grünem, oben rotem Stutz (Abb. 8, a). Als Seitengewehr hatten die leichten Truppen Hirschfänger mit Bügel, während bei der Linien-Infanterie die Grenadiere und Scharfschützen mit Säbeln ausgerüstet waren, wogegen die übrige Mannschaft nur das Bajonett in Scheide trug. Die *Leibjäger* (Abb. 8, b) trugen 1807 eine schwarze Tschapka, deren Deckel fünfeckig war. Das Pompon war kugelförmig von grüner Wolle. Die *Landwehr* (Abb. 8, c) hatte 1807 einen roten Rock mit weißen Schoßumschlägen, Knöpfen und Vorstößen, blauen Kragen und Aufschlägen; dazu ein buntfarbiges längeres Wams, unter dem Rock getragen. Kopfbedeckung und Beinkleider wie die Linie, Stutz auf dem Hut grün. Die *Garde* trug damals Pelzmützen. In der Folge blieb die Uniform rot mit verschiedenfarbigen Regimentsabzeichen. An Stelle des Hutes trat ein Tschako mit weißen Behängen. 1813 (Abb. 6, i) waren die Unterkleider noch hellgrau. Später kamen himmelblaue Pantalons auf. In den dreißiger Jahren war der Kragen von der Grundfarbe, also rot, vorn mit einer Patte von der Regimentsfarbe versehen, mit zwei Knöpfen besetzt. Auf den Schultern Konterepauletten (Abb. 6, k). Das *Lauenburgische Jägerkoprs* hatte grüne Uniform mit roten Abzeichen und gelben Knöpfen. 1842 erhielt die Linieninfanterie rotes doppelreihiges Kollett mit weißen Knöpfen und hellblauen, weiß vorgestoßenen spitzen Aufschlägen und Kragen. Um 1850 Einführung eines doppelreihigen dunkelblauen Waffenrocks mit gleichfarbigem Kragen und spitzen, rot vorgestoßenen Aufschlägen. Am Kragen rote Patten, zunächst mit zwei kleinen Knöpfen und gestickten Knopflöchern, die später fortfielen. Das nicht mehr gekreuzte Lederzeug wurde schwarz. Die Hosen blieben himmelblau, Tschako mit weißen Beschlägen, für gewöhnlich dunkelblaues Käppi mit roten Vorstößen und weiß-roter Kokarde, späger durch hellblaues ohne Vorstöße ersetzt. Jäger, die nach 1864 fortfielen, dieselbe Uniform in grüner Grundfarbe. Unteroffiziere 1 bis 3 Winkeltressen in Knopffarbe auf beiden Unterarmen, Offiziere Epauletten in Knopffarbe und 1 bis 3 Rosetten, Stabsoffiziere mit Fransen und Sternen. Seit 1865 geflochtene Achselstücke, für Stabsoffiziere in Knopffarbe, Subalternoffiziere in Knopf- und Waffenfarbe gemischt. Das Leibgarderegiment behielt den roten einreihigen Waffenrock mit hellblauen, weiß vorgestoßenen Kragen, Achselklappen und spitzen Aufschlägen. Weiße Gardelitzen, Offiziere Silberstickerei, weißes gekreuztes Lederzeug. Weiße Streifen an den hellblauen Hosen, Pelzmütze mit weißen Schuppenketten und Stern, der das vergoldete Wappen zeigt. Diese Uniform wird auch heute in Gala getragen. Zum täglichen Wachdienst dunkelblauer zweireihiger, am Kragen, Aufschlägen und Achselklappen rot vorgestoßener Waffenrock mit silbernen Kragen- und Aufschlaglitzen. 1911 Einführung eines einreihigen rot vorgestoßenen dunkelblauen Feldrocks mit Stehumlegekragen und aufgesetzten Brusttaschen (Abb. 9, a), Mannschaften am Kragen rote Litzen in Form eines offenen Rechtecks. Offiziere Rangsterne am Kragen und 1 bis 3 schmale bzw. mittelbreite Rangtressen am Käppi in Knopffarbe. Käppi und Hose blieben hellblau. Im Laufe des I. Weltkrieges wird dieselbe Uniform, nur aus ganz steingrauem Grundtuch, eingeführt. Seit 1923 ist eine kakifarbene Felduniform eingeführt, die aber nur von Offizieren und Unteroffizieren getragen wird. Metallteile durchgängig gelb, Rangsterne und Rosetten auf den Achselklappen. Waffenbezeichnung durch rundes Metallschild mit Prägung über der rechten Brusttasche. Lederzeug, auch Mützenschirm und Sturmriemen hellbraun. Mützenbesatzband grüngrau. Feldmütze in Bootsform mit dunklerer Tresseneinfassung. Leibgarderegiment seit 1909 grüngraue Felduniform im Blusenschnitt ohne farbige Abzeichen, gelbe Knöpfe.

II. Kavallerie

Bei der Kavallerie war anfänglich die graue, später die rote Grundfarbe vorherrschend; im Anfang des 18. Jahrhunderts erschienen die schweren Reiter in grauen Röcken mit geschwärzten Vollkürassen, die Dragoner in dunkelroten Röcken. Der Reiter von 1740 (Abb. 7, a) trug roten Rock mit gelben Umschlägen, die Schabracke war rot mit gelben Vorstößen. Hut, Borte und Knöpfe weiß. Der Harnisch war geschwärzt, Beinkleider und Bandeliere lederfarben. Der Reiteroffizier von 1750 (Abb. 7, b) hat grüne Abzeichen. Die Harnischbeschläge waren gelb, die Weste weiß, Hutborte golden, Schärpe karminrot mit Gold. 1762 hatten die Husaren Flügelmützen, schwarze Dolmans, rote Pelze und weiße Schnüre. Beim Husarenoffizier von 1764 (Abb. 7, c) Dolman, Säbeltasche und Stiefel gelb, Aufschläge, Pelz und Scharawaden dunkelrot, die Beschnürung weiß. Schärpe rot mit gelb; als Schabracke ein Pantherfell mit silberner Tresse. Der Mützenbeutel gelb. Der Reiter von 1772 (Abb. 7, d) trug himmelblaue Abzeichen auf dem roten Rock; Schoßumschläge und Unterkleider gelb. Weiße Hutborte und Knöpfe sowie Bandeliere; Schabracke rot mit himmelblauem Besatz. Im Jahre 1800 trug die *Leibgarde zu Pferde* gelbes Kollett mit roten Kragen und Aufschlägen und silbernen Besätzen. Schwarzes Lederzeug. Schwarzer Raupenhelm, unten mit rot und silbernem Bund umgeben. Weißer, oben roter Stutz. Rote Säbeltasche mit Silberborte und dem königlichen Namenszug (C. 7 = Christian VII.). Die *schwere Kavallerie* (Abb. 7, g): Roter Rock mit gelbem Schoßfutter, gelbe Lederhose und ungarische Stiefel; für gewöhnlich dunkelblaue Überknöpfhosen. Hut mit weißem Stutz. Offiziere: Frack mit langen Schößen. Rote Schabracken mit weißem, bei den Offizieren silbernem Besatz.

Abb. 7. Dänemark. Reiterei.
a, d, g, Reiter – b Reiter-Offizier – c, l Husaren-Offiziere – f Leichter Dragoner – e Bosniak – h, e, k Dragoner

1801 waren die Abzeichen:

Name des Regiments	Rock	Kragen, Aufschläge, Rabatten	Vorstöße	Schoß-aufschläge	Knöpfe
Leibreiterregiment	rot	gelb	keine	gelb	weiß
Seelandsches Regiment	rot	dunkelblau	keine	gelb	weiß
Schleswigsches Regiment	rot	hellblau	keine	gelb	weiß
Holsteinsches Regiment	rot	hellgrün	gelb	gelb	weiß

Leichte Dragoner (Abb. 7, f): Uniform wie die schweren Reiter. Statt des Hutes ein Raupenhelm mit Bund von der Abzeichenfarbe. Nur das Leibregiment, das schwarzen Kragen usw. trug, hatte roten Bund.

Name des Regiments	Rock	Kragen, Aufschläge, Rabatten	Vorstöße	Schoß-umschläge	Knöpfe
Leibregiment leichte Dragoner	rot	schwarz	gelb	gelb	weiß
Jütisches Dragonerregiment	rot	grün	keine	gelb	weiß
Finnisches Dragonerregiment	rot	hellblau	gelb	gelb	weiß

Abb. 8. Dänemark. Verschiedenes.
a Grenadier-Jäger – b Leibjäger – c Landwehr – d Artillerie-Offizier – e, f, g Artilleristen – h Genie-Offizier – i Genie-Soldat – k General

Husaren: Hellblauer Dolman mit karminroten Kragen und Aufschlägen, karminroter Pelz mit schwarzem Vorstoß, weiße Schnüre, weiß und karminrote Schärpe. Lederhosen. Darüber karminrote, weißbesetzte Scharawaden. Braunes Lederzeug. Schwarze Flügelmütze mit weißen Borten, weißer Stutz. Karminrote Schabracke und Säbeltasche (auf letzterer der weiße Namenszug C. 7). Zackenrand hellblau. Die *reitenden Feldjäger* waren wie die Fußjäger montiert, nur gelbe Schoßumschläge. Grüne Schabracke mit schwarzem Zackenrande. Die *Bosniaken* (Abb. 7, e) hatten ganz hellblaue Kleidung mit roten Abzeichen. Turban rot mit weißem Bund. 1808 in Ulanen umgewandelt. Hellblaue Ulanka mit roten Abzeichen, Tschapka mit rotem Oberteil. Seit 1822 bis zur Auflösung 1842 hellblaues Kollett mit weißen Knöpfen und roten Abzeichen. Die schweren Reiter werden um 1820 Kürassier-Regimenter. Raupenhelm mit gelbem Beschlag, doppelreihige weiße Kolletts mit roten oder hellblauen Abzeichen und weißen Knöpfen, hellblaue Hosen. In der Folgezeit blieb die Uniform der *leichten Dragoner* die gleiche; nur der Helm erhielt eine etwas andere Gestalt; die Hosen wurden hellblau mit ledernem Reitbesatz. Auf den Schultern Konterepauletten (Abb. 7, h), bei den Trompetern weiße Fransenepauletten, dazu rote Helmraupe. Der Helm wurde später zum Bügelhelm (Abb. 7, i). Die Uniform verlor in der Folge die Rabatten. Bei der Einführung der Waffenröcke bekamen die Dragoner solche von hellblauer Farbe mit zwei Reihen von weißen Knöpfen. Die Kragen, Patten und Vorstöße dunkelrot, Mäntel hellblau, Helmbeschläge weiß (Abb. 7, k). Die *reitende Leibgarde* erhielt weiße Waffenröcke mit roten Abzeichen und weißen Litzen. Gelbe Kürasse und Helme mit weißen Beschlägen, schwarzen Haarbusch und schwarzes Lederzeug. Die Schabracke rot mit weiß. Zum Gala-Wachtdienst rote Superweste mit weißem Stern. Reitende Leibgarde ging 1868 ein. Die Husarenuniform wird 1845 ganz hellblau mit weißen Schnüren, der Pelz für Mannschaften rot, Offiziere karmin. 1870 statt des Dolman Attila mit 5 Reihen Brustverschnürung (Abb. 7, l), sehr niedriges Käppi mit geradem Schirm, seit 1912 mit weißem Haarbusch. 1889 bis 1909 Kragen und Aufschläge karmin, seitdem wieder hellblau. 1889 Einführung hellblauer Husarenhosen und schwarzer Husarenstiefel mit weißem Besatz. 1911 erhielt die Kavallerie hellblauen Waffenrock ohne Kragenlitzen mit Vorstoß in Waffenfarbe, Dragoner karmin, Husaren weiß. Später alles steingrau ohne farbige Vorstöße.

Abb. 9. Dänemark 1912–1935.
a, c Infanteristen – b Dragoner – d Offizier

III. Artillerie und Genie – Generalität

Auf unserer Abbildung vom Jahre 1750 (Abb. 8, h) trägt der Genieoffizier ganz rote Uniform ohne andersfarbige Abzeichen; Knöpfe und Borten sind gelb. Der Artillerieoffizier (Abb. 8, d) hat roten Rock mit blauem Kragen und Aufschlägen sowie Schoßfutter; gelbe Knöpfe und Besätze, weiße Gamaschen, karminrot und gelbe Schärpe. Blaue Westen und Hosen, bei den Mannschaften waren die Knopflöcher blau ausgenäht. Im Jahre 1800 war die Uniform der Artillerie durchaus dieselbe wie die der Infanterie; nur dunkelblaue Hosen und schwarze Gamaschen. Abzeichen und Schoßumschläge blau, Knöpfe gelb (Abb. 8, e). Die Offiziere trugen langschößige Röcke von karminroter Grundfarbe. Als Seitengewehr der Mannschaften diente ein kurzer Pallasch mit gelbem Bügel. An Stelle des Hutes trat später der Tschako (Abb. 8, f), bei der reitenden Artillerie mit blauem Pompon geschmückt, bei den Offizieren mit blauem Busch. Nach der Einführung des Waffenrocks war die Artillerieuniform ganz dunkelblau mit karminroten Kragenpatten und Vorstößen und gelben Knöpfen. Schwarzer Tschako mit gelben Beschlägen (Abb. 8, g), schwarzes Lederzeug. Bei der Felduniform 1911 Hosen und Käppi dunkelblau, Waffenfarbe karmin, ebenso bei der steingrauen Felduniform. Die Genietruppe trug schwarze Kragenpatte, rote Vorstöße und gelbe Knöpfe, blaue und graue Felduniform wie Artillerie, nur Vorstöße hellrot, Kragenlitzen schwarz.

Die Generale trugen bis 1842 rote Röcke mit hellblauem Kragen und Aufschlag mit Goldstickerei, danach dunkelblauen, rot vorgestoßenen Waffenrock im Infanterieschnitt mit goldener Stickerei auf den roten Kragenpatten und den spitzen Aufschlägen. Zunächst Epauletten, später goldene Achselstücke mit 1 bis 3 großen sechsstrahligen Sternen. Hellblaue Hose mit Goldstreifen, schwarzer Hut mit weißem Federbusch (Abb. 8, k). Hellblaue Schabracken mit Goldborten. Generalstab ebenso, nur mit Silberstickerei, Hutfedern gelb und karmin. Zur Felduniform rote Vorstöße. Käppi mit Goldkordel und je nach Rang breite und mittelbreite Rangtressen.

Abb. 10. Estland.
a Infanterie – b Kavallerie – c General

Estland
(Kokarde blau-schwarz-weiß)

Den Grundstock der estnischen Armee bildeten im Jahre 1917 die estnischen Truppenteile des russischen kaiserlichen Heeres. Die ersten Uniformen lehnen sich daher weitgehend unter Verwendung des vorhandenen Materials an die frühere russische Uniform an, jedoch wurde die Mützenkokarde durch ein ovales Strahlenschild mit Auflage in Nationalfarben ersetzt. Die Offiziere trugen zunächst die russischen Achselstücke mit kleinen Abänderungen weiter, vielfach weiße oder in Nationalfarbe gehaltene Armbinden. Im Frühjahr 1919 kam ein finnisches Hilfskorps zur Unterstützung der estnischen Truppen beim Freiheitskampf gegen die Bolschewiken und brachte in die Bekleidung Anklänge an die finnische Ausrüstung. Der Feldrock blieb auch weiterhin kakifarben mit aufgesetzten Brust- und Seitentaschen, Stehumlegekragen für die Offiziere aus dunkelblauem, am Außenrand weiß vorgestoßenem Samt, Mannschaftskragen in Grundfarbe mit Waffenabzeichen an den Kragenenden. Die Rangabzeichen der Offiziere waren 1 bis 3 große sechseckige, mit dem Staatswappen belegte Sterne auf den Achselklappen für Subalternoffiziere; Stabsoffiziere und Generale mit zusätzlichen kleineren sechseckigen Dienstgradsternen auf den Kragenenden. Dazu Schirmmütze russischen Modells und bootsförmige Feldmütze mit der Kokarde auf dem hochgeklappten Tuchschirm und übergeknöpftem Nacken- und Ohrenschutz, alles kakifarben. Russische und deutsche Stahlhelme durcheinander. Die Kavallerie erhielt schon bald eine Paradeuniform: blauer Attila mit weißer Verschnürung und schwarzem Samtkragen, dazu kakifarbiges Käppi mit blauem, weiß besetzten nach rechts überfallenden Beutel, rote Hosen, schwarze Husarenstiefel.

Etwa 1925 Einführung einer englischen Schirmmütze für außerdienstliche Zwecke mit Goldstickerei auf dem Mützenschirm für Generale und Stabsoffiziere. Der Rockkragen wird grundfarbig mit waffenfarbigen, hinten spitzen Patten und kleinen Knöpfen sowie Waffenabzeichen auf den Kragenenden. Die Rangabzeichen befinden sich nunmehr nur noch auf den Schulterklappen, bestehend aus 1 bis 3 Sternen mit zusätzlichem Landeswappen mit und ohne Eichenlaubkranz für Generale und Stabsoffiziere. Stahlhelm deutschen Modells, Lederzeug naturfarben, für Offiziere Schulterriemen.

Finnland
(Kokarde weiß mit hellblauem Ring)

Den Grundstock des finnischen Heeres bildete das preußische Jägerbataillon 27, das 1915 aus kriegsfreiwilligen Finnen, die auf deutscher Seite den Krieg gegen Rußland mitmachen wollten, zusammengestellt war. Diese Truppe wurde 1918 mit dem deutschen Landungskorps zur Befreiung Finnlands eingesetzt. Nach dem Ausscheiden aus dem deutschen Heeresverband wurde die preußische Jägeruniform M 15 noch längere Zeit ziemlich unverändert mit finnischen Hoheitsabzeichen getragen. Die Rangsterne (1 bis 3) wurden aber schon sehr bald auf den Kragen in Dreiecksform angebracht. Die sich überall im Lande bildenden weißen Freiwilligentruppen waren in die verschiedenen behelfsmäßigen Uniformen gekleidet. Hierzu fanden alte russische Uniformbestände sowie Feldblusen und Röcke aus grauem schwedischen Uniformtuch Verwendung, zu denen Pelzmützen, Pelzmäntel und hohe, weiche schwarze Stiefel getragen wurden. Als Unterscheidungszeichen fanden vielfach weiße Armbinden mit farbigen Abzeichen und Beschriftung Verwendung. Neu aufgestellte Reiterregimenter trugen Uniformen, deren Grundzüge auch in den späteren noch erhalten geblieben sind. So hatte das Kexholm-, später Hämeen-Reiterregiment, hellgraue Röcke mit braunroten, gelb vorgestoßenen schottischen Aufschlägen und Kragen, dazu 6 dunkelrote Brustverschnürungen, dunkelrote Reithosen mit zwei schmalen gelben Streifen. Rotbraune Tellermütze russischer Art mit gelbem Besatzstreifen und Deckelvorstoß. Das Nyland-, später Uudenmaan-Dragonerregiment, trug ähnliche Uniform ohne Brustverschnürung mit dunkelblauer Abzeichenfarbe und Hose; dazu schwedische graue Filzhüte, dunkelblau gefüttert und dreieckig aufgeklappt oder dunkelblaue bootsförmige Mütze mit aufgeschlagenem Tuchschirm, Nacken- und Ohrenschutz. In der Folgezeit setzt sich eine hellgraue Uniform durch, die 1922 erstmalig geregelt wird. Das Grundtuch der Uniform M 22 ist hellgrau, das Besatztuch für Stehumlegekragen und Aufschlag dunkelgrau, bei der Küstenartillerie dunkelblau. Der für alle Truppenteile gleiche Rock hat eine Reihe von 6 matten Knöpfen, bei Offizieren aufgesetzte Brust- und Seitentaschen mit geschweiften Patten und Quetschfalten, in der Taille zwei Knöpfe; der Aufschlag ist durchgängig schwedisch, für die Artillerie polnisch, für Kriegsministerium, Generalstab und Gardetruppen (Finnlands weißes Garderegiment, Karelisches Garderegiment, Gardejägerbataillon) französisch mit hellgrauer Aufschlagpatte. Auf den Schultern trägt die Mannschaft abgerundete Schulterklappen aus Besatztuch, Infanterie ohne, sonst mit waffenfarbigem Vorstoß, Garde vollfarbig dunkelblau, dunkelrot oder grün mit weißem Vorstoß. Darauf Waffenabzeichen in gelbem Metall. Die Offiziere haben geflochtene goldene, Generale gold-silberne Schulterstücke auf waffenfarbiger Unterlage, auf denen der finnische Löwe und das Waffenabzeichen in Gold befestigt sind. Die Rangabzeichen sind am Stehumlegekragen angebracht. Unteroffiziere hellgraue Doppellitze mit grauem Wappenknopf und einfache bzw. doppelte hellgraue Schnureinfassung. Dazu 1 bis 4 schmale silberne, Feldwebel eine breite goldene Quertresse auf den Achselklappen; Subalternoffiziere eine schmale hellgraue Seidentresse am Kragenaußenrand und 1 bis 3 kleine goldene Rosen; Stabsoffiziere eine mittelbreite und eine schmale Tresse sowie 1 bis 3 große Rosen; Generale eine breite gemusterte Seidenborte mit 1 bis 3 großen goldenen Wappenlöwen. Das Lederzeug ist naturfarben, Offiziere Schulterriemen, zur Parade silberne, blaudurchwirkte Schärpe mit Quasten links. Goldenes Portepee mit gleichfarbigem schwarzdurchwirkten Band. Die dunkelgraue lange oder kurze Hose trägt bei Generalen und Generalstab breite, bei der Artillerie, Radfahr- und technischen Truppen schmale Lampassen in Waffenfarbe. Die anderen Offiziere tragen mittelbreite Streifen, Mannschaften keine farbige Verzierung. Bootsförmige Feldmütze, im Winter mit grauem, bei technischen Truppen schwarzem, bei Generalen weißem Pelzbesatz; für Offiziere auch eine Tellermütze preußischen Modells mit schwarzem Lederschirm, der bei Obersten mit einem, bei Generalen mit zwei goldenen Eichenlaubzweigen bestickt ist. Sturmriemen für Unteroffiziere aus schwarzem Leder; Offiziere und Generale doppelte Goldkordel. Besatzstreifen, Deckelvorstoß aus Besatztuch, Deckel und Seitenteile aus Grundtuch. Auf dem Besatzstreifen befindet sich wie an der Feldmütze die rote finnische Löwenkokarde, auf dem Randstreifen darüber die Nationalkokarde. Der Waffenrock der Kavallerie hat eine Reihe von 8 Knöpfen und ist an den Außenkanten mit mittelbreiter hellgrauer Seidentresse eingefaßt. Auf der Brust befinden sich 8 nach unten kleiner werdende gerade Brustverschnürungen aus gleicher Tresse. Schottischer Aufschlag mit 2 Knöpfen und Tressenbesatz. Die Reithose ist dunkelrot mit 2 schmalen gelben Seitenstreifen. Offiziere haben zur Paradeuniform schwarze Kartusche mit grauem goldbetreßten Bandolier. Im Sommer wird eine für alle Waffen gleiche hellgraue Hemdbluse mit flachem Kragen, von Offizieren eine leichte Feldbluse getragen. Die hohen weichen Lederstiefel sind schwarz. Der Mantel aus Grundtuch ist zweireihig mit breitem liegenden Besatztuchkragen. Die Rangbezeichnung der Offiziere erfolgt durch graue Seidentressen auf den Rollumschlägen (1 bis 3 schmale, 1 mittelbreite oben und 1 bis 3 schmale darunter, 1 ganz breite und 1 bis 3 schmale darüber).
1927 wird eine neue kakifarbene Felduniform, für Offiziere auch ein gleichfarbiger Dienstanzug, eingeführt. Die graue und die kakifarbene Uniform werden nebeneinander getragen. Der Feldrock M 27 ist eine für alle Waffenarten gleiche Bluse mit Lederknöpfen, aufgesetzten Brust- und Seitentaschen und sehr breitem, flachem liegendem Kragen sowie gleichfarbenen spitzen Achselklappen, auf denen die gelbe Waffenbezeichnung bzw. die Unteroffizierstressen in Winkelform angebracht sind. Die Rangbezeichnung der Offiziere und Unteroffiziere am Kragen ist dieselbe wie zur Uniform M 22. Die Kopfbedeckung M 27 ist der Mütze des deutschen Arbeitsdienstes sehr ähnlich, aus kakifarbenem

Abb. 11. Finnland.
a, d Infanterie – b Nyland-Dragoner – c Generalstab, Oberst

Filz mit Tuchschirm und braunem Kinnriemen. Der Dienstanzug der Offiziere besteht aus langer kakifarbener Hose mit Umschlag, einem Jackett englischen Schnitts mit aufgesetzten Brust- und Seitentaschen und einer Reihe von 4 gelben Knöpfen. Auf den Kragenenden ist das Waffenabzeichen, auf den Achselklappen der finnische Wappenlöwe und die Regimentsnummer in Gold angebracht. Die runden, in der Ärmelnaht 3 kleine Knöpfe tragenden Aufschläge sind in Waffenfarbe vorgestoßen. Die Rangbezeichnung erfolgt durch kurze goldene Quertressen gleicher Zahl und Anordnung wie auf dem Mantel M 22. Kakifarbene Deckelmütze mit hellbraunem Schirm. Der Mantel wie M 22, nur kakifarben.

Die Waffenfarben sind: Kriegsministerium hellblau, Generalstab karmin, Artillerie rot, Infanterie hellgrau, Jäger grün, Kavallerie gelb, Radfahrtruppe orange, Panzertruppe schwarz, Train und technische Truppen purpurfarben; die Waffenabzeichen: Infanterie gekreuzte Gewehre, Kavallerie gekreuzte Säbel, Artillerie flammende Granate, Jäger Jagdhorn, Radfahrtruppe Rad mit 2 gekreuzten Skiern, technische Truppen römisches Kurzschwert mit aufgelegten technischen Geräten. Der Stahlhelm war stets deutschen Modells.

Frankreich

(Kokarde: Bis zur Revolution sehr verschiedenfarbig. Zur Revolutionszeit dreifarbig, blau-weiß-rot. Unter der Restauration weiß. Seit Louis Philipp wieder blau-weiß-rot)

I. Garden

Die königlichen Haustruppen (maison du roi)

Die Einführung der Uniformen fällt in Frankreich in das Jahr 1670; und zwar wird Colinan de Frandat als der Urheber dieser Neuerung bezeichnet. Indessen scheinen die königlichen Garden schon vorher eine Art Uniformierung gehabt zu haben. Wir behandeln hier zunächst nur die eigentlichen Haustruppen, die zum Wacht- und Eskortedienst bestimmt waren, während wir die Regimenter der französischen und Schweizer-Garde unter der Garde-Infan-

Abb. 12. Frankreich. Königliche Truppen.
a, h, i Garde du Corps – b Garde de la Porte – c Gensdarme – d Garde de la Manche – e Garde de la Prévôté – f Grenadier zu Pferd – g Musketier des Königs

terie besprechen werden. Bemerkenswert erscheint, daß den Haustruppen die rote und blaue Farbe für die Kleidung vorbehalten war. Die *Gardeducorps* (Abb. 12 a) bestand aus vier Kompanien. Sie trug blaue Röcke, rote Westen und Aufschläge, silberne Knöpfe und Litzen. Der Hut war mit Silberborte besetzt. Im 18. Jahrhundert wurden verschiedenfarbige Bandeliere eingeführt. Diese und die Kokarden an den Hüten zeigten die Kompanie an und zwar trug:

1. Kompanie (Comp. écossaise) schwarze Kokarde, silbernes Bandelier mit weißen Vierecken;
2. Kompanie (première française) weiß-grüne Kokarde, Bandelier silbern mit grünen Vierecken;
3. Kompanie (seconde française) Kokarde blau-weiß, Bandelier silbern mit blauen Vierecken;
4. Kompanie (troisième française) gelb-weiße Kokarde, Bandelier silbern mit gelben Vierecken.

Gardes de la Porte (Abb. 12b): Blauer Rock. Aufschläge, Futter, Weste, Hosen und Strümpfe rot, Borten von Gold und Silber auf allen Nähten; die Aufschläge von Plüsch, Bandelier und Leibgurt in Gold und Silber gewürfelt. Degen und Musketen.

Die Hundert-Schweizer (Cent-Suisses): Blauer Rock mit rotplüschenen Aufschlägen. Kragen und Schoßfutter scharlachrot, gelbe Knöpfe, blaue oder weiße Hosen. Pelzmütze mit einem Blech, darauf das französische Wappen. Drago-

ner-Flinte und Säbel. Zum Gala-Wachtdienst sogenanntes Altschweizer Kostüm.

Gardes de la Manche (Abb. 12 d): Ganz weißes Kostüm, nur die Schuhe haben rote Absätze. Die Stickereien auf der Kasake in Gold und Silber, Schaft und Quast der Partisane weiß.

Gardes de la Prévôté de l'Hôtel (Abb. 12 e): Blauer Rock mit Goldborten. Aufschläge und Futter rot, Weste rot mit Gold besetzt, Hosen und Strümpfe ebenfalls rot. Goldene Hutborte, Kasake weiß mit inkarnatroten, blauen und weißen Streifen, die von der Hüfte herabfallen. Reiche Goldstickerei. Der Kasake, französisch: Hoqueton, verdankt die Truppe die Bezeichnung Hoquetons ordinaires de Sa Majesté.

Von den erwähnten Truppen waren die Gardes du Corps beritten, taten aber auch Dienst zu Fuß. Reitertruppen der Garde waren ferner die *Gensdarmes der königlichen Garde* (Abb. 12 c): Roter Rock. Aufschläge von schwarzem Plüsch, Weste gelblich, reicher Goldbortenbesatz. Goldene Hutborte, schwarze Kokarde und weiße Plumage. Die *Chevaulegers der Garde* trugen dieselbe Uniform mit weißer Hutkokarde. Die *Musketiere des Königs* bildeten zwei Kompanien und wurden nach der Farbe der Pferde graue oder schwarze Musketiere genannt. Die erste Kompanie trug eine ganz rote Uniform mit reichem Goldbortenbesatz, weiße Plumage und Kokarde. Im 17. Jahrhundert waren die Kasaken, das eigentliche Paradekleid des Reiters, von weitem mantelartigen Schnitt, im Anfange des 18. Jahrhunderts aber nahmen sie die Form der Superweste an, und zwar zeigten die Kasaken auf blauem Grund vorn und hinten ein weißes Kreuz mit roten Flammen in den Winkeln des Kreuzes. Die zweite Kompanie, die sogenannten schwarzen Musketiere, trug dieselbe Uniform, nur war der Bortenbesatz von Silber und die erwähnten Flammen waren gelb.

Die *reitenden Grenadiere des Königs* (Abb. 12 f); hellblauer Rock, weißer Bortenbesatz, Weste, Hosen und Aufschläge rot, rote Mütze mit schwarzem Pelzbesatz. Gamaschen von Fahlleder, weißes Lederzeug.

Unter Ludwig XVI., und zwar unter dem Ministerium des Grafen von Saint-Germain, wurden die Haustruppen abgedankt, nur die Gardes du Corps blieben bestehen, bis der Ausbruch der Revolution auch deren Dasein ein Ende machte. Im Jahre 1814 lebten mit der Restauration auch die Hausgarden wieder auf, und zwar wie sie vor den Reformen des Grafen von Saint-Germain bestanden hatten. Man sah wieder Grenadiere und Hundert-Schweizer, Gardes du Corps, die Gardes de la Prévôté und de la Porte, die Gensdarmes und Chevaulegers sowie die grauen und schwarzen Musketiere. Die Uniformen waren der Farbe nach dieselben wie früher, nur der Schnitt war moderner. Bei der Mehrzahl verdrängte der Helm den Hut. Dies alles brach aber wieder mit der Rückkehr Napoleons zusammen. Nach dessen zweitem Sturz errichtete Ludwig XVIII. nur die vier Kompanien der *Gardes du Corps* (Abb. 12 h, i) wieder, zu denen später noch eine fünfte kam. Uniform: Blauer Frack mit einer Reihe von Knöpfen und neun weißen Brustlitzen mit Quasten, weiße Epauletten und Fangschnüre. Karminroter Kragen mit einer weißen Litze, Schoßumschläge in der Farbe des Kragens, weiße Hosen, Stahlhelm mit schwarzem Bräm, schwarzer Raupe und gelben Beschlägen. Weißer Stutz, dessen Wurzel die Kompaniefarbe zeigte, ebenso wie die Vierecke des Bandeliers. Diese Farben waren für die 1. Kompanie weiß, 2. Kompanie hellgrün, 3. Kompanie dunkelblau, 4. Kompanie gelb, 5. Kompanie karmin.

Im Jahre 1826 bestanden auch vier Kompanien *Gardes du Corps zu Fuß:* Blauer Rock mit neun gelben Brustlitzen ohne Quasten, Knöpfe und Epauletten gelb, Kragen karminrot mit einer gelben Granate auf jeder Seite. Aufschlag karminrot, ebenso die Schoßumschläge, die mit gelben Lilien geziert waren, Pelzmütze mit weißem Stutz, gelbem Schild und Behängen, Säbel und Bajonettgewehr, Patrontaschen mit vier Granatenecken und einem Mittelschild, welches eine Lilie zeigte.

Die übrigen Regimenter, wie Garde-Lanciers, Garde-Husaren usw., werden, weil diese Truppen keine eigentlichen Haustruppen waren, unter den betreffenden Waffengattungen besprochen. Für die Garden des ersten und zweiten Kaiserreichs gilt dasselbe, da alle Gardetruppen Feld-Regimenter waren; höchstens kämen die Hundert-Garden Napoleons III. in Betracht. Aber auch diese finden besser ihre Besprechung in dem den Kürassieren gewidmeten Abschnitt.

Garde-Infanterie

Das vornehmste Garde-Infanterie-Regiment der alten Monarchie war das Regiment der Gardes Françaises, das seinen Ursprung aus dem Jahre 1558 herleitet. Die Farbenzusammenstellung war die den Garden vorbehaltene, nämlich blau mit rot, und zwar war der Rock blau, Weste und Hosen rot (Abb. 13 a). Dazu kam noch ein reicher Besatz von weißen Borten. Nach dem siebenjährigen Krieg wurden die Hosen weiß. Um 1730 erhielten die Grenadiere dieser Truppe Pelzmützen mit Stutz, und zwar als die ersten in Frankreich (Abb. 13 b). Später erhielten auch die Grenadiere der übrigen Infanterie diese Kopfbedeckung.

Das Regiment der *Schweizer-Garden* (Abb. 13 c) trug rote Röcke mit blauen Rabatten, Westen und Hosen. Letztere wurden später weiß. Rock und Weste war mit weißem Besatz versehen.

Während die französischen Garden sich revolutionsfreundlich zeigten, besiegelten die Schweizer-Garden ihre Treue zum König mit ihrem Blut. Das Regiment wurde buchstäblich niedergemacht.

Die Revolution erkannte natürlich einzelnen Truppenteilen besondere Bevorzugungen nicht zu. Indessen hielt man sich schon im Jahre 1791 für genötigt, eine sogenannte Garde constitutionelle ins Leben zu rufen (blauer Rock mit roten Rabatten, Aufschlägen und Schoßumschlägen, weiße Unterkleider, weißbortierter Hut mit der dreifarbigen Kokarde). Dieser Truppe folgte 1792 eine Convent-Garde (Uniform in gleicher Farbenzusammenstellung). Wichtiger als diese Formation sollte die ursprünglich zur Bedeckung des Hauptquartiers der Consuln 1799 errichtete Consular-Garde werden, da sie den Stamm der späteren Kaiser-Garde bildete. Die Uniform der *Grenadiere der Consular-Garde* bestand aus königsblauem Frack mit gleichem Kragen ohne Vorstoß, weißen, eckig geschnittenen Rabatten ebenfalls ohne Vorstoß, roten Aufschlägen mit weißen Patten, rotem Schoßfutter mit gelben Granaten in den Ecken, Taschenpatten in der Länge mit rotem Vorstoß, gelben Knöpfen, roten Epauletten, weißen Westen und Beinkleidern, Pelzmützen mit gelbem Schild und Behängen, rotem Stutz und dreifarbiger Kokarde. Auf dem Patrontaschendeckel eine kupferne Granate.

Die Kaiser-Garde unter Napoleon I.

Erstes und zweites Regiment der Grenadiere zu Fuß. 1804 bis 1814 (Abb. 13 d). Uniform wie die Grenadiere der Consular-Garde, nur weiße Behänge an der Pelzmütze. Auf dem gelben Mützenschild der kaiserliche Adler zwischen zwei Granaten; der Deckel der Pelzmütze war rot, mit einer weißwollenen Granate geschmückt.

Drittes Regiment der Grenadiere zu Fuß (Holländische Grenadiere). 1810 bis 1813: Weißer Rock mit karminrotem

Abb. 13. Frankreich. Garde-Infanterie.
a, b Französische Garden – c Zimmermann der Schweizer Garde – d, g, h, k Garde-Grenadiere – e Garde-Jäger – f Voltigeur-Jäger – i Voltigeur der Garde

Kragen, Schößen, Aufschlägen und eckiggeschnittenen Rabatten; Taschen in der Länge mit karminrotem Vorstoß. Weiße Aufschlagpatten, gelbe Granaten in den Schoßspiegeln, gelbe Knöpfe, rote Epauletten, weiße Unterkleider. Pelzmütze ohne Schild, weiße Behänge, roter Stutz, rotes Mützenfutter mit weißem Kreuz.

Jäger zu Fuß. 1804 bis 1814 (Abb. 13 e): Blauer Frack mit ebensolchem Kragen, roten, weiß vorgestoßenen spitzen Aufschlägen, weiße spitzgeschnittene Rabatten. In den vier roten Schoßspiegeln abwechselnd eine gelbe Granate und ein gelbes Jagdhorn, Taschenpatten in der Länge mit rotem Vorstoß, gelbe Knöpfe, grüne Epauletten mit roten Fransen, weiße Unterkleider, Pelzmütze ohne Schild mit weißen Behängen, Stutz oben rot, unten grün.

Füsilier-Grenadiere. 1806 bis 1814: Rock wie das erste und zweite Regiment der Grenadiere, ebenso Unterkleider, weiße Epauletten, deren Feld zweimal rot durchzogen war, Tschako mit weißen Seitenstegen und Behängen, roter Stutz.

Füsilier-Jäger. 1806 bis 1814: Rock und Unterkleider wie Jäger zu Fuß, Tschako mit weißem Behänge; Stutz oben rot, unten grün.

Tirailleur-Grenadiere. 1809 bis 1814: Kurzschößiger Frack, blau mit rotem, blau vorgestoßenem Kragen, spitzen blauen Rabatten mit weißem Vorstoß, rote spitze, weiß vorgestoßene Aufschläge, rote, weiß vorgestoßene Achselklappen, Taschenpatten in der Länge, weiß vorgestoßene, rote Schoßspiegel mit weißen Adlern, weiße Unterkleider, Tschako mit weißen Seitenstegen, roten Behängen und rotem, unten weißem Stutz.

Tirailleur-Jäger. 1809: Uniform genau wie Tirailleur-Grenadiere, nur grüne, rot vorgestoßene Achselklappen und grüne Adler in den Schoßspiegeln, Tschako mit weißem Behänge und grünem Kugelpompon.

Voltigeur-Jäger. 1810 bis 1814 (Abb. 13, f): Blauer, kurzschößiger Frack mit ebensolchen spitzen, weiß vorgestoßenen Rabatten, gelber Kragen, rote spitze Aufschläge mit weißem Vorstoß, Taschenpatten in der Länge weiß vorgestoßen, weiße Jagdhörner in den roten Schoßspiegeln, gelbe Knöpfe, weiße Unterkleider, grüne Epauletten mit gelben Halbmonden, Tschako wie Füsilier-Jäger.

Flanqueur-Grenadiere. 1812 bis 1814: Grüner Spenzer mit ebensolchem Kragen, Achselklappen und gerade heruntergehenden Rabatten. Alles gelb vorgestoßen, ebenso die langgesetzten Taschenpatten, rote spitze Aufschläge mit gelbem Vorstoß, rote Schoßspiegel mit weißen Adlern, gelbe Knöpfe, weiße Unterkleider. Tschako mit weißen Seitenstegen, rotem Behänge und gelbem, oben rotem Kugelpompon.

Flanqueur-Jäger. 1812 bis 1814: Spenzer wie bei den Flanqueur-Grenadieren beschrieben, nur sind auch die Aufschläge grün und die Schoßspiegel zeigen weiße Jagdhörner.

Tschako mit weißem Behänge und gelbem, unten grünem birnenförmigen Pompon.

Rekruten-Grenadiere. 1809 bis 1810: Kurzschößige blaue Uniform mit ebensolchen Kragen, Rabatten und Achselklappen. Alle diese Stücke sowie die langgesetzten Taschenpatten rot vorgestoßen; rote Aufschläge mit weißer Patte, weiße Schöße mit roten Adlern in den Ecken, gelbe Knöpfe, weiße Unterkleider, Tschako wie Füsilier-Grenadiere, aber mit rotem Behänge.

Rekruten-Jäger. 1809 bis 1810: Uniform wie eben beschrieben, nur roter Kragen, grüne, rot vorgestoßene Achselklappen, spitze rote Aufschläge mit weißem Vorstoß, blaue Schoßspiegel mit grünen Jagdhörnern, Tschako mit weißem Behänge und grünem birnenförmigen Pompon.

National-Garde. 1810 bis 1813: Kurzschößiger blauer Rock mit weißen, rot vorgestoßenen spitzen Rabatten und Schoßspiegeln; in letzteren blaue Adler, roter Kragen und spitze Aufschläge, weiß vorgestoßen, gelbe Knöpfe, Taschenpatten in der Länge, Tschako mit rotem Behänge, Kugelpompon und Wollbüschel darüber rot, weiße Unterkleider.

Pupillen der Garde. 1811 bis 1814: Uniform wie Flanqueur-Grenadiere, Aufschläge und Schoßspiegel grün, letztere mit gelben Adlern; Taschenpatten in der Quere, Tschako mit grünem Behänge und gelbem Kugelpompon.

Veteranen der Garde. 1804 bis 1814: Uniform wie 1. und 2. Regiment der Grenadiere, nur rote Rabatten, blaue Aufschlagspatten und quergesetzte Taschen; Hut mit rotem Pompon.

Seesoldaten der Garde: Blauer Dolman mit ebensolchem Kragen; orangegelbe Verschnürung wie bei den Husaren; rote spitze Aufschläge, gelbe Schuppen-Epauletten, blaue faltige Beinkleider mit orangefarbigem Seitenbesatz und ungarischem Knoten; Tschako mit orange Borte eingefaßt und ebensolchen Behängen, roter Stutz.

Die Tschakos der Garde waren durchgängig mit dem gelbmetallenen kaiserlichen Adler und Schuppenbändern geschmückt. Die Flanqueur-Grenadiere, Flanqueur-Jäger und Pupillen trugen keine Säbel, demnach auch kein Säbelbandelier. Die Bajonettscheide war am Patrontaschenbandelier befestigt.

Unter der Restauration und dem Juli-Königtum

Im Jahre 1826 betrug die Anzahl der Garde-Infanterie-Regimenter acht, von denen die ersten sechs französische und Nr. 7 und 8 Schweizer-Regimenter waren.

Die Abzeichen waren folgende:

Nr.	Rock	Kragen	Aufschläge	Aufschlagspatten	Schoßumschläge	Vorstöße
1	blau	blau	karmesin	blau	karmesin	karmesin
2	blau	blau	rosa	blau	rosa	rosa
3	blau	blau	gelb	blau	gelb	gelb
4	blau	blau	blau	karmesin	karmesin	karmesin
5	blau	blau	blau	rosa	rosa	rosa
6	blau	blau	blau	gelb	gelb	gelb
7	rot	blau	blau	blau	weiß	rot
8	rot	rot	blau	rot	weiß	rot

Alle diese Regimenter trugen eine Reihe von weißen Knöpfen und weißem Litzenbesatz auf der Brust, Hosen blau. Die ersten sechs Regimenter hatten rote Epauletten mit weißgemischten Fransen; die letzten beiden weiße Epauletten. Die ersten sechs Regimenter trugen ferner Pelzmützen (Abb. 11, g) ohne Beschlag mit weißem Behänge und Stutz. Nr. 7 und 8 Tschakos, Behänge und Stutz wie die übrigen. Das Lederzeug war weiß.

Die Kaiser-Garde Napoleons III.

Durch einen Befehl vom 1. Mai 1854 wurde eine neue Kaiser-Garde ins Leben gerufen, und zwar wurden an Infanterie-Truppen drei Grenadier-, vier Voltigeur-Regimenter und ein Zuaven-Regiment gebildet. Die Uniform der *Garde-Grenadiere* (Abb. 11, h) bestand in einem blauen Frack mit rotem Kragen, Aufschlägen, Schoßumschlägen und Epauletten, weißen, die ganze Brust bedeckenden Rabatten und weißen Achselklappen. Gelbe Knöpfe. Die Hose anfänglich blau, aber bald krapprot wie bei der Linien-Infanterie. Weißes Lederzeug gekreuzt, Pelzmütze mit gelbmetallnem Schild, weißen Behängen und rotem Stutz. Die *Garde-Voltigeure* (Abb. 11, i) trugen dieselbe Uniform, nur spitze Aufschläge von der Grundfarbe des Frackes, gelb vorgestoßen; gelber Kragen und Halbmonde der roten Epauletten, Tschako mit gelbem Beschlag, oberem Rand und Seitenstegen und weißen Behängen. Stutz oben gelb, unten rot. Die Uniform der beiden erwähnten Truppenteile änderte sich in den sechziger Jahren dergestalt, daß der Frack durch einen einreihigen Waffenrock ersetzt wurde, und zwar erhielten die Grenadiere weiße Brustlitzen (Abb. 11, k), die Voltigeure gelbe. Das Lederzeug wurde nun nach demselben Modell wie bei der übrigen Infanterie getragen.

Die Garde-Zuaven trugen blaue Zuavenjacke und Weste mit gelbem Besatz, die spitzen Aufschläge waren rot. Rote,

Abb. 14. Frankreich. Linien-Infanterie 1680–1780.
a Pikenier – b, i Grenadiere – d, e, g, h Füseliere – c, f Offiziere

weite Hosen, hellblaue Leibbinde. Fez rot mit gelber Quaste und mit einem weißen Tuch umwunden. Die Überbleibsel der Garde-Regimenter wurden 1871 der Linie einverleibt.

II. Linien-Infanterie

Wie schon erwähnt, fällt die Einführung der Uniform in das Jahr 1670, von den Garden abgesehen, zunächst nur für die Fremdtruppen, und zwar waren hierbei deutsche Einflüsse spürbar*. Eine endgültige Vorschrift für die Nationalregimenter datiert erst seit 1690. Die ersten Uniformen waren im Gegensatz zu denjenigen der Garde ziemlich unscheinbar. Es walteten neutrale Töne vor, wie Graubraun, Isabellenfarbe usw. Die Umschläge der Uniform dagegen waren farbiger, nämlich gelb, rot, blau oder grün; vielfach erhielten auch Hosen und Strümpfe diese Farben. Die Pickeniere trugen den Brustpanzer, hatten aber die Sturmhaube abgelegt (Abb. 12, a). 1683 tritt die Kartusche an Stelle der einzelnen, am Bandeliere befestigten Ladungen. 1720 erhält der Hut, dessen Krempung bisher willkürlich war, eine einheitliche Dreispitzform. 1703 werden die Bajonette eingeführt als Ersatz für die abgeschaffte Picke. Um 1715 erscheinen einige Infanterie-Regimenter (Poitou, Auvergne, Champagne) in weißen Röcken; letztere Farbe wurde nach und nach die allgemeine für die national-französische Infanterie, während die Fremd-Regimenter, wie wir sehen werden, andersfarbige Röcke erhielten. 1720 führten die meisten Regimenter schwarze Kokarden an den Hüten, doch kamen auch andersfarbige und zweifarbige vor. Erst 1729 wurde die Offiziersuniform geregelt. Bis 1743 zeigte der Rock den Schnitt der bürgerlichen Kleidung. Außer den Abzeichen bildeten die sehr verschiedenartig geformten Taschenpatten ein weiteres Erkennungszeichen. In dieser Periode kommen Grenadiermützen englischer bzw. preußischer Form vor. Um 1757 hatte ein großer Teil der Infanterie die Gamaschen angenommen, gleichzeitig auch den mit Rabatten versehenen Rock und umgeschlagene Schöße. An Stelle des bis dahin üblich gewesenen Haarbeutels trat nach und nach der Zopf (Abb. 12, d). 1760 wurden die Hosen durchgängig weiß. Von den Fremd-Regimentern trugen die Schweizer und Irländer rote Uniformen, die übrigen blaue. Die sogenannten königlichen Regimenter (régiments royaux) hatten blaue Abzeichen auf den weißen Röcken. Die Abzeichen der prinzlichen Regimenter waren rot. 1759 wurden als Rangabzeichen für die Offiziere Epau-

---
* Vgl. Jany, Geschichte der Kgl. Preuß. Armee. Bd. I, S. 340, Anm. 504

Die französischen Infanterie-Regimenter 1761
(nach einem Manuskript im Staatl. Zeughaus Berlin).

Regiment	Rock	Kragen	Aufschläge	Schöße	Rabatten	Weste	Hose	Knöpfe
Picardie	weiß[1]	weiß	weiß	weiß	–	rot	weiß	gelb
Champagne	weiß[2]	weiß	weiß	weiß	–	rot	weiß	gelb
Navarre	weiß	weiß	weiß	weiß	–	rot	weiß	gelb
Piémont	weiß	weiß	schwarz	weiß	–	weiß	weiß	gelb
Normandie	weiß	schwarz	schwarz	weiß	–	weiß[2]	weiß	weiß
La Marine	weiß[5]	schwarz	schwarz[5]	weiß	–	rot	weiß	gelb
Boisgelin	weiß	weiß[8]	weiß	weiß	–	weiß	weiß	gelb
Bourbonnois	weiß[2]	–	weiß	weiß	–	weiß	weiß	gelb
Auvergne	weiß	–	violett	weiß	violett	weiß	weiß	weiß
De Rougé	weiß	–	violett	weiß	violett	weiß	weiß	gelb
Chatellux	weiß[1]	weiß	weiß	weiß	–	rot	weiß	gelb
Du Roi	weiß[5]	blau	blau[5]	weiß	–	blau[5]	weiß	gelb
Royal	weiß[2]	blau	blau	weiß	–	blau	weiß	weiß
Poitou	weiß[2]	blau	blau	weiß	–	blau	weiß	gelb
Lionnois	weiß[2]	rot	rot	weiß	–	rot	weiß	gelb
Dauphin	weiß[1]	–	blau	weiß	–	blau	weiß	gelb
Vaubecourt	weiß	schwarz	schwarz	weiß	schwarz	rot	weiß	gelb
Touraine	weiß[2]	blau	blau	weiß	weiß	blau	weiß	weiß
Aquitaine	weiß	blau	blau	weiß	blau	blau	weiß	gelb
D'Eu	weiß	blau	blau	weiß	–	blau	weiß	gelb
St. Chaumont	weiß[2]	karmin	karmin	weiß	karmin	weiß	weiß	gelb
Montmorin	weiß[2]	rot	rot	weiß	–	rot	weiß	gelb
Briqueville	weiß	rot	rot	weiß	–	weiß[4]	weiß	gelb
La Reine	weiß	rot	rot	weiß	rot	blau	weiß	weiß
Limousin	weiß	–	rot	weiß	rot	weiß	weiß	gelb
Royal Vaisseaux	weiß[2]	blau	blau	weiß	–	rot	weiß	gelb
Orléans	weiß	rot	rot	weiß	–	rot	weiß	gelb
La Couronne	weiß	blau	blau	weiß	–	blau	weiß	weiß
Bretagne	weiß	–	weiß	rot	schwarz	rot	weiß	gelb
Gardes Lorraines	blau[6]	–	blau	blau	–	blau	blau	weiß
Artois	weiß	weiß	weiß	weiß	–	rot	weiß	gelb
Montrevel	weiß	rot	rot	weiß	–	rot	weiß	weiß
Montmorency	weiß	weiß	rot	weiß	–	rot	weiß	weiß
La Sarre	weiß	blau	blau	weiß	–	rot	weiß	gelb
La Ferre	weiß	rot	rot	weiß	–	weiß	weiß	weiß
Alsace	blau	rot	rot	rot	rot	weiß	weiß	weiß
Royal Roussillon	weiß	blau	blau	weiß	–	blau	weiß	gelb
Condé	weiß	rot	rot	weiß	–	rot	weiß	gelb
Bourbon	weiß[2]	rot	rot	weiß	–	rot	weiß	weiß
Grenad. de France	blau	rot[9]	blau[6]	rot	rot[6]	blau[6]	blau	weiß
Beauvoisis	weiß[2]	weiß	weiß	weiß	–	rot	weiß	weiß
Rovergne	weiß	rot	rot	weiß	–	rot	weiß	gelb
Bourgogne	weiß	weiß	weiß	weiß	–	rot	weiß	gelb
Royal Marine	weiß	blau	blau	weiß	–	blau	weiß	weiß
Vermandois	weiß[2]	rot	rot	weiß	–	blau	weiß	gelb
Anhalt	blau	gelb	gelb	gelb	gelb	weiß	weiß	weiß
Royal Artillerie	blau	rot	rot	rot	–	rot	rot	gelb
Royal Italien	weiß[5]	hellblau	hellblau	weiß	hellblau	hellblau[3]	weiß	gelb
Jenner	rot[7]	blau	blau	blau	–	blau[9 4]	rot	weiß
Boccard	rot[7]	blau	blau	blau	rot[7]	blau	blau	weiß
Reding	rot[7]	blau	blau	blau	–	blau	blau	weiß
Castella	rot[7]	blau	blau	blau	rot[7]	blau	rot	weiß

Regiment	Rock	Kragen	Aufschläge	Schöße	Rabatten	Weste	Hose	Knöpfe
Languedoc	weiß	blau	blau	weiß	blau	weiß	weiß	gelb
Aumont	weiß	weiß	weiß	weiß	–	rot	weiß	gelb
Waldner	rot	blau	blau	blau	rot	blau	blau	weiß
Médoc	weiß	rot	rot	weiß	–	rot	weiß	weiß
Lemps	weiß	rot	rot	weiß	–	rot	weiß	gelb
Bouillé	weiß[2]	–	weiß	weiß	–	rot	weiß	gelb
Royal Comtois	weiß[2]	blau	blau	weiß	–	blau	weiß	gelb
Lastic	weiß	karmin	weiß	weiß	karmin	weiß	weiß	gelb
Provence	weiß	rot	rot	weiß	–	rot	weiß	gelb
Cambis	weiß	rot	rot	weiß	–	rot	weiß	w. u. g.
D'Arbonnier	rot[7]	rot	blau[6]	blau	–	blau[9 6]	blau	weiß
St. Maurice	weiß	rot	rot	weiß	–	weiß[4]	weiß	gelb
Nice	weiß[1]	weiß	weiß	weiß	–	rot	weiß	gelb
La Mark	blau[4]	–	gelb[6]	weiß	gelb[6]	weiß	weiß	weiß
Penthièvre	weiß[1]	blau	blau	weiß	–	blau	weiß	weiß
Guyenne	weiß	rot	rot	weiß	–	rot	weiß	gelb
Lorraine	weiß	weiß	weiß	weiß	–	rot	weiß	gelb
Flandres	weiß	blau	blau	weiß	–	blau	weiß	w. u. g.
Berry	weiß[2]	rot	rot	weiß	–	rot	weiß	gelb
Béarn	weiß[2]	rot	rot	weiß	–	rot	weiß	gelb
Hainault	weiß	rot	rot	weiß	–	rot	weiß	gelb
Boulonnois	weiß	blau	blau	weiß	–	blau	weiß	gelb
Angoumois	weiß	blau	weiß	weiß	–	blau	weiß	weiß
Périgord	weiß	blau	blau	weiß	–	rot	weiß	weiß
Saintonge	weiß	blau	blau	weiß	–	blau	weiß	gelb
Bigorre	weiß	blau	blau	weiß	–	blau	weiß	gelb
Forez	weiß	rot	rot	weiß	–	rot	weiß	gelb
Cambresis	weiß	rot	rot	weiß	–	rot	weiß	gelb
Tournaisis	weiß	rot	rot	weiß	–	rot	weiß	gelb
Foix	weiß	rot	rot	weiß	–	blau	weiß	gelb
Bresse	weiß	–	blau	weiß	–	blau[3]	blau	gelb
La Marche	weiß	–	rot	weiß	rot	rot	weiß	gelb
Quercy	weiß	rot	rot	weiß	–	rot	weiß	gelb
La Marche, Prince	weiß	blau	blau	weiß	blau[6]	blau[6]	weiß	weiß
Brie	weiß[1]	rot	rot	weiß	–	rot	weiß	gelb
Soissonnois	weiß	blau	blau	weiß	–	blau	weiß	gelb
Isle de France	weiß[2]	blau	blau	weiß	–	blau	weiß	gelb
Diesbach	rot[7]	blau	blau	blau	–	blau[9 6]	blau	weiß
Courten	rot[7]	rot	blau	blau	rot[7]	blau	blau	weiß
Bulkeley	rot[6]	rot	grün	rot	–	grün	weiß	weiß
Clare	rot	gelb	gelb	gelb	gelb	rot[6]	weiß	weiß
Dillon	rot	–	schwarz	weiß	–	rot[3]	weiß	gelb
Royal Suédois	blau	hellgelb	hellgelb	hellgelb	hellgelb	hellgelb	weiß	gelb
Chartes	weiß	rot	rot	weiß	–	rot	weiß	gelb
Conty	weiß	blau	blau	weiß	–	blau	weiß	weiß
Roth	rot[5]	–	blau	blau	–	blau[5]	blau	gelb
Berwick	rot[2]	schwarz	schwarz	weiß	–	rot[5]	weiß	gelb
Enghien	weiß[3]	rot	rot	weiß	–	rot	weiß	weiß
Royal Bavière	hellblau	schwarz	schwarz[6]	weiß	schwarz[6]	hellblau[6]	weiß	weiß
Salis	rot[2]	blau	blau	blau	–	rot	rot	weiß
Royal Corse	weiß	grün	grün	weiß	–	rot[6]	weiß	gelb
Royal Ecossais	blau[6]	rot	rot	blau	–	rot[6]	weiß	weiß
Royal Lorraine	weiß[2]	–	weiß	weiß	schwarz	weiß	weiß	gelb
Royal Barrois	weiß	schwarz	weiß	weiß	schwarz	weiß	weiß	gelb

Regiment	Rock	Kragen	Aufschläge	Schöße	Rabatten	Weste	Hose	Knöpfe
Lally	rot	grün	grün	weiß	–	grün	weiß	gelb
Nassau	blau[6]	rot	rot[6]	rot	rot[6]	weiß	weiß	weiß
Royal Cantabres	hellblau[10]	rot	rot, spitz	weiß	–	weiß	weiß	weiß
Ogilvy	rot	–	blau	blau	–	blau[5]	weiß	gelb
Lochmann	rot	blau	blau	blau	–	blau[9] [6]	weiß	weiß
Bouillon	weiß	schwarz	schwarz[6]	weiß	schwarz[6]	weiß	weiß	weiß
Deuxpont	hellblau[6]	karmin	karmin[6]	weiß	–	weiß	weiß	weiß
Vierzet	weiß	–	blau	weiß	blau	weiß	weiß	gelb
Horion	blau[5]	–	rot[5]	rot	rot[5]	rot[5]	weiß	gelb
Eptingen	rot	rot	blau	blau	rot	blau	blau	weiß

---

[1] *Taschen senkrecht* [2] *Doppeltaschen senkrecht* [3] *schwarze Rabatten* [4] *rote Rabatten* [5] *gelbe Litzen* [6] *weiße Litzen* [7] *blaue Litzen* [8] *roter Vorstoß* [9] *weißer Vorstoß* [10] *weiße Schnüre.*

letten eingeführt, Oberst 2 Epauletten mit reichen Fransen, Oberstleutnant ein solches auf der linken Schulter, Major 2 Epauletten mit weniger reichen Fransen, Hauptmann nur ein solches, Leutnant und Unterleutnant ein Epaulett mit rautenförmigem Seidenmuster, Fransen mit Seide untermischt. Außer diesen trugen sie seit 1762, aber nur als Dienstabzeichen, den Ringkragen. Die Subaltern-Offiziere führten eine Bajonettflinte (Abb. 12, f). 1762 wurde die Kleidung, vor allem die Weste, knapper und kürzer nach preußischem Schnitt. Das Koppel wurde über die Weste geschnallt. Die schon seit längerer Zeit getragenen Pelzmützen der Grenadiere wurden 1763 vorschriftsmäßig, dazu gehörten kleine Federn oder Pompons. 1765 werden die Tornister von Hunde- oder Ziegenfell angefertigt, an Stelle der bis dahin üblich gewesenen Zwillichranzen. 1775 erhielten die Regimenter Navarra, Flandern und das Königs-Regiment Helme, die sich indessen nicht bewährten und darum wieder abgeschafft wurden. Von 1779 an trug man das Lederzeug gekreuzt, nur die Garden behielten das Koppel um den Leib. Die Schoßspiegel wurden bei den Grenadieren mit Granaten, bei den Füsilieren mit Lilien versehen. Beim Ausbruch der Revolution hatte die ganze Linien-Infanterie mit Ausnahme der Fremdenregimenter weiße Westen, Hosen, Gamaschen und Rockfutter. Die Grundfarbe des Rockes war dieselbe wie schon beschrieben. Die farbigen Abzeichen (Kragen, Aufschläge und Rabatten) waren serienweise verschieden. So trug eine Gruppe von Regimentern himmelblaue Abzeichen, andere schwarz-plüschene, violette, eisengraue, rosa, gelbe, karminrote, silbergraue, hellorange und dunkelgrüne Abzeichen. Als Kopfbedeckung diente der Hut, bei den Grenadieren die Grenadier-Pelzmütze (Abb. 12, i), jetzt mit einem Metallbeschlag und Stutz. Das Regiment Colonel général, welches rote Abzeichen trug, hatte als Kopfbedeckung einen eisernen Helm mit schwarzem Haarschweif (Abb. 12, h). Im Jahre 1789 wurde die *Nationalgarde* errichtet. Uniform: Blauer Rock mit weißem Futter, ebensolchen Rabatten und Aufschlagspatten, roten Kragen und Aufschlägen. Die Zentrums-Kompanien trugen Hüte, auch wohl den damals bei den Jägern üblichen Helm; die Grenadiere die Pelzmütze, die indessen als zu kostspielig abgeschafft und durch den Hut mit rotem Busch ersetzt wurde (Abb. 13, b). Indessen taucht die Pelzmütze immer wieder auf. Die eben beschriebene Uniform ging im Jahre 1793 auch auf die Linien-Infanterie über, als damals die Halbbrigaden formiert wurden*. Jede Halbbrigade bestand aus einem Linien-Bataillon und zwei Bataillonen von Freiwilligen oder National-Garden. 1803 wurde die Organisation wieder aufgehoben, und wiederum wurden Regimenter gebildet.

Zeit des ersten Kaiserreiches

Farbe und Schnitt der Uniform änderten sich bis zum Jahre 1807 nicht, nur die Grenadiere trugen größere Pelzmützen als während der Revolution. Als Beschlag diente vorn ein kupfernes Schild, bei den Grenadieren einiger Regimenter nur eine kupferne Granate. 1804 wurde der Tschako eingeführt, doch dauerte es noch lange, bis die Truppe damit versehen war. Im Feldzuge 1806 trug die Linieninfanterie noch den Hut. Auch der Zopf, der bereits 1805 abgeschafft worden war, wurde längere Zeit beibehalten. 1806 wurde eine neue weiße Uniform vorgeschrieben, doch waren nur einige Regimenter damit versehen, als im Oktober 1807 wieder eine blaue eingeführt wurde. Nunmehr waren die Taschen allgemein senkrecht angebracht. 1805 waren bei der Linien-Infanterie Voltigeur-Kompanien errichtet worden, die gleich den Grenadieren Elite-Truppen waren. Das Bataillon bestand aus einer Grenadier-, einer Voltigeur- und vier Zentrums- oder Füsilier-Kompanien. Als Abzeichen der Voltigeure galten gelbe oder gelb und grüne Fransen-Epauletten und gelb und grüner oder gelb und roter Stutz an der Kopfbedeckung, ebenso wie die Grenadiere durch roten Stutz und Epauletten ausgezeichnet wa-

---

* Die frühere weiße Uniform wurde noch lange Zeit aufgetragen, vergl. Abb. 15a

Abb. 15. Frankreich. Linien-Infanterie 1794–1894.

ren. Die Füsiliere trugen an den Tschakos nach den Kompanien verschiedenfarbige Pompons (Abb. 13, c). Auf der Patrontasche trugen die Grenadiere eine Granate, ebenso in den Schoßumschlägen, die Voltigeure ein Jagdhorn. 1808 vertauschten die Grenadiere die Pelzmützen mit Tschakos, die mit roten Seitenstegen und Einfassungsborte verziert waren. Die Voltigeure trugen dieselben Stücke am Tschako in gelber Farbe. 1810 wurden die Tschakobehänge und Stutze abgeschafft. 1812 wird der Rockschnitt verändert, dergestalt, daß die Rabatten nun gerade herunter gehen und die Schöße kürzer werden (sogenannte Spenzer) (Abb. 13, d). Die Spielleute der Infanterie trugen nach der Vorschrift goldene Tressen um die Kragen, Aufschläge, Rabatten und die glatten roten Schwalbennester. Da jedoch den Regimentskommandeuren erlaubt war, die Kolonnenspitzen nach eigenem Geschmack zu kleiden, herrschte hier eine ungeheure Mannigfaltigkeit. Durch Dekret vom 19. Januar 1812 wird die Spielmanns-Montur gänzlich geändert. Sie bestand aus einem einreihigen grünen Spenzer mit rotem Kragen und Aufschlägen, alles ebenso wie Taschen und Schöße mit einer dunkelgrünen Tresse besetzt, die auf gelben Feldern grünen Adler und gekröntes grünes N in abwechselnder Reihenfolge zeigte. Auf dem Ärmel sieben sparrenförmige Besätze von derselben Tresse in gleichen Abständen.

Wir müssen hier wenigstens einiger aus der großen Anzahl der Fremd-Truppen gedenken.

Schweizer: Roter Frack, weiße Beinkleider, Kragen, Aufschläge und Rabatten beim 1. Regiment gelb, beim 2. dunkelblau, beim 3. von schwarzem Plüsch, beim 4. himmelblau; Tschakos und Pelzmützen.

Irländer: Grüner Frack, Kragen, Aufschläge und Vorstöße gelb; Tschakos.

Portugiesen: Brauner Spenzer mit rotem Kragen, Aufschlägen und Rabatten, Vorstöße weiß, Kopfbedeckung von eigentümlicher Form.

Weichsel-Legion (Polen): Blauer Spenzer mit gelbem Kragen, Aufschlägen und Rabatten, Tschakos.

Die Zeit der Restauration und Louis Philipps

Ludwig der XVIII. teilte die Armee im Jahre 1815 in 86 Departemental-Legionen ein. Die Abzeichen an der jetzt weißen Uniform waren folgende: 1–10 königsblau, 11–20 gelb, 21–30 rot, 31–40 dunkelrosa, 41–50 karmin, 51–60 orange, 61–70 hellblau, 71–80 dunkelgrün und 81–86 violett. Innerhalb jeder dieser Zehnerserien hatten die ersten 5 gelbe, die zweiten 5 weiße Knöpfe, die jeweils fünften und zehnten weiße Rabatten, die zweiten, vierten, siebten und neunten weiße Kragen. Ferner bildeten Aufschläge und Aufschlagspatten die Legionsunterscheidungen.

1820 fand jedoch wieder die Einteilung in Regimenter statt. In diesem Jahre wurden blaue Spenzer mit einer

Reihe von Knöpfen eingeführt. Diese waren nunmehr ausschließlich gelb. Kragen, Kontre-Epauletten, Aufschlagspatten, Schöße und Vorstöße waren rot, seit 1822 beim 1.–4. weiß, 5.–8. karmin, 9.–12. gelb, 13.–16. dunkelrosa, 17.–20. orange, 21.–24. hellblau, 25.–28. blaßorange, 29.–32. hellgrün. Aufschläge, Schöße und Vorstöße beim 33.–36. weiß usw. zu je vier Regimentern wie oben.
1825 wandelte sich die Form der Tschakos, sie wurden schlanker und zylindrischer. 1828 wurden die Abzeichen wiederum durchgängig rot. Seit 1829 trug die gesamte Linien-Infanterie die rote Hose, die traditionell geworden ist. Die Zentrumskompanien waren durch Kontre-Epauletten, blau mit roten Halbmonden, ausgezeichnet, Grenadiere und Voltigeure durch die schon lange üblichen roten oder gelben Fransenepauletten. 1832 wird der Kragen vorn ausgeschnitten. 1837 neuer Tschako. 1843 wiederum neues Tschakomodell, jetzt mit blauem Tuch bezogen mit rotem Oberrand. Der Spenzer machte 1845 dem Waffenrock (tunique) Platz. Im Feld wurde der Tschako im Überzug, vorn mit aufgemalter Regimentsnummer, getragen. Als Felduniform diente der graublaue Capotemantel.

Unter dem zweiten Kaiserreich

1852 wurden die Fransen-Epauletten auch für die Zentrums-Kompanien eingeführt, und zwar rot mit grünen Fransen. 1856 neuer Tschako, 1855 gelber, blau vorgestoßener Kragen. 1866 fällt der Kragenvorstoß fort, die Vorstöße und Aufschlagpatten werden ebenfalls gelb. Als 1867 die Unterscheidung zwischen Elite- und anderen Kompanien aufgehoben wurde, bekam die gesamte Infanterie die roten Grenadier-Epauletten. Im Jahr 1860 wurden die Schöße sehr kurz, die Hosen dagegen weit; zugleich wurde ein neues volledernes Tschako-Modell ausgegeben (Abb. 13, h). Diese Uniform verschwand im Jahre 1868, wo sie dem zweireihigen Waffenrock mit dem rotbezogenen Tschako Platz machte. Im Felde (Abb. 13, i) wurde fast durchgängig die rote Dienstmütze mit blauem Rand, darauf die rote Regimentsnummer, getragen. Der zweireihige Waffenrock hatte gelben Kragen und Ärmelpatten, Vorstöße. Auf dem Kragen hatten die Grenadiere rote Granaten, Voltigeure rote Hörner, Knöpfe gelb. Zu Beginn des Feldzuges 1870 wurde noch der Tschako 1860 getragen. Er verschwand aber sehr bald. Fremden-Regiment siehe unter »Afrikanische Truppen«.

1871–1915

An der Infanterieuniform ist zwar vielerlei geändert worden, doch ist der allgemeine Charakter derselbe geblieben. 1872 erhielt der gelbe Rockkragen blaue Kragenpatten, gleichzeitig verlor der Aufschlag den gelben Vorstoß. Das Käppi hatte jetzt nicht mehr einen waagerecht abstehenden, sondern nach unten geneigten Schirm; die Epauletten wurden im Felde nicht mehr getragen. 1884 fiel der Tschako, der 1872 ähnlich dem Modell 1856 wiedergekommen war, fort. 1886 wurde ein Paradeküäppi eingeführt. Das Marschgepäck wurde nach der Einführung des sogenannten Tragegerüstes sowie dreier Patronentaschen in ähnlicher Weise angeordnet wie in der deutschen Armee.
Der Ringkragen der Offiziere verschwand 1885. 1883 wurde ein schwarzer Offiziersdolman eingeführt. 1893 einreihiger Offizierswaffenrock. 1899 wurde auch der Waffenrock der Mannschaften einreihig, die gelben Abzeichen wurden durch rote ersetzt.
Der Infanterist hatte eine dreifache Bekleidung: 1. Waffenrock blau mit rotem Kragen, blauer Patte, darauf die rote Regimentsnummer, rote Epauletten. 2. Exerzieranzug (veste), blaue Jacke mit ebensolchen schmalen Achselklappen und Kragen, auf letzterem rote Patten mit blauer Regimentsnummer. 3. Mantel (Capote) graublau mit ebensolchem Kragen, roter Kragenpatte, darauf graublaue Regimentsnummer. Knöpfe durchgängig gelb. Im Feld wurde die rote Hose entweder umgeschlagen über den Gamaschen oder in diesen getragen.
Die Territorialarmee trug keine Waffenröcke, dagegen Exerzieranzüge mit Capotmantel wie die Linie, nur mit weißen Knöpfen und weißen Regimentsnummern auf den Kragenpatten.

1915–1934

Das französische Heer zog noch in den farbigen Uniformen, das Käppi vielfach in hellblauem Überzug (Abb. 24 a) in den I. Weltkrieg, da eine 1912 erprobte resedafarbene Felduniform keine Billigung fand. Infolge der starken Verluste wurde schon 1915 eine schutzfarbene Uniform eingeführt, deren Grundfarbe horizontblau (ein sehr helles graublau) war. Der Feldrock hatte eine Reihe von 6 gelben Knöpfen, gerade Seitentaschen, Stehkragen mit zunächst gelben, bald grundfarbenen spitzen Patten mit dunkelblauer Regimentsnummer und zwei Winkelschnüren dahinter, keine Achselklappen und Aufschläge. Graublaue, gelb vorgestoßene Hose und Wickelgamaschen. Graublaues Käppi mit dunkelblauer Regimentsnummer über dem Schirm, sonst ohne farbige Verzierungen. Horizontblauer Mantel mit Schulterrolle und Kragenpatten wie am Rock. Das Lederzeug wird naturfarben. Gleichzeitig wird ein graublau gestrichener Stahlhelm mit kleinem Bügel, über der Stirn flammender Granate, und eine bootsförmige Feldmütze mit gelbem Vorstoß um den Aufschlag eingeführt (Abb. 24 c, f). Die Offiziere trugen vielfach Stoffgürtel und aufgesetzte Brust- und Seitentaschen. Nach dem Krieg erhält der Feldrock flachen Stehumlegekragen, auf dem die Patten in Winkelform mit den doppelten Schnüren am oberen Ende befestigt sind, und Achselklappen. Das in der Form höher und steifer gewordene Käppi bekommt dunkelblaue Vorstöße um den oberen Bandrand und in den Seitennähten. Die Offiziere trugen schon während des Krieges und auch nachher fast stets das farbige Vorkriegskäppi, hier also mit rotem Deckel und dunkelblauem Band, goldener Nummer und Rangtresse. Das farbige Käppi wird seit Ende der 20er Jahre außerdienstlich auch von Unteroffizieren und Kapitulanten getragen. Der Mantel ist in der Zwischenzeit zweireihig geworden.
Ab 1935: Schon bald nach Ausgang des I. Weltkrieges

setzten Bestrebungen dahingehend ein, das Horizontblau durch das von den Kolonialtruppen und den Alliierten Frankreichs im I. Weltkrieg bereits getragene Kaki zu ersetzen. Dies führte 1935 zur Einführung einer neuen kakifarbenen Felduniform, die im Schnitt und Aussehen der horizontblauen Uniform gleicht, nur alles graublaues Tuch durch kakifarbenes ersetzt. Der Rock- und Mantelkragen erhalten eine sehr viel flachere, breitere Form. Bei der Infanterie bleiben auf den grundfarbenen Kragenpatten Regimentsnummer und Winkelschnüre dunkelblau, bei den Maschinengewehrbataillonen gelb. Zum Feldrock wird ein kakifarbenes Hemd mit gleichfarbigem Langbinder, von den Offizieren auch weiße Wäsche und schwarzer Langbinder getragen. Die Offiziere legen zur kakifarbenen Uniform mit Ausnahme des jetzt kakifarben gestrichenen Stahlhelms stets das farbige Käppi, Lederkoppel mit Schulterriemen und eine hellkakifarbene Reithose an. Die lange kakifarbene Hose trägt an den Seiten breite dunkelkakifarbene Besatzstreifen. Im französischen Heer wird schon zur horizontblauen Uniform wie auch zur kakifarbenen von Offizieren und Unteroffizieren die Kragenpattennummer in Knopffarbe gestickt getragen, ebenso das Käppiabzeichen. Gleichzeitig erhalten die Offiziere eine Gesellschaftsuniform, die der alten Friedensuniform stark angeglichen ist (Abb. 24i). Sie besteht aus einem langschößigen dunkelblauen Rock mit einer Reihe goldener Knöpfe. Der Stehkragen und die geschweiften Aufschlagpatten sind rot. Die am hinteren Ende zweimal geschweiften Kragenpatten mit goldener Nummer und der Aufschlag sind dunkelblau. Auf den Schultern goldene Passanten, mit oder ohne Epauletten getragen, rote Hose mit dunkelblauem Streifen, rotes Käppi mit dunkelblauem Band, goldenem Kinnriemen, Nummer und Rangtresse. Dunkelblaues Seidenkoppel mit zwei goldenen runden Schlössern, Säbel in weißer Scheide an einem dunkelblauen Säbelriemen.

III. Leichte Infanterie und Jäger

Im Jahre 1670 schuf der Marschall Broglie eine Kompanie Jäger in jedem der ihm unterstehenden Infanterie-Regimenter. 1776 wurde diese Einrichtung auf die gesamte französische Infanterie ausgedehnt. 1784 Aufstellung von 6 Jäger-Btln. 1789 vereinigte man die Jäger in vierzehn Bataillone, welche 1791 den Namen »Leichte Bataillone« annahmen. Die Organisation dieser Bataillone entsprach derjenigen der Linien-Infanterie, mit dem Unterschied, daß die Grenadiere der leichten Truppe Carabiniers genannt wurden. 1838 wurde ein Jäger-Bataillon unter dem Namen Tirailleure von Vincennes ins Leben gerufen. Zwei Jahre darauf erhielt es die Bezeichnung Jäger von Orléans. Unter dem zweiten Kaiserreiche sehen wir ein Jäger-Bataillon bei der Garde und zwanzig Linien-Bataillone entstehen. 1854 ging die leichte Infanterie, die bis dahin neben den Jägern ununterbrochen fortbestanden hatte, ganz ein.
Soviel in Kürze über die Formationsgeschichte.
Leichte Infanterie (Abb. 16, b). Während der Epoche der großen Revolution war die Grundfarbe des langschößigen Frackes, der Weste und der anliegenden Beinkleider blau; Rabatten, Aufschläge und Schoßumschläge von der Grundfarbe, mit weißen Vorstößen besetzt. Im Unterschied zur Linien-Infanterie waren die Rabatten unten spitz geschnitten; die Kragen waren rot, die Epauletten grün mit roten Monden, für die Carabiniers ganz rot, Knöpfe weiß; Hut, für die Carabiniers Pelzmütze mit roten Behängen und Busch und rotem Futter mit weißem Kreuz (Abb. 16, c). Schon gegen Ende des 18. Jahrhunderts bekam die leichte Truppe den Tschako (Abb. 16, d). Als 1804 die Voltigeur-Kompanien entstanden, erhielten diese gelbe Kragen mit weißen Vorstößen und grüne Epauletten mit gelben Halbmonden. Gelber, unten grüner Stutz auf dem Tschako. 1808 vertauschten die Carabiniers die Pelzmütze gegen den Tschako, der wie bei den Linien-Grenadieren verziert war. Während der Restaurationszeit unterschied sich die Uniform der leichten Infanterie von derjenigen der Linien-Infanterie anfänglich (1819) durch die grüne Grundfarbe, 1820 bei blauer Uniform durch blaue Kragen und gelbe Vorstöße. Die Aufschläge waren von Anfang an spitz, die Knöpfe weiß (Abb. 16, f). Die Beinbekleidung machte dieselben Wandlungen wie bei der Linie durch, wurde also 1830 durch rote Hose ersetzt. Ebenso waren die Abwandlungen der Tschakoformen dieselben (Abb. 16, g, h).
Jäger (Abb. 16, a): 1784 trugen die Jäger grüne Fracks mit verschiedenfarbigen Abzeichen, chamois Westen und Hosen, dazu Hüte. 1784 erhielten sie eine besondere Form der Achselklappen. 1788 wurden die farbigen Rabatten durch grüne ersetzt. Die Abzeichenfarben waren: rot, gelb, rosa und karmin. Je drei Bataillone hatten eine Farbe, die sich bei der ersten Gruppe in Kragen und Aufschlägen, bei der zweiten nur in den Aufschlägen und bei der dritten nur im Kragen ausdrückte. 1791 erhielten die Rabatten Vorstöße in Abzeichenfarbe. Statt der Hüte wurden Kasketts eingeführt. Das 13. und 14. Bataillon bekam weiße Abzeichen. 1840 bestand die Uniform aus einem blauen, einreihigen Waffenrock mit ebensolchem Kragen und spitzen Aufschlägen. Gelbe Vorstöße, weiße Knöpfe. Blauer käppiartiger Tschako mit gelben Vorstößen, eisengraue Beinkleider, schwarzes Lederzeug. Epauletten grün mit gelben Halbmonden (Abb. 16, i). Genau dieselbe Farbzusammenstellung hatte die Uniform weiterhin, wenn auch im Laufe der Zeit der Schnitt vielfache Änderungen erfahren hat.
Die Jäger der Kaisergarde Napoleons III. waren durch gelbe Schnüre auf der Brust und gelbe Granaten auf dem Kragen ausgezeichnet.
Die Alpenjäger wurden 1888 aus Jäger-Bataillonen errichtet. Sie behielten anfangs ihre alte Uniform bei, bekamen alsbald dazu die Baskenmütze. Der Rock wurde durch eine einreihige blaue Bluse mit großem Umschlagkragen ersetzt. Nur die Nummer auf dem Kragen blieb gelb. 1891 wurde das Käppi vollends abgeschafft.
Die Jäger trugen zu Kriegsbeginn dunkelblauen einreihigen Feldrock mit breitem, liegendem Kragen und runden Aufschlägen in Grundfarbe, weiße Knöpfe, am Kragen gelbe Bataillonsnummer und Jagdhorn darunter, Offiziere in sil-

Abb. 16. Frankreich. Leichte Infanterie und Jäger.
a, i, k Jäger (Chasseurs à pied) – b, d Jäger der leichten Infanterie – c, e, f, g Carabiniers der leichten Infanterie – h Offizier der leichten Infanterie

ber. Dunkelblaugraue Hose mit gelbem Vorstoß, dunkelblaue Wickelgamaschen, dunkelblaues Käppi mit gelben Vorstößen bzw. die Alpenjäger mittelblaues Barett mit gelbem Jagdhorn rechts, graublauen Mantel mit Nummer und Jagdhorn in den Kragenecken (Abb. 24, c). Die horizontblaue Uniform, zu der auf den Kragenpatten grüne Nummer und Jagdhorn vorgeschrieben war, setzte sich auch im I. Weltkrieg nicht durch. Die alte dunkelblaue Uniform wurde in entsprechendem Schnitt weiter getragen. Auf der grundfarbenen Kragenpatte sind oben zwei gelbe Winkelschnüre hinzugefügt. Der Stahlhelm wird schwarz gestrichen, das Abzeichen, ein Jagdhorn, häufig grün. Die Jäger sind also die einzige Truppe im französischen Heer, bei der die kakifarbene Uniform nicht zur Einführung gelangt ist. Der Gesellschaftsrock der Offiziere hat grundfarbenen Kragen und Aufschlagpatten, alles Metall in silber, das Käppi schwarzes Samtband.

IV. Kürassiere und schwere Reiter

Im Gegensatz zur Gendarmerie wurde die gesamte Kavallerie mit Ausnahme der Dragoner und Husaren mit »Leichte Kavallerie« bezeichnet.
Bereits nach dem Reglement von 1690 waren die Regimenter in blaue, rote oder weißgraue Röcke gekleidet. Diese Farben hielten sich bis zum Jahre 1762, in welchem alle die blaue Grundfarbe erhielten. Wegen des häufigen Wechsels der Abzeichen (1740, 1757, 1762, 1767, 1776 und 1786) können wir nur ein Schema, und zwar aus dem siebenjährigen Krieg, anführen.

Abb. 17. Frankreich. Kürassiere.
a, b, d, e, g, i, k Kürassiere – c Schwerer Kavallerist – f, h Garde Kürassiere

1761 (nach dem Zeughausmanuskript)

Regiment	Rock	Aufschläge	Schöße	Rabatten	Weste	Knöpfe	Bemerkungen
Colonel Général	rot	schwarz	rot	schwarz	hellgelb	gelb	
Mestre de Camp-Général	grau	schwarz	grau	schwarz	rot	gelb	
Commissaire Général	hellgrau	schwarz	hellgrau	schwarz	hellgelb	gelb	
Royal[1]	blau	rot	blau	rot	rot	weiß	
Du Roy[2]	blau	rot	rot	rot	rot	weiß	
Royal Allemand	blau	rot, spitz	rot	–	hellgelb	weiß	weiße Litzen
La Reine	rot	blau	blau	blau	rot	gelb	
Noailles	rot	rot	rot	rot	hellgelb*	weiß	*gelb-violett gewürf. Borte
Fitz James	rot	blau	blau	blau	hellgelb*	weiß	*weiß-grün gewürf. Borte

* Ebenso: Royal Etranger, Curassiers du Roi, Royal Cravattes, Royal Roussillon, Royal Piémont, Royal Pologne, Dauphin, Bourgogne (rote Kragen), Carab. de Provence (weiße Vorstöße um Rab., Schöße u. Aufschläge), Artois
* Ebenso: Berry
  Die folgenden Regimenter: weiße Röcke, rote Rabatten, Aufschläge und Schöße. Hellgelbe Kollerwesten mit folgenden Borten: Royal Lorraine – rot mit schwarzem Kettenmuster. Royal Picardie – rot mit gelbem Kettenmuster. Royal Champagne – gelb mit schwarzem Kettenmuster. Royal Navarre – karmesin mit weißem Kettenmuster. Royal Normandie – weiß-rot gewürfelt. Condé rosa. Bourbon – bourbonische Borte. Clermont – karmesin. Penthièvre – gelb-blau gewürfelt (roter Kragen).
  Dieselbe Uniform mit weißen Schößen: Orleans – blaue Borte. Chartres – violett mit weißem Kettenmuster. Conty die gleiche Uniform mit roten Schößen aber ohne Rabatten: Borte – weiß mit rot-blauem Kettenmuster

Merkwürdigerweise gab es in Frankreich unter den Regimentern der schweren Kavallerie nur ein einziges Kürassier-Regiment, welches im Jahre 1665 errichtet wurde (Cuirassiers du Roi). Die Uniform dieser Truppe (Abb. 17, a) war blau mit roten Abzeichen und Unterkleidern. Als Kopfbedeckung diente der Hut. 1733 wurde allerdings der Versuch gemacht, den Küraß für die gesamte schwere Kavallerie einzuführen, ohne daß diese Einrichtung lange Bestand gehabt hätte. Was nun das erwähnte Kürassier-Regiment betrifft, so wird 1762 die Uniform wie folgt beschrieben: Rock blau mit roten Umschlägen, Filzhut mit weißwollener Einfassung, Lederzeug und Hosen chamois, Knöpfe weiß. 1776 werden die Abzeichen gelb statt rot. Bei der Umbildung der Armee 1791 nahm das Regiment die Nummer 8 unter den schweren Regimentern ein. Erst 1802 erhalten mehrere jener Truppenteile den Harnisch (5., 6. und 7. Regiment). 1804 gab es schon zwölf Kürassier-Regimenter. In demselben Jahre wurde der eigenartige Helm mit dem schwarzen Roßschweif an Stelle des Hutes eingeführt und damit der bekannte Typus des französischen Kürassiers geschaffen (Abb. 17, e). Die Glocke des Helms war aus Stahl; Bügel und Schuppenketten aus gelbem Metall, die Verbrämung aus schwarzem Fell. Der blanke Vollküraß hatte gelbmetallene Haltebänder.

Der blaue Rock, seit 1812 mit kurzen Schößen, hatte eine Reihe von weißen Knöpfen, Taschenpatten in der Länge, weiße Granaten in den Schoßspiegeln. Rote Epauletten. Küraßmanschetten rot mit weißem Vorstoß; zur Parade schmückte den Helm auf der linken Seite ein roter Stutz. Schabracke und Mantelsack blau mit weißem Besatz. Auf ersterer in den Ecken eine weiße Granate, auf letzterem die weiße Regimentsnummer. Überdecke von weißem Schaffell mit sogenannten Wolfszähnen. Die Offiziere trugen silberne Epauletten, die Trompeter zumeist Fracks in gewechselten Farben mit Brustlitzen, da sie keine Harnische anlegten. 1812 trugen die Trompeter grüne Spenzer mit gelb und grünen Borten und weiße Schweife an den Helmen.

Die Regimentsabzeichen waren 1812 wie folgt:

Nr.	Kragen und Schoßfutter	Aufschlag	Aufschlagspatte
1	rot	rot	rot
2	rot	rot	blau
3	rot	blau	rot
4	hellorange	hellorange	hellorange
5	hellorange	hellorange	blau
6	hellorange	blau	hellorange
7	gelb	gelb	gelb
8	gelb	gelb	blau
9	gelb	blau	gelb
10	rosa	rosa	rosa
11	rosa	rosa	blau
12	rosa	blau	rosa
13	lila-karmin	lila-karmin	lila-karmin
14	lila-karmin	lila-karmin	blau

Nach der Schlacht von Waterloo errichtete Ludwig XVIII. sechs Regimenter mit folgenden Abzeichen:

1. Regiment der Königin   scharlachrot
2. Regiment des Dauphin   karmin
3. Regiment Angoulême   hellorange
4. Regiment Berri   dunkelrosa
5. Regiment Orléans   gelb
6. Regiment Condé   hellorange

In das Jahr 1815 fällt auch die Errichtung von zwei Garde-Kürassier-Regimentern (Abb. 17, f). Königsblauer Spenzer mit rotem Kragen, Aufschlägen und Schoßumschlägen, weißen Knöpfen und Fangschnüren, weißer Hose; eiserner Vollküraß, auf der Brust mit einem gelbmetallenen Schild, darauf das Wappen von Frankreich und Navarra. Stahlhelm mit schwarzer Raupe. Zur Parade weiße Hose in hohen Stiefeln, für gewöhnlich lange graue Beinkleider. 1834 gab es zehn Regimenter. Die Uniform blieb ähnlich wie vorher, die Abzeichen waren für das 1. Regiment scharlachrot, für das 2. karmin, das 3. hellorange, das 4. rosa, das 5. gelb, das 6. krapprot. Die Regimenter 7 bis 10 hatten die Aufschläge in denselben Farben wie die entsprechenden vier ersten, dagegen blaue Kragen mit Vorstoß von der Regimentsfarbe. Durchgängig seit 1830 rote Hosen. Der Helm war seit 1825 nicht verbrämt und der Bügel trug außer dem herabwallenden Schweif noch einen schwarzen, bürstenartigen Kamm (Abb. 17, g). Gegen 1840 wurde er genauso gefertigt wie unter dem ersten Kaiserreich. Seitdem hat die Uniform einige Wandlungen durchgemacht. 1842 änderten sich die Abzeichenfarben wie folgt:

Rgt.	Kragen	Kragenvorst.	Aufschl.	Aufschlagsvorst.	Patte	Pattenvorst.
1	orange	blau	blau	orange	orange	blau
2	orange	blau	orange	blau	blau	orange
3	blau	orange	blau	orange	orange	blau
4	blau	orange	orange	blau	blau	orange

Die Regimenter 5–8 nach dem gleichen Schema, nur anstatt oranger Abzeichen solche von gelber Farbe, bei den Regimentern 9 und 10 von roter.

1860 wurde ein Waffenrock mit einer Reihe von weißen Knöpfen und durchweg krapproten Kragen, Aufschlagspatten und Epauletten eingeführt (Abb. 17, i). Die Hosen hatten bis zum Knie reichenden Reitbesatz. Der Mantel war weiß. Napoleon III. hatte auch *zwei Garde-Kürassier-Regimenter* geschaffen, und zwar in den Jahren 1854 und 1855. Das 1. Regiment hatte dunkelblauen, das 2. hellblauen Waffenrock. Bei beiden scharlachrotes Rockfutter, Kragen und Aufschläge. Weiße Epauletten und Achselschnüre, weiße Hosen in hohen Stiefeln. Der Helm war statt der Bräme mit einer gelben Metallverzierung geschmückt, worauf ein gekröntes N stand. Das 2. Garde-Kürassier-Regiment ging 1865 ein; das einzige noch bestehende wurde 1871 aufgelöst. Als Kürassiere waren auch die zum Wacht- und Eskortedienst bestimmten *Hundert-Garden* ausgerüstet, und zwar hatte der Helm weißen Haarschweif; der Rock war himmelblau mit amaranthroten Abzeichen und golden- und rotgemischten Epauletten und Achselschnüren. Beinbekleidung wie die Garde-Kürassiere. Der Pallasch war zum Aufpflanzen auf den Karabiner eingerichtet. Nach dem Krieg von 1870/71 erhielt der Kürassierhelm eine etwas andere Gestalt besonders durch die kräftigere Ausbildung des Nackenschirmes. Im allgemeinen ist der alte Typus deutlich zu erkennen. Die Farben blieben wie unter 1860 angegeben, nur waren 1890 alle roten Vorstöße fortgefallen und der rote Kragen hatte eine blaue Patte mit roter Regimentsnummer erhalten.

Zu Kriegsbeginn 1914 wird der Helm und Küraß in Kakiüberzug getragen (Abb. 24, d). Zur horizontblauen Uniform gehören dunkelblaue Kragenspiegel mit roter Nummer und Winkelschnüren, weiße Knöpfe, ebenso zur Kakiuniform 1935. Der Kavalleriemantel ist stets einreihig. Die Gesellschaftsuniform der Offiziere wie die der Infanterie, alles Metall aber in silber. Das Abzeichen der Kavallerie am Stahlhelm ist die flammende Granate.

V. Grenadiere zu Pferde und Carabiniers

Von den schweren Reiter-Regimentern der alten Monarchie trug ein Regiment, und zwar das Regiment *Royal-Allemand*, Pelzmützen und war damit als Grenadiertruppe gekennzeichnet. Die Uniform bestand im Jahre 1785 aus einem blauen Rock mit roten Umschlägen, weißen Brustlitzen mit Puscheln, weißen Knöpfen, Epauletten und Borten. Helle Unterkleider. Die Pelzmütze war mit weißen Behängen geschmückt; dazu weißer, oben roter Stutz. Ferner finden wir eine Grenadiertruppe in der *Directorial-*, später *Consular-Garde*. Die Pelzmütze hatte gelbe Behänge und Schuppenketten sowie roten Stutz. Der blaue Rock hatte weiße Rabatten und Schoßumschläge, beides mit roten Vorstößen. Roter Kragen und kleeblattförmige Epauletten, weiß gerandet. Die Knöpfe waren gelb, die Weste weiß, die Beinkleider chamois. Aus dieser Truppe entstand das *Regiment der reitenden Grenadiere der Kaiser-Garde* (Abb. 21, a). Die Pelzmütze hatte dieselben Abzeichen wie früher. Blauer Rock mit ebensolchem Kragen, weißen Rabatten, roten Schoßumschlägen mit gelben Granaten in den Spiegeln. Gelbe Contre-Epauletten, Achselschnüre und Knöpfe, weiße Weste und Beinkleider. Pallaschkorb und Scheide von gelbem Metall.

Unter der Restauration 1814 bis 1830 bestanden *zwei reitende Garde-Grenadier-Regimenter* (Abb. 21, b). Rock, Kragen und Aufschläge blau, neun weiße Brustlitzen mit Quasten, Knöpfe, Achselschnüre und Epauletten weiß, drei weiße Litzen auf den langgesetzten Taschenleisten. Am Kragen eine weiße Granate auf jeder Seite. Weiße Hosen. Das 1. Regiment hatte den Vorstoß um die Taschenleisten von weißer Farbe, Schoßumschläge und Aufschlagspatten waren blau; das 2. Regiment unterschied sich durch karminroten Taschenvorstoß, durch karminrote Schoßumschläge und Aufschlagspatten sowie durch ebensolchen Vorstoß um den Kragen. Die Pelzmütze war mit einem weißen, unten roten Stutz geschmückt. Seit 1830 gibt es eine derartige Truppengattung im französischen Heere nicht mehr.

Der Ursprung der Carabiniers fällt in das Jahr 1679, und zwar wurden damals zwei Reiter in jeder Kompanie mit dem Karabiner ausgerüstet. 1690 gab es bei jedem Regiment eine Kompanie, und 1693 wurde ein *Regiment Royal-Carabiniers* errichtet. Die Uniform war blau mit roten Abzeichen und ebensolchen Unterkleidern, die aber später chamois wurden. Reicher Besatz an weißen Litzen, weißbortierter Hut, gelbes, weiß vorgestoßenes Lederzeug. 1788 wurden zwei Regimenter errichtet. Die Uniformfarben blieben dieselben wie früher, nur kamen noch rote Brustklappen hinzu. 1801 Pelzmützen. Unter dem ersten Kaiserreich bestand die Uniform aus blauem Rock mit ebensolchem Kragen, roten Rabatten und Schoßumschlägen, ebensolchen Epauletten, die mit zwei weißen Langstreifen besetzt waren, und weißen Knöpfen. Weiße Unterkleider, gelbes, weiß vorgestoßenes Lederzeug. Pelzmütze mit rotem Stutz und gelben Schuppenketten (Abb. 21, c).

Diese Uniform wurde 1809 geändert, und zwar wurde ein weißer Frack mit himmelblauem Kragen und Schoßumschlägen eingeführt, dazu rote Epauletten, gelber Küraß und ebensolcher Metallhelm mit weißer Garnitur und Bügel. Auf letzterem eine rote Raupe. Das Lederzeug blieb wie früher (Abb. 21, d). Diese Uniform wurde auch unter der ersten Restauration beibehalten, nur wurden die Abzeichen karmin. 1825 dagegen wurde der Rock himmelblau mit roten Abzeichen, die Carabiniers erhielten die 1831 bei der ganzen Armee üblichen roten Hosen, der gelbe Küraß wurde mit einer weißen Sonne geschmückt. Mit Ausnahme mannigfacher Änderungen im Schnitt blieb die Uniform bis 1871 dieselbe (Abb. 21, e). Nach dem Feldzug wurde diese Truppe nicht wieder errichtet.

VI. Dragoner

Die Dragonerwaffe gehört zu den ältesten in Frankreich. 1690 wurden an Stelle des Lederwamses und der Sturmhaube Rock und pelzverbrämte Zipfelmütze eingeführt. Die Farbe des Grundtuches war bereits vorwiegend rot, doch gab es auch blaue, grüne und graue Röcke. 1736 erhält die Brust bei einigen Regimentern auch die Aufschläge, weiße Litzen. 1757 auf der rechten Schulter Epauletten. Als Kopfbedeckung diente der Hut.

1761 (Zeughausmanuskript)

	Regt.	Rock	Weste	Aufschläge	Bemerkungen
1	Colonel-Général	rot	blau	blau	Weste weiße
2	Mestre deCamp Général	rot	rot	weiß	Einfassung
3	Royal	blau	rot	rot	rote Schöße
4	du Roi	blau	rot	weiß	
5	La Reine	rot	blau	blau	blaue Schöße
6	Dauphin	blau	blau	blau	
7	Orléans	rot	blau	blau	blaue Schöße
8	Beauffremont	rot	rot	gelb	
9	Choiseul	rot	rot	dunkelgrün	
10	d'Autichamps	rot	rot	hellgrün	
11	La Ferronnaye	rot	rot	rot	
12	Flammarens	rot	rot	schwarz	
13	Nicolai	rot	rot	hellblau	
14	Chapt	rot	rot	gelb	
15	Marboeuf	rot	rot	rot	gelbe Litzen
16	Languedoc	blau	blau	rot	rote Kragen

Von 1762 datiert die allgemeine Einführung der grünen Uniform, ebenso des Helmes mit Roßhaarbusch, wie ihn die Dragoner des Marschalls von Sachsen schon im Jahre 1743 erhalten hatten und den später die daraus hervorgegangenen Schomberg-Dragoner (Abb. 18, c) trugen. Letztere waren so stolz auf diese Kopfbedeckung, daß sie sich sogar weigerten, den Helm in der Kirche abzunehmen. Erst ein Befehl des Königs selbst konnte dies abstellen. Als Merkwürdigkeit sei erwähnt, daß sich im Museum von Versailles ein Helm des Dauphins befinden soll, dessen Schweif aus Frauenhaar hergestellt ist. Die Abzeichen auf dem grünen Rock waren scharlachrot, purpurrot oder gelblich; beim Regiment Artois weiß, die Unterkleider gelblich. Während der Revolutionszeit erhielt der gelbe, mit brauner Verbrämung und schwarzem Schweif versehene Helm einen Augenschirm. Die Röcke blieben grün mit verschiedenfarbigen Abzeichen. Unter dem Kaiserreich gab es ein Garde-Dragoner-Regiment, welches 1810 den Namen »Dragoner der Kaiserin« (Abb. 18, f) annahm. Den gelben Helm, dessen Verbrämung aus Pantherfell bestand, schmückte ein roter Stutz, der Rock war grün mit ebensolchem Kragen, weißen Rabatten und gelben Knöpfen; gelbe Contre-Epauletten und Achselschnüre, weiße Unterkleider. An Linien-Dragonern zählte man im Jahre 1812 dreißig Regimenter. Der grüne Rock, der vorn spitz ausgeschnitten war (Abb. 18, e), änderte im genannten Jahr seinen Schnitt derart, daß er zum Spenzer wurde, d. h. er erhielt gerade heruntergehende Rabatten und bedeutend verkürzte Schöße. Die Knöpfe waren durchgehend weiß, der Helm war derselbe wie schon beschrieben. Auf der Schulter wurden Achselklappen getragen von der grünen Grundfarbe des Rockes, mit Vorstoß von der Abzeichenfarbe. Die Elite-Kompanien waren durch rote Grenadier-Epauletten und Pelzmützen ausgezeichnet, wobei die letzteren mit rotem Stutz und Behängen geschmückt waren.

Die Unterkleider waren weiß. Was nun die Regimentsabzeichen betrifft, so trug immer eine Gruppe von sechs Regimentern die gleichen, und zwar die erste Gruppe, also Regiment 1 bis 6, scharlachrot, die zweite Gruppe 7 bis 12 karmin, die folgende, Nr. 13 bis 18 rosa, die Gruppe Nr. 19 bis 24 gelb, 25 bis 30 hellorange. In jeder einzelnen Gruppe waren die Unterschiede nun wieder folgende:

Abb. 18. Frankreich. Dragoner.
a, b, c, d, e, g, h, k, l, m Dragoner – f, i Garde-Dragoner

Regiments- nummern	Rabatten und Schöße	Kragen	Aufschläge	Aufschlagspatte	Taschenleisten
1. 7. 13. 19. 25	Abzeichenfarbe	Abzeichenfarbe	Abzeichenfarbe	Abzeichenfarbe	quer
2. 8. 14. 20. 26	Abzeichenfarbe	grün	grün	grün	quer
3. 9. 15. 21. 27	Abzeichenfarbe	Abzeichenfarbe	grün	Abzeichenfarbe	quer
4. 10. 16. 22. 28	Abzeichenfarbe	Abzeichenfarbe	Abzeichenfarbe	Abzeichenfarbe	in der Länge
5. 11. 17. 23. 29	Abzeichenfarbe	grün	Abzeichenfarbe	grün	in der Länge
6. 12. 18. 24. 30	Abzeichenfarbe	Abzeichenfarbe	grün	Abzeichenfarbe	in der Länge

Die Schabracke wie bei den Kürassieren, nur von grüner Grundfarbe mit weißen Besätzen. Die Offiziere unterschieden sich durch silberne Epauletten und dadurch, daß sie keine Kartusche trugen. Bis 1812 trugen die Trompeter Uniformen in den gewechselten Farben. Die Trompeter-Montur der Dragoner der Kaiserin war weiß mit himmelblauen Abzeichen und Goldbesatz. Für die Linien-Dragoner, wie überhaupt für die gesamte Kavallerie, wurde der grüne, mit gelb und grünen Borten besetzte Spenzer (vgl. Kürassiere) vorschriftsmäßig. Die *Dragoner der Pariser Garde* hatten graue Fracks mit roten Abzeichen, im übrigen ganz wie die Linien-Dragoner.
Ludwig XVIII. behielt zehn Dragoner-Regimenter bei. Abzeichen:

1. Regiment du Calvados — scharlachrot scharlachrot
2. Regiment du Doubs
3. Regiment de la Garonne — gelb gelb
4. Regiment de la Gironde
5. Regiment de l'Hérault — hellorange hellorange
6. Regiment de la Loire
7. Regiment de la Manche — dunkelrosa dunkelrosa
8. Regiment du Rhône
9. Regiment de la Saône — karmin karmin
10. Regiment de la Seine

Beim 2., 4., 6., 8. u. 10. Regiment waren die Aufschläge grün, nur die Patten in der Regimentsfarbe. Bei den ungeraden Nummern dagegen auch Aufschläge in der Abzeichenfarbe.

Abzeichen 1823

Regiment	Kragen	Rabatten und Vorst.	Aufschlags-Patten	Aufschläge	Contre-epauletten
1. und 2	dunkelrosa	dunkelrosa	dunkelrosa	grün	grün
3. und 4	grün	grün	grün	dunkelrosa	dunkelrosa
5. und 6	gelb	gelb	gelb	grün	grün
7. und 8	grün	gelb	grün	gelb	gelb
9. und 10	karmin	karmin	karmin	grün	grün

Die Grundfarbe blieb grün: an Stelle des Roßschweifes trat eine schwarze Raupe. Die Beinkleider grau (Abb. 18, g). Die Dragoner der königlichen Garde trugen grünes Kollet mit ebensolchem Kragen, amaranthroten Rabatten und Hosen, weißen Epauletten und Achselschnüren. Der Helm änderte seine Form später in gleicher Weise wie der Kürassier-Helm, von dem er sich durch die gelbe Farbe des Metalls unterschied. 1823 gelangten die krapproten Beinkleider zur Einführung (Abb. 18, h). Die späteren Änderungen bis 1868 sind geringfügiger Natur. In diesem Jahre erhielten die Dragoner den dunkelblauen Waffenrock mit einer Reihe gelber Knöpfe. Der Kragen war weiß, Vorstöße und Patten ebenso. Dazu scharlachrote Epauletten und krapprote Hose. Gelbmetallener Helm (Abb. 18, l).

Auch unter dem zweiten Kaiserreich gab es ein Regiment Garde-Dragoner (Abb. 18, i). Die Uniform bestand in hellgrünem Kollet mit rotem Kragen, weißen Rabatten, Epauletten, Fangschnüren und Lederzeug. Aufschläge von der Grundfarbe, durch roten Vorstoß markiert, und zwar spitz. Schöße ebenfalls von der Grundfarbe, mit roten Vorstößen und Granaten. Taschenpatten in der Länge. Knöpfe gelb, Hosen rot mit weißen Seitenstreifen, gelbmetallener Helm ohne Verbrämung, mit schwarzem Schweif und zur Parade mit rotem Stutz. Mantel weiß mit vier roten Litzen auf jeder Seite des großen Überfallkragens. Die Offiziere hatten goldene Epauletten und Hosenstreifen. Nach dem Feldzug von 1870/71 wurden die Garde-Dragoner nicht wieder errichtet. Der Waffenrock, wie er bei den Linien-Dragonern beschrieben wurde, blieb die nächsten Jahre hindurch vorschriftsmäßig, bis er Mitte der 80er Jahre von einem blauen, schwarzbeschnürten Dolman mit spitzen Aufschlägen verdrängt wurde. Der gelbe Dragoner-Helm wurde abgeschafft und durch den weißen Helm mit gelber Garnitur und Bügel sowie schwarzem Roßschweif ersetzt, in derselben Form, wie ihn die Kürassiere jetzt trugen, doch fehlte der Stutz (houpette) auf der Spitze des Helmbügels. Das erste Glied sämtlicher Dragoner-Regimenter wurde nach deutschem Vorbild mit der Lanze bewaffnet (Abb. 18, m). Die Flagge war weiß und rot. 1907 wurde der Dolman wieder durch einen Waffenrock ersetzt. Der Kragen war weiß mit Patte von Rockfarbe, darauf rote Nummer. Die Aufschlagpatte war ebenfalls weiß.

Zur horizontblauen und kakifarbenen Uniform weiße Knöpfe, dunkelblaue Kragenpatten mit weißer Nummer und Winkelschnüren; motorisierte Dragoner einen fünfstrahligen weißen Stern unter der Nummer. Gesellschaftsuniform wie Kürassiere, aber der Kragen und die Aufschlagpatten weiß.

VII. Husaren

Diese Waffe besteht in Frankreich seit 1692. Damals wurde nämlich ein Regiment unter dem Namen Hussards royaux errichtet, hauptsächlich aus Kroaten, Polen und Türken. 1701 folgte die Bildung eines 2. Regiments und später noch anderer. Bis zum Jahre 1720 waren die verschiedenen Husaren-Formationen fast ausnahmslos hellblau uniformiert. In diesem Jahre erhielt das neu errichtete Regiment Esterhazy hellockerfarbene Dolmans. Abb. 19, a zeigt einen Husaren vom Regiment *Bercheny* aus dem Jahre 1724, und zwar vergegenwärtigt die Abbildung den frühesten Typus der französischen Husaren-Uniform. Der Dolman ist himmelblau mit weißen Schnüren; die roten Hosen sind durch die himmelblauen Scharawaden fast verdeckt, die Schultern umflattern statt der Pelzjacke ein Fell, die Mütze hat einen roten Beutel. Die schwarze Säbeltasche zeigt eine weiße Lilie. Bis 1740 waren einzelne Leute außer mit dem Säbel noch mit dem »Panzerstecher« bewaffnet, einem langen, dünnen, vierkantigen Degen.

Nach dem Reglement von 1752 waren alle Husaren-Regimenter (Bercheny-Turpin, Polleresky, Linden, Beausobre, Raugrave und Ferrari) mit hellblauen Dolmans, Pelzen und Hosen uniformiert, die Schnüre waren weiß. Die Regimenter trugen nunmehr Flügelmützen, deren Farbe und Garnierung die Regimentsabzeichen bildeten. 1757 bestanden nur noch vier Regimenter, von denen »Nassau-Saarbrücken« erst 1756 gegründet war. Dieses Regiment (Abb. 19, b) war völlig abweichend uniformiert. Schwarze Filzmützen mit ebensolchen orange und weiß bortierten Flügeln. Vorn an der Mütze eine weiße Lilie. Dolman und Hosen königsblau, Pelz rot, Schnüre weiß. Die rote Säbeltasche zeigte einen weißen gekrönten Löwen und war orange und weiß eingefaßt. Um 1745 finden sich auch bei den verschiedenen Freikorps Husarenabteilungen.

Als solche sind unter anderen zu erwähnen die *Bretonischen Frei-Husaren*. Dolman, Schnüre auf dem Pelz, Hosen und Flügelmütze himmelblau, Pelz, Dolmanaufschläge und

Abb. 19. Frankreich. Husaren.
a, b, c, d, e, g, h, i, k Husaren – f Garde-Husar

Dolmanschnüre hellbraun. *Frei-Husaren des Dauphin:* Dolman und Hosen hellbraun. Pelz und Dolmanaufschläge hellblau, Schnüre gelb, Filzmütze schwarz mit hellblauem Flügel. *Monet-Husaren:* ganz grün mit weißen Schnüren und schwarzer Filzmütze. *Cantabrische Husaren:* ganz hellblau mit roten Aufschlägen und weißen Schnüren. Wie diese einzelnen Beispiele zeigen, war die Uniformierung sehr bunt.

Nach der Neuorganisation der Armee 1762 blieben nur drei Husaren-Regimenter bestehen, zu denen 1764 noch ein viertes kam. Die Abzeichen wurden jetzt vereinfacht. Alle vier Regimenter erhielten grüne Pelze und Dolmans mit weißen Schnüren, die Hosen wurden durchgängig rot. Als Schabracken Schaffelle mit gezähntem Tuchvorstoß. Die Farbe dieses Vorstoßes bildete mit den gleichfarbigen Dolmanaufschlägen und dem Flügelfutter der Filzmütze das Unterscheidungsmerkmal der Regimenter, und zwar trug das Regiment *Bercheny* krapprot, *Chamboran* schwarz, *Royal-Nassau* aurore (hellorange) und *Esterhazy* weiß. Die Säbeltaschen waren rot und mit einer Lilie geschmückt, an deren Stelle *Royal-Nassau* den königlichen Namenszug trug. Noch in den siebziger Jahren des 18. Jahrhunderts wurden jedoch wieder verschiedenfarbige Uniformen eingeführt, und zwar erhielt *Bercheny* himmelblau als Grundfarbe, *Chamboran* braun, *Conflans* (aus der Legion Conflans- und Nassau-Husaren gebildet) grün, *Esterhazy* silbergrau, das 1783 aus der Legion *Lauzun* errichtete Husaren-Regiment gleichen Namens himmelblau.

Der Typus der Uniform änderte sich während der Revolution nicht wesentlich. Als 1791 die Regimenter ihre Namen verloren und dafür Nummern erhielten, war der Bestand sechs Regimenter.

Nr.	frühere Bezeichnung	Dolman	Pelz	Schnüre	Hosen	Flügelmütze
1	Bercheny	blau	blau	weiß	blau	rot u. schwarz
2	Chamboran	braun	braun	weiß	himmelblau	himmelblau u. schwarz
3	Esterhazy	blaugrau	blaugrau	rot	blaugrau	weiß u. schwarz
4	Saxe	grün	grün	gelb	rot	grün
5	Colonel-Général	blau	rot	gelb	blau	schwarz
6	Lauzun	blau	weiß	gelb	blau	rot u. schwarz

Die Offiziere trugen Pantherfellschabracken und Pelzmützen. Der Stutz auf der Flügelmütze war schwarz mit roter Spitze. Als das Regiment Saxe-Husaren emigrierte, fand bei den Regimentern 5 und 6 eine Nummernverschiebung statt, Colonel-Général erhielt Nr. 4 und Lauzun Nr. 5. In den folgenden Jahren gab es viele Neubildungen, meist nur von kurzer Dauer. Wir finden jetzt außer den erwähnten regulären Regimentern *zwei Korps der Freiheit*, ferner *amerikanische Husaren, Husaren zu Fuß, Husaren des Todes**, *Wildschützen-Husaren, Frei-Husaren des Nordens (auch schwarze Husaren genannt), Husaren der Gleichheit* u. a. m. Die *Frei-Husaren von Paris* wurden wegen ihrer gelben Dolmans und Pelze mit dem Spitznamen »Kanarienvögel« bezeichnet. An die Stelle der Flügelmützen traten Tschakos. Anfänglich war der Stutz über der linken Seite des Tschakos angebracht, später vorn. Gegen 1812 wird die Form des Tschakos mehr zylindrischer, erhält farbigen Tuchbezug. Die Regimentsabzeichen waren 1803 bis 1812 folgende:

Nr.	Dolman	Kragen	Aufschläge	Pelz	Schnüre	Hosen
1	himmelblau	himmelblau	rot	himmelblau	weiß	himmelblau
2	braun	braun	himmelblau	braun	weiß	himmelblau
3	grau	grau	rot	grau	rot	grau
4	königsblau	königsblau	rot	rot	gelb	königsblau
5	himmelblau	himmelblau	weiß	weiß	gelb	himmelblau
6	rot	rot	rot	königsblau	gelb	königsblau
7	grün	rot	rot	grün	gelb	rot
8	grün	rot	rot	grün	weiß	rot
9	rot	hellblau	hellblau	hellblau	gelb	hellblau
10	himmelblau	rot	rot	himmelblau	weiß	himmelblau
11	königsblau	rot	rot	königsblau	gelb	königsblau

Der Pelzvorstoß war durchgängig schwarz mit Ausnahme des 11. Regiments, welches weißen trug. Die Schärpe war karmin mit gelben oder weißen Knoten, nach der Farbe der Schnüre und Knöpfe. Die Säbeltasche, die auf farbigem Grunde während der Revolutionszeit ein Bündel von Liktorenstäben, von der Freiheitsmütze überragt, neben zwei Kränzen mit den Buchstaben R. F gezeigt hatte, erhielt 1804 den kaiserlichen Adler. Später wurde sie von schwarzem Blankleder gefertigt, mit der metallenen Regimentsnummer darauf (Abb. 19, d). An Stelle der ungarischen Hosen, die nur Paradestück waren, wurden im Feld und zum gewöhnlichen Dienst Überknöpfhosen getragen, teilweise von grauer Farbe, teilweise der Farbe der ungarischen Hosen entsprechend. Die Elite-Kompanien der Husaren waren durch eine Pelzmütze mit rotem Stutz ausgezeichnet. 1812 grüne Reithosen. 1813: Das ehemalige Regiment 9 erhielt die Nummer 12 und behielt die Uniform des 9. Regiments mit weißen Schnüren. Das Regiment 13 erhielt die Bekleidung des 2. Regiments mit hellblauen Kragen und rotem zylindrischen Tschako.
Unter den Husarenformationen des ersten Kaiserreiches müssen wir noch die vier Regimenter *Ehrengarden* (1813 bis 1814) erwähnen. Roter Tschako mit weißer Borte und weißem Adler, grüne, weißbeschnürte Pelze und Dolmans; letztere mit roten Kragen und Aufschlägen, karmin und weißer Schärpe; rote ungarische Hosen mit weißem Besatz, grüne Überknöpfhose. Schwarze Säbeltasche mit weißem Adler. Die Regimenter unterschieden sich durch die farbige Spitze des grünen Tschakostutzes, und zwar waren diese Farben für das 1. Regiment rot, 2. blau, 3. gelb, 4. weiß. Weiße Schaffelldecke mit grünem Tuchrande. Ein 1813 errichtetes *kroatisches Husaren-Regiment* erhielt himmelblaue Dolmans und Pelze, chamois Kragen und Aufschläge, weiße Schnüre und eisengraue Hosen; im übrigen glich die Uniform ganz denen der anderen Regimenter.
Die Restauration von 1815 ließ nur sechs Regimenter bestehen:

Nr.	Namen	Dolman und Pelz	Hosen
1	du Jura	himmelblau	scharlachrot
2	de la Meurthe	braun	himmelblau
3	de la Moselle	grau	karmin
4	du Nord	hellgrün	scharlachrot
5	du Bas-Rhin	königsblau	scharlachrot
6	du Haut-Rhin	dunkelgrau	himmelblau

Die Farbe der Beschnürung war überall aus Dolman- und Hosenfarbe gemischt, also beim 1. Regiment himmelblau und scharlachrot gedrehte Schnüre usw. Auch unter der königlichen Garde bestand jetzt ein Regiment, welches königsblaue Uniform trug mit amarantrotem Kragen, Aufschlägen und Hosen sowie Beutel der Pelzmütze. Schnüre weiß. Pelzvorstoß schwarz, Stutz weiß mit roter Wurzel (Abb. 19, f).

---

* »Hussards de la Mort«, eine Nachahmung der preuss. Totenkopfhusaren

Der allgemeinen Mode entsprechend stiegen in den zwanziger und dreißiger Jahren die Tschakos zu einer unglaublichen Höhe auf.
Die Abzeichenfarben waren 1834:

Nr.	Dolman und Pelze	Hosen u. Tschako	Nr.	Dolman und Pelz	Hosen u. Tschako
1	himmelblau	krapprot	4	krapprot	himmelblau
2	braun	krapprot	5	dunkelblau	krapprot
3	silbergrau	krapprot	6	grün	krapprot

In der kurz darauf folgenden Periode sind nachstehende Änderungen zu verzeichnen: Das 2. Regiment erhielt blaue Tschakos und Hosen, zur Erinnerung an die alten Chamboran-Husaren, dazu weiße Schnüre. Das 1. und 4. ebenfalls weiße Beschnürung. Die andern Regimenter behielten die aus der Farbe des Dolmans und der Hosen gemischte Schnurfarbe. Als 1840 drei neue Regimenter errichtet wurden, erhielt das 7. eine Uniform ähnlich der der Guiden Napoleons I., das 9. eine schwarze Bekleidung zur Erinnerung an die Hussards de la Mort. Das 8. Regiment weißen Dolman und Pelz mit gelben Schnüren, himmelblauen Tschako und Beinkleider, letztere mit amarantroten Streifen zur Erinnerung an die alten Lauzun-Husaren.
Unter dem zweiten Kaiserreiche wurde als Kopfbedeckung eine schwarze Pelzmütze mit rotem Beutel eingeführt. 1862 fielen die Pelze und die Schärpen weg.
Alle acht Regimenter (das 9. wurde aufgelöst) hatten rote Hosen und Kragen. Das 1. und 8. himmelblaue Dolmans, das 2. braune, das 3. und 4. silbergraue, das 5. dunkelblaue, das 6. und 7. hellgrüne. Die Beschnürung bei den sechs ersten Regimentern weiß, den andern gelb. 1869 erhielten das 1. und 8. Regiment statt des engbeschnürten Dolmans eine Art Attila (tunique) mit nur sechs Schnurreihen. Die Säbeltaschen waren schwarz mit Kupferadler. Die Offiziere trugen gewöhnlich statt der Pelzmütze ein Lederkäppi mit Überzug.
Nach dem Feldzug von 1870/71 wurde allgemein ein hellblauer Attila mit weißer Beschnürung eingeführt. Der hellblaue Kragen zeigte gleichfarbige Regimentsnummer auf weißer Patte. Die Beinbekleidung blieb dieselbe, die Dienstmütze von roter Grundfarbe hatte einen hellblauen Streifen. Paradekäppi hellblau mit weißer Garnitur und weißen ungarischen Knoten (Abb. 19, k). 1907 einreihige hellblaue Waffenröcke mit hellblauem Kragen und roter Regimentsnummer, hellblaue Ärmelpatten, weiße Treffel, weiße Knöpfe. Einige Regimenter erhielten vor dem I. Weltkrieg Dragonerhelme mit einem Stern auf dem Beschlag.
Zu Kriegsbeginn 1914 hellblaue Käppiüberzüge. Zu der Felduniform M 15 und M 35 dunkelblaue Kragenpatten mit hellblauen Winkelschnüren und Nummer, weiße Knöpfe. Gesellschaftsuniform alles Metall silber, Kragen, Kragenpatte, Aufschlagpatte, die Lampassen an der Hose und das Käppiband hellblau.

VIII. Jäger zu Pferde

Der Ursprung der Jäger zu Pferde ist in Frankreich in den Freikorps zu suchen, die bald nach 1740 errichtet wurden, und zwar wird als erstes Jägerkorps das *Fischer*sche genannt. Die Uniform war ganz husarenmäßig und bestand aus grünem Dolman und hellrotem Pelz mit gelben Schnüren, grauem Pelzvorstoß, hellroten Hosen, gelber Schärpe und schwarzer Mütze mit weißer Feder und Kokarde (Abb. 20, a). Auf der Säbeltasche und in den Ecken der Schabracke waren je drei Fische angebracht, gewissermaßen ein redendes Wappen, welches sich der Befehlshaber Johann Christian Fischer beigelegt hatte, der seine Laufbahn als einfacher Diener begann. Auch in verschiedenen anderen Freikorps finden wir berittene Jäger; aber erst 1779 treten die ersten *sechs Linien-Regimenter der reitenden Jäger* in der Armee auf. Die Uniform bestand aus grünen Röcken und Hosen, chamois Westen, Hut und Husarenstiefeln. Aufschläge und Rabatten waren bei dem 1. Regiment rot, beim 2. amarantrot, beim 3. gelb, beim 4. hellgelb, beim 5. orange und beim 6. weiß. 1786 wurden die Achselklappen durch Epauletten ersetzt. Die Hosen wurden grün mit weißen Besatz. Während der Revolution wurde zunächst ein kurzer abgestochener Rock von grüner Grundfarbe mit weißen Husarenschnüren eingeführt, dazu Weste mit ebensolchen Schnüren, in der Grundfarbe übereinstimmend mit den Kragen und Aufschlägen, die Hose blieb grün. Als Kopfbedeckung ein Raupenhelm, wie ihn die Jäger zu Fuß trugen (Abb. 20, b). Neben dem Helm erscheint bald die Husarenflügelmütze. Die Uniform wird jetzt ganz husarisch (Abb. 20, c); nur bleibt sie stets von grüner Grundfarbe, Pelze werden nicht getragen, wohl aber Säbeltaschen, die erst 1805 wegfallen. Um 1805 Tschakos. Die beschnürte Husarenuniform weicht dem Surtout, einem Frack von grüner Grundfarbe mit gleichfarbigen Rabatten, die durch Vorstöße von der Abzeichenfarbe markiert sind (Abb. 20, d). Letztere Farbe zeigen auch Kragen, spitze Aufschläge und Schoßumschläge. 1812 tritt an Stelle des Surtout ein gleichfarbiger Spenzer. Die Elite-Kompanien trugen Pelzmützen mit farbigem Beutel und rotem Stutz sowie rote Epauletten. Neben der grünen ungarischen Hose wurden auch grüne Überknöpfhosen getragen. Ein Regiment *reitender Jäger* gehörte der *Kaiser-Garde* an (Abb. 20, e). Die Uniform bestand aus grünem Dolman mit ebensolchem

43

Kragen, roten Aufschlägen, gelben Schnüren, rotem Pelz, gelblichen Hosen und ungarischen Stiefeln, Pelzmütze mit rotem Beutel und grünem, oben rotem Stutz. Grüne gelbverzierte Schabracke und Säbeltasche. Als Interimsuniform Surtout, grün mit roten Abzeichen und Vorstößen. Die Uniform ist bekannt, weil Napoleon I. sie meistens zu tragen pflegte.

1812 waren die Abzeichen für die Linien-Regimenter folgende:

Nr.	Kragen		Aufschläge und Vorstöße	Grundfarbe und Rabatten
	Grundfarbe	Einfassung		
1	scharlachrot	grün	scharlachrot	grün
2	grün	scharlachrot	scharlachrot	grün
3	scharlachrot	grün	scharlachrot	grün
4	gelb	grün	gelb	grün
5	grün	gelb	gelb	grün
6	gelb	grün	gelb	grün
7	rosa	grün	rosa	grün
8	grün	rosa	rosa	grün
9	rosa	grün	rosa	grün
10	karmin	grün	karmin	grün
11	grün	karmin	karmin	grün
12	karmin	grün	karmin	grün
13	orange	grün	orange	grün
14	grün	orange	orange	grün
15	orange	grün	orange	grün
16	himmelblau	grün	himmelblau	grün
17	grün	himmelblau	himmelblau	grün
18	himmelblau	grün	himmelblau	grün
19	hellorange	grün	hellorange	grün
20	grün	hellorange	hellorange	grün
21	hellorange	grün	hellorange	grün
22	dunkelorange	grün	dunkelorange	grün
23	grün	dunkelorange	dunkelorange	grün
24	dunkelorange	grün	dunkelorange	grün
25	krapprot	grün	krapprot	grün
26	grün	krapprot	krapprot	grün
27	grün	krapprot	krapprot	grün
28	amarantrot	grün	amarantrot	grün
29	grün	amarantrot	amarantrot	grün
30	amarantrot	grün	amarantrot	grün
31	chamois	grün	chamois	grün

Mantel und Mantelsack waren grün. Grüne Schabracke mit einem Streifen von der Abzeichenfarbe besetzt; im Felde Schaffellüberdecken. Während der Restauration bestanden vierundzwanzig Linien-Regimenter. Dieselben trugen hohen schwarzen Tschako, grünen Spenzer mit ebensolchen Rabatten. Kragen, Aufschläge und Vorstöße von der Abzeichenfarbe, Knöpfe durchweg weiß. Zur Parade grüne Hosen, sonst graue. 1815 erhielten die Regimenter 19–21 violette, die Regimenter 22–24 schwarze Abzeichen.

Abb. 20. Frankreich. Jäger zu Pferde.
a, b, c, d, f, g, k, l Jäger zu Pferde – e, h Jäger zu Pferde der Kaiser-Garde – i Garde

Die Unterscheidungsfarben waren im Jahre 1818:

Nr.	Benennung	Kragen	Aufschläge
1	de l'Allier	scharlachrot	scharlachrot
2	des Alpes	grün	scharlachrot
3	des Ardennes	scharlachrot	grün
4	de l'Ariège	gelb	gelb
5	du Cantal	grün	gelb
6	de la Charente	gelb	grün
7	de la Corrèze	hellorange	hellorange
8	de la Côte d'Or	grün	hellorange
9	de la Dordogne	hellorange	grün
10	du Gard	rosa	rosa
11	de l'Isere	grün	rosa
12	de la Marne	rosa	grün
13	de la Meuse	karmin	karmin
14	du Morbihan	grün	karmin
15	de l'Oise	karmin	grün
16	de l'Orne	himmelblau	himmelblau
17	des Pyrénées	grün	himmelblau
18	de la Sarthe	himmelblau	grün
19	de la Somme	rotviolett	rotviolett
20	du Var	grün	rotviolett
21	du Vaucluse	rotviolett	grün
22	de la Vendeé	schwarz	schwarz
23	de la Vienne	grün	schwarz
24	des Vosges	schwarz	grün

Die 5. Eskadron eines jeden Regiments war mit der Lanze ausgerüstet. *Die Jäger der Königlichen Garde* trugen 1824 eine Uniform, die fast genau derjenigen der damaligen Garde-Dragoner glich, nämlich grünes Kollett, Epauletten und Fangschnüre, jedoch Pelzmütze mit amarantrotem Beutel und weißem, unten rotem Stutz. Die Uniform der *Linien-Jäger* (Abb. 20, f) war 1821 bzw. 1822 geändert worden. Sie bestand aus schwarzem hohen Tschako, oben mit Borte in der Regimentsfarbe, Fangschnüre ebenso. Schwarzer Stutz mit Spitze in der Abzeichenfarbe. Grüner Spenzer mit Husarenschnüren, die Schöße mit Vorstoß von der Regimentsfarbe. Bei den Regimentern, welche den Kragen in der Grundfarbe haben, befindet sich rechts und links eine kleine Patte in der Regimentsfarbe. Auch farbiger Vorstoß um den Kragen. Ebenso sind bei den Regimentern, welche grüne Aufschläge haben, diese durch farbigen Vorstoß markiert. Knöpfe überall weiß, Hosen rot, Beschnürung aus Abzeichen- und Rockfarbe (grün) gemischt, bei Offizieren Silberschnüre.

Unterscheidungsfarben 1822:

Nr.	Kragen	Aufschläge
1. und 2.	rot	grün
3. und 4.	grün	rot
5. und 6.	gelb	grün
7. und 8.	grün	gelb
9. und 10.	karmin	grün
11. und 12.	grün	karmin
13. und 14.	blau	grün
15. und 16.	grün	blau
17. und 18.	dunkelrosa	grün
19. und 20.	grün	dunkelrosa
21. und 22.	orange	grün
23. und 24.	grün	orange

1831 wurden Kolletts mit einer Reihe von Knöpfen getragen, dazu rote Franzen-Epauletten mit grünen Feldern. Die Beinkleider bleiben krapprot. Hoher, tuchbezogener Tschako mit schwarzem herabhängenden Busch. Kurze Zeit darauf werden Pelzmützen ohne Beutel eingeführt, die aber 1848 wieder einem roten Tschako weichen. Unter dem Kaiserreiche, 1856, erhält die Uniform schwarze Schnüre, und zwar achtzehn zwischen drei Reihen von weißen Knöpfen; dazu kleine Pelzmützen und Säbeltaschen mit Kupferadler. So war die Uniform im Jahre 1870 beschaffen. Nur die Regimenter 1, 6 und 9 trugen himmelblaue Röcke mit einer Reihe von weißen Knöpfen und sechs schwarzen Brustschnüren; Kragen und Aufschläge himmelblau mit roten Vorstößen. In der Kaiser-Garde Napoleons III. finden wir ein *Guiden-Regiment* (Abb. 20, i), dessen Uniform lebhaft an die reitenden Garde-Jäger Napoleons I. erinnert. Dunkelgrüner Dolman mit krapproten Aufschlägen, fünf Knopfreihen in gelber Beschnürung. Grüner Pelz gelb beschnürt, krapprote Hosen mit goldgelben Streifen, Pelzmütze mit schwarz und weißem Busch und dunkelgrüne Säbeltasche mit goldgelbem Besatz. Das neue *Garde-Jäger-Regiment zu Pferde* (Abb. 20, h) hatte dieselbe Uniform mit weißer Beschnürung. Die Mütze von etwas schmalerer Form. Diese beiden Garde-Regimenter wurden 1871 aufgelöst.

1873 erhielten die reitenden Jäger einen hellblauen Attila mit schwarzer Verschnürung (8 Schnurreihen) und roten Kragen. Zunächst rote Tschakos ganz niedriger Form, später hellblaue mit gelbem Jägerhorn. 1907 hellblaue einreihige Waffenröcke mit rotem Kragen und roter Ärmelpatte, weiße Treffel und Knöpfe. Kurz vor dem I. Weltkrieg wurden an einige Regimenter Dragonerhelme mit Jägerhorn auf dem Beschlag sowie Lanzen ausgegeben.

Zu der Felduniform M 15 und M 35 weiße Knöpfe, dunkelblaue Kragenpatten mit grünen Winkelschnüren und Nummer. Gesellschaftsuniform wie Husaren, aber mit rotem Vorstoß am hinteren, doppelt geschweiften Kragenpattenende.

IX. Lanzenreiter

Im Jahre 1734 errichtete der Marschall von Sachsen ein *Ulanen-Regiment*, das nach Art der polnischen Ulanen organisiert war. Im ersten Gliede standen nämlich die aus Edelleuten sich rekrutierenden Ulanen, während im zweiten die sogenannten Pacholken hielten, denen die Pferdewartung sowie die Instandhaltung der Waffen ihres Herrn oblag. Die Pacholken waren dragonermäßig ausgerüstet. Die Ulanen trugen ganz grüne Uniform mit rotem Gürtel und Besätzen. Gelbmetallner Helm mit Pelzbesatz und rotem Roßhaarbusch. Als Schabracke ein Wolfspelz. Die Eskadrons unterschieden sich durch die Farbe der Lanzenflaggen (abb. 21, f). Um 1750 wurde die Truppe aufgelöst. Erst im Jahre 1807 wird wieder eine Ulanentruppe gebildet, allerdings vorerst unter dem Namen *Chevauleger der Garde*. Erst später wird die Bezeichnung in *Chevaulegers-Lanciers* geändert, denn die Bewaffnung mit der Lanze erfolgte erst 1809. Die Uniform bestand aus königsblauer Kurtka mit karminroten Abzeichen und silbernem Bortenbesatz sowie karminroten Vorstößen und weißen Epauletten, Achselschnüren und Knöpfen. Karminrotes Beinkleid mit blauen Streifen. Tschapka ebenfalls karminrot (Abb. 21, g). Das Regiment war unter dem Namen der *Polnischen Lanciers* bekannt. 1810 entstand aus der ehemaligen holländischen Garde-Reiterei ein *2. Chevaulegers-Lanciers-Regiment der Garde*. Kurtka, Hosen und Tschapka scharlachrot, Abzeichen königsblau, Knöpfe, Epauletten und Achselschnüre gelb. Beide Regimenter trugen rot und weiße Lanzenflaggen.

Sehr phantastisch war die Eskadron der »*Litthauischen Tartaren*« ausgestattet, nämlich mit schwarzer Schirmpelzmütze mit Turban und grünem Beutel, verschiedenfarbigen Jacken, darüber reich beschnürte Türkenwesten, verschiedenfarbige Pluderhosen. Die *Eclaireurs der Garde* waren nach dem Vorbild der reitenden Jäger uniformiert.

An Linien-Regimentern der Lanzen-Reiter-Truppen gab es unter dem ersten Kaiserreich sechs französische und drei

Abb. 21. Frankreich. Reitende Grenadiere, Carabiniers, Lanciers.
a, b Reit. Garde-Grenadiere – c, d, e Carabiniers – f Ulan – g, i Garde-Lanciers – h Chevauleger-Lancier – k, l Lanciers

polnische. Die Uniform war bei beiden verschieden; die französischen Lanciers, meistens *Chevaulegers-Lanciers* (Abb. 21, h) genannt, trugen einen gelben Helm mit schwarzer Raupe, grünen Spenzer und Hosen. Kragen, Klappen, Aufschläge und Schoßumschläge von der Abzeichenfarbe. Grüne Achselklappen, die Eliten rote Grenadier-Epauletten. Die *Polnischen Lanciers* führten als Kopfbedeckung blaue Tschakos mit gelber Sonne; blaue Kurtka und Hosen, Abzeichen in der Regimentsfarbe, weiße Fransen-Epauletten und Knöpfe. Lanzenflagge weiß und karmin.

1815 wurde ein einziges Regiment bestehen gelassen, und zwar das Regiment der *Lanciers der Königlichen Garde* (Abb. 21, i). Uniform: Grüne Kurtka mit ebensolchem Kragen und Aufschlägen, karminrote Rabatten, Vorstöße und Hosen, weiße Epauletten und Achselschnüre, karminrote Tschapka mit gelber Sonne und weißem Federbusch. 1830 wird dieses Regiment aufgelöst und durch die *Lanciers d'Orléans* ersetzt. Uniform: Rote Tschapka mit gelben Behängen und Fangschnüren sowie herabhängendem schwarzen Haarbusch; grüne Kurtka mit gelben Rabatten und Vorstößen, gelbe Epauletten und Knöpfe, rote Hosen.

Die Unterscheidungsfarben waren im Jahre 1812:

Nr.	Rock und Hose	Knöpfe	Kragen	Aufschläge, Schoßumschläge, Vorstöße
1	grün	gelb	scharlachrot	scharlachrot
2	grün	gelb	hellorange	hellorange
3	grün	gelb	rosenrot	rosenrot
4	grün	gelb	karmin	karmin
5	grün	gelb	himmelblau	himmelblau
6	grün	gelb	krapprot	krapprot
7	blau	weiß	gelb	gelb
8	blau	weiß	blau	gelb
9	blau	weiß	chamois	chamois

1831 werden fünf Lanciers-Regimenter gebildet, die Orléans-Lanciers rangieren als Nr. 6. Die Uniform bestand in diesem Jahre aus roter Tschapka, Kurtka und Beinkleidern, weißen Knöpfen und Epauletten und schwarzem hängenden Haarbusch. Die Lanzenflagge war oben rot, dann weiß, und unten blau.

Unterscheidungsfarben 1831:

Nr.	Kragen	Aufschlag und Patte	Vorstöße	Rabatten	Schoßumschläge
1	blau	blau	rot	blau	blau
2	blau	rot	rot	blau	blau
3	blau	blau	blau	blau	blau
4	blau	blau	rot	blau	rot
5	blau	rot	rot	blau	rot
6	rot	blau	blau	blau	rot

Die Schabracken rot mit blauer Einfassung. 1836 kamen noch zwei Lanciers-Regimenter hinzu, 1837 erfolgte eine Neuuniformierung. Kurtka und Tschapka wurden blau, Hose rot. Die Abzeichenfarbe wurde für die Regimenter 1, 2, 3 und 4 gelb, für Nr. 5, 6, 7 und 8 rot. 1839 wurde der Haarbusch rot. Aus folgender Übersicht der Abzeichen aus dem Jahre 1851 ist die Verteilung der Uniformabzeichen genauer zu ersehen. Allen Regimentern gemeinsam ist die blaue Grundfarbe der Kurtka, die weißen Epauletten, Fangschnüre und Knöpfe. Die Epaulettenhalter blau, Hose rot mit blauem Besatze, Aufschläge von spitzer Form, roter Busch.

Unterscheidungsfarben 1851:

Nr.	Rabatten	Kragen	Aufschläge	Schoßumschläge	Vorstöße	Tschapka
1	gelb	gelb	blau	gelb	gelb	blau
2	gelb	gelb	gelb	gelb	gelb	blau
3	gelb	blau	blau	gelb	gelb	blau
4	gelb	blau	gelb	gelb	gelb	blau
5	rot	rot	blau	rot	rot	gelb
6	rot	rot	rot	rot	rot	gelb
7	rot	blau	blau	rot	rot	gelb
8	rot	blau	rot	rot	rot	gelb

1855 wurde auch ein *Lanciers-Regiment der Kaiser-Garde* gebildet. Die Uniform bestand aus himmelblauer Tschapka mit weißen Besätzen und gelben Beschlägen. Federbusch, Fangschnüre, Behänge, Epauletten und Hosen rot. Weiße Kurtka mit himmelblauem Kragen, Aufschlägen, Rabatten, Vorstößen und Schoßumschlägen. Flagge oben weiß, unten rot, Schabracke und Mantelsack hellblau, weiß besetzt, auswendig rot vorgestoßen. Die Knöpfe waren weiß.
1870 waren die französischen Lanciers in einer Uniformänderung begriffen, die aber nur zum kleinen Teil durchgeführt war. Die neue Uniform (Abb. 21,1) bestand in einem einreihigen Waffenrock mit gelben Abzeichen und weißen Knöpfen und ebensolchen Epauletten. Tschapka schwarz. 1871 hat die Lanciers-Truppe zu bestehen aufgehört.

X. Afrikanische Truppen

Wir glauben, den afrikanischen Truppen einen besonderen Abschnitt widmen zu müssen, da seit der Eroberung Algiers Frankreich verschiedene Truppenteile in seinen afrikanischen Besitzungen unterhielt, die sich zum Teil durch ihre eigenartige Uniform auszeichneten.
Aber auch schon früher, wir erinnern an die Expedition Bonapartes nach Ägypten, dürfen wir von afrikanischen Truppen sprechen. An erster Stelle führen wir auf die *Koptische Legion*, 1799 in Ägypten gebildet. Die Uniform (Abb. 22) bestand aus einem hellgrünen Spenzer mit gleichfarbigen Rabatten und Aufschlägen; letztere spitz geschnitten. Kragen und Vorstöße gelb, Knöpfe weiß, gelbliche

Abb. 22. Frankreich. Afrikanische Truppen.
a Koptische Legion – b Dromedarregiment – c, d Zuaven – e, f Turcos – g Spahi – h, i Chasseurs D'Afrique

enge Beinkleider, kleine Gamaschen von grauer Leinwand, Hut mit einem Pompon als Kompanieabzeichen; Grenadiere mit rotem herabhängenden Busch, dazu rote Epauletten. Nach der Räumung Ägyptens kamen einige *Mamelucken* mit nach Frankreich, die den Stamm zu einer Eskadron abgaben, welche später der Kaiser-Garde einverleibt wurde. Sie trugen reiche orientalische Tracht, die in der Farbe sehr oft wechselt, da die Bekleidung in das Belieben des Kommandanten gestellt war. Der ägyptischen Expedition gehört ferner die eigenartige Truppe der *Dromedarreiter* (Abb. 22, b) an, die eine sehr merkwürdige Uniform trugen, bestehend in einem hellblauen Dolman und ebensolchen Hosen, beides mit weißer Beschnürung; darüber ein roter Pelz mit ebensolcher Beschnürung und mit Halbärmeln versehen, Tschako mit gelber Garnitur und weißen Behängen; weißer arabischer Burnus, schwarze Säbeltasche mit gelbem Beschlag (Bündel mit den Liktorenstäben). Als Waffe Husarensäbel und Büchse. Die Truppen der regulären Armee waren im Laufe des Krieges sehr abgerissen, und da ein Ersatz der Uniformen aus Frankreich nicht stattfinden konnte, mußte man zu einheimischen Geweben Zuflucht nehmen. Man sah die Truppen in Uniformen, welche die unmöglichsten Farbenzusammenstellungen aufwiesen. So gab es z. B. rosenrote und gelbe Dragoner.

Die *Zuaven*. Die Truppe besteht seit 1831, und zwar zuerst als Bataillon formiert aus Eingeborenen und Parisern, die sich Volontairs de la Charte nannten. Nach zehnjährigem Bestand wurde das Bataillon zum Regiment erhoben, und 1852 wurden noch zwei andere Regimenter dazu errichtet. Die Uniform bestand in dunkelblauer Jacke mit rotem Besatz; ebenso die Weste. Die Jacke hat auf beiden Seiten eine falsche Tasche, die beim 1. Regiment von rotem, beim 2. von weißem, beim 3. von gelbem und beim 4. von dunkelblauem Tuch war. Weite rote Hose, hellblaue Leibbinde, roter Fez (Abb. 22, d). Die Kolonialtruppe trug schon seit Kriegsbeginn eine kakifarbige Felduniform. Die Zuaven haben rote Winkelschnüre und Nummer auf der grundfarbigen Kragenpatte sowie gelbe Knöpfe. Das Abzeichen am Stahlhelm ist ein liegender Halbmond. Als Ausgangsanzug wird von allen afrikanischen Eingeborenentruppen die alte farbige Uniform wieder getragen.

Die *Turkos* oder eigentlich *Tirailleurs indigènes* oder *Algériens,* 1841 errichtet, seit 1852 im Bestande von drei Regimentern. Anfänglich grüne Jacke, Weste und Kartusche, gelber Besatz, rote Hosen. Hellblaue Leibbinde und Aufschläge. Später wie die Zuaven, nur Jacke. Weste und Hose himmelblau, Besatz gelb, gleiche Regimentsabzeichen (falsche Taschen), rote Leibbinde. Zur kakifarbenen Felduniform tragen die algerischen und tunesischen Schützen hellblaue, die im Krieg neu errichteten marokkanischen Schützen grüne Kragenpattenschnüre und Nummern, letztere dazu das Siegel Salomonis, die Knöpfe sind gelb.

Chasseurs d' Afrique, errichtet 1831. Anfänglich trug die Truppe langschößigen himmelblauen Rock, rote Hose mit Reitbesatz, niedrige krapprote Tschapka, rote Fangschnüre, weiße Stulphandschuhe, Contre-Epauletten von gelbem Metall. Das 1. Regiment Kragen und polnische Aufschläge gelb, hellblau vorgestoßen, 2. Regiment Kragen hellblau mit gelber, dreispitziger Patte, polnische Aufschläge hellblau mit gelben Vorstößen. Beim 3. Regiment (1832) war der Kragen gelb mit hellblauer Patte. Lanzen mit rot-weißblauer Flagge. Lanzen wie Tschapkas wurden nur bis 1833 getragen. Seitdem wurde die rote Feldmütze mit hellblauem Rand, zeitweilig tschakoartig gesteift, bis 1915 getragen, häufig mit weißem Überzug und Nackenschutz versehen. 1853 wurde der Kragen für alle Regimenter vollfarbig gelb. 1862 hellblauer Dolman mit gelbem Kragen und schwarzer Verschnürung, weiße Knöpfe und Treffeln. Die Mannschaften erhielten für den Dienst, später für alle Gelegenheiten, eine kurze hellblaue einreihige Jacke mit gelbem Kragen und Aufschlagpatten, weiße Treffeln, rote Leibbinde. Die Offiziere hatten seit etwa 1900 hellblauen Waffenrock mit gelbem Kragen und Aufschlagpatten. Die Hose war stets rot, Offiziere mit hellblauen Lampassen. Zur kakifarbenen Felduniform weiße Knöpfe, dunkelblaue Kragenpatten mit gelben Winkelschnüren und Nummer.

Die *Spahis,* 1834 errichtet. 1845 bestanden vier Regimenter. Jacke und Weste rot mit schwarzer Beschnürung, im Zuavenschnitt, rote Leibbinde, blaue Beinkleider, roter Mantel. Der große, bis über den Kopf reichende arabische Überwurf, Haik genannt, war von Stoff aus Kamelhaaren gefertigt; die Offiziere dagegen trugen europäische Uniform, und zwar hellblauen Dolman mit schwarzen Schnüren, roten Kragen und Aufschlägen, gelben Knöpfen, rote, blau besetzte Hosen, rote, blau gerände Mütze mit Goldborten; in den Kragenecken Regimentsnummer über einem Halbmonde in Gold.

Um 1898 erhielten die Offiziere ganz rote Röcke mit hellblauen Hosen, hellblaue Käppis. Zur kakifarbenen Uniform gelbe Knöpfe, dunkelblaue Kragenpatten mit gelben Nummern und Winkelschnüren, weite kakifarbene Pumphose.

Die *Tirailleure vom Senegal* waren turkoartig uniformiert. Um 1890 erhielten sie einreihige dunkelblaue Jacken. Am Halsausschnitt und auf den spitzen Aufschlägen gelbe Borten, die sich auch am Kragen- und Aufschlagaußenrand der kakifarbenen Felduniform befinden. Dazu gelber unklarer Anker und Winkelschnüre auf der Kaki-Kragenpatte.

Fremden-Legion: 1831 Infanterieuniform mit blauem rotvorgestoßenem Kragen. 1845 Infanterieuniform mit blauen rotvorgestoßenen Aufschlägen. 1855 grüne Epauletten mit roten Monden. Die 2. Legion trug grüne Röcke mit gelben Kragen. 1860 alte Infanterieuniform (1855) mit grünen Epauletten mit roten Monden und Fransen. Diese Epauletten blieben fortan bei. Der zweireihige Rock von 1867 erhielt roten Kragen.

Die grundfarbenen Kragenpatten der Kakiuniform haben grüne Winkelschnüre, für Mannschaften grüne, für Unteroffiziere goldene Regimentsnummer, Offiziere goldene flammende Granate mit Nummer auf der Bombe. Das Kavallerie-Regiment der Fremdenlegion hat weiße Knöpfe, dunkelblaue Kragenpatten mit grünen Schnüren und flammender Granate. Die Gesellschaftsuniform der Offiziere ist wie die der Infanterie, der Kragen und die Aufschlagpatten dunkelblau. Auf der am hinteren Rande grün vorgestoßenen Kragenpatte und am Käppi flammende Granate.

Die Kolonialinfanterie, eine europäische Truppe für den Dienst in den Kolonien, trug seit den 30er Jahren des vorigen Jahrhunderts dunkelblaue Röcke mit gleichfarbigem Kragen und Aufschlägen und roten Vorstößen; gelbe Epauletts, zunächst Tschako, später dunkelblaues Käppi mit roten Vorstößen, gelbe Knöpfe, graublaue Hose mit roten Vorstößen, in den Kragenecken und auf dem Käppiband ein roter, für Offiziere und Unteroffiziere goldener unklarer Anker. Die roten Kragen- und Rockvorstöße fielen nach dem Kriege 1870 fort. Die Kolonialartillerie unterschied sich von der Heimattruppe nur durch den unklaren Anker an den Kragenenden an Stelle der Regimentsnummer. Zur Kakifelduniform trägt die Kolonialinfanterie grundfarbene Kragenpatten mit roten Nummern, unklarem Anker und Winkelschnüren. Die Kolonial-Artillerie rote Patten mit blauem Anker. Das Stahlhelmabzeichen ist ebenfalls der unklare Anker.

XI. Gendarmerie

Die *Gendarmerie Nationale* trug während der Revolutionszeit langschößigen blauen Frack mit roten Abzeichen und weißen Knöpfen. Das gelbe Lederzeug war weiß vorgestoßen, ebenso der Hut mit weißer Borte versehen, die Unterkleider chamois. Ausrüstung für die berittenen wie bei der Kavallerie, Fußgendarmerie wie bei der Infanterie. So blieb die Uniform auch unter dem Kaiserreich. Auch der Kaiser-Garde wurde eine Abteilung unter dem Namen *Gendarmerie d'Elite* zugewiesen (Abb. 23 b). Langschößiger Frack, von blauer Grundfarbe mit ebensolchem Kragen, rote eckige Rabatten, weiße Knöpfe, kleeblattförmige Epauletten und Achselschnüre; letztere auf der linken Seite. Weste, Hosen und Stulphandschuhe lederfarbig. Gelbes Lederzeug mit weißer Einfassung. Pelzmütze ohne Beschlagschild, aber mit Augenschirm versehen und mit weißem Stutz und Behänge verziert.

Um 1810 finden wir bei der Armee in Spanien eine kleine Abteilung *Lancier-Gendarmen*. Uniform: Schwarzer Tschako mit weißer Garnitur und rotem Stutz, blauer Frack mit ebensolchen Achselklappen, ebensolche Hosen, Mantelsack und Schabracke. Roter Kragen und polnische Aufschläge. Spitze Rabatten blau; rote Schoßumschläge und Weste; letztere mit weißen Husarenschnüren. Weißer Schabrackenbesatz, Lanzenflagge rot und weiß.

Abb. 23. Frankreich. Gendarmerie, Artillerie, Genie.
a Gendarmerie Nationale – b Elite-Gendarm – c Gendarm – d, f Fuß-Artilleristen – e, g Reitende Artilleristen – h, i, k Geniesoldaten

Unter der Restauration blieb die Uniform zunächst dieselbe, nur änderte sich der Frack im Schnitt. Bei den *Elite-Gendarmen* erhielt der blaue Kragen in den Ecken weiße Granaten. Als Kopfbedeckung diente ein gelbmetaller Helm mit schwarzer Raupe und Schweif sowie weißem Stutz. Die übrige Gendarmerie behielt den weißbortierten Hut bei. Unter der Regierung Ludwig Philipps fielen die Rabatten weg, dafür erhielt der Frack rote Vorstöße und eine Reihe von neun Knöpfen. Die Elite-Gendarmen Pelzmütze mit rotem Stutz, die übrigen Hüte. Die Aufschläge sowie Patten waren von der Grundfarbe des Rockes, mit roten Vorstößen versehen. Später wurde der Frack durch den Rock ersetzt, die Beinkleider sind seit 1843 hellblau. Bei der *Kaiser-Garde* Napoleons III. bestanden ebenfalls Abteilungen. Die Uniform war ein blauer Frack mit ebensolchen Kragen, Aufschlägen und Patten, roten Rabatten, weißen Granaten auf dem Kragen, gelbem, weißbortiertem Lederzeug; Pelzmütze mit gelbem Schilde und rotem Stutz. Die berittenen mit Lederhosen und weißen Epauletten, die unberittenen mit hellblauen Beinkleidern und kleeblattförmigen Achselstücken. Die französische Gendarmerie hatte durch den Hut ein etwas altertümliches Aussehen (Abb. 23 c).

XII. Artillerie, Genie, Panzertruppe und Train

Die *Uniform der französischen Artillerie* war von alters her blau mit rot. Uniform im Siebenjährigen Krieg vergleiche Infanterie-Schema. 1776 wurden Kragen und Rabatten blau mit roten Vorstößen, Aufschläge und Schöße blieben rot. 1791 rote Aufschlagspatten, bald darauf blaue mit rotem Vorstoß. So blieb die Uniform auch in der Revolution und im Kaiserreich. 1810 wurden Tschakos eingeführt. Die reitende Artillerie trug seit 1792 ganz blaue Husarenuniform mit roter Beschnürung, anfänglich den Raupenhelm der Chasseurs, bald darauf aber Filzmützen und Tschakos; letztere mit roten Behängen und Stutz. Die bei der Kaiser-Garde errichtete *reitende Artillerie* hatte dieselbe Uniform, dazu noch Husarenpelze (blau mit roten Schnüren) und Husarenpelzmütze mit rotem Stutz und Beutel; die der Garde zugeteilte *Fußartillerie* Grenadierpelzmütze ohne Schild, aber mit Augenschirm und mit rotem Behänge und Stutz geschmückt; im übrigen die Uniform der Fußartillerie. Die Bekleidung änderte sich seitdem im Schnitt, nicht aber in den Farben, nur wurden die roten Aufschläge später spitz geschnitten. Die Tschakos hatten rote Garnitur und Busch sowie Fangschnüre. Die *Artillerie* der Kaiser-Garde Napoleons III. trug blaue Dolmans und Hosen mit roter Beschnürung resp. Besatz. Gelbe Knöpfe. Pelzmütze mit rotem Beutel und Behängen sowie weißen, unten rotem Stutz. Die Berittene Kavallerieausrüstung mit Säbeltasche (blau mit rotem Besatz und gelbem Adler), die Unberittene mit Infanterieausrüstung, Tornister und Karabiner. Nach dem Feldzug von 1870/71 wurde die Artillerieuniform unter Beibehalt der blauen Grundfarbe gleicherweise für reitende wie für Fußartillerie husarenartig beschnürt. Kragen und spitze Aufschläge rot, Knöpfe gelb, Schnüre schwarz, Hose blau mit roten Streifen. Das blaue Käppi zeigte rote Vorstöße. 1907 einreihiger Waffenrock mit roter Ärmelpatte und Kragen. Reitende Artillerie rote Treffel, 1912 schwarzer Lederhelm mit gelben Schuppenketten und niedrigem, bis vorn heruntergehendem Bügel, rotem Federbusch. Die Artillerie trug meist die Exerzierjacke, die im Gegensatz zum Waffenrock blauen Kragen mit roter Patte zeigte. Auf der Patte blaue Nummer, bei den Territorialtruppen weiße. Alpen-Artillerie Exerzierjacke und Baskenmütze.

An der horizontblauen und kakifarbenen Felduniform sind die Knöpfe gelb, Kragenpatten rot mit blauen Winkelschnüren und Nummer, die leichte Artillerie zusätzlich blauen fünfstrahligen Stern unter der Nummer. Das Abzeichen am Stahlhelm ist eine flammende Granate über gekreuzten Kanonenrohren. Die Gesellschaftsuniform der Offiziere ist wie die der Infanterie, nur statt der roten Hose dunkelblaue mit roten Lampassen, ganz dunkelblaues Käppi.

Genie

Ursprünglich bestand die Genie nur aus einem Offizierkorps, 1776 wurde ein Bataillon aufgestellt. Im Dezember 1793 wurde ein *Geniekorps* von *zwölf Sappeurs-Bataillonen* und *sechs Mineurs-Kompanien* errichtet. Die Uniform bestand 1794 aus blauem Frack, Weste und Hosen, schwarzen Kragen, Rabatten, Aufschlägen und Patten (alle diese Stücke rot vorgestoßen), rotem Schoßfutter und Epauletten, sowie gelben Knöpfen. Die Uniform blieb unter dem Kaiserreich dieselbe, nur trat an Stelle des vorher getragenen Hutes der Tschako mit roter Garnitur, Behängen und Flammenpompon. Das *Genie-Korps der Garde* war ebenso gekleidet, nur diente als Kopfbedeckung ein Stahlhelm mit gelbmetallner Garnitur, schwarzer Raupe und rotem Stutz. Beim Schanzenbau im feindlichen Feuer wurde ein geschwärzter Vollküraß und ebensolche eiserne Sturmhauben getragen. Unter der Restauration blieb die Uniform der *Linien-Genie-Truppe* die gleiche, ebenso unter dem zweiten Kaiserreich. Natürlich änderte sich der Schnitt nach dem Geschmack der Zeit, ebenso die Tschakoform. Die Behänge waren weggefallen. Die *Genie-Soldaten der Kaiser-Garde* Napoleons III. waren durch eine Pelzmütze ohne Schild, aber mit roten Behängen und Stutz ausgezeichnet, den Kragen schmückten rote Granaten. 1870 trug die Genietruppe dunkelblauen Waffenrock mit ebensolchem Kragen und Aufschlägen von schwarzem Samt, rote Epauletten, blaue Hosen mit roten Streifen, Lederkäppi; schwarzes Lederzeug. Statt des Faschinenmessers führten die Unteroffiziere Degen. Nach dem Feldzug 1870 wurde ein zweireihiger blauer Waffenrock getragen mit gleichfarbigen Kragen und Aufschlägen, schwarzer Kragen- und Aufschlagpatte, beide rot vorgestoßen; rote Epauletten, gelbe Knöpfe, Hosen blau mit roten Lampassen, Mütze blau mit roten Vorstößen. 1907 einreihiger Waffenrock. Die Offiziere trugen von etwa 1880–1905 ganz schwarzen Dolman mit schwarzer Verschnürung. Die Exerzierjacken der Mannschaft hatten dunkelblauen Kragen mit schwarzen Patten und roter Nummer.

Die Kragenpatten der Felduniform M 15 und M 35 sind schwarz mit roter Nummer und Winkelschnüren. Das Abzeichen am Stahlhelm ist ein antiker Helm und Küraß. Bei der Offiziers-Gesellschaftsuniform hat die schwarze Kragenpatte mit goldener Nummer roten Vorstoß am hinteren Ende. Der Kragen und die Aufschlagpatten sind aus Grundtuch. Dunkelblaue Hose mit roten Lampassen, dunkelblaues Käppi.

Panzertruppe

Die Tanktruppe trug zur horizontblauen Uniform weiße Knöpfe, dunkelblaue Kragenpatte mit grüner Nummer und Winkelschnüren, horizontblau gestrichenen Stahlhelm mit Bügel und verlängertem Nackenschirm, statt des Vorderschirmes ein Lederpolster. Außerdienstlich ein kleines schwarzes Barett mit dem Abzeichen der Tanktruppe: Ritterhelm mit geschlossenem Visier auf gekreuzten Kanonen, über der Stirn, wie auch am Stahlhelm. Bei der kakifarbenen Uniform ist der Besatz der dunkelblauen Kragenpatte aschgrau. Der Stahlhelm hat den Bügel verloren. Die Gesellschaftsuniform der Offiziere hat den Kragen, die Aufschlagpatten sowie die einfachen breiten Streifen an der blaugrauen Hose aschgrau, das Käppiband ist aus schwarzem Samt. Die motorisierte Maschinengewehrabteilung der Kavallerie hatte Schnüre und Nummern violett auf dunkelblauen Kragenpatten.

Train

Der *Train* wurde 1807 militärisch organisiert. Die Uniform war grau mit blauen Abzeichen und weißen Knöpfen, gelbliche Unterkleider, Tschakos mit weißer Garnitur. Beim *Garde-Train* zeigten auch die Beinkleider die Grundfarbe des Rockes; die Abzeichen waren mit roten Vorstößen besetzt, die Schultern schmückten rote Grenadier-Epauletten. Die graue Weste war rot beschnürt, der Tschako mit rotem Stutz und Behänge geschmückt. Wir müssen hierbei ausdrücklich bemerken, daß die Fahrer der Artillerie Trainuniform trugen. Die graue Grundfarbe blieb auch weiterhin das charakteristische Merkmal, so vielen Abstufungen auch die Uniform unterlag, die im einzelnen aufzuführen zu weit ginge (Train d'Artillerie, Train des Equipages, Train du Génie, Train des Parcs d'Artillerie). Um 1890 bestand die Uniform aus einem graublauen, schwarzbeschnürten Dolman mit weißen Knöpfen und Aufschlägen von der Grundfarbe, rotem Kragen mit grauer Eskadrons-Num-

Abb. 24. Frankreich 1914–1936.
a, e, k Infanteristen – b Husar – c Alpenjäger – d Dragoner – f Artillerie-Offizier – g Kavallerist – h Senegal-Schütze – i Infanterie-Offizier – l Festungsinfanterist – m Artillerist in Ausgehuniform

mer, roten Hosen, rotem Paradetschako mit ebensolchem Busch und rotem, blau gerandeten Käppi. 1914 bestand die Uniform aus einem einreihigen graublauen Waffenrock mit weißen Knöpfen, roten Kragen, Treffen und Aufschlagspatten, roten Hosen und rotem Käppi mit blaugrauem Band. Auch der Train trug fast ausschließlich die Exerzierjacke mit Achselklappen und Kragen von der Grundfarbe, auf letzterem rote Patte mit Nummer.

Zur Felduniform M 15 und M 35 weiße Knöpfe, grüne Kragenpatten mit roten Winkelschnüren und Nummer. Die Gesellschaftsuniform der Offiziere wie Kürassiere, aber mit grünen Kragenpatten und silberner Nummer.

XIII. National- und Mobil-Garde

Der Schöpfung der National-Garde haben wir bereits bei der Infanterie gedacht, da die Uniform an jene überging. 1848 trug die *Mobil-Garde* blauen Rock und Hosen, rote Kragen, Aufschläge und Vorstöße, weiße Knöpfe und Granaten in den Kragenecken, rote Epauletten mit grünen Fransen und rotes Käppi. Die Kavallerie der National-Garde erhielt 1816 ganz blaue Uniform mit roten Kragen, Aufschlägen und Vorstößen, weißen Knöpfen, Epauletten und Achselschnüren, weißen rotgestreiften Bandelieren, Koppeln und Hosenstreifen; Stahlhelm mit gelber Garnitur, schwarzer Raupe und weißem Busch, 1830 Tschako mit dreifarbigem Busch, 1843 Ulanen-Tschapka mit rotem Busch. Die *reitende Mobil-Garde* 1848 blauen Waffenrock mit ebensolchem Kragen und Aufschlägen, roten Vorstößen, weißen Knöpfen und Epauletten, hellblauen Hosen und Käppis, beides rot besetzt. 1870 rückte die *Mobil-Garden-Infanterie* in blauen, jackettartig geschnittenen zweireihigen Röcken mit roten Abzeichen aus. Hosen und Mütze blau mit rotem Besatz.

XIV. Generalität usw. – Rangabzeichen

Die Generale erhalten eine reglementsmäßig bestimmte Uniform erst 1724, dunkelblaue langschößige Röcke mit reicher goldener Eichenlaubstickerei am liegenden Kragen, den runden Aufschlägen und den quergestellten Seitentaschenklappen, einfach für den Maréchal de Camp (Brigadegeneral), doppelt für den Lieutenant-général, rote Weste und Beinkleider, hohe schwarze Stiefel, Dreispitz mit Goldborte und weißer Straußenfederfüllung. Der Maréchal de France trägt dazu den mit dunkelblauem Samt und goldenen Lilien besetzten Marschallstab. Der Rock erhält um 1770 Stehkragen und goldene Epauletten mit kurzen steifen Fransen, der Brigadegeneral auf dem Feld zwei, der Divisionsgeneral drei silberne fünfstrahlige Sterne, der Marschall von Frankreich zwei gekreuzte Kommandostäbe, umgeben von einer Reihe von Silbersternen. Die Epauletten haben sich in fast unveränderter Ausführung als Abzeichen der Generale erhalten. Seit 1791 sind die Weste und die Beinkleider weiß. Von der Revolution bis zum Ausgang der napoleonischen Zeit werden Kragen und Aufschlag der großen Uniform rot, später wieder dunkelblau, die Taschenverzierung verschwindet, der Rock wird zum einreihigen Frack. Als Dienstabzeichen dient eine um den Leib getragene Schärpe mit goldenen Quasten links, und zwar Marschall weiß mit gold, Divisionsgeneral rot mit gold, Brigadegeneral hellblau mit gold gestreift. Auch diese Schärpen werden noch heute zur großen farbigen Uniform angelegt. 1815 erhält der sehr hoch gewordene Hut schwarze Füllung, die Hose wird dunkelblau, seit 1831 rot, später mit dunkelblauen breiten Streifen. Seit 1836 wird im Felddienst, seit 1844 bei allen Gelegenheiten der Hut nicht mehr quer, sondern längs getragen. Der Divisionsgeneral als Korpskommandant erhält weiße Straußenfederfüllung am Hut. 1844 wird ein ganz dunkelblaues Käppi mit goldbedeckten Nähten und einfacher bis dreifacher goldener Eichenlaubstickerei um das Band eingeführt, der Deckel und die Seitenteile sind seit 1852 rot. Der Divisionsgeneral als Korpskommandant trägt über der Randtresse eine 3 mm breite Silberschnur. 1847 zur kleinen Uniform einreihiger langschößiger dunkelblauer Rock ohne Stickerei. Seit 1867 zweireihiger Rock mit halblangen Schößen und ein- bis dreifacher Rangstickerei auf Kragen und Aufschlägen. Dieser Rock wird nach dem Krieg 1870/71 die große Uniform, zusammen mit Hut, Schärpe und Epauletten. Zum täglichen Anzug wird ein schwarzer Dolman getragen mit fünf Reihen schwarzer Brustverschnürung, auf den Ärmeln schwarzer ungarischer Knoten, auf dem die Rangsterne angebracht sind. Dazu rote Hose und Käppi. An der horizontblauen Felduniform 1915 tragen die Generale keine Kragenpatten, dafür die Rangsterne an den Unterarmen und dunkelblaue Lampassen an den Hosen. Nach dem I. Weltkrieg wird als große Uniform ein langschößiger einreihiger horizontblauer Rock getragen mit goldenen Passanten und Epauletten, an den Ärmeln die Rangsterne, am Kragen schwarze, rückseitig doppelt geschweifte Kragenpatte mit goldener Rangstickerei wie am Friedenswaffenrock. Der Korpskommandant trägt jetzt 4 Sterne in Rautenform, der Marschall 7 an beiden Unterarmen. Die Ärmelrangsterne sind auch an der kakifarbenen Uniform das Kennzeichen der Generale und befinden sich ebenfalls an Stahlhelm und Feldmütze. Die farbige Gesellschaftsuniform der Generale ist der großen Vorkriegsuniform gleich, hat jedoch auf den Ärmeln die Rangsterne sowie Kragen und Aufschlag für alle Ränge gleich mit breiter goldener Eichenlaubstickerei bedeckt.

Die Uniform des Generalstabes folgt im allgemeinen der der Generale, statt der Eichenlaubstickerei goldene Tresse bzw. Litze am Kragen und Aufschlag, die von 1830 bis 1870 am Rand rote Vorstöße tragen. Seit 1870 tragen Generalstab und Truppenstäbe die Uniform der Herkunftswaffe, jedoch statt der Nummer geflügeltes Blitzbündel bzw. flammende Granate auf der Kragenpatte und verschiedenfarbige Armbinden. Dasselbe gilt für die Felduniform M 15 und M 35.

Die höhere Adjutantur trägt ab 1775 dunkelblaue Röcke ohne Verzierung mit Epauletten, Weste und Beinkleider rot. Ab 1791 diese und der Rockkragen hellederfarben. Zur Zeit Napoleons I. dunkelblauer einreihiger Frack mit hellblauem Kragen und runden Aufschlägen. Goldene Knöpfe und Epauletts, dunkelblaue Hose und Hut, der schon derzeit längs getragen wird. 1816 erhält der Rock hellederfarbenen Kragen, gleichfarbige Vorstöße vorn herunter und um die spitzen dunkelblauen Aufschläge. Von 1818 an ist die höhere Adjutantur ebenso wie der Generalstab gekleidet, aber mit doppelten Fangschnüren in Knopffarbe an der rechten Schulter. Dazu von 1880 bis 1914 Federbusch am Käppi: weiß beim Stabe des Präsidenten und des Kriegsministeriums, blau-weiß-rot bei Armeekorpskommandanten, rot und weiß bei Divisionsgeneralen, hellblau bei Brigadegeneralen, sowie gleichfarbiges Seidenband am linken Oberarm. Die persönlichen Adjutanten Napoleons I. trugen hellblauen Rock mit gleichfarbigen spitzen Aufschlägen und Rabatten, alles eingefaßt mit Silbertresse, rote Weste mit Silberverschnürung, hellblaue Hose und Husarenstiefel mit Silberbesatz, Hut mit schwarzer Füllung, silberne Fangschnur und Epauletts. Ähnlich, nur mit einreihigem Frack und roten Hosen, die persönlichen Adjutanten Napoleons III. Die Marschälle Napoleons I. kleideten ihre Adjutanten nach eigener Wahl meist sehr farbenprächtig, so Berthier in Husarenuniform, weißer Dolman mit schwarzem Kragen und Aufschlag, enger goldener Beschnürung, schwarzer Pelz, rote Hose und Tschako mit goldenen Behängen.

Bei den Offiziersuniformen der französischen Armee seit etwa 1860 ist besonders charakteristisch, daß alle nach dem Reglement dunkelblauen Bekleidungsstücke schwarz getragen werden.

Schon im letzten Drittel des 18. Jahrhunderts kamen Fransenepauletts aus Metalltresse in Knopffarbe für die Offiziere in Gebrauch. Schieber und Feld der Subalternoffiziere wiesen verschiedene Musterungen in roter Seidentresse auf, die in napoleonischer Zeit außer Gebrauch kommt. Seitdem war Feld und Schieber der Offiziersepauletten stets aus glatter Metalltresse ohne Rangabzeichen. Diese wurden durch die verschiedene Fransenstärke und Tragweise der Epauletts zum Ausdruck gebracht wie folgt:

Oberst 2 Epauletten mit starken kurzen Fransen, Oberstleutnant ebenso, Feld und Schieber in entgegengesetzter Farbe, Major links ein Epaulett mit kurzen starken Fransen, ein Konterepaulett (ohne Fransen), Hauptmann 2 Epauletten mit dünnen Fransen, Oberleutnant links ein Epaulett mit dünnen Fransen, rechts Konterepaulett, Leutnant links Konterepaulett, rechts eins mit dünnen Fransen. Die Epauletten waren bis 1870 auf den Fräcken und Waffenröcken alleiniges Rangabzeichen für die Offiziere aller Waffen mit Ausnahme der Husaren. Die Husarenoffiziere

Abb. 25. Frankreich. Generale.

trugen zum Überrock Epauletten, auf dem Dolman und Pelz dem Aufschlag folgende Rangtressen, Subalternoffiziere 1–3 schmale, Major 4 schmale, Oberstleutnant und Oberst 5 schmale, beim Oberstleutnant die zweite und vierte in gewechselter Knopffarbe. Seit 1845 bilden die Rangtressen an dem kleinen Dienstanzug der Husarenoffiziere, ab Mitte der 50er Jahre auch bei den Jägern zu Pferde und den Guiden ungarische Knoten. Bei den 1871 nach dem Krieg eingeführten Waffenröcken werden die Epauletts nur zur großen Uniform angelegt und zusätzlich die Rangtressen gleicher Zahl und Farbe wie bei den Husarenoffizieren rund um beide Unterarme, die untersten drei unter der Patte durchlaufend. Von 1880 bis etwa 1900, als alle Offiziere der französischen Armee Dolmans trugen, fielen die Epauletten weg. An ihre Stelle traten kleeblattförmige Schulterschnüre, einfach für Subalternoffiziere, doppelt für Stabsoffiziere. Die Rangschnüre am Unterarm nahmen die Form des ungarischen Knotens an. Seit Wiedereinführung des Waffenrocks, auch bei Husaren und Jägern zu Pferde, sind die Rangtressen wieder rund um den Unterarm angebracht. Zum großen Dienstanzug dazu Epauletten. An der Gesellschaftsuniform bis 1945 sind die Rangtressen angebracht wie auf der Friedensuniform 1914. Die nun auf beiden Schultern gleichmäßig getragenen Epauletten haben für Stabsoffiziere kurze steife, für Subalternoffiziere lange dünne Fransen. Auf den Felduniformen M 15 und M 35 sind die Rangabzeichen ebenfalls auf dem Unterarm befestigt in Form von 5 cm langen waagerechten Tressen derselben Farbe und Anzahl wie 1914 am Waffenrock, jedoch bei den Stabsoffizieren zwischen der 3. und 4. Rangtresse mit doppeltem Zwischenraum. An den Tschakos erfolgte die Rangbezeichnung durch mehr oder weniger breiten Tressenbesatz am oberen Rand. Beim Käppi werden die Rangschnüre gleicher Farbe und Zahl wie an den Ärmeln am oberen Bandrand ringsherum befestigt. Die Seitennähte sind für Leutnant und Oberleutnant mit einer, Hauptleute 2, Stabsoffiziere 3 Schnüren in Knopffarbe belegt. Auf dem Deckel des Käppis befindet sich ein ungarischer Knoten aus einfacher bzw. dreifacher Metallschnur.

Die Rangabzeichen der Mannschafts- und Unteroffiziersgrade sind seit Mitte des 18. Jahrhunderts fast unverändert geblieben. Mannschaften 1–3 Wolltressen, meist in Vorstoßfarbe, Unteroffiziere 1–3 Metalltressen in Knopffarbe an den Unterarmen. Sie wurden bei den Fußtruppen grundsätzlich als Schrägtressen, bei der Kavallerie und den Jägern als Winkeltressen mit der Spitze oben über dem Aufschlag befestigt. Zum Feldanzug der Uniform M 15 und M 35 werden die Rangtressen in Form von 1–3 kurzen Schrägstreifen in Dunkelblau bzw. dunkelkakifarben, für Unteroffiziere in knopffarbiger Metalltresse über dem Aufschlag angebracht. Zum Friedensanzug in gleicher Anzahl in Winkelform mit Spitze oben. Die zwischen Offiziers- und Unteroffiziersrang stehenden »Adjutants« tragen Leutnantsabzeichen mit rotem schmalen Mittelstreifen in der Tresse, die bei dem niederen Adjutantengrad gewechselte Knopffarbe hat.

Das Offiziersportepee ist stets golden, hat geschlossene Form mit dünnen bzw. für Stabsoffiziere und Generale dicken Fransen. Es ist an einer schwarzen oder goldenen Doppelkordel befestigt. Für den Feldanzug jetzt schwarzes Lederportepee. Bis 1880 wurde von den Offizieren der Fußtruppen knopffarbiger Ringkragen getragen.

Abb. 26. Griechenland 1832–1890.
a, e Infanteristen – b Kavallerist – h Kavallerie-Offizier – c, g Artilleristen – d General – f Jäger

Griechenland
(Kokarde weiß-hellblau; zur Zeit der griechischen Erhebung, und zwar Neujahr 1822, wurden Schwarz, Himmelblau und Weiß als Nationalfarben festgesetzt)

Während des griechischen Freiheitskrieges wurden schon vereinzelte Versuche gemacht, verschiedene Freischaren gleichmäßig zu bekleiden. So trugen die sogenannten *Hierolochiten* schwarze Röcke und Filzmützen mit einem Totenkopf und gekreuzten Knochen. Derartige Anläufe blieben aber vereinzelt. Erst als der Prinz Otto von Bayern 1833 den Königsthron bestieg, wurde die bewaffnete Macht einheitlich uniformiert, und zwar z. T. nach bayrischem Muster. Die *Infanterie* (Abb. 26, a) erhielt hellblaue Jacken mit kurzen Schößen, mit einer Knopfreihe geschlossen. Kragen, Aufschläge, Vorstöße und Schoßumschläge rot, Knöpfe weiß. Die Beinkleider hellblau mit roter Biese. Als Kopfbedeckung diente ein Tschako. Die Füsiliere hatten weiße Achselwülste und Tschakobehänge, die Grenadiere rote, die Jäger grüne. Die *Artillerie* (Abb. 26, c) war nur durch die Farbe von der Infanterie unterschieden und zwar war die Grundfarbe für Rock und Beinkleider blauschwarz, Abzeichen und Tschakobehänge dunkelrot, die Knöpfe gelb. Die *Kavallerie* (Abb. 26, b) wurde als *Ulanen* ausgerüstet. Die Uniform bestand in grünen Kolletts mit karminroten Kragen, Rabatten und polnischen Aufschlägen. Der Paßgürtel war weiß, zweimal hellblau durchzogen. Weiße Schuppenepauletten, grüne Hosen mit karminroten Streifen. Die Tschapka karminrot überzogen mit silberner Sonne und hängendem weißen Haarbusch. Die grünen Schabracken hatten karminroten Rand, in den hinteren spitzen Ecken ein weißes O mit einer Krone. Weiße Schaffellüberdecken mit karminrotem, gezähntem Tuchvorstoß. Lanzenflaggen oben weiß, unten hellblau. Das Lederzeug war weiß. Die Uniform der *Generalität* (Abb. 26, d) entsprach völlig der damaligen bayrischen. In der hinteren Ecke der roten, silberbesetzten Schabracke ein gekröntes silbernes O. Rangabzeichen wie in Bayern (Abb. 26, d).

1851 konischer Ledertschako mit Metallstern und aufgelegtem gekrönten O. Doppelreihiger Waffenrock in den bisherigen Farben. Achselklappen und runter Aufschlag aus Grundtuch mit farbigem Vorstoß. Lederzeug bei Infanterie weiß, sonst schwarz. Hose hellgrau mit Vorstoß, Artillerie und Genie dunkelblau mit Lampassen. Weiches Käppi aus Rocktuch mit waffenfarbigem Vorstoß und schwarzem

Abb. 27 – Griechenland 1916–1936.
a, b Infanteristen – c Hauptmann

waagerechten Lederschirm. Jäger wie Infanterie mit hellgrünen Abzeichen. Die Kavallerieuniform bleibt unverändert. Für Stabsoffiziere und Generale Fransenepauletts.
Als 1863 Prinz Georg von Dänemark König wurde, erhielt das Heer eine neue, der dänischen ähnliche Uniform (Abb. 26, e–h). Das Leder wurde durchgängig schwarz. Die Kavallerie hatte Husarenuniform, Grundfarbe grün, Verschnürung weiß, Attila-Kragen und -Aufschlag, sowie die Käppivorstöße karmin. Die Jäger (Evzonen), jetzt königliche Garde, erhielten die alte Nationaltracht. Der kleine Fez mit dunkelblauer Quaste an langer Schnur ist rot, ebenso die Weste mit Stehkragen; Jacke, Rock (Fustanella) und Gamaschen sind weiß, die weichen Lederschuhe gelb, die Jackenstickerei, Kniebänder und Schuhpuschel schwarz. Die anderen Truppen bekamen einen dunkelblauen einreihigen, Artillerieoffiziere einen zweireihigen Waffenrock mit Achselklappen und französischen Aufschlägen aus Grundtuch mit farbigen Vorstößen. Der Kragen war waffenfarbig, bei der Artillerie dunkelblau mit Vorstoß und liegender flammender Granate in Rot. Die Hosen der Generale und Infanterie wurden hellblau. Dunkelblaues Käppi mit waffenfarbigen Vorstößen, vorn Kokarde mit Krone darüber. Zur Parade Infanterie und Genie weißblauer, Artillerie roter Stutz, Offiziere gleichfarbigen Federbusch. Die Waffenfarbe für Generale, Infanterie und Artillerie war rot, Genie karmin. Rangabzeichen: für Unteroffiziere knopffarbige Schrägtressen in Waffenfarbe vorgestoßen an beiden Unterarmen, für Offiziere 1 bis 3 Rosetten, Stabsoffiziere kleine, Generale große Sterne auf geflochtenen Achselstücken in Knopffarbe, sowie 1 bis 3 schmale bzw. 1 mittelbreiter und 1 bis 3 schmale Tressen um das Käppi, Generale breite gemusterte Goldtresse. Kragen und Aufschläge des Generalswaffenrocks mit dichter Goldstickerei bedeckt. Seit etwa 1912 kakifarbene Felduniform (Abb. 27) mit naturfarbenem Lederzeug. Einreihiger Feldrock mit aufgesetzten Brust- und Seitentaschen, der Umlegekragen und die runden Aufschläge waffenfarbig vorgestoßen, Genie jetzt hellblau. Achselklappen vollfarbig, Infanterie grundfarbig mit Vorstoß, trägt Regimentsnummer in Schwarz, Offiziere in Knopffarbe, dazu die Rangabzeichen, Mittel- bzw. Randtressen mit 1 bis 3 Sternen. Generale Goldtresse mit großen sechseckigen Silbersternen. Mannschaften weiße Tellermütze mit Deckelvorstoß, die Offiziere Käppi mit dunkelkakifarbenen Rangtressen. Evzonen kakifarbenen Fez und langen gleichfarbigen glockenförmigen Rock mit roten Achselklappen und Kragen- und Aufschlagvorstoß. Zum Feldrock werden jetzt waffenfarbige, hinten spitze Kragenpatten mit Waffenabzeichen getragen, Generale gemusterte Goldtressen. Der Stahlhelm hat die englische Form.

Abb. 28. Großbritannien. Infanterie 1700–1813.
a, b, e, g, h Linien-Infanterie – c, f Garde-Grenadiere – d Grenadier-Offizier – i Infanterie-Offizier

Großbritannien
(Kokarde schwarz)

I. Infanterie

Charakteristisch für die englische Armee ist von alters her die scharlachrote Grundfarbe der Infanterieuniform. Unsere Abbildungen geben die Wandlungen im Schnitt sowie in der Bewaffnung wieder. Die Beinkleider waren teils rot, teils von der Abzeichenfarbe. Um 1680 finden wir bereits Litzen und Rabatten. Die Grenadiermütze anfänglich mit kurzem Beutel erhält schon gegen 1700 die festere stehende Form. Zuverlässiges Bildmaterial findet sich erst ab 1742. In bezug auf Schnitt der Rabatten und Aufschläge finden wir viele Eigentümlichkeiten. Bei dem Infanteristen von 1742 (Abb. 28, b) sind Rock, Weste und Beinkleider rot, Rabatten, Aufschläge und Schoßfutter gelb, Knöpfe, Besätze, Hutborte weiß. Alles Lederzeug und die Patronentasche von Fahlleder.

Die schottische Hochländerinfanterie besteht seit 1739, dem Jahr also, in welchem das berühmte Regiment der Black Watch errichtet wurde. 1742 (Abb. 30, a) war die Uniform dieses Regiments (Nr. 42) von roter Grundfarbe, ebenso die Weste. Aufschläge gelb, Knöpfe und Knopflö-

cher weiß. Der eigentümliche, die Hosen ersetzende Schurz (Kilt, von den Schotten selbst filibeg genannt) zeigt bis heutigen Tages für die verschiedenen Regimenter verschiedene schottische Muster. So spricht man heute von einem Mackenzie-Tartan; Gordon-, Cameron- und Sutherland-Tartan. Die blaue Mütze des Regiments war mit rotem Pompon verziert, die Strümpfe weiß und rot gemustert. Sehr reich war die Garde-Infanterie in bezug auf ihre Uniform ausgestattet. So trug das 1. Garderegiment 1745 (Abb. 30, c) die Weste von der roten Grundfarbe des Rockes, Rabatten, Aufschläge, Schoßfutter und Hosen blau. Reicher Silberbesatz, weiße Gamaschen. Hut mit weißer Borte. Für die Grenadiere rote Mütze mit blauem Vorderschild, unten im roten Felde seit 1735 das weiße springende Roß, alles in Stickerei. Letzteres Abzeichen ging 1751 auf alle Grenadiere der Armee über. 1765 wird die Grenadiermütze durch die Pelzmütze ersetzt. Die Unterkleider werden um 1768 fast durchgängig weiß (Abb. 30, e). Als Abzeichenfarben kommen blau, grün, gelb, buff (lederfarben), rot, schwarz und karminrot vor. 1771 erhält jedes Infanterie-Rgt. eine Leichte Komp.; diese erhielt eine kurze Jacke, kurze Gamaschen und eine lederne Kappe. Um 1790 Bajonettbandelier über die Schulter statt um den Leib, nunmehr mit einer Metallplatte vorn verziert, darauf Regimentsbezeichnung. 1791 erhalten die Offiziere zwei Epauletts an Stelle des bisherigen einen. Die Offiziere der

1742:

Regiment	Rabatten und Aufschläge	Borten	Litzen bzw. Knopflöcher	Schöße	Westen	Hosen	
1. Foot Guards	blau	silber	silber	blau	rot	blau	verschiedenartiger Borten- und Litzenbesatz
Coldstream Guards	blau	silber	silber	blau	rot	blau	
3. Foot Guards	blau	silber	silber	blau	rot	blau	
1. Regiment	blau	weiß	weiß	blau	rot	rot	
2. Regiment	blau	weiß g.[1]	weiß K.[2]	blau	rot	rot	
3. Regiment	gelb	weiß g.	weiß g.	gelb	rot	rot	
4. Regiment	blau	weiß g.	weiß g.	blau	rot	blau	
5. Regiment	grün	weiß	weiß	grün	grün	rot	
6. Regiment	orange	weiß g.	weiß K.	orange	rot	rot	
7. Regiment	blau	weiß g.	weiß g.	blau	rot	blau	
8. Regiment	blau	weiß g.	weiß g.	blau	rot	blau	
9. Regiment	lederfarben	weiß g.	weiß K.	lederfarben	rot	rot	
10. Regiment	hellgelb	hellgelb	weiß K.	hellgelb	rot	rot	
11. Regiment	dunkelgrün	weiß g.	weiß K.	dunkelgrün	rot	rot	
12. Regiment	hellgelb	weiß g.	weiß g.	hellgelb	rot	rot	
13. Regiment	hellederfarben	weiß g.	weiß K.	hellederfarben	rot	rot	
14. Regiment	blaßgelb	–	weiß K.	blaßgelb	rot	rot	
15. Regiment	hellgelb	–	–	hellgelb	rot	rot	
16. Regiment	gelb	weiß g.	weiß K.	gelb	rot	rot	
17. Regiment	dunkelgrau	weiß g.	weiß K.	dunkelgrau	rot	rot	
18. Regiment	–	gelb	gelb	blau	rot	blau	blaue Aufschläge
19. Regiment	hellgrün	weiß g.	weiß g.	hellgrün	rot	rot	
20. Regiment	–	weiß	weiß	gelb	gelb	rot	
21. Regiment	blau	weiß g.	weiß g.	blau	rot	blau	Grenadiermütze
22. Regiment	rosa	weiß g.	–	rosa	rot	rot	
23. Regiment	blau	gelb, weiß g.	weiß g.	blau	rot	blau	Grenadiermütze
24. Regiment	schwarz	weiß	weiß	weiß	rot	rot	
25. Regiment	gelb	weiß	weiß g.	gelb	rot	rot	
26. Regiment	gelb	–	weiß K.	gelb	rot	rot	
27. Regiment	blaßgrau	weiß g.	–	blaßgrau	rot	rot	gelbe Knöpfe
28. Regiment	gelb	weiß g.	weiß K.	gelb	rot	rot	gelbe Knöpfe
29. Regiment	hellgelb	–	–	hellgelb	rot	rot	
30. Regiment	gelb	weiß	–	gelb	gelb	rot	
31. Regiment	hellbraun	weiß g.	–	hellbraun	rot	rot	
32. Regiment	–	weiß g.	weiß g.	grün	rot	rot	rosa Aufschläge
33. Regiment	rot	weiß	weiß	weiß	rot	rot	
34. Regiment	gelb	weiß g.	–	gelb	rot	rot	
35. Regiment	orange	weiß	weiß K.	orange	orange	rot	
36. Regiment	grün	weiß g.	weiß K.	grün	rot	rot	
37. Regiment	orange	orange	weiß K.	orange	rot	rot	rote Aufschläge
38. Regiment	–	weiß	weiß K.	violett	rot	rot	gelbe Aufschläge
39. Regiment	grün	weiß	grünweiß	grün	grün	rot	
40. Regiment	blaßlederfarben	weiß g.	weiß K.	blaßlederfarben	rot	rot	gelbe Knöpfe
41. Regiment	giftgrün	weiß	weiß K.	giftgrün	rot	rot	
43. Regiment	hellgrün	–	weiß K.	violett	rot	rot	
44. Regiment	grauviolett	weiß g.	–	grauviolett	rot	rot	
45. Regiment	orange	–	weiß K.	orange	rot	rot	
46. Regiment	dunkelgrün	weiß g.	–	dunkelgrün	rot	rot	
47. Regiment	–	weiß g.	weiß g.	hellbraun	rot	rot	rote Aufschläge
48. Regiment	blaßbraun	weiß g.	weiß g.	blaßbraun	rot	rot	
49. Regiment	hellrotbraun	weiß g.	weiß g.	hellrotbraun	rot	rot	
50. Regiment	schwarz	weiß	weiß	weiß	rot	rot	

[1] g. = gemustert [2] K = schmale Knopflöcher

Flankkomp. (Leichte und Gren.-Komp.), die bereits zwei hatten, legten darauf ein Horn bzw. eine Granate an. Die Miliz (1799) trug meist einen Raupenhelm; im übrigen war ihre Uniform sehr verschiedenartig in Schnitt und Farbe gestaltet. 1800 an Stelle des Hutes ein zylindrischer Tschako, Offiziere behielten z. T. den Hut bei. 1802 Chevrons für die Unteroffiziere eingeführt. 1808 wurde der Zopf abgeschafft. Während des Halbinselkrieges erscheint die Infanterie in rotem Rock mit weißen Schoßumschlägen; Kragen und Aufschläge waren nach den Regimentern verschieden. Die sogenannten Flank-Kompanien (leichte und Grenadierkompanien) trugen auf den Schultern Achselwülste, sogenannte Wings, und zwar bei der Linie von roter Grundfarbe, bei der Garde von blauer, mit weißem, schwalbennestartigem Besatz und weißen, kurzen Fransen. Die übrigen Kompanien hatten am Ende der Achselklappen weiße Wollfransen (Abb. 28, g, h). Außer der Abzeichenfarbe diente noch der Litzenbesatz auf der Brust als Abzeichen, je nachdem, ob die Litzen einzeln oder paarweise gesetzt waren, sowie die Farbe der Streifen, mit denen die Litzen durchzogen waren. Die Kopfbedeckung war seit 1812 eigentümlich gestaltet und bestand aus einem Kopfteil, höherem Vorderschild mit metallenem Beschlag und Augenschirm. Auf der linken Seite weißer, unten roter Stutz. Dazu weiße Behänge. Die Beinkleider waren im Felde grau, zur Parade weiß. Das Metallschild, mit welchem das Lederzeug vorn auf dem Kreuzungspunkt geschmückt war, hatte bei jedem Regiment ein anderes Muster. Die leichte Infanterie trug eine andere Kopfbedeckung, und zwar einen annähernd zylindrisch gestalteten Tschako mit metallenem Jägerhorn und grünem Stutz. Die Sergeanten führten Kurzgewehre (Spieße). Die Pelzmützen der Grenadiere wurden im Feld nicht getragen. Die Uniform der Scharfschützen (Rifles) war grün, und zwar bei den Scharfschützenabteilungen des 60. Regiments grün mit roten Abzeichen und weißen Knöpfen; außerdem blaue Hosen und Tschako der leichten Infanterie. Das 95. Regiment (Abb. 30, f) (Scharfschützen) ganz grün mit schwarzen, weiß eingefaßten Abzeichen, weiße Knöpfe.

1815 waren Abzeichen- und Knopffarben folgende (F = Füsiliere, H = Hochländer): dunkelblau-gold 1, 4, 7, 8, 18, 21 F, 23 F, 25, 42 H, -silber 2, 86, 97; weiß-gold 32, 59, 65, 74 H, -silber 17, 43, 47, 101, 103; blaßgelb-silber 30, 46, 99; gelb-gold 12, 57, 80, 83, -silber 6, 9, 10, 13, 15, 16, 20, 26, 28, 29, 34, 37, 38, 44, 67, 72 H, 75 H, 77, 82, 85, 88, 91, 92, 93, 102; dunkelgelb-silber 100; orange-silber 35; lederfarben-gold 22, 27, 40, 48, 78 H, 90, -silber 3, 14, 31, 52, 61, 62, 71 H, 81, 96, 98, 104; rot-gold 53, -silber 33, 41, 76; purpur-silber 56, schwarz-gold 58, 64, 70, 89, -silber 50; hellgrün-gold 36, 39, 51, -silber 5, 66; grün-gold 19, 49, 55, 69, 87, 94, -silber 24, 54, 68; dunkelgrün-gold 11, 73 H, 79 H, dunkelgrün-silber 45, 63.

Schützen grüne Röcke, 60 rot-gold, 95 schwarz-silber. Kragen- und Aufschlageinfassung sowie Brustbesatz für Mannschaften aus weißer Tresse. Aufschläge durchgängig französisch mit grundfarbiger Patte. Offiziere zweireihige Fracks mit je 2 Kragen- und 4 Aufschlagpattenlitzen. Mannschaften weiße Wollepauletten, Grenadierkompanie mit Fransen, leichte Kompanie und Schützen Wings, Offiziere Fransenepauletten oder Wings in Knopffarbe.

1830 werden im ganzen Heer die Knöpfe und Metalltressen gelb. Die Abzeichenfarben der einzelnen Regimenter an Kragen und Aufschlägen bleiben bis 1881 fast unverändert. Spielleute haben einen sparrenförmigen Tressenbesatz auf den Ärmeln, Musiker vielfach weiße Fräcke. Nach den Befreiungskriegen erhalten die Infanterieregimenter einen glockenförmigen Tschako mit Nummernschild und Krone sowie weiß-roten, weißen oder grünen Stutz, während die Füsilierregimenter die Pelzmütze beibehalten.

1844 für alle Regimenter zylindrischer Tschako mit Vorder- und Nackenschirm (Abb. 29, d, e) (Albert Shako) und wollenem Ball in den früheren Farben. Füsiliere flammende Granate, leichte Infanterieregimenter Waldhorn statt des Nummernschildes. Etwa gleichzeitig Einführung schwarzblauer Hose mit rotem Vorstoß.

Nach dem Krimkrieg (1855) wird im englischen Heer der zunächst zweireihige, seit 1861 einreihige Waffenrock mit mittellangen Schößen und geschweiften Schoßtaschenleisten eingeführt. Er hat bei der Infanterie rote Grundfarbe mit abzeichenfarbigen weiß vorgestoßenen Kragen und französischen Aufschlägen. Bei den Offizieren sind Kragen und Aufschlag mit einfacher bzw. doppelter Goldtresse eingefaßt, die Epauletten fallen weg. Die Karminseidenschärpe mit gleichfarbigen Quasten wird mit doppelter Goldschnur auf der linken Schulter gehalten. Sergeanten tragen gleichfarbige Wollschärpe von der rechten Schulter zur linken Hüfte.

1871 erhält der Kragen Grundfarbe mit abzeichenfarbiger, hinten spitzer Kragenpatte. Die Aufschläge werden spitz mit weißem, für Offiziere goldenem ungarischen Knoten. Der Tschako verliert 1855 den Nackenschirm. Er wird niedriger und nach vorn geneigt, eine Entwicklung, die sich 1861 und 1869 noch fortsetzt.

1878 erhalten die Infanterieregimenter einen mit blauem oder mit grünem Tuch bezogenen Korkhelm mit gelbem Beschlag (Abb. 29, g), Füsilierregimenter eine mittelhohe Pelzmütze mit gelber Granate (Abb. 29, f).

1881 wird die Infanterie neu organisiert und durch Zusammenlegung vieler Regimenter auf zwei Bataillone je Regiment gebracht. Die alten Regimentsnummern werden abgeschafft. Jedes Regiment erhält einen besonderen, auf den Rekrutierungsbezirk bezüglichen Namen. Die Abzeichenfarbe der »königlichen« Regimenter ist grundsätzlich dunkelblau, der englischen Regimenter weiß, der schottischen gelb, der irischen grün, jedoch werden bis 1914 einigen Regimentern die alten Abzeichenfarben wieder zuerkannt. Der Aufschlag wird vorübergehend rund, später wieder spitz, für Offiziere mit einfacher bzw. doppelter Tresseneinfassung und Schnurverzierung. Jedes Regiment erhält ein besonderes Abzeichen (Badge), das am Kragenende und auf der sternförmigen gelben Helmplatte getragen wird. Die Dienstmütze hatte zunächst (1815–1860) weichen, breiten dunkelblauen Teller und abzeichenfarbiges Band, später Bootsform, dunkelblau. Seit Anfang des 20. Jahrhun-

Abb. 29. Großbritannien. Infanterie 1830–1890.
a Leichte Infanterie des 3. Garde-Regiments – b Infanterie-Offizier – c Garde-Grenadier – d, e, g, h Linien-Infanterie – f Füsilier-Offizier – i Leichte Hochländer-Infanterie

derts wieder Tellermütze mit Schirm, dunkelblau mit rotem Deckelvorstoß und schwarzem, bei königlichen Regimentern rotem Besatzstreifen. Über dem Schirm das Regimentsabzeichen. Das stets weiße, bei den Schützenregimentern schwarze Lederzeug machte verschiedene Änderungen durch (Abb. 29, 30). Die Garderegimenter haben stets die hohe Pelzmütze und die französischen Aufschläge mit Litzenbesatz auf den Patten und Schoßtaschenleisten beibehalten.

Die Hochlandregimenter, die stets ihre eigentümliche Kopfbedeckung (Featherbonnet), das Schottenröckchen (Kilt) und die nackten Knie trugen, erhalten nach Einführung des Waffenrockes ein besonderes Jackett (Doublet) (Abb. 30, e) mit schottischen Aufschlägen und 4 großen Taschenklappen, außerdienstlich die Schottenmütze (Glengarrycap).

Die schottischen Tieflandregimenter haben zum Doublet lange Hose aus Regimentstartan (Trews).

Die Schützenregimenter trugen seit etwa 1816 tief schwarzgrüne Uniform mit schwarzen Knöpfen und farbigen Abzeichen, Offiziere gleichfarbigen Dolman, seit 1855 Attila mit schwarzer Verschnürung (Abb. 30 f–i). Dazu Tschako wie Infanterie, seit 1873 niedrige schwarze Pelzmütze, von 1880 bis 1890 dunkelgrüner Helm. Mütze wie Linie, nur Grundtuch grün.

Abb. 30. Großbritannien. Hochländer und Scharfschützen.
a, b, c, e Hochländer-Infanterie – d Hochländer-Offiziere – f, g, h, i Scharfschützen

Name, Abzeichen und Besonderheiten der Garde und Linieninfanterieregimenter, deren alte Nummern vor 1881 in Klammern beigefügt sind, ergeben sich für die Zeit von 1881 bis 1912 aus folgendem Schema. Die Kragenabzeichen werden auch noch 1937 zur Felduniform getragen.

Garde, einreihiger roter Rock, Achselklappen Kragen und französische Aufschläge blau, Vorstöße weiß. Hohe schwarze Pelzmützen, Hose dunkelblau mit rotem Vorstoß, gelbe Knöpfe	Knopfzahl und Anordnung am Rock	Weiße Litzen am Aufschlag und Schoßtaschenleisten	Badge	Stutz an der Pelzmütze	
Grenadier Guards	9	4	flammende Granate	weiß links	Offiziere, Litzen gold, Kragen, Aufschläge und Achselklappen mit Goldtresse eingefaßt, Litzen gold, Badge in Silber auf Goldgrund, Hosen mit breitem roten Streif, karmingoldene Schärpe
Coldstream Guards	2 + 2 + 2 + 2 + 2	2 + 2	Stern des Hosenbandordens	rot rechts	
Scots Guards	3 + 3 + 3	3	Diestel	–	
Irish Guards seit 1901	4 + 4 + 2	4	Kleeblatt	blau rechts	
Welsh Guards seit 1914	5 + 5	5	Lauch	weißgrün-weiß links	

Linie, Rock wie Garde, Aufschläge spitz, Offiziere mit goldener Tresseneinfassung, Knöpfe gelb, Hose dunkelblau mit rotem Vorstoß	Abzeichenfarbe	Badge	Besonderheiten
Royal Scots (Lothian Regiment) (1)	blau	Diestel liegend	Kilmarnock Bonnet, nach rechts fallende blaue Deckelmütze mit rot-weiß gewürfelter Kante, Feder links und rotem Ball oben, Doublet, Trews
Queen's (Royal West Surrey Regiment) (2)	blau	Lamm	
Buffs (East Kent Regiment) (3)	lederfarben	Drachen	
King's Own (Royal Lancaster Regiment) (4)	blau	Löwe	
Northumberland Fusiliers (5)	hellgrün	flammende Granate	Pelzmütze, weißroter Stutz links
Royal Warwickshire Regiment (6)	blau	Antilope	
Royal Fusiliers (City of London Regiment) (7)	blau	flammende Granate	Pelzmütze, weißer Stutz rechts
King's (Liverpool Regiment) (8)	blau	springendes Pferd	
Norfolk Regiment (9)	gelb	Britannia sitzend	
Lincolnshire Regiment (10)	weiß	Sphinx	
Devonshire Regiment (11)	grün	Schloß auf achtstrahligem Stern	
Suffolk Regiment (12)	gelb	Schloß mit Schlüssel darunter	
Prince Albert's (Somerset Light Infantry) (13)	blau	Jagdhorn mit Mauerkrone darüber	Helm dunkelgrün, Offiziere Schärpe rechts geknotet
Prince of Wales's (West Yorkshire Regiment) (14)	lederfarben	springendes Pferd	
East Yorkshire Regiment (15)	weiß	Rose auf achtstrahligem Stern	
Bedfordshire Regiment (16)	weiß	Hirsch auf Malteserkreuz	
Leicestershire Regiment (17)	weiß	Tiger	
Royal Irish Regiment (18) 1922 - aufgelöst	blau	Harfe mit Krone darüber	
Alexandra, Princess of Wales's Own (Yorkshire Regiment) (19)	grün	Danebrogkreuz auf A, Krone darüber	
Lancashire Fusiliers (20)	weiß	flammende Granate	Pelzmütze, gelber Stutz links
Royal Scots Fusiliers (21)	blau	flammende Granate	Pelzmütze, weißer Stutz rechts, Doublet Trews
Cheshire Regiment (22)	lederfarben	Eichel auf achtstrahligem Stern	
Royal Welsh Fusiliers (23)	blau	flammende Granate	Pelzmütze, weißer Stutz rechts. Auf dem Rücken am Kragen schwarze Seidenschleife, auch am Feldrock
South Wales Borderers (24)	grün	Sphinx	
King's Own Scottish Borderers (25)	blau	Schloß	Kilmarnock Bonnet, Doublet, Trews
Cameronians (Scottish Rifles) (26/90)	dunkelgrün	Am Feldrock Horn in Distelzweigen mit Stern darüber	dunkelgrüner Tschako mit schwarzem Stutz, dunkelgrünes Doublet, schwarze Knöpfe, Trews
Royal Inniskilling Fusiliers (27/108)	blau	flammende Granate	Pelzmütze grauer Stutz links

Linie, Rock wie Garde, Aufschläge spitz, Offiziere mit goldener Tresseneinfassung, Knöpfe gelb, Hose dunkelblau mit rotem Vorstoß	Abzeichenfarbe	Badge	Besonderheiten
Gloucestershire Regiment (28/61)	weiß	Sphinx in Lorbeerzweigen	Badge in allen Kopfbedeckungen an Vorder- und Rückseite
Worcestershire Regiment (29/36)	weiß	Löwe auf achtstrahligem Stern	
East Lancashire Regiment (30/59)	weiß	Rose	
East Surrey Regiment (31/70)	weiß	gekröntes Wappenschild auf achtstrahligem Stern	
Duke of Cornwall's Light Infantry (32/46)	weiß	Wappen von Cornwall am Feldrock Horn mit Krone	Helm dunkelgrün
Duke of Wellington's (West Riding Regiment) (33/76)	rot	Elefant	
Border Regiment (34/55)	weiß	Malteserkreuz	
Royal Sussex Regiment (35/107)	blau	Malteserkreuz auf einer Straußenfeder	
Hampshire Regiment (37/67)	gelb	Rose	
South Staffordshire Regiment (38/80)	weiß	Tauknoten mit Krone darüber	
Dorsetshire Regiment (39/54)	grün	Sphinx	
Prince of Wales's Volunteers (South Lancashire Regiment) (40/82)	weiß	Wappen des Prince of Wales	
Welsh Regiment (41/69)	weiß	Drachen am Feldrock Wappen des Prince of Wales	
Black Watch (Royal Highlanders) (42/73)	blau	St. Andreas auf liegendem Kreuz	Federmütze mit gewürfeltem Band, roter Stutz links, Doublet, Kilt
Oxfordshire and Buckinghamshire Light Infantry (43/52)	weiß	Horn im Lorbeerkranz auf Uniformknopf, blindes gesticktes Knopfloch	Helm dunkelgrün
Essex Regiment (44/56)	weiß	Wappenschild	
Sherwood Forcesters (Notts and Derby Regiment) (45/95)	weiß	liegender Hirsch auf Malteserkreuz	
Loyal North Lancashire Regiment (47/81)	weiß	Wappen der Stadt Lincoln	
Northamptonshire Regiment (48/58)	weiß	St. Georgskreuz im Lorbeerkranz. Am Feldrock Schloß	
Princess Charlotte of Wales's (Royal Berkshire Regiment) (49/66)	blau	Drachen	
Queen's Own (Royal West Kent Regiment) (50/97)	blau	Krone mit Löwen darüber	
King's Own (Yorkshire Light Infantry) (51/105)	blau	Jagdhorn mit Rose in der Mitte	Helm dunkelgrün
King's (Shropshire Light Infantry) (53/85)	blau	Jagdhorn	Helm dunkelgrün
Duke of Cambridge's Own (Middlesex Regiment) (57/77)	zitronengelb	Wappen des Prince of Wales im Lorbeerkranz	
King's Royal Rifle Corps (60)	rot	am Rock kein Badge, an der Feldmütze Malteserkreuz mit Krone in Bronze	weiche schwarze Fellmütze mit schwarz-rotem Stutz vor, Rock und Hose dunkelgrün, Offiziere Attila mit schwarzer Verschnürung

Linie, Rock wie Garde, Aufschläge spitz, Offiziere mit goldener Tresseneinfassung, Knöpfe gelb, Hose dunkelblau mit rotem Vorstoß	Abzeichenfarbe	Badge	Besonderheiten
Duke of Edinburgh's (Wiltshire Regiment) (62/99)	lederfarben	Monogramm auf gekrönt. Malteserkreuz	
Manchester Regiment (63/96)	weiß	Sphinx, am Feldrock Wappen von Manchester	
Prince of Wales's (North Staffordshire Regiment) (64/98)	weiß	Tauknoten	
York and Lancaster Regiment (65/84)	weiß	Tiger mit Rose darüber	
Durham Light Infantry (68/106)	dunkelgrün	Jagdhorn	Helm dunkelgrün
Highland Light Infantry (71/74)	lederfarben	Jagdhorn mit HLI Krone und Elefant auf achtstrahligem Balkenstern	dunkelblauer Tschako mit gewürfeltem Band, Doublet, Trews
Seaforth Highlanders (Rossshire Buffs, The Duke of Albany's) (72/78)	lederfarben	gekröntes L und Elefant nebeneinander, auf Feldrock Hirschkopf	Federmütze, weißer Stutz links, Doublet, Trews
Gordon Highlanders (72/92)	gelb	Tiger, auf Feldrock Schild mit gekröntem Hirschkopf	Federmütze, weißer Stutz links, Doublet, Kilt
Queen's Own Cameron Highlanders (79)	blau	Distel mit Krone, am Feldrock St. Andreas mit Kreuz im Distelkranz	Federmütze, weißer Stutz links, Doublet, Kilt
Royal Irish Rifles (83/86) s. 1922 Royal Ulster Rifles	dunkelgrün	Am Feldrock Harfe und Krone	schwarze Fellmütze, dunkelgrünschwarzer Stutz vorn, Rock und Hose dunkelgrün, Knöpfe schwarz, Offiziere Attila
Princess Victoria's (Royal Irish Fusiliers (87/89)	blau	nebeneinander Krone mit 3 Straußenfedern und fl. Granate. Am Feldrock nur letztere	Pelzmütze, grüner Stutz links
Connaught Rangers (88/94)	grün	Elefant, am Feldrock Krone und Harfe	
Princess Louise's (Argyll and Sutherland Highlanders) (91/93)	gelb	Bärenkopf und Katze in Myrten- und Ginsterkränzen	Federmütze, weißer Stutz links, Doublet, Kilt
Prince of Wales's Leinster Regiment (Royal Canadians) (100/109) 1922 aufgelöst	blau	Wappen des Prince of Wales	
Royal Munster Fusiliers (101/104) 1922 aufgelöst	blau	flammende Granate	Pelzmütze, grünweißer Stutz links
Royal Dublin Fusiliers (102/103) 1922 aufgelöst	blau	flammende Granate	Pelzmütze, grünblauer Stutz links
Rifle Brigade (95)	schwarz	am Feldrock gekröntes Malteserkreuz im Lorbeerkranz	schwarze Fellmütze mit schwarzem Stutz, Rock und Hose dunkelgrün, Offiziere Attila mit schwarzer Verschnürung

Für den Felddienst und in den Kolonien wurde schon seit den 70er Jahren eine leichte Litewka mit aufgesetzten Taschen getragen, bei der die Abzeichenfarbe auf die Achselklappen oder den Kragen allein beschränkt war. Dazu ein weißer, später kakifarbener Tropenhelm. Seit Mitte der 70er Jahre setzt sich, besonders gefördert durch die Erfahrungen in den Burenkriegen, eine kakifarbene Felduniform durch, die 1901 als einzige Dienstuniform eingeführt wird, während die farbige Uniform auf Parade- und Ausgangszwecke beschränkt bleibt (Abb. 35a). Die Felduniform hat sich fast unverändert bis 1937 erhalten und zeichnet sich besonders durch das Fehlen jeglicher farbiger

Abb. 31. Großbritannien. Garde-Reiterei.
a, d, f Life Guards – b, e Offizier der Life Guards – c Offizier der Horse Guards – g Horse Guards

Abzeichen aus. Die Regimentsbezeichnung findet nur durch das Regimentsabzeichen auf den Kragenecken, s. Schema, und über dem Tuchschirm der Tellermütze sowie durch die abgekürzte Buchstabenbezeichnung auf den Mannschaftsachselklappen statt. Die Knöpfe und Abzeichen sind mattbronze, für Schützenregimenter schwarz, Koppel, Patronentaschen und Tragriemen werden aus grüngrauem Webstoff hergestellt (Abb. 35c). Nach dem I. Weltkrieg erhalten die unberittenen Truppen Pumphosen. Die Stiefel sind naturfarben, die Wickelgamaschen kaki. Die berittenen Truppen trugen zunächst die Patronentasche in Bandolierform (Abb. 35 d). Offiziere braunes Lederzeug mit Schulterriemen und seit dem I. Weltkrieg Feldrock in Jackettform mit gleichfarbigen spitzen Aufschlägen, dazu Kakihemd und Langbinder. Die Schottenregimenter, deren Feldrock vorn abgerundet ist, trugen noch bis in den Krieg hinein die dunkelblaue Schottenmütze und den farbigen Kilt, der später durch einen kakifarbenen Umhang verdeckt wurde (Abb. 35 e). Die jetzige Feldmütze der Schottenregimenter ist eine Art Barett (tam o'shanter) (Abb. 35 h). Der auffallend flache, im I. Weltkrieg eingeführte Stahlhelm hat ebenfalls seine Form fast unverändert beibehalten (Abb. 35 f). Die im I. Weltkrieg aufgebotenen Kolonialtruppen waren ähnlich wie die Heimattruppen uniformiert. Die australischen Truppen trugen statt der Feldmütze meist einen breitkrempigen, einseitig aufgeschlagenen Hut (Abb. 35 g).

Seit dem I. Weltkrieg ist für die Linieninfanterie die farbige Uniform völlig abgeschafft und wird nur von Offizieren bei Hof und Hochzeiten getragen. Die Garde trägt weiterhin die alte Uniform im Wachtdienst. Als Ausgangsuniform für Unteroffiziere und Mannschaften ist ein einreihiges dunkelblaues, für Schützenregimenter dunkelgrünes Jackett und gleichfarbige Hose ohne farbige Abzeichen sowie die farbige Schirmmütze eingeführt (Abb. 35 l), welcher Anzug auch von Offizieren im kleinen Dienst getragen wird.

II. Kavallerie

Die Kavallerie zerfällt in folgende Abteilungen: 1) die *Garde-Reiterei* (Household Cavalry), bestehend aus dem 1. und 2. Regiment *Life Guards* und den *Royal Horse Guards;* 2. sieben Regimenter *Dragoon Guards,* welche zur Linien-Kavallerie gerechnet werden, und 3. einundzwanzig Regimenter der übrigen Linien-Kavallerie, teils als Dragoner, teils als Husaren und Ulanen formiert. Bei den zuletzt erwähnten Regimentern besteht ein eigentümliches Numerierungssystem. Anfänglich war nämlich die Kavallerie ziemlich schwer bewaffnet und beritten. Als sich im Laufe

Abb. 32. Großbritannien. Schwere Reiterei.
a, d, e, f, g, h, i Dragoner – b, c Dragoner-Offizier

der Zeit das Bedürfnis nach leichter Reiterei herausstellte, wurden einige Regimenter in leichte Dragoner umgewandelt, ohne daß sie ihre Nummern aufgaben. Ebenso geschah es später, daß verschiedene Truppenteile zu Husaren und Ulanen umgeformt wurden. So sind 1912 das 1., 2. und 6. Regiment Dragoner; das 3., 4., 7., 8., 10., 11., 13., 14., 15., 18., 19., 20. Husaren, das 5., 9., 12., 16., 17. und 21. Ulanen.

Die ursprüngliche Uniformfarbe der Kavallerie war Rot mit verschiedenfarbigen Abzeichen, nur die Horse Guards haben von Anfang an blaue Uniform getragen und führten darum schon 1690 den Namen »The Oxford Blues«. Die Life Guards hatte immer blaue Abzeichen mit reicher Goldverzierung. Eine Zeitlang war ihnen eine Abteilung reitender Grenadiere beigegeben, welche rote Grenadiermützen mit blauem, reichverziertem Vorderschild trugen. Die Trompeter hatten eine Art Heroldsrock von rotem Samt und reichem Goldbesatz; auf der Brust den königlichen Namenszug mit Krone. Sonst bildete die allgemeine Kopfbedeckung der Hut, dessen Formen je nach der Mode wechselten.

Lederzeug bei allen Regimentern naturfarben mit Ausnahme der Royal North British Dragoons (Scots Greys), die weißes hatten. Dies Regiment zeichnete sich auch durch die Grenadiermützen (Vorderschild und Beutel rot, Rand und Unterteil des Vorderschildes blau) aus. Seit etwa 1750 war die Farbenzusammenstellung an der Grenadiermütze umgekehrt. Besonders eigenartig war die Kopfbedeckung der leichten Abteilung dieses Regiments.

Die Schabracken zeigten eine sehr reiche Verzierung, sie wechselten häufig in Farbe und Ornamentierung.

1763 wurde eine Anzahl der Reiterregimenter zu leichten Dragonern umgeschaffen. Sie behielten die rote Uniform bei und bekamen als Kopfbedeckung eine Art Kaskett, wie sie in ähnlicher Form schon vorher bei den leichten Abteilungen der Regimenter getragen wurden (Abb. 33 a). 1784 führte man für die leichte Truppe blaue Uniformen ein. Das Kaskett der leichten Truppe wurde mit einer schwarzen Raupe geschmückt (Abb. 33 b, c). 1812 (Abb. 33 d) hatte das Kollett der leichten Truppe statt der früheren Husarenverschnürung Rabatten. Als Kopfbedeckung diente ein Tschako mit weißem, und rotem Stutz. Wir lassen hier eine Übersicht der Uniformen der gesamten Kavallerie im Jahre 1812 folgen:

Die *Garde-Kavallerie. Life Guards:* Rotes Kollett, vorn herunter zugehakt, mit gelben Tressen besetzt. Blaue Abzeichen. Helm mit gelben Beschlägen, Bügel und schwarzem Roßschweif, 1815 Raupe (Abb. 31 d). Weiß und roter Stutz.

Horse Guards: Blaue Kolletts mit roten Abzeichen und gelben Borten. Helm wie Life Guards.

1742

Household Cavalry	Bandelierbesatz und Schabracke	
1. Troop of Horse Guards	rot	
2. Troop of Horse Guards	blaßrosa	
3. Troop of Horse Guards	gelb	
4. Troop of Horse Guards	blau	
1. Troop of Horse Grenadier Guards	blau	gelb u. rotgestr. Borte
2. Troop of Horse Grenadier Guards	blau	gelb und blaugestr. Borte

Regiment	Rock	Aufschläge	Hosen	Schabracken
Royal Reg. of Horse Guards	blau	rot	blau	rot
Kings own Reg. of Horse	rot	blau	blau	rot
Queens Reg. of Horse	rot	lederfarben	lederfarben	rot
4. Reg. of Horse	rot	weiß	rot	weiß
5. Reg. of Horse	rot	blau	blau	blau
6. Reg. of Horse	rot	grün	grün	rot
Kings Reg. of Carabiniers	rot	hellgelb	hellgelb	hellgelb
8. Reg. of Horse	rot	schwarz	lederfarben	lederfarben

Alle Dragoner-Regimenter rote Röcke, keine Rabatten.

Regiment	Hosen	Aufschläge u. Schöße	Schabracke
Royal Reg. of Dragoons	rot	blau	blau
Royal North British Dragoons	blau	blau	rot
Kings Reg. of Dragoons	hellblau	hellblau	rot
4. Reg. of Dragoons	grün	grün	grün
Royal Irish Reg. of Dragoons	blau	blau	blau
6. Reg. of Dragoon	rot	gelb	gelb
Queens Reg. of Dragoons	weiß	weiß	weiß
8. Reg. of Dragoons	pfirsichfarben	pfirsichfarben	pfirsichfarben
9. Reg. of Dragoons	hellgelb	hellgelb	hellgelb
10. Reg. of Dragoons	gelb	gelb	gelb
11. Reg. of Dragoons	rot	weiß	gelb
12. Reg. of Dragoons	rot	weiß	weiß
13. Reg. of Dragoons	grün	grün, Schöße, weiß	gelb
14. Reg. of Dragoons	weiß	hellgelb	hellgelb

Dragoon Guards: Kollett im Schnitt wie bei der Garde-Kavallerie. Helm mit gelben Beschlägen und schwarzem Haarschweif. Der farbige Kragen hat bei diesen Regimentern eine schmale Patte von der Grundfarbe des roten Kolletts.

Dragoons (Abb. 32e): Die Regimenter trugen dieselbe Uniform wie die Dragoon Guards, nur hat der Kragen keine rote Patte; dagegen bedeckt die Borte auch den vorderen Kragenrand. Der Helm ist derselbe wie vorher beschrieben, nur das 2. Regiment, die *Schottischen Grauen (Greys),* nach der Farbe der Pferde so genannt, trägt Pelzmützen.

Ein 5. Regiment gab es damals nicht. Noch zu bemerken ist, daß die Borte mit einem Streifen von der Abzeichenfarbe durchwirkt war. Die Schärpe zeigte zwei solcher Streifen. Die übrigen Regimenter, von 7 bis 25 zählend, werden als leichte Dragoner (Light Dragoons) aufgeführt, obwohl vier davon husarisch uniformiert waren. Wir scheiden dar-

a b c d e f g h i k

Abb. 33. Großbritannien. Leichte Reiterei
a, b, c, d, e Leichte Dragoner – f, g, h Husaren – i Ulanen-Offizier – k Ulan

Name des Regiments	Kollett und Kragenpatte	Kragen und Aufschläge	Borten und Schärpe	Bortenbesatz der Offiziersuniform
1. Kings	rot	blau	gelb	Gold
2. Queens	rot	schwarz	weiß	Silber
3. Prince of Wales	rot	weiß	gelb	Gold
4. Royal Irish	rot	blau	weiß	Silber
5. Pr. Charlotte of Wales	rot	grün	gelb	Gold
6. Carabiniers	rot	weiß	weiß	Silber
7. Pr. Royals	rot	schwarz	gelb	Gold

um diese letzteren bei unserer Uniformbeschreibung aus, um sie gesondert zu besprechen.
Die leichten Dragoner (Abb. 33 d) trugen blaues Kollett mit verschiedenfarbigen Kragen, spitzen Aufschlägen, Rabatten und Schoßumschlägen. Die Schärpe war von der Abzeichenfarbe, mit zwei dunkelblauen Streifen durchzogen. Epauletten und Tschakoborte richteten sich nach der Farbe der Knöpfe. Die Schabracke war von blauer Grundfarbe.

Name des Regiments	Kollett	Kragen und Aufschläge	Borten und Schärpe	Bortenbesatz der Offiziersuniform
1. Royal	rot	blau	gelb	Gold
2. Royal North British (Greys)	rot	blau	gelb	Gold
3. King's own	rot	blau	gelb	Gold
4. Queen's own	rot	grün	weiß	Silber
5. Inniskillings	rot	gelb	gelb	Gold

Name des Regiments	Kollett	Abzeichen	Knöpfe
8. King's Royal	blau	rot	gelb
9. Light Dragoons	blau	karmesinrot	gelb
11. Light Dragoons	blau	hellgelb	weiß
12. Prince of Wales	blau	hochgelb	weiß
13. Light Dragoons	blau	hellgelb	gelb
14. Duchess of York's own	blau	orange	weiß
16. Queen's	blau	rot	weiß
17. Light Dragoons	blau	weiß	weiß
19. Light Dragoons	blau	hochgelb	gelb
20. Light Dragoons	blau	orange	gelb
21. Light Dragoons	blau	rosa	gelb
22. Light Dragoons	blau	rosa	weiß
23. Light Dragoons	blau	karmesinrot	weiß
24. Light Dragoons	blau	hellblau	gelb
25. Light Dragoons	blau	hellblau	weiß

Die *Husaren* (Abb. 33 f) hatten sämtlich blaue Uniformen mit weißen Schnüren; Kragen und Aufschläge waren verschiedenfarbig. Als Kopfbedeckung eine Pelzmütze mit weißem, unten rotem Stutz. Der Beutel der Mütze war beim 18. Regiment blau, bei den übrigen rot.

Sämtliche Kavallerie-Regimenter trugen weiße Beinkleider in den Stiefeln, im Feld graue Überhosen mit farbigen Streifen.
In der Folgezeit blieb die Uniform im wesentlichen dieselbe. Bei den Dragonern wurde der mit Haarschweif verse-

Name des Regiments	Pelz und Dolman	Kragen und Aufschläge	Schärpe	Schabracke		
				Grund	Zackenrand	Vorstoß
7. Queen's own	blau	weiß	weiß u. blau	blau	weiß	–
10. Prince of Wales's own Royal	blau	rot	rot mit gelb	rot	rot	weiß
15. Kings's Hussars	blau	rot	rot mit gelb	blau	rot	–
18. Hussars	blau	weiß	weiß mit blau	blau	weiß	–

hene Helm durch einen solchen mit Raupe ersetzt, und zwar von ungeheurer Höhe (Abb. 32 f). 1816 treten die ersten Ulanen auf. Diese Waffe wurde nach und nach vermehrt. Nach 1830 trug die gesamte Kavallerie eine Zeitlang rote Uniformen. Bei den Husaren bezieht sich das nur auf den Pelz; die Dolmans blieben blau. Die Husaren-Regimenter erhielten 1815 Tschakos an Stelle der Pelzmützen, die gegen 1850 wieder auftauchten und auch 1914 noch die charakteristische Kopfbedeckung bildeten. Die Uniform der leichten Dragoner blieb blau, der Tschako wurde mehrfach verändert. 1861 hörte die Waffe der leichten Dragoner gänzlich zu existieren auf. Die Dragoner und Dragoon Guards blieben rot uniformiert und nahmen nach dem Krimkrieg den Waffenrock an. Die Husaren erhielten statt des Dolmans einen Attila. Als Kopfbedeckung erhielten sie einen gelben Metallhelm. Die Garde-Kavallerie behielt die roten und blauen Uniformen bei. 1821 erhielt sie Kürasse, die seit den Zeiten Jakobs II. aus der englischen Armee verschwunden waren. Als Kopfbedeckung diente ein Metallhelm mit Raupe, später für die Life Guards eine Pelzmütze (Abb. 31 e), darauf ein weißer Metallhelm. Die in dem folgenden Schema wiedergegebenen Abzeichen der englischen Kavallerie nach dem Stande von 1912 gelten mit geringen Abweichungen schon seit der Zeit von etwa 1860. Im allgemeinen ist vorauszuschicken, daß zur farbigen Uniform weißes Lederzeug und Stulphandschuhe, von den Offizieren Tressenbandelier und reichverzierte Kartusche getragen wurden. Als Dienstanzug der Mannschaft diente bis 1914 ein einreihiges Jackett ohne Schöße mit abzeichenfarbigem Kragen. Dazu wurde eine kleine runde, durch Kinnriemen gehaltene Mütze (Pillbox) getragen.
Garde-(Houshold-) Kavallerie einreihige Waffenröcke, weiße Kürassierhelme und Kürasse mit gelbem Beschlag, weiße Reithosen mit Kürassierstiefeln, lange dunkelblaue Hose mit rotem Besatz.

	Rock	Kragen Aufschl. Vorstöße	Helmbusch	Hosenbesatz	
1st Life Guards	rot	dunkelblau	weiß	Lampassen	Kragen, Aufschläge und Achselklappen in Abzeichenfarbe mit gelber Litzeneinfassung. Offiziere reiche Goldstickerei. Am Feldrock später Kgl. Monogramm mit goldenen Kreis mit Krone darüber. Umhänge in Rockfarbe mit liegenden Kragen in Abzeichenfarbe.
2nd Life Guards, später nur 1 Rgt.					
Royal Horse Guards	dunkelblau	rot	rot	breiter Streif	

Schwere Reiter einreihige Waffenröcke mit Kragen, spitzen Aufschlägen und Vorstößen in Abzeichenfarbe, ungarischer Knoten aus gelber Schnur, gelber Kürassierhelm mit weißem Beschlag und Busch, dunkelblaue Hose mit breitem gelben Streifen.

	Rock	Abzeichen	Helmbusch	Regimentsabzeichen und besonderes
1st (King's) Dragoon Guards	rot	dunkelblau	rot	Doppeladler, später 8strahliger Stern m. Krone u. Monogramm
2nd Dragoon Guards (Queen's Bays)	rot	lederfarben	schwarz	„Bays" in Lorbeerkranz mit Krone. Hosenstreifen weiß.
3rd (Prince of Wales's) Dragoon Guards (3rd Carabiniers)	rot	gelb	schwarz/rot	3 Straußfedern durch Krone gehalten (Wappen des Pr. of W.), später dasselbe auf gekreuzten Karabinern
4th (Royal Irish) Dragoon Guards (4/7th Dragoon Guards)	rot	dunkelblau	weiß	Stern d. Patrick Ordens
5th (Princess Charlotte of Wales's) Dragoon Guards (5th Inniskilling Dragoon Guards)	rot	dunkelgrün	rot/weiß	Springendes Pferd auf rundem, gekröntem Schild (später Schloß Inniskilling)
6th Dragoon Guards (Carabiniers) (jetzt vereinigt mit Nr. 3)	dunkelblau	weiß	weiß	Ovales gekröntes Schild auf 2 gekreuzten Karabinern, je zwei schmale weiße Hosenstreifen
7th (Princess Royal's Dragoon Guards (jetzt vereinigt mit Nr. 4)	rot	schwarz	schwarz/weiß	Aus einer Krone aufsteigender Löwe

Dragoner, Uniform wie oben, 2. Dragoner hohe Pelzmütze, Stutz links, die anderen weißen Helm mit gelbem Beschlag.

	Rock	Abzeichen	Helmbusch	Regimentsabzeichen (Badge) u. besonderes
1st (Royal) Dragoons	rot	dunkelblau	schwarz	fliegender Adler, am Feldrock Krone m. Löwen darüber.
2nd Dragoons (Royal Scots Greys)	rot	dunkelblau	weiß	liegende Granate, am Feldrock fliegender Adler
6th (Inniskilling) Dragoons (jetzt vereinigt mit 5th Dragoon Guards)	rot	hellgelb	grün	Schloß Inniskilling

Husaren dunkelblauer Attila mit gelber bzw. goldener Verschnürung, Hosen dunkelblau mit zwei schmalen gelben Streifen, schwarze Pelzmütze mit Stutz vorn und Beutel rechts, gelbe Fangschnüre.

	Stutz	Pelzmützenbeutel	besonderes	Abzeichen (Badge)
3rd (King's Own) Hussars	weiß	mittelblau	roter Kragen	Springendes Pferd
4th (Queen's Own) Hussars	rot	gelb	–	Ziffer IV in gekröntem Kreis
7th (Queen's Own) Hussars	weiß	rot	–	rundes gekrönt. Schild mit Monogr. Q. O.
8th (King's Royal Irish) Hussars	rot/weiß	rot	–	Harfe mit Krone darüber
10th (Prince of Wales's Own Royal) Hussars	schwarz/weiß	rot	–	Wappen des Pr. of Wales
11th (Prince Albert's Own) Hussars	karmin/weiß	karmin	karmin Hosen	Wappen des Prince Albert
13th Hussars (13/18th)	weiß	lederfarben	Kragen u. Hosenstreifen lederfarben	XIII. in gekröntem Lorbeerkranz
14th (King's Hussars (14/20th)	weiß	gelb	–	der preußische Adler, später Krone mit Löwe darüber
15th (King's) Hussars (15/19)	rot	rot	–	Krone mit Löwen darüber u. XV K H darunter
18th (Victoria Mary, Princess of Wales's Own) Hussars	rot/weiß	blau	–	gekreuztes oval. Schild im Lorbeerkranz
19th (Queen Alexandra's Own Royal) Hussars	weiß	weiß	–	Kreuz des Danebrog, am Feldrock Elefant
20th Hussars	gelb	karmin	–	gekröntes H und Ziffer XX

Ulanen Ulanka mit Kragen, Rabatten, spitzen Aufschlägen und Nahtvorstößen in Abzeichenfarbe, dunkelblaue Hose mit je zwei schmalen gelben Streifen, Tschapka mit abzeichenfarbigen Rabatten und Busch (Abb. 33 i, k); Paßgürtel gelb mit zwei karmin Längsstreifen, Offiziere goldene Tresseneinfassung an Kragen und Aufschlag.

	Ulanka	Abzeichen	Busch	Regimentsabzeichen und besonderes
5th (Royal Irish) Lancers	dunkelblau	rot	grün	Ziffer 5 im Kreis auf gekreutzen Lanzen
9th (Queen's Own) Lancers	dunkelblau	rot	schwarz/weiß	gekrönte 9 auf gekreuzten Lanzen. Tschapkarabatten blau
12th (Prince of Wales's Royal) Lancers	dunkelblau	rot	rot	3 Straußenfedern mit Krone darüber und XII darunter auf gekreuzten Lanzen
16th (The Queen's) Lancers (16/5th)	rot	dunkelblau	schwarz	gekrönte 16 auf gekreuzten Lanzen
17th (Duke of Cambridge's Own) Lancers (17/21th)	dunkelblau	weiß	weiß	Totenkopf über gekreuzten Knochen; Hosenstreifen weiß
21st (Empress of India's) Lancers (war bis 1881 Husarenregiment)	dunkelblau	hellblau	weiß	gekröntes Monogramm V. R. I. mit XXI darunter auf gekreuzten Lanzen

Abb. 34. Großbritannien. Artillerie, Genie, Generalität.
a, d, g Artillerie-Offiziere – b, f, h Artilleristen – c, e, i Reitende Artillerie – k Geniesoldat (Royal Engineers) – l, m Generale

Die Felduniform unterscheidet sich von der Infanterieuniform nur durch das abweichende Regimentsabzeichen (siehe Schema). Die farbige Uniform ist auch hier für die Linienregimenter offiziell abgeschafft. Nach dem I. Weltkrieg hat eine Zusammenlegung der Kavallerieregimenter in erheblichem Ausmaß stattgefunden, die zusammengelegten Regimenter tragen jedoch die Doppelbezeichnung der alten Regimenter weiter.

III. Artillerie, Genie, Generalität

Die traditionelle Farbzusammenstellung der englischen Artillerie ist blau mit rot und gelb. Der Schnitt folgte den Wandelungen der Infanterie-Uniformen. Die *reitende Artillerie,* 1793 errichtet, wurde im Stil der leichten Dragoner uniformiert, d. h. sie erhielt eine mit Schnüren besetzte Jacke, weiße Beinkleider, in den Stiefeln getragen, und einen Raupenhelm. Die Jacke war blau, Kragen und Aufschläge rot, Verschnürung gelb. Sattelunterlegedecke und Mantelsack waren blau. Der Säbel wurde an einem Bandelier mit Schleppriemen getragen (Abb. 34 c). In dieser Uniform focht die reitende Artillerie bei Waterloo. Die *Fußartillerie* trug Rock und Kopfbedeckung wie die Linie. Der blaue Rock hatte rote Kragen, Aufschläge, Achselklappen und Schoßumschläge, gelbe Litzen und Vorstöße. Weiße Beinkleider in schwarzen Gamaschen (Abb. 34 b).
Nach den Befreiungskriegen wurden hellblaue, 1846 dunkelblaue Hosen mit breiten roten Streifen eingeführt. Nach dem Krimkrieg dunkelblauer Waffenrock, mit gelber Schnur eingefaßter roter Kragen und rote Vorstöße, über den spitzen dunkelblauen Aufschlägen ungarischer Knoten aus gelber Schnur, grundfarbene Achselklappen mit rotem Vorstoß. Die Entwicklung der Kopfbedeckung folgt der der Infanterie mit der Abweichung, daß von 1856 bis 1881 eine niedrige schwarze Pelzmütze mit rotem Beutel und weißem Stutz getragen wurde. Seit 1881 am Kragen das Waffenabzeichen, gelbe flammende Granate, blauer Tuchhelm mit Kugelspitze. Die Schirmmütze, seit 1901, erhielt dunkelblauen Deckel mit rotem Besatzstreifen. Die reitende Artillerie (Royal Horse Artillerys) trug seit 1815 (Abb. 34 e, i) bis zum I. Weltkrieg dunkelblaue Dolman und zunächst hellblaue, später dunkelblaue Hose, Aufschläge von der Grundfarbe, Kragen und Hosenstreifen rot, enge gelbe bzw. goldene Verschnürung und ungarischen Knoten auf dem Arm. Am Kragen seit 1881 die liegende flammende Granate. Seit 1837 Pelzmütze mit rotem Beutel, weißem Stutz und gelbe Fangschnüre. Die kakifarbene Felduniform ist bis auf das Waffenabzeichen der der Infanterie gleich. Die farbigen Uniformen der Genietruppen (Royal Engineers) waren stets der Infanterie gleich, jedoch mit Kragen und Aufschlag aus königsblauem Samt; gelbe Vorstöße und

Abb. 35. Großbritannien 1900–1936.
a Infanterist, Tropenuniform – b Inf.-Sergeant – c Inf., Felduniform – d Kavallerie, Felduniform – e Hochländer-Offizier, Felduniform – f Infanterist (Kanada) Felduniform – g Infanterist (Australien), Felduniform – h Hochländer, Felduniform – i Welsh-Garde. Offizier, Parade – k Offizier, Gesellschaftsanzug – l Infanterist, Ausgehanzug

gleichfarbiger ungarischer Knoten. Tuchhelm wie Infanterie. Kragenwaffenabzeichen liegende flammende Granate, ebenso zur Felduniform. Der seit 1888 neu organisierte Train (Royal Army Service Corps) erhielt Artilleriehelm, dunkelblauen Waffenrock mit weißem Kragen und Vorstößen, weißen ungarischen Knoten auf den Armen, blaue Hose mit zwei schmalen weißen Seitenstreifen. Kragenabzeichen achtstrahliger gekrönter Stern mit Monogramm RASC. Die nach dem I. Weltkrieg geschaffenen neuen technischen Waffen haben folgende Abzeichen: Nachrichtentruppe (Royal Corps of Signals) Merkur mit Krone darüber an Kragen und Mütze. Panzertruppe (Royal Tank Corps) Tank in gekröntem Lorbeerkranz am Kragen, ein gestickter Tank auf dem rechten Oberarm, schwarzes Barett mit Badge links, zur Parade mit grün-rot-braunem Stutz.

Die Uniform der Generale war stets von roter Grundfarbe mit blauem, mit reicher goldener Eichenlaubstickerei bedeckten Kragen und Aufschlägen, im Schnitt dem Zeitgeschmack entsprechend. Der Waffenrock hat hierzu weiße Vorstöße und französische Aufschläge. Als Interimsuniform doppelreihiger dunkelblauer Überrock mit Kragen und rundem Aufschlag aus blauem Samt. Die Schärpe der Generale ist von karminroter Seide, mit Gold durchzogen. Dazu Hut mit weiß und rotem Federbusch und goldener Agraffe. Schirmmütze dunkelblau mit rotem Deckelvorstoß, gleichfarbigem Besatzstreifen und doppelter goldener Eichenlaubstickerei auf dem Schirmrand, zur Felduniform mit kakifarbenem Überzug. Diese unterscheidet sich von der Offiziersuniform nur durch rote, hinten spitze Kragenpatten mit kleinem Knopf in der Ecke und schmaler goldener Eichenlaubstickerei längs der Mitte der Patte. Die Uniform der Generalstabsoffiziere und der höheren Adjutantur war stets der Generalsuniform angeglichen unter Ersatz der Eichenlaubstickerei durch Goldtresse. Der schwarze Hut trägt einen weiß-roten Federstutz. Nach Einführung des Waffenrockes erhielten die Generalstabsoffiziere einen roten Attila mit dunkelblauem Kragen und spitzen Aufschlägen sowie goldene Brust- und Armverschnürung. Dazu dunkelblaue Hose mit breitem roten Streif. Zur kleinen Uniform dunkelblauer Überrock mit reicher schwarzer Bandverschnürung. Zur Felduniform rote Kragenpatte mit kleinem Knopf und karminroter Seidenschnur längs der Pattenmitte.

Die Rangabzeichen der Unteroffiziere sind seit 130 Jahren fast unverändert geblieben, sie bestehen aus 1 bis 4 nach oben offenen weißen bzw. goldenen Winkeltressen, zunächst nur auf dem rechten Oberarm, später auf beiden Armen. Höhere Unteroffiziersgrade Krone darüber. Für die zwischen dem Offizier und Unteroffizier stehenden bestallten Offiziere seit Ende des vorigen Jahrhunderts Krone bzw. Staatswappen in Gold auf beiden Unterarmen. Zur

Felduniform sind die Winkeltressen aus kakifarbener Litze. Die Rangabzeichen für die Stabsoffiziere wurden bereits Ende des 18. Jahrhunderts eingeführt und bestanden aus einem Stern, Krone, sowie Krone und Stern in gewechselter Metallfarbe auf den bis 1855 getragenen Epauletten. Nach Einführung des Waffenrocks werden die gleichen Rangabzeichen auf den Kragenenden befestigt, auch bei Subalternoffizieren. Seit 1881 werden die Rangabzeichen geändert und in Silber auf goldgeflochtenen, bei Schützen schwarzen Schulterstücken getragen, zur Felduniform mattgold zunächst auf den mit Kakitresse eingefaßten Aufschlagpatten, seit etwa 1915 auf den grundfarbenen spitzen Achselklappen. Subalternoffiziere 1 bis 3 Sterne, Major Krone, Oberstleutnant Krone und Stern, Oberst Krone und zwei Sterne, Brigadier Krone und drei Sterne. Die goldgeflochtenen Achselstücke der Generale werden nach der Schulter zu breiter, ihre Abzeichen sind ein gekreuzter Kommandostab und Degen. Hierzu Generalmajor 1 Stern, Generalleutnant Krone, General Krone und Stern. Die Feldmarschälle zwei gekreuzte Kommandostäbe im Eichenlaubkranz mit Krone darüber. Das Mützenabzeichen der Generale ist ein gekreuzter Degen und ein Kommandostab im Eichenlaubkranz mit Krone darüber. Die Offiziere des englischen Heeres tragen zum Essen im Kasino (Mess) und bei gesellschaftlichen Veranstaltungen einen besonderen Gesellschaftsanzug, von dem ein Beispiel in Abb. 35k gegeben wird. Jackett meist aus Grundfarbe der Friedensuniform mit Kragen und Aufschlägen in Abzeichenfarbe.

Abb. 36. Irland.
a Freikorps – b Artillerie-Hauptmann

Irland

Die Uniformen des irischen Heeres sind erwachsen aus der Bekleidung der irischen Freiheitskämpfer (Irish Volunteer Force) von 1916–1921. Die Felduniform des aktiven Heeres und der Reserve ist im Schnitt für alle Waffen gleich. Sie besteht aus kakifarbenem Stoff mit stark grünlichem Einschlag. Feldrock mit je 2 Brust- und Seitentaschen und geschweiften Patten mit Knopf, für Offiziere aufgesetzt, eine Reihe von 5 gelben Knöpfen (Prägung Harfe und I. V.), spitze Achselklappen sowie Stehkragen. Tellermütze mit Stoffschirm, braunledernem Kinnriemen und im Rand versteiftem Deckel, Kavallerie weiches, nach rechts fallendes Barett, Stahlhelm deutschen Musters. Mantel mit Rollumschlägen, Achselklappen, breitem Kragen und 2 nach unten enger werdenden Knopfreihen. Das Lederzeug der Offiziere und der berittenen Truppen (Bandelier mit Patronentaschen auf der Brust von der linken Schulter), die Gamaschen und das Schuhzeug sind braun, die Gürtelrüstung der unberittenen Truppen aus grüngrauem Webstoff. Gemeinsames Heeresabzeichen ist ein auf flammender Sonne aufgelegter achtstrahliger Stern mit dem Monogramm FF in einem Kreis. (Fianna Fail: Schicksalsheer).

Es wird von Generalen in Goldstickerei, sonst in Bronze auf dem Besatzstreifen der Mütze, bei der Kavallerie an der linken Barettseite getragen. Die Waffenbezeichnung erfolgt durch mattgoldene Abzeichen in den Kragenecken von Rock und Mantel, s. Schema. Rangbezeichnung der Unteroffiziere und Manschaften durch 1–3 rote Winkeltressen an beiden Oberarmen, bei den höheren Graden mit kleinem Heeresabzeichen in Bronze darüber. Offiziersabzeichen auf den Achselklappen, Subalternoffiziere 1–3 Querbalken, Major und Generalmajor 1 Balken und 1 Rhombus darüber, Oberstleutnant 1 Balken und 2 Rhomben, Generalleutnant 2 Rhomben; Oberst und General 3 Rhomben, für Generale in Goldstickerei, sonst in Bronze auf farbiger, Vorstoß bildender Unterlage, Generale und Generalstab rot, Truppenstäbe blau, Infanterie purpur, alle übrigen zitronengelb. Generale und Oberste haben schwarzledernen Mützenschirm mit goldener Randeinfassung aus Eichenlaub bzw. glatter Tresse (Abb. 36b).
1935 ist, vorerst nur für Offiziere und Musikzüge, eine farbige Gala- und Paradeuniform zur Einführung gelangt. Einreihiger Waffenrock, für berittene Truppen zweireihig

im Ulankaschnitt, mit abzeichenfarbigem Stehkragen und dreiknöpfigen Aufschlagpatten. Der Kragen hat Außenrandeinfassung mit breiter Tresse und das gestickte Waffenabzeichen in der Ecke, die geflochtenen Achselstücke tragen die Rangabzeichen, alle Metallteile sind in Knopffarbe. Lange Hose mit einem, berittene Truppen zwei breiten Streifen. Konischer Tschako, Rumpf mit Waffenrocktuch, Deckel und obere Randeinfassung mit abzeichenfarbigem Tuch bedeckt, über dem schwarzen Lackschirm das knopffarbige Heeresabzeichen. Hierzu wird ein schwarzer, abzeichenfarbig gefütterter Umhang mit schwarzem Samtkragen getragen. Alles nähere s. Schema.

Truppenteil	Rock und Hose	Abzeichen- u. Knopffarbe	Waffenabzeichen am Kragen
unberitten			
Infanterie	dunkelblau	rot, silber	gekreuzte Gewehre, Batl.-Nr. darunter
Genie	schwarz	rot, silber	Meßgerät über Halbmond
Nachrichten	schwarz	grün, gold	Merkur auf 12strahligem Stern
Musik	dunkelblau	rot, gold	auf Lyra aufgelegte Harfe
beritten			
Kavallerie	schwarz	rot, silber	Küraß auf Säbel und Karabiner
Artillerie	dunkelblau	rot, gold	Hibernia auf einer Kanone sitzend
Fahrtruppe	dunkelblau	rot, silber	antiker Kriegswagen auf rund. Schild
Generale	schwarz	rot, gold	am Feldrock und Mantel rote Kragenpatte mit Goldschnur längs der Mitte

Die Artillerie hat für Staatseskorten usw. noch eine blaue Husarenuniform mit safrangelber Verschnürung, schwarzem Lederzeug und Pelzmütze.
Bei den Freiwilligenverbänden ist das Grundtuch grüngrau, der Stehumlegekragen, die Aufschläge und der Umschlag der statt der Schirmmütze getragenen bootsmäßigen Feldmütze dunkelgrün. Knöpfe, Heeres-, Waffen- und Offiziersrangabzeichen sind silbern, das Lederzeug, auch bei unberittenen Truppen sowie das Schuhzeug sind schwarz (Abb. 36a).

Italien

Königreich Sardinien
(Kokarde kornblumenblau)

I. Haustruppen

Die ältesten Gardetruppen sind die *Gardes du Corps,* deren Spuren sich unter dem Namen Compagnia Archieri Guardia bis in das 16. Jahrhundert verfolgen lassen. 1707 wird die Truppe als Gentiluomini Archieri Savojardi (Adelige Hartschiere von Savoyen) erwähnt. Als Guardie del Corpo trug die (Kürassier-)Kompanie 1685 einen silberbortierten Hut mit roten und blauen Federn, schwarzes Halstuch, blanken Brustharnisch mit roten, weiß vorgestoßenen Manschetten. Lederkoller mit rotem Futter, roten, silberbesetzten Aufschlägen und gelben Knöpfen. Fahlledernes Bandelier. Rote, silberbesetzte Weste, rote Hosen und Stulpstiefel. 1745 wurde ein goldbortierter Hut, weiße Halsbinde, roter, goldbesetzter Rock mit hellblauen Aufschlägen und Schoßumschlägen getragen. Weste und Beinkleider hellblau, rote Hosen. Das Karabinerbandelier war hellblau mit Goldbesatz. Dieselbe Farbzusammenstellung zeigte die Schabracke. 1774 hat die Uniform den zeitgemäßen knappen Schnitt, dunkelblau mit Goldlitzen, rote Kragen, Aufschläge und Schoßfutter. Hut mit Goldborte, mattgelbe Unterkleider. Die Weste mit Goldbesatz. Rotes, goldbesetztes Bandelier, Stulpstiefel mit Anschnallsporen, Degen, Hellebarde mit blauem Quast und dicht mit gelben Nägelköpfen besetztem Schaft. 1816 dieselbe Farbzusammenstellung, nur veränderter Schnitt. Dazu goldene Epauletten, Hut mit himmelblauem Stutz. 1832 Hut mit Hahnenfederbusch, dunkelblauer Frack und Hosen, zwei silberne Litzen auf Kragen und Aufschlägen; Schoßumschläge und Hosenstreifen rot, weiße Knöpfe, himmelblaue Schärpe, silbernes Bandelier. 1844 Waffenrock in derselben Farbe wie vorher der Frack.

Abb. 37. Sardinien. Infanterie.
a, b, c, d, e, f, g Linien-Infanterie – i Infanterie-Offizier – h Bersagliere

Archibusieri Guardie. 1713 Hut mit Goldborte und weißer Plümage, weißes Halstuch, roter Rock mit weißem Futter, gelben Knöpfen und Goldbesatz; Aufschläge, Weste, Hosen, Strümpfe und Schärpe himmelblau, letztere mit goldenen Quasten. Bandelier himmelblau mit Gold. In der Partisanenspitze den verschlungenen Namenszug V. A. (Vittorio Amadeo II.), Quaste gelb. 1775 bestand die Uniform aus einem goldbortierten Hut ohne Plümage, dunkelblauem Rock mit Goldlitzen, rotem Kragen und litzenbesetzten Aufschlägen. Rote Weste, blaue Hosen, weiße Strümpfe. Rotes Bandelier mit Goldbesatz. 1816 goldbortierter Hut, dunkelblauer Frack mit rotem Kragen und Aufschlägen sowie Schoßumschlägen. Goldener Litzenbesatz auf der Brust, dunkelblaue Hosen in niedrigen Stiefeln. Kleine Kartusche am Koppel vor dem Leib. Bandelier wie vorher, Degen und Gewehr. 1832 als *Guardie del Reale Palazzo:* quergesetzter Hut mit breiter Goldagraffe, zweireihiger Frack mit roten Kragen, Aufschlägen und Schoßfutter. Eine gelbe Litze am Kragen und auf dem Aufschlag. Gelbe Knöpfe und Epauletten ohne Fransen. Dunkelblaue Hosen mit roten Streifen, goldenes Kartuschbandelier mit silbernen Beschlägen, Degen und Bajonettgewehr. 1844 Waffenrock.

Hellebardiere (Allabardieri Guardie) 1719–1744, in der Farbe ganz ähnlich wie Archibusieri Guardie, nur keine Plümage um Hut und keine Schärpe, Litzenbesatz aus Silber, Hellebarde mit roter Quaste.

Die *Schweizergarde* (Guardia Swizzera) 1816 wie die Archibusieri Guardie, ohne Hutborte, mit weißen Beinkleidern und silbernen Epauletten.

Das 1814 errichtete Korps der *Carabinieri Reali* hatte Hüte mit schwarzer Borte und Silberagraffe, dunkelblaue einreihige Fracks mit roten Schoßumschlägen, himmelblaue Kragenpatten und polnische Aufschläge, beides mit je einer weißen Litze. Himmelblaue Fransenepauletten mit weißen Halbmonden. Weiße Knöpfe und ebensolches gekreuztes Lederzeug, schwarze Gamaschen bis unter das Knie. Die berittenen Karabiniers zeichneten sich durch einen himmelblauen Stutz und weiße Epauletten aus: Karabiner und Kartuschbandelier untereinander getragen, gelbe Granate auf der Kartusche, Kniestiefel. 1832 herabhängender Federbusch, oben rot, unten himmelblau. Zwei weiße Litzen am Kragen und zwei ebensolche auf dem jetzt dunkelblauen Aufschlag. Die himmelblauen Kragenpatten sind weggefallen. Weiße Epauletten und Achselschnüre. Lange blaue Beinkleider mit zwei roten Streifen. Diese Uniform gilt sowohl für die berittenen wie für die unberittenen Karabiniers.

II. Infanterie

Im allgemeinen herrscht bis etwa 1770 der weite Schnitt der Uniform, wie er in Frankreich üblich war, vor. Die Grundfarbe war bis in die fünfziger Jahre des vorigen Jahrhunderts vorherrschend Weiß; in dieser Periode tritt die blaue Grundfarbe auf, die noch heute in der italienischen Armee die herrschende ist. Im besonderen folgendes:
Auf einer Abbildung von 1659 (?) trägt die Grenadiergarde einen blauen, rot umschlagenen Rock, rote Unterkleider mit gelben Knöpfen. Um die Wende des 17. zum 18. Jahrhundert trägt die Linieninfanterie einen weißen, weiten Rock, rote Halstücher, Aufschläge, Kamisol und Hosen in der Regimentsfarbe, weiße Strümpfe und gold- oder silberbesetzten Hut (Abb. 37 a). Das Regiment *della Marina* rote Röcke mit grünen Aufschlägen, grüne Unterkleider, weißes Futter und gelbe Knöpfe. Die Patronentaschenbandeliere von Fahlleder waren vorn mit einer großen Schnalle verziert. Abbildungen von 1744 zeigen noch die gleichen Farbzusammenstellungen, nur hat sich der Schnitt der Zeit entsprechend geändert. Um 1758 ist die ganze Infanterie dunkelblau gekleidet (Abb. 37 b).

Die Unterscheidungszeichen sind folgende:

Name des Regiments	Hutborte	Kragen, Aufschläge, Rabatten Schoßfutter	Weste und Hosen	Knöpfe	Bemerkungen
Grenadier-Garde	weiß	rot	rot	weiß	Weiße Litzen auf Rabatten, Aufschlägen und Weste
Savoia	weiß	weiß	dunkelblau	gelb	–
Piemonte	weiß	rot	rot	weiß	–
Aosta	gelb	rot	rot	gelb	–
Della Marina	weiß	gelblichweiß	dunkelblau	gelb	–
La Regina	weiß	rot	dunkelblau	gelb	Weiß ausgenähte Knopflöcher auf Rabatten und Aufschlägen
Sardegna	weiß	hellgelb	hellgelb	gelb	–

Säbel wurden nur von der Grenadier-Garde geführt, im übrigen Bajonett in Scheide. Die Patronentaschen waren rot eingefaßt. Durchgängig weiße Gamaschen. 1775 erhält die Grenadier-Garde Bärenmützen. Die Unterkleider erscheinen 1787 durchgängig weiß oder gelblich weiß (Abb. 37 c). Seitdem machte die Uniform die durch die Mode bedingten Änderungen im Schnitt mit, ohne sich wesentlich zu ändern. 1803 wird ein einreihiger, vorn rund ausgeschnittener, frackartiger Rock eingeführt. Dazu blaue Beinkleider und schwarze Gamaschen sowie ein Helm mit gelbem Beschlagschild und himmelblauer Raupe, für welchen wohl das damalige österreichische Kaskett das Vorbild abgegeben hat, wie überhaupt der Schnitt dem der österreichischen Uniformierung sehr ähnlich ist. 1814 erscheint die gesamte Infanterie derartig gekleidet (Abb. 37 d). Die Achselklappen waren dunkelblau, das weiße Lederzeug gekreuzt, bei den Grenadieren mit messingnem Luntenberger versehen. Die Grenadiere trugen Pelzmützen.

1814:

Name des Regiments	Kragen und Aufschläge	Schoßumschläge	Knöpfe	Bemerkungen
Grenadier-Garde	rot	rot	weiß	Neun weiße Litzen auf der Brust und drei über jedem Aufschlage
Savoia	schwarz	rot	gelb	–
Piemonte	rot	rot	gelb	–
Aosta	dunkelrot	gelb	weiß	–
Cuneo	karmesinrot	weiß	weiß	–
La Regina	weiß	dunkelrot	weiß	–
Sardegna	rot	rot	weiß	Litzen ohne Quasten, wie bei der Grenadiergarde verteilt

1821 wird der Raupenhelm durch einen Tschako ersetzt (Abb. 37e). Letzterer hatte gelbe Schuppenketten und vorn ein herzförmiges gelbes Schild mit einem Adler, der auf der Brust das Hauswappen von Savoyen trug. Kurzer Stutz, oben blau, unten rot. Weiße Beinkleider, graubraune Mäntel. Um 1833 wird die Form des Tschakos verändert. Auch die Grenadiere erhalten solche, dazu rote Achselwülste, während die Voltigeure mit grünen ausgestattet sind. Um diese Zeit hat die Infanterie graue Hosen mit farbiger Biese, 1839 dunkelblaue, ebenfalls mit Biese (Abb. 37 f). Eine durchgreifende Änderung vollzog sich 1843–44. Der Frack wurde durch den zweireihigen Waffenrock ersetzt, die Knöpfe durchgängig weiß. Die Füsilier-Kompanien erhielten ebenfalls Achselwülste, und zwar von der dunkelblauen Grundfarbe des Rockes. Die Elite-Kompanien behalten die roten oder grünen. Der Tschako neueren Modells hatte vorn ein Schild mit der Regimentsnummer (Abb. 37g), bei den Eliten Granate oder Jägerhorn. Das gekreuzte Lederzeug wurde abgeschafft. Faschinenmesser und Bajonettscheide am Koppel um den Leib getragen; das Lederzeug schwarz, nur für die Grenadier-Garde und die Gardejäger weiß.

1844:

Bezeichnung der Truppe	Kragen und Aufschläge	Vorstöße	Bemerkungen
Grenadier-Garde (Granatieri Guardie)	rot	rot	Pelzmütze mit gelber Granate und roten Behängen, weiße Litzen am Kragen und auf dem Aufschlag; rote Schulterwülste
Brigata Savoia 1. und 2. Inf.-Regiment	schwarz mit rotem Vorstoß	rot	
Brigata Piemonte 3. und 4. Inf.-Regiment	rot	rot	
Brigata Aosta 5. und 6. Inf.-Regiment	rot	dunkelrot	
Brigata Cuneo 7. und 8. Inf.-Regiment	karmesin	karmesin	–
Brigata la Regina 9. und 10. Inf.-Regiment	weiß	weiß	–
Garde-Jäger (Cacciatori Guardie, früher Regt. Sardegna)	rot	rot	Tschako mit herabhängendem Busch, oben rot, unten weiß. Weiße Litzen am Kragen u. Aufschlag, grüne Schulterwülste
Brigata Casale 11. und 12. Inf.-Regiment	hellgelb	hellgelb	
Brigata Pinerolo 13. und 14. Inf.-Regiment	schwarz, Kragen vorn und unten und Aufschlag oben mit Vorstoß	rot	
Brigata Savona 15. und 16. Inf.-Regiment	weiß	rot	–
Brigata Acqui 17. und 18. Inf.-Regiment	dunkelgelb	dunkelgelb	–

Die *Bersaglieri*, die 1836 errichtet wurden, erhielten eine Uniform im Schnitt der Linieninfanterie, dunkelblau, Kragen und Aufschläge karmin, gelbe Knöpfe; dazu den bekannten Hut mit Hahnenfederbusch. Anfang der fünfziger Jahre erhielt der Waffenrock eine Knopfreihe, die Schulterwülste wurden abgeschafft und ein neues Tschakomodell ausgegeben. So war die Uniform, als Sardinien 1860 die Führung über Italien übernahm.

III. Reiterei

Gegen Ende des 17. Jahrhunderts erscheinen drei *Dragonerregimenter*, welche nach der Farbe der Röcke als gelbe, blaue und grüne Dragoner bezeichnet werden. Alle drei trugen rote Aufschläge und Unterkleider sowie weiße Knöpfe (Abb. 38 a). Die schwere Reiterei war blau uniformiert mit roten Umschlägen und Unterkleidern. 1744 bestand die Uniform des Regiments *Piemonte-Dragoner* (Abb. 38 b) aus rotem Rock, Hosen und Halsbinde, weißer Hutborte, Kragen, Rabatten, Aufschlägen und Schoßumschlägen, Weste und Knöpfen. Gelbe gekreuzte Bandeliere und Koppel. Die Uniform wurde später in einen dunkelblauen Rock mit roten Abzeichen, gelben Knöpfen und Unterkleidern verändert. Dazu himmelblaue Schärpe über der Weste. Die Dragoner trugen den Hut, die Dragonergrenadiere eine Pelzmütze mit gelbem Beschlagschild. So erscheint das Regiment 1774. Die *schwere Kavallerie* behielt den blauen Rock bei. Die Unterkleider 1744 mattgelb, 1789 metallene Achselschuppen; in letztgenanntem Jahr trug das *Kavallerie-Regiment Piemonte* rote Kragen, Aufschläge und Futter, gelbe Knöpfe, himmelblaue Schärpe und weiße, gekreuzte Bandeliere. Gelbe Hutborte. *Savoia-Kavallerie* (Abb. 38 c) ebensolche Hutborte, schwarze Kragen und Aufschläge, keine Rabatten, rotes Futter, weiße Knöpfe. Weiße Schaffellschabracke, die Stützel mit dem farbigen Staatswappen auf blauem Grund mit weißer Borte eingefaßt, letztere von einer blauen Zickzacklinie durchzogen. 1816 erhielt die Reiterei Helme mit gelbem Beschlag, Bügel mit himmelblauer Raupe, teils einreihige, teils zweireihige Kolletts mit roten Abzeichen für das Regiment Piemonte, schwarzen, rot vorgestoßenen für Savoia. Blaue Hosen, Kniestiefel, gelbe Epauletten. 1822 ist der Helm ganz aus gelbem Metall gefertigt, dazu herabhängender schwarzer Roßschweif (Abb. 38 f). Die *leichte Kavallerie* trug dieselbe Uniform mit roten Tschakos. 1843 gelangte der Waffenrock zur Einführung (Abb. 38 g). Er hatte farbigen Kragen und Aufschläge, zwei Reihen weißer Knöpfe und weiße Epauletten. Graublaue Hosen mit farbigem Doppelstreif. Säbel mit weißem Korbe, Lanze mit himmelblauer Flagge, Helm mit weißem Metall mit schwarzem Bräm, vorn mit dem savoyischen weißen Kreuz geschmückt. Gelber Bügel und Schuppenketten.

Das Regiment der *Cavallegieri* (leichte Kavallerie) trug ganz dunkelblaue Uniform, hellblaue Abzeichen, Hosenstreif und Tschako. Die Hosen wurden 1843 bei Einführung

Regimentsabzeichen der schweren Kavallerie 1844:

Name des Regiments	Kragen und Aufschläge	Hosenstreif	Bemerkungen
Nizza	karmin	karmin	
Savoia	schwarz	rot	rote Vorstöße um Kragen und Aufschläge Vorstoß vorn herunter
Piemonte Reale	rot	rot	
Genova	hellgelb	hellgelb	
Novara	weiß	weiß	
Aosta	rot	rot	

des Waffenrockes blaugrau; der Tschako erhielt einen herabhängenden schwarzen Roßhaarbusch (Abb. 38 h). Die Offiziere trugen eine blaue Pelzjacke über die Schulter gehängt. Unter Victor Emanuel gab es auch ein *Husaren-Regiment Piacenza*, welches grüne Uniformen mit roten Schnüren trug. Das *Guiden-Regiment* hatte ebenfalls Husaren-Uniform, hellblau mit schwarzen Schnüren. Dazu Pelzmütze mit Beutel.

IV. Artillerie und Genie

Gegen Ende des 17. Jahrhunderts trug die *Artillerie* einen Hut mit gelber Borte, rotes Halstuch, ganz blaue Montur und rote Strümpfe. In diesen Farben, nur mit weißen Strümpfen, erscheint sie noch 1733. Im Jahre 1758 sind Rock, Weste und Hosen ebenfalls blau; Kragen, Rabatten und Aufschläge schwarz, die Schöße von der Grundfarbe des Rockes. Schwarze Gamaschen mit weißen Manschetten. Gelbe Knöpfe, Hut mit Kokarde, gelbes Bandelier, am Säbelkoppel eine Kartusche mit gelbmetallenem Beschlag und roter Einfassung (Abb. 38 i). Die Offiziere hatten eine breite, gebogene Huttresse. Rabatten, Aufschläge und Weste mit Litzen besetzt, und zwar abwechselnd mit goldenen und silbernen. Silberne Achselstücke mit Fransen, mit Gold untermischt. 1816 ist die Uniform ähnlich wie bei der

Abb. 38. Sardinien. Reiterei, Artillerie, Genie.
a, b Dragoner – c, d, f, g Schwere Reiter – e, h Leichte Reiter – i, k Artillerie – l, m Geniesoldaten

Infanterie, ganz blau mit schwarzen Abzeichen und gelben Knöpfen. Tschako mit gelbem Adler über gekreuzten Kanonenrohren, Schuppenkette und gelbem Flammenpompon. 1832 zwei Reihen gelber Knöpfe, gelbe Vorstöße und Epauletten mit kurzen Fransen; hängender schwarzer Roßhaarbusch. 1845 Waffenrock (Abb. 38 k) mit zwei Knopfreihen. Am Tschako statt des Adlers ein weißes Kreuz, gelbes Lederzeug. Die reitende Artillerie ähnlich uniformiert. Die Abbildung eines *Genieoffiziers* vom Jahre 1752 zeigt silberbortierten Hut, weiße Halsbinde, dunkelblauen Rock, Weste und Hosen, ganz mattgelbe Kragen, Rabatten, Aufschläge und Futter. Es wechselt immer ein silberner mit einem goldenen Knopf. Weiße Strümpfe. 1775 karminrote Abzeichen, gelbes Futter, weiße Unterkleider. An den Knöpfen goldene bzw. silberne Litzen. Hutborte und Epauletten in Silber, mit Gold untermischt. 1816 ist die Uniform einreihig mit Silber. Die Mannschaften seit 1816 Tschakos, 1838 mit hängendem schwarzen Busch. Karminrote Schulterwülste, darauf zwei weiße gekreuzte Äxte. Schwarzes Lederzeug. Im übrigen wie die Infanterie. So bleibt die Uniform auch nach der Einführung des Waffenrocks. Kurz vor 1848 wird der Tschako durch einen Hut mit herabhängendem Busch ersetzt (Abb. 38 m). Offiziere Dreimaster mit schwarzen Federn.

Kirchenstaat – Päpstlicher Stuhl
(Kokarde weißgelb)

Die Armee wurde im Jahre 1870 nach der Besetzung Roms aufgelöst, und nur die zur Bewachung des Vatikans bestimmten Palasttruppen wurden beibehalten.
Als älteste Truppe ist die *Schweizer-Garde* zu nennen, deren Ursprung sich aus dem Mittelalter herschreibt. Der kleine Anzug hat sich vielfach geändert. Die große Uniform ist vom Modegeschmack wenig berührt worden. Sie besteht aus sogenanntem »Altschweizer« Pluderkostüm und zeigt die Farbzusammenstellung von Blau, Rot und Gelb. Die Hüte sind mit roten Federn geschmückt (Abb. 39 b). Zur Galauniform gehört Harnisch und Helm, letzterer mit rotem Busch (Abb. 39 a). Trommler, Pfeifer und die Chargen sind abweichend gekleidet. Die *Nobel-Garde* trägt rote Fracks, reich mit Gold besetzt, Helme mit Roßhaarschweif und weiße Beinkleider in hohen Stiefeln (Abb. 39 k). Die *Palast-Garde* hat Uniform französischen Schnitts, und zwar der Waffenrock blau mit schwarzem Kragen und Aufschlägen, amarantroten Vorstößen und Epauletten. Knöpfe gelb, Hosen amarantrot, Tschako blau mit amarantroten Borten (Abb. 39 i). Offiziere goldene Epauletten und Borten. Die

Abb. 39. Kirchenstaat – Päpstlicher Stuhl.
a, b Schweizer – c Linien-Infanterie – d Kavallerist – e Grenadier-Offizier – f Karabinier (Gendarm) – g Linien-Infanterie – h Zuave – i Palast-Garde – k Nobel-Garde

Gendarmen sind blau uniformiert, zur Parade mit hohen Pelzmützen, weißen Beinkleidern und hohen Stiefeln. Epauletten und Knöpfe weiß. Stutz rot.

Das frühere Heer war anfänglich mehr nach österreichischer Art uniformiert, namentlich war die weiße Grundfarbe charakteristisch. 1816 erhielt die Infanterie Tschakos. 1830 wurde der Frack einreihig, der Tschako niedriger und der Teller sehr groß. Von 1848 bis 1870 folgte die Bekleidung dem französischen Vorbilde. Auf unserer Darstellung (Abb. 39 c) trägt der *Infanterist* weißes Kollett und Hosen, das 1. Regiment dunkelblaue, das 2. Regiment orange Abzeichen, Tschako mit Behängen und Stutz. Letztere beiden Stücke, dazu Epauletten, für Grenadiere rot, für Voltigeure grün und gelb. Der Kavallerist (Abb. 39 d) hat grünes Kollett mit roten Abzeichen, graue Hosen und Helme mit gelbem Beschlage. Abb. 39 e zeigt einen *Grenadieroffizier* in ganz weißer Tracht mit roten Vorstößen und Kragenpatten, gelben Knöpfen, gelb und weißer Schärpe. Busch an der Pelzmütze rot. Der *Karabinier* (Abb. 39 f) hat einen grünen, karminrot vorgestoßenen Frack mit weißen Litzen, Knöpfen, Epauletten und Achselschnüren. Unterkleider weiß. Pelzmütze mit weißen Behängen und rotem Busch. In den sechziger Jahren war die *Linieninfanterie* ganz und gar in französischem Stil uniformiert (blau mit roten Hosen) (Abb. 39 g). Die *Fußjäger* (Carabinieri) wie die französischen Chasseurs à pied. Die Carabinieri indigeni, aus Landeskindern bestehend, hatten rote, die fremden Jäger, Carabinieri esteri, gelbe Vorstöße. Die *Zuaven* graue Jacken, Westen, Hosen und Schirmmützen mit rotem Besatz. Dazu rote Leibbinden. Dragoner grüne Fracks, rote Abzeichen und italienische Bügelhelme. 1908 erhielten die Schweizer einen mittelalterlichen Morion anstatt der Pickelhaube.

Neapel
(Kokarde unter König Murat weiß-karmin, unter den Bourbonen ganz rot*)

Im 18. Jahrhundert schloß sich die Uniformierung sehr dem österreichischen und spanischen Vorbild an. Die Schweizer trugen dagegen rote Röcke.

Bereits Joseph Napoleon führte französischen Schnitt und Geschmack ein. Schon unter seiner kurzen Regierung findet sich eine besondere Vorliebe für Litzen, die wir auch unter seinem prunkliebenden Nachfolger Joachim Napoleon (Murat) wieder antreffen. Die Bekleidung der *Linienin-*

---

* Vom Juni 1820, bei der Annahme der Konstitution, bis zur Wiederherstellung der absoluten Monarchie im März 1821 wurden die Karbonarifarben schwarz-rosa-himmelblau getragen. Zur gleichen Zeit trug man auf Sizilien die gelbe sizilianische Kokarde

Abb. 40. Neapel.
Neapel unter Joachim Murat: a Jäger zu Pferd – b Garde-Grenadier – c Linien-Infanterie
Königreich beider Sizilien: e Infanterie-Offizier – f, i Garde-Grenadiere – g, k Jäger – h Grenadier – d, l Dragoner

fanterie (Abb. 40 c) entsprach im Schnitt der Uniformierung der gleichen französischen Waffengattung, nur war die Grundfarbe der Uniform weiß. Die Abzeichen waren 1812 für die einzelnen Regimenter folgende: 1. Regt. himmelblau, 2. hellrot, 3. schwarz, 4. amarant, 5. grün, 6. orange, 7. gelb, 8. rosa, 1815: 9. hellblau, 10. blau, 11. amarant, 12. grün.
Das 7. Regiment bestand aus Negern. Die leichte Infanterie war sehr dem französischen Muster angeglichen, doch war das Blau etwas heller, Kragen und Aufschläge verschiedenfarbig. Gardegrenadiere blaue Uniformen mit karminroten Abzeichen und goldenen Litzen. Die Offiziere der Garde neben den Litzen gemusterte goldene Einfassung der Kragen, Rabatten und Aufschläge. Die Veliten trugen weiße Uniformen, beim 1. Regiment Abzeichen karmin mit goldenen Litzen, beim 2. Regiment rosa Abzeichen.
Füsiliere, Voltigeure und Grenadiere unterschieden sich durch dieselben Abzeichen wie in Frankreich. Linienkavallerie 1813: 1. Chevaulegers Regt. hellblau mit roten Vorstößen an Kragen, Achselklappen, Rabatten und polnischen Aufschlägen, amarantrote Schöße und Hosenstreifen. 2. Chevaulegers Regt. grün mit roten Abzeichen und Hosen. 3. Regt. grün mit gelben Abzeichen. Auf die Gardekavallerie einzugehen würde zu weit führen, da sich diese Formationen fortwährend änderten, ferner häufig in einunddemselben Truppenteil verschiedene Uniformen getragen wurden.

Garde-Artillerie fast ganz so wie die französische, aber amarantrote Abzeichen. Fuß- und reitende Artillerie der Linie sowie Train glichen ebenfalls sehr den entsprechenden französischen Formationen. Die Hauptabweichung bestand neben der Kokarde in dem besonderen Tschakobeschlag. Als Eigentümlichkeit sei noch die Verzierung des oberen Randes des Trainoffizier-Tschakos in Form eines Mäanderstabes erwähnt.
Nach der bourbonischen Restauration (Königreich beider Sizilien) war bei der Uniform der *Garde* das englische Vorbild deutlich zu erkennen. Die Grundfarbe war rot, Abzeichen blau, Litzen und Knöpfe weiß; Schulterwülste (Abb. 40 f). Die *Linieninfanterie* hatte blaue Uniformen mit einer Knopfreihe und verschiedenfarbigen Abzeichen (Abb. 40 e). Unterkleider weiß. Offiziersschärpe rot und silbern. Die *Legionäre* grüne Kolletts mit schwarzen Abzeichen und einer Reihe von weißen Knöpfen. Tschako mit weißem Beschlag; grüner Stutz. Graue Hosen mit roter Biese und schwarzen Streifen. Die Mannschaften grüne Fransenepauletten, Offiziere silberne. Lederzeug weiß. Die *Nationalgarde von Neapel* grüne Kolletts mit einer Reihe gelber Knöpfe, rote Abzeichen, Fransenepauletten und Behänge sowie Hosenstreifen. Weißes Lederzeug. Die *Provinzialmiliz* ebenfalls grüne Fracks; dazu gelbe Kragen und Aufschläge, grüne Achselstücke und weiße Achselwülste, eine Reihe weißer Knöpfe. Weiße Hosen, Tschako mit gelben Beschlägen, weißen Behängen und Stutz. Die *Dra-*

goner (Abb. 40 d) grüne Kolletts mit ebensolchen Kragen und Achselklappen, gelben Kragenpatten, Vorstößen und Achselwülsten. Knöpfe und Helmbeschlag gelb, Helmraupen schwarz, Lederzeug und Hosen weiß. Die *Ulanen der Nationalgarde* ganz ähnlich wie die polnischen Lanciers der Kaisergarde Napoleons I., nur grüne Grundfarbe und grüner Kragen mit weißer Stickerei. Die *Dragoner der Nationalgarde* grüne Kolletts mit ebensolchen Kragen, amarantroten Rabatten und Vorstößen. Gelbe Knöpfe und Achselbänder. Helme wie die französischen Dragoner, aber mit schwarzer Raupe statt des Roßhaarbusches und weißem Stutz. Die *Artillerie* hatte blaue Montur mit rotem Kragen und Aufschlägen, auf ersterem gelbe Granate. Gelbe Knöpfe und weiße Beinkleider. Im weiteren Verlauf lehnte sich die Uniformierung mehr an französische Muster an.

Die *Jäger* (Abb. 40 g) hatten in den vierziger Jahren Tschakos in Form eines abgestumpften Kegels, grüne schwarz beschnürte Jacken mit drei Reihen weißer Knöpfe; gelbe Kragen und Aufschläge, weiße Beinkleider und Lederzeug. Ausgangs der fünfziger Jahre war die Uniformierung der Armee folgende:

Garde du Corps zu Fuß: Blaue Fracks mit roten Kragen, Aufschlägen und Schoßumschlägen. Weiße Ärmelpatten und Litzenbesatz auf der Brust. Gelbe Knöpfe; Epauletten rot mit weißen Fransen, Lederzeug weiß, Hosen paille, schwarze hohe Gamaschen. Pelzmützen mit gelbem Schild, roten Behängen und weißem Stutz. Der Kragen war vorn mit weißen Granaten geschmückt.

Garde-Grenadiere (Abb. 40 i): Fracks wie die Garde du Corps zu Fuß, aber Kragen ohne Granaten, Ärmelpatten und Schoßumschläge blau, rote Fransenepauletten, lange rote Hosen. Weißes gekreuztes Lederzeug.

Die *Schweizer-Infanterie* trug rote Fracks mit ebensolchen Ärmelpatten, beim 1. Regt. hellblaue, 2. Regt. gelbe, 3. Regt. dunkelblaue, 4. Regt. schwarze Kragen und Aufschläge, gelbe Knöpfe vorn in einer Reihe, eine gelbe Litze auf jeder Kragenseite, himmelblaue Hosen, weiße Epauletten und gekreuztes Lederzeug, schwarzes Käppi mit gelbem Beschlag, roten Borten und Doppelpompon.

Die *Jäger* (Abb. 40 k) grüne Jacken mit ebensolchen spitzen Aufschlägen und Kragenpatten. Vorstöße und Kragen gelb, bei den Epauletten Schieber und Feld gelb, Halbmonde und Fransen grün. Letztere Farbe hatten auch die Schützenschnüre. Lederzeug (Gürtelrüstung) und Beinkleider weiß; grünes Käppi mit gelben Borten, Pompon und Jägerhorn.

Die *reitende Garde du Corps:* blaue Fracks mit weißen Kragen, roten Rabatten, Vorstößen und Schoßumschlägen, Fransenepauletten, weiße Brustlitzen und Knöpfe. Weiße Bandeliere, ja nach den Eskadronen mit verschiedenfarbigen Vierecken, weiße Hosen und Stulphandschuhe, hohe Stiefel, weißmetallner Helm mit Pantherfellbräm, gelbem Bügel, schwarzer Raupe und weißem Stutz.

Die *Carabiniers:* blaue Kolletts mit einer Reihe von weißen Knöpfen, weiße Kragen, blaue Aufschläge und Ärmelpatten, alles rot vorgestoßen. Rote Fransenepauletten mit blauen Feldern. Lederzeug, Achselschnüre und Beinkleider weiß. Weißmetallner Helm mit schwarzem Bräm, gelben Beschlägen, Bügel, schwarzem Roßhaarschweif; vorn auf dem Bügel kleiner pinselartiger Stutz, links roter Stutz.

Die *Dragoner* (Abb. 40 l): ganz ähnliche Kolletts mit roten Kragen und Ärmelpatten, Helme ebenso, nur hatte der Bügel statt des Roßhaarschweifs und kleinen Stutzes eine schwarze Raupe.

Die *Gardehusaren:* hellblaue Dolmans mit ebensolchen Kragen, roten Aufschlägen und weißen Schnüren. Rote Hosen und Käppis. Letztere mit schwarzem Roßhaarbusch und weißen Borten.

Die *Lanciers:* blaue Kolletts mit ebensolchen Kragenpatten, rote Kragen, spitze Aufschläge, Rabatten, Hosen, Knöpfe, Fransenepauletten und Lederzeug weiß. Tschapka mit gelbem Beschlag, rotem Oberteil und schwarzem Haarbusch.

Die *Schweizer-Artillerie:* blaue Kolletts, Ärmelpatten und Beinkleider. Kragen, Aufschläge, Vorstöße, Schoßumschläge und Fransenepauletten rot, Knöpfe gelb, vorn in einer Reihe, Käppis schwarz mit roten Borten, Doppelpompon und gelben Beschlägen. Weißes Lederzeug.

Der *Train* trug fast genau dieselbe Uniform wie damals die französische reitende Artillerie, nur waren die spitzen Aufschläge nicht rot, sondern von der blauen Grundfarbe.

Mit der Übergabe des letzten Zufluchtsortes des Königs, der Festung Gaëta 1861, hörte die Armee zu bestehen auf.

Modena
(Kokarde himmelblau-weiß)

1814 glich die Infanterieuniform fast völlig der österreichischen. 1850 dunkelblaue zweireihige Waffenröcke und hechtgraue, weiß vorgestoßene Beinkleider. Für die Mannschaften Tschakos österreichischer Art mit Kokarde und blauer Rose; weißes Lederzeug. Die Offiziere schwarze Röcke, goldbortierte Tschakos. Jäger hechtgraue Waffenröcke und Beinkleider, grasgrüne Aufschläge, korsische Hüte mit schwarzem Federbusch; schwarzes Lederzeug und weiße Knöpfe. Die Dragoner hatten mittelblaue Waffenröcke und Hosen mit gelben Abzeichen und Vorstößen. Schwarze Bügelhelme mit Messingbeschlag, zur Parade auf dem Helmbügel blau und weiße Raupe, weiße Knöpfe und weißes Lederzeug. Artillerie ganz dunkelblau mit schwarzen rot vorgestoßenen Abzeichen, Hüte wie die Jäger. Lederzeug weiß. Pioniere dunkelblaue Röcke mit kirschroten Abzeichen, hechtgraue Hosen mit kirschrotem Vorstoß, Tschakos mit schwarzen Federbüschen, schwarzes Lederzeug. Offiziere goldbortierte Hüte. Generale dunkelblaue Röcke mit roten Abzeichen, Hüte mit grünen Federbüschen, Rangabzeichen österreichisch.

Abb. 41. Modena.
a, b Infanteristen – c Dragoner

Abb. 42. Parma.
a, c Infanteristen – b Guide

Die Vereinigung des Herzogtums mit Italien erfolgte 1860. Bis zum Jahre 1863 blieb als einzige Truppe der Kleinstaaten eine Brigade »Brigate Estense« im Dienst des Herzogs bestehen. Die Uniform blieb die gleiche. Zum Felddienst wurde ein Leinenrock getragen.

Parma

(Kokarde rot-weiß, 1840 blau-gold, seit 1851 rot-blau und gold)

1814 trug die Infanterie hellblaue, einreihige Kolletts mit roten Abzeichen. Die Tschakos erhielten 1830 eine niedrige, oben weit ausladende Form. 1840 zweireihige dunkelblaue Fracks, dunkelblaue Hosen, zylindrische Tschakos. Grenadiere Pelzmützen österreichischen Modells, gelbe Knöpfe. Artillerie und Genie karminrote Abzeichen.
1852 trug die Infanterie blaue Waffenröcke preußischen Musters mit gelben Knöpfen; Achselklappen, Ärmelpatten und Schoßtaschen beim 1. Batl. hellblau, beim 2. weiß, beim 3. gelb. Pickelhauben mit gelben Beschlägen, weißes Kreuzbandelier. Hellblaue Hosen. Die Garde-Grenadiere hatten 1859 alle Abzeichen rot, gelbe Litzen auf Kragen und Aufschlagspatten, rote Haarbüsche, Stab und Unterstab weiß. Die Garde-Musketiere trugen die gleiche Uniform mit folgenden Abweichungen: schwarze Haarbüsche, schwarzes Lederzeug und weiße Litzen. 1859 fielen die Aufschlagspatten fort. Die Offiziere bekamen österreichische Rangabzeichen unter Beibehalt der Epauletten.
Jäger grüne Waffenröcke mit schwarzen, rot vorgestoßenen Abzeichen, schwarze Haarbüsche, schwarzes Lederzeug. 1859 Fortfall der roten Vorstöße, grüne anstatt der hellblauen Hosen.
Die Reiterei (Guiden) trug 1850 zweireihige dunkelblaue Waffenröcke mit roten Abzeichen, Pickelhauben mit weißen Haarbüschen, weißes Bandelier, Paßgürtel. Lanzen mit rot-gelb-blauen Fähnchen. 1859 statt der Pickelhauben sardinische Kavalleriekäppis, gelbe Fransenepauletten und Fangschnüre.
Artillerie 1853 schwarze Kragen mit gelben Litzen, rote Vorstöße. 1859 fielen die Litzen fort. Reitende Artillerie 1859 fahlledernes Bandelier und Leibkoppel, zweireihige Waffenröcke mit roten Nähten. Genie wie Artillerie, jedoch mit weißen Knöpfen und schwarzem Lederzeug.
Die Generale dunkelblaue Waffenröcke, rote, goldbestickte Kragen und Aufschläge, eine Reihe gelber Knöpfe und goldene Achselbänder sowie goldene Schärpen. Pickelhauben mit gelbem Beschlag und weißem Federbusch. Hellblaue Beinkleider. Mäntel weiß nach Art der österreichischen Artillerie. Bis 1859 bestanden die Rangabzeichen der Offiziere in 1–3 Streifen längs den Aufschlagkanten, auf den Epauletten Lilien an Stelle der Rangsterne; Stabsoffiziere Epauletten mit Fransen und Streifen in Wellenform. Am 18. März 1860 wurde Parma mit Italien vereinigt.

Abb. 43. Toskana.
a, b, c Infanteristen

Toskana
(Kokarde weiß-rot)

In der Restaurationsperiode trug die *Infanterie* weiße Kolletts mit gerade herabgehenden Rabatten sowie weiße Beinkleider. Tschakos. Die Grenadiere zur Parade Pelzmützen, Behänge und Epauletten wie in Frankreich. Die Abzeichen waren regimenterweise verschieden. Die *Reiterei* hatte grüne Kolletts mit hellblauen Abzeichen; vorn zwei Reihen gelber Knöpfe, gelbe Schuppenepauletten mit roten Fransen, graue Beinkleider mit hellblauen Streifen, weißes Lederzeug. Tschako mit gelben Beschlägen und rot-gelb-grünem Stutz (das Grün unten). 1848 hatte die Infanterie einreihige weiße Kolletts, sehr ausladenden Tschako, hellblaue Hose, 1849 zweireihigen dunkelblauen Waffenrock mit sächsischen Aufschlägen, Rangabzeichen österreichischer Art. Generale, Kavallerie und Infanterie Kragen, Aufschläge und Vorstöße rot, Infanterie weiße Knöpfe. Lederzeug weiß. Hose hellblau mit rotem Vorstoß, Generale und Kavallerie Lampassen, Veliten (Garde-)Bataillon rote Hosen. Generale goldbortierte Hüte mit grünem Federbusch, Kavallerie schwarze Lederhelme mit Messingbügel und Beschlag, Infanterie und Artillerie Tschakos, Veliten mit rotem Busch. Die Feld- und Festungs-Artillerie hatte Kragen und Aufschläge mit gelbem bzw. rotem Vorstoß, Hosen lichtgrau mit entsprechendem Vorstoß, Lederzeug fahlgelb.

1859 werden bei allen Waffengattungen die Knöpfe gelb. Der Rock erhält Vorstoß auch um die Schöße und über dem Aufschlag zwei Knöpfe. Die Uniform des Jägerbataillons wie Österreich, bis auf die Kokarde. Am 22. März 1860 wurde Toscana dem Königreich Italien einverleibt.

Die cisalpinische Republik und das Königreich Italien unter dem Vizekönig Eugen
(Kokarde grün-weiß-rot)

1796 wurde eine *lombardische* und *cisalpinische Legion* errichtet. Die Uniform bestand aus dunkelgrünen Röcken, im Schnitt wie die damalige polnische Armee; nur war der Kragen stehend, und vorn befand sich statt der Rabatten nur eine Reihe weißer Knöpfe, an welcher ein weißer Vorstoß entlanglief. Achselklappen, vordere Umschläge der Schöße und spitze Aufschläge rot. Beinkleider grün mit roten Streifen, kurze schwarze Gamaschen, schwarze, links aufgeschlagene Hüte, vorn ein gelbes Schild mit der Inschrift: Viva la liberta. Auf der aufgeschlagenen Krempe Kokarde mit gelber Agraffe, darüber Stutz, unten grün, dann rot, oben weiß. Das weiße Lederzeug wurde gekreuzt getragen.

Die *cisalpinischen Husaren* ganz grüne, weiß beschnürte Uniform. Als Kopfbedeckung eine Art spitzen Tschakos (Abart der Flügelmütze) mit weißen Borten, vorn Stutz wie auf den Hüten der Infanterie.

Die *cispadanischen Jäger zu Pferde* die gleiche Uniform, als Kopfbedeckung schwarze Filzmützen mit gelbem Flügel und kleinem schwarzem Augenschirm. Später trug die *Linien-Infanterie* grüne Röcke, Westen und Hosen französischen Schnitts, rote Kragen, Aufschläge und Schoßumschläge mit weißen Vorstößen, weiße Rabatten mit roten Vorstößen, weiße Knöpfe, hohe schwarze Gamaschen, weißes gekreuztes Lederzeug. Hüte wie die französische Infanterie mit Kokarde geschmückt. 1801 bestanden *zwei Husarenregimenter*. Das erste hatte rote Dolmans und Hosen, hellgrüne Kragen, Aufschläge und Pelze. Beschnürung, Lederzeug und Tschakobehänge sowie rhombischer Tschakobeschlag weiß, vorn unten grüner, oben roter Stutz. Das zweite Regiment ganz grün mit roten Kragen, Aufschlägen und Pelzen, Tschakos wie beim ersten Regiment, nur statt des rhombischen Beschlages Kokarde mit Agraffe. Die *Fuß-Artillerie* wie damals die Infanterie, nur waren Kragen, Aufschläge, Ärmelpatten und Rabatten schwarz mit roten Vorstößen.

Unter dem Vicekönig Eugen Napoleon (Beauharnais) waren die Abzeichen folgendermaßen gestaltet:

Die *Garde-Grenadiere* dieselbe Uniform wie die Grenadiere der alten Garde Napoleons I., nur war alles, was dort blaue Farbe hatte, hier grün. Knöpfe und Beschlag an der

Pelzmütze weiß. Die Uniform der *Karabiniers der Garde* entsprach ganz und gar derjenigen der Jäger zu Fuß der alten Garde Napoleons, ebenfalls mit dem Unterschied, daß die blaue Farbe an Stelle der grünen und die weißen Knöpfe an Stelle der gelben traten. Die *Veliten-Grenadiere* hatten die gleiche Uniform, nur weiße Grundfarbe, grüne Abzeichen und gelbe Knöpfe. Die Veliten-Karabiniers spitze Rabatten und Aufschläge, Pelzmützen und Epauletten wie die Karabiniers, sonst wie die Veliten-Grenadiere. Die Jäger der Garde trugen grüne Uniformen mit grünen Rabatten; Kragen und Ärmelpatten rot, alle Vorstöße weiß, gelbe Knöpfe, Tschakos mit weißer Randborte, weiße Behänge, Adlerbeschlag, grüne Epauletten mit roten Monden und Fransen. Die *Linien-Infanterie* denselben Schnitt wie die französische. 1807 wird der Tschako eingeführt, 1810 fällt der Behang fort. Grundfarbe seit 1806 weiß.

Abzeichen:

Regiment	Kragen	Rabatten	Aufschläge	Ärmelpatten	Schoßumschläge
Nr. 1	grün	rot	rot	grün	rot
Nr. 2	weiß	rot	weiß	rot	weiß
Nr. 3	rot	rot	rot	rot	rot
Nr. 4	rot	weiß	weiß	grün	weiß
Nr. 5	rot	grün	grün	rot	weiß
Nr. 6	weiß	grün	weiß	grün	weiß
Nr. 7	grün	weiß	rot	keine	weiß

Alle roten oder grünen Abzeichen hatten weiße Vorstöße, alle weißen grüne oder rote. Die Knöpfe waren gelb, nur beim 4., 5. und 7. Regiment weiß. Letzteres Regiment hatte keine Ärmelpatten, sondern spitze Aufschläge. Achselklappen in den Farben der Rabatten. Die Voltigeure trugen die Uniform der französischen Linien-Infanterie, aber grüne Grundfarbe. Im Feld legten sie meist den einreihigen Rock (mit französischen Aufschlägen) an.

Die *leichte Infanterie* trug grüne Röcke mit ebensolchen, spitz geschnittenen Rabatten, grüne Beinkleider und gelbe Knöpfe. Die Karabiniers, welche die Stelle der Grenadiere vertraten, waren wie in Frankreich durch Pelzmützen und Grenadier-Epauletten ausgezeichnet.

Bei der Kavallerie sind an erster Stelle die *Ehren-Garden* zu nennen. Grüne Röcke, im Schnitt wie bei den französischen Dragonern. Kragen, Rabatten und Aufschläge mit

Regiment	Kragen, Aufschläge, Vorstöße	Weste	Schoßumschläge
Nr. 1	rot	grün	weiß
Nr. 2	gelb	gelb	gelb
Nr. 3	weiß	weiß	weiß
Nr. 4	hellblau	hellblau	hellblau

weißen Litzen besetzt. Knöpfe weiß, Schuppenepauletten gelb; Westen. Hosen und Lederzeug weiß, hohe Stiefel. Gelbmetallner Helm mit weißen Beschlägen, gelber Bügel in Gestalt eines Adlers, schwarze Raupe, links weißer Stutz. Kragen, Aufschläge, Rabatten, Schoßumschläge und Vorstöße um die langbesetzten Taschenpatten, je nach den Kompanien verschieden. Die 1. Kompanie Mailand rosa, 2. Bologna gelb, 3. Brescia chamois, 4. Romagna scharlachrot, 5. Venedig orange.

Die *Garde-Dragoner* hatten ganz und gar die Uniform der entsprechenden französischen Truppe, nur waren Knöpfe und Achselschnüre weiß.

Die beiden *Linien-Dragonerregimenter* waren ebenfalls den französischen zum Verwechseln ähnlich. Röcke und Achselklappen grün; Unterkleider, Lederzeug und Knöpfe weiß. Das 1. Regiment (Dragoni regina) rosa Kragen, Aufschläge, Rabatten, Schoßfutter und Vorstöße. Helm wie bei den französischen Dragonern, links grüner Stutz. Das 2. Regiment (Dragoni Napoleone) Abzeichen karminrot (1812 rot, Kragen grün), Helm ebenfalls wie die französischen Dragoner, nur statt mit Pantherfell mit schwarzem Pelz verbrämt. Links schwarzer Stutz mit karminroter Spitze.

Die *Jäger zu Pferd* trugen grüne Kolletts und ungarische Hosen; vorn war das Kollett mit einer Reihe weißer Knöpfe geschlossen und mit weißen Bandlitzen verziert. Die Beinkleider mit weißen ungarischen Knoten und Seitenvorstößen. Ungarische Stiefel mit weißer Einfassung um die Schäfte. Das 1., 2. und 4. Regiment Tschakos, vorn ohne Dekoration, nur oben mit Kokarde und Agraffe geschmückt. An den Seiten weißer Bortenbesatz, in der Form eines Sparrens mit der Spitze nach oben gerichtet. Weiße Schuppenketten. Über der Kokarde grüner Stutz mit Spitze in der Regimentsfarbe. Das 3. Regiment trug Pelzmützen, vorn oben gleichfalls mit der Kokarde geschmückt, darüber roter Stutz. Kragen, Aufschläge und Schoßumschläge beim 1. Regiment gelb, beim 2. und 3. rot, beim 4. violettkarmin.

Die *Fuß-Artillerie* hatte die alten Uniformfarben und trug schirmlose Tschakos mit roten Behängen. Die *reitende Artillerie* grüne Kolletts und Hosen, ebenso Kragen und spitze Aufschläge, rote Vorstöße, Brustlitzen, Schoßumschläge und Fransenepauletten. Als Kopfbedeckung schwarze Tschapka, unten mit schwarzem Pelz verbrämt, roter Stutz. Die *Fuß-Artillerie der Garde* wie die Linien-Artillerie, nur rote Fransenepauletten und Pelzmützen mit rotem Stutz und Behängen. Die *reitende Garde-Artillerie* dunkelblaue, rotbeschnürte Husarenuniform mit gelben Knöpfen, wie die entsprechende französische Truppe, auch die gleiche Kopfbedeckung. Genie, wie Artillerie, nur Tschako mit Augenschirm, rote Epauletten, schwarze polnische Aufschläge. *Garde-Train* graue Uniformen mit grünen Abzeichen und Brustlitzen, der der reitenden Artillerie Tschapkas. *Linien-Artillerie-Train* Uniform wie Artillerie, nur grüne, rotvorgestoßene Kragen und Rabatten, rote polnische Aufschläge, Tschako mit Schirm und ohne rote Borte. *Train der reitenden Artillerie* wie reitende Artillerie, aber Tschakos, *Fuhr-Train* einreihige grüne Röcke, rote Kragen, Achselklappen und polnische Aufschläge. *Genie-Train* wie der der reitenden Artillerie, jedoch grüne Aufschläge und Kragen, rote Epauletten, Metall weiß. Alle Train-Formationen lederne Hosen.

Generalität wie in Frankreich, doch statt blauer grüne Fracks, statt goldener Knöpfe und Stickerei silberne. Zur großen Uniform Kragen und Aufschlag amarant, auf der Brust litzenartige Stickerei.

Infolge der Ereignisse des Jahres 1814 löste sich die Armee auf.

Königreich Italien
(Kokarde grün-weiß-rot)

Das Heer des geeinigten Königreiches trug zunächst die ehemalige sardinische Uniform weiter. 1871 wurde eine neue Bekleidung für das Heer eingeführt. Das allgemeine Wehrmachtsabzeichen Italiens ist seitdem der auf den Kragenenden befestigte fünfstrahlige Aktivitätsstern, der stets weiß bzw. silbern und nur für die Generale golden ist. Sämtliche Offiziere tragen zu allen dienstlichen Verrichtungen, bis 1915 auch zum Felddienst, eine hellblaue seidene Schärpe mit gleichfarbigen Quasten von der rechten Schulter ziemlich kurz gebunden zur linken Hüfte.

I. Infanterie

1871 bis 1903. Da die eingeführte Uniform im Grundschnitt für alle Waffengattungen dieselbe ist, wird sie bei der Infanterie eingehend beschrieben und bei den anderen Waffen- und Truppengattungen nur die Abweichungen erwähnt. Der ziemlich kurzschößige dunkelblaue Waffenrock hat bei den Mannschaften eine, bei den Offizieren zwei Reihen weißer Knöpfe, liegenden Kragen und spitze Aufschläge (Abb. 44c, d). Er ist waffenfarbig, bei der Infanterie rot, vorgestoßen um Kragen und Aufschlagaußenrand, Rockvorderteil, Rockschöße, die geraden, mit zwei Knöpfen besetzten Schoßtaschenleisten, die abgerundeten Achselklappen und bei den Fußtruppen auch um die Schulterwülste. Kragen und Aufschlag sind bei der Infanterie dunkelblau, die geschweiften Kragenpatten schwarz, ebenso die Achselklappen und Schulterwülste, auf denen die Regimentsnummer in weiß angebracht ist. Die Offiziere haben zum zweireihigen Rock Kragen und Aufschläge schwarz mit rotem Vorstoß. Dazu verschieden geprägte Epauletts in Knopffarbe mit dünnen bzw. dicken Fransen, zum Felddienst und außerdienstlich einfache bzw. doppelte knopffarbige Schulterschnüre. Die Grenadierbrigade, Grenadierregimenter 1 und 2, haben rote Kragenpatten, ihre Offiziere Kragen und Aufschläge rot mit einer silbernen Gardelitze preußischen Modells am Kragen. Die Hosen sind blaugrau mit Vorstoß, Offiziere mit Besatzstreifen in roter Farbe. Der konische Tschako hat dunkelblauen Tuchbezug, schwarzen Lackschirm, darüber weißen, fünfstrahligen gekrönten Stern mit Regimentsnummer, roten Pompon mit Kompanienummer in Weiß sowie roten Behang, bei Offizieren alles in Silber. Der dunkel-grau-blaue Mantel hat eine, für Offiziere zwei Reihen Knöpfe, liegenden Kragen mit Aktivitätsstern, bei Mannschaften Achselklappen und Schulterwülste wie am Rock. Zum Felddienst werden die Schöße zurückgeschlagen. Das Lederzeug ist weiß, Patronentasche schwarz. Außerdienstlich wird ein dunkelblaues Käppi getragen mit waffenfarbigen Vorstößen und Waffenabzeichen, hier gekreuzten Gewehren mit Krone darüber; Grenadiere flammende stehende Granate, Offiziere um das Band Rangtressen.

Die Infanterieregimenter 1–94 sind zu je 2 zu Brigaden zusammengefaßt, die einen Landschaftsnamen tragen.

Bei den Bersaglieri-Regimentern 1–12 sind die Vorstöße und die an der Rückseite doppelt geflammten Kragenpatten karmin, bei den Offizieren auch die Ärmelaufschläge. Die Knöpfe sind gelb, die Hosen dunkelblau. Die Kopfbedeckung ist ein runder schwarzer Lederhut mit breiter gerader Krempe, der vorn ein gelbes Jagdhorn mit flammender Granate auf großer Seidenkokarde, rechts einen großen, lang herunterfallenden grünen Hahnenfederbusch trägt (Abb. 44a). Statt der Mütze trägt die Mannschaft einen roten weichen Fez mit blauer Quaste. Lederzeug und Handschuhe sind schwarz. Statt des Mantels wird ein kurzer dunkelblauer Umhang getragen.

Die Alpenjägerbataillone (Alpini) haben zu den roten Vorstößen grüne Kragendoppelflammen, die Offiziere auch grüne Aufschläge, sonst wie Infanterie. Statt des Tschakos schwarzer Lederhut mit gekröntem Adler vorn. Große Kokarde. Aufrecht stehende braune Adlerfeder links (Abb. 44 b). Lederzeug und dunkelblauer Umhang, wie Bersaglieri. Zum Felddienst erhalten die Kopfbedeckungen aller Truppen weiße Tuchüberzüge mit Regiments- bzw. Bataillonsnummer vorn, auch werden vielfach Drillichhosen angelegt.

1903 bis 1915. Der Waffenrock erhält etwas längere Schöße und verliert die farbigen Rockvorstöße. Der Kragen erhält Stehumlegeform. Auf den Kragenenden werden brigadeweise verschiedenfarbige Patten, hinten spitz mit kleinem Knopf, befestigt. Farbe und Aussehen der Kragenpatten ergeben sich aus folgendem Schema:

I. Farbe der Kragenpatte	II. Patte wie I, dazu schmaler Mittelstreifen	III. Patte wie I, dazu schmale Randvorstöße
weiß Brigade Regina Regimenter 9,10	rot Bologna 39, 40 grün Puglia 71, 72 schwarz Savona 15, 16 blau Lombardia 73, 74 karmin Napoli 75, 76	rot Ravenna 37, 38 karmin Modena 41, 42 blau Forli 43, 44 grün Reggio 45, 46, schwarz Valtelina 65, 66
gelb Casale 11, 12	schwarz Aqui 17, 18	schwarz Ancona 69, 70 rot Messina 93, 94
rot Piemonte 3, 4	schwarz Aosta 5, 6 grün Calabria 59, 60 weiß Toscana 77, 78	schwarz Pinerolo 13, 14 grün Sicilia 61, 62 weiß Cagliari 63, 64 gelb Roma 79, 80 weiß Salerno 89, 90
karmin Cuneo 7, 8	schwarz Brescia 19, 20 blau Venetia 83, 84 weiß Basilicata 91, 92	
blau Como 23, 24	rot Bergamo 25, 26 weiß Marche 55, 56 gelb Torino 81, 82 schwarz Friuli 87, 88	rot Ferrara 47, 48 weiß Parma 49, 50 schwarz Palermo 67, 68 gelb Verona 85, 86
orange Livorno 33, 34	schwarz Pistola 35, 36	
schwarz		rot Re 1, 2 gelb Siena 31, 32 rot Cremona 21, 22 schwarz Pisa 29, 30
grün Alpi 51, 52	rot Pavia 27, 28 weiß Umbria 53, 54 schwarz Abruzzi 57, 58	

Die Grenadiere erhalten Kragen und Aufschläge vollfarbig rot. Am Kragen weiße bzw. silberne Gardelitze. Das Lederzeug wird durchgängig schwarz. Die Offiziere aller Waffengattungen tragen zum Felddienst eine dunkelblaue Bluse mit gleichfarbigen spitzen Aufschlägen und Achselklappen, Kragen wie am Waffenrock. Die Rangabzeichen werden auf den Achselklappen angebracht. Bei den Bersaglieri und Alpini fallen die farbigen Vorstöße am Rock und Kragen fort. Die Alpini erhalten grüne Vorstöße an den Aufschlägen, Achselklappen, Schulterwülsten und Hose.

1915 bis 1934. Bei Eintritt Italiens in den I. Weltkrieg wurde die seit 1908 in Erprobung befindliche graugrüne Felduniform eingeführt. Die Feldbluse hat spitze Aufschläge, Achselklappen und Stehkragen, Bersaglieri Stehumlegekragen mit farbigen Kragenpatten. Die Offiziere aufgesetzte Brust- und Seitentaschen. Schwarzgraues, später feldgraues Lederzeug. Die farbigen Hosenvorstöße und Besatzstreifen fallen zunächst weg und werden erst später in anderer Form wieder eingeführt. Die während des Krieges neu aufgestellten Brigaden erhalten die Kragenpatten senkrecht oder waagrecht verschiedenfarbig gestreift. Von den Neuformationen sind nur folgende bestehen geblieben: Sassari 151, 152 rot-weiß waagerecht, Liguria 157, orange-blau waagerecht, Arezzo 285 gelb-blau senkrecht, Avellino 231, 232 rot-gelb senkrecht gestreift.

Zur Felduniform gehört ein Käppi mit Waffenabzeichen vorn über dem grauen, später schwarzen Lederschirm mit sehr breiten Kinnriemen. Offiziere Rangabzeichen silber, während des I. Weltkriegs aus grün-grauer Seide. Die Bersaglieri behalten die karminfarbige Doppelflamme, Rangabzeichen gold, Lederhut mit grauem Überzug. Alpini grüne Doppelflamme, graue Wickelgamaschen, grauer Filzhut mit hinten und an der Seite hochgeschlagenem Rand, vorn Waffenabzeichen (Jagdhorn auf gekreuzten Gewehren, fliegender Adler darüber), links Adlerfeder. Der Stahlhelm hat französischen Schnitt ohne Abzeichen über der Stirn. Nach dem Krieg erhalten die Offiziere schwarze Kragen zu den farbigen Patten und Flammen, bei der Infanterie dazu

Abb. 44. Das Königreich Italien 1890.
a Bersagliere – b Alpenjäger – c Infanterist – d Infanterie-Offizier – e Linien-Kavallerie-Offizier – f Lanzenreiter – g Leichter Reiter – h Artillerie-Offizier – i Karabinier – k Kürassier-Offizier – l General

einen roten Vorstoß am Außenrand. Das Käppi wird sehr hoch mit waffenfarbigem Vorstoß am oberen Bandrand und an den Seitennähten. Die Hosen erhalten schwarze Doppelstreifen mit abzeichenfarbigen Vorstößen für die Offiziere und Vorstöße für die Unteroffiziere.

1934 findet eine völlige Neugestaltung im Schnitt der Uniformen statt. An Stelle des Käppis tritt eine graugrüne Tellermütze (Reichswehrmodell) ohne farbige Verzierungen für alle Waffengattungen. Sie trägt über dem schwarzledernen Schirm und gleichfarbigen Kinnriemen das Waffenabzeichen, für die Infanterie gekreuzte Gewehre mit Regimentsnummer auf dem Schnittpunkt und Krone darüber, sowie für Offiziere die Rangtressen auf dem Band. Der Feldrock wird, ebenfalls für alle Waffengattungen gleich, ein Jackett englischen Musters mit aufgesetzten Brust- und Seitentaschen. Das Jackett ist mit einer Reihe von vier Knöpfen geschlossen. Der Jackettkragen, für Offiziere schwarz mit rotem Vorstoß, behält die farbigen Kragenpatten (siehe Schema). Diese werden jedoch rechteckig und verlieren den Knopf am hinteren Ende. Die grüngrauen spitzen Achselklappen mit waffenfarbigem Vorstoß tragen das Waffenabzeichen in Gelbmetall, bei Stabsoffizieren ist die Achselklappe mit Goldschnur eingefaßt. Die Rangabzeichen der Offiziere werden in Litzenform auf den Ärmeln angebracht. Gleichzeitig erhalten alle Truppen bis zum Oberst einschließlich goldene Knöpfe, Waffenabzeichen und Rangtressen. Der Aufschlag ist rund und bei den Offizieren der kämpfenden Truppenteile mit waffenfarbigem, hier rotem Vorstoß versehen. Bei den Bersaglieri und Alpini treten unter Berücksichtigung der abweichenden Waffenfarbe die gleichen Änderungen ein. Die Waffenabzeichen sind hier Waldhorn mit flammender Granate auf gekreuzten Gewehren und gekröntes Waldhorn auf gekreuzten Gewehren. Die Grenadiere, seit Bildung der Divisionsverbände Grenadierregimenter 1–3, behalten die weiß-silberne Kragenlitze auf dem roten Kragen. Ihr Waffenabzeichen ist eine flammende Granate.

Gleichzeitig wird für die Offiziere aller Waffengattungen eine weiße Uniform gleichen Schnitts wie die Felduniform, aber ohne farbigen Kragen und ohne Besatzstreifen an den langen Hosen sowie eine schwarze Gesellschaftsuniform eingeführt. Diese besteht aus einer schwarzen Tellermütze mit Waffenabzeichen und Rangtressen ohne farbige Verzierungen und einem mittellangen zweireihigen Waffenrock, dessen Stehumlegekragen und Aufschläge im allgemeinen dieselben Farben, Vorstöße und Kragenpatten haben wie der Waffenrock 1903–1915. Bei der Infanterie werden jedoch zu den schwarzen, rot vorgestoßenen Samtkragen die Brigadepatten nicht getragen. Zum Rock werden entweder schwarze spitze Achselstücke mit goldenem Waffenabzeichen und Rangsternen, bei Stabsoffizieren goldener Randeinfassung, oder aber die jetzt stets goldenen Epauletts getragen. Die Hose hat bei der Infanterie und den Grenadieren je zwei rote Besatzstreifen. Die Epaulet-

Abb. 45. Italien 1908–1936.
a, c, d, g, h Infanteristen – b Kavallerist – e Bersagliere – f Alpini-Offizier – i Infanterie-Offizier – k Generalmajor – l Askari-Unteroffizier

ten werden auch zur Parade bei der graugrünen Uniform, bei Bersaglieri und Alpini zusammen mit dem Leder- oder Filzhut der Vorkriegszeit, angelegt.

1935 werden ein neuer enganliegender Stahlhelm ohne Rand mit gelbem Waffenabzeichen über der Stirn und eine bootsförmige Feldmütze mit aufgeschlagenem Tuchschirm, Ohrenschutz und Nackenteilen, alles vorgestoßen in Abzeichenfarbe mit Waffenabzeichen auf dem aufgeschlagenen Tuchschirm und Rangabzeichen an der linken Seite, eingeführt.

Die nach dem I. Weltkrieg zur selbständigen Waffengattung gewordene Panzertruppe trägt seit ihrer Errichtung Infanterieuniform, jedoch statt der Brigadepatte eine rote Doppelflamme am Kragen.

II. Kavallerie

Nach der Einigung Italiens wurde die leichte Kavallerie stark vermehrt. Der Waffenrock der Kavallerie ist dem der Infanterie gleich. Die Knöpfe sind durchgängig weiß, ebenso das Lederzeug. Offiziere silberbetreßtes Bandelier mit reichverzierter Kartusche. Die Offiziere tragen an den graublauen Hosen je zwei mittelbreite Besatzstreifen in Vorstoßfarbe, die Mannschaften ebensolche in schwarzer Farbe. Die Kragenpatten der Kavallerieregimenter bilden an der Rückseite eine dreispitzige Flamme.

Zahl und Abzeichen der Kavallerieregimenter für die Zeit von 1871–1903 ergeben sich aus folgendem Schema:

Nummer und Name	Kragen	Aufschläge	Vorstoß	Besonderes
1. Nizza	karmin	karmin	karmin, am Kragen weiß	weißer Helm mit gelbem Bügel und Schuppenketten, schw. Bräm m. weißem Kreuz. Waffenabzeichen an Käppi und Achselkl. flammende Granate weiß. Cavallerie di Linea.
2. Piemonte	rot	rot	rot	
3. Savoya	schwarz	schwarz	rot	
4. Genua	gelb	gelb	gelb	

Nummer und Name	Kragen	Aufschläge	Vorstoß	Besonderes
5. Novara	weiß	schwarz	weiß	dunkle Pelzmütze m. brauner Feder und Behang in Vorstoßfarbe. Waffenabzeichen gekreuzte weiße Lanzen mit Krone darüber. Lancieri.
6. Aosta	rot	schwarz	rot	
7. Milano	karmin	schwarz	karmin	
8. Montebello	grün	grün	rot	
9. Firenze	orange	schwarz	orange	
10. Vittorio Emanuele II.	gelb	schwarz	gelb	
11. Foggia	rot, Flamme schwarz	rot	rot	
12. Saluzzo	schwarz, Flamme gelb	schwarz	gelb	
13. Monferrato	schw., Flamme karmin	schwarz	karmin	
14. Alessandria	schw., Flamme orange	schwarz	orange	
15. Lodi	rot, Flamme schwarz	schwarz	rot, am Kragen weiß	
16. Lucca	weiß, Flamme schw.	schwarz	weiß	Pelzmütze wie Lancieri. Waffenabzeichen Jagdhorn mit Krone darüber. Cavalleggeri.
17. Caserta	schwarz, Flamme rot	schwarz	rot	
18. Piacenza	schwarz, Flamme grün	schwarz	grün	
19. Guide	hellbl., Flamme weiß	hellblau	weiß	
20. Roma	schw., Flamme weiß	schwarz	weiß	
21. Padua	karmin, Flamme schw.	schwarz	karmin	
22. Catania	rot, Flamme schw.	schwarz	rot	
23. Umberto I	weiß, Flamme hellbl.	weiß	hellblau	
24. Vicenza	weiß, Flamme rot	weiß	rot	

Nr. 1–4 (Cavalleria di Linea, Abb. 44, e) und 5–10 (Lancieri, Abb. 44, f) führen Lanzen mit königsblauer zweispitziger Flagge, die Regimenter 11–24 (Cavalleggeri, Abb. 44, g) haben nur Säbel und Karabiner.

1903 traten für die Kavallerieregimenter dieselben Veränderungen ein wie bei der Infanterie, jedoch verlieren die Kavallerieregimenter bis auf Nr. 3 auch den Kragenvorstoß. Die Hosenbesatzstreifen der Offiziere erhalten dementsprechend die Farbe des Kragens bzw., wenn der Kragen schwarz ist, die Farbe der Kragenflamme. Das Regiment 22 Catania erhält orange als Abzeichenfarbe. Die Regimenter 19 Guide, 23 Umberto I und 24 Vicenca verlieren die farbigen Aufschlagvorstöße. Die vorstoßfarbigen Behänge der Pelzmütze der Lanzenreiter und leichten Kavallerieregimenter fallen fort. Die graugrüne Felduniform ist für die Kavallerie im Schnitt und Aussehen die gleiche wie die der Infanterie. Der Stehkragen bleibt wie am Waffenrock, Nr. 2 Piemonte erhält schwarzen Vorstoß. Bis zur Einführung des Stahlhelms wird von der Kavallerie vielfach ein graugrün überzogener Tropenhelm getragen, der an der Vorderseite das Waffenabzeichen trägt (Abb. 45, b). Kurze Zeit vor Ausbruch des I. Weltkrieges wurde die italienische Kavallerie um 5 Regimenter verstärkt, deren Abzeichen an der feldgrauen Bluse folgende sind:

Lancieri di Mantura schwarzer Kragen mit weißem Vorstoß,
Lancieri di Vercelli hellblauer Kragen mit rotem Vorstoß,
Cavalleggieri di Acquila Kragen karmin mit weißer Flamme,
Cavalleggieri di Treviso Kragen hellblau mit roter Flamme,
Cavalleggieri di Udine Kragen weiß mit grüner Flamme.

Die Bekleidungsentwicklung folgt im Schnitt und der Mode entsprechend der der Infanterie. Nach dem Krieg verbleiben nur die Regimenter 1–6, 9, 10, 12, 13, 14, 19 mit den bisherigen Nummern, Namen und Abzeichen. 1934 werden auch bei der Kavallerie alle Metallteile gelb. Das Regiment 2 Savoya verliert den roten Kragenvorstoß. Der Bügelhelm und die Pelzmütze werden für Paradezwecke beibehalten. Die schwarze Gesellschaftsuniform ist im Schnitt der der Infanterie gleich. Kragen und Aufschläge tragen die Farbe aus der Zeit von 1903–1915. Die Hose erhält abzeichenfarbige Lampassen. Neben den Feldregimentern besteht noch eine Kürassiergarde (Abb. 44, k), die besonders zum Dienst bei der Person des Königs bestimmt ist. Der Waffenrock ist dunkelblau mit roten Abzeichen und weißen Knöpfen; bei Offizieren silberne Kragen- und Aufschlagstickerei, Mannschaften weiße Litzen. In der Regel dunkelblaue Beinkleider mit roten Streifen, zur Parade weiße Hosen in hohen Stiefeln, weißer Küraß und silberne Epauletten. Der weiße Helm mit gelbem Bügel, Beschlag und Schuppenketten trägt schwarzen Roßhaarbusch, hinten Bügel und weißen Stutz links.

III. Artillerie, Genie, Carabinieri

Die Entwicklung der Artillerieuniform im Schnitt und Aussehen folgt eng der der Infanterie. Nur sind die Knöpfe gelb und die Vorstöße orange-gelb. Die Hosen sind dunkelblau. Auf dem Tuchtschako der Zeit von 1871–1903 befindet sich über dem Pompon ein schwarzer aufrechtstehender Stutz, bei der reitenden Artillerie ein langer, an der rechten

Tschakoseite abgebundener schwarzer Roßhaarbusch (Abb. 44, h). Das Waffenabzeichen der Artillerie sind gekreuzte Kanonenrohre an dem Käppi mit flammender Granate darüber. Lederzeug war bis 1903 fahlgelb, dann schwarz; reitende Artillerie mit Bandelier und Kartusche. Die Genietruppe hat die gleiche Uniform wie die Artillerie, nur statt der gelben Vorstoßfarbe karmin.

Am Stehkragen der grün-grauen Felduniform hatte Artillerie und Genie zunächst schwarze, waffenfarbig vorgestoßene, hinten in eine Flamme endigende Kragenpatten, seit den 20er Jahren jedoch vollfarbig schwarze Kragen mit waffenfarbigem Vorstoß.

Die Gendarmerie (Carabinieri Reali) zählt zur Wehrmacht und trägt daher auch den Aktivitätsstern. Der Hut wird von den Mannschaften quer, von den Offizieren längs getragen. Der Stutz, bei den Offizieren ein hängender Federbusch, ist unten himmelblau, oben rot. Der Frack ist dunkelblau mit schwarzen Aufschlägen und Kragen, die für Offiziere mit Silberstickerei, für Mannschaften mit weißen Litzen besetzt sind. Knöpfe, Epauletten und Fangschnüre, die quer über die Brust getragen werden, sind weiß. Die Ärmelvorstöße und die Besatzstreifen der dunkelblauen Hose sind rot (Abb. 45, i).

IV. Generalität, Generalstab – Rangabzeichen

Das charakteristische Abzeichen der Generalität ist eine Silberstickerei, Greca genannt, die in viereckigen Zacken verläuft und in den oberen und unteren Zackenöffnungen stilisierte Blumen aufweist sowie der goldene Aktivitätsstern.

1871–1903. Der dunkelblaue zweireihige, mit geprägten Silberknöpfen besetzte Rock hat schwarzen Samtkragen und -aufschlag sowie rote Vorstöße. Kragen und Aufschlagaußenrand sind auf der Innenseite von der Greca begleitet, die sich bei den höheren Generalsrängen auf den Aufschlägen zwei- oder dreimal wiederholt. Zur großen Uniform wird ein kleeblattförmig silbernes Schultergeflecht sowie eine doppelte, von der linken Schulter zur rechten Brustseite gehende Fangschnur getragen, zur kleinen Uniform nur schwarze, silberbestickte, ziemlich breite Passanten. Die hellgraublauen Beinkleider haben doppelte silberne Hosenstreifen. Die Paradekopfbedeckung bildet ein schwarzer Lederhelm mit goldenem, fünfstrahligem gekröntem Stern auf großer Silbersonne und statt der Spitze goldenem Adler, der einen weißen Stutz und einen nach hinten abfallenden Federbusch trägt. Das Käppi trägt auf dem Band die Greca, darüber 1 bis 3 schmale Silberschnüre (Abb. 44, l).

1903–1915. Die Rockaußenvorstöße fallen fort, ebenfalls der Helm. An dem höher und steifer gewordenen Käppi wird zur Parade ein hoher weißer Straußenfederstutz befestigt. Die Feldbluse der Generale ist der der Infanterie gleich, hat jedoch schwarzen Samtkragen mit rotem Vorstoß ohne weitere Verzierung. Die spitzen Aufschläge sind dunkelblau mit rotem Vorstoß; Rangbezeichnung durch silberne Tressenachselstücke, auf denen 1–3 goldene Rangsterne befestigt sind. Zum Felddienst trägt die Hose rote doppelte Besatzstreifen.

1915–1934. Die graugrüne Uniform ist im Schnitt der der übrigen Waffen gleich. Während zunächst der Kragen feldgrau und nur mit dem Aktivitätsstern besetzt ist, wird später ein türkisblauer Samtkragen eingeführt. Die Hose erhält doppelte schwarze Besatzstreifen mit Silbervorstoß dazwischen. Das Käppi trägt die Greca und die Rangschnüre darüber sowie die Seitenteilvorstöße in Silber, während des Krieges vorübergehend aus dunkelgraugrüner Seide. Die Marschälle erhalten als Abzeichen 4 Sterne auf den Achselstücken und 4 Rangschnüre über der Greca. 1934 erhält die Generalität zu dem Jackett einen schwarzen, rot vorgestoßenen Kragen, die Farbe der Knöpfe und Rangtressen bleibt Silber. Tellermütze mit Rangstickerei auf dem Band. Sowohl bisher auf dem Käppi wie jetzt auf der Tellermütze ist über dem Schirm ein fliegender silberner Adler befestigt. Als Paradekopfbedeckung dient von nun an ein schwarzer aufgeklappter Seidenfilzhut mit schwarzer Straußenfederfüllung, an den Rändern mit der silbernen Greca eingefaßt. Auf dem linken Aufschlag befinden sich die silbernen Rangsterne. Generale und Oberste in Kommandostellung tragen zur Parade an allen Kopfbedeckungen, auch am Stahlhelm, hier links, als Kommandozeichen einen hohen weißen Straußenfederstutz. Die silbernen Achselstücke zum Jackett tragen nur den fliegenden Adler, Rangabzeichen werden in gleicher Form, Farbe und Anzahl wie an der Mütze auf den Ärmeln angebracht (Abb. 45, k). An der schwarzen Gesellschaftsuniform sind Aufschlag und Kragen schwarzsamt mit rotem Vorstoß, am Kragen dazu die Greca. Die seit 1903 eingeführten Schuppenepauletten sind silbern, haben grobe, steife Fransen und tragen die goldenen Rangsterne auf dem Epaulettenhals. Der Hosenbesatz zur schwarzen Uniform ist eine sehr breite Silbertresse, in deren Mitte ein roter Seidenvorstoß sich befindet.

Die Uniformen des Generalstabes entwickeln sich parallel zu denjenigen der Infanterie, jedoch sind die Knöpfe und Rangabzeichen stets golden, Kragen und Aufschläge, zur Felduniform nur der Kragen türkisblau, seit 1934 mit goldener Gardelitze. Die Hosenstreifen zur Felduniform sind schwarz mit goldenem Mittelvorstoß, zur schwarzen Uniform gold mit türkisblauem Mittelstreif. Generalstab und Adjutantur tragen die blaue Seidenschärpe von der linken Schulter zur rechten Hüfte.

V. Kolonialtruppen, faschistische Miliz – Rangabzeichen

Das besondere Kennzeichen der eingeborenen Kolonialtruppen ist der hohe rote Fez mit dem Aktivitätsstern am oberen Rand und dunkelblauer Quaste, die rote Leibbinde und die winkelförmigen Unteroffiziersrangabzeichen am Oberarm (Abb. 45 l). Die europäischen Offiziere und Unteroffiziere der Kolonialtruppen tragen die Uniform der Heimattruppen aus leichtem graugrünem Stoff, am Kragen nur den Aktivitätsstern; das Waffenabzeichen wird auf den Achselklappen befestigt.

Die aktiven Truppendienst ausübende faschistische Miliz trug die graugrüne Uniform der Infanterie, auf dem grundfarbenen Kragen eine schwarze Doppelflamme, an Stelle des Aktivitätssterns das gelbe Beil mit Rutenbündel, das sich auch am Stahlhelm befindet, Rangabzeichen am Unterarm. Dazu schwarzes Hemd mit schwarzem Langbinder. Die Hosenstreifen der Offiziere und Vorstöße der Unteroffiziere sind schwarz. Außerdienstlich wird ein niedriger, steifer schwarzer Fez getragen mit schwarzem fallendem Busch, gelbem Rutenbündel vorn und den Rangabzeichen links.

Die Rangabzeichen der Offiziere und Unteroffiziere sind in ihren Grundzügen ziemlich unverändert geblieben und waren stets in der gleichen Zeitspanne für alle Waffengattungen dieselben:

1871–1903. Die Rangbezeichnung der Offiziere erfolgt durch Metalltressen, die über dem spitzen Aufschlagaußenrand bei Rock und Mantel angebracht sind. Subalternoffiziere 1–3 schmale, Stabsoffiziere 1 mittelbreite und 1–3 schmale darüber. Die oberste Rangtresse bildet über der Aufschlaglitze einen großen ungarischen Knoten, der somit als Offiziersstandesabzeichen dient. Die gleichen Tressen befinden sich am Käppirand. Eine weitere Rangbezeichnung erfolgt durch die verschiedene Ausprägung der in Knopffarbe gehaltenen, mit dünnen bzw. dicken Fransen versehenen Schuppenepauletts. Die letzte, das Feld bildende Schuppe ist bei den Subalternoffizieren längs des Randes 1–3mal gerieft, bei den Stabsoffizieren 1–3fach zackig ausgeprägt. Bei den Unteroffiziers- und Mannschaftsgraden ist der ungarische Knoten stets in Vorstoßfarbe. Die Mannschaftsgrade werden durch eine mittelbreite und 1–3 schmale vorstoßfarbige Wolltressen über dem Aufschlagrand, die Unteroffiziere durch dieselbe Zahl knopffarbiger Tressen bezeichnet. Die Trompeter tragen auf den Ärmeln des Waffenrocks ein rotes Jagdhorn, die Einjährig-Freiwilligen auf dem Kragen eine schmale Schnur in Knopffarbe.

1903–1915. Die Ärmelrangbezeichnung der Offiziere fällt weg. Zum Waffenrock erfolgt sie nur durch die hierzu stets angelegten Epauletten. Auf der blauen Dienstbluse und dem Mantel werden die Dienstgrade durch 1–3 Sterne, bei den Stabsoffizieren durch Schnureinfassung und 1–3 Sterne in Knopffarbe auf den dunkelblauen spitzen Achselklappen bezeichnet. Bei den Unteroffiziers- und Mannschaftsgraden verbleibt es bei den Ärmeltressen, jedoch unter Fortfall des ungarischen Knotens.

1915–1934. Während des I. Weltkrieges wurden von den Offizieren die Rangsterne, bei Stabsoffizieren auch die Schnureinfassung auf den spitzen Aufschlägen der Feldbluse getragen. Nach dem Krieg werden sie wieder auf den graugrünen, waffenfarbig vorgestoßenen Achselklappen angebracht. Die Unteroffiziere und Mannschaften behalten ihre Ärmelwinkeltressen, aber in schwarzer Farbe.

1934 werden die Rangabzeichen der Offiziere wieder in 8 cm langen Tressen gleicher Zahl und Anordnung wie am Käppi und jetzt an der Tellermütze auf den Unterarm getragen. Die oberste Rangschnur bildet stets ein ovales Auge. Die Rangbezeichnung der Unteroffiziere bleibt. Die während des Krieges geschaffenen, zwischen den Offizieren und Unteroffizieren stehenden Grade der Marescialli tragen als Rangabzeichen auf den Achselklappen 1–3 Längsschnüre, dazu an dem Käppi bzw. an der Tellermütze um die Mitte des Bandes eine mittelbreite schwarz-durchwirkte Tresse, bis 1934 in Knopffarbe, dann golden.

Das Offizierssportepee geschlossener Form an goldener Kordel war ohne Rücksicht auf die Knopffarbe stets golden, zum Feldanzug aus schwarzem Leder.

Jugoslavien

Serbien
(Kokarde rot-blau-weiß)

Um 1850 trug die Armee zweireihige dunkelblaue Waffenröcke mit roten Abzeichen und gelben Knöpfen, dazu Tellermützen. Gegen 1880 erhielt die Infanterie dunkelblaue einreihige Waffenröcke mit grünen Abzeichen sowie graublaue Hosen (Abb. 46a), als Kopfbedeckung ein dunkelblaues Käppi mit grünen Vorstößen, zur Parade grünen Stutz. Zum Felddienst wurden graublaue schirmlose Feldmützen getragen. Wie diese ähnelte auch der Mantel dem österreichischen.

Ende des 19. Jahrhunderts wurde der einreihige Waffenrock abgeschafft und gegen Haftelrock und Bluse eingetauscht. Der Rock behielt die alte Farbzusammenstellung, die dunkelblaue Bluse dagegen wies ursprünglich keine farbigen Abzeichen auf, nur auf den Achselklappen befand sich eine weiße Regimentsnummer. Das Lederzeug wurde braun. Offiziere und die höheren Unteroffiziersgrade trugen dunkelblaue Tellermützen russischen Modells mit grünem Besatzstreifen. Die silberne, zweimal rot, in der Mitte zweimal blau unterbrochen durchzogene Offiziersleibbinde hatte vorn eine viereckige Metallschließe. Der Rock der Offiziere war zweireihig. Die Bluse entsprach der der Mannschaften; sie wurde stets im Dienst und im Feld getragen.

1901 erhielten die blaue Bluse und der Rock (sowohl der knopflose der Mannschaften als auch der zweireihige der Offiziere) krapprote Abzeichen. Statt des Käppis wurden Pelzmützen getragen. Diese wurden im Winter und zur Parade aufgesetzt. Die Hosen wurden schwarz, doch wurden die graublauen zur Bluse noch weitergetragen. Die Tellermütze erhielt krapproten Besatz. Die Lammfellmützen der Offiziere wurden zur Parade mit goldenen Behängen und weißem Stutz versehen. Zur großen Uniform erhielten die Offiziere Epauletten.

Abb. 46. Serbien 1890.
a Infanterist – b Kavallerist – c Artillerie-Offizier (kleine Uniform) – d Genie-Offizier

Abb. 47. Serbien.
a, c Infanteristen – c Stabsoffizier der Linien-Kavallerie

Gradabzeichen:
  Generale: aus dicken Goldschnüren geflochtene Achselstücke ohne Sterne.
  Stabsoffiziere: Auf den Hosen Lampassen in Abzeichenfarbe. Schulterstücke ganz mit Gold- bzw. Silberborte bedeckt. Sterne: Oberst 3; Oberstleutnant 2; Major 1.
  Hauptleute und Subalternoffiziere: Achselklappen von Waffenfarbe, außen goldene bzw. silberne Borten. Sterne: Hptm. 1. Kl. 4; Hptm. 2. Kl. 3; Oberltn. 2; Ltn. 1. Unteroffiziere auf den Achselklappen Sterne: Feldw. 3; Zugführer 2; Korporal 1.

Das 2. und 3. Aufgebot trug braune Bauerntracht und Feldmützen der betreffenden Waffe, also hier bei Infanterie graublaue. Rangabzeichen auf den Kragenspiegeln (von Waffenfarbe) in Bortenform für Unteroffiziere gelb bzw. weiß, für Offiziere golden bzw. silbern.

Die Regimentsmusik trug hellblaue gelbverschnürte Attilas, dazu Kalpaks mit rotem Beutel und weißem Stutz, schwarze Hosen und hohe Stiefel.

Die Garde hatte hechtgraue Attilas mit schwarzen Schnüren und rote Stiefelhosen.

Die Felduniform behielt den bisherigen Blusenschnitt, die Grundfarbe wurde kaki (Abb. 47 a, c). Die Abzeichen blieben krapprot. Mannschaften Kragenpatten, Offiziere vollfarbigen Kragen und farbigen Vorstoß um den Rollaufschlag des Ärmels. Nunmehr erhielten auch die Offiziere die Feldmütze, jedoch mit Augenschirm, farbigem Vorstoß und Kokarde, Stabsoffiziere eine, Generale zwei schmale Tressen am oberen Rand (Abb. 48 a, d).

Ursprünglich hatte die Kavallerie blaue Attilas mit roten Abzeichen und gelber Verschnürung, dazu Pelzmützen. Um 1880 trug sie einreihige hellblaue Waffenröcke und Käppis (mit rotem Stutz), dunkelblaue Abzeichen, weiße Knöpfe und krapprote Hosen. (Abb. 46, b). Die Bluse und die Feldmütze waren ebenfalls hellblau ohne andersfarbige Abzeichen, Regimentsnummer auf den Achselklappen weiß. Ende des 19. Jahrhunderts wurden zur Parade schwarze Lammfellmützen eingeführt. Die Offiziere trugen neben der Bluse einen zweireihigen hellblauen Waffenrock, hellblaue Tellermützen mit dunkelblauem Besatz (Abb. 47, b). 1901 erhielt auch die Bluse dunkelblauen Kragen und Achselklappen, letztere mit gelber Regimentsnummer.

Die Gardekavallerie trug grünen Attila mit gelben Schnüren, hellblauen schwarzverbrämten Pelz ohne Beschnürung, krapprote Hosen mit gelbem Besatz, gelbbortierte Husarenstiefel und schwarze Lammfellmützen mit gelbem Deckel, Offiziere mit krapprotem Beutel (Abb. 48, b). Die grüne Bluse der Offiziere war gelb vorgestoßen, ebenso die Brusttaschen, die Ärmelaufschläge waren mit einem gelben ungarischen Knoten versehen. Auf der Brust statt der Knöpfe gelbe Knebel. Grüne Tellermützen mit gelbem Be-

Abb. 48. Jugoslawien.
a Infanterist – b Garde-Kavallerist im Paradeanzug – c Stabsoffizier der Garde-Kavallerie (Kleine Uniform) – d Infanterie-Offizier (Paradeanzug)

Abb. 49. Montenegro.
a Infanterist – b Offizier in Parade

satz (Abb. 48, c). Die Kakiuniform beließ der Kavallerie die dunkelblaue Abzeichenfarbe. Die Offiziersfeldmütze hatte einen braunen Kinnriemen.

Die Artillerieuniform entsprach stets der Infanteriebekleidung, jedoch waren die Abzeichen schwarz, ebenso die Feldmütze. Der Waffenrock der Offiziere hatte schwarzen Samtkragen und rote Vorstöße (Abb. 46, c). Kakiuniform mit schwarzen Abzeichen.

Genie: Kirschrote Abzeichen, weiße Knöpfe. Kirschrote Feldmütze (Abb. 46, d).

Generale blaue Blusen, blaue zweireihige Waffenröcke mit roten Abzeichen und goldener Stickerei sowie einreihige rote Waffenröcke mit blauen Abzeichen und goldener Stickerei als Galauniform. Mützen rot mit blauem Besatzstreifen. Weiße Lammfellmützen, Hosen schwarz mit roten Lampassen.

Generalstab: Granatrote Abzeichen und Hosen.

Das 2. und 3. Aufgebot der Reiterei entsprechend der Infanterie, doch rote Hosen und rote Feldmützen. Als nach dem I. Weltkrieg das Königreich Serbien in das Königreich Jugoslavien aufging, dessen Länderbestand durch die Hinzufügung Montenegros, Bosniens und der Herzegowina, Dalmatiens, Kroatien-Slavoniens usw. sich um ein Mehrfaches erweiterte, blieb die Uniform des Heeres im allgemeinen unverändert.

Montenegro

Da das Fürstentum nur über ein Milizheer verfügte, bestand ursprünglich keine eigentliche Uniform. Der Soldat übte und kämpfte in seiner eigenen Bekleidung, die durch den ausgeprägten Charakter der Landestracht allerdings eine bestimmte Note hatte. Sie bestand in einer verschnürten Jacke mit lose herabhängenden Ärmeln, weiten Kniehosen, weißen Strümpfen und Halbstiefeln. Als Kopfbedeckung diente eine niedrige runde Kappe, auf deren Vorderseite sich ein Abzeichen befand, das als Grad- und Waffen-Abzeichen galt.

Mit der Erhebung Montenegros zum Königreich 1910 wurde eine einheitliche Uniform eingeführt. Diese glich für die Offiziere fast völlig der russischen Felduniform. Zur Parade wurden Epauletten getragen. Die alten Kappen-Abzeichen wurden auch an der neuen Feldmütze getragen (Abb. 49, b). Die Mannschaften erhielten eine feldgraue Bluse, bei Offizieren und Unteroffizieren mit farbig vorgestoßenen Achselklappen. Generale: dunkelrot, Infanterie: scharlachrot, MG-Truppen: lichtblau, Artillerie: gelb, Genie: grün. Bein- und Fußbekleidung sowie die Kappe blieb im bisherigen Schnitt, wurden aber feldgrau (Abb. 49, a). Die kgl. Eskorte trug graublaue Uniform mit schwarzer Verschnürung in landesüblichem Schnitt.

Lettland

1918/1919 fochten zwei lettische Divisionen aus Kurland und Livland gegen die Bolschewisten. Die Armee wurde dann nach der Befreiung Lettlands weiter ausgebaut. Die Uniformen bestanden im Anfang aus feldgrauen Anzügen, ohne Achselklappen, und Schirmmütze. Auf den kirschroten, von einem weißen Schrägstreifen durchquerten Kragenspiegel befanden sich die Rangabzeichen, 4- und 5strahlige Sterne für die Offiziere, senkrechte Bandstreifen für die Unteroffiziere. Das erste Mützenmodell ähnelte der russischen Tellermütze, nur höher und zylindrischer. Später wird die Armee in ein ziemlich dunkles, leicht ins Grünliche spielendes Kaki gekleidet. Seit 1923 trug die Armee ein Käppi besonderer Art. Der Deckelteil hatte Waffenfarbe, der vorn eine hochgezogene Spitze bildende Besatz Kakifarbe. Über dem Schirm die Strahlenkokarde. Die Offiziere trugen statt des Kinnriemens eine Doppelkordel, deren eine oberhalb der Kokarde befestigt war. Der Rock erhielt waffenfarbige Vorstöße am Kragen und den Achselklappen (Abb. 50, c). Der bis dahin gebräuchliche deutsche Stahlhelm mit Kakianstrich wurde von dem französischen mit gleichem Anstrich abgelöst, über der Stirn ein L mit drei Sternen (Abb. 50, b). Waffenfarben: Kriegsministerium bläulich-weiß, Infanterie dunkel-kirschrot, Kavallerie orange, Artillerie blau, technische Truppen schwarz, Etappentruppe grün. Das Lederzeug ist braun, Offiziere mit Schulterriemen. 1929 erhält der Rock einen anderen Schnitt. Die Ärmelaufschläge werden französisch in Grundfarbe mit waffenfarbigem Vorstoß, gleichen Vorstoß erhalten die Brusttaschenklappen. Die Panzertruppen haben schwarze Grundfarbe. Das Käppi erhält neue Form; der Besatzstreifen, die Rand-, Seiten- und Deckelvorstöße in Abzeichenfarbe (Abb. 50, c). Die Mäntel für Mannschaften sind einreihig, für Offiziere zweireihig, haben farbigen Kragenspiegel und Vorstöße am unteren Kragenrand. Knöpfe, Rangsterne sind für kämpfende Truppen gelb, für Beamte weiß. Das Portepee ist silbern, an silbernem, karmindurchzogenem Band.

Die Rangabzeichen befinden sich auf den Kragenpatten. Die Schrägstreifen der Kragenpatte sind für Offiziere stets golden, für Mannschaften weiß, bei höheren Stäben gelb. Auf dem Schrägstreifen trägt der General drei viereckige Sterne, der Oberst zwei, der Oberstleutnant 1, die Subalternoffiziere 3–1 kleine fünfstrahlige Goldsterne. Unteroffiziere haben schmale goldene, höhere Mannschaftsgrade gelbe senkrechte Streifen auf der Kragenpatte, der Obersergeant einen breiten goldenen, der zwischen Leutnant und Obersergeant stehende Offizierstellvertreter außer der breiten goldenen Litze auch noch einen fünfstrahligen goldenen Stern. Die Unteroffiziere tragen um Aufschlag und Aufschlagpatte sowie um den Mantelaufschlag eine schmale goldene Litze. Der Schirm des Offizierskäppis ist mit einer goldenen Tresse eingefaßt. Zum Felddienst wird eine bootsförmige Feldmütze mit aufgeklapptem Nacken- und Ohrenschutz und Kokarde über der Stirn getragen.

Abb. 50. Lettland.
a, b Infanteristen – c Leutnant

Die Waffenfarben sind seit 1931 folgende:

Truppenteil	Vorstoß an Rock, Hose und Mütze	Kragenpatte und Mützenband
Generale, Generalstab und Kriegsministerium	bläulich-weiß	bläulich-weiß
Divisionsstäbe und Infanterie-Regimenter	dunkel-kirschrot	dunkel-kirschrot
Artillerie-Regimenter	blau	blau
Reiter-Regimenter und Divisions-Kavallerie	orange	orange
Technische Division (Pioniere und Nachrichtentruppen)	orange	dunkel-kirschrot
Panzertruppe (Uniform schwarz)	dunkel-kirschrot	dunkel-kirschrot

Abb. 51. Litauen.
a Artillerie-Offizier, Dienstuniform – b General, Parade

Abb. 52. Luxemburg.
a, b, c Infanteristen

Litauen

Seit der Schaffung Litauens als selbständiger Staat ist die Armee in Kakifarbe gekleidet, zunächst unter weitgehender Verwendung der noch vorhandenen russischen, teilweise auch englischen Einfuhrbestände. Der stets einreihige Rock mit Stehumfallkragen und nach kurzer Zeit aufgesetzten Brust- und Seitentaschen hatte zunächst Lederknöpfe, später metallene. Das charakteristische Zeichen der litauischen Armee ist das in den Kragenecken angebrachte stilisierte Landeswappen, einem Dreizack ähnlich, für Offiziere in dreieckiger Schnureinfassung. Die Mütze hat zunächst die russische Tellermützenform mit einem Wappenschild im Eichenlaubkranz.

In den 20er Jahren wird eine kakifarbene Felduniform eingeführt, die im Schnitt für alle Waffen gleich ist. An den Kragenecken befindet sich auf waffenfarbigem Tuch das für Offiziere mit Metallschnur eingefaßte Landeswappen, auf den Unterarmen gerade, senkrechte, mit zwei Knöpfen besetzte waffenfarbige Patten. Die Dienstmütze hat gerade, ziemlich niedrige Käppiform mit waagerechtem Schirm und trägt ein waffenfarbiges Band und Seitenvorstöße, über dem Schirm das Landeswappen im Eichenlaubkranz (Abb. 51 a). Im Dienst wird auch eine bootsförmige Feldmütze mit dem Landeswappen über der Stirn getragen. Das Lederzeug ist braun, Knöpfe gelb. Offiziere tragen rechts Schulterriemen. Die Offiziere tragen am Käppi schmale, ringsum laufende Goldstickerei, Subalternoffiziere einfach, Stabsoffiziere zweifach, Generale dreifach, und zwar auf dem Besatzstreifen. Die Offiziersrangabzeichen befinden sich auf den Achselklappen. Generale zwei große goldene Sterne, Brigadiergeneral 1, Stabsoffiziere 1–3 kleine Goldsterne auf runden goldenen Scheiben, Subalternoffiziere 1–3 kleine goldene Sterne. Die Unteroffiziers- und Mannschaftsgrade tragen kleine Winkeltressen, Spitze unten, am Oberarm.

Die Waffenfarben sind rot für Generale und Genie, orange für Infanterie, weiß für Kavallerie, schwarz Artillerie und Generalstab. Der Mantel ist kakifarben mit breitem liegenden Kragen und zwei Reihen Knöpfe. Generale haben rote Lampassen (Abb. 51, b).

Luxemburg

(Kokarde: orange-blau-weiß-rot, seit 1898 orange mit blauem Ring)

1841 trug die Infanterie langschößige, doppelreihige grüne Waffenröcke niederländischen Schnitts mit karminroten Abzeichen, weißen Knöpfen, spitzen Aufschlägen und weißen Epauletten, grünbezogene hohe Tschakos mit weißmetallenem Jägerhorn und Schuppenketten, hellblaue Hosen mit breiten karminroten Streifen (Abb. 52, e). Die Jäger z. Pf. hatten eine ganz ähnliche Uniform, nur trugen sie statt der Waffenröcke Kolletts und weiße Bandeliere. Auch die Artillerie war wie die Infanterie uniformiert. Auf den Tschakos trugen sie gekreuzte Kanonenrohre.

Die Infanterie wurde 1847 zu Jägern umgeformt; damit wurde der Waffenrock einreihig und erhielt hellblaue Abzeichen, die weißen Epauletten blieben. Die Hose wurde ebenfalls grün mit hellblauer Biese. 1858 wurde der Tschako kleiner, statt der Epauletten wurden hellblaue Achselklappen und hellblaue Achselwülste eingeführt. 1876 wurde der grüne Rock wieder zweireihig, die Hose grau und die Abzeichen rot. Die Schultern wurden mit einem weißen Schnurgeflecht besonderer Art verziert. Der Tschako wurde nunmehr grün bezogen und erhielt rote Vorstöße.

Seit 1888 ist die Uniform der Freiwilligen-Kompanie blau mit roten Abzeichen, das Käppi ebenfalls (Abb. 52, b). In neuerer Zeit wird ein einreihiger blauer Waffenrock getragen. Die Aufschläge, die bisher bei allen Uniformen spitz waren, sind nunmehr rund. Als Kopfbedeckung wird ein weiches Käppi getragen von der Form, wie es 1914 in Frankreich als modisch galt. Rangabzeichen nach französischem Muster (Abb. 52, c).

Niederlande
(Kokarde orange)

I. Infanterie

Als Einführungsjahr der Uniform im eigentlichen Sinne ist das Jahr 1680 zu nennen. Eisengrau war die Farbe der Infanterieröcke, blau die der Garde. Allerdings hatten auch einige Regimenter rote Röcke. 1730 kommt die blaue Farbe auch bei der Linie vor. Grau (jetzt beinahe weiß) wird seltener, 1750 nur noch bei wenigen Regimentern, bis schließlich alle Infanterie-Regimenter im Jahre 1753 blaue Röcke tragen. Ausgenommen hiervon sind nur die rotgekleideten Schotten. Als Abzeichenfarbe kommen vor: grau, rot, krapprot, weiß und gelb. Die Schweizer trugen blaue Röcke wie die Linie. Um die Mitte des 18. Jahrhunderts zeigte der Schnitt viele Anklänge an englische Vorbilder. 1752 waren die Aufschläge noch von sehr großer Form. Die Garde trug bortierten Hut sowie reichen Besatz am Bandelier und an Rabatten und Aufschlägen. Die Grenadiermütze hatte ein reich mit Silber verziertes rotes Schild (Abb. 53 a). Die Offiziere trugen die Schöße nicht umgeschlagen; als Dienstzeichen führten sie vergoldete Ringkragen, orange Schärpe über die rechte Schulter und Spontons; die Unteroffiziere Schärpe um den Leib und Kurzgewehr. Westen und Beinkleider waren farbig; später wurden sie wie allenthalben weiß oder gelblich-weiß. Die Abzeichen am Rock waren sehr verschiedenartig. Die Schweizergarde hatte die Grenadiermützen von Pelz; später ging diese Kopfbedeckung auch auf die übrigen Grenadiere der Armee über. Die Pelzmütze hatte 1760 vorn ein Blech, später, im Jahr 1790, war sie ohne Beschlag (Abb. 53 c). Die Offiziere wurden durch Achselbänder ausgezeichnet. In den Kämpfen gegen die franz. Revolutionsheere trug die Infanterie vielfach Kasketts. Ein Original im Berliner Zeughaus zeigt eine schwarze Glocke, messingene Beschläge und roten Roßhaarkamm. Hinten hängt zum Schutz des Nackens ein kleines Kettchen herab. Links ist eine Bandkokarde angebracht, deren Farbe allerdings kaum noch zu erkennen ist. Sie erscheint jetzt fast graugrün, war aber jedenfalls ursprünglich orange. Als die Niederlande 1795 zur Batavischen Republik umgewandelt wurden, erhielt die Uniform unter Beibehalt der blauen Grundfarbe französischen Schnitt. Die Rockschöße wurden sehr lang, die Kragen höher, die Hüte größer (Abb. 53 d). Die Infanterie erhielt die französische Einteilung in Halbbrigaden zu drei Bataillonen. Für die Offiziere führte man Epauletten ein. Die Kokarde, bis 1795 orange, wurde nun schwarz. Ende 1796 waren die Abzeichen folgende:

Truppenteil	Kragen, Rabatten, Aufschläge	Schöße	Vorstöße
1. Halb-Brigade	rot	rot	weiß
2. Halb-Brigade	karmin	weiß	weiß
3. Halb-Brigade	weiß	weiß	weiß
4. Halb-Brigade	weiß*	rot	rot
5. Halb-Brigade	hellblau	hellblau	weiß
6. Halb-Brigade	hellblau	weiß	weiß
7. Halb-Brigade	gelb	gelb	weiß
Rgt. Waldeck	gelb	gelb	weiß
Rgt. Sachsen-Gotha	rot	rot	rot

Kragen rot mit weißem Vorstoß

Die Jäger hatten grüne Röcke mit verschiedenfarbigen Abzeichen, schwarzes Lederzeug.
1803 änderten sich die Abzeichen der Infanterie. Nunmehr waren alle Bataillone voneinander unterschieden. Als Napoleon die Batavische Republik zum Königreich erhob, wurde die Uniform in Schnitt und Farbe geändert. In dieser

Abb. 53. Niederlande. Infanterie.
a, e Grenadiere der Garde – c Linien-Grenadier – b, d, f, g, h, i, k Linien-Infanterie (h Schweizer Infanterist)

Periode, 1806–1810, trug die Infanterie (Abb. 53 f) weiße Röcke, Hosen und Westen. Kragen, Rabatten, Aufschläge und Schoßumschläge waren regimenterweise verschieden.

1. Regiment (Garde)	karmin
2. Regiment	hellblau
3. Regiment	rot
4. Regiment	rosa
5. Regiment	dunkelgrün
6. Regiment	grasgrün
7. Regiment	gelb
8. Regiment	hellviolett
9. Regiment	schwarz

Die Mäntel waren hellblau. Als Kopfbedeckung wurden schwarze Tschakos getragen, die links eine messingene Agraffe hatten, darüber ein Pompon von der Regimentsfarbe. Vorn am Tschako metallene Regimentsnummern. Bei den Füsilierkompanien weiße Behänge. Die Grenadiere und Voltigeure rote bzw. grüne Epauletten wie in der französischen Armee. Die Füsiliere trugen das Bajonett in Scheide; Grenadiere, Voltigeure und Unteroffiziere Säbel. Die Garde (Abb. 53 e) hatte auf jeder Rabatte sieben gelbe Litzen mit Puscheln. Die oberste Litze war schräg gesetzt; zwei derartige Litzen auf dem Kragen, dazu rote Fransenepauletten, Pelzmütze mit rotem Deckel, darauf eine weiße Granate. Roter Federstutz und weiße Behänge. Das Lederzeug durchgängig weiß. Die Offiziere führten als Dienstzeichen Ringkragen, aber keine Schärpe. Das Portepee von Gold. Stiefel mit umgeschlagenen gelben Stulpen. Die Epauletten glichen denen der französischen Offiziere, ebenso die Chevrons der Unteroffiziere. Die leichte Infanterie trug Uniform in demselben Schnitt. Rock, Brustklappen, Weste, Hosen, Pompon, Behänge und Achselklappen dunkelgrün. Kragen, spitze Aufschläge, Schöße und Vorstöße waren beim zweiten Regiment hellblau, beim dritten gelb, Knöpfe durchgängig gelb. Schwarzes Lederzeug und Gamaschen. (Als Nr. 1 rangierte das Jägerbataillon der Garde – uniformiert wie die Grenadiere mit Jägerabzeichen.)

Als Napoleon 1810 das Königreich Holland dem Kaiserreich einverleibte, wurden die Regimenter der französischen Armee zugeteilt und erhielten somit französische Uniformen. Nur das Garde-Regiment behielt seine weiße Uniform, auf welcher jetzt die gelben Litzen wegfielen. Es wurde der Kaisergarde als drittes Regiment der Grenadiere zu Fuß zugeteilt. Als 1814/15 das Land als Königreich der Vereinigten Niederlande seine Selbständigkeit wiedererhielt, bekam die Infanterie (Abb. 53 g) blaue, einreihige Röcke englischen Schnitts mit ebensolchen Aufschlagpatten und Achselklappen; farbige Kragen, Aufschläge und Vorstöße, rote Schoßumschläge, gelbe Knöpfe und hellgraue

Hosen. Tschako mit Vorder- und Hinterschirm, gelbem Schildchen, oranger Kokarde und weißem Stutz. Die Flankkompanien: blaue Achselwülste mit weißen Vorstößen. Die Abzeichen hatten folgende Farben:

1. u. 9. Batl.	orange	5. u. 13. Batl.	karmin
2. u. 10. Batl.	gelb	6. u. 14. Batl.	hellgrün
3. u. 11. Batl.	weiß	7. u. 15. Batl.	hellblau
4. u. 12. Batl.	rot	8. u. 16. Batl.	rosa

1815 (Abb. 53 h) wurde ein neues Tschakomodell ausgegeben, mit diademartigem Messingbeschlag und oranger Kokarde. Der Stutz fehlte. Die Jägeruniform im selben Schnitt von grüner Grundfarbe mit ebensolchen Aufschlagpatten und Achselklappen. Gelbe Kragen, Vorstöße, Aufschläge und Knöpfe. Rote Schoßumschläge. Tschako wie die Linie; mit grünem Stutz und gelber Bataillonsnummer über einem gelben Jägerhorn. Das Lederzeug dieser Truppe war schwarz. Die Offiziere erhielten die orange Schärpe wieder.

Sie trugen Uniformen mit langen Schößen. Die Nationalmiliz hatte blaue Röcke mit ebensolchen Achselklappen und schwedischen Aufschlägen, orange Kragen und Vorstöße. Weißes Schoßfutter und Knöpfe, Tschako englischen Modells mit weißer Sonne und Stutz sowie oranger Kokarde. Der beschriebene Typus blieb durch die zwanziger Jahre der vorherrschende. 1819 erhielt die gesamte Infanterie kurzen, einreihigen Rock mit weißem Kragen, weißen Vorstößen und gelben Knöpfen mit Abteilungsnummer darauf.

Die vier Schweizerregimenter (29. 30., 31. und 32. Regiment. Sie waren mit Ausnahme des Regiments Nassau-Oranien die einzigen Infanterie-Truppenteile, die Regimenter bildeten, während die übrige Infanterie nur in selbständige durchnumerierte Bataillone bzw. Abteilungen gegliedert war. Sie wurden 1829 aufgelöst) waren in bezug auf die Uniform reich ausgestattet. Sie trugen verschiedenfarbige Kragen, Aufschläge und Schoßumschläge. Auf der Brust neun Litzen (Abb. 53 h).

Nummer des Regiments	Abzeichen	Knöpfe u. Litzen u. Achselwülste der Flankkompanien	Schoßumschläge
29.	rot	weiß	rot
30.	orange	weiß	orange
31.	hellblau	weiß	hellblau
32.	gelb	gelb	rot

1831 bekam die Infanterie einen Tschako von ziemlich niedriger Form mit verhältnismäßig großem Deckel. Später spitzen hohen Tschako, der allmählich wieder niedriger wurde. 1854 erfolgte eine Neuuniformierung. Linieninfanterie niedrige Tschakos in Käppiform mit rotem hängenden Busch. Dunkelblauer einreihiger Waffenrock preußischen Schnitts mit weißem Kragen, Achselklappen, Vorstößen und Aufschlagpatten. Hellblaue Hose mit roter Biese. Gelbe Knöpfe und schwarzes Lederzeug (Abb. 53 i).

Regiment »Grenadiere und Jäger« ebenso, nur trugen die Grenadiere weißen Tschakobehang, alle Abzeichen rot, rote Achselwülste, auf Kragen und schwedischen Aufschlägen gelbe Litzen, weiße Achselklappen mit gelber Granate. Jäger ganz grün mit grünen Abzeichen; gelbe Litzen und Vorstöße. Um 1890 trägt die Linieninfanterie (Abb. 53 k) einen zweireihigen dunkelblauen Rock mit ebensolchem Kragen und Aufschlägen. Vorstöße um Kragen, spitze Aufschläge und Taschenleisten gelb; gelbe Achselstücke und Quastenschnüre, hellblaue Hosen mit gelben Vorstößen. Tschako in Käppiform mit orange Kokarde, gelben Schuppenketten und Sonne. Weißer, niedriger Stutz. Die Grenadiere hatten rote Kragen und Aufschläge sowie Vorstöße. Das Lederzeug blieb schwarz. Die Jäger ganz dunkelgrüne Uniform in demselben Schnitt wie die Infanterie. Vorstöße gelb. 1897 wurden die gelben Abzeichen der Linie durch rote ersetzt, der Kragen wurde ganz rot. An Stelle des Tschakos trat ein blaues Tuchkäppi.

Nach 1900 wurde zum Felddienst von allen Fußtruppen zum kleinen Dienst und Feldanzug ein einreihiger blauer (Jäger grüner) Waffenrock mit Brusttaschen getragen. Hierbei fielen alle farbigen Abzeichen und Biesen fort. Der Kragen zeigte die rote Regimentsnummer. Die alte Uniform wurde zur Parade beibehalten (Abb. 55 a).

Nach Einführung der grauen Felduniform erhielten die Offiziere und Unteroffiziere eine farbige Ausgangs- und Gesellschaftsuniform, die im Schnitt für alle Waffen außer Kavallerie gleich ist. Einreihiger schwarzblauer Waffenrock mit gelben Knöpfen. Der dunkelblaue Stehkragen ringsum, die spitzen Aufschläge und dreiknöpfigen Schoßtaschenleisten an der Außenkante rot vorgestoßen. Schwarzblaue Achselklappen, Offiziere goldgeflochtene Achselstücke. Dunkelblaue Hose mit rotem Vorstoß. Dunkelblaues Käppi mit schwarzem Lacklederschirm und Kinnriemen. Orange Kokarde mit gelber Schnureinfassung, Deckelvorstoß und zwei Biesen um den Rand in Waffenfarbe, hier rot, Offiziere in Metallschnur. Hierzu kann der dunkelblaue frühere Mantel oder der graue Feldmantel getragen werden. Die Grenadiere (Hose hellblau) und Jäger (Rock und Hose grün, Vorstöße gelb) tragen hierzu Granate oder Jagdhorn in gelber Stickerei am Kragen, behalten auch zur Parade den bisherigen Tschako. Die Offiziere beider Regimenter tragen die alten Waffenröcke zur Parade weiter. Die Litzen sind golden, der Aufschlag brandenburgisch mit drei Litzen.

Die Schutterei bildete an Stelle der ehemaligen Nationalmiliz eine Art Landwehr. Waffenröcke und Hosen dunkelblau. Kragen und Aufschläge rot, Knöpfe und Achselstücke weiß. Als Offiziersabzeichen dient bei sämtlichen Fußtruppen die orange-gelbe Schärpe.

II. Kavallerie

Auch die Kavallerie war seit 1680 durchgehend grau, die Garde blau uniformiert. Die schweren Reiter behielten diese Farbe (später weiß) bei, wogegen die Dragoner seit 1752 blaue Röcke trugen. Die Futterfarben wechselten oft. Fast jeder neue Chef gab seinem Regiment eine andere Abzeichenfarbe und den Offizieren häufig eine besondere Stickerei. Die Garde zu Pferde (Abb. 54a) trug 1752 einen blauen Rock englischen Schnitts mit roten Umschlägen und reichem Silberbesatz. Die Grenadierabteilungen hatten als Kopfbedeckung Pelzmützen (Abb. 54c). Der Hut erhielt nach preußischem Vorbild in den sechziger Jahren einen weißen Stutz. Beinkleider und Bandeliere waren lederfarben. Beim 2. schweren Regiment, welches den Namen Karabiniers führte, war der Rock gelblich-weiß. Im ganzen bestanden 1752 sechs schwere Regimenter; die farbigen Abzeichen waren grün, hellblau, rot, rosa und schwarz; und zwar war die rote Abzeichenfarbe zweimal vorhanden. Beide Regimenter unterschieden sich durch die Knopffarbe. Die Dragonerwaffe zählte zwei Regimenter. Die Uniform war blau mit rosa. Westen und Beinkleider weiß. Die Garde zu Pferde und die Garde-Dragoner dunkelblau mit Rot und Silber. In der ersten Periode der Batavischen Republik bestanden nur zwei schwere Reiter-, ein Dragoner- und ein Husarenregiment. Die Reiter trugen weiße Röcke, beim 1. Rgt. mit schwarzen, beim 2. Rgt. mit blauen Abzeichen und Epauletten. Die Husaren erhielten blaue Dolmans mit roten Abzeichen und gelben Schnüren. Dragoner dunkelblaue Röcke mit rosa Abzeichen.

1802 trugen die leichten Dragoner Kaskett mit schwarzer Raupe, weiß-rotem Bund und weißem Stutz, kurze weiße Röcke; Abzeichen beim 1. Rgt. schwarz, beim 2. Rgt. hellblau; auf Kragen, Rabatten und Aufschlägen beide Regimenter weiße Litzen. 1804 wurden die Kasketts durch Bügelhelme französischen Dragonermodells verdrängt. 1805 wurde der Rock dunkelblau mit lichtroten Kragen und Abzeichen. Die gesamte Kavallerie trug im Feld blaue Überknöpfhosen. Bei der Neubildung der Armee 1806 wurde ein schweres Gardereiter-Regiment errichtet, welches die Uniform der Garde zu Fuß erhielt, also weiß mit karminrot und gelben Litzen. Statt der Epauletten gelbe Achselstücke. Pelzmütze mit weißen Behängen und rotem Stutz. Hohe Stiefel. Die Kürassiere (Abb. 54d) trugen einen gelben Helm mit schwarzem Roßschweif und rotem Stutz. Weißes Kollett mit hellblauen Kragen, Rabatten, Aufschlägen und Schößen; rote Epauletten, gelbes Lederzeug. Die Husaren waren ganz dunkelblau oder hellblau mit roten Kragen und Aufschlägen; gelbe Schnüre (Abb. 54e). Garde-Husaren rot mit gelben Schnüren und weißem Pelz. In der letzten Periode des Königreichs Ludwigs Napoleons kamen fortwährend Änderungen der Kavallerieuniformen vor, so daß diese kaum zur Durchführung gelangen konnten. 1814 wurden zwei schwere Dragoner-Regimenter (Abb. 54f) errichtet. Dieselben erhielten einen langschößigen blauen Rock mit Kragen und Brustklappen, welche für das 1. Regiment rosa und für das 2. gelb waren. 1815 wurden die Uniformen geändert. Die gesamte Reiterei besteht im Jahre 1815 aus acht Regimentern, von denen die schweren Dragoner den Namen Karabiniers erhalten:

Bezeichnung des Regiments	Rock	Kragen u. Aufschl.	Schoßfutter	Hose	Knöpfe	Bemerkungen
1. Karabiniers	blau	rot, blaue Kragen	rot	weiß	weiß	Stahlhelm m. schw. Raupe
2. Karabiniers	blau	rot, blaue Kragen	rot	weiß	weiß	Stahlhelm m. schw. Raupe, rote Brustklappen u. Epauletten
3. Karabiniers	blau	gelb	rot	weiß	weiß	Stahlhelm m. schw. Raupe
4. Leichte Dragoner	blau	rot	rot	weiß	weiß	schwarzer Tschako
5. Leichte Dragoner	grün	gelb	gelb	grau	weiß	grüner Tschako
6. Husaren	hellblau	rot	keines	hellblau	weiß	schwarzer Tschako
8. Husaren	hellblau	hellblau	keines	hellblau	gelb	schwarzer Tschako

Bei der gesamten Reiterei wurden im Feld graue Überhosen getragen, nur bei den Husaren waren dieselben dunkelblau. Die Trompeter mit Ausnahme der der 5. leichten Dragoner, die gelbe Röcke trugen, waren rot uniformiert (Abb. 54g). Das Rgt. 7, welches in der Aufstellung fehlt, stand in Indien. Die Karabiniers wurden 1816 in Kürassiere (Abb. 54k) umgewandelt. Sie behielten die blauen Kolletts und farbigen Abzeichen und legten blanke Harnische an.

Abb. 54. Niederlande. Reiterei.
a Garde zu Pferde – b Reiter – c Garde-Dragoner (Grenadier) – d, k Kürassiere – e, o Husaren – g, i Leichte Dragoner – f, h Schwere Dragoner – l Lancier – m Jäger zu Pferde – n Dragoner

Der Stahlhelm mit schwarzer Raupe zeigte, wie schon früher, gelben Bügel, Schuppenketten und vorn einen Löwenkopf. Auf den Schultern wurden Achselwülste in der Kragenfarbe angebracht. 1819 trugen alle 4 Kürassier-Abteilungen blaue einreihige Röcke mit roten Abzeichen und weißen Knöpfen. 1821 erhielten sie neues Helmmodell. In den zwanziger Jahren trugen die leichten Dragoner (Abb. 54 i) blaue Kolletts mit ebensolchen Rabatten, blaue Hosen und Schabracken, orangefarbene Kragen und Vorstöße, weiße Knöpfe, weißen Hosen- und Schabrackenbesatz. Schwarzer Tschako mit weißem oberen Rand und Behängen, weißer Regimentsnummer, schwarzem Stutz und oranger Kokarde. Die Husaren hellblaue Dolmans und Pelze mit gelben Schnüren. Schwarze Säbeltaschen mit metallener Regimentsnummer. Die 1822 errichteten Lanciers (Abb. 54 l): dunkelgrüne Kurtkas mit ebensolchen Kragen und Rabatten, Beinkleidern, Schabracken und Mantelsäcken. Vorstöße und Besätze orange, weiße Knöpfe und Schuppenepauletten, grüne Tschapka mit weißem Stutz; Lanzenflagge oben orange, unten weiß. Die Trompeter trugen weiße Kolletts mit grünen Abzeichen. Im weiteren Verlauf richtete sich der Uniformschnitt bei der Kavallerie meist nach dem in Frankreich gebräuchlichen. 1841 Errichtung eines zweiten Lancier-Regiments in blauen Uniformen. 1849 erhielten die 4 Kavallerie-Regimenter die Bezeichnung Dragoner. Alle bekamen Rabatten. Nr. 1 und 4 waren als leichte Kavallerie bekleidet, Nr. 2 und 3 als schwere. 1. und 3. Rgt. rote Abzeichen, 2. weiße und 4. hellblaue. Tschakos der Rgtr. 1. und 4. in Abzeichenfarbe (Abb. 54 n). Rgtr. 2 und 3. Kürassierhelme mit Löwenkopf. Alle weiße Epauletten. Eine durchgreifende Umwandlung erhielt die Kavallerie-Uniform im Jahre 1867. Die nunmehr noch bestehen bleibenden vier Kavallerie-Regimenter erhielten Husaren-Uniform (Abb. 54 o). Die Uniform besteht seitdem aus schwarzblauen Attilas und Hosen; beim 1., 2. und 4. Regiment mit hellblauer, später dunkelblauer Beschnürung, beim 3. mit roter. Die mit weißen Schuppenketten versehene Pelzmütze hatte vorn ein Pompon in der Schnurfarbe. Die Knöpfe waren weiß, ebenso die über die Schulter getragenen Quastenschnüre. Die schwarze Säbeltasche zeigte die weiße Regimentsnummer. Bei der jetzt auf vier Halbregimenter verringerten Kavallerie tragen Offiziere und Unteroffiziere zu Gesellschafts- und Ausgangszwecken die alte Uniform unverändert weiter; hellblauer zweireihiger Mantel oder hellblaues mit schwarzem Pelz eingefaßtes Jackett sind gestattet.

III. Artillerie und Genie

Die Artillerie- und Genieuniform war im 18. Jahrhundert ähnlich wie die Infanterie-Montierung, nur zeigten Westen und Hosen die blaue Grundfarbe des Rockes. Die Artillerie hatte rote, die Pioniere hatten schwarze Aufschläge. 1752 rote Unterkleider. 1793 wurde die reitende Artillerie errichtet. Sie trug Kavallerieuniform, nämlich dunkelblauen Rock mit blauen Klappen, rote Kragen und Aufschläge, gelbe Hosen, hohe Stiefel und Dragonerhüte. Bei der Neubildung der Armee des nunmehrigen Königreichs Holland im Jahr 1806 erhielt die Fuß-Artillerie Uniformen im Schnitt wie die holländische Infanterie. Die Farben waren für Rock, Weste, Hosen, Brustklappen und Achselklappen dunkelblau; Kragen, Aufschläge, Vorstöße und Tschakobehänge rot, das Tschakopompon, auf der linken Seite befindlich, nach den Bataillonen verschieden, rot, weiß, blau, gelb. Als Tschakobeschlag eine gelbe Krone über gekreuzten Kanonenrohren. Knöpfe gelb, Lederzeug weiß, Gamaschen schwarz. Die reitende Artillerie trug eine ganz blaue Husarenuniform mit roter Beschnürung, gelben Knöpfen und schwarzem Lederzeug. Tschakorand, Behänge und Stutz rot. Die niederländische Artillerie erhielt 1815 einreihige dunkelblaue Kolletts mit ebensolchen Aufschlagpatten, schwarzen Kragen und Aufschlägen, roten Vorstößen und gelben Knöpfen; graue Beinkleider mit roten Streifen, rote Tschakobehänge, schwarzen Stutz. Der Train hatte eine Uniform ähnlichen Schnitts, aber von grauer Grundfarbe, mit schwarzen Kragen, Aufschlägen, roten Vorstößen und weißen Knöpfen. Im weiteren geht die Entwicklung der Artillerieuniform parallel mit derjenigen der Infanterie. 1900 bestand die Uniform für die Feld- und Festungsartillerie aus einem blauen Rock mit zwei Knopfreihen, schwarzem Kragen mit roten Vorstößen; Aufschläge von der Grundfarbe ebenfalls rot vorgestoßen; dunkelblaue Beinkleider mit roter Biese. Quastenschnüre und Achselstücke rot. Tschako mit gelbem Beschlag, rotem Pompon und schwarzem Stutz.

Die farbige Ausgangsuniform ist 1938 wie die der Infanterie, jedoch zwei gelbe gekreuzte Kanonenrohre am Kragen. Die reitende Artillerie trägt bereits seit Anfang der 20er Jahre des vorigen Jahrhunderts nach englischem Muster eine ganz dunkelblaue Husarenuniform (Dolman) mit enger gelber Verschnürung. Hohe Pelzmütze mit rotem Beutel und Pompon, gelbe Fangschnüre. Die Dolmanverschnürung der Offiziere ist golden mit reichem Ärmelbesatz, zur kleinen Uniform schwarzblau.

Die Genietruppe folgte in ihrer Entwicklung der Infanterieuniform, jedoch mit grundfarbigem Kragen und roten Vorstößen. Mannschaften am Kragen je zwei gelbe Litzen, Offiziere antiken Helm in Goldstickerei. Zur Ausgangsuniform wird von den Unteroffizieren nur eine Kragenlitze und ein roter gestickter Helm auf der Achselklappe getragen.

IV. Generalität, Generalstab – Rangabzeichen

Die Uniformfarben der Generalität waren stets dunkelblau mit roten Abzeichen und reicher Goldstickerei. 1815 einreihiger dunkelblauer Frack, Kragen und runder Aufschlag rot mit breiter Goldtresse am Außenrand, goldene Epauletts, weiße, zum kleinen Dienst graue, später dunkelblaue Hose mit breiten Goldstreifen. Hut mit weißer Füllung und Busch, orange Kokarde mit goldener Agraffe rechts. Mitte der 40er Jahre fällt die Goldtresse weg, Kragen und Aufschlag werden mit reicher Goldstickerei bedeckt. In den 50er Jahren tragen die Generale den einreihigen Waffenrock mit gleicher Ausstattung. Zur kleinen Uniform roter Kragen ohne Stickerei, dunkelblaue Aufschläge, goldene Epauletts, Tschako mit breiter Goldtresse am oberen Rande. 1869 bis zum Ausgang des Jahrhunderts erhält die Generalität Husarenuniform; schwarzblauer Attila, Kragen rot mit breiter Goldtresse belegt, Verschnürung golden, am Aufschlag Goldtresse in Keilform mit rotem Vorstoß; zur kleinen Uniform ist die Brustverschnürung dunkelblau; orange Husarenschärpe, Hose dunkelblau zunächst mit goldenen Streifen, später mit rotem Vorstoß. Pelzmütze mit ovaler orange Kokarde, goldenem Kinnriemen und Fangschnur. Zur großen Uniform weißer Stutz und roter goldbesetzter Beutel. Säbeltasche rot mit Rangsternen und Goldeinfassung.

Ab 1900: Schwarzblauer zweireihiger Rock mit rotem Kragen und runden Aufschlägen mit reicher Eichenlaubstickerei, goldene Epauletts, orange Schärpe mit Quasten links. Dunkelblaue Hose mit je zwei schmalen roten Streifen, schwarzer Hut mit orange Kokarde, goldener Agraffe und weißem Federbusch. Zur kleinen Uniform hat der Rock dunkelblaue Rollumschläge mit rotem Vorstoß. Der rote Kragen ist mit schmaler Goldstickerei am Rand besetzt, goldenes Achselgeflecht, dunkelblaues Käppi mit rotem goldbesticktem Band, Seiten- und Deckelvorstöße in Goldschnur, schwarzer Schirm mit gleichfarbigem Kinnriemen, auf dem Band orange Kokarde im Lorbeerkranz. Nach 1912 fällt der große Uniformrock fort, der kleine jetzt allein getragene Rock wird einreihig. Der Kragen erhält Rangsterne. Epauletten und Hut verbleiben zum großen Anzug. Die Uniform des Generalstabs folgt im allgemeinen der der Generale unter Ersetzung der Eichenlaubstickerei durch schmale Goldtressen und der Abzeichenfarbe durch Karmin. Seit 1868 erhält auch der Generalstab Husarenuniform; schwarzblauer Attila mit karmin Kragen und dunkelblauer Verschnürung. Hose und Pelzmütze wie Generale, Vorstöße karmin, Säbeltasche schwarz. Die Ordonnanzoffiziere des königlichen Hauses tragen seit 1868 dunkelgrünen schwarzbeschnürten Attila, dunkelgrüne Beinkleider, Pelzmütze mit rotem Stutz und Beutel, weiße Knöpfe.

Die Rangabzeichen der Offiziere waren bis etwa 1830 mit Ausnahme der französischen Fremdherrschaft folgende: Generale und Stabsoffiziere zwei Epauletts mit starken Fransen in Knopffarbe, Generale auf dem Feld 2–4 sechsstrahlige Silbersterne, der Oberst glattes Feld, Oberstleutnant und Major 1 oder 2 Längsstreifen in gewechselter Metallfarbe. Hauptmann 1 Epaulett mit starken Fransen, Subalternoffiziere ein gleiches mit dünnen Fransen auf der rechten Schulter. Seit etwa 1830 tragen die Subalternoffiziere Epauletten auf beiden Schultern, wie die Stabsoffiziere, aber mit dünnen Fransen. In der Mitte der 60er Jahre

Abb. 55. Niederlande.
a, c Infanteristen – b Offizier der reitenden Artillerie – d Kolonialinfanterist

des vorigen Jahrhunderts wurden die Epauletten abgeschafft. Die Rangbezeichnung ist nunmehr folgende: Subalternoffiziere 1–3 sechsstrahlige Sterne auf den Kragenenden in gewechselter Knopffarbe, Stabsoffiziere die gleichen Sterne auf breiter Kragentresse in Knopffarbe, Adjutant-Unteroffiziere (etwa Feldwebelleutnant) einen runden Knopf in gewechselter Knopffarbe am Kragenende. Zusätzliche Rangbezeichnung durch eine einfache von der linken Schulter an der rechten Hüfte vorbeigeführte Fangschnur, deren Quasten an der linken Brust befestigt werden. Leutnants 2 und 3 Quasten mit dünnen Fransen, Hauptleute 2 Quasten mit starken Fransen, Major 3, Oberst 4 mit starken Fransen, der Oberstleutnant hat ebenfalls 4 Quasten, die beiden oberen in gewechselter Knopffarbe. Die Fangschnur der Generale trug auf den oberen Quasten einen bzw. zwei Silbersterne. Portepee silbern mit orange Füllung. Seit 1900 trägt die Generalität die Epauletten von 1815, zusätzlich am Kragen der Generalleutnant 4 Silbersterne, der Generalmajor je 2 silberne und 2 goldene. Die Unteroffiziers- und Mannschaftsgrade wurden durch 1–2 Metall- oder Wolltressen in Knopffarbe in Winkelform über den Aufschlägen gekennzeichnet.

V. Die graue Felduniform, ihre Waffen- und Rangabzeichen

Seit etwa 1912 ist auch im niederländischen Heer eine schutzfarbige Felduniform eingeführt, die zum Felddienst und von der wehrpflichtigen Mannschaft auch im täglichen Dienst getragen wird. Die graue Grundfarbe und der Schnitt sind für alle Truppengattungen gleich. Feldrock mit einer Reihe von 7 Knöpfen, Brust- und Seitentaschen, für Offiziere und Unteroffiziere aufgesetzt, mit geschweiften Klappen und kleinen Knöpfen, grundfarbige Achselklappen. Der Stehkragen ist rundherum, der runde Aufschlag oben waffenfarbig vorgestoßen. Kurze Hose mit Vorstoß, Wickelgamaschen für unberittene Truppen, sonst Reitstiefel, Schuhzeug schwarz, Lederzeug braun, Offiziere mit Schulterriemen (Abb. 55 c). Der Stahlhelm eigenen Modells trägt über der Stirn das Wappen. Das oben etwas engere, steife Käppi hat Stoffschirm und braunen Kinnriemen sowie 2 und 4 cm von der Unterkante je eine waffenfarbige Biese, zwischen denen über dem Schirm das bronzene Regimentsabzeichen befestigt ist. Am oberen Käppirand ovale orange Kokarde mit weißer oder gelber (Offiziere silberner oder goldener) Schnureinfassung, die nach unten eine kleine Agraffe bildet. Bei den höheren Unteroffizieren ist die untere, bei Subalternoffizieren beide Biesen, bei Stabsoffizieren auch der sonst graue Deckelvorstoß aus Metallschnur. Zum Felddienst bootsförmige Mütze, für Offiziere mit Metallschnur, für Mannschaften bis 1934 mit waffenfarbiger Schnur um den Aufschlag, auf dem für alle Heeresangehörigen links das Regimentsabzeichen in orange befestigt ist. Der Mantel hat liegenden Kragen, Rollumschlag, zwei Reihen Knöpfe, hinten Riegel mit 2 Knöpfen. Alle Knöpfe der Felduniform sind Bronze mit gekröntem Löwen. Die Waffenfarben und Abzeichen im einzelnen ergeben sich aus folgendem Schema nach dem Stand von 1934:

Waffengattung	Einfassung der Käppi-Kokarde	Käppi-Abzeichen Bronze	Käppi- u. Hosenvorstoß	Kragen u. Aufschlagvorstoß	Besonderes
Grenadiere	gelb	flammende Granate	rot	rot	am Kragen gelbe Granate
Jäger	gelb	Jagdhorn	grün	grün	am Kragen gelbes Jagdhorn
Infanterie	gelb	arab. Nr.	blau	blau	
Radfahrer	gelb	Löwe	blau	blau	am Kragen gelbes Rad
Husaren 1., 2., 4. Halbrgt.	weiß	arab. Nr.	blau	–	Stab 1. Hus.-Rgt. wie 1. Halbrgt.
3. Halbrgt.	weiß	arab. Nr.	rot	–	Stab 2. Hus.-Rgt. wie 3. Halbrgt.
Artillerie	gelb	arab. Nr.	rot	rot	am Kragen gelbe gekreuzte Kanonenrohre
Luftabw. Art.	gelb	Löwe	rot	rot	am Kragen Propeller auf gekr. Kanonenrohren
reitende Art.	gelb	Löwe	gelb		am Kragen gekreuzte Kanonenrohre
Genie	gelb	Löwe	blau	blau	am Kragen gelber antiker Helm
Brückenbau	gelb	Löwe	rot	rot	am Kragen gelber unklarer Anker
Luftwaffe	gelb	Löwe	rot	rot	Offiziere keine Vorstöße am Rock
Generalstab	gold	Löwe	an der Hose karmin	am Kragen karmin	auf der linken Brust goldener 6strahliger Stern mit Löwen
Generale	orange Kokarde im goldenen Lorbeerkranz		am Käppi gold, auch Seitennähte. An der Hose 2 schmale rot. Streif.	–	Kragen mit gezackter Goldtresse eingefaßt

Die Rangabzeichen gleichen denen der farbigen Uniform. Die Kragentresse der Stabsoffiziere wird durch einen senkrechten, hinter den Sternen befindlichen Balken in Knopffarbe ersetzt. Die gleichen Rangabzeichen befinden sich auch am Mantelkragen; die Generale außerdem 2–3 Silbersterne am Mantelärmel. Die Mannschaften tragen am Mantel kleine gerade Litzen gleicher Zahl und Farbe wie an den Ärmeln in den Kragenecken.

VI. Die Kolonialarmee in Niederländisch-Indien

Die Kolonialtruppe trug bis Ende der 60er Jahre Uniformen, die denen des Heimatheeres stark angeglichen waren. Seitdem erhält die Truppe einen durchgängig dunkelblauen Attila, der um die Brust rabattenartige Vorstöße in Waffenfarbe zeigt (Abb. 55 d). Diese Vorstöße befanden sich ebenfalls um den Kragen und um die spitzen Aufschläge. Dunkelblauer Tropenhelm mit Stern und Wappen, zur Parade mit Spitze. Dunkelblaue Hose mit waffenfarbigem Vorstoß. Auf dem Rock wurden zur Parade sechs waffenfarbige gerade Brustverschnürungen befestigt, die von Offizieren stets, und zwar in schwarzer Seide, getragen wurden. Diese dunkle Uniform hat sich als Ausgangsuniform mit kleinen Abänderungen erhalten. Der Rock ist für alle Waffengattungen ein Attila mit schwarzer Brustverschnürung, Offiziere schwarzer ungarischer Knoten auf den Ärmeln, geworden. Der Helm ist abgeschafft. An seine Stelle ist ein niedriger dunkelblauer Tuchtschako mit knopffarbiger Schnur am unteren und waffenfarbigem Vorstoß am oberen Rand getreten. Die Rangabzeichen sind dieselben wie in der niederländischen Heimatarmee. Die Generalsuniform ist dieselbe geblieben wie in der Zeit von 1868/1900 in den Niederlanden. Waffen- und Knopffarben der Hauptwaffe sind unverändert geblieben: Infanterie orangegold, Kavallerie rot-silber, Artillerie rot-gold, Genie rot-gold mit antikem Helm am Kragen.

Zum Felddienst wird seit Anfang dieses Jahrhunderts eine grüngraue Uniform getragen mit einer Reihe schwarzer Bronzeknöpfe. Auf den grundfarbigen Achselklappen befindet sich in schwarzer Bronze das Waffenabzeichen (gekreuzte Gewehre, Säbel oder Kanone, antiker Helm). Die Rangabzeichen befinden sich am Stehumlegkragen auf den schwarzen zweimal geschweiften Kragenpatten. Die Zahl der Rangknöpfe und Sterne ist dieselbe wie in der Heimatarmee, ihre Farbe stets silber. Die Subalternoffiziere haben die Kragenpatte mit einer Goldschnur eingefaßt, Stabsoffiziere und Generale mit breiter Goldtresse besetzt. Dazu Stahlhelm nach Heimatmodell oder bootsförmige grüngraue Feldmütze bzw. grüngraue Tellermütze englischen Modells mit dunklerfarbigem Besatzband und runder Kokarde über dem Lederschirm.

Abb. 56. Norwegen 1830–1890.
a Infanterie-Offizier – b, e Infanteristen – c Jäger – d Spielmann der Garde – f Kavallerie-Offizier – g, h Kavalleristen – i Artillerie-Offizier – k Artillerist – l Genie-Offizier

Norwegen
(Kokarde blau-weiß-rot)

I. Infanterie

Bis 1814 gehörte Norwegen bekanntlich zu Dänemark. Seit der Personalunion mit der schwedischen Krone (1814–1905) schließt sich die Uniformierung in Schnitt und Farbe im allgemeinen der schwedischen an. So trug um 1830 die Infanterie (Abb. 56a) einen kurzschößigen dunkelblauen Frack, rote Kragen, Vorstöße, Ärmelpatten und Schoßumschläge. Gelbe Schärpe zweimal blau durchzogen, gelbe Knöpfe. Tschako mit gelber Garnitur. Beinkleider blau, im Sommer weiß. Um 1860 (Abb. 56b) dunkelblauer Waffenrock mit ebensolchen Abzeichen, roten Vorstößen, gelben Knöpfen, grauen Hosen mit rotem Vorstoß und blauem Käppi mit rotem Besatz und Pompon. Vorn die rote Kokarde von weißem Rand umgeben; der weiße Rand mit einem blauen Ring belegt. Die Jäger (Abb. 56c) trugen einen ganz grünen kurzschößigen Rock ohne weitere Abzeichen; weiße Knöpfe, graue Hosen. Bersaglierihut mit Kokarde und schwarzem Busch. Die Scharfschützen der Garde (Abb. 56d) hatten 1890 noch denselben Hut, dazu einen dunkelblauen kurzen Waffenrock mit ebensolchen Kragen und Aufschlägen, weißen Knöpfen und geraden Litzen, roten Vorstößen ringsum, grünen Fransenepauletten mit weißen Monden; graue Hosen mit weißen Doppelstreifen. Später dunkelblaue Epauletten ohne Fransen, dunkelblaue Hosen. Bei Offizieren ist der Besatz aus Silbertresse. Um 1890 war die Infanterie in folgender Weise bekleidet: hellblauer Waffenrock mit gleichfarbigem liegenden Kragen und Aufschlägen. Alle Abzeichen sowie der Rock vorn herunter und rings um die Schöße mit roten Vorstößen besetzt. Ebensolche Vorstöße an den hellblauen Beinkleidern. Weiße Knöpfe und schwarzer Lederhelm mit weißem Beschlag (Abb. 56e). Um 1900 wird die Infanterieuniform dunkelblau, der Rock erhält einen am Außenrand rot vorgestoßenen Stehkragen, die Ärmelaufschläge der Mannschaften werden spitz. An Stelle des Helms tritt ein dunkelblaues Käppi mit roten Vorstößen in den Seitennähten (Abb. 57a). Die dunkle Uniform wird auch weiterhin von allen Waffen als gestattetes Stück neben der Felduniform getragen. Die Garde trägt hierzu außerdienstlich eine bootsförmige Feldmütze mit breiter Silbereinfassung am Aufschlagrand und kleinem Quast über der Stirn.

Abb. 57. Norwegen.
a, b, c Infanteristen

II. Kavallerie

Die Grundfarbe ist bis heute grün. 1830 (Abb. 56 f) hatte das Kollett grüne Kragen, Aufschläge und Rabatten mit roten Vorstößen, weiße Knöpfe, roter Besatz auf den grünen Hosen, Tschako mit schwarzem Stutz, weißem Beschlag und Behängen. 1860 (Abb. 56 g) rotes Käppi mit ebensolchem Pompon und weißer Garnitur. Grüner Rock mit ebensolchen Aufschlägen und Rabatten, rote Kragen und rote Vorstöße um Achselklappen, Rabatten, Aufschläge, Schöße, Ärmel- und Rückennähte; weiße Gardelitzen und Knöpfe. Grüne Hosen mit roter Biese und schwarzem Lederbesatz. Grüne Schabracke mit rotem Zackenrand und weißer Krone in den hinteren Ecken. 1890 war die Uniform in Schnitt und Farbe ähnlich; Käppi jetzt von grüner Grundfarbe mit karminroten Vorstößen, weißem Beschlag und schwarzem Busch. Die dunkelgrauen Hosen werden in den Stiefeln getragen. Offiziere haben karmin Lampassen, schwarzes Bandolier und Kartusche, Epauletten. Alles Rot jetzt karmin (Abb. 56 h). Schabrackenrand glatt, ebenfalls karminrot, auch die Krone in den hinteren Ecken der Schabracke.

III. Artillerie, Genie, Train

Die Artillerie-Uniform war 1830 (Abb. 56 i) ganz blau (auch die Abzeichen) mit karminroten Vorstößen. Gelbe Knöpfe, Tschako mit gelber Granate und Schuppenketten, schwarzer Busch. 1860 blauer Waffenrock mit ebensolchen Aufschlägen, karmin Aufschlagpatten, Kragen und Vorstöße karmin, gelbe Knöpfe und Lederzeug. Graue Hosen mit roter Biese, blauer Tschako mit karminroten Besätzen, Pompon und Fangschnur. Vorn die Kokarde, darunter gelbe Granate (Abb. 56 k). Später dunkelblaues Käppi mit karmin Vorstößen, dunkelblaue Hosen mit karmin Vorstoß, Offiziere Lampassen und goldenes Bandelier. Der Train hat die gleiche Uniform, nur Kragen und Aufschläge dunkelblau mit karmin Vorstoß. Die Genietruppe trug 1890 dieselbe Uniform wie die Infanterie, nur mit schwarzen Vorstößen. Um 1900 wird das Grundtuch dunkelblau, Stehkragen, Ärmelpatten und Vorstöße werden hellblau (Abb. 56 l).

IV. Generalität, Generalstab – Rangabzeichen

Die Uniformen der Generale waren stets den schwedischen sehr ähnlich, jedoch mit roten Vorstößen und Lampassen. Der Federbusch auf dem Hut ist blau-rot. Der Generalstab trägt die Generalsuniform ohne Eichenlaubstickerei an Kragen und Aufschlag, dafür goldene doppelte Fangschnüre am rechten Arm. Die Dienstgrade der Offiziere werden durch 1–3 fünfstrahlige Rangsterne gekennzeichnet. Bis etwa 1860 sind die Rangsterne auf den Epauletten angebracht, die bei Stabsoffizieren mit dünnen, bei Generalen mit starken Fransen besetzt sind. An der täglichen Uniform werden die Rangsterne seit etwa 1860 in Knopffarbe nebeneinander in den Kragenecken angebracht. Die Stabsoffiziere haben zusätzlich den Kragenaußenrand mit einer schmalen knopffarbigen Tresse eingefaßt. Der Kragen der Generale ist mit breiter Goldtresse besetzt, die Rangsterne sind silbern. Am Käppi sind die Seitenvorstöße und die 1–3 schmalen, bei Stabsoffizieren 1 mittelbreite und 1–3 schmale Rangtressen, darunter in Knopffarbe um das Band befestigt. Alle Generalsgrade tragen das Käppiband mit einer breiten Goldtresse besetzt, dazu goldene Mützenkordel. Alle Offiziere haben eine karminrote Seidenschärpe, Quaste links, das geschlossene Portepee ist aus Gold, mit dunkelblauer Seide gemischt. Die Abzeichen der Unteroffiziere bestehen aus 1–3 waffenfarbigen Schnüren am Ärmelaufschlag und Käppiband.

V. Die feldgraue Uniform

Schon seit 1903 fanden Versuche mit einer schutzfarbigen Uniform statt, die 1912 endgültig zur Einführung gelangte und jetzt die einzige Bekleidung der wehrpflichtigen Mannschaft und die tägliche Kleidung auch des festangestellten Offizier- und Unteroffizierkorps bildet. Die Felduniform aus grüngrauem Grundtuch ist im Schnitt für alle Waffengattungen und Ränge gleich. Sie besteht aus einer Bluse mit aufgesetzten Brust- und Seitentaschen mit Quetschfalte und geschweiften Patten, Stehumlegekragen und Rollumschlägen, beide rot vorgestoßen kurzer bzw. langer Hose mit rotem Vorstoß. Lederzeug braun, Offiziere Schulterriemen, Schuhzeug schwarz (Abb. 57 b, c). Der graue doppelreihige Mantel hat den liegenden Kragen, die Schulterklappen und die gerollten Umschläge rot vorgestoßen. Das

Abb. 58. Das Königreich Polen.
a Adliger Husar – b Flügel-Adjutant – c, g, k Ulanen – d Offizier der Krongarde zu Warschau – e Leibgarde-Dragoner – f, h Linien-Infanteristen – i Garde-Grenadier – l Sensenträger – n Jäger zu Pferde – m Sandomirscher Freischütz – o Masowischer Freischütz

Käppi aus Grundtuch hat schwarzen Lacklederschirm und gleichfarbigen Kinnriemen, bei den Mannschaften rote, bei Offizieren knopffarbige Seitenvorstöße, an der Vorderseite am oberen Käppirand die Kokarde, darunter, durch eine Agraffe miteinander verbunden, einen Wappenknopf, für Offiziere aus roter Emaille mit aufgelegtem goldenem Löwen. Die Waffenunterscheidung erfolgt nur durch die verschiedene Farbe und Prägung der Knöpfe. Generale, Artillerie und Train gelbe, sonst weiße Knöpfe. Die Rangabzeichen der Felduniform sind die gleichen wie an der täglichen dunklen Uniform. Die Kragentressen der Stabsoffiziere und Generale geht nur bis zur Schulterhöhe.

Polen
(Kokarde seit dem 18. Jahrhundert weiß)

Das polnische Heer unter Johann Sobieski bestand zur Zeit des Entsatzes von Wien 1683 aus *Infanterie* (ausländische genannt, aber nur aus Polen bestehend) und 3 Arten von *Kavallerie*: schwere Husaren, leichte Panzerny und Dragoner (eher berittene Infanterie), außerdem *Artillerie* nach europäischem Muster und damals übliche Hilfstruppen. Außer bei Haustruppen und Hofjanitscharen war aber von strenger Uniformierung damals nicht die Rede.

Infanterie sollte die Wappenfarbe des Kreises tragen, von dem sie aufgestellt wurde. Eine bestimmte Anzahl von Häusern hatte die Uniformierung, Bewaffnung, Verpflegung für 6 Monate und für 5 Leute einen Wagen zu stellen. Infanterie trug keinen Harnisch, als Kopfbedeckung Hüte, Pelzmützen oder leichte Eisenhauben. Die Bewaffnung bestand, nach Abschaffung der Picken, aus schwerem Radschloßgewehr und sog. Berdysz, einem kleinen Beil mit langem Heft, das durch Sobieski für Infanterie und Dragoner eingeführt wurde. Es konnte auch als Schanzzeug und Gewehrgabe benutzt werden und wurde mittels eines Riemens quer über den Rücken getragen.

Kavallerie war durch den vom König schriftlich bestimmten Rittmeister in sogenannte Fahnen (20 bis 100 Reiter) gesammelt. Der Rittmeister besorgte lange Reiterspieße mit verschiedenen Flaggen, die übrige Bewaffnung und Ausrüstung war Eigentum des Reiters. Husaren und Panzerreiter bestanden nur aus dem Adel. Jeder Reiter hatte eigene Bedienung, Verpflegung, Wagen und Pferde. Dragoner wie Infanterie. *Husaren:* Bewaffnung: 4,8 bis 5,5 m langer Reiterspieß als Grundwaffe, mit verschiedenfarbigen, bis 3 m langen Flaggen. Dazu Säbel, kurzes Feuergewehr im

Sattelhalfter und langer Panzerstecher unter dem Knie am Sattel. Der Spieß war mit Namen gezeichnet; wenn er unzerbrochen auf dem Schlachtfeld gefunden wurde, mußte der Besitzer die Truppe verlassen. – Koller von Sämischleder oder Tuch, darüber eiserner Harnisch und Haube mit beweglichem Nasenschutz. Auf dem Rücken 2, manchmal 1 Flügel aus Holzstäben, mit Adlerfedern besteckt (Abb. 58 a). Helm mit Metallflügeln wurde noch zu Anfang des 18. Jahrhunderts getragen, später Husarenpelzmütze. Vom Panzer wurde zeitweise nur das Vorderteil getragen, mit 2 Querriemen am Rücken. Über die linke Schulter, auf der Brust durch eine metallene Schließe gehalten, hing ein Tiger-, Leoparden- oder einfaches Wolfsfell. Ringkragen oder rechte Harnischseite waren oftmals mit einem vergoldeten Kreuz geschmückt, links ebensolches Bild der Mutter Gottes. – Reiche Besattlung und Pferderüstung, gestickte Pferdedecken. *Panzerny* – Leichte Kavallerie – *leviores armaturae*: Sie trugen die ganze Last des Aufklärungs- und Sicherheitsdienstes. Bewaffnung: Säbel, Pistolen im Halfer; fast jeder Reiter trug die alte Bewaffnung, Bogen und Pfeile im Köcher und Schild, Kalkan genannt, aus geflochtenem Rohr oder Feigenzweigen an beiden Sattelseiten aufgehängt. Kalkan und Köcher waren mehr traditionelle Dekoration. Oft ein kurzer Spieß ohne Flagge. Sturmhaube rund und klein, mit einem auf die Schulter herabhängenden Drahtnetz versehen. Kettenpanzer über dem Koller, wie Husaren, mit kurzen Ärmeln, bis zu den Lenden reichend. An beiden Armen eiserne geschmückte Stulpen, Karawasche genannt. Diese Tracht, auch bei Husaren, war keine eigentliche Uniform, es kommen daher sehr viele Willkürlichkeiten vor. *dragoner,* wie Infanterie gebildet, trugen keine Schutzrüstung, als Kopfbedeckung Pelzmütze, Hut oder leichte Eisenhaube, Koller von Leder oder Tuch, Säbel oder Degen, kurze Muskete am Bandolier, Berdysz über dem Rücken, oft Pistolen im Halfter. Pferde mittelmäßiger.

Im Verlauf des 18. Jahrhunderts sind bei der Uniformierung der polnischen Armee zwei verschiedene Elemente zu erkennen, nämlich das sächsische und das nationalpolnische, das letztere besonders bei der Kavallerie. Die Infanterie behielt die alte sächsische rote Uniform bei, auch nachdem in Sachsen längst die weiße eingeführt war. Eine Waffengattung bestand in Polen fort, welche im westlichen Europa fast gänzlich verschwunden war, nämlich die der Lanzenreiter. Diese hatten eine eigentümliche Organisation: Im ersten Glied standen die *Towarzysz*, die sich aus Edelleuten rekrutierten; die Diener der Towarzysz. Den Pacholken oblag vor allem die Pferdewartung und die Instandhaltung der Waffen. Im nachfolgenden Shema sind die Uniformen des ersten Gliedes beschrieben. Das zweite Glied trug in der Regel die gleiche Uniform, nur war die Kopfbedeckung von abweichender Form; die Stiefel waren hier nicht gelb, sondern schwarz, ferner fehlten Fangschnüre und Epauletten.

Kavallerie 1775

Regiment	Kopfbedeckung	Kurtka	Kragen u. Rabatten	Weste	Hose	Knöpfe
Narodowi 1. Brgd.	amarant	hellblau	amarant	weiß	amarant	weiß
Narodowi 2. Brgd.	dunkelblau	dunkelblau	rot	weiß	dunkelblau	weiß
Narodowi 3. Brgd.	hellblau	hellblau	karmesin	weiß	hellblau	weiß
Narodowi 4. Brgd.	rot	dunkelblau	rot	weiß	rot	weiß
Przdny Straz 1. Rgt.	rot	dunkelblau	rot	weiß	dunkelblau	weiß
Przdny Straz 2. Rgt.	grün	grün	schwarz	rot	rot	gelb
Königs-Hus. Br.	rot	dunkelblau	rot	weiß	dunkelblau	gelb
National-Kav.	orange	dklblaue Kasacke	orange	weiß	weiß	weiß
1. Ulanen-Rgt.	gelb	weiß	gelb	gelb	weiß	weiß
2. Ulanen-Rgt.	dunkelblau	weiß	dunkelblau	dunkelblau	dunkelblau	gelb
3. Ulanen-Rgt.	rot	weiß	rot	rot	rot	gelb
4. Ulanen-Rgt.	grün	weiß	grün	grün	grün	gelb
5. Ulanen-Rgt.	orange	weiß	orange	orange	orange	weiß

Die Regimenter der Przedni Straz (Avantgarde, Vortrab) trugen Kurtkas mit kurzen Ärmeln, der sichtbare Westenärmel hatte polnische Aufschläge, beim 1. Rgt. dunkelblaue Kurtka mit roten Aufschlägen, beim 2. dunkelgrüne mit schwarzen. Die letzten 7 Rgter. hatten keine Westen, sondern lange poln. Kleidung, Ulanen außerdem an der Kurtka kurze Ärmel (Abb. 58c).

Das Leib-Regiment Dragoner war wie alle Dragoner-Regimenter sächsisch uniformiert. Es trug Dreispitz mit weißer Feder, roten Rock mit hellblauen Abzeichen, keine Rabatten, weiße Brustlitzen, weiße Westen und lederfarbene Hosen. Die Linien-Dragoner trugen grüne Röcke, gelbe Fangschnüre und gelbe Knöpfe. Kron-Feldherrn-Dragoner-Rgt. schwarze Kragen, Rabatten und Aufschläge, lederfarbene Schöße, Weste und Hose. Rgt. Unter-Feldherr Aufschläge pompadour, aber weiße Schöße und Weste. Kozlowski-Dragoner-Rgt.: rote Kragen, Rabatten, Aufschläge und Schöße, weiße Weste. Auf dem gelbbortierten Hut roter Stutz. Die Leib-Dragoner (nicht zu verwechseln mit dem Leib-Regiment Dragoner) hatten rote Röcke mit blauen Abzeichen und gelben Knöpfen. Auch die Infanterie war sächsisch bekleidet.

1775 unterschieden sich die Infanterie-Regimenter folgenderweise:

Regiment	Rock	Kragen, Rabatten, Aufschläge	Schöße	Knöpfe
Kron-Garde-Gr.-Rgt.	rot	dunkelblau	dunkelblau	gelb
Witten Gr.-Rgt.	rot	dunkelblau	weiß	gelb
Kron-Feldherrn-Inf.-Rgt.	rot	grün	grün	gelb
Kron-Unter-Feldh.-Inf.-Rgt.	rot	hellblau	hellblau	weiß
Königin Hedwig Inf.-Rgt.	rot	schwarz	weiß	weiß
Kronprinz Inf.-Rgt.	rot	weiß	weiß	weiß
Lanowi Inf.-Rgt.	rot	hellgrün	weiß	weiß
Czapski Inf.-Rgt.	rot	dunkelgrün	weiß	gelb
Raczinski Inf.-Rgt.	rot	hellblau	weiß	weiß
Potoczki Inf.-Rgt.	rot	dunkelblau	weiß	weiß
Ordination von Ostrog Inf.-Rgt.	rot	schwarz	weiß	gelb
Ordination von Reissen Inf.-Rgt.	rot	gelb	weiß	weiß
Kalixt Poninski Inf.-Rgt.	rot	hellgrün	weiß	gelb
Litauisches Leib-Gr.-Rgt.	rot	dunkelblau	weiß	gelb
Des Feldherrn 1. Inf.-Rgt.	hellblau	weiß	weiß	gelb
Des Feldherrn 2. Inf.-Rgt.	hellblau	gelb	gelb	weiß
Des Unt.-Feldherrn 1. Inf.-Rgt.	hellblau	schwarz	weiß	gelb
Des Unt.-Feldherrn 2. Inf.-Rgt.	hellblau	rot	rot	weiß
Grabowski Inf.-Rgt.	hellblau	gelb	gelb	weiß
Massalski Inf.-Regimentchen	hellblau	rot	weiß	weiß

Das Kron-Garde-Grenadier-Regiment trug braune Pelzmützen mit Messingbeschlag, das Witten Grenadier-Regiment eine Kopfbedeckung, die der preußischen Füsiliermütze ähnelte, dazu auf dem Vorderblech ein Pompon, das Litauische Leib-Grenadier-Regiment Grenadiermützen russischer Probe. Die ungarischen Regimenter waren abweichend bekleidet. Die Warschauer Ungarn-Fahne trug hellblaue Röcke mit orangefarbenen Abzeichen, weiße Unterkleider, ungarische Stiefel und Füsiliermützen. Des Kron-Feldherrn Ungarn-Fahne: Pelzmützen mit rotem Beutel, grüner vierreihiger Rock mit rotem Kragen, polnischen Aufschlägen und Schößen, weiße, rotverschnürte Weste, rote Säbeltasche mit grünem Rand und polnischem Adler. Unter-Feldherrn-Ungarn-Fahne ebenso, nur die Farben gewechselt, also grüner Beutel, roter Rock mit grünen Abzeichen, weiße Weste mit grüner Verschnürung und grüne Säbeltasche mit rotem Rand, weiße Knöpfe, beim vorigen gelbe. Die Offiziere dieser beiden Regimenter trugen Flügelmützen.

Zur Linieninfanterie-Uniform ein stets weiß-bortierter Dreispitz. Die Pompons waren weiß mit Abzeichenfarbe. Das Regiment Lanowi hatte weiße Zackenrandborte. Die Offiziere hatten kleine Epauletten in der Knopffarbe, sächsische Schärpen und Portepees.

Die Artillerie trug 1775 einen grünen Rock mit schwarzen Kragen, Rabatten und Aufschlägen und weißen Schößen, weiße Unterkleider.

Für alle Waffen gültig waren die roten Halsbinden der Mannschaften und die schwarzen der Offiziere und der ersten Glieder der Kavallerie. Die Krongarde in Warschau trug um 1790 folgende Uniform: Hut mit weißer Kokarde, bei den Offizieren mit breiter gebogener Silbertresse besetzt. Roter Rock mit dunkelblauem Kragen, Rabatten, Aufschlägen und Schoßfutter; Knöpfe weiß; Offiziere silberne Epauletten und Vorstöße. Vergoldeter Ringkragen mit dem silbernen Adler, Unterkleider mattgelblich. Das *Leibgarde-Dragoner-Regiment* (Abb. 58e) trug Hüte mit gebogener Silbertresse, weißer Kokarde und weißem, unten rotem Stutz. Mattgelbliche Kolletts und Beinkleider, rote Kragen, Schoßumschläge und Schabracken, alles mit Silber besetzt. Silberne epaulettartig gestaltete Achselstücke mit rotem Grund; ferner ein karminrotes, mit Silberborten besetztes Bandelier. Die Generalsuniform entsprach der sächsischen, nur war hier das Rot durch Amarant und das Gold durch Silber ersetzt; die Unterkleider waren weiß. Diese Farbzusammenstellung hielt sich bei den Generalen bis 1831. Zur Zeit der polnischen Erhebung, welche der dritten Teilung Polens vorausging, um 1793, trug fast die ganze Armee eine Bekleidung, zu welcher ersichtlich die von der Kaiserin Katharina II. 1789 eingeführte russische Uniform das Vorbild lieferte. Namentlich hatte die Kurtka fast genau den russischen Schnitt. Die *Infanterie* (Abb. 58f) trug Kurtka und Beinkleider von dunkelblauer Farbe. Kragen, Aufschläge, Rabatten sowie die vorn umgeklappten Schöße zeigten regimenterweise verschiedene Farben, so beim Rgt. Stanislaus Potocki hellblaue Abzeichen mit gelben Knöpfen, Rgt. Ozarowski orangesilber, Rgt. Wodzicki orange-gold, Großfeldherr grün-gold, Unterfeldherr hell-ledergelb-silber, Füsilierrgt. schwarz-gold, Lanowy papageigrün-silber, Czapski grün-silber, Racryski rosa-silber, Dziasynski rosa-gold, Jlinski hell-ledergelb-gold, Malczewski papageigrün-gold, Ordination Ostro Rgt. schwarz-gold, Königin Hedwig hochgelb-weiß. Sie eigenartige Kopfbedeckung bestand aus einem schwarzen, zylinderartig gestalteten Kopfteil mit Augenschirm, über letzterem weißes Metallschild mit dem poln. Adler. Darunter schwarzledernes zugespitztes Schild mit Kranz von Borsten. Von hinten nach vorn übergebogen ein federartig gestalteter Stutz aus schwarzen oder weißen Roßhaaren. Das Lederzeug war teils schwarz, teils weiß. Offiziere und Mannschaften aller Truppengattungen hatten nunmehr weiße Halsbinden. Die Offiziersschärpe war nicht mehr auf der rechten, sondern auf der linken Hüfte geknotet. Die Konföderatka (polnische Mütze) wurde von allen Offizieren getragen.

Die *Kavallerie* trug Uniform desselben Schnitts wie die Infanterie, dazu Konföderatka. Um einige Beispiele anzuführen: Das Ulanenregiment König (Abb. 58 g) ganz blau, unten gelb. Blaue Schabracken mit gelbem Besatz. Schwarzes Säbelkoppel, weißes Bandelier. Die reitende Nationalgarde ebenso, nur alle karminroten Stücke hier hochrot und die Knöpfe gelb. Sehr viele in der Eile zusammengeraffte Truppenteile hatten nationale Bekleidung, namentlich die beliebten und auch bei den späteren Revolutionen immer wieder auftauchenden *Sensenmänner (Koszniere)*. Die *Artillerie* trug grüne Kurtkas mit schwarzen Abzeichen und Beinkleidern sowie gelben Knöpfen. Als Kopfbedeckung ein runder breitkrempiger Hut mit weißer Feder, bei den Offizieren schwarze Konföderatka. Die *Pontoniere* grüne Kurtka und Beinkleider, weiße Abzeichen, gelbe Knöpfe, braunes Lederzeug. Als nach der Beendigung des Feldzuges von 1807 die nunmehr herzoglich warschauische Armee neu organisiert wurde, war im allgemeinen das französische Vorbild maßgebend, wennschon eine Menge nationaler Eigentümlichkeiten zu beobachten sind. Die *Infanterie* erhielt blaue Röcke im Schnitt des Spenzers mit kurzen Rabatten. Die Abzeichen waren sehr verschiedenfarbig, z. B. Kragen dunkelblau mit rotem Vorstoß; Kragen, Rabatten und Aufschläge amarant (8. Rgt.), ferner kamen hellblaue, dunkelrote Kragen und Aufschläge vor. Die Voltigeure hatten häufig gelbe Kragen. Als Kopfbedeckung diente für die Füsilier- und Voltigeurkompanien ein tschapkaartig gestalteter Tschako (Abb. 58 h), der eigentlich nur für Füsiliere vorschriftsmäßig war. Die Grenadiere trugen Pelzmützen und Schirm. Grenadier- und Voltigeurepauletten wie in der französischen Armee. Das Lederzeug war weiß, ebenso die Unterkleider. Die *Nationalgarde* hatte Tschakos mit rundem Deckel, mit hellblauem Pompon und rotem Stutz sowie roten Behängen. Schuppenketten und Beschläge gelb. Blauer Spenzer mit hellblauem Kragen, der vorn eine schmale weiße Patte zeigte. Weiße kurze Rabatten und Schoßumschläge und hellblauer Vorstoß, hellblaue Aufschläge und weiße, rot vorgestoßene Ärmelpatten. Rote Epauletten, gelbe Knöpfe, weiße Unterkleider und Bandeliere. Die *Kürassiere* (Regiment 14) waren ganz nach französischem Vorbild uniformiert. Sie unterschieden sich unter anderem durch die gelben Schuppenepauletten mit roten Fransen und durch die roten gelbbortierten Schabracken. Die *Ulanen* trugen dunkelblaue Kurtkas und Hosen mit verschiedenfarbigen Abzeichen und Lanzenflaggen. Die nach französischem Vorbild auch bei den Ulanen errichteten Elitekompanien Pelzmützen mit roten Behängen und Stutz, die übrigen Ulanen Tschapkas.

Die *Jäger* zu Pferde hatten Tschakos, grüne einreihige Spenzer, gelbe Knöpfe und grüne Hosen mit Streifen in der Abzeichenfarbe. Diese waren beim 1. Rgt. rot, 4. Rgt. karmin und beim 5. hellorange. Die *Husaren* trugen hellblau bezogene Tschakos mit schwarzen hängenden Büschen, dunkelblaue Dolmans und Pelze (mit schwarzer Verbrämung), karminrote Kragen und Aufschläge. Das

Ulanen 1810–1814

Regiment	Knöpfe	Kragen	Kragenvorstoß	Rabatte	Rabattenvorstoß	Hosenstreifen
2.	gelb	rot	weiß	dunkelblau	gelb	gelb
3.	gelb	karmin	weiß	dunkelblau	weiß	gelb
6.	gelb	weiß	karmin	dunkelblau	karmin	karmin
7.	gelb	gelb	rot	dunkelblau	rot	gelb
8.	gelb	rot	rot	dunkelblau	rot	rot
9.	gelb	rot	dunkelblau	dunkelblau	weiß	rot
11.	gelb	karmin	weiß	karmin	weiß	karmin
12.	gelb	karmin	weiß	dunkelblau	weiß	karmin
15.	gelb	karmin	weiß	karmin	weiß	karmin
16., 17., 18.	gelb	karmin	weiß	dunkelblau	karmin	karmin
19., 20.	gelb	gelb	gelb	dunkelblau	gelb	gelb
21.	gelb	orange	orange	dunkelblau	orange	orange

1. Rgt. (Nr. 10) gelbe, das 2. Rgt. (Nr. 13) weiße Beschnürung. Auch die Eliten der Husaren hatten Pelzmützen. Die *Artillerie* war ganz in Grün gekleidet; Kragen, Rabatten und Aufschläge schwarz mit roten Vorstößen, Knöpfe gelb. Die Fußartillerie hatte Tschakos, die reitende Pelzmützen. Als nach dem zweiten Pariser Frieden Polen aus Königreich, wenn auch unter russischer Oberhoheit, immerhin eine gewisse Selbständigkeit wiedererlangte, wurde für die Uniformierung der damalige russische Schnitt maßgebend. Die Grundfarbe war bei der *Infanterie* blau, die Abzeichen gelb, Knöpfe weiß. Die Regimenter unterschieden sich durch die Schulterklappen. Jede der beiden Divisionen hatte sie in der Reihenfolge: gelb (1 und 3), weiß (2 und 4), hellblau (5 und 7), dunkelblau, gelb eingefaßt (6 und 8); darauf 1. Regiment Namenszug samt Divisionsnummer, und zwar 1 bei den Rgtrn. 1, 2, 5, 6; 2 bei Rgtrn. 3, 4, 7, 8. Außerdem war auf den Knöpfen die Regimentsnummer geprägt. Schützen-Rgtr. hatten gleiche Uniformen, jedoch Lederzeug schwarz, Abzeichen (Kragen, Rabatten, Aufschläge) dunkelblau mit gelben Vorstößen. Die Garde (Abb. 58i) war durch weiße Gardelitzen ausgezeichnet. Tschako von der Form des russischen, vorn weißer poln. Adler. Uniform der *Ulanen* (Abb. 58k), ebenfalls ganz russ. Schnitts, hatte für Kurtka und Hosen dunkelblaue Grundfarbe. Tschako u. Abzeichen nach Rgtrn. verschieden. Lanzenflaggen oben beim 1. Rgt. karmin, 2. dunkelblau, 3. gelb, 4. blau, bei allen 4 Rgtern. unten weiß und in der Mitte schmale Längsstreifen von gewechselter Farbe. Die von schwarzem Schaffell gefertigten Schabracken hatten einen Besatz in Abzeichenfarbe, 2. Ul.Rgt. dunkelblau, 2. J. z. Pf. dunkelgrün, Garde-J. z. Pf. gelb mit 2 weißen Streifen am Rand. Bei Offizieren in den hinteren Ecken Kaiserchiffre. *Reitende Jäger* (Abb. 58n) grüne Kollets und Beinkleider. Der grüne Kragen hatte vorn eine farbige Patte. Letztere sowie die poln. Aufschläge, Vorstöße und Hosenbesatz beim 1. Rgt. karmin, 2. weiß, 3. gelb, 4. himmelblau. Diese Abzeichenfarben galten auch für die 4 Ulanen-Rgter. Tschako mit weißem Adlerbeschlag, Pompon und Schuppenketten; Knöpfe, Lederzeug und Epauletten weiß. Schabracke wie Ulanen. *Garde-Jäger* z. Pf. führten bei gelben Abzeichen auf der Kragenplatte eine weiße Litze. Schabracken von dunkelgrünem Tuch. Die *Artillerie*-Uniform, deren Schnitt ebenfalls der russischen entsprach, hatte die früheren Farben behalten.

Beim Aufstand 1831 wurde eine große Anzahl von Freikorps ins Leben gerufen, die z. T. recht phantastische Uniform trugen, so z. B. die Sandomirschen Freischützen v. Grotthus (Abb. 58m): Pelzmütze mit weißem Adlerbeschlag und gelben Schuppenketten, grüner, bis auf die Knie reichender Rock mit schwarzem Kragen und Aufschlägen und roten Vorstößen, gelbe Knöpfe, grüne Epauletten, grüne Hose mit rotem Vorstoß, naturfarbener Gürtel, vorn mit kleiner Kartusche und ringsum mit Futteralen für Patronen besetzt. Vorn steckten im Gürtel 2 Pistolen und 1 Dolch. Auf der Brust nach tscherkessischer Art Patronenbehälter. Schwarze Tornisterriemen, Säbel am Schleppkoppel. Die Freischützen von Podlasie des Oberst Kuszell (Abb. 58o): grüne Konföderatka, vorn mit ovalem weißen Schild, darauf ein Kreuz, darunter Totenkopf und gekreuzte Knochen. Grüner, unten roter Federbusch. Langer, grauer Rock mit grünem Kragen, Aufschlägen und Epauletten. Graue Hosen mit grünem Vorstoß. Schwarze Handschuhe. Gürtel, Pistolen, Dolch und Patronenbehälter auf der Brust wie oben beschrieben. Krakauer Sensenmänner: rote Konföderatkas, lange blaue Röcke mit karmin Kragen, Aufschlägen und Vorstößen. Auf jeder Brustseite schrägstehende, karminrote Taschenpatten. Knöpfe weiß, blaue Beinkleider, schwarzes Lederzeug. *Kalischer Freiulanen:* lange, einreihige schwarze Röcke mit hellblauen Kragen, Vorstößen und polnischen Aufschlägen, karminroter Gürtel, weiße Knöpfe und Lederzeug. Beinkleider schwarz mit hellblau. Tschapka mit hellblauem Oberteil, Lanzenflagge oben karmin, unten hellblau. Die *Nationalgarde* trug einen langen einreihigen Rock mit roten Kragen und Aufschlägen, dunkelblaue Hosen und Konföderatka, weiße Knöpfe, schwarzes Lederzeug. Beim Aufstand 1863 wurden ebenfalls vielfache Versuche gemacht, einzelne Korps zu uniformieren, ohne daß indessen von einer Uniformierung im allgemeinen die Rede sein konnte.

Freistaat Polen

Als mit Ausbruch des I. Weltkrieges die Möglichkeit eines selbständigen Polen auftauchte, bildeten sich besonders im österreichischen Polen eine Anzahl Legionstruppen, die auf seiten der Zentralmächte unter österreichischem Oberbefehl zusammengefaßt wurden. Bei ihrer Aufstellung und Organisation hatte Marschall Pilsudski großen Anteil. Die Uniform, hergestellt zunächst aus österreichischen, später auch aus deutschen Tuchbeständen, zeigte von vornherein einen lebhaften Anklang national-polnischen Schnitts. Charakteristisch war schon für diese Truppen die tschapkaartige Kopfbedeckung mit dem viereckigen quergestellten Mützen- oder Tschapkaoberteil (Abb. 59, a, b). Kragenpatten und Vorstöße waren durchgängig rot, Knöpfe weiß; Rangabzeichen in Gestalt von weißen und silbernen Sternen auf der Kragenpatte. Schon früh findet sich auf dem Mützenoberteil der weiße polnische Adler aus Tuch oder Metall. Sehr bald wurde auch die für alle polnischen Truppen der Gegenwart charakteristische Kragenpattenverschnürung, eine Erinnerung an die Napoleonische Zeit, eingeführt. Sie bestand aus einer im Zickzack längs des Kragenaußenrandes geführten Woll- bzw. Metalltresse, die vielfach rote, meist aber weiße Farbe zeigte.

Im Verlauf des I. Weltkrieges bildete sich in Frankreich unter der Führung des Generals Haller eine polnische Legion, die aus französischen Tuchbeständen in horizontblau eingekleidet wurde. Charakteristisch war auch hier die tschapkaartige, für Mannschaften und Unteroffiziere schirmlose Mütze (Abb. 59c). Vorstöße dunkelblau, bei Jägern hellgrün. Rangabzeichen nach französischem Muster.

Abb. 59. Der Freistaat Polen.
a, b Kavallerist und Infanterist der „Poln. Legion" beim österr. Heere – c Infanterist der Haller-Truppe – d Ulanen-Offizier – e, h Infanteristen – f Infanterie-Offizier – g Kavallerist

Offiziere trugen auch das französische Käppi. Nach Abschluß des I. Weltkrieges und nach dem Friedensschluß von Versailles wurde die neu aufgestellte polnische Armee zunächst in vorhandene Bestände eingekleidet, so daß österreichische, deutsche und russische Uniformstücke in buntem Durcheinander getragen wurden. Gemeinschaftliches Wehrmachtsabzeichen wurde schon damals der weiße polnische Adler über einem halbrunden Schild an der Mütze sowie die Kragenrandverschnürung in weißer bzw. silberner Litze.

Kavallerie hat keine Kragenpatten, sondern seidengestickte Lanzenfähnchen auf den Kragenenden oder vollabzeichenfarbigen Kragen. Die Offiziere der Kavallerieregimenter trugen in jener Zeit sehr viel feldgraue Ulankas mit karmin, blauen, roten oder weißen Vorstößen, vollfarbigen Kragen und Mützenband oder grundfarbene, abzeichenfarbig vorgestoßene Kragen mit gestickten Seidenfähnchen an den Enden. Dazu dunkelblaue Hose mit abzeichenfarbigen Lampassen. Die Rangbezeichnung erfolgte durch kleeblattförmige silberne, waffenfarbig vorgestoßene Achselstücke mit goldenen Sternen darauf.

Im November 1919 erfolgt eine erstmalige Regelung der Heeresuniformen. Die Uniformen glichen im allgemeinen den bis 1945 getragenen, nur die Abzeichen waren bei gewissen Truppenteilen andere als in dem unten folgenden Schema angegeben. So trugen Generale und Generalstab granatrote, am Ende karmin vorgestoßene doppelt geschweifte Kragenpatten, Infanterie granatrot mit gelbem Vorstoß, Cheveauxlegers karmin mit weißem Vorstoß, reitende Jäger karmin mit dunkelgrünem Vorstoß, tartarische Reiter karmin mit hellblauem Vorstoß, Kraftfahrtruppe schwarz mit gelbem Vorstoß, Train schokoladenbraun mit himmelblauem Vorstoß. Ulanenregimenter hatten einen ganz karminfarbigen Kragen.

Im Laufe der 20er Jahre wird dann die Uniform mit den bis 1945 gültigen Waffenabzeichen eingeführt. Grundfarbe der in Schnitt und Ausführung für alle Truppengattungen gleichen Bekleidungsstücke ist graugrün. Der Feldrock mit Stehumlegekragen hat für Mannschaften eine Reihe von 5 Knöpfen und schräge, mit Patten und Knöpfen verschlossene eingesetzte Taschen in den Vorderschößen. Der Offiziersrock hat eine Reihe von 6 Knöpfen und aufgesetzte Brust- und Seitentaschen, erstere mit Quetschfalte. Die Aufschläge sind gleichmäßig rund und in der Naht mit einem kleinen Knopf verschlossen. Die vorstoßlose Hose ist aus Grundtuch, ebenso die Wickelgamaschen der Mannschaften. Schuhzeug der berittenen Truppen und Offiziere ist schwarz, Lederzeug im übrigen naturbraun. Der Mantel mit flachem, liegendem Kragen und hohen Rollumschlägen mit Schlaufe zum Engerschnallen hat eine Reihe von 6 Knöpfen, spitze Achselklappen, auf der Rückseite Riegel mit zwei Knöpfen. Offiziere tragen den Mantel auch zweireihig. Bis 1936 war ein Stahlhelm französischen Modells in Gebrauch (Abb. 59e), der durch ein neues Modell (Abb. 59h) ersetzt wird. Die bootsförmige Feldmütze aus Grundtuch hat keine farbigen Vorstöße und trägt auf dem Aufschlag über der Stirn den für Mannschaften weißen, sonst silbergestickten polnischen Adler (Abb. 59g). Besonders charakteristisch für das polnische Heer ist die Mütze (Abb. 59f), deren über Eck gestelltes viereckiges Oberteil meist scharf nach hinten herunter gezogen wird und die einen außerordentlich langen, für Offiziere mit silberner Metallschiene eingefaßten schwarzen Lederschirm besitzt. Deckel und Seitenteile sind aus Grundtuch, Besatzstreifen waffenfarbig, wie im untenstehenden Schema angegeben. Abweichend wird lediglich von den Cheveauxlegers-Regimentern eine Deckelmütze englischen Modells getragen.

Zum Gesellschaftsanzug gehört für die Offiziere mattsilbernes Koppel mit silbernem Schloß sowie farbige Gesellschaftshose mit Lampassen bzw. für Unteroffiziere einem breiten farbigen Streifen. Gemeinschaftliches Wehrmachtsabzeichen ist ferner die im Zickzack am Vorder- und Unterrand des Kragens verlaufende silberne bzw. weiße Bandtresse. Waffenbezeichnung erfolgt durch verschiedene Kragenausschmückung. Fußtruppen haben große, an der Rückseite zweimal geschweifte, hier auch häufig mit andersfarbigem Vorstoß versehene farbige Kragenpatten, berittene Truppen kleine seidengestickte Lanzenfähnchen. Die Regiments- oder Abteilungsnummer wird auf den Rock- und Mantelachselklappen in Silber gestickt bzw. bei Mannschaften in gelber Farbe gemalt getragen. Die farbigen Unterscheidungszeichen nach dem Stand von 1935, die sich seit der Festlegung der Uniform kaum geändert haben, ergeben sich aus folgendem Schema:

Truppenteil	Kragenpatte		Mützenband	Ausgangshose	
	Grund	Vorstoß		Grund	Besatz
Generale	dunkelblau Samt	karmin	graugrün	graugrün	dunkelblau
Infanterie	dunkelblau	dunkelgelb	dunkelblau	dunkelblau	dunkelgelb
Jägerbataillone	dunkelblau	grün	dunkelblau	dunkelblau	dunkelgelb
Feldartillerie	dunkelgrün Samt	schwarz	dunkelgrün Samt	dunkelgrün	rot
schwere Artillerie	dunkelgrün Samt	rot	dunkelgrün Samt	dunkelgrün	rot
Flakartillerie	dunkelgrün Samt	dunkelgelb	dunkelgrün Samt	dunkelgrün	rot
Genie	schwarz Samt	karmin	schwarz Samt	grün	karmin
Nachrichtentruppe	schwarz Samt	lichtblau	schwarz Samt	grün	lichtblau

Berittene Truppen	zweizackiges Lanzenfähnchen		Mützenband	Ausgangshose	
	Ober- und Unterteil	schmaler Mittelstreif		Grund	Besatz
Cheveauxlegers 1	silber	karmin	karmin	dunkelblau	karmin weißer Mittelvorstoß
Cheveauxlegers 2	silber	karmin	weiß	dunkelblau	weiß
Cheveauxlegers 3	silber	gelb	gelb	dunkelblau	gelb
Ulanen 1	karmin weiß	–	karmin	dunkelblau	karmin
Ulanen 2	weiß dunkelblau	–	weiß	dunkelblau	weiß
Ulanen 3	gelb weiß	–	gelb	dunkelblau	gelb
Ulanen 4	lichtblau	–	lichtblau	dunkelblau	lichtblau

Berittene Truppen	zweizackiges Lanzenfähnchen		Mützenband	Ausgangshose	
	Ober- und Unterteil	schmaler Mittelstreif		Grund	Besatz
Ulanen 5	braunrot	–	braunrot	dunkelblau	braunrot
Ulanen 6	weiß lichtblau hellblau	weiß	hellblau	dunkelblau	hellblau
Ulanen 7	karmin weiß karmin	–	karmin	dunkelblau	karmin mit weißem Mittelvorstoß
Ulanen 8	dunkelgelb	–	dunkelgelb	dunkelblau	dunkelgelb
Ulanen 9	karmin weiß	weiß karmin	karmin	dunkelblau	karmin mit weißem Mittelvorstoß
Ulanen 10	karmin weiß	weiß dunkelblau	karmin	dunkelblau	karmin
Ulanen 11	karmin	weiß	weiß	dunkelblau	weiß
Ulanen 12	karmin	dunkelblau	weiß	dunkelblau	karmin
Ulanen 13	rosa	lichtblau	rosa	dunkelblau	rosa
Ulanen 14	gelb	weiß	gelb	dunkelblau	gelb
Ulanen 15	weiß rot	–	rot	dunkelblau	rot
Ulanen 16	dunkelblau weiß	rot	weiß	dunkelblau	weiß
Ulanen 17	weiß gelb	rot	gelb	dunkelblau	gelb
Ulanen 18	weiß lichtblau	rot	lichtblau	dunkelblau	lichtblau
Ulanen 19	dunkelblau weiß dunkelblau	–	dunkelblau	dunkelblau	weiß
Ulanen 20	karmin	weiß dunkelblau	karmin	dunkelblau	karmin
Ulanen 21	hellblau	gelb-weiß	hellblau	dunkelblau	hellblau
Ulanen 22	weiß karmin weiß	–	weiß	dunkelblau	weiß
Ulanen 23	orange weiß	weiß orange	orange	dunkelblau	orange
Ulanen 24	weiß	gelb	weiß	dunkelblau	weiß
Ulanen 25	weiß rot	lichtblau	rot	dunkelblau	rot
Ulanen 26	rosa weiß	lichtblau	rosa	dunkelblau	rosa
Ulanen 27	gelb weiß	weiß	gelb	dunkelblau	gelb
Jäger z. Pf. 1	grün karmin	–	karmin	dunkelblau	karmin
Jäger z. Pf. 2	grün karmin	hellblau	karmin	dunkelblau	karmin
Jäger z. Pf. 3	grün karmin	gelb	karmin	dunkelblau	karmin
Jäger z. Pf. 4	grün karmin	weiß	karmin	dunkelblau	karmin
Jäger z. Pf. 5	grün weiß	karmin	weiß	dunkelblau	weiß

Berittene Truppen	zweizackiges Lanzenfähnchen		Mützenband	Ausgangshose	
	Ober- und Unterteil	schmaler Mittelstreif		Grund	Besatz
Jäger z. Pf. 6	grün weiß	–	weiß	dunkelblau	weiß
Jäger z. Pf. 7	grün weiß	gelb	weiß	dunkelblau	weiß
Jäger z. Pf. 8	grün weiß	hellblau	weiß	dunkelblau	weiß
Jäger z. Pf. 9	grün gelb	karmin	gelb	dunkelblau	gelb
Jäger z. Pf. 10	grün gelb	weiß	gelb	dunkelblau	gelb
Reitende Artillerie	schwarz rot Samt	–	schwarz Samt	dunkelblau	rot
Berittene Pioniere	rot schwarz	–	rot	dunkelblau	rot
Train	hellblau	karmin	hellblau	dunkelblau	hellblau mit karmin Mittelvorstoß
Panzertruppen	in Wimpelform schwarz orange Samt	–	orange Samt	dunkelblau	orange

Berittene Truppen tragen auch in den Mantelkragenecken die gleichen Fähnchen, die anderen Truppen quer über die Kragenenden ein Band in Farbe der Kragenpatte, das, falls die Kragenpatte einen andersfarbigen Vorstoß aufweist, am oberen Rand denselben Vorstoß trägt. Schnurverzierung befindet sich nicht auf dem Mantelkragen.

Die Gebirgstruppen (21. und 22. Division) tragen auf den Kragenpatten ein Hakenkreuz auf Tannenzweigen in Weißmetall. Sie haben auch einen runden Filzhut mit Adlerfeder links und demselben Abzeichen. Die Regimenter, die mit der Wahrung der Tradition der alten Legionen betraut sind, haben auf den Achselklappen oder auf den Kragenpatten gewisse Abzeichen, wie fliegenden polnischen Adler, Nummern und ähnliches. Generalstabsoffiziere tragen die Uniform der Herkunftswaffe, jedoch mit einem fliegenden silbernen Adler schräg in der Kragenecke wie die Generale und doppelten silbernen Fangschnüren an der rechten Schulter.

Rang- und Gradzeichnungen befinden sich auf den spitzen Mantel- und Rockachselklappen, dem Mützenband und den Kragenspiegeln. Generale tragen rund um das Mützenband, am unteren Ende der Achselklappe, am vorderen und unteren Kragenpattenrand sowie auf dem Rock- und Mantelaufschlag eine breite gemusterte Silbertresse in Zickzackform, auf der Kragenpatte schräg in der vorderen Ecke den fliegenden silbernen polnischen Adler. Stabsoffiziere haben am oberen Bandrand der Mütze zwei Silberschnüre, ebenso an dem unteren Ende der Achselklappe. Subalternoffiziere nur eine Silberschnur am oberen Bandrand der Mütze. Die Kragenenden sind bei den Offizieren mit einer im Zickzack laufenden silbernen Doppelschnur am vorderen und unteren Rand besetzt. Sämtliche Offiziere tragen den Mützenschirm mit einer Silberschiene eingefaßt, auch auf der tschapkaartigen Mütze quer über dem Mützendeckel von Eck zu Eck laufende Silberschnüre. Die Dienstgradbezeichnung erfolgt in allen Offiziersgraden durch 1–3 fünfzackige Silbersterne auf dem Band der Mütze über dem Schirm und auf den Achselklappen (Abb. 59 f). Unteroffiziersgrade haben die Achselklappen mit schmaler silberner, rot vorgestoßener Tresse an den Außenkanten besetzt und dazu auf dem Mützenband 1–2 kleine, nach oben offene Winkel aus Silbertresse mit rotem Vorstoß. Bei höheren Mannschaftsgraden erfolgt die Rangbezeichnung durch 1–3 quer über das untere Ende des Achselstückes laufende rot vorgestoßene Silbertressen, die in verkleinerter Form auch auf dem Mützenband befestigt sind. Bei Unteroffizieren und Mannschaften ist die Kragenendenverschnürung aus einfacher schmaler Silbertresse.

Portugal

(Kokarde: Zunächst blau mit rotem Rand, seit 1821 blau mit weißem Rand, seit 1910 grün mit rotem Rand)

Infanterie und Jäger

Die Nachrichten über die Uniformierung des portugiesischen Heeres im 18. Jahrhundert fließen nur spärlich. Sie war im Schnitt etwas veraltet. So trug um 1740 die Infanterie lange Röcke mit sehr großen Aufschlägen und einer

Reihe Knöpfe bis unten hin, sehr breitkrempige dreieckig aufgeschlagene Hüte. Die Grenadiere hatten hohe spitze Pelzmütze ohne Beschlag. Die Rockfarbe wird schon frühzeitig, und zwar für das ganze Heer, dunkelblau, Unterzeug meist weiß oder gelb. Die Offiziere waren durch eine karminrote Seidenschärpe ausgezeichnet, ein Dienstabzeichen, welches sich zur Parade noch lange gehalten hat. Um 1800 hat sich der Schnitt der Infanterieuniform dem allgemein gültigen stark angenähert, ein Beispiel gibt Abb. 60 a. Die genauen Abzeichen ergeben sich aus folgendem Schema:

Infanterie um 1800:

Regiment	Kragen u. Aufschläge	Rabatten	Knöpfe u. Epauletten	Schöße	Westen	Stutz
Lippe	rot	blau[1]	weiß	weiß	weiß	weiß
Albuquerque	blau, Aufschl. weiß	weiß	gelb	weiß	weiß	rot
Minas	rot[2]	rot[1]	weiß	weiß	weiß	weiß
1. Armada	rot[2]	rot	gelb	rot	rot	rot
2. Armada	rot[2]	rot	weiß	rot	rot	weiß
Cascaes	blau	blau	gelb	blau	weiß	karminrot
de Setubal	gelb	blau[1]	weiß	gelb	weiß	rot
Peniche	weiß[2]	blau[1], weiße Tressen	gelb	weiß	weiß	rot
1. Elvas	rot	rot	gelb	blau	blau	weiß
2. Elvas	rot[2]	rot[1], weiße Litzen	weiß	rot	weiß	weiß
Colonial, Rio Janeiro	rot	keine, weiße Litzen	weiß	weiß	weiß	Tschakos
Serpa	rot	gelb	weiß	rot	gelb	rot
1. Olivenca	orange	orange, weiße Tressen	weiß	rot	weiß	hellblau
2. Olivenca	orange, weiße Aufschl.	orange, weiße Tressen	weiß	rot	weiß	rot
Campo Major	blau[2]	blau[1], weiße Litzen	weiß	rot	rot	schwarz
Castello de Vide	blau, weiße Aufschl.	blau	gelb	rot	weiß	–
Colonial Moira, Rio de Janeiro	gelb	keine	weiß	gelb	gelb	weiße Kaskets
Lagos	weiß	weiß	weiß	weiß	blau	rot
Faro	rot	blau	gelb	blau	weiß	–
1. Porto	rot	rot	weiß	gelb	gelb	rot
2. Porto	blau	gelb	weiß	rot	rot	–
Vianna	gelb, weiße Aufschl.	gelb	gelb	rot	weiß	–
Valenca	gelb	gelb	weiß	rot	blau	–
Almeida	rot	rot	weiß	rot	gelb	–
Gena Major	gelb	gelb	weiß	gelb	gelb	–
Chares	weiß	rot	gelb	weiß	rot	–
Braganca Colonial	rot	weiß	gelb	rot	weiß	–
Braganca	hellgelb	hellgelb	weiß	weiß	weiß	–

[1] *Die Rabatten waren in Knopffarbe vorgestoßen, darunter 2 bis 3 Litzen*
[2] *Aufschläge mit Einfassung und Litzen in Knopffarbe*

Die Röcke waren mit Ausnahme der beiden Regimenter Armada, die grüne Röcke und Hosen trugen, blau. Die Hosen der übrigen Regimenter waren blau mit folgenden Ausnahmen: gelb: Colonial Moira, 2. Porto und Almeida; rot: 1. Porto; weiß: Valenca. Der Hut, quergesetzter Zwispitz, hatte auffallend kleines Format, Bandeinfassung in Knopffarbe und herabhängende Kordonquasten.
1809 erhielt die Infanterie kurze blaue einreihige Kolletts mit 9 gelben Knöpfen, blaue und weiße Hosen und schwarze Halbgamaschen, dazu Tschako englischer Form mit Kokarde und weißen Stutzen links, ovalem Emblem und Metallbeschlag um den unteren Rand, vorn nach oben spitz auslaufend, darauf die Regimentsnummer. Das Lederzeug, gekreuzt getragen, war weiß. Die Vorstöße liefen um den Kragen oben und vorn, auf der Brust vorn und unten herum und bildeten den Schoßbesatz, ferner um die stets blauen Achselklappen und die runden Aufschläge. Schützen Horn am Tschako, grüne Fransen an den Achseln. Jäger hatten am Tschako kleines Horn über dem Schild, grüne Stutze, braune Uniform. Die 3 ersten Bataillone braune

Die Abzeichen der Infanterie waren 1809–1814:

Regt.	Kragen	Aufschläge	Vorstöße	Regt.	Kragen	Aufschläge	Vorstöße
1	blau	weiß	weiß	13	weiß	weiß	weiß
2	blau	weiß	rot	14	weiß	weiß	rot
3	blau	weiß	gelb	15	weiß	weiß	gelb
4	blau	rot	weiß	16	rot	rot	weiß
5	blau	rot	rot	17	rot	rot	rot
6	blau	rot	gelb	18	rot	rot	gelb
7	blau	gelb	weiß	19	gelb	gelb	weiß
8	blau	gelb	rot	20	gelb	gelb	rot
9	blau	gelb	gelb	21	gelb	gelb	gelb
10	blau	hellblau	weiß	22	hellblau	hellblau	weiß
11	blau	hellblau	rot	23	hellblau	hellblau	rot
12	blau	hellblau	gelb	24	hellblau	hellblau	gelb

Kragen, die Bataillone 4–6 Kragen von Abzeichentuch. Die Abzeichenfarben waren: Bataillon 1 und 4 blau, 2 und 5 rot, 3 und 6 gelb. Lederzeug schwarz. Die National-Regimenter waren nicht einheitlich uniformiert. Auch hier wurden viele Stücke englischer Lieferung getragen.

1814 wurde die Uniform zweireihig, dazu wurden Epauletten angelegt, Füsiliere weiße, Grenadiere rote, Schützen grüne. Der englische Einfluß wird mit der Zeit immer fühlbarer. Die Tschakos erhalten einen größeren Deckel und stärkere Schweifung. Aufschläge werden nunmehr blau mit farbigen Patten französischer Form. Graue lange Hosen.

Jäger trugen 1835 braune Kolletts mit schwarzen Rabatten, schwarze Aufschläge mit roten Patten, rote Kragen, schwarze Epauletten mit gelben Halbmonden, rote Kragen, braune Hosen, schwarzes Lederzeug. Englische Jäger-Tschakos.

1848 wurde der Rock der Fußtruppe wieder einreihig. Der Tschako erhielt eine mehr konische Form. Die Abzeichen blieben die gleichen, d. h. verschiedenfarbige Kragen und Aufschlagspatten bei der Infanterie, amarantrote mit weißen Vorstößen bei Grenadieren. Hosen dunkelgrau. Die Unteroffizierabzeichen bestanden in rotwollenen Borten auf dem Unterarm. Offiziere erhielten goldene Litzen auf den Aufschlägen, Stabsoffiziere Kronen auf den Epauletten.

In den 60er Jahren werden die Tschakos dem französischen Vorbild folgend stets niedriger. Auch wird ein einreihiger Waffenrock eingeführt, der für Infanterie zunächst dunkelblau, später wie für die Jäger braun ist; Abzeichen Infanterie rot mit weißem Lederzeug, Jäger schwarz mit schwarzem Lederzeug. Schwarzblaue vorgestoßene Hosen, zum Felddienst weiße Drillichhosen. Der Tschakobusch ist für die Infanterie schwarz, für die Jäger dunkelgrün (Abb. 60h). Um 1885 wird in der ganzen Armee eine Pickelhaube preußischen Modells eingeführt mit gelbem Beschlag, hierzu zur Parade kurzer schwarzer Haarbusch. 1895 wird bei der Infanterie die Grundfarbe des Rockes dunkelblau, die spitzen Aufschläge und Achselklappen ebenso mit rotem Vorstoß. Knöpfe sind und waren stets gelb (Abb. 60i). Von Offizieren wird im kleinen Dienst der Waffenrock am Kragen und allen Aufschlagnähten mit breiter schwarzer Tresse besetzt getragen, auf der Brust 6 Reihen schwarzer Querverschnürung aus gleicher Tresse. Nach 1900 wird die Pickelhaube abgeschafft, an ihre Stelle tritt ein niedriges kleines Käppi, im Sommer und beim Dienst in den Kolonien mit weißem Überzug versehen. Der Mantel war zweireihig dunkelblau, für Jäger braun, mit abzeichenfarbigen Kragenpatten und Regimentsnummer darauf.

Die während des I. Weltkrieges eingeführte Felduniform hat graublaues Grundtuch, aber englischen Schnitt, der auch im Stahlhelm und der Tellermütze zum Ausdruck kommt (Abb. 61a). Das Waffenabzeichen aus Bronze am Mützenband und den Kragenenden bestand aus zwei gekreuzten Gewehren. Die Mannschaften trugen schwarze Regimentsnummer auf den Oberarmen, Koppel, Patronentasche und Tragriemen aus graugrünem Webstoff. Seit 1920 ist das Lederzeug braun, der Rock hat für Mannschaften Stehumlegekragen (Abb. 61b), auch wird eine grundfarbene bootsförmige Feldmütze mit Kokarde über der Stirn eingeführt. Offiziere tragen häufig statt des Feldrocks vierknöpfiges Jackett mit aufgesetzten Taschen. Gleichzeitig wird eine Parade- und Gesellschaftsuniform für Offiziere eingeführt, deren Schnitt für das ganze Heer gleich ist. Dunkelblauer Waffenrock mit einer Reihe von 8 Knöpfen, goldene Passanten und Schuppenepauletts mit Fransen, Kragen und Aufschlag schwarz, die geschweiften Kragen- und Aufschlagspatten rot. Auf der Kragenpatte goldenes Waffenabzeichen, ebenso auf dem roten Besatzband der dunkelblauen Tellermütze, deren Deckelvorstoß ebenfalls rot ist. Schwarzer, für Stabsoffiziere mit Goldtresse eingefaßter Schirm, goldener Kinnriemen, auf dem Rand die Nationalkokarde (Abb. 61c). Hose hellblau mit roten Doppelstreifen. Unteroffiziere tragen dieselbe Uniform etwas vereinfacht: Hose mit einem breiten Streifen. 1935 Stahlhelm neuer Form mit Waffenabzeichen, Feldrock mit waffenfarbigen Kragenpatten und Aufschlagvorstoß (Abb. 61d).

Kavallerie

Die Uniform der Kavallerie um 1800 bestand aus blauen Kolletts, gelben Lederhosen, hohen Stiefeln, weißen Kürassen. Lederzeug bei einigen Regimentern schwarz, bei anderen rot. Die Regimenter Caés und Moira Säbeltaschen.

Die Abzeichen im Einzelnen ergeben sich aus folgendem Schema:

Regiment	Kragen, Aufschläge, Schöße	Schärpe	Kopfbedeckung	Litzen über dem Aufschlag
Caés	karminrot, weiße Litzen	karmesinrot mit weißen Randborten	Zweispitz, weiße Tresse, roter Stutz	–
Alcantara	rosa, Kragen weiße Litze	rosa mit weißen Randborten u. Zickzackborte	Raupenhelm mit weißen Beschlägen	3 weiße Sparren
Mecklenburg	hellblau	rot mit zwei schmalen Streifen	schwarzer Helm mit roter hinten verläng. Raupe	3 weiße Sparren in V-Form
Elvas	rot	rot mit einem blauen Innen- und zwei Außenstreifen	Zweispitz, gelbe Tresse weißer Stutz	4 gelbe Sparren
Evora	weiß	gelb-blau-gelb	schwarzer schirmloser Helm mit gelbem Bügel und roter Raupe	–
Moira	gelb	wie Mecklenburg	Zweispitz	–
Olivença	blau	weiß-karmesinrot-weiß	Tschako mit weißem Behang und karmesinroter Feder	–
Almeida	hellblau	schwarz, außen weiß mit hellbl. Außenvorstößen	weißer Metallhelm mit roter Raupe	–
Castello Branco	orange	wie Mecklenburg	schwarzer Helm mit weißem Bügel und karmesinroter Raupe	3 weiße Sparren
Miranda	ziegelrot	ziegelrot mit weißen Randborten	schwarzes Kasket mit roter Feder von hinten	–
Chaves	karmin	karmin	Zweispitz mit roter Feder	–
Bragança	blau	wie Mecklenburg	schwarzer Helm mit roter Feder von hinten	–

Die Legion der leichten Truppe war abweichend gekleidet. Sie trug einen kurzen blauen Frack mit schwarzem Kragen und spitzen schwarzen Aufschlägen, gelbe Litzen auf der Brust und auf dem Kragen. Kragen und Aufschläge gelb eingefaßt, gelbe Sparren, zylindrische Tschakos mit gelben Behängen, weiße Hosen und Husarenstiefel.

1809 wurde mit den englischen Lieferungen die Bekleidung vereinfacht. Die 12 Regimenter trugen blaue Uniformen mit folgenden Abzeichen: 1–3 weiß, 4–6 rot, 7–9 gelb, 10–12 blau. Bügelhelm mit Raupe, gelbe Schuppenepauletten. Nach den Befreiungskriegen nahmen Uniform und Ausrüstung völlig englisches Gepräge an. Bis 1837 trugen die Lanzenreiter dunkelblaue Kurtkas mit zwei dicht nebeneinander stehenden Knopfreihen, rote Kragen mit gelben Litzen, rote polnische Aufschläge mit gelber Borteneinfassung, gelbe Schuppenepauletten, graue Hosen mit roten Lampassen, weißes Lederzeug, gelbe Paßgürtel mit zwei dunkelblauen Streifen. Als Kopfbedeckung ein Tschako englischen Modells mit roter Rabatte und hängendem schwarzen Busch. Auf den Offizierspaßgürteln waren die Streifen karmin. Die Jäger zu Pferde hatten die gleiche Uniform, nur Abzeichen hellblau und Tschako mit gelbem Randbesatz, gelbe Kette und roten Stutz (Offiziere Busch).

Nr.	Kragen und Aufschlag	Schöße und Futter	Bezeichnung
1	rot	rot	Lanzenreiter
2	karmin	karmin	
3	weiß	weiß	
4	hellblau	hellblau	Jäger zu Pferde
5	orange	orange	
6	gelb	gelb	
7	rot	weiß	Lanzenreiter
8	karmin	weiß	

Abb. 60. Portugal 1802–1890.
a, c Infanterie-Offiziere – b Reiter vom Regt. Alcantara – d Reiter der Legion von Alorgna – e, i Infanteristen – f, m Lanzenreiter – g Jäger zu Pferd – h Fußjäger – k Artillerist – l Genie-Offizier

1837 wurde Zahl und Abzeichen der Kavallerieregimenter geändert, die Röcke blieben dunkelblau, Knöpfe und Metallteile gelb. 1848 wurden die Regimenter 7 und 8 ebenfalls Jäger zu Pferde. Gleichzeitig erfolgte eine Uniformänderung. Die Lanzenreiter behalten die Kurtkas unter Fortfall der Aufschlageinfassung, die Hosen erhalten zwei breite Streifen in Kragenfarbe. Die Lanzenreiter tragen einreihiges Kollett ohne Litzen an Kragen und Aufschlag, Hose mit Vorstoß in Kragenfarbe. Die Kopfbedeckungen der Kavallerie werden kleiner, Jäger zu Pferde schwarze Büsche. An Stelle der Metallschuppen treten Wollepauletts. Sämtliche Offiziere verlieren den Paßgürtel und erhalten statt dessen die karmin Seidenschärpe. Die Abzeichenfarben wurden:

Nr.	Kragen	Aufschläge	Vorstöße u. Schoßumschlag	Bemerkungen
1 Lanzenreiter	karmin	blau	karmin	gelber Paß mit 2
2 Lanzenreiter	karmin	karmin	karmin	karmin Längsstreifen
3 Jäger zu Pferde	weiß	weiß		
4 Jäger zu Pferde	weiß	rot		gelber Paß mit 2
5 Jäger zu Pferde	rot	hellblau	gelb	dunkelblauen Längsstreifen
6 Jäger zu Pferde	rot	rot		
7 Jäger zu Pferde	hellblau	hellblau		
8 Jäger zu Pferde	hellblau	rot		

Etwa 1855 erhielt die Brust der Kavalleriekurtka Ulanenschnitt und Rabatten. Die Lanzenreiter bekamen karmin Abzeichen mit gelbem Vorstoß, die Jäger zu Pferde rote mit weißem Vorstoß (Abb. 60 f und g). Der Paßgürtel fiel weg, die Lanzenfähnchen waren gelb. Der Tschako der Jäger zu Pferde erhielt dunkelblauen Tuchüberzug mit weißer Borte oben. 1890 trägt die Kavallerie einen Waffenrock mit einer Reihe von 9 gelben Knöpfen, der Kragen und die spitzen Aufschläge sind rot, ebenso die auch um die Schöße laufenden Vorstöße; gelbe Schuppenepauletts, weißes Lederzeug, schwarzblaue Hose mit roten Streifen, Pickelhaube mit gelbem Beschlag, dazu die Lanzenreiterregimenter 1 und 2

Abb. 61. Portugal 1917–1935.
a, b, d Infanteristen – c Offizier in blauer Uniform

weißen, Jäger zu Pferde 3–12 schwarzen Helmbusch. An den Kragenenden befindet sich ein Rechteck aus gelber Wolltresse bei den Lanzenreitern, aus schwarzer bei den Jägern zu Pferde mit aufgelegter Regimentsnummer; Lanzenfähnchen sind hellblau-weiß (Abb. 60 m). Die Offiziere tragen die Kragenlitzen aus goldener oder schwarzer Seide, belegt mit dem Waffenabzeichen, 2 gekreuzten Lanzen bzw. Säbel im Lorbeerkranz; den sechsknöpfigen Rock in allen Außennähten mit breiter schwarzer Seidentresse besetzt, die auf der Brust sechs Querlitzen und über den Aufschlägen ein Kleeblatt bildet. Nach 1900 wird die Pikkelhaube abgeschafft, statt dessen dunkelblaues Käppi mit rotem Band, der dunkelblaue zweireihige Mantel hat rote Kragenpatten.

Zur graublauen Felduniform sind die Waffenabzeichen zwei gekreuzte Lanzen bzw. Säbel mit Nummer darunter. Bei der Offiziersgesellschaftsuniform werden Kragen, Aufschlagpatte, Mützenbesatzstreifen und Vorstöße rot, in den Kragenenden goldene bzw. schwarzseidene Rechtecktresse mit ebensolcher Schnureinfassung, die am Hinterende eine Schleife bildet.

Artillerie, Genie

Im 18. Jahrhundert waren die Abzeichen meist schwarz bei blauer Uniform. Um 1800 Röcke und Westen blau, Schöße rot. 1808 wird die Uniform ganz blau, Knöpfe gelb. Nach

Regiment	Kragen Aufschläge Rabatten	Knöpfe und Epauletten	Hosen	Bemerkungen
Lissabon	schwarz mit weißer Einfassung	weiß	blau	roter Hutstutz
Estremoz	schwarz, blaue Aufschläge	weiß	blau mit weißem Besatz	–
Algarve	blau	weiß	blau	weiße Brustlitzen
Porto	schwarz	weiß	schwarz	2 weiße Litzen unter der Rabatte

den Befreiungskriegen erhält die nunmehr zweireihige Uniform rote Kragen (mit gelber Borte u. gelben Granaten), Aufschlagvorstöße, Schöße, Schoßbesatz und breiten Hosenstreifen von roter Farbe. Der Tschako erfährt in der Folgezeit dieselben Wandlungen wie bei der Infanterie. Der Stutz ist rot, Lederzeug weiß.

1848 Einführung eines langen Rockes für die Fußartillerie unter Beibehaltung der bisherigen Abzeichen. Bei Einführung des Waffenrocks wird dieser für die Artillerie dunkelblau mit einer, für Offiziere zwei Reihen gelber Knöpfe. Der Kragen, Achselklappen und der Vorstoß des spitzen Aufschlags sind rot; am Kragen gelbe Granate. Hose schwarzblau mit einem, für Offiziere zwei breiten roten Streifen. Lederzeug weiß, Helmbusch rot (Abb. 60k). Waffenabzeichen zur Felduniform der Feldartillerie zwei gekreuzte Kanonenrohre, der Fußartillerie platzende Granate. Farbige Uniform wie Infanterie mit vollfarbig roten Kragen.

Genie: 1835 trugen die Offiziere Infanterieuniform mit weißen Aufschlägen und Schoßumschlägen. 1855 dunkelblauen, weiß vorgestoßenen und umgeschlagenen Rock mit schwarzem Samtkragen und Aufschlag mit schmaler Goldtresseneinfassung, dunkelblaue Beinkleider mit weißen Vorstößen. Der Mannschaftstschako hatte weißwollenen Busch, statt der Regimentsnummer als Waffenabzeichen einen Turm, gelbe Knöpfe. Nach Einführung des Waffenrocks werden die Vorstöße rot, der Kragen trägt vorn und unten eine mittelbreite gelbe, bei Offizieren goldene Tresse. Der Helmbusch ist schwarz mit rotem Fleck oben, Hosen wie Artillerie (Abb. 60l). Das Waffenabzeichen bleibt auch zur Felduniform der Turm. Zur Gesellschaftsuniform ist der Kragen aus schwarzem Samt mit rotem Vorstoß, goldener Tresse vorn und unten, goldenem Waffenabzeichen in der Kragenecke; die Aufschlagpatte ist schwarz Samt mit rotem Vorstoß, ebenso das Mützenband.

Generale, Generalstab-Rangabzeichen

1855 trugen die Generale langen dunkelblauen Rock mit gleichfarbigem Kragen und Aufschlag mit reicher Goldstickerei und weißen Schoßumschlägen, Hut mit goldener Agraffe und schwarzer Füllung, dunkelblaue Hose mit Goldborten, goldene Epauletten. Rangabzeichen Silbersterne auf Epauletten und verschiedene Kragen- und Aufschlagstickerei, im Feld dunkelblauen Rock ohne Stickerei, Hut ohne Federbusch. Mit Einführung des Waffenrocks werden Kragen und Aufschlag rot. Ab 1890 trugen die Generale dunkelblauen zweireihigen Waffenrock, Kragen und Aufschlag rot mit gewellter Goldtresse eingefaßt, dunkelblaue Hose mit zwei breiten roten Streifen, goldene Epauletten mit steifen Fransen, 2 und 3 Silbersterne auf dem Feld, Silberkrone auf dem Schieber; Helm mit silbernem Emblem vorn, sonst goldenen Beschlag und weißen Federbusch mit hellblauem Fleck oben, karmingoldene Schärpe. Zur täglichen Uniform dunkelblaues grades Käppi mit zwei breiten goldenen Tressen am oberen Rand. Dunkelblauer Dolman mit schwarzer Tressenverschnürung und Besatz, roter Kragen mit Rangsternen in den Ecken, auf den spitzen dunkelblauen Aufschlägen Lorbeerstickerei. Nach Fortfall des Helms schwarzer Hut mit weißer Füllung, seit 1911 rechts grün-rotes Seidenrechteck mit goldener Agraffe. Zur Felduniform werden an der Mütze als Waffenabzeichen ein großer, silberner fünfstrahliger Stern, am Kragen und Ärmelende je 3 gleiche getragen. Es gibt nur einen Generalsrang. Die farbige Gesellschaftsuniform ist wie die Vorkriegsuniform.

Generalstab: 1855 dunkelblauer Rock, grünsamtene Kragen u. Aufschläge, goldene Tresseneinfassung am Außenrand. Hut mit weiß-rotem Federbusch. 1890 werden ein dunkelblauer zweireihiger Waffenrock mit rotem Kragen und spitzem Aufschlag sowie schwarz-blaue Hose mit breitem roten Streifen getragen. Der Helmbusch ist weiß mit rotem Fleck oben. Am Rockkragen befindet sich eine goldene Doppellitze mit drei aufgelegten silbernen Eichenblättern als Waffenabzeichen, das auch zur Felduniform und der farbigen Gesellschaftsuniform unverändert geblieben ist. Bei letzterer ist jedoch Kragen, Aufschlagpatte und Mützenbandstreifen aus königsblauem Samt, die Hose hellblau mit zwei dunkelblauen breiten Streifen.

Die Kennzeichnung der Offiziersgrade erfolgt seit 1847 durch goldene Tressen auf dem Aufschlag längs des Randes, Leutnant 1 schmale, Oberleutnant 2 schmale, Hauptmann 1 mittelbreite, Major 1 mittelbreite mit 1 schmalen darunter, Oberstleutnant 2, Oberst 3 mittelbreite Tressen. Unteroffiziers- und Mannschaftsgrade wurden seit der gleichen Zeit durch 1–4 vorstoßfarbige Winkeltressen, Spitze oben, am Oberarm gekennzeichnet, bei den Jägern waren die Winkeltressen dunkelgrün.

Mit Einführung der Felduniform wird die Zahl und Anordnung der Offiziersrangtressen geändert. Sie sind auf der Felduniform 5 cm lang und waagerecht, Subalternoffiziere 1–3 schmale, Stabsoffiziere 1 mittelbreite darüber, zur farbigen Gesellschaftsuniform laufen sie unter der Patte rings um den Aufschlag. Die Unteroffizierstressen werden zur Felduniform schwarz und zur Sommeruniform als Querstreifen über die Achselklappen getragen. Die höchste Unteroffiziersstufe (Adjutantsergeant) trägt zur Feld- und farbigen Uniform im Offizierschnitt statt der Rangtressen das goldene Landeswappen im gleichfarbigen Kranz auf den Unterarmen.

Allgemeines Offiziersabzeichen waren seit dem 18. Jahrhundert die karminfarbige Seidenschärpe, die um den Leib mit den Quasten links getragen wird, und das goldene Portepee.

Abb. 62. Rumänien. Infanteristen 1830, 1850.
a Moldau – b Wallachei

Rumänien
(Kokarde blau-gold-rot)

I. Infanterie, Jäger, Dorobanzen und Grenzwache, Garde

Die seit 1830 souveränen Fürstentümer Moldau und Walachei vereinigten sich 1860 zum Fürstentum, 1891 Königreich Rumänien.

Moldau

Die Infanterie trug 1830 lange dunkelblaue Röcke mit einer Reihe gelber Knöpfe (Abb. 62 a). Der Kragen war ringsum, die runden Aufschläge und Rockvorderteile an den Außenkanten rot vorgestoßen und mit roter, für Offiziere goldener Tresse besetzt; schwarzes Lederzeug, dunkelblaue Hose mit rotem Vorstoß. Tschako, rechts mit rotem Beutel, dunkelgrauer Mantel. 1835 fällt der Tressenbesatz fort, die dunkelblauen Aufschläge werden brandenburgisch mit rotem Vorstoß. Die Offiziere erhalten an Kragen und Aufschlagpatte goldene Gardelitzen sowie goldene Schärpe mit Quasten links. 1847 einreihiger dunkelblauer Frack, Kragen und Aufschlagpatte rot. Gekreuztes Lederzeug, Hose graublau mit rotem Vorstoß, Pickelhaube mit russischer Spitze, gelbem Beschlag (Ochsenkopf) und schwarzem Roßhaarbusch. 1854 Waffenrock dunkelblau, Kragen, brandenburgische Aufschläge, Achselklappen mit schwarzer Bataillonsnummer und Vorstöße rot; weiße Gürtelrüstung, dunkelblaue Hose mit rotem Vorstoß, die Offiziere verlieren die Gardelitzen.

Walachei

1830–1859. Dunkelblauer einreihiger Waffenrock und Hose, gelbe Vorstöße um Kragen, brandenburgischen Aufschlag, Rockvorderteil und Schoßtaschen (Abb. 62 b). Achselklappen 1. Regiment rot, 2. gelb, 3. hellblau, Offiziere Gardelitzen auf der Aufschlagpatte, goldene Epauletts und Schärpe mit Quasten links. Tschakos zunächst oben ausladend, 1847 oben enger mit gelbem Beschlag. Die Grenzwache hat braune Röcke mit grünen Vorstößen und weißen Knöpfen, niedrige Pelzmütze mit grünem Beutel, schwarzes Lederzeug, Opanken.

Vereinigte Fürstentümer

1861 erhält die Infanterie dunkelblauen einreihigen Waffenrock mit gelben Knöpfen und roten Vorstößen. Der Kragen und die spitzen Aufschläge aus Grundtuch mit rotem Vorstoß, rote Achselwülste. Dunkelblauer Tuchtschako mit rotem Rand- und Seitenvorstoß, vorn über dem Schirm rote Nummer, Kokarde und rote Agraffe mit Doppelpompon, bei Offizieren in Gold; diese goldene Epauletten und Ringkragen sowie Schärpe, blau und rot durchzogen. Lederzeug schwarz, Hose dunkelblau mit rotem Vorstoß. 1868 erhält der Rock dunkelblaue Achselklappen mit rotem Vorstoß und Nummer, die Hose wird dunkelgrau, statt des Tschakos dunkelblaues Käppi mit roten Vorstößen und geradem Schirm. Grauer zweireihiger Mantel mit roten speerspitzenförmigen Kragenpatten und Vorstößen am Kragen und den gerollten Aufschlägen.

1878 erhält der Rock rote viereckige Kragenpatten, gleichfarbige Achselklappen und spitze Aufschläge, das Käppiband wird rot. 1891 erhält die Mannschaft zum Rock, dessen Achselklappen und spitzen Aufschläge grundfarbig mit roten Vorstößen werden, liegenden dunkelblauen Kragen mit roter speerspitzenförmiger Patte und Vorstoß. Als Paradekopfbedeckung weiche, oben nach rechts abgeklappte Pelzmütze mit dem königlichen Namenszug und Krone vorn, Kokarde und Adlerfeder links. 1916 wird endgültig die seit 1912 in Erprobung befindliche Felduniform eingeführt. Grundtuch zunächst hechtgrau, ab 1917 bläulichgrau, Mannschaften Bluse mit versenkten Taschen, runden Achselklappen und spitzen Aufschlägen, Stehumlegekragen, Offiziere einreihiger Feldrock mit aufgesetzten Brust- und Seitentaschen und durchgängig gelben Knöpfen. Waffenbezeichnung erfolgt durch die speerspitzenförmige Kragenpatte, den Kragenvorstoß sowie die Achselklappennummer in Waffen- bzw. Regimentsfarbe, bei der Infanterie rot. Das Lederzeug wird braun, die Hose ist grau mit waffenfarbigem Vorstoß; graue Wickelgamaschen. Der feldgraue Mantel behält die bisherige Form. Die Mannschaften tragen ein weiches, in der Mitte eingeknicktes Käppi mit rotem Vorstoß und Nummer vorn über dem Tuchschirm, seit 1916 auch Stahlhelm französischen Modells, der über der Stirn den gekrönten königlichen Namenszug trägt. Die Offiziere haben ein steifes graues Käppi mit gleichfarbigem Rand- und Seitenvorstoß, über dem Schirm die Kokarde mit dem Namenszug darunter. 1921 wird die Grundfarbe der in Schnitt und Abzeichen unveränderten Felduniform kaki. 1931 Einführung einer Schirmmütze englischer Form mit rotem Band und kaki Schirm, der bei Stabsoffizieren und Generalen ein- und zweifache goldene Eichenlaubstickerei trägt. Über dem Schirm die Regimentsnummer, bei Offizieren im Eichenlaubkranz mit Krone darüber. Offiziere erhalten neben dem Feldrock ein kakifarbenes Jackett mit kakifarbener oder weißer Wäsche.

Die Uniform der Jäger ist seit 1861 ein brauner, zweireihiger, ringsum grün vorgestoßener Rock mit gelben Knöpfen, spitzen grünen Aufschlägen, auf dem braunen, grün vorgestoßenen Stehumlegekragen grünes, für Offiziere goldenes Jagdhorn. Dunkelgraue, grün vorgestoßene Hose mit weißen Gamaschen, die später fortfallen. Schwarzes Lederzeug. Schwarzer, runder, an den Seiten aufgeklappter Lederhut mit Kokarde und grünem Hahnenfederbusch rechts, Namenszug vorn. Die Felduniform der Jäger folgt der der Infanterie, die Abzeichenfarbe ist grün. Mannschaft trägt am Kragen statt der Patte ein grünes Jagdhorn (Abb. 63 b). Die Uniform der Grenzwache ist im Königreich Rumänien wie die Infanterieuniform mit hellgrüner Abzeichenfarbe. 1912 Pickelhaube mit gelbem Beschlag.

Bei der Territorialinfanterie (Dorobanzen) tragen 1870 die Offiziere Infanterieuniform mit hellblauen Abzeichen. Die Mannschaft zunächst weiße Bluse mit hellblauem Kragen, Aufschlag und Streifen vorn herunter, weiße Hosen, Opanken, Pelzmütze. Seit 1879 Infanterieuniform mit hellblauen Abzeichen (Abb. 63 c). Muselmanische Dorobanzen haben roten Fez mit blauem Quast, den goldenen gekrönten Namenszug über der Stirn.

1931 erhält die Gardedivision besondere farbige und Felduniformen. Der farbige Rock ist dunkelblau, der Kragen und die Aufschlagpatte des brandenburgischen Aufschlages in Waffenfarbe, ebenso die Achselklappe und Epaulettfelder der Offiziere sowie die Vorstöße. Kragen und Aufschlag sind mit einer gelben, für Offiziere goldenen Schnur eingefaßt. Auf Kragen und Aufschlagpatte für Mannschaften gelbe Gardelitzen, Offiziere Goldstickerei (Blumenmuster).

Regiment	Abzeichenfarbe	Hose	Paradekopfbedeckung	Fangschnüre rechts
Gardeinfanterie-Rgt. Michaeel Viteacu	hellgelb	hellgrau mit Vorstoß, Offiziere Lampassen in Abzeichenfarbe	Pelzmütze	gelb, blau untermischt
Palastgarde	weiß		weißer Kürassierhelm mit gelben Beschlägen, weißer Busch	weiß, blau untermischt
Königliche Eskorte	schwarz			gelb, schwarz untermischt

Zur kakifarbenen Felduniform tragen die Mannschaften auf den Kragenpatten gelbe Knöpfe am hinteren Ende sowie auf den Armen senkrechte, mit zwei Knöpfen besetzte waffenfarbige Patten. Offiziere haben auf der Kragenpatte und auf der Patte des grundfarbenen brandenburgischen Aufschlags die Stickerei des Waffenrocks. An der Schirmmütze gelbe Krone, für Offiziere im Eichenlaubkranz.

II. Kavallerie

Moldau

1830 wie Infanterie mit spitzen, rot vorgestoßenen Aufschlägen, Lanzenflaggen rot-blau gezackt. 1847 Ulanenuniform: Kolletts dunkelblau, Kragen, spitze Aufschläge, Rabatten und Vorstöße rot, Knöpfe und Gardelitzen am Kragen weiß. Dunkelblaue Hose mit roten Lampassen, weißes Lederzeug, schwarzen Ledertschapka mit roten Rabatten, auf diesen vorn silbernes Wappen, weißer Haarbusch. Die Schuppenepauletts sind weiß mit gleichfarbigen Fransen.

Walachei

Zunächst wie Infanterie. 1852 Ulanenuniform dunkelblau mit weißen Abzeichen, gelben Knöpfen; hellblaue Hose mit weißem Vorstoß. Tschapkarabatten sind rot, die Lanzenflaggen rot-gelb-blau. 1860 trägt die Kavallerie Ulankas mit rot-gelb-blauem Paßgürtel, dunkelblaue Hose mit breitem Streifen, Tschapka mit weißem Haarbusch. 1. Regiment rote Abzeichen, weiße Knöpfe und Epauletts, 2. Regiment weiße Abzeichen, gelbe Knöpfe, rote Epauletts. 1861 werden beim zweiten Regiment die Abzeichen rot.

1868 erhält die gesamte Kavallerie Husarenuniform, die aktiven Regimenter »Rosiori«; zunächst 3, bis 1912 auf 10 erweitert, haben rote Dolmans und weiße Hosen mit schwarzer Verschnürung. Schwarze Pelzmütze mit dem königlichen Namenszug, Kokarde und weißen Federstutz vorn, gelben Behang, Beutel in Regimentsfarbe links. Weißes Lederzeug, später naturfarben (Abb. 63 d). Offiziere schwarzes Käppi mit Band in Abzeichenfarbe. Seit 1884 Lanzen, deren Flagge unten rot, oben regimentsfarbig ist, grauer zweireihiger Mantel, roter Kragen mit speerspitzenförmiger Patte in Regimentsfarbe.

Die Felduniform ist wie die der Infanterie mit regimentsfar-

Abb. 63. Rumänien 1890.
a Infanterist – b Jäger – c Dorobanze – d Rosiori – e Calarasi – f Artillerist – g Genie-Soldat – h Reit. Gendarm – i General

bigen Kragenpatten und Vorstößen. Die Abzeichenfarbe der Rosiori-Regimenter sind: 1. gelb, 2. weiß, 3. grün, 4. hellblau, 5. hellgrün, 6. dunkelblau, 7. hellbraun, 8. lila, 9. rosa, 10. hellgrau. Die Territorialkavallerie (Calarasi) trägt seit 1868 dunkelblauen Dolman mit roter Verschnürung, der Pelzmützenbeutel ist rot; keine Lanzen. Zur Felduniform Vorstöße rot, Kragenpatten rot mit schwarzem Vorstoß, sonst wie Infanterie.

III. Artillerie, Train, Genie und Panzertruppe

Die Artillerie des Fürstentums Moldau trägt 1848 die Uniform der Infanterie, jedoch Kragen und Aufschlag dunkelblau, Aufschlagpatte, Achselklappe und alle Vorstöße karmin, Pickelhaube mit Kugelspitze, gekreuzte Kanonenrohre unter dem Wappen. 1854 Waffenrock, schwarzer Haarbusch. Die walachische Artillerie ist seit 1851 wie die moldauische gekleidet.

Die Artillerie der vereinigten Herzogtümer trägt 1860 dunkelblauen zweireihigen Waffenrock. Der Kragen, die spitzen Aufschläge sind schwarz mit rotem Vorstoß. Am Kragen rote, für Offiziere goldene Granate, rote Epauletten, schwarzes Lederzeug, Tschako mit rotem Haarbusch und zwei gekreuzten Kanonenrohren. 1868 wird der Rock braun, Hose grau, statt des Tschakos ein dunkelblaues Käppi mit schwarzem Band und roten Vorstößen, Offiziere rote Lampassen (Abb. 63 f). Zur Felduniform schwarze Vorstöße und Kragenpatte, 1931 schwere Artillerie mit gelbem Vorstoß, reitende Artillerie karmin mit schwarzem Vorstoß. Die Gebirgsartillerie hat die Vorstöße grün, Luftabwehrartillerie hellblau.

Der Train ist 1868–1915 wie die Artillerie gekleidet, aber mit weißen Knöpfen und Rangabzeichen, auch ist der Rock einreihig. Zur Felduniform rote Vorstöße, schwarze Kragenpatten, gelbe Knöpfe.

Die Genietruppe hat seit 1861 dunkelblauen einreihigen Rock mit schwarzem Kragen und spitzen Aufschlägen, rote Vorstöße und Granate am Kragen, schwarzes Lederzeug. Käppi rot mit schwarzem Band und Seitennähten, seit 1889 dunkelblau, dunkelblaue Hose mit rotem Vorstoß, Offiziere Lampassen (Abb. 63 g). Zur Felduniform 1912 schwarze Vorstöße und gleichfarbige Kragenpatte mit rotem Vorstoß. 1923 Kragenpatte und Vorstöße hellbraun, ab 1931 wie 1912.

Die Panzertruppe trägt zur Felduniform ab 1931 Vorstöße und Kragenpatte aschgrau, letztere mit rotem Vorstoß.

IV. Generale, Generalstab-Rangabzeichen

Moldau

1859. Der General trägt einen schwarzen Hut mit weißem Busch, einreihigen Frack, dunkelblau, Kragen, brandenburgischen Aufschlag rot mit goldener Eichenlaubstickerei, rote Vorstöße, goldene Epauletts und Schärpe, graue Hose mit roten Lampassen.

Walachei

Hut mit blau-gold-rotem Busch, einreihiger Waffenrock dunkelblau, Schoß weiß gefüttert, gelbe Vorstöße, Kragen, brandenburgische Aufschläge schwarz mit reicher Goldstickerei, dunkelblaue Hose mit gelben Lampassen, goldene Epauletten und Schärpe.
1860 erhält die Generalität der Vereinigten Fürstentümer schwarzen Hut mit Goldborte und schwarzer, für Divisionsgenerale weißer Straußenfederfüllung. Einreihiger Rock, dunkelblau, Kragen und brandenburgischer Aufschlag dunkelblau mit rotem Vorstoß und reicher Eichenlaubstickerei, goldene Epauletts und Schärpe, rote Hose mit goldenen oder dunkelblauen Doppelstreifen. Generalstab Kragen und Aufschlag schwarz mit goldener Einfassung. Federbusch auf dem Hut rot-gelb, sonst wie bei Generalen.
1868. Der Kragen und die jetzt spitzen Aufschläge werden rot, mit Eichenlaubstickerei bedeckt. Hose ist dunkelblau, im Dienst dunkelgrau mit roten Lampassen. Außerdienstlich ein dunkelblaues Käppi mit rotem Band. Dunkelgrauer zweireihiger Mantel mit roten Vorstößen. Generalstab wie Infanterie, am Kragen geflügeltes Blitzbündel, Käppi rot mit dunkelblauem Band, Federbusch rot-gelb-blau.
1871 fällt der Hut für die Generalität fort, dafür am Käppi ein weißer Federstutz und über dem Schirm eine silberne Sonne auf dem Band. Mitte der 80er Jahre wird bei den Generalen wie bei den Offizieren der ganzen Armee alles nach dem Reglement dunkelblaue Tuch schwarz, wie auch in Frankreich üblich (Abb. 63 i).
Der Generalstab erhält unter Fortfall der roten Vorstöße schwarzsamtene Kragen, Aufschlag und Käppiband, weißen Käppideckel, karmin Lampassen.
Zur Felduniform 1912 tragen die Generale rote Kragenpatten, Vorstöße und Lampassen, am Käppi nur die Silbersonne. Seit Einführung der kakifarbenen Felduniform behalten die Generale die Waffenfarbe ihrer Herkunftswaffe, die silberne Sonne ist in kleiner Form auch auf dem Band der Schirmmütze befestigt, dazu doppelte Eichenlaubstickerei am Mützenschirm. Die Uniform des Generalstabs folgt der allgemeinen Entwicklung. Zunächst schwarzsamtene Patten und Vorstöße, dann dieselben in Farbe der Herkunftswaffe, darauf stets das geflügelte goldene Blitzbündel und zur großen Uniform Fangschnüre.
Die Rangabzeichen sind bis zur Vereinigung der Herzogtümer nach russischem Muster gestaltet. Offiziere Epauletten, Stabsoffiziere mit Fransen, auf dem Feld Oberst und Hauptmann keine Sterne, Major und Oberleutnant zwei, Leutnant einen Stern, Unteroffiziere 1 bis 3 schmale rote

Abb. 64. Rumänien. Infanteristen 1915, 1931.
b Garde. Regt. Michael der Kühne

Querstreifen am oberen Achselklappenende. 1860–1916 Offiziere zur großen Uniform Epauletten in Knopffarbe, Subalternoffiziere mit langen dünnen, Stabsoffiziere und Generale mit kurzen dicken Fransen, auf dem Schieber 1–3 Silbersterne, Generale dazu auf dem Feld eine silberne Sonne; zum Dienstanzug Schulterschnüre aus 1–3 Metallschnüren, am Schulterende ein Kleeblatt bildend. Dazu Rangtressen am Unterarm, seit 1889 zu jedem Anzug. Subalternoffiziere 1–3 Rangtressen über dem Aufschlag in Speerspitzenform, Stabsoffiziere außerdem eine mittelbreite Tresse über dem Aufschlagrand, Generale eine weitere sehr breite mit Eichenlaubmuster auf den spitzen Aufschlägen. Die Stabsoffiziere der Kavallerie haben auch den Kragen vorn und unten mit mittelbreiter Tresse besetzt. Am Käppi 1–3 schmale Rangschnüre über dem Band, die mittelbreite Stabsoffizierstresse am oberen Bandrand ringsum, während bei Generalen das ganze Band mit der breiten gemusterten Tresse bedeckt ist. Seitennähte mit 1–3 Schnüren belegt.
Zur Felduniform werden Rangabzeichen nur auf der runden Achselklappe und von 1921–1931 auch am Käppi, hier wie früher, getragen, Subalternoffiziere haben 1–3 goldene Schnüre quer über die Achselklappe, die bei Stabsoffizieren eine mittelbreite Goldtresse längs der Mitte trägt. Das Achselstück der Generale ist ganz mit gemusterter Tresse bedeckt, der Feldmarschall hat hierzu vier Querschnüre. Unteroffiziere und Mannschaften trugen von 1860 bis 1916 1 oder 2 knopffarbige Woll- bzw. Metalltressen oberhalb des

Aufschlagrandes, der höchste Unteroffiziersgrad dazu eine schmale Winkeltresse in entgegengesetzter Knopffarbe darüber. Bei der Felduniform sind die Rangabzeichen ebenfalls an der Achselklappe befestigt in Form von 1–3 breiten silbernen oder waffenfarbigen Quertressen.

Ab 1931 haben die Offiziere eine farbige Parade- und Gesellschaftsuniform erhalten, die im allgemeinen der farbigen Vorkriegsuniform entspricht. Fußtruppen brandenburgische Aufschläge mit waffenfarbiger Patte, eingefaßt mit Goldschnur. Die Rangtressen laufen hier rund um den Arm unter der Patte durch. Calarasi-Offiziere haben die frühere Uniform, Rosiori-Offiziere dunkelblauen Dolman mit schwarzer Verschnürung und doppelt geschweifter Kragenpatte in Regimentsfarbe, schwarze Hose.

Rußland
(Kokarde schwarz-orange-weiß)

I. Infanterie

Die ersten uniformierten Truppen waren die *Strelitzen*. Die Bezeichnung taucht um die Mitte des 16. Jahrhunderts auf. Waffen und Kleidung wurden vom Staat geliefert. Als Hauptbekleidungsstück diente ein Kaftan mit farbigem Litzenbesatz, den Kopf bedeckte eine pelzverbrämte Samtmütze, auch wohl eine Eisenhaube. Als Waffen Luntengewehre, Säbel und langgeschäftete Streitäxte (Abb. 65 b). Offiziere hatten goldene oder silberne Litzen auf dem Kaftan und eine kronenartige Verzierung um die Mütze (Abb. 65 a). Sie trugen einen Stock als Zeichen ihres Ranges; hoch heraufgehende Handschuhe wurden sowohl von den Offizieren wie von den Fahnenträgern angelegt.

Ein Bericht aus dem Jahre 1674 gibt die Farbenabzeichen der einzelnen Pulks wieder:

Name des Pulks	Mütze	Kaftan	Litzenbesatz	Stiefel
1. Jegor Lutochin	eisengrau	rot	rot	gelb
2. Iwan Poltew	rot	hellgrau	rot	gelb
3. Wassili Buchwostoff	rot	hellgrün	rot	gelb
4. Fedor Golowlinski	dunkelgrau	kirschrot	schwarz	gelb
5. Fedor Alexandroff	dunkelgrau	aloefarben	kirschrot	gelb
6. Nikifor Koloboff	dunkelgrau	gelb	kirschrot	rot
7. Stephan Janoff	rot	himmelblau	schwarz	gelb
8. Timophei Poltew	kirschrot	orange	schwarz	grün
9. Peter Lupochin	kirschrot	kirschrot	schwarz	gelb
10. Fedor Lupochin	rot	dunkelgelb	rot	gelb
11. David Woronzoff	zimtfarben	rot	schwarz	gelb
12. Iwan Naramanski	rot	kirschrot	schwarz	gelb
13. Lagoßkin	grün	dunkelrot	schwarz	gelb
14. Afanaß Lewschin	rot	hellgrün	schwarz	gelb

Das Übergewicht der Strelitzen über die schlechter bewaffneten und ausgerüsteten anderen Truppen, das Gefühl ihrer Unentbehrlichkeit, ließ einen Geist aufkommen, der an die Prätorianer und Janitscharen erinnert. Die Strelitzen-Empörung von 1698/99 unterdrückte der vom Ausland schnell herbeigeeilte Zar Peter mit blutiger Strenge. Die Gruppe wurde nicht wieder errichtet. Unmittelbar nach der Vernichtung der Strelitzen begann Peter der Große mit der Neubildung des Heeres. Schon nach Ablauf eines Vierteljahres waren 29 Regimenter errichtet, darunter zwei Dragonerregimenter. Die Bekleidung der Infanterie bestand aus Röcken, Kamisol, Kniehosen, Strümpfen und Schuhen. Eigenartig war nur die Mütze mit herunterklappbaren Umschlägen (Abb. 65 c, d). Die Wahl der Farben war den Regimentskommandeuren überlassen, das Äußere des Heeres infolgedessen sehr bunt. Das *Preobraschenskische* Regiment trug dunkelgrüne, das *Ssemenowsche* hellblaue Röcke (Abb. 65 g); beide hatten dunkelgrüne, zuweilen auch rote Beinkleider und Kamisöler, rotes Rockfutter und Aufschläge, rot ausgenähte Knopflöcher; bortierte Hüte. Die Grenadiere dieser Regimenter (Abb. 65 h) hatten eine Granattasche am Bandelier und eine Kartusche am Koppel. Als Kopfbedeckung diente eine schwarzlederne, mit Nackenschirm und Vorderschild versehene Mütze, vorn mit Doppeladler. Die Mütze zierte eine weiße, am Rand rotgefärbte Feder. Offiziere 6Abb. 65 f) der genannten Regimenter trugen die gleiche Uniform wie Mannscaften, mit folgenden Auszeichnungen: Rock auf allen Nähten Goldtressen; ebenso der Hut, dessen Krempen mit weiß und roter Plümage versehen waren. Als Dienstzeichen rot-grün-

Abb. 65. Rußland. Infanterie 1670–1700.
a Strelitzen-Offizer – b Strelitze – c, d Linien-Inf. – e Linien-Gren. – f, g, h Offizier, Musketier und Grenadier der Garde

weiße Schärpe über die rechte Schulter, Ringkragen und Sponton. Die Grenadiermützen der übrigen Regimenter aus Tuch in der bekannten Zuckerhutform (Abb. 65 e). 1720 wurde eine Uniformänderung durchgeführt. Die farbigen Tuchmützen der Infanterie wurden durch Hüte ersetzt. Die Linien-Infanterie erhielt dunkelgrüne Röcke. Kragen, Aufschläge, Einfassung der Knopflöcher, Kamisöler und Beinkleider rot. Schwarze Halstücher, weiße Strümpfe. Eckig geschnittene Schuhe, im Krieg Stiefel. Die Garde-Regimenter wurden mit dunkelgrünen Röcken, Kamisölern und Beinkleidern versehen. Aufschläge, Futter und Einfassung der Knopflöcher rot; die beiden Regimenter unterschieden sich durch die Farbe der Kragen; beim Preobraschenskischen Regiment rote, beim Ssemenowschen blaue Kragen. Die Kragenfarbe bildete noch 1914 das charakteristische Abzeichen. Strümpfe und Halstücher weiß. Nach 1730 führte man verschiedene Neuerungen ein, und zwar nach preußischem Vorbild, nämlich Puder, Haarlocken, Zöpfe, Handmanschetten sowie weiße Gamaschen. Die Halstücher wurden durchgängig weiß; die Grenadiere trugen die früheren spitzen Mützen, nur erhielten diese vorn ein Metallschild mit dem Regimentswappen (Wappen der Stadt, nach welcher das Regiment den Namen führte). Offiziere trugen die gleiche Uniform wie Mannschaften, jedoch grüne statt der roten Beinkleider. Hut mit goldener Einfassung. Ringkragen, Schärpe von gelb und schwarzer Seide. Spontons und Degen. 1743 erhielten Rock und Kamisol einen engeren Schnitt, die Schöße waren stets umgeschlagen. Seit 1756 legten die Offiziere die Schärpe nicht mehr über die Schulter, sondern um den Leib an. In der Front waren sie mit einem Gewehr bewaffnet; dazu eine vor dem Leib getragene Patronentasche von rotem Leder, mit dem Regimentswappen geschmückt (Abb. 66 c). Die Grenadiere erhielten eine eigenartig gestaltete Mütze mit Vorderschild und Nackenschirm mit Messingbeschlägen und Streifen (Abb. 66 e). Die Grenadiere der Garde hatten dazu noch einen großen Busch von Straußenfedern. Unter Peter III. blieb der Rock grün, Futter rot. 1760 wurden Rabatten eingeführt, welche zugleich mit den Kragen und Aufschlägen regimenterweise von verschiedener Farbe waren (Abb. 66 f). Nach F. v. Stein, »Geschichte des Russischen Heeres«, waren diese Abzeichenfarben sehr mannigfaltig, da die Wahl den Chefs überlassen war. »Neben Weiß und Schwarz waren Rot, Grün, Blau und Grau in allen Schattierungen anzutreffen und zur Bezeichnung des dem Auge kaum merklichen Unterschiedes tauchten Namen wie feuer-, eisen-, sand-, ziegel-, kirsch-, aprikosen-, seladon-, floh-, kamelfarben usw. auf. Bei den Kamisölern und Beinkleidern war innerhalb der gelben, weißen, Pomeranzen- und Strohfarbe gleichfalls die Wahl frei; ebenso konnten die Knöpfe nach Belieben der Chefs gelb oder weiß sein. Die Knöpfe wurden in der Art zu sechs auf jede Rabatte und zwei unter diese gesetzt, daß je zwei immer dichter nebeneinander standen. Den Knöpfen entsprachen Knopflöcher mit wei-

Abb. 66. Rußland. Infanterie 1732–1796.
a Garde-Grenadier – b Garde-Gren.-Offizier – c, d, e Offizier, Musketier u. Grenadier der Linie – f Linien-Grenadier – g, h Musketiere – i Grenadier.

ßem oder blauem Bande, mit oder ohne Quästchen eingefaßt, die »Schleifen« genannt wurden. Auf der rechten Schulter wurde ein herabhängendes Achselband aus Schnur von der Farbe der Schleifen getragen. Die Hüte wurden etwas länger, die Säbel erhielten Troddeln. Das Lederzeug, das bisher seine Naturfarbe behalten hatte, wurde jetzt weiß angestrichen und die Patronentasche, früher auf der rechten Seite getragen, auf dem Rücken angebracht. Offiziere erhielten goldene oder silberne Achselschnüre und Schleifen, letztere oft sehr zierlich gestickt; statt der Gewehre führten sie Spontons, denen der preußischen Offiziere sehr ähnlich. Die Garde bekam hellgrüne Röcke ohne Rabatten, mit vielen Schleifen geschmückt. Aufschläge blieben rot, Kragen regimenterweise veschieden. Kamisöler und Beinkleider waren rot, die Halstücher weiß. Bei den Offizieren waren die Röcke ganz grün, aber reich mit Gold verziert.«

Am 24. 4. 1763 erließ Katharina II. eine neue Bekleidungsordnung. Die Röcke der Infanterie bekamen ein helleres Grün, die Aufschläge waren rund. Durchgängig wurden rote Kragen, Rabatten und Aufschläge eingeführt. Als Regimentsabzeichen diente unter Fortfall der Achselschnüre ein auf der linken Schulter angebrachtes Achselstück mit Fransen. Form und Farbe bestimmten die Regimentschefs. Das Kamisol erhielt einen kleinen liegenden Kragen sowie Aufschläge von grünem Tuch. Zur Parade war das Halstuch rot, sonst schwarz. Beinkleider rot, im Sommer von weißer Leinwand. Schwarze Gamaschen. Hut war mit zackiger, weißer Borte eingefaßt. Die Grenadiermütze glich der damals in Preußen üblichen. Damals wurden Rangabzeichen für die Offiziere eingeführt, und zwar in Form von Sternchen auf den Achselstücken, von Gold oder Silber mit einer Beimischung der Regimentsfarben. Sehr merkwürdig erscheint die Neuuniformierung vom Jahre 1786 besonders durch den Umstand, daß fast das ganze Heer eine Einheitsuniform erhielt, wenigstens dem Schnitt nach sowie hinsichtlich der Kopfbedeckung. Diese Uniformierung scheint aus dem Charakter der damaligen Zeit herauszufallen (Abb. 66 g, h). Die Infanterie erhielt einen kurzschößigen, grünen Rock; Schöße nur vorn umgeschlagen und mit rotem Vorstoß. Kragen, Rabatten und Aufschläge ebenfalls rot. Auf der linken Schulter das frühere Achselstück. Beinkleider von roter Farbe, mit wellenförmigen gelben Streifen, unten mit Leder besetzt. Die Kopfbedeckung bestand aus einem runden Kopfteil von Filz und einem kleinen Schirm, dessen Rand mit Leder eingefaßt war. Vorn ein Messingreifen. Von einer Schläfe zur andern ging eine breite Raupe von gelber Wolle. Der hintere Rand des Kopfteils war mit einem roten Tuchstreifen versehen, der mit gelber Schnur eingefaßt war. Gegen den Rücken herab hingen zwei schwarze Tuchstreifen, an welche unten gelbe Quasten genäht waren. Diese Tuchstreifen sollten den Nacken schützen und konnten bei kaltem Wetter um die Ohren gebunden werden. An der linken Seite eine weiße Bandschleife und kleiner schwarzer Stutz. Die schwarzen Halsbinden erhielten einen weißen Vorstoß. Die ungepuderten Haare wurden unten gerade abgeschnitten. Statt des Säbels Bajonettscheide. Unteroffiziere erhielten Tressen um Kragen und Aufschläge. Bei den Grenadieren, welche dieselbe Kopfbedeckung trugen, war das reifartige Schild größer, auch trugen sie einen Säbel, und zwar an Schleppriemen. Offiziere behielten vorläufig noch die frühere Uniform. Die erwähnten Uniformänderungen erstreckten sich jedoch nicht auf die Garde. 1788 legten auch die Offiziere die neue Uniform an, jedoch fehlten an der Kopfbedeckung die herabfallenden Tuchstreifen. Als Kaiser Paul Petrowitsch 1796 zur Regierung kam, wurde das alte Kostüm mit Puder, Zopf, Gamaschen usw. wieder eingeführt. Die Röcke erhielten der Mode gemäß vorn einen Ausschnitt (Abb. 66i). Die Regimentsabzeichen wurden, wie früher, sehr verschiedenfarbig. Statt des Achselstückes wurde auf der linken Schulter eine Achselklappe getragen. Die Füsiliere bekamen eine Kopfbedeckung, derjenigen der preußischen Füsiliere unter Friedrich dem Großen sehr ähnlich. Alexander I. führte 1802 bei den Garderegimentern eine Kopfbedeckung ein, welche der bis 1796 getragenen sehr ähnelte und nur von weit höherer Form war (Abb. 67a, b). Der hintere Tuchrand und der herabfallende Streifen waren beim Preobraschenskischen Regiment rot, beim Ssemenowschen hellblau und beim Ismailowschen weiß. Offiziere trugen Federhüte und auf der rechten Schulter goldene Achselschnüre (Abb. 67c).

In das Jahr 1803 fällt die Einführung des Tschakos. Er war vorn mit Kokarde und Puschel verziert. Zunächst war diese Kopfbedeckung nur den Musketieren verliehen worden, 1805 wurde sie auch für Grenadiere und Füsiliere vorschriftsmäßig. Offiziere behielten vorläufig noch die Hüte, zu denen jetzt sehr hohe Federbüsche angelegt wurden. 1806 fiel der Zopf weg. 1807 wurden die Offiziersepauletten eingeführt (vorläufig nur an Stelle der Achselstücke auf der linken Schulter). Spontons abgeschafft. Alle Grenadier- und Musketierregimenter erhielten gleichmäßig rote Kragen, Aufschläge und Schoßbesätze. Achselklappen waren in der Art verschieden, daß in jeder Division das erste Regiment Rot, das zweite Weiß, das dritte Gelb, das vierte Dunkelgrün mit rotem Vorstoß, das fünfte Hellblau trug. Am 15. 12. 1807 wurden die Achselklappen bzw. Epauletten der Offiziere noch mit der Divisionsnummer versehen. Das Lederzeug wurde jetzt gekreuzt getragen. Im Winter trug man weiße Tuchbeinkleider mit Lederbesatz unten (Abb. 67e), im Sommer leinene im Gamaschenschnitt (Abb. 67f), 1809 legten die Offiziere ein zweites Epaulette auch auf der rechten Schulter an. Dafür fielen die Achselbänder fort. Der gerollte Mantel wurde unter dem Tornisterriemen getragen (Abb. 67g). Im selben Jahr erhielten die Tschakos Behänge von weißer Farbe, 1812 wurde die Form des Tschakos (Kiwer) gänzlich verändert. Der vergrößerte Deckel war nach vorn und hinten in die Höhe gebogen (Abb. 67h). Das *Pawlowsche Regiment* trug seit 1796 blanke Grenadiermützen; 1802 wurde das Muster des Mützenblechs verändert. Das Mützenfutter war rot, der hintere Rand weiß. Nach den Befreiungskriegen wurden Schuppenketten angebracht. Die Grenadiermütze bildete für das erwähnte Regiment 1914 noch die Paradekopfbedeckung. Wenn auch die Mützen selbst erneuert wurden, wurden die Bleche im Regiment vererbt und zeigten daher vielfach Kugelspuren.

Der Kiwer hatte bei der Garde als Beschlag einen Doppeladler, bei den Grenadier-Regimentern und den Grenadier-Kompanien der Linie eine dreiflammige Granate. Bei der Garde war alles Metall rotkupfern, bei der Linie Messing. Die Patronentaschen führten den gleichen Beschlag wie der Kiwer, nur die Garde hatte hier den Andreasstern. Die Garde hatte ferner dunkelgelbe Litzen und verschiedenfarbige Kragen. Diese waren 1813 bei den Regimentern Preobraschenski und Litauen rot, Semjonow und Garde-Grenadiere hellblau mit rotem Vorstoß, Ismailow und Pawlow grün mit rotem Vorstoß. Die Garde-Grenadiere und Pawlow gehörten 1812 noch zum Grenadierkorps, trugen daher bis 1813 die Grenadieruniform, das erstgenannte Regiment dazu weiße Gardelitzen, die auch das Grenadier-Regiment Kexholm führte.

Seit 1812 wurde der Kragen geschlossen getragen, doch kam diese Bestimmung so spät heraus, daß im Feldzug 1812 viele Regimenter noch mit dem alten offenen Kragenschnitt sowie mit den alten höheren Tschakos versehen waren. 1813 bekamen die Regimenter Litauen, Garde-Grenadiere, Pawlow und Kexholm rote Rabatten. Die Winterhose war aus weißem Tuch und unterhalb des Knies mit weichem Leder besetzt. Im Sommer wurden weiße Leinenhosen mit Gamaschenschnitt angelegt (Abb. 67h). Offiziere trugen außer den Epauletten (Stabsoffiziere mit Fransen) noch den Ringkragen: Fähnrich silbern, Leutnant einen silbernen mit goldenem Rand, der Oberleutnant einen silbern mit goldenem Doppeladler, Stabshauptmann silbern mit goldenem Doppeladler und goldenem Rand, Hauptmann vergoldet mit silbernem Doppeladler. Die in diesem Jahr zur Landarmee überführten See-Regimenter erhielten Jäger-Uniform mit weißen Vorstößen.

1816 tritt wieder ein neues Tschakomodell auf. Das Pompon zeigt die Bataillons- und Kompaniefarben. Die Tornister, bisher von schwarzem Leder, jetzt aus rohem Kalbfell. Die Beinkleider der Infanterie sind für die Folgezeit im Sommer weiß, im Winter dunkelgrün, die Linie erhält einreihige Kolletts. 1846 wird die Pickelhaube (Abb. 68 a, b, c) eingeführt, bei der Garde mit schwarzen Büschen. Der Waffenrock tritt erst nach dem Krimkrieg auf (Abb. 68d). 1855 erhielt die Linie Tschakos (nur mit Augenschirm), die Garde behielt die Pickelhaube bei. An Stelle dieses Tschakos trat 1862 eine käppiartige Tuchmütze ähnlich der französischen Feldmütze bei der Garde (Abb. 68f, g). Zur Parade gehörte ein schwarzer Stutz. Die Grundfarbe war dunkelgrün, der Besatz nach der Abzeichenfarbe. 1882 wurde eine nationale Uniformierung eingeführt (Abb. 68h, i). Der dunkelgrüne Rock zeigte mit Ausnahme der Achselklappen keine Knöpfe, er war auf der Brust zum Übereinanderhaken. Die dunkelgrünen Beinkleider wurden in hohen Stiefeln getragen. Niedrige schwarze Lammfellmütze, jedoch nur zur Parade getragen; für gewöhnlich dunkelgrüne Tellermützen. Bei der Linien-Infanterie nur folgende Stücke von abstechender Farbe: Kragenpatte und Vorstöße, Achselklappen, Mützenrand und Mützenvorstoß. Die beiden Brigaden in jeder Division unterschieden sich durch die Achselklappenfarbe, und zwar die erste Brigade durch rote, die zweite Brigade durch blaue Achselklappen. Die vier Regimenter der Divisionen waren durch die Farben der Kragenpatten und des Mützenrandes kenntlich – erstes Regiment rot, zweites blau, drittes weiß, viertes dunkelgrün. Vorstöße durchgängig rot. Einzelne Regimenter durch Gardelitzen ausgezeichnet. Die Grenadierregimenter hatten dieselbe Uniform, nur durchgängig gelbe Achselklappen mit farbigem Vorstoß, und zwar die erste Grenadierdivision rot, zweite blau, dritte weiß, vierte gelb. Leibgurt durchgängig schwarz. Mit der großen Neuuniformierung erhielt die Garde ein völlig anderes Aussehen. Die Pelzmütze wurde durch einen Tschako ersetzt, ferner wurden zur Parade farbige Rabatten getragen. Statt Leibgurt weiße bzw. schwarze Koppel.

Die Garderegimenter waren 1914 in folgender Weise unterschieden:

Name des Regiments	Kragen	Aufschläge	Aufschlagspatten	
Leib-Garde-Regiment Preobraschensky	rot	rot m. weißem Vorstoß	rot m. weißem Vorstoß	
Leib-Garde-Regiment Ssemenow	hellblau mit rotem Vorstoß	rot m. weißem Vorstoß	rot m. weißem Vorstoß	
Leib-Garde-Regiment Ismailow	dunkelgrün m. rotem Vorstoß	rot m. weißem Vorstoß	rot m. weißem Vorstoß	
Leib-Garde-Jäger-Regiment	dunkelgrün m. rotem Vorstoß	dunkelgrün m. rotem Vorstoß	rot m. weißem Vorstoß	
Leib-Garde-Regiment Moskau	rot	rot	rot	Rabatten genau wie Aufschläge, jedoch Leib-Garde-Jäger-Rgt. hellgrüne Rabatten mit weißem Vorstoß
Leib-Garde-Grenadier-Regiment	hellblau mit rotem Vorstoß	rot	rot	
Leib-Garde-Regiment Paul	dunkelgrün m. rotem Vorstoß	rot	rot	
Leib-Garde-Regiment Finnland	dunkelgrün m. rotem Vorstoß	dunkelgrün m. rotem Vorstoß	rot	
Leib-Garde-Regiment Litthauen	gelb m. dunkelgrün. Vorstoß	gelb	gelb	
Kexholm Grenadier-Regiment	hellblau mit gelb. Vorstoß	gelb	gelb	
St. Petersburger Grenadier-Regiment	dunkelgrün m. gelb. Vorstoß	gelb	gelb	
Leib-Garde-Regiment Wolhynien	dunkelgrün m. gelb. Vorstoß	dunkelgrün m. gelb. Vorstoß	gelb	

Die letzten 4 Regimenter hatten gelbe Hosenbiesen und weiße Knöpfe, die übrigen rote Biesen und gelbe Knöpfe. Alle Regimenter hatten gelbe Litzen auf Kragen und Patten. Der Mützenbesatz und der untere Tschakostreifen hatte Kragenfarbe, jedoch bei den 3. Regimentern jeder Division weiß. Das Pawlowsche Regiment (Leib-Garde-Regiment Paul) trug die hohen Grenadiermützen zur Parade weiter (Abb. 68e). Die Garde-Regimenter erhielten regimentsweise verschiedene ordenartige Brustabzeichen, die auch auf dem Mantel und der Felduniform getragen wurden.

Der Mantel war in der ganzen Armee erdgrau. 1882 wurde neues Marschgepäck eingeführt (Abb. 68 h, i). Die Mannschaft trug keine Seitengewehre. Die Grenadier-Divisionen und die Linien-Infanterie verloren 1910 ebenfalls die Pelzmützen und erhielten zweireihige Röcke. Gleichzeitig mit der Neuuniformierung erhielten alle Truppenteile Felduniformen. Im Gesamteindruck unterschied sich hierbei die Garde schon dadurch, daß sie den Tornister auf dem Rücken trug, die Linie auf der Hüfte. Die Feldfarbe war graugrün, Mützenschirm von gleichfarbigem Leder. Nur höhere Unteroffiziergrade und Offiziere hatten Kinnriemen. Garde war gekennzeichnet durch farbigen Vorstoß des unteren Aufschlags (1. Division weiß, 2. rot, 3. gelb) und durch Borteneinfassung der Achselklappen in der Farbe des alten Mützenbesatzstreifens. Offiziere hatten Brust-

Abb. 67. Rußland. Infanterie 1802–1840.
a, b, c Garde-Grenadiere und -Offizier – d, f, h Grenadiere der Linie – e, g, k Musketiere der Linie u. Offizier – i Garde-Unteroffizier

taschen, deren Klappen bei der Garde vorgestoßen in der Farbe des Achselklappenvorstoßes (Abb. 74 g). Die Achselklappen waren auf der einen Seite genau wie die der Friedensuniformen rückseitig feldgrün mit stets gelber Nummer bzw. Namenszug. Abgesehen hiervon hatte die Linie keinerlei farbige Abzeichen. Eine neue Paradeuniform wurde am 9. 3. 1913 für die Linie eingeführt und sollte 1915 allgemein getragen werden, doch kam sie infolge des I. Weltkrieges nur bei einigen Regimentern zur Ausgabe. Sie bestand aus der Felduniform mit angehakten Kragen und Rabatten. Der Offizierskragen hatte zwei goldene Litzen. Die Kragenfarben waren in jeder Division: 1. Regiment rot, 2. Regiment blau, 3. Regiment weiß, 4. Regiment dunkelgrün, alle rot vorgestoßen. Die Rabatten beim 1. Regiment rot, beim 2. blau, beim 3. weiß, beim 4. hellgrün. Dazu wurde graue Lammfell-Papacha mit Doppeladler getragen (Abb. 74 f).

II. Jäger und Schützen

Im Jahre 1769 erhielten die Infanterie-Regimenter Jägerabteilungen. Die Uniform bestand aus einem grünen Kamisol mit gleichfarbigem Kragen und spitzen Aufschlägen sowie engen grünen Beinkleidern. Schwarze Verschnürung wie bei den Husaren. Auf der linken Schulter das Achselstück des entsprechenden Infanterie-Regimentes. Grüne Mäntel, kurze Stiefel. Die Kopfbedeckung bestand aus einer grünen Mütze, vorn und hinten mit einer schwarzen, aufrechtstehenden Klappe versehen, mit grünem, zackigen Band eingefaßt. Links weiße Wollpuschel. Am schwarzen Koppel vorn eine Patronentasche, links die Bajonettscheide. Bei der Neuuniformierung von 1786 wurde die Uniform im Schnitt derjenigen der Infanterie gleich. Die Farbe war ganz grün, nur die Beinkleider hatten schwarzen Besatz. Knöpfe gelb. Das Kaskett hatte eine schwarze Raupe, der reifartige Beschlag grün gestrichen. Die herabhängenden Tuchstücke ebenfalls grün. Eigenartig waren die Jägerabteilungen der drei Garde-Regimenter gekleidet. Beim Preobraschenskischen Regiment bestand die Uniform in einer schwarzen Filzmütze mit grünen Behängen. Der grüne Rock zeigte rote Vorstöße um die dunkelgrünen Rabatten und Aufschläge. Links ein grünes Epaulette. Die dunkelgrünen Hosen hatten rote Biesen. Auch die schwarzen Gamaschen waren rot vorgestoßen. Beim Ssemenowschen Regiment trugen die Jäger eine grüne Mütze mit schwarzem Pelzvorstoß in der Form der polnischen Konföderatka. Links weiße Kokarde und schwarzer niedriger Stutz. Die dunkelgrüne Uniform hatte keine farbigen Vorstöße. Beim Ismailowschen Regiment glich die Kopfbedeckung dem damals üblichen Kaskett. Der vordere Beschlag, die Einfassung des Augenschirms, der hintere Rand und die Raupe grün.

Abb. 68. Rußland. Infanterie 1846–1882.
a Tambourmajor der Garde – b, d, f Garde-Inf. (d Unteroffizier) – e, g Garde-Offiziere – c, h, i Linien-Infanterie

Weiße Kokarde und schwarzer Stutz. Der kurzschößige Rock ringsum rot vorgestoßen, auch die dunkelgrünen sogenannten »halben« Rabatten; die Aufschläge, ebenfalls mit Vorstoß versehen, waren von der Grundfarbe, die Form polnisch. Die grünen Beinkleider und die schwarzen Gamaschen zeigten rote Biesen. 1796 wurde, wie in der ganzen Armee, wieder auf den älteren Typus zurückgegriffen. Beinkleider wurden weiß, 1801 wieder grün, und zwar jetzt hellgrün. Kragen und Aufschläge waren in jedem Regiment verschieden. Die Patronentaschen, die jetzt am Leibgurt getragen wurden, umschlossen fast den ganzen Leib. 1802 wurde statt des dreieckigen, von Kaiser Paul eingeführten Hutes ein neues Modell ausgegeben. Im allgemeinen glich die Form dem heutigen Zylinderhut. Vorn in der Mitte schwarze Kokarde mit orange Rand und gelbem Knopf. Agraffe und Pompon in den Farben der Kragen und Achselklappe. Darüber eine Puschel, welche Bataillons- und Kompaniefarbe zeigte. 1807 wurde der Tschako eingeführt. Die Patronentasche war 1806 verkleinert worden. Während der Befreiungskriege als Kopfbedeckung eine Pelzmütze. Der Schnitt der Uniform glich völlig demjenigen der Infanterie. Wir können deshalb auf den vorhergehenden Abschnitt verweisen. Als charakteristisches Merkmal dienten das schwarze Lederzeug und der dunkelgrüne Kragen mit rotem Vorstoß sowie die gleichfarbigen Aufschläge. Die Achselklappen bildeten das Unterscheidungszeichen. Es erscheint bemerkenswert, daß die nationale Uniform, welche seit 1882 die gesamte Infanterie trug, ihr Vorbild in der Uniform fand, welche die *Jäger der kaiserlichen Familie* schon in den fünfziger Jahren trugen. Die Armeeschützen-Regimenter hatten ganz grüne Uniform mit roten Achselklappen, karminrote Kragen- und Ärmelvorstöße. Tellermütze ebenfalls ganz dunkelgrün mit roten Vorstößen, die Lammfellmütze wie bei der Linien-Infanterie. Die finnischen Schützenbataillone hatten eine etwas anders geformte Pelzmütze, sonst glich die Uniform derjenigen der übrigen Schützen. Achselklappen hellblau. Von Gardeschützen bestanden vier Bataillone; sie trugen Gardelitzen auf den Kragen und den schwedisch geformten Aufschlägen, Lammfellmütze mit einem gelben Stern versehen.
1892 waren die Abzeichen:

Name des Bataillons	Litzen	Knöpfe	Achselklappe
1. Leib-Garde-Schützen-Bataillon	gelb	gelb	himbeerrot
2. Leib-Garde-Schützen-Bataillon	weiß	weiß	himbeerrot
3. Finnisches Leib-Garde-Schützen-Bataillon	gelb	gelb	hellblau
4. Leib-Garde-Schützen-Bataillon	weiß	gelb	himbeerrot

Abb. 69. Rußland. Kürassiere.
a, d, f, g, h Kürassiere – b Garde zu Pferd – c Chevalier-Garde – e Kürassier-Offizier – i, k Garde-Kürassiere.

Leibgurt bei den Gardeschützen dunkelgrün, bei den übrigen schwarz. Um 1900 erhielten die drei ersten Bataillone brandenburgische Aufschläge und durchgängig gelbe Litzen. 1910 wurden auch für die Schützen der Garde-Kiwer und Rabatten eingeführt. Die Abzeichen wurden bei allen 4 Btln. himbeerrot. Das 1. Btl. hatte himbeerrote Kragen und Mützen- bzw. Kiwer-Besatzstreifen, das 2. und 3. dunkelgrüne. Das 1. und 3. weiße Knöpfe, das 4. trug eine besondere Uniform in Anlehnung an die Nationaltracht. 1911 wurden die Bataillone zu Regimentern erweitert und umbenannt.

An der Felduniform waren die Achselklappenborten und die Taschenvorstöße der Offiziere himbeerrot, die Aufschlagvorstöße weiß, feldgrün, himbeerrot und feldgrün. Die Friedensuniform der Armeeschützen-Regimenter änderte sich wenig. 1910 Einführung zweireihiger Röcke. Die niedrigen Pelzmützen wurden durch höhere schwarze Lammfell-Papachen ersetzt. In der Felduniform waren die Schützen durch die himbeerfarbenen Achselklappen-Bezeichnungen erkennbar.

III. Kürassiere

Die Kürassierwaffe besteht in der russischen Armee seit dem Jahre 1731. Die Uniform des Kürassiers bestand aus einem ledernen Kollett, ebensolchem (liegendem) Kragen und Schößen sowie Westen und Beinkleidern; Kollett, Weste sowie Kragen und Aufschläge und Schöße mit rotem Tuch eingefaßt. Schwarzlackierter Küraß, vorn mit Krone und Namenszug. Diese Uniform wurde nur zur Parade angelegt, sonst rote Kamisöler. Hut mit Goldborte eingefaßt, mit eisernem Kopfgestell versehen. Die Garde zu Pferde, das erste Regiment der später so zahlreichen Gardekavallerie, trug ebenfalls Kürassieruniform, nur waren die Beinkleider beim gewöhnlichen Anzug rot, Westen und Kolletts statt des roten Tuches mit Goldtressen besetzt. Küraß von blankem Stahl, Lederzeug mit rotem Tuch benäht und bei Gemeinen mit gelben, bei Offizieren mit goldenen Tressen besetzt. 1763 erhielten die Kürassiere grüne Kamisöler und lederfarbene Kolletts mit grünen Kragen und Aufschlägen. Borten von grüner und weißer Wolle. Hut mit Goldtresse besetzt, Pallaschtaschen in Form der Husarensäbeltaschen, grün mit weißer Borte und gelbem Namenszug. Die *Chevalier-Garde* (Abb. 69c) hatte eine äußerst reiche Uniform, nämlich rote Röcke und Beinkleider, dunkelblaue Samtbesätze und Überweste, alles reich mit Gold und Silber verziert. Versilberte Helme mit schwarzen Straußenfedern. Bei der Einführung der Einheitsuniform (Abb. 69d) 1786 gab man den Kürassieren hellgelbe Röcke. Die Besätze und Beinkleider waren regimenterweise verschieden. Das Kaskett hatte eine weiße Raupe und ein breites Messingschild. Der hintere Rand entsprach der Abzeichenfarbe. Die herabhängenden Tuchstücke waren gelb. Die Offiziere behielten vorläufig die alte Uniform.

Leibkürassiere: grüne Abzeichen (Kragen, Aufschläge, Vorstöße) und Hosen
Ordensregiment: schwarze Abzeichen und gelbe Hosen
Novostroitsk: hellblaue Abzeichen und hellblaue Hosen
Kasan: dunkelblaue Abzeichen und dunkelblaue Hosen
Alle Regimenter hatten gekreuzte Bandeliere. Das Regiment *Großfürst Thronfolger*, welches die alte, der Uniform der Friedericianischen Kürassiere ähnliche Bekleidung beibehalten hatte, trug rote Abzeichen und Hut mit weißem Stutz. Kürasse wurden nicht mehr angelegt. Die Garde zu Pferd (Abb. 69b) trug goldbortierte Hüte mit weißem Stutz, einen blauen Rock alten Schnitts, rote Kragen, Aufschläge und Westen. Epauletten mit goldenen Fransen, rote gekreuzte Bandeliere mit gelber Einfassung und Lederhosen. 1796 wurde, wie in der ganzen Armee, auch für die Kürassiere die Bekleidung alten Schnitts wieder eingeführt, der Küraß wieder angelegt (Abb. 69e). 1801 wurde die Grundfarbe des Kolletts weiß. Zum gewöhnlichen Dienst und auf Märschen wurden graue Überknöpfhosen getragen. 1803 erscheint eine neue Kopfbedeckung, nämlich ein Lederhelm mit Messingbeschlag, Lederkamm und dicker Raupe (Abb. 69f). Letztere machte bald einem bürstenartigen Roßhaarbesatz Platz. Bald wurde auch der Küraß wieder eingeführt. So erschienen die Kürassiere während der Befreiungskriege (Abb. 69g).
1813/14 waren die Abzeichen folgende:

Regiment	Kragen Aufschläge Schabracken	Knöpfe Schabrackenbesatz	Bemerkungen
Chevalier-Garde	rot*	weiß**	gelbe Litzen
Garde zu Pferde	rot*	gelb***	gelbe Litzen
Leib-Garde-Kür.	hellblau*	weiß****	weiße Litzen
Leib-Garde-Kür. Regiment der Kaiserin	dunkelrosa*	weiß	weiße Kürasse
Jekaterinoslaff	orange	weiß	
Pskoff	dunkelrot	gelb	weiße, Offiziere gelbe Kürasse
Gluchow	blau	gelb	
Astrachan	gelb	weiß	
Ordens-Regiment	schwarz	gelb	
Klein-Russisches	dunkelgrün	gelb	
Nowgorod	hellrot	weiß	
Starodub	lichtblau	gelb	

Die Offizierslitzen nach der Knopffarbe. Die beiden ersten Regimenter führten auf dem Helm gelben (bei Offizieren silbernen) Andreas-Stern, das 3. weißen Doppeladler (Offiziere silbernen Stern), die übrigen Regimenter gelben Doppeladler mit Ausnahme des Ordensregiments, das einschließlich der Offiziere den gelben St. Georgs-Stern trug. 1814 verlor die graubraune Überhose die Knöpfe und bekam Lampasse in der Kragenfarbe. Diese Uniform erhielt sich bis 1846 ziemlich unverändert. Um 1840 trugen Garde- wie Linien-Kürassiere weiße Kolletts; Kragen, Aufschläge, Achselklappen und Schoßbesatz von der Regimentsfarbe. Die Garde hatte weiße Beinkleider in hohen Stiefeln, die Linie lange graue Beinkleider mit Vorstößen in der Regimentsfarbe. Die Schabracken und Stützel zeigten bei den Garderegimentern spitzen Schnitt und Gardestern, bei den Linienregimentern abgerundete Ecken und den kaiserlichen Namenszug. Der Helm war bei der Garde mit dem Stern, bei den Linienregimentern mit dem Doppeladler verziert.

1846 wurde der Kürassierhelm preußischen Modells eingeführt. Nach dem Krimkrieg weißer Koller. Das erste Glied war mit Lanzen bewaffnet (Abb. 69i). 1882 wurde die gesamte Kavallerie zu Dragonern umgeformt, nur die Garde-Reiterei blieb bestehen. Rock dunkelgrün, ebenso Kragen, Aufschläge und Achselklappen, die Hosen grau mit farbiger Biese. Bei der Chevaliergarde der Kaiserin waren die Vorstöße um Kragen, Aufschläge und Achselklappen sowie die Hosenbiese rot, die Knöpfe weiß. Bei der Leibgarde zu Pferde die Vorstöße ebenfalls rot, die Knöpfe gelb; beim Leibgarde-Kürassier-Regiment des Kaisers Vorstöße gelb, Knöpfe weiß; beim Leibgarde-Kürassier-Regiment der Kaiserin Vorstöße hellblau, Knöpfe gelb. Die weiße Tellermütze zeigte Rand und Deckelvorstoß in Abzeichenfarbe. Der Metallhelm gelb mit weißen Beschlägen und mit einer Spitze geschmückt, beim Chevalier-Regiment der Kaiserin zur Parade mit Doppeladler in Knopffarbe, seit 1910 bei allen 4 Rgtrn. Zum Paradeanzug gehörten weiter weiße Koller mit Kragenaufschlag und Achselklappe in Vorstoßfarbe der Dienstuniform, gelbe Kollerborte mit rotem bzw. hellblauem Mittelstreif, gelbe Aufschlag- und Kragenlitzen. Lederzeug weiß. Chevaliergarde und Leibgarde zum Galawachdienst rote Suprawesten mit Ordensstern bzw. Doppeladler in Knopffarbe, weiße Hosen, hohe Stiefel.

---
*auf den Schabracken Sterne
Schabrackenrand: ** gelb-blau-gelb *** gelb-rot-gelb ****silber-weiß-silber

Abb. 70. Rußland. Dragoner.
a, c, d, e, f, g, h, l Dragoner – b Offizier der reit. Grenadiere – i Dragoner-Offizier – k Reit. Garde-Grenadier

Zur Felduniform schwarze Achselklappen mit Vorstoß wie an der Dienstuniform. 1910 wurden die Linien-Kürassiere wiedererrichtet; Uniform vgl. unter Dragoner.

IV. Dragoner, Grenadiere zu Pferde, Karabiniers, Chevaulegers, Jäger zu Pferde

Unter Peter dem Großen war die Uniformfarbe der Dragoner anfänglich, wie bei der Infanterie, dem Belieben des Chefs überlassen. Im Schnitt war die Bekleidung derjenigen der Fußtruppe gleich. Als Kopfbedeckung diente der Hut, zu Pferde wurden schwere Reiterstiefel angelegt (Abb. 70 a). 1720 wurde die Farbe des Rockes einheitlich dunkelblau, Futter und Besätze weiß. Lederne Kamisöler und Beinkleider, schwarze Halstücher. 1730 Futter und Besätze rot. Die *reitenden Grenadiere* waren wie Dragoner gekleidet, also blau, nunmehr mit roten Umschlägen. Dazu spitze Tuchmützen wie bei den Grenadieren der Infanterie, aber nicht von grüner, sondern von kornblumenblauer Grundfarbe. Diese Grenadiermütze bekam später eine andere Form mit aufgerichtetem Stirnschild und Nackenschirm (Abb. 70 b). Als die Infanterie Rabatten auf den Röcken erhielt, wurde diese Änderung nicht auf die Dragoner übertragen, dagegen führte man die Infanterie-Achselstücke ein. Die Kamisöler erhielten die kornblumenblaue Grundfarbe des Rockes, ebenso die Schabracken. Hut mit einer weißen Borte eingefaßt. Die *Karabinier-Regimenter* trugen 1763 die gleiche Uniform, nur hatten sie Rabatten und schmale Goldtressen um den Hut und statt der von den Dragonern geführten Bajonettgewehre Karabiner. 1775 erhielten die *Dragoner* grüne Röcke mit roten Kragen und Aufschlägen, gelbliche Kamisöler und Beinkleider, kurze Stiefel und weiße Mäntel. Statt der Pallasche nunmehr Säbel und statt der deutschen Sättel ungarische Böcke mit roter Schabracke. Bei der Einführung der Einheitsuniform 1786 wurde die Dragoneruniform die gleiche wie bei der Infanterie, nur kamen noch gelbe Achselbänder und Stulphandschuhe hinzu sowie die Kavallerie-Ausrüstung (Abb. 70 d). Bei den *Karabiniers* ebenso, nur statt der grünen dunkelblaue Röcke mit roten Abzeichen und Hosen. Gelbe Knöpfe, weiße Hosenstreifen. Keine Achselschnüre. Die *Chevaulegers* ebenfalls blaue Röcke mit roten Abzeichen und Hosen, weiße Knöpfe und Hosenbesatz sowie weiße Achselschnüre. Die Raupe auf dem Kaskett war bei den Dragonern gelb, bei den Karabiniers und Chevaulegers weiß, die herabhängenden Tuchstücke schwarz. Als Ende der achtziger Jahre des 18. Jahrhunderts die reitenden Jäger errichtet wurden, erhielten diese ganz grüne Uniform mit weißen Achselschnüren und Knöpfen, schwarze Filzmütze mit weißem Stutz, schwarze Bandeliere und Schärpe. 1796 wurde die alte Uniform mit dem Hut wieder eingeführt, 1801 hatten die *Dragoner* hellgrüne Uniformen mit ziemlich kurzen Schößen; Kragen, Aufschläge sowie die links befindlichen Achselklappen regimenterweise verschieden. Als Waffen Bajonettgewehr und Pallasch. Wie die Kürassiere erhielten die Dragoner ebenfalls graue Unterknöpfhosen. 1803 wird der Kürassierhelm eingeführt.

Regiment	Kragen	Aufschläge	Knöpfe	Kragenvorstoß
*Leib-Garde	rot mit gelben Litzen	rot mit gelben Litzen	gelb	
*Riga	rot	rot	gelb	
Jamburg	grün	rot	weiß	rot
*Kasan	karmin	karmin	gelb	
Njeschin	grün	hellblau	gelb	hellblau
Pskoff	orange	orange	gelb	
*Moskau	rosa	rosa	weiß	
*Kargopol	orange	orange	weiß	
*Ingermanland	schwarz	schwarz	weiß	
*Kurland	hellblau	hellblau	gelb	
Orenburg	schwarz	schwarz	gelb	
Sibirien	weiß	weiß	weiß	
Irkutsk	weiß	weiß	gelb	
*Charkow	dunkelgelb	dunkelgelb	gelb	
Tschernigow	blau	blau	weiß	
*Kiew	karmin	karmin	weiß	
*Neu-Rußland	hellblau	hellblau	weiß	
Starodub	rot	rot	weiß	
*Twer	blau	blau	gelb	
Schitomir	rot	rot	weiß	weiß
Arsamass	grün	hellblau	weiß	hellblau
*St. Petersburg	rosa	rosa	gelb	
Livland	rot	rot	gelb	weiß
Sjewersk	dunkelgelb	dunkelgelb	weiß	
*Kinburn	gelb	gelb	weiß	
*Smolensk	gelb	gelb	gelb	
Perejeslaw	grün	karmin	weiß	karmin
Tiraspol	grün	rot	gelb	rot
Dorpat	grün	gelb	weiß	gelb
Wladimir	grün	weiß	gelb	weiß
Taganrok	grün	rosa	gelb	rosa
Serpuchow	grün	gelb	gelb	gelb
*Nischegorod	grün	weiß	weiß	weiß
*Narwa	grün	rosa	weiß	rosa
*Borissoglebsk	grün	karmin	gelb	karmin
*Finnland	weiß	weiß	gelb	rot
*Mitau	weiß	weiß	weiß	rot

*Die mit * bezeichneten Regimenter blieben 1813 bestehen und behielten lange Zeit die angegebenen Uniformen, während die anderen Regimenter in andere Waffengattungen überführt wurden. Das Leib-Garde-Dragoner-Regiment hatte außer den angegebenen Abzeichen rote Rabatten. Die grünen Schabracken hatten Besatz von der Farbe der Aufschläge, das Garde-Regiment den breiten Streifen beiderseits gelb vorgestoßen.*

Nach den Befreiungskriegen Tschakos mit roten Pompons, weißen Büschen und Beschlag von der Knopffarbe (Abb. 70 f). Die Uniform wurde mit neun Knöpfen in einer Reihe geschlossen. Die Beinkleider wurden dunkelgrün mit breiten farbigen Streifen. An Stelle der Achselklappen Wollepauletten mit kurzen Fransen von weißer oder gelber Farbe, je nach den Knöpfen. Die *Jäger zu Pferde* trugen Kiwer mit grünem Behang, grüne Kolletts mit grünen Kragen, grüne Hosen mit zwei breiten Streifen in den Abzeichenfarben, weiße Knöpfe. Kragenvorstoß, Achselklappen, Aufschläge und Schoßbesatz waren 1813/14 folgende: Njeschin blaugrün, Tschernigoff blau, Asamass hellblau, Sewersk orange, Livland dunkelrot, Perejeslaff rosa, Tiraspol gelb, Dorpat hellrot. Die 1814 errichteten Leib-Jäger zu Pferde hatten bei roten Abzeichen weiße Litzen, am Kiwer weißen Behang und weißen Doppeladler anstatt der Kokarde. 1817 wurde der Kragen grün mit farbiger Patte, auch wurden weiße Epauletten angelegt. 1840 hatte sich die Uniform der Dragoner etwas geändert. Der Kragen war mit Vorstoß und Patte versehen; letztere mit Knopf. Die

Epauletten waren von Metall; die Aufschläge, früher schwedisch, zeigten jetzt die brandenburgische Form. Um den Leib ein grüner Paßgürtel mit Besatz in der Regimentsfarbe.

Das Regiment Nowgorod hatte eine Uniform anderen Schnitts mit rotem Kragen; dazu Patronentaschenbehälter auf der Brust und Pelzmütze mit Augenschirm an Stelle des

Name des Regiments	Abzeichenfarbe	Kragen	Kragenpatte	Pferde
Moskau	karmin	grün	karmin	Füchse
Kargopol	weiß	grün	weiß	Schimmel
Kinburn	gelb	grün	gelb	Braune
Neurußland	himmelblau	grün	himmelblau	Rappen
Kasan	dunkelrot	dunkelrot	grün	Braune
Riga	weiß	weiß	grün	Schimmel
Finnland	gelb	gelb	grün	Rappen
Twer	himmelblau	himmelblau	grün	Rappen

Tschakos, welcher bei sämtlichen Regimentern nunmehr ohne Stutz getragen wurde und dafür ein kugelförmiges Pompon erhalten hatte. Während des Krimkrieges dieselbe Uniform wie hier beschrieben, nur mit dem Infanteriehelm (Abb. 70 h). Das erste Glied war mit Lanzen ausgerüstet. Nach dem Krimkrieg Waffenröcke und später das Käppi der Infanterie (Abb. 70 i).

1870 waren die Abzeichen folgende:

Regiment	Kragen	Kragenpatte	Aufschläge	Knöpfe	Litzen
1.	grün	rot	rot	gelb	weiß
2.	grün	rosa	rosa	weiß	weiß
3.	grün	hellblau	hellblau	gelb	
4.	grün	hellblau	hellblau	weiß	
5.	grün	weiß	weiß	gelb	
6.	grün	weiß	weiß	weiß	
7.	grün	gelb	gelb	gelb	
8.	grün	gelb	gelb	weiß	
9.	rot	grün	rot	gelb	
10.	rot	grün	rot	weiß	
11.	hellblau	grün	hellblau	gelb	
12.	hellblau	grün	hellblau	weiß	
13.	orange	grün	orange	gelb	
14.	gelb	grün	gelb	weiß	
15.	grün	karmin	karmin	gelb	
16.	karmesin	grün	karmin	gelb	gelbe Doppellitzen
17.	grün	karmin	karmin	weiß	gelbe Doppellitzen
18.	karmesin	grün	karmin	weiß	

1882 erhielt die Dragonerwaffe eine bedeutende Verstärkung, indem sämtliche Linien-Kavallerieregimenter zu Dragonern umgewandelt wurden, mit Ausschluß der Kosaken. Die Kopfbedeckung bildete für gewöhnlich die grüne Tellermütze, zur Parade eine Lammfellmütze mit farbigem Deckel. Der Pelzbräm hatte vorn und hinten einen spitzen Ausschnitt, auf welchem vorn der Doppeladler in weißem oder gelbem Metall angebracht war. Kragen entweder von grüner Grundfarbe, in diesem Falle mit andersfarbiger Patte, oder farbig mit grüner Patte. Aufschläge durch spitzen Vorstoß von Abzeichenfarbe markiert. Leibgurt und Achselklappen in gleicher Farbe wie der Vorstoß; Beinkleider grau. Der Säbel hatte eine andere Befestigungsweise als üblich, die Ringe waren nämlich nicht über dem Rücken, sondern über der Schneide angebracht, eine alt-slawische Befestigungsweise. Bei der Garde bestand ein Leibgarde-Dragonerregiment (Abb. 70 k). Die Kopfbedeckung hatte gleichen Schnitt wie bei der Linie, Futter rot, als Beschlag diente ein gelbmetallner Stern, seit 1897 weißer Stern mit Auszeichnungsband darüber. Der grüne Waffenrock hatte roten Kragen und ebensolche Achselklappen, Brustvorstöße und polnische Aufschläge. An Kragen und Aufschlägen gelbe Gardelitzen, roter Leibgurt, weiße Knöpfe, weiße Schuppenepauletten mit roten Fransen, rote Rabatten; 1910 schwarzer Kiwer mit Doppeladler, weißes Lederzeug. Beinkleider grau mit roten Vorstößen. Gleiche Uniform trug das Leibgarde-Grenadierregiment zu Pferde, nur Knöpfe und Schuppenepauletten gelb. Als Parade-Kopfbedeckung hatte sich das Kaskett von 1786 erhalten. Der Beutel war rot mit gelbem Besatz. 1897 bekamen die Linien-Dragoner einen zweireihigen Rock, wie ihn die Infanterie 1910 erhielt (Abb. 74 a).

Mit der Reorganisation von 1910 änderte sich das Aussehen der Dragoner völlig. Als Kopfbedeckung gelangte ein neuer Helm, der dem der Leibgarde-Grenadiere zu Pferde ähnelte (ohne Beutel), zur Einführung. Der Rock wurde einreihig. Abzeichen jetzt wieder ungefähr so, wie im Schema 1870 gezeigt ist. Die Regimenter 2, 4, 6, 8, 9, 10, 12 und 14 führten die Tradition der alten Kürassier-Regimenter fort, sie unterschieden sich durch weiße Helmraupe, abzeichenfarbige Kragen und Aufschläge sowie durch Kollerborten am Kragen, an den Aufschlägen und vorn herunter. Das Rgt. 13 hatte schwarze Koller mit weißen Abzeichen, Kollerborten schwarz-orange, schwarze Kragenpatten mit gelbmetallenen Granaten, weiße Helmraupe und gelben Stern auf dem Helm an Stelle des sonst gebräuchlichen Doppeladlers (Abb. 74 e). Die Regimenter 16–18 behielten Pelzmützen.

Die Felduniform der Kavallerie war gleich der der Infanterie, hatte jedoch am Rock spitze Aufschläge in Grundfarbe, auch blieben die Hosen blau mit farbigem Vorstoß. Die graugrünen Achselklappen der Linie trugen in hellblauer Farbe die Nummer und den russischen Anfangsbuchstaben der Waffengattung: Dragoner D, Ulanen У, Husaren Т. Die Grenadier-Garde zu Pferde und das Garde-Dragoner-Regiment hatten roten bzw. dunkelgrünen Aufschlagvorstoß und beide dunkelgrünen Achselklappenvorstoß.

V. Husaren

Schon unter Peter dem Großen hatte eine Husarentruppe bestanden, über die aber nähere Informationen fehlen. 1740/41 wurden fünf Regimenter dieser Truppe errichtet. Unter der Regierung der Kaiserin Elisabeth 1741–61 bestand die Uniform aus Dolman, Pelz, anliegenden Beinkleidern, Schärpe, Säbeltasche und Filz- oder Pelzmütze. Patronentasche und Karabinerbandelier von schwarzem Blankleder wurden gekreuzt getragen. Vorn an den Schläfen fiel das Haar in zwei Strähnen herab (Abb. 71 a, b). Der Hinterkopf wurde teilweise geschoren.

Die Abzeichen waren in dieser Periode folgende:

Name des Regiments	Kopfbedeckung	Dolman und Hosen	Schnüre auf Dolman und Hosen	Pelz	Schnüre auf dem Pelz
Slobodisch. Hus.-Regt.	weiße Flügelmütze	dunkelblau	weiß	weiß	dunkelblau
Serbisches Hus.-Regt.	Pelzmütze mit himmelblauem Beutel	himmelblau	schwarz	himmelblau	schwarz
Ungarisches Hus.-Regt.	Pelzmütze mit rotem Beutel	rot	schwarz	rot	schwarz
Grusinisch. Hus.-Regt.	Pelzmütze mit rotem Beutel	rot	blau	blau	rot
Gelbes Hus.-Regt.	gelbe Flügelmütze	gelb	schwarz	gelb	schwarz

Die Säbeltasche zeigte den gekrönten Namenszug E. P., die Grundfarbe der Tasche entsprach derjenigen des Pelzes, der Besatz der Pelzbeschnürung. Die Schärpe war aus den Farben des Dolmans und der Dolmanverschnürung gemischt; Knöpfe durchgängig gelb.

1765 änderte sich die Farbzusammenstellung folgendermaßen:

Regiment	Dolman	Pelz	Hose	Aufschläge	Schnüre	Bemerkung
Serbisches	blau	blau	blau	schwarz	weiß	
Ungarisches	rot	rot	rot	schwarz	gelb	
Grusinisches	gelb	gelb	rot	schwarz	rot	auf Hose gelbe Schnüre
Moldauisches	dklblau	weiß	dklblau	gelb	gelb	blaue Säbeltasche
Schwarzes	schwarz	weiß	schwarz	weiß	gelb	
Gelbes	gelb	weiß	gelb	gelb	schwarz	gelbe Säbeltasche
Bachmut	grün	weiß	grün	weiß	gelb	
Ostrogorski	dklblau	schwarz	dklblau	schwarz	gelb	
Isum	rot	schwarz	rot	schwarz	schwarz	auf Pelz gelbe Schnüre, blaue Säbeltasche
Sumsk	lichtblau	schwarz	lichtblau	schwarz	gelb	lichtblaue Säbeltasche
Charkow	blau	schwarz	blau	schwarz	schwarz	auf Pelz gelbe Schnüre, blaue Säbeltasche
Achtyrka	grün	schwarz	grün	schwarz	schwarz	auf Pelz grün, blaue Säbeltasche

Wo nichts Besonderes vermerkt, schwarze Säbeltaschen.

Abb. 71. Rußland. Husaren, Ulanen.
a, b, d, e, f, h Husaren – c Leib-Husar – g, i Garde-Husaren – k, l Ulanen – m Garde-Ulan

Unter der Kaiserin Katharina II. trugen die *Leibhusaren* (Abb. 71c) eine Pelzmütze mit rotem Beutel, rot und silbernen Behängen und weißem Stutz. Letzterer wurde von einer als Doppeladler gestalteten silbernen Agraffe gehalten. Grüner Dolman und Pelz mit silberner Verschnürung, weißer Pelzvorstoß und Bandelier. Rote Aufschläge, rotsilberne Schärpe, rote Hosen mit Silberbesatz, gelbe Stiefel. Die rote Säbeltasche war mit Silber besetzt und zeigte den verschlungenen gekrönten Namenszug E. J. 1776 erhielten alle Linien-Husaren-Regimenter schwarze gelb beschnürte und weiß verbrämte Pelze; die Abzeichen waren folgende:

Husarenregiment	Dolman	Hose	Aufschläge	Schnüre
Ostrogorski	himbeerrot	himbeerrot	weiß	gelb
Charkow	gelb	gelb	weiß	weiß
Achtyrka	grün	grün	gelb	gelb
Sumsk	blau	blau	schwarz	gelb
Isum	rot	rot	schwarz	gelb
Weißrußland	schwarz	schwarz	?	gelb
Ukraine	orangegelb	orangegelb	blau	schwarz
Ungarisches	schwarz	schwarz	weiß	gelb
Slavonisches	grün	grün	schwarz	gelb
Bulgarisches	braun	braun	weiß	gelb
Moldauisches	braun	braun	weiß	gelb
Macedonisches	gelb	gelb	rot	schwarz
Dalmatinisches	orangegelb	orangegelb	grün	schwarz
Illyrisches	himbeerrot	himbeerrot	dunkelblau	gelb
Serbisches	blau	blau	weiß	gelb

Von 1783 bis zum Tode Katharinas gab es keine Linien-Husaren.

Gegen 1802 wurden graue Reitbeinkleider eingeführt. Die Kopfbedeckung war durchgängig eine schwarze Filzmütze mit ebensolchem Flügel; dazu Kokarde und weißer Stutz. Der Schnitt der Uniform hatte sich der Zeit entsprechend geändert; namentlich kamen um die Wende des Jahrhunderts die hohen Kragen auf.

1802 waren die Abzeichen folgende:

Regiment	Dolman	Kragen und Aufschlag	Pelz	Schnüre
Alexandrija	karmin	karmin	karmin	weiß
Pawlograd	grün	hellblau	hellblau	gelb
Mariupol	weiß	gelb	hellblau	gelb
Olwiopol	grün	grün	grün	weiß
Jelissawetgrad	gelb	rot	gelb	gelb
Sumsk	gelb	hellblau	hellblau	weiß
Isumy	rot	dunkelblau	dunkelblau	weiß
Achtirsk	braun	gelb	braun	gelb

1806 wurden die Zöpfe abgeschnitten und ebenso die langen Haarsträhnen. Als Kopfbedeckung trat jetzt der Tschako auf (Abb. 71d). Die Kartuschbandeliere waren von Juchtenleder, die Karabinerriemen von weißem. Nach einem handschriftlichen Bericht Friedrich Wilhelms III., der völlig mit der Vorschrift übereinstimmt, waren die Abzeichen der Husaren 1813 folgende:

	Pelz	Dolman	Aufschläge u. Kragen	Schnüre	Knöpfe	Pelzbesatz
Isum	blau	rot	blau	weiß	weiß	weiß
Grodno	blau	blau	hellblau	weiß	weiß	weiß
Lupenski	blau	blau	gelb	weiß	weiß	weiß
Mariupol	blau	blau	gelb	gelb	gelb	weiß
Bieloserk	braun	blau	rot	weiß	weiß	schwarz
Achtirsk	rot	braun	gelb	gelb	gelb	weiß
Alexandrinsk	schwarz	schwarz	rot	weiß	weiß	weiß
Pawlograd	himmelblau	grün	himmelblau	rot	gelb	weiß
Elisawetgrad	grau	grau	grau	rot	gelb	schwarz
Sumski	grau	grau	rot	weiß	weiß	weiß
Olwiopol	grün	grün	rot	weiß	weiß	weiß

In der Folgezeit wich die Uniformierung der Husaren nicht wesentlich von derjenigen der westlichen Mächte ab. Der Tschako machte die Umwandlungen wie bei der Infanterie durch. In den zwanziger Jahren erhielten die Kragen und Aufschläge die Grundfarbe des Dolmans; dafür wurde der Tschako mit farbigem Tuch überzogen. Die Haarbüsche fielen weg. 1840 waren die Abzeichen folgende:

Name des Regiments	Dolman	Pelz	Schnüre, Besatz der Schabr. u. Säbeltasche	Tschako und Säbeltasche	Schabracke	Pferde
1. Sumsk	grau	grau	weiß	rot	grau	Braune
2. Klästiz	dunkelblau	dunkelblau	weiß	hellblau	dunkelblau	Schimmel
3. Elisabethgrad	grau	grau	orangegelb	grau	grau	Füchse
4. Luben	dunkelblau	dunkelblau	weiß	gelb	dunkelblau	Rappen
5. Fürst Wittgenstein	dunkelblau	dunkelblau	orangegelb	gelb	dunkelblau	Braune
6. Prinz von Oranien	hellblau	rot	weiß	hellblau	hellblau	Schimmel
7. Pawlograd	grün	hellblau	orangegelb	hellblau	grün	Braune
8. Erzherzog Ferdinand	rot	dunkelblau	weiß	rot	dunkelblau	Schimmel
9. Achtirsk	braun	braun	orangegelb	gelb	braun	Füchse
10. Alexandrien	dunkelblau	dunkelblau	weiß	rot	dunkelblau	Rappen
11. Kiew	grün	grün	orangegelb	rot	grün	Füchse
12. Ingermanland	hellblau	hellblau	orangegelb	hellblau	hellblau	Rappen
13. Großfürst Michael Pawlowitsch	hellblau	hellblau	weiß	hellblau	hellblau	Braune
14. König von Württemberg	grün	grün	weiß	hellblau	grün	Schimmel

Die Schabracke zeigte nicht mehr einen Zackenrand, sondern glatte Einfassung von der Farbe der Verschnürung, ebenso die Säbeltasche. Auf letzterer sowie in den hinteren Ecken der Schabracke der kaiserliche Namenszug. Die Farben der Schärpe waren zusammengesetzt aus denjenigen des Tschakos und der Verschnürung. Der Pelzvorstoß grau, das Bandelier weiß. Die grauen Beinkleider hatten einen Vorstoß von der Farbe des Tschakos. Nach dem Krimkrieg wurde Attila und Käppi mit hängendem schwarzen Busch eingeführt.

1870 waren die Abzeichen folgende:

Regiment	Attila	Käppi	Schnüre
1.	hellblau	rot	gelb
2.	grün	hellblau	gelb
3.	hellblau	weiß	gelb
4.	blau	gelb	gelb
5.	schwarz	rot	weiß
6.	blau	hellblau	weiß
7.	hellblau	weiß	weiß
8.	blau	gelb	weiß
9.	grün	rot	gelb
10.	hellblau	hellblau	gelb
11.	blau	weiß	gelb
12.	braun	gelb	gelb
13.	hellblau	gelb	weiß
14.	grün	gelb	weiß

Das 2. Regiment trug um Kragen und Aufschlag eine breite weiße, einmal blaudurchzogene Borte.

Das *Garde-Husaren-Regiment,* welches Schimmel ritt, trug rote Käppis, Dolman und Säbeltasche, dunkelblaue Pelze und Schabracken. Die Verschnürung war orangegelb. Das ebenfalls zur Garde gehörige *Grodno-Husaren-Regiment* hatte die gleiche Uniform, nur mit weißer Verschnürung und hellblauem Käppi. Es ritt braune Pferde. Später erhielten die beiden Garderegimenter Pelzmützen. Während das Grodnosche Regiment grüne Attilas und Pelze mit weißer Beschnürung anlegte nebst karminroten Beinkleidern, erhielt das Leib-Garde-Husaren-Regiment unter Beibehalt der übrigen Uniformfarben weiße Pelze mit gelber Verschnürung. Die beiden genannten Regimenter waren 1882–1920 die einzigen der Husarenwaffe im russischen Heer.

Mit der Reorganisation 1910 lebte die Husarenwaffe wieder auf. Die ehemaligen Uniformen wurden wieder eingeführt (vgl. Schema 1870). Anstatt der Käppis nunmehr Pelzmützen mit stehendem weißen Stutz, die Beutel zeigten die Farben der früheren Käppis; jedoch erhielt das 2. Regiment hellgrünen, das 11. (1911) roten Beutel. Das 15. Rgt. hellrote Attila, weiße Schnüre und hellblauen Beutel, das 16. grüne Attila, gelbe Schnüre und karminrote Beutel. das 17. die gleiche Uniform mit weißem Beutel und das 18. grüne Attila mit weißen Schnüren und hellblauem Beutel. Alle Regimenter mit Ausnahme des 5., das schwarze Hosen trug, rote Beinkleider. Felduniform M 1910 siehe Dragoner, L. G. Husaren statt der Achselklappe eine gelbe, L. G. Hus.-Rgt. »Grodno« weiße Achselschnur.

VI. Ulanen

Die Ulanentruppe besteht in Rußland seit 1803. Die Uniform bestand aus einer dunkelblauen Kurtka mit überzuknöpfenden Brustklappen, langen blauen Beinkleidern und Tschapka mit verschiedenfarbigem Oberteil. Gewöhnlich wurden graue Überknöpfhosen getragen (Abb. 71 k).

Die Abzeichen waren 1812 folgende:

Regiment	Kragen	Rabatte und die übr. Abzeichen	Knöpfe und Epauletten	Tschapka-rabatte
Leib-Garde	rot mit gelben Litzen	rot	gelb	blau
Polnisches	karmin	karmin	weiß	karmin
Litauisches	blau	karmin	weiß	weiß
Tartarisches	blau	karmin	weiß	karmin
Wolhynisches	karmin	karmin	gelb	karmin
Tschugujewsches	rot	rot	weiß	rot

Die Waffengattung wurde bald vermehrt, doch finden wir 1813 im allgemeinen die bisherigen Abzeichenfarben. Es gab nur rote und karminrote Rabatten. Bei einigen neuen Regimentern mit blauem Kragen hatte dieser keinen Vorstoß. Der Tschapka-Oberteil war jetzt neben den weißen auch mit gelben und roten Schnüren besetzt. 1817 kamen weitere Abzeichenfarben hinzu: hellgelb, hellblau, grün und orange.

Die erste Division hatte 1825 rote Abzeichen, die zweite Division ebenfalls, aber dunkelblaue Patten am Kragen.

Die einzelnen Regimenter unterschieden sich durch die Farbe des Oberteils der Tschapka, welche beim ersten Regiment rot, beim zweiten weiß, beim dritten gelb, beim vierten hellblau war. Die drei anderen Divisionen hatten Abzeichen und Tschapkas von gleicher Farbe, und zwar die dritte und Bugsche Division regimenterweise orange, weiß, gelb und hellblau, die Litauische karmin, weiß und hellblau. Um 1840 trug der Ulan blaue Kurtka (Abb. 71 l). Die farbigen Kragen hatten teilweise eine dunkelblaue Patte mit Knopf oder, wenn das Regiment dunkelblaue Kragen trug, eine Patte von der Regimentsfarbe. Von letzterer Farbe waren auch die Rabatten, polnischen Aufschläge, der Besatz des Paßgürtels und der Schabracke. Knöpfe und Schuppenepauletten durchgängig weiß.

1840:

Name des Regiments	Kragen	Patte	Aufschläge Rabatten usw.	Tschapka	Pferde
1. St. Petersburg	gelb	blau	gelb	Füchse	
2. Kurland	hellblau	blau	hellblau	Rappen	
3. Smolensk	orange	blau	orange	Hellbraune	
4. Charkow	weiß	blau	weiß	Schimmel	
5. Herzog von Nassau	blau	gelb	gelb	Füchse	
6. Wolhynien	blau	hellblau	hellblau	Rappen	
7. Olwiopol	blau	keine	hellblau	Schimmel	
8. Wosnessenski	blau	keine	gelb	Hellbraune	
9. Bug	blau	keine	orange	Füchse	
10. Odessa	blau	keine	weiß	weiß	Rappen
11. Orenburg	blau	orange	orange	orange	Hellbraune
12. Sibirien	blau	weiß	weiß	weiß	Schimmel
13. Großfürst Michael	gelb	keine	gelb	gelb	Füchse
14. Jamburg	hellblau	keine	hellblau	hellblau	Rappen
15. Belgorod	rot	keine	rot	rot	Hellbraune
16. Tschugujeff	rot	keine	rot	weiß	Schimmel
17. Borisoglebsk	rot	keine	rot	gelb	Füchse
18. Serpukoff	rot	keine	rot	gelb	Rappen
19. Ukraine	blau	keine	rot	rot	Hellbraune
20. Nowoarchangel	blau	keine	rot	weiß	Schimmel
21. Nowomirgorod	blau	keine	rot	gelb	Füchse
22. Elisabethgrad	blau	keine	rot	hellblau	Rappen

Die *Garde-Ulanen* hatten rote Abzeichen und ausnahmsweise gelbe Knöpfe und Schuppenepauletten. Rote Tschapkas. Das Regiment war mit Füchsen beritten. Das *Garde-Ulanen-Regiment des Großfürsten-Thronfolgers:* rote Abzeichen mit weißen Litzen; gelbe Tschapkas. Es ritt Braune. Während des Krimkrieges war die Uniform noch ebenso beschaffen. Die Tschapka erhielt später eine andere Form und an Stelle der Kurtka trat die Ulanka.

1870:

Regiment	Kragen	Kragenpatte	Rabatte, Aufschl. Tschapkarabatte	Knöpfe
1.	blau	rot	rot	gelb
2.	blau	hellblau	hellblau	gelb
3.	blau	weiß	weiß	gelb
4.	blau	gelb	gelb	gelb
5.	blau	rot	rot	weiß
6.	blau	hellblau	hellblau	weiß
7.	blau	weiß	weiß	weiß
8.	blau	gelb	gelb	weiß
9.	rot	blau	rot	gelb
10.	hellblau	blau	hellblau	gelb
11.	weiß	blau	weiß	gelb
12.	gelb	blau	gelb	gelb
13.	gelb	–	gelb	weiß
14.	hellblau	–	hellblau	weiß

Das 2. Rgt. hatte weiße Litzen.

1882–1910 bestanden nur noch die beiden Regimenter der Garde. Das *Leibgarde-Ulanen-Regiment* trug eine blaue Ulanka mit roten Kragen, Achselklappen, Vorstößen, polnischen Aufschlägen und ebensolchem Leibgurt. Mützenrand und Vorstöße rot, ebenso die Tschapkarabatten. Knöpfe und Gardelitzen gelb. Graue Hosen mit roten Vorstößen. Das *Leibgarde-Ulanen-Regiment* des Kaisers (2. Garde-Ulanen-Regt.) hatte dieselbe Uniform, nur Litzen weiß, Tschakorabatten gelb. Mütze gelben Rand. Felduniform M 1910 siehe Dragoner. Leib-G.-U.-R. der Kaiserin trug dunkelblauen Achselklappen- und Aufschlagvorstoß, das des Kaisers gelb.

Auch die Linien-Ulanen lebten 1910 wieder auf. Die Uniform glich nahezu der im Schema 1870 angegebenen. Das Regt. 15 hatte karminrote Abzeichen, blaue Kragen mit karminroter Patte und weiße Knöpfe, das 16. rote Abzeichen, weiße Knöpfe und das 17. karminrote Abzeichen mit gelben Knöpfen.

VII. Kosaken

Die Uniform der Kosaken hat sich aus der Nationaltracht herausgebildet. Im 18. Jahrhundert trugen sie lange Röcke von beliebiger Farbe, lange Kamisöler, weite Beinkleider in kurzen Stiefeln, farbige Gürtel und hohe zylindrische Mützen von grauem Lammfell mit farbigem Tuchbeutel. Als Waffen Lanzen, Säbel, Gewehre ohne Bajonett oder Karabiner und Pistolen. Noch im Verlauf des Jahrhunderts wurden hie und da gleichfarbige Röcke eingeführt. Trotzdem war noch während der Befreiungskriege von einer wirklich durchgeführten Uniformierung nur bei wenigen Regimentern die Rede. Im allgemeinen waren blaue und dunkelgrüne Röcke bevorzugt. Wenn auch in den Befreiungskriegen in der Bekleidung größte Willkür herrschte, erscheint doch eine kurze Erwähnung der Vorschrift angebracht:

Die wesentlichste Bekleidung bildete eine kurze Jacke (Halbkaftan), darüber wurde der Kosakenrock (Tschekmen) getragen. Er hatte dieselben Farben wie der Halbkaftan und ersetzte den Mantel, der nur für die Garde-Kosaken vorgeschrieben war. Der Kalpak war von schwarzem Lammfell mit farbigem Mützenbeutel und weißem Behang wie bei der Infanterie. Die Feldmütze, die wir von vielen zeitgenössischen Bildern her kennen, war nicht vorschriftsmäßig. Sie scheint die alte Mütze M. 1809 für Nichtkombattanten zu sein. Die Farben waren 1812 folgende:

Regimenter	Mützenbeutel	Vorstoß	Leibbinde	Hosenstreifen
Ataman	hellblau	hellblau	hellblau	hellblau
die übrigen Don-Rgtr.	rot	rot	hellblau	rot
Ural	karmin	karmin	hellblau	karminrote Doppelstr.
Orenburg u. Tjegtjaren	karmin	karmin	weiß	karminrote Doppelstr.
Kalmücken	gelben Tschapkadeckel	gelb	gelb	gelb
Bug	weiß	weiß	weiß	weiß

Die Bug-Regimenter sollten grüne zweireihige Jacken tragen. Bei allen übrigen waren die Bekleidungsstücke dunkelblau. Das Lederzeug war schwarz, alles Metall weiß.

Die Leib-Garde-Kosaken, deren Uniformierung tatsächlich durchgeführt war, hatten rote Halbkaftane, auf Kragen und Aufschlägen gelbe Litzen, gelbe Epauletten, weiße Leibbinden, weißes Lederzeug, roten Mützenbeutel, gelbe Mützenbehänge und blaue Hosen ohne Streifen. Die Schwarzmeer-Sotnie hatte die gleiche Uniform, nur waren Kragen und Aufschläge schwarz mit weißem Vorstoß, ferner trug sie Überärmel vom gleichen Aussehen wie die Halbkaftanärmel. Über den Schnitt der Bekleidung geben die Abbildungen Auskunft.

Um 1840 trugen die *Garde-Don-Kosaken* ganz blaue Uniform mit gelben Litzen und Epauletten, roten Beuteln an der Mütze sowie rote Schabracken mit weißen Borten. Der Paßgürtel war weiß. Die *Garde-Kosaken vom Schwarzen Meer* dieselbe Uniform mit roten Aufschlägen und blaue Schabracken mit weißer Borte. Das *Garde-Kosaken-Regiment Großfürst Thronfolger* (Abb. 72f): ganz hellblaue Jacken mit weißen Mützen und Epauletten; dunkelblaue Hosen, weißer Paßgürtel. *Garde-Ural-Kosaken:* ganz dunkelblau mit weißen Litzen und Epauletten; hellblauer Paßgürtel. Beide zuletzt erwähnten Regimenter hellblaue Mützenbeutel.

Die *kaukasischen* Regimenter hatten eine abweichende Uniform. Hauptbekleidungsstück war die Tscherkeßka, eine Art Kaftan, ohne Kragen, vorn auf der Brust mit Ausschnitt versehen, darunter das Unterkleid, Beschmet; letzterer Stehkragen. Auf der Brust der Tscherkeßka sind

Abb. 72. Rußland. Kosaken.
a, b, c, d, e, i, k Kosaken – f Garde-Kosaken-Offizier – g Garde-Kosak – h Kosaken-Offizier

1840:

Name des Regiments	Jacke u. Hosen	Kragen	Vorstöße	Achselklappen	Paßgürtel	Mützenbeutel
Don	blau	blau	rot	blau	schwarz	rot
Vom Schwarzen Meer	blau	blau	rot	blau	weiß	rot
Astrachan	blau	blau	gelb	gelb	gelb	gelb
Klein-Rußland	grün	grün	rot	rot	schwarz	rot
Asow	blau	blau	weiß	blau	weiß	rot
Donau	blau	blau	dunkelrot	blau	dunkelrot	dunkelrot
Ural	blau	blau	hellblau	hellblau	hellblau	hellblau
Stawropol	blau	blau	hellblau	hellblau	hellblau	hellblau
Mescherja	blau	rot	blau	rot	rot	rot
Orenburg	blau	blau	blau	blau	schwarz	hellblau
Sibirien	grün	grün	hellblau	hellblau	hellblau	rot
Tobolsk	blau	blau	blau	rot	rot	rot
Tomsk	blau	rot	blau	rot	schwarz	blau
Jeniseisk	blau	rot	blau	rot	schwarz	blau
Irkutsk	blau	rot	blau	rot	schwarz	blau
Sabaikal	blau	rot	blau	rot	schwarz	blau
Jakutsk	blau	rot	blau	rot	schwarz	blau
Tartarisches	blau	rot	blau	rot	schwarz	blau
	blau	rot	blau	rot	schwarz	blau

Patronenbehälter angebracht. Die runde Tuchmütze mit Pelzbräm umgeben. Die Achselklappen auf der Tscherkeßka in Farben des Beschmet.

1840:

Name des Regiments	Tscherkeßka	Beschmet, Achselklappe und Mütze
Kaukasus	blau	rot
Kuban	blau	weiß
Coper	blau	gelb
Wolga	blau	hellblau
Stawropol	blau	graugrün
Gor	braun	rot
Greben	braun	gelb
Mosdak	braun	weiß
Kislar	braun	hellblau

Die Kopfbedeckung machte mit der Zeit mannigfache Wandlungen durch. Bis 1914 bestand sie in einer Pelzmütze, nach oben etwas spitz zulaufend, mit farbigem Deckel (Abb. 72 h) (für gewöhnlich Tellermütze). Der Rock hatte keine Knöpfe, sondern wurde vorn zugehakt. Beinkleider von der Grundfarbe des Rockes.

1890:

Name des Regiments	Rock, Hosen, Kragen, Aufschläge	Vorstöße, Hosenstreifen, Leibgurt, Mützendeckel	Achselklappen
Don	blau	rot	blau
Orenburg	grün	hellblau	hellblau
Ural	blau	karmin	karmin
Astrachan	blau	gelb	gelb
Transbaikal	grün	gelb	gelb
Ussuri	grün	gelb	gelb
Sibirien	grün	rot	rot
Ssemirretschensk	grün	karmin	karmin
Amur	grün	gelb	grün

Das letztaufgeführte Regiment trägt eine Mütze in der Form wie oben bei den kaukasischen Kosaken beschrieben. Letztere trugen auch Tscherkeßka und Beschmet. Die kegelförmige Pelzmütze war ziemlich hoch.

Kaukasische Kosaken 1890:

Name des Regiments	Tscherkeßka	Achselklappen	Grundfarbe des Beschmet	Vorstöße des Beschmet	Deckel der Pelzmütze
Kuban	graubraun	rot	rot	rot	rot
Kuban-Fuß-Kosaken	graubraun	karmin	grau	karmin	karmin
Terek-Kosaken	graubraun	hellblau	hellblau	hellblau	hellblau

Beinkleider grau.
Bei der Garde bestand ein *Leib-Garde-Kosaken-Regiment des Kaisers:* Rock und Beinkleider blau mit roten Vorstößen, Achselklappe und Leibgurt rot. Gelbe Gardelitzen. Pelzmützendeckel rot. Tellermütze von roter Grundfarbe mit blauem Rand und Vorstößen. Das *Leib-Garde-Ataman-Kosaken-Regiment des Großfürsten-Thronfolgers* hatte gleiche Uniform, nur hellblaue Achselklappen. Tellermütze hellblau mit dunkelblauem Rand und Vorstoß. Das Leib-Garde- kombinierte Kosaken-Regiment trug zum Dienst dunkelblaue Halbkaftane mit gelben Gardelitzen. Vorstöße, Achselklappen und Mützen zeigten die Farben des betreffenden Heeres, aus dem die jeweilige Sotnie stammte. Zur Parade hatten sie verschiedenfarbige Halbkaftane. Die Kosaken der kaiserlichen Eskorte trugen eine rote Tscherkeßka, weißen Beschmet und gelbe Streifen an den Hosen. 1911 wurde der Besatz weiß. Zum kleinen Dienst war der Kaftan blau, Beschmet rot; hier blieb der gelbe

Abb. 73. Rußland. Artillerie.
a Artillerie-Füsilier – b Kanonier – c Bombardier-Trommler – d, e, f, k Artilleristen – g Reitender Garde-Artillerist – h Offizier der reit. Garde-Artillerie – i Artillerie-Offizier – l General

Besatz. Der Deckel der hohen Pelzmütze ist rot. Die *Leib-Garde-Kuban- und Terek-Kosaken-Eskadronen* tragen dieselbe Uniform wie unter Kuban und Terek oben beschrieben; diese Formationen verschwinden mit Errichtung des kombinierten Regiments. Im Gefolge der russischen Heere betraten auch vielfach Baschkiren, Kalmücken, Kirgisen, Tartaren und andere Reitervölker die Kriegsschauplätze. Von einer Uniform war nicht die Rede. Sie erschienen in ihren National-Kostümen.
Felduniform M 1910 s. Dragoner. Achselklappenbeschriftung dunkelblau, die Hosen behalten die breiten farbigen Streifen. Gewehr wird über der rechten Schulter getragen. Die Gardekosakenregimenter roten bzw. hellblauen Achselklappenvorstoß.

VIII. Artillerie, Genie, Train, Gendarmerie – Generalität

Unter Peter dem Großen hatte die Artillerie rote Uniformen, und zwar Röcke, Kamisöler und Beinkleider. Aufschläge und Futter kornblumenblau, Halstücher schwarz. Die *Bombardiere* trugen ähnliche Mützen wie die Grenadiere der Garde. Später wurden die Abzeichen schwarz. Unter Elisabeth 1741–61 war die Bombardiermütze etwas anders gestaltet als früher. Sie war mit einem Messingkamm in Form einer Girlande geschmückt (Abb. 73c). Peter III., 1761–62, gab der Artillerie grüne Uniform mit gelben Knöpfen, rotem Futter und grünen Kragen. Rabatten und Aufschläge bei den Gemeinen aus Wollstoff, bei den Offizieren aus Samt. Die *Ingenieure* erhielten dieselbe Uniform, nur mit weißen Knöpfen. Unter der Kaiserin Katharina II. erhielt die *Regiments-Artillerie* der Infanterie die Uniform der betreffenden Truppe, jedoch mit schwarzen Kragen, Rabatten und Aufschlägen. Bei der Einführung der Einheitsuniform 1786 rote Kurtkas und Hosen, schwarze Aufschläge, Rabatten und Vorstöße, gelbe Knöpfe und Hosenstreifen. Kaskett mit gelbem Schild und weißer Raupe (Abb. 73 d). Die *Genietruppe* die gleiche Uniform mit weißen Knöpfen und Hosenstreifen. Die *neugebildete reitende Artillerie* trug die beschriebene Uniform, aber Hüte in der Form runder Zivilhüte, deren Rand an der linken Seite aufgeschlagen und mit weißer Bandkokarde und weißem Federstutz verziert war. Oberhalb der Krempe ein schmaler Messingreif; nach hinten hingen zwei Tuchstücke herab. 1796 wurde, wie in der ganzen Armee, die alte Uniform wieder eingeführt. Seit dem Regierungsantritt Alexanders I. 1801 machte die Uniform *alle Wandlungen* durch wie die *Infanterie-Montierung*. Die Grundfarbe war grün mit schwarzen Abzeichen und roten Vorstößen und gelben Knöpfen. Gegen 1807 tritt der Tschako (Abb. 73e), dem 1846 der Helm (Abb. 73 h), später Mütze und dann die Lammfellmütze gefolgt ist. Nur die reitende Artillerie erhielt gleichzeitig mit den Dragonern den Kürassierhelm,

Abb. 74. Rußland 1897–1914.
a Dragoner – b Ulan – c Garde-Infanterist – d Husar – e Dragoner (Kürassier), Offizier – f Infanterist – g Inf.-Offizier – h Kosak – i Schütze – k Infanterist

legte ihn aber 1815 wieder ab. Bis 1909 bestand die Uniform der Artillerie aus dem dunkelgrünen zuzuhakenden Rock mit grünem Kragen und Aufschlägen; Offiziere schwarzen Kragen und Aufschläge mit goldenen Litzen, roten Vorstößen und Achselklappen, dunkelgrünen Hosen, schwarzem Leibgurt, schwarzer Lammfellmütze mit gelbem Beschlag. 1910 nur noch Mütze, zweireihige Waffenröcke wie Infanterie. Reit. Art. Dragonerhelme und poln. Aufschläge. Die *Garde-Feld-Artillerie* hatte gelbe Gardelitzen, rote Aufschlagspatten mit brigadeweise verschiedenen Vorstößen: weiß, schwarz, gelb. Ebensolche Vorstöße an den Aufschlägen der Felduniform sowie roten Vorstoß an der unteren Kragennaht. Bei der reitenden Artillerie Aufschläge und Kragen grün, die Hosen blau. Schnitt und Kopfbedeckung wie bei den Dragonern. Die Felduniform der Artillerie wie Inf., aber Achselklappenbeschriftung (gekreuzte Kanonenrohre, darunter Nummer) in Rot, reit. Art. Hellblau. Die *Genietruppe* hat immer dieselbe Uniform getragen wie die Artillerie, nur mit weißen Knöpfen und Beschlägen an der Kopfbedeckung. Die Genieformationen der Garde trugen dazu stets gelbe Litzen. Felduniform wie Inf., Achselklappenbeschriftung rotbraun; Garde weißen Vorstoß am Aufschlag. Eine Zeitlang gab es auch *reitende Pioniere*. Die Uniformfarben waren dieselben. Die *Trainbataillone der Friedensformation* hatten graue Röcke und Beinkleider, hellblaue Kragen, Aufschläge und Achselklappen. Diese Formationen verschwanden gegen 1900. Die *Bataillone der Kriegsformation:* ganz grün mit hellblauen Achselklappen und Kragenvorstoß. 1910 Infanterieuniform mit hellblauen Kragenpatten und weißen Knöpfen; Achselklappenbeschriftung der Felduniform weiß. Die *Gendarmerie:* hellblau mit roten Achselklappen und roten Vorstößen. Graue Beinkleider. – Die *Uniform der Generalität* richtete sich im allgemeinen nach dem Schnitt der Offiziersuniform der Infanterie. Die Farben waren dunkelgrün mit Rot und Gold, beim Generalstab dunkelgrün mit Schwarz und Silber. Reiche Kragen- und Aufschlagstickerei, Generale Eichenlaubstickerei. Rote Vorstöße. Die Paradekopfbedeckung der Generale war früher der Hut, später Helm, zuletzt Pelzmütze. Dieselbe ist schwarz, bei den Generalen und Flügeladjutanten des Kaisers weiß. Felduniform wie Inf., mit dem Rang entsprechenden Achselstücken. Hierzu meist blaue Hose mit roten Lampassen.

IX. Rangabzeichen

Die Rangabzeichen sind in ihrer wesentlichen Ausgestaltung seit Anfang des 19. Jahrhunderts bis 1917 ziemlich unverändert geblieben. Um 1810 wurden für Generale und Offiziere Epauletten eingeführt, die in ihrer Ausgestaltung weitgehend zum Vorbild der später in der preußischen und dann deutschen Armee getragenen Epauletten wurden. Für Generale und Gardeoffiziere waren Feld und Schieber des Epauletts aus Metalltresse in Knopffarbe, der Mond aus Metall geprägt, Generale hatten stets dicke steife, Stabsoffiziere dünne weiche Fransen, Subalternoffiziere keine. Für die Linie waren Feld und Schieber aus dem Tuch der Mannschaftsachselklappe. Die Dienstgradabzeichen befanden sich auf dem Feld des Epauletts in Gestalt von fünfstrahligen kleinen Sternen in Knopffarbe, bei Metallepauletts in gewechselter Knopffarbe. Die jeweils obersten Rangstufen, also General, Oberst und Hauptmann, trugen keine Sterne, der Generalfeldmarschall goldene gekreuzte Kommandostäbe. Bei den Husarenoffizieren erfolgte die Rangklassenbezeichnung durch mehr oder weniger breite gemusterte Kragen- und Aufschlagtressen, die Dienstgradbezeichnung durch mit Hilfe von kleinen Schiebern auf die Schulterschnüre aufgeschobene Sterne. In dem letzten Drittel des 19. Jahrhunderts wurden zur Dienstuniform Achselstücke eingeführt, die unverändert auch zur Felduniform M 1910 getragen wurden. Es waren breite, lange, oben abgestumpfte Tuchachselklappen derselben Farbe wie die Mannschaftsachselklappen der betreffenden Truppe. Auf ihnen befanden sich für Subalternoffiziere zwei, bei den Stabsoffizieren drei schmälere Längsstreifen aus Metalltressen in Knopffarbe, die in den Zwischenräumen die Grundfarbe des Achselstücks hervortreten ließen. Die roten Generalachselstücke waren mit breiter, im Zickzack verlaufender Goldtresse mit Ausnahme eines Vorstoßes völlig bedeckt. Auf den Achselstücken befanden sich dieselben Dienstgradbezeichnungen wie auf den Epauletten.

Die Rangbezeichnung der Unteroffiziere erfolgte durch einen Tressenbesatz an Kragen und Aufschlag in Knopffarbe nach preußischem Muster sowie zusätzlich durch Quertressen am oberen Achselklappenende; Feldwebel eine breite Metalltresse in Knopffarbe, Unteroffizier zwei und drei schmale Wolltressen in Knopffarbe, der Gefreite hatte eine schmale Wolltresse.

Das zunächst offene, später geschlossene Portepee war aus Silber mit schwarz-orange Füllung. Die Schärpe war ebenso wie der Ausgang des vorigen Jahrhunderts an ihre Stelle tretende Leibgurt der Offiziere aus Silber und mit schwarzen und orangefarbenen Seidenfäden durchzogen.

Sowjetunion
(Kokarde roter fünfeckiger Stern mit Hammer und Sichel)

Die Uniformen der sowjetischen Armee sind dunkelkaki (erdbraun). Die Winterbekleidung besteht aus dem langen zweireihigen Mantel mit breitem liegenden Kragen, Rollaufschlägen, einreihigem fünfknöpfigen Feldrock mit aufgesetzten Brusttaschen, Stehumlegekragen und runden Aufschlägen sowie einem Filzhelm mit aufgeklapptem Nackenschutz, Tuchschirm und stumpfer Spitze (Abb. 75 a). Reithose und hohe schwarze Stiefel. Das Lederzeug ist braun.

Abb. 75. Sowjet-Rußland.
a, c, Infanteristen – b Inf.-Offizier – d Kavallerist

Zur Sommeruniform wird an Stelle des Feldrockes ein dunkelkakifarbenes Hemd mit aufgesetzten Brusttaschen und Stehumlegekragen getragen, dazu eine kakifarbene Schirmmütze mit kleinem weichen Deckel und braunem Sturmriemen (Abb. 75 b). Der Stahlhelm hat französische Form (Abb. 75 c). Die Kavallerie trägt dunkelblaue Reithosen. Die Kosaken haben eine der früheren ähnliche Uniform erhalten (Abb. 75 d). Die Kennzeichnung der einzelnen Waffengattungen erfolgt durch verschiedene Waffenfarben, die in den rechteckigen Hemd- und Rock- und winkelförmigen Mantelkragenpatten zum Ausdruck kommen. Die Waffenfarben sind folgende:
Infanterie, höhere Stäbe kirschrot, Kavallerie blau, technische Truppen schwarz mit verschiedenfarbigen Vorstößen, und zwar Artillerie rot, Tanktruppe stahlblau, Genie blau, Gastruppe schwarz. Auf dem Filzhelm wird ein waffenfarbiger, fünfstrahliger großer Stern getragen, auf diesem und dem seit 1935 waffenfarbigen Besatzstreifen der Feldmütze ist als gemeinschaftliches Wehrmachtsabzeichen ein kleiner roter fünfstrahliger Stern mit aufgelegter gelber Sichel und Hammer angebracht. Spezialabzeichen für einzelne Truppengattungen werden auf den Kragenspiegeln befestigt, ebenso die Rangabzeichen, die in kleinen roten, schwarz eingefaßten Emaillefiguren bestehen. Es tragen die Mannschafts- und Unteroffiziersgrade 1–4 Dreiecke, Subalternoffiziere 1–4 Vierecke, Stabsoffiziere 1–3 senkrechte Balken, Generale 1–4 Rhomben. Seit 1935 ist für die Ausgangsuniform der Offiziere eine Sonderausschmückung eingeführt, die vor allem in einer Goldschnureinfassung der Kragenpatte sowie in nach oben offenen Tressenwinkeln und Sternen auf den Unterarmen, für die Generale in Gold, für die anderen Offiziere in Rot, besteht.

Schweden
(Kokarde blau mit gelbem Rand)

I. Infanterie

Eine allgemeine Uniformierung führte erst Karl Gustav X. 1655 ein. Einige Regimenter trugen Röcke, andere Jacken. Die Hosen waren zum Teil von der gleichen, zum Teil von anderer Farbe. Da diese Zusammenstellung sich nach dem Wappen derjenigen Landschaft richtete, der die Mannschaft angehörte, war Rot sehr häufig, ferner kommen die Farben Rotbraun, Braun, Gelb, Blau und Grün vor (Abb. 76 a, b).
Laut Verordnung vom Jahre 1675 trug die Infanterie:

Regiment	Rock	Aufschläge
Uppland	rot	gelb
Skaraborg	gelb	schwarz
Åbo	grau	gelb
Södermanland	gelb	blau
Kronoberg	gelb	rot
Jönköping	grau	rot
Björneborg	rot	blau
Dal	blau	rot
Östgöta	rot	schwarz
Tavastehus	rot	gelb
Hälsinge	rot	grün
Elfsborg	grau	isabell
Viborg	blau	rot
Nyslott	grün	weiß
Västgöta	grau	gelb
Västmanland	grün	rot
Västerbotten	blau	weiß
Kalmar	grau	grün
Nyland	grau	rot
Närke-Värmland	rot	weiß
Österbotten	grau	blau
Jämtland	grau	grün
Kolonialregiment	rot	schwarz
Gebirgsregiment	grau	grün

Um 1690 wurde die blaue Einheitsuniform eingeführt. Unter Karl XII. finden wir als Regimentsabzeichen verschiedenfarbige Hosen und Strümpfe sowie auch farbig ausgenähte Knopflöcher. Die gelben Rabatten waren der Leibgarde z. F. vorbehalten. Eine besondere Form hatten die regimentsweise verschiedenen Grenadiermützen (Abb. 77 a). Die Offiziere trugen im Feld vorzugsweise die graue Uniform. Diese kommt auch bei einigen »Tremännings-Regimentern« vor. Westen blieben ledern. Der Mantel hatte Glockenform. Bis zum Ende des Siebenjährigen Krieges änderte sich sehr wenig, so daß die Armee noch sehr altertümlich wirkte. 1748 hatten 23 Regimenter gelbe, 5

Abb. 76. Schweden. Infanterie 1655–1683.

Regimenter weiße und 4 Regimenter rote Abzeichen. 1756 wurde die Uniform noch weiter vereinfacht.
Ein eigentümliches Geschick wollte es, daß die schwedische Armee fast vor jedem Kriege Uniformierungsänderungen durchmachte, die aber infolge der Kriegstätigkeit und wegen der großen räumlichen Entfernungen höchst spärlich durchgeführt werden konnten.
1765 wird die Bekleidung wieder mannigfaltiger in Schnitt, Farbe und Besatz. Der Rock wird nun für die meisten Truppenteile zweireihig. Einige Regimenter erhalten Rabatten. Das preußische Vorbild wird fühlbar (knapper Sitz, preußische Grenadiermützen).
1779 führte Gustav III. die »Schwedische Tracht« ein. Damit wurde die äußere Erscheinung des Heeres völlig verwandelt. Er gab der Infanterie einen kurzen Rock mit kleinem stehendem Kragen, auf die verschiedenste Weise verziert. Die Beinbekleidung war scharawadenartig gestaltet. Den Kopf bedeckte ein Hut, an der linken Seite mit Federn geschmückt, deren Farben je nach den Regimentern verschiedenartige Zusammensetzungen zeigten (Abb. 77 c). Im allgemeinen blieb Blau mit Gelb die am meisten verbreitete Uniformfarbe. Die Halsbinden waren teils rot, teils schwarz. Unter Gustav IV (1792–1809) wurde der Schnitt etwas vereinfacht, so daß das Äußere jetzt ungefähr dem der dänischen Infanterie von 1800 entsprach (Abb. 77 d), nur war die Grundfarbe blau, die Abzeichen meist gelb, aber auch mit verschiedenen anderen Farben zusammengestellt; z. B. gelbe Rabatten, dazu rote Kragen und

151

Aufschläge oder gelbe Rabatten und Aufschläge mit weißen Kragen usw. Sonst kommen an Abzeichenfarben noch vor: weiß und rosenrot.

Die schwedische Leibgarde, Konungens Svea Lif Garde, hatte 1802 einen weißbortierten Hut mit weißem Stutz, blauem Rock mit gelben Abzeichen und weißen Litzen; gelbe Unterkleider (Abb. 77e). 1807 erhielt sie weiße Unterkleider, weiße Epauletten und einen Raupenhelm mit weißem Stutz. Die Raupe lief in schräger Richtung (Abb. 77f). Die 2. Leibgarde trug 1798 gelblich-weiße Kragen, Aufschläge und Schoßumschläge, dazu ockergelbe Rabatten, alles mit rotem Vorstoß. Helm mit gelben Beschlägen und weißer Raupe. Unterkleider hell. 1806 weißbortierten Hut mit weißem Stutz, rote Rabatten und Schoßumschläge, gelbe Kragen und Aufschläge, weiße Litzen und Epauletten. Die Leibgrenadierregimenter (rote Rabatten und Aufschläge, weiße Kragen, Schoßumschläge und Unterkleider) führten als Kopfbedeckung eine Pelzmütze mit gelbem Beschlag und rotem Beutel.

1807 wurde bei einer Anzahl von Regimentern die Uniform bedeutend vereinfacht, Rock und Hosen wurden grau, Kragen, Aufschläge und Schoßumschläge dunkelblau, die Schärpe blau mit gelb, das Lederzeug schwarz. Der links aufgeschlagene Hut hatte gelbe Garnitur und Stutz (Abb. 77g). Das Unterscheidungszeichen der Regimenter bildete eine Kokarde: Beim Regiment Kronoberg orange mit dunkelblauem Kreuz, Elfborg orange mit rotem Kreuz. West Götha Dahl rot mit gelbem Kreuz, Calmare orange Grund, die senkrechten Kreuzarme dunkelblau, die waagerechten rot.

Eine Flut von neuen Bekleidungsvorschriften ließ die Uniform zu keiner planmäßigen Entwicklung kommen. Im Feldzug 1807 sehen die Schweden in Stralsund sehr buntscheckig aus. So berichtet ein Feldzugsteilnehmer von den Jägern des Bohuslän-Rgts. und deren hellblauem Frack mit gelben Rabatten, roten Kragen und grünem Hutschmuck, Requisiten, die in dieser Zusammenstellung ihnen bei Freund und Feind den Namen Papageien einbrachte. 1810 wird wiederum eine blaue Uniform eingeführt, für die Linie fast durchgängig mit roten Abzeichen, brandenburgischen Aufschlägen und gelben Schößen. Der Tornister kommt auf den Rücken. In Deutschland werden während des Feldzuges 1813/14 die Tschakos nach russischem Muster hergestellt. In diesem Feldzug herrscht wieder ein buntes Durcheinander von Uniformen. Upplands Rgt. trägt noch das dreifarbige Modell 1800, Kronobergs Rgt. noch die graue Uniform von 1807, die meisten Truppenteile dagegen finden wir bereits im Modell 1810, allerdings mit den verschiedensten Regimentsvarianten. Die beiden deutschen Regimenter bewahren seit der Regierung Gustavs III. ihre Eigentümlichkeiten bis zur Übernahme in die preußische Armee.

1816 hatte die schwedische Leibgarde gelbe Abzeichen, dazu Pelzmütze mit weißem Stutz und roten Behängen. Die 2. Leibgarde rote Abzeichen und Hut mit schrägliegender Raupe. 1816 wurde der Rock vorn geschlossen. Die gesamte Linien-Infanterie 1815 (Abb. 77h) blaue zweireihige Uniformen mit gelben Schoßumschlägen; Patten und Achselklappen von der Grundfarbe, Kragen und Aufschläge rot, dunkelblau, gelb oder orange, die Hosen waren grau mit Seitenbesatz und ungarischen Knoten in der Abzeichenfarbe. Der Tschako hatte weiße Behänge, gelben Beschlag. Pompon bei den Regimentern von verschiedener Farbe. 1838 (Abb. 77i) trug die Linien-Infanterie durchweg blauen einreihigen Rock mit gelben Knöpfen, roten Kragen, Vorstößen und Ärmelpatten, gelbe Knöpfe und Schoßfutter, gelbe, zweimal blau durchzogene Schärpe, blaue Hosen mit rotem Vorstoß. Die Abzeichen waren auf den Achselklappen und am Tschakopompon angebracht.

1845 wird ein dunkelblauer einreihiger Waffenrock eingeführt; bei der schwedischen Leibgarde mit gelben Kragen und Aufschlagspatten; Achselklappen und Aufschläge dunkelblau, gelbe Vorstöße, weiße Gardelitzen; bei der 2. Leibgarde roter Kragen, Aufschlagspatten, Achselklappen und Vorstöße; beide Garderegimenter auf den Achselklappen ein gekröntes gelbes O (Oskar). Alle übrigen Regimenter haben den Kragen hinten von der blauen Grundfarbe und vorn eine Kragenpatte, die bei den Grenadieren mit Litzen geschmückt ist. Die Linien-Infanterie (Abb. 77k) gelbe Kragenpatten, Aufschläge und Aufschlagspatten dunkelblau mit gelben Vorstößen; ebenso die Beinkleider. Die Achselklappen verschiedenfarbig mit roter Regimentsnummer. Als Kopfbedeckung eine Pickelhaube, bei den beiden Leibgarderegimentern mit schwarzem Busch. Weißes gekreuztes Lederzeug.

1845:

Nr.	Name des Regiments	Kragen		Achselklappen		Aufschlag	Ärmelpatte	Bemerkungen
		Grund	Patten	Grund	Vorstoß			
1	Konungens Svea Lif Garde	gelb	gelb	blau	gelb	blau	gelb	weiße Gardelitzen
2	Kon. Andra Lif Garde	rot	rot	rot	–	blau	rot	weiße Gardelitzen
3	Lif Regementets Grenadier Corps	blau	weiß	weiß	–	blau	weiß	gelbe Gardelitzen, Achselklappen ohne Nummer

Nr.	Name des Regiments	Kragen		Achselklappen		Aufschlag	Ärmel patte	Bemerkungen
		Grund	Patten	Grund	Vor-stoß			
4	1. Lif Grenadier Reg.	blau	rot	hellblau	rot	blau	rot	weiße Gardelitzen, Achselkl. o. Nr.
5	Andra Lif. Gren. Reg.	blau	rot	hellblau	rot	blau	rot	weiße Gardelitzen, Achselkl. o. Nr.
6	Westgötha Regemente	blau	gelb	gelb	blau	blau	rot	rote Nummern
7	Smålands Gren. Bat.	blau	blau	hellblau	rot	blau	rot	gelbe Gardelitzen
8	Uplands Regemente	blau	gelb	weiß	blau	blau	rot	rote Nummern
9	Skaraborgs Reg.	blau	gelb	gelb	blau	blau	rot	rote Nummern
10	Södermanlands Reg.	blau	gelb	hellblau	rot	blau	rot	rote Nummern
11	Kronobergs Reg.	blau	gelb	hellblau	rot	blau	rot	rote Nummern
12	Jönköpings Reg.	blau	gelb	hellblau	rot	blau	rot	rote Nummern
13	Dahl Regemente	blau	gelb	weiß	blau	blau	rot	rote Nummern
14	Helsinge Regemente	blau	gelb	hellblau	rot	blau	rot	rote Nummern
15	Elfborgs Regemente	blau	gelb	gelb	blau	blau	rot	rote Nummern
16	Westgötha Dahls Reg.	blau	gelb	gelb	blau	blau	rot	rote Nummern
17	Bohus Läns Reg.	blau	gelb	gelb	blau	blau	rot	rote Nummern
18	Westmanlands Reg.	blau	gelb	weiß	blau	blau	rot	rote Nummern
19	Norbottens Fält Jägare Corps	grün	rot	grün	rot	grün	grün	rote Nummern
XIX	Westbottens Fält Jägare Corps	grün	rot	grün	rot	grün	grün	rote Nummern
20	Calmare Regemente	blau	gelb	hellblau	rot	blau	blau	rote Nummern
21	Nerikes Regemente	blau	gelb	weiß	blau	blau	blau	rote Nummern
22	Wermlands Reg.	blau	gelb	weiß	blau	blau	blau	rote Nummern
23	Jemtlands Fält Jägare Regemente	grün	hellblau	grün	rot	grün	grün	rote Nummern
24	Norra Skånska Jägare Regemente	blau	gelb	hellblau	gelb	blau	blau	rote Nummern
25	Södra Skånska Jägare Regemente	blau	gelb	hellblau	gelb	blau	blau	rote Nummern
26	Wermlands Fält Jägare Regemente	grün	schwarz	rot	–	grün	grün	weiße Nummern

Abb. 77. Schweden. Infanterie, Artillerie 1700–1890.
a, b, c, d, g, h, i, k, l Linien-Infanterie (a Grenadier) – e, f Leibgarde – m Artillerist

In dieser Übersicht haben wir der Vollständigkeit wegen auch die Jägertruppen mit aufgenommen. Diese haben ebenfalls die Beinkleider von der Grundfarbe des Rockes mit Vorstößen von der Farbe der Kragenpatte, Knöpfe gelb, Lederzeug schwarz. Im allgemeinen ging die Entwicklung der Uniform der Jägertruppe parallel mit derjenigen der übrigen Infanterie, wobei man aber zwischen den Jägern der Armee (im jeweiligen Regimentsverband) und den Jäger-Korps (bzw. Regimentern) zu unterscheiden hat.
1856 kommen die schon 1854 vorgeschriebenen Käppis in Gebrauch. 1860 wird der Waffenrock für die Linie zweireihig (Abb. 77 l) und erhält gelbe Litzen. Das Wärmländische Feldjägerkorps erhielt eine Art Bersaglierihut, den es 1901 ablegte. Nur die Garde und die Grenadiere hatten farbige Abzeichen, während die Linie die Einheitsuniform trug. 1886 wird der Waffenrock wiederum einreihig.
Die erste Felduniform datiert von 1910. Sie war für alle Waffen gleich. Als Kopfbedeckung diente der Dreispitz (genannt Karl XII.-Hut, Abb. 78 b). Alle Regimentseigenarten mit Ausnahme der Regimentsknöpfe verschwanden. 1916 wurde diese Uniform modifiziert. Die hauptsächlichsten Änderungen waren: Einführung von Achselklappen und Achselstücken, Fortfall der Ärmelrangabzeichen. Der blaue Winkel am Unterarm blieb für alle Rangstufen.
1923 wird eine neue, im Schnitt für alle Waffen und Rangstufen gleiche neue Felduniform aus erdbraunem Tuch eingeführt. Einreihiger Waffenrock mit 6 Knöpfen und Stehkragen; Offiziere aufgesetzte, Mannschaften versenkte Brust- und Seitentaschen mit grader Patte, grundfarbige zugespitzte Achselklappen, lange bzw. für Offiziere Reithose aus Grundtuch, zweireihiger Mantel mit flachem liegendem Kragen und Achselklappen. Die Knöpfe sind aus matter Bronze mit nach Waffenart und Regiment verschiedener Prägung. Die Waffengattungsbezeichnung besteht lediglich in der auch für Offiziere farbigen Regimentsnummer oder Gattungsbezeichnung auf den Achselklappen, hier gelb. Das Lederzeug ist braun. Offiziere Schulterriemen. Rangabzeichen sind ebenfalls für alle Waffengattungen gleich und aus Silber. Kragen: Subalternoffiziere ein bis drei fünfstrahlige mittelgroße Sterne, Stabsoffiziere dazu eine mittelbreite, am vorderen und oberen Kragenrand verlaufende Tresse, Generale breite gemusterte Tresse, auf der ein bis drei große, goldene fünfstrahlige Sterne angebracht sind. Der Offizierstellvertreter trägt einen Stern auf einer kleinen Scheibe, Unteroffizier drei oder zwei nach hinten offene kleine Winkel, obere Mannschaftsgrade ein bis drei senkrechte Balken. Käppi: vorn mit Wappenknopf, für Offiziere mit blauer Emaillekokarde am oberen Rand, schwarzem Lacklederschirm und ebensolchem Kinnriemen. Unteroffiziere keine Rangbezeichnung, Feldwebelleutnant sowie alle übrigen Offiziere auf den senkrechten Randnähten je zwei Silberschnüre. Subalternoffiziere ein bis drei schmale Silbertressen am oberen Bandrand, Stabsoffiziere eine breite, darunter ein bis drei schmale, Genera-

le eine das ganze Band bedeckende breite gemusterte Silbertresse. Beim Mantel sind die Kragenabzeichen auf den Achselklappen angebracht. Die Generalstresse bedeckt die ganze Achselklappe, die Stabsoffizierstresse läuft an den Außennähten herum. Rangsterne in einer Linie über der Regimentsnummer. Für Paradezwecke und außerdienstlich wird auch die alte blaue Uniform noch getragen. An Stelle der abgeschafften Paradekopfbedeckungen tritt das blaue Käppi, dessen Rangbezeichnungen denen des Feldkäppis gleich sind. Statt der Epauletten Achselstücke, für Subalternoffiziere aus vier nebeneinander liegenden Plattschnüren, für Stabsoffiziere ein Geflecht aus zwei nebeneinander liegenden Plattschnüren, beides in Knopffarbe mit Rangsternen und Regimentsbezeichnung in gewechselter Knopffarbe. Feldwebelleutnant Achselstück ohne Rangstern, Unteroffiziere und Mannschaften Achselklappen aus Abzeichen- oder abzeichenfarbig vorgestoßenem Grundtuch. Rangbezeichnung erfolgt durch schmale Metall- oder Wolltresse in Knopffarbe am oberen Rand von Kragen und Aufschlag. Zur Parade werden zur Feld- und Friedensuniform von den Offizieren gelbe Seidenschärpe mit blauem Mittelstreif und goldenen Quasten, für Mannschaften und Unteroffiziere Lederkoppel und Bajonettasche mit gelb-blau-gelbem Seidengespinst überzogen getragen.

Abb. 78. Schweden. Infanterie 1914–1937.
a Infanterist, zur Parade – c Offizier

II. Kavallerie

Die Bekleidung der Reiterei war der Lederkoller aus Elenshaut. Seit Carl XII. wurde darüber auch der einreihige blaue Rock, ähnlich dem der Infanterie, getragen. Die Trabanten zeichneten sich durch gelbe Aufschläge und Schöße sowie durch goldene Galonen aus. 1748 gab es weiße, gelbe, rote, blaue und chamois Abzeichen. Nur die Bohuslän-Dragoner hatten grüne Röcke, alle übrigen blaue. Das Leibregiment erhält 1756 hellblaue Monturen mit weißen Abzeichen. Am stärksten waren die Regimenter durch ihre Schabracken unterschieden. Das Mörnersche Husarenregiment (Abb. 79 c) hatte ganz blaue Uniform mit gelben Schnüren; die Flügelmütze gelbes Futter und weißen Stutz. Durch Teilung ging aus diesem Regiment ein zweites hervor, welches schwarzen Dolman und Scharawaden, gelbe Pelze und weißes Schnurwerk trug. Die Pelzmütze mit gelbem Beutel zeigte vorn einen Totenkopf über gekreuzten Knochen; der Stutz war weiß. 1779 erhielt die Kavallerieuniform denselben Schnitt wie bei der Infanterie (Abb. 79 d). Die Leibgarde zu Pferde (Konungens Lif Garde till Häst): weiße Uniform mit blauen Abzeichen und weißen Litzen, blaue Scharawaden, gelbe Schärpen, schwarze Mütze mit weißem Beschlag und gelbem Stutz. Die Dragoner (Abb. 79 e): blaue Uniform mit verschiedenfarbigen Abzeichen und Hüte. Die reitenden Jäger: Grün mit Gelb, gleiche Kopfbedeckung. Um 1800 tragen Dragoner und Karabiniers den Hut mit weißem Stutz, die Leibkürassiere (Abb. 79 f) ganz lederfarbenen Anzug ohne farbige Abzeichen, Helme mit gelben Beschlägen. Die gesamte Reiterei hatte Säbeltaschen von blauer Grundfarbe mit dem schwedischen Wappen, den drei gelben Kronen, geschmückt. Die Kopfbedeckungen waren, wie die Abbildungen zeigen, sehr verschiedenfarbig. Die Husarenuniform blieb immer von dunkelblauer Grundfarbe. Kragen, Aufschläge und Verschnürung bildeten die Regimentsabzeichen. Die Leibgarde zu Pferde war sehr reich ausgestattet. Ihre Formation und Uniform wechselte sehr häufig.

Uniformierung 1813:
Leibgarde zu Pferde Kollett Weiß mit Hellblau. Raupenhut, Herbst 1813: Tschakos. Leibregiments-Dragoner Blau mit Weiß. Helme, Herbst 1813: Tschakos. Schonisches Karabinier-Regiment Blau mit Gelb. Zweispitze, Herbst 1813: Tschakos. Diese drei Regimenter trugen außerdem eine kurze Jacke in gewechselten Farben. Smålands Dragoner Blau mit Gelb. Tschakos. Husaren wie früher das Mörnersche Regiment mit schwarzem, das Schonische mit weißem Pelzbesatz.

Die Uniformierung machte viele Änderungen durch. So finden wir die Leibgarde zu Pferde 1820 in Husaren-, 1845 in Dragoner-, 1852 in Ulanen- und seit 1879 in Kürassier-Uniformen, doch bleiben die Farben im allgemeinen die gleichen. Schnitt und Kopfbedeckungen folgen ungefähr dem Beispiel der Infanterie.

Abb. 79. Schweden. Reiterei.
a, b, d, e, h, i, k Dragoner – c, l, m, o Husaren – f Leib-Kürassier – g Leibgarde zu Pferde – n Reitender Jäger

Die Abzeichen der Kavallerie waren 1914 folgende:

Name	Rock bzw. Dolman	Kragen	Besätze	Kopfbedeckung
Leibgarde zu Pferde	hellblau	hellblau weiße Litzen	weiß	Kürassierhelm
Leib-Dragoner	hellblau	weiß	weiß	Dragonerhelm
Schonische Dragoner	hellblau	gelb	weiß	Dragonerhelm
Norrlands Dragoner	hellblau	orange	weiß	Dragonerhelm
Leibhusaren	dunkelblau	weiß	weiß	Käppi
Schonische Husaren	dunkelblau	hellblau	gelb	Käppi
Smålands-Husaren	dunkelblau	gelb	gelb	Käppi
Kronprinzen-Husaren	dunkelblau	dunkelblau	gelb	Käppi

Die Felduniform entsprach der der Infanterie. 1927 gibt es nur noch vier Regimenter: Leibgarde zu Pferde, Leibhusaren, Schonische Husaren und Norrland-Dragoner. Waffenabzeichen der Felduniform M 23, Regimentsnummer in Weiß. Auch hier wird außer Dienst die blaue Uniform von 1914 unter Fortfall der Paradekopfbedeckungen und Epauletten getragen.

III. Artillerie, Genie, Train – Generalität

Unter Karl XII. war die Artillerieuniform ganz blau ohne farbige Abzeichen. 1779 wird ein Rock eingeführt, im Schnitt wie damals bei der Infanterie. Achselklappen gelb, alles übrige, auch Beinkleider, dunkelblau; Knöpfe gelb. Hut mit weißem Band und gelbem Stutz. 1794 trägt das finnische Artillerieregiment ganz blaue Uniform mit roten Kragen, dunkelblauen Aufschlägen und Achselklappen; letztere gelb vorgestoßen, Lederzeug gelb. Hut mit gelbem Stutz, Agraffe und Beschlag. Gelbe Knöpfe. Das wendische Artillerieregiment 1808: ganz blaue Uniform mit gelben Knöpfen und weißem Kragen mit gelben Litzen geschmückt. Gelbes Lederzeug, Tschako mit gelbem Beschlag, schwarzen Fransen am oberen Rand und weißem Stutz. 1816 ist die Uniform desselben Regiments derart geändert, daß der Spenzer schwarze Husarenschnüre mit gelben Knöpfen zeigt. Die Litzen am Kragen sind fortgefallen. Blaue Schärpe mit gelben Knöpfen, gelbe Seitenstreifen auf den blauen

Abb. 80. Spanien. Infanterie 1704–1793.
a, d, g, h Füsiliere – b, c, f, i Grenadiere – e Leichte Infanterie

Hosen. Tschako mit gelbem Beschlag und schwarzem Busch. Das gothländische Artillerie-Regiment (Göta Regiment): ganz blaue Uniform mit gelben Kragen, Vorstößen um die Achselklappen, Hosenstreifen und Knöpfen; hochgelbe Litzen am Kragen. Helm mit gelben Beschlägen und schwarzer Raupe. Das schwedische Artillerieregiment (Svea Regiment) 1845 nach Einführung der Waffenröcke ganz blau, auch Kragen und Aufschläge; gelbe Gardelitzen und Knöpfe sowie Hosenbiese. Weiße Achselklappen, gelbes Lederzeug, Raupenhelm mit gelben Beschlägen. 1914 trug die Artillerie dunkelblaue Dolmans mit schwarzen Husarenschnüren und gelben Knöpfen, Aufschläge von Grundfarbe, blaue Käppis mit schwarzem Busch und gelber Garnitur. Auf beiden Seiten des Käppis ist ein farbiges Dreieck eingelassen, welches zugleich mit den farbigen Kragen des Regimentsabzeichen bildet (Abb. 77 m), und zwar Rgt. 1 (Svea) hellblau, Nr. 2 (Göta) gelb, Nr. 3 (Vendes) weiß, Nr. 4 (Norrland) orange, Nr. 5 (Uppland) karmin, Nr. 6 (Småland) rot, Nr. 7 (Gotland) grün; Festungsartillerie gelbe Kragenpatten. Genietruppe hatte himmelblaue einreihige Waffenröcke, schwarze Kragen mit gelben Litzen, schwarze Aufschlagpatten, hellblaues Käppi. Der Train: dunkelblau mit hellblauen Kragen, spitzen dunkelblauen Aufschlag mit Litze, weiße Knöpfe, Lederhelm. Generale: ganz dunkelblau mit Goldstickerei und gold. Epauletten, breite gelbe Hosenstreifen. Hut mit gelb-blauem Federbusch. Generalstab ebenso, nur fehlt die Goldstickerei; dafür gelbe Biesen. Waffenabzeichen der Felduniform: Artillerie Regimentsnummer rot, Genie Buchstabe F schwarz, Train Buchstabe T hellblau. Blaue Uniform wie 1914 mit Käppi.

Die Generale tragen zur Uniform M 23 auf den Achselklappen silberne gekreuzte Marschallstäbe, ebenso der Generalstab. Auf den Mantelachselklappen der Generale fehlt das Waffenabzeichen. Bei der blauen Uniform, die sonst unverändert geblieben ist, sind Epauletten sowie der Hut weggefallen. Die zur Feld- und Paradeuniform angelegte Schärpe ist golden mit blauseidenem Mittelstreifen und goldenen Quasten.

Spanien
(Kokarde rot, später rot-gelb-rot)

I. Infanterie

In Spanien scheint schon früh eine Art Uniformierung bestanden zu haben. Um 1668 trug der Infanterist ein Wams mit großen Ärmelumschlägen, justacor genannt (justaucorps). Auch die Vorderseite des Rockes war rabattenartig umgeschlagen. Bei den Spielleuten waren der Rock-

Abb. 81. Spanien. Infanterie 1793–1890.
b, d, k, l, m Füsiliere – e, f, h Grenadiere – g Jäger – a, c, i Leichte Infanterie

rand und die Taschenpatten mit Borten in den österreichischen Hausfarben besetzt, nämlich Rot und Weiß in Schachbrettmuster. Außerdem hatten sie von der Schulter herabhängend noch falsche Ärmel, sogenannte Flügel. Das Halstuch war von weißer Leinwand, die übrige Bekleidung bildeten Kniehosen, Strümpfe, meist von roter Farbe, und Schuhe. Als Kopfbedeckung einen Hut. Das Haar war in der Mitte gescheitelt und wurde lang getragen. Degen am Schultergehäng; die Pickeniere waren durch Brust- und Rückenharnisch geschützt.

Die Armee war meist nicht in Regimenter, sondern in sogenannte Tercios eingeteilt. 1694 errichtete man zehn stehende Tercios, und zwar wurden sie von verschiedenen Städten und deren Gebiet gestellt. Diese Tercios und ihre Unterscheidungsfarben waren folgende:

Burgos: türkisblau; *Valladolid:* smaragdgrün; *Cuenca:* flaschengrün; *Leon:* gelb; *Murcia:* himmelblau; *Sevilla:* scharlachrot; *Gibraltar:* feuerrot; *Jaen:* mausgrau; *Toledo:* violett; *Segovia:* silbergrau.

Um 1710 bestand die Uniform aus einem weißen Rock mit verschiedenfarbigen Aufschlägen und Achselschnüren, Kamisol von der Farbe der Aufschläge und weißen Beinkleidern. Weiße oder rote Strümpfe, schwarze Schuhe mit Schnallen, weißes Halstuch, schwarzer Hut mit weißer Tresse und roter Kokarde. Fahlledernes Riemenwerk, auf dem Patronentaschendeckel das königliche Wappenschild mit dem burgundischen Kreuz in gelbem Metall (Abb. 80a). Die Grenadiere trugen die Handgranaten in einer ledernen Tasche; an dem Bandelier war ein messingener Luntenberger befestigt. An Stelle des Tornisters ein Leinwandsack. Die Haare wurden hinten in einen ledernen Haarbeutel gesteckt. Grenadiere hatte eine Pelzmütze aus Bärenfell, vorn mit einem mit schwarzem Tuch bezogenen und mit Schaffell besetzten Schild. Auf dem Schild ein Metallbeschlag mit dem königlichen Wappen. Hinten Beutel von rotem Tuch mit gelbbesetzten Nähten und gelber Puschel. Die Bewaffnung bestand aus Gewehr, Bajonett und Degen (Abb. 80b). Die Sergeanten führten an Stelle des Gewehrs Hellebarden. Den Obersten stand es frei, die Spielleute in die Livree ihrer Dienerschaft zu kleiden. Um 1730 wurde die Uniform in einigen Stücken geändert (Abb. 80c, d). Die Grundfarbe blieb weiß, nur die Garden und die Schweizer hatten blaue Röcke; der Rock wurde offen, das Kamisol zugeknöpft getragen. Die Hutborte richtete sich in der Farbe nach dem gelben oder weißen Metall der Knöpfe. Das Halstuch wurde durch eine schwarze Binde ersetzt, die roten Strümpfe durch weiße Gamaschen mit schwarzen Kniebändern. Offiziere trugen als Dienstzeichen Ringkragen. Der Oberst führte einen Stock mit goldenem Knopf, dazu ein Sponton. Später wurden die Schöße umgeschlagen; auch die Form der Grenadiermütze änderte sich. Die *leichte Infanterie* (Abb. 80e) trug eine mehr nationale Bekleidung, nämlich ein rotes Kamisol mit aufgeschlitzten Ärmeln, blaue Hosen und weiße Strümpfe. Bei schlechter

Witterung wurde ein blauer Mantel (Gambeto) angelegt, der für gewöhnlich über die linke Schulter getragen wurde. Die übrige sehr eigentümliche Ausrüstung ist aus der Abbildung zu ersehen. Die *Linien-Infanterie* erhielt 1767 Umlegekragen und runde Rabatten; die Schöße blieben umgeschlagen, die Patronentasche fand ihren Platz vorn am Koppel (Abb. 80 f). Das Sponton des Obersten und die Hellebarde der Sergeanten wurden abgeschafft, Letztere erhielten dafür Flinten. Als Abzeichen trugen sie Achselstücke (Dragonas) oder Epauletten (Charreteras) aus Wolle. Die Haare trug man an den Schläfen in zwei Locken gewickelt. Rabatten fielen bald weg, das gelbe Lederzeug wurde gekreuzt getragen. Der Hut wurde durch einen Helm von schwarzem Filz mit messingenem Kamm ersetzt und hatte an der linken Seite einen roten Stutz (Abb. 80 g). Die Grenadiermützen behielt man bei, der Beutel hatte reiche Verzierung. Die Helme wurden indessen schon 1779/80 abgeschafft und wieder durch den Hut ersetzt (Abb. 80 h). An Stelle des gelben Lederzeugs trat weißes. 1793 fällt die Hutborte weg. Die Rabatten werden wieder eingeführt, die Gamaschen sind schwarz mit ebensolchen Kniebändern (Abb. 80 i). Die *leichte Infanterie* hatte grüne Röcke mit roten Aufschlägen und Rabatten, weiße Unterkleider, braune Ledergamaschen und blauen Mantel (Abb. 81 a). 1800 war die Uniform blau mit rot, der Mantel grün mit rot. 1802 grüne, gelbbeschnürte Jacke mit roten Abzeichen,

Name des Regiments	Grundfarbe	Kragen	Aufschläge und Patten	Rabatten	Knöpfe
Rey	weiß	violett	violett	violett	gelb
Reyna	weiß	violett	violett	violett	weiß
Principe	weiß	weiß	violett	violett	gelb
Soria	weiß	weiß	violett	violett	weiß
La Princesa	weiß	violett	violett	weiß	weiß
Saboya	weiß	schwarz	schwarz	schwarz	gelb
La Corona	weiß	schwarz	schwarz	schwarz	weiß
Africa	weiß	weiß	schwarz	schwarz	gelb
Zamora	weiß	weiß	schwarz	schwarz	weiß
Sevilla	weiß	schwarz	schwarz	weiß	weiß
Granada	weiß	hellblau	hellblau	hellblau	gelb
Valencia	weiß	hellblau	hellblau	hellblau	weiß
Toledo	weiß	weiß	hellblau	hellblau	gelb
Murcia	weiß	weiß	hellblau	hellblau	weiß
Cantabria	weiß	hellblau	hellblau	weiß	weiß
Cordova	weiß	rot	rot	rot	gelb
Guadalajara	weiß	rot	rot	rot	weiß
Mallorca	weiß	weiß	rot	rot	gelb
Leon	weiß	weiß	rot	rot	weiß
Aragon	weiß	rot	rot	weiß	weiß
Saragoza	weiß	grün	grün	grün	gelb
España	weiß	grün	grün	grün	weiß
Burgos	weiß	weiß	grün	grün	gelb
Asturia	weiß	weiß	grün	grün	weiß
Fixo de Ceuta	weiß	grün	grün	weiß	weiß
Navarra?	weiß	dunkelblau	dunkelblau	dunkelblau	gelb
America	weiß	dunkelblau	dunkelblau	dunkelblau	weiß
Malaga	weiß	weiß	dunkelblau	dunkelblau	gelb
Jaen	weiß	weiß	dunkelblau	dunkelblau	weiß
Las Ordines Militares	weiß	dunkelblau	dunkelblau	weiß	weiß
Estremadura	weiß	karmin	karmin	karmin	gelb
Voluntarios de Castilla	weiß	karmin	karmin	karmin	weiß
Volunt. de Estado	weiß	weiß	karmin	karmin	gelb
Volunt. de Corona	weiß	weiß	karmin	karmin	weiß
Volunt. de Borbon	weiß	karmin	karmin	weiß	weiß
Irlanda	himmelblau	gelb	gelb	gelb	gelb
Hibernia	himmelblau	himmelblau	gelb	gelb	weiß
Ultonia	himmelblau	gelb	gelb	himmelblau	gelb
Neapolis	himmelblau	gelb	gelb	gelb	weiß

Regimenter mit himmelblauer Grundfarbe hatten ganz gelbe Schoßumschläge.

Raupenhelm mit grünem Stutz (Abb. 81c). Bei der *Linien-Infanterie* wurde 1800 der Schnitt der Uniform, die immer noch weiß blieb, verändert, indem gerade herabfallende Rabatten eingeführt wurden. Für kurze Zeit verdrängte den Hut eine Art Grenadiermütze, die vorn mit einem betreßten Blech versehen war, das oben rotes Flammenpompon und in der Mitte das königliche Wappen trug (Abb. 81b). 1806 bestand die Uniform aus einem unbortierten Hut mit weißer oder gelber Agraffe und Knopf nebst roter Kokarde. Die Grundfarbe des Rockes war weiß; verschiedenfarbige Abzeichen. Die verkürzten Schöße hatten weiße Umschläge und waren mit einem Vorstoß in der Regimentsfarbe versehen. In den vier Schoßspiegeln herzförmige Tuchflecke ebenfalls in der Regimentsfarbe. Die Achselklappen sowie die querstehenden Achselpatten waren weiß mit farbigem Vorstoß, die Aufschlagpatten zeigten vier Knöpfe; Unterkleider weiß, Gamaschen schwarz, nur bis unter das Knie reichend (Abb. 81d). Zu bemerken ist für die nun folgende schematische Übersicht, daß alle farbigen Abzeichen weiße Vorstöße hatten, dagegen weiße Abzeichen immer Vorstöße von der Regimentsfarbe.

Die leichte Infanterie (Infanteria lisera) war im allgemeinen ebenso uniformiert wie die Linien-Infanterie, nur waren die Röcke von dunkelblauer Grundfarbe. Die Weste hatte zwei Knopfreihen, der Mantel war braun.

Name des Regiments	Grundfarbe	Kragen	Aufschläge u. Patten	Rabatten	Knöpfe
Primero de Voluntarios de Aragon	dunkelblau	rot	rot	rot	weiß
Primero de Voluntarios de Cataluña	dunkelblau	gelb	gelb	gelb	gelb
Secundo de Voluntarios de Cataluña	dunkelblau	dunkelblau	gelb	gelb	gelb
Taragona	dunkelblau	gelb	gelb	dunkelblau	gelb
Voluntarios de Gerona	dunkelblau	gelb	gelb	gelb	weiß
Secundo de Barcelona	dunkelblau	dunkelblau	gelb	gelb	weiß
Secundo de Aragon	dunkelblau	dunkelblau	rot	rot	gelb
Primero de Barcelona	dunkelblau	gelb	gelb	dunkelblau	weiß
Cazadores de Barbastro	dunkelblau	rot	rot	dunkelblau	weiß
Voluntarios de Valencia	dunkelblau	karmin	karmin	karmin	weiß
Voluntarios de Campo Major	dunkelblau	dunkelblau	karmin	karmin	weiß
Voluntarios de Navarra	dunkelblau	karmin	karmin	karmin	weiß

Die Provinzial-Miliz trug weiße Uniform mit roten Abzeichen und Schoßumschlägen; letztere mit weißen herzförmigen Flecken in den Spiegeln. In den Unabhängigkeitskriegen gegen Napoleon und das aufgedrungene Bonapartistische Königtum riß eine große Verwirrung in bezug auf die Uniform ein, wie dies bei schnell zusammengerafften Truppen nicht anders der Fall sein kann. Wir finden jetzt graue, gelbe, blaue, grüne Uniformen, weite Pantalons, kurze Kniehosen, runde Hüte, Tschakos und Helme der verschiedensten Art. 1812 versuchte man mit Hilfe englischer Gelder Übereinstimmung in die Uniformierung zu bringen. Die Infanterie erhielt einen blauen kurzschößigen Frack mit einer Reihe von gelben Knöpfen, rotem Kragen, Aufschlägen, Vorstößen und Schoßbesatz. An der Seite des Kragens war der Anfangsbuchstabe des Regiments angebracht. Als Kopfbedeckung wurde ein spitzer englischer Tschako ausgegeben (Abb. 81e). Er war vorn für die Grenadiere mit einer Granate, für die Jäger mit Jagdhorn und für die Füsiliere mit einem Löwen in gelbem Metall geschmückt. Füsiliere trugen blaue, rot vorgestoßene Achselklappen und schwarzen Tschakobesatz, die Grenadiere blaue Achselwülste, unten mit roten Fransen und rotem Tschakobesatz; ebenso die Jäger unter Ersatz der roten Farbe durch die grüne. Beinkleider blaugrau. Die leichte Infanterie hatte dieselbe Uniform mit blauem Kragen und Schoßbesatz und weißem Futter. Tornister waren durchgängig aus Wachsleinwand, Mantel aus grauem Tuch. 1815 wurde die Uniform der Infanterie in folgender Weise geregelt:

Linien-Infanterie: Türkisblauer Frack mit rotem Futter und verschiedenfarbigen Rabatten, Schoßbesatz, Kragen und Schulterstücken, weißen oder gelblichen Vorstößen und weißen oder gelblichen Litzen nebst Knöpfen auf den Rabatten; weiße Unterkleider, schwarze Gamaschen, blaue oder weiße Hosen. Die leichte Infanterie ebenso mit türkisblauem Futter und durchgängig blauen Rabatten. Die Grenadiere trugen Bärenmützen mit weißen oder roten Behängen und rotem Stutz (Abb. 81f), die übrige Infanterie Tschakos mit messingenem Beschlag, weißen, bei den Jägern grünen Behängen und rotem resp. grünem Pompon (Abb. 81g). 1821 wurde eine Reihe von Veränderungen vorgenommen. Die Rabatten fielen weg, der Frack erhielt an deren Stelle eine Reihe von gelben Knöpfen. Der Kragen wurde karminrot, Aufschläge, Vorstöße und Futter scharlachrot. Die Achselstücke waren von der Abzeichenfarbe, auf Kragen und Knöpfen die Regimentsnummer. Graue Pantalons für den Winter. Die Grenadiermützen wurden durch einen rotbortierten Tschako mit ebensolchen Behängen und Stutz ersetzt. Ferner waren die Grenadiere durch rote Fransenepauletten gekennzeichnet (Abb. 81h), ebenso wie die Jäger durch grüne. Letztere hatten auch grüne Tschakogarnitur. Die *leichte Infanterie* hatte grünen kurzen Frack, karminroten Kragen und scharlachrote Aufschläge und Vorstöße, grüne Beinkleider. Schon 1842 finden wir neue Veränderungen. Der Tschako erhält eine mehr zylindrische Form, der Kragen zeigt die Grundfarbe des Fracks. Auch die Beinkleider werden blau. Vorn am Kragen ist eine Patte angebracht, welche, gleich wie die Aufschlagspatten und Vorstöße, das Regimentsabzeichen bildet. Diese Farben waren für das 1. und 2. Regiment karmin, beim 3. und 4. blau, beim 5. und 6. gelb, beim 7. und 8. orange. Grenadier- und Jägerabzeichen wie früher. Die leichte Infanterie trug Uniform desselben Schnitts, nur dunkelgrüne Fracks und Hosen mit weißen Knöpfen und gelben Epauletten (Abb. 81 i). Patten und Vorstöße waren karmin, die Kragen beim 1., 2. und 3. Regiment mit karminroter Patte, beim 4. und 5. karmin mit grüner. In den vierziger Jahren hatte die Linien-Infanterie grüne Fracks mit ebensolchen Abzeichen und Rabatten, weiße Knöpfe, gelbe Vorstöße und blaugraue Hosen. Diese grüne Uniform hatte nur kurze Lebensdauer, bereits 1847 finden wir wieder einen kurzen einreihigen blauen Frack. Aufschläge, Kragen, Schöße und Vorstöße sind nunmehr weiß, Knöpfe gelb, Kragenpatte blau. Im Sommer weiße, im Winter hellblaue Hosen. Um 1850 dunkelblaue kurze Waffenröcke, Kragen, Aufschläge und Vorstöße rot, gelbe Knöpfe mit Regiments- oder Bataillons-Nummer: graublaue Tuchhosen, schwarztuchene Gamaschen, Mantel vom Hosentuch, mit rotem Kragen. Der niedrige Tschako war schwarz bezogen und oben mit einer bei den Grenadieren roten, bei den Schützen grünen und bei den Füsilieren gelben Borte eingefaßt. Das Pompon hatte die Farbe der Borte und zeigte die Regimentsnummer. Mit Ausnahme des 27. Rgts. und der Jäger-Bataillone, die schwarzes Lederzeug trugen, hatte die Infanterie weißes. Im allgemeinen machten die Uniformen nun die Wandlungen durch wie bei der französischen Armee, d. h. der Frack wurde durch den Waffenrock verdrängt, die Kopfbedeckung erreichte eine ungeheure Höhe, das gekreuzte Lederzeug wurde abgeschafft. Eine eigenartige Kopfbedeckung, »Ros« genannt, in den fünfziger Jahren eingeführt, kennzeichnete noch lange die spanische Armee. Dieses Stück wurde meist in weißem oder schwarzem Überzug getragen. Die Beinbekleidung bildete die französische krapprote Hose. Als feldmäßige Uniform diente der graublaue Kapottmantel französischen Schnitts (Abb. 81 m). Der Waffenrock hatte rote Schulterwülste. Die *Jäger* unterschieden sich durch grüne Schulterwülste, Achselklappenvorstöße und Kragen. In den 90er Jahren erhielten die Offiziere einen dunkelblauen, schwarzbeschnürten Dolman, daneben wurde als Feldbekleidung ein einreihiger Waffenrock getragen. Zu jedem Dienst trug der Offizier den Ringkragen. Der weiße Ros verlor in den 80er Jahren den Paradebehang; er war oben bei Mannschaften mit einem roten Vorstoß, bei Offizieren mit einer goldenen Tresse besetzt. Um 1900 wurde der Offiziersdolman wieder durch einen Waffenrock ersetzt.

Sehr eigenartig war das Hornistenabzeichen. Es bestand in einem großen, dreimal seitlich aufschwingendem ungarischen Knoten aus roter Schnur an den Unterarmen; seit 1910 nur einfache Schleife. Auf dem Waffenrockkragen waren Regimentsnummern aus Metall angebracht.

Als Sommerdienstuniform wurde bis etwa 1920 eine lose geschnittene Jacke und Hose aus weiß und blau gestreiftem Stoff getragen, auch von Offizieren (Abb. 85 a). Die farbigen Uniformen bleiben als Parade- und Ausgangsstück auch nach Einführung der Felduniform im ganzen Heer bestehen und erfahren während der Regierungszeit Alfons XIII. bis zu dessen Vertreibung 1931 einige kleine Änderungen. Sie seien daher hier nach dem Stand von etwa 1930, wie auch bei den anderen Waffen, kurz dargestellt:

Dunkelblauer Waffenrock mit einer Reihe 7 gelber Knöpfe, Stehkragen, bei Offizieren auch der runde Aufschlag, rot, Achselklappe dunkelblau, Lederzeug naturfarben, am Kragen Regimentsnummer oder für einige Regimenter besonderes Abzeichen in Metall, Hose rot mit zwei dunkelblauen Streifen, grauer Ros mit rotem Vorstoß am oberen Rand und roter Stutz vorn mit Kokarde und Landeswappen darunter, schwarzer Schirm und Kinnriemen. Mannschaftsmantel dunkelblau zweireihig mit rotem Stehkragen mit Regimentsnummer sowie rote Achselwülste. Offiziere zur Parade goldene Schuppenepauletts ohne Fransen und Rangabzeichen, rot-goldene Schärpe, für täglichen Dienst Deckelmütze englischer Form, dunkelblau mit rotem Besatzstreifen und Deckel-Vorstoß, über dem Schirm und dem goldenen Kinnriemen das Waffenabzeichen, hier gekreuzte Gewehre mit aufgelegtem Jagdhorn mit Krone darüber in Gold, weiter zweireihiger dunkelblauer Mantel mit liegendem gleichfarbigem Kragen oder dunkelblauer Pelzrock mit schwarzer Brustverschnürung und schwarzem Pelzkragen, -aufschlag und -vorstoß. Dieser Pelzrock wird auch von den Offizieren aller anderen Waffengattungen, stets in Farbe des Waffenrocks, getragen.

Bei den Jägern ist die Abzeichenfarbe grün, am Rockkragen gelbes Jagdhorn mit Nummer in der Schleife, über dem Rockaufschlag 3 kleine, oben spitze senkrechte Litzen (Sardineten) grün, für Offiziere golden, Hose dunkelblau mit zwei grünen Streifen.

Die Felduniform aus grünlich kakifarbenem Stoff ist für alle Waffen im Schnitt gleich. Mannschaftsfeldrock mit Stehumlegekragen, für Offiziere vierknöpfiges Jackett mit aufgesetzten Taschen, Knöpfe und Lederzeug braun, kakifarbene Wäsche, Kakihose und gleichfarbener zweireihiger Mantel mit liegendem Kragen, Tellermütze mit braunem Schirm und Sturmriemen, Gebirgstruppen Baskenmütze. Die Waffenbezeichnung in Bronze befindet sich in den Kragenenden und auf dem Mützenband: Infanterie Jagdhorn auf gekreuzten Gewehren, Jäger Jagdhorn. Nach Einführung der Republik bleibt die Uniform unter Beseitigung der königlichen Kennzeichen im allgemeinen unverändert, während des Bürgerkrieges 1936/37 wird häufig eine bootsförmige Feldmütze mit verschiedenfarbigen Vorstößen und Quasten, von nationalen Truppen auch der Hemdkragen über dem Rockkragen getragen (Abb. 85 f). Der Stahlhelm erhält moderne Form (Abb. 85 g).

Abb. 82. Spanien. Reiterei 1702–1806.
a, e, h Linien-(Schwere) Kavallerie – b, c, d, f Dragoner – g Husar – i Jäger zu Pferd

II. Kavallerie

Am Ende des 17. Jahrhunderts war die gesamte spanische Kavallerie, d. h. *Kürassiere* und *Dragoner*, gelb montiert mit roten Abzeichen. Kürassiere trugen Brustharnisch mit Eisenhaube, Dragoner weiße Filzhüte. Die Spielleute hatten Monturen in gewechselter Farbe. Um die Wende des 17. zum 18. Jahrhundert führte man verschiedene Abzeichenfarben für die Regimenter ein. *Dragoner* erhielten bald nach 1700 einen grünen Rock und ebensolche Kopfbedeckung (Abb. 82 b). Unterkleider und Abzeichen waren regimenterweise verschieden. Von der rechten Schulter hing eine gelbe Achselschnur herab. Die Schabracken waren von der Abzeichenfarbe, mit grüner Tresse eingefaßt. Dazu kamen noch Schaffelldecken, die für die Grenadiere weiß, für die übrigen Dragoner schwarz waren. Die *Linien-(schwere) Kavallerie* (Abb. 82 a), aus den ehemaligen Kürassierregimentern entstanden, hatte weiße Röcke mit verschiedenfarbigen Abzeichen. 1719 wurde die *Dragoneruniform* sowohl in Schnitt wie in Farbe umgeändert; die nunmehr gelben Röcke erhielten breite farbige Rabatten, den Kopf bedeckte ein weißbortierter Hut. 1748 gehörte zur Pferdeausrüstung eine unter dem linken Ohr zu tragende Kokarde. Um die Mitte des Jahrhunderts trugen die Dragoner eine Zeitlang Pelzmützen mit farbigem Beutel (Abb. 82 c), eine Kopfbedeckung, die wieder dem Hut wich. Die Grundfarbe blieb gelb, für die schweren Reiter weiß. 1805 wurde eine neue Uniform eingeführt.

Linien-Kavallerie (1805): Hut mit weißer oder gelber Borte und roter Kokarde. Die Grundfarbe des Rockes war blau, die Schoßumschläge rot, Halsbinde schwarz, Unterkleider chamois. Der Kragen war mit einem weißen (beim 4. Regiment gelben) Löwen geschmückt. Auf dem Aufschlag drei weiße (beim 4. Regiment gelbe) Lilien (Abb. 82 h).

Dragoner: Hüte mit weißen Borten und roten Kokarden. Rock, Rockfutter und Unterkleider gelb. In den Kragenecken ein Säbel und eine Palme gekreuzt, wahrscheinlich aus weißem Tuch geschnitten. Die Aufschläge haben Patten mit vier Knöpfen; sämtliche Regimenter weiße Litzen (Abb. 82 f). Beim 4., 6. und 8. Regiment ist der Kragen gelb; bei den übrigen bildet er im Verein mit Rabatten, Aufschlägen, Aufschlagspatten und Taschenvorstoß das Regimentsabzeichen. Diese Abzeichen haben überall weißen Vorstoß und sind für die acht Dragonerregimenter (1806) folgende: 1. Rey: karminrot; 2. Reyna: hellrot, 3. Almansa: hellblau; 4. Pavia: rot; 5. Villaviciosa: hellgrün; 6. Sagunto: hellgrün; 7. Numantia: schwarz; und 8. Lusitania: schwarz.

Reitende Jäger (Abb. 82 i): Die Kopfbedeckung bestand aus einem schwarzen, weißgarnierten Tschako mit rotem Stutz, Dolman, Hosen und Schabracken von grüner Grundfarbe mit weißen Schnüren und Knöpfen. Beim Regiment Olivencia rote Kragen, Aufschläge und Hosenbiese, hellblau und rote Schärpe. Beim Regiment Cazadores Voluntarios de España hellblaue Kragen, Aufschläge und Hosenbiese, weiß und hellblaue Schärpe. In den Kragenecken dasselbe Abzeichen wie die Dragoner.

Name des Regiments	Kragen	Aufschläge	Rabatten	Knöpfe	Bemerkungen
1. Rey	rot	rot	rot	gelb	Weiße Vorstöße und gelbe Litzen auf den Rabatten
2. Reyna	hellblau	hellblau	hellblau	weiß	rote Vorstöße. Weiße Litzen auf den Rabatten
3. Principe	rot	rot	rot	weiß	weiße Vorstöße. Weiße Litzen auf den Rabatten
4. Infante	weiß	weiß	weiß	gelb	gelbe Vorstöße. Gelbe Litzen auf den Rabatten
5. Borbon	rot	rot	rot	weiß	weiße Vorstöße
6. Farnesio	rot	rot	rot	weiß	gelbe Vorstöße
7. Alcantara	rot	rot	hellgrün	weiß	um die roten Abzeichen hellgrüne Vorstöße, um die hellgrünen rote
8. Espana	gelb	karmin	karmin	weiß	gelbe Vorstöße
9. Algarbe	gelb	gelb	hellblau	gelb	rote Vorstöße
10. Calatrava	rot	hellblau	hellblau	weiß	rote Vorstöße
11. Sanjago	karmin	karmin	karmin	weiß	scharlachrote Vorstöße
12. Montesa	karmin	karmin	weiß	weiß	weiße Vorstöße

Husaren (Abb. 82 g): Tschako wie die Jäger; im Schnitt gleicht auch die übrige Uniform der gegebenen Beschreibung, nur kommt noch ein Pelz hinzu. Husaren-Regiment Maria Luisa: Roter Dolman mit hellblauem Kragen und Aufschlägen, hellblauer Pelz mit rotem Kragen, ebensolcher Aufschlagspatte und schwarzem Pelzvorstoß. Schnüre und Knöpfe weiß. Beinkleider und Schabracke hellblau, weiß bortiert.

Während des Unabhängigkeitskrieges war die Uniformierung eine äußerst bunte und willkürliche. Erst 1815 wurde Ordnung in dieses Chaos gebracht. *Das erste schwere Regiment* (Königskürassiere) trug ganz französische Kürassieruniform, aber von roter Grundfarbe, ohne Epauletten; dazu blaue Schabracke mit weißer Borte (Abb. 83 a). *Dragoner* hatten die gelbe Grundfarbe beibehalten, Jäger die grüne. Die Waffengattung der Dragoner verschwindet bald aus den Reihen des spanischen Heeres. Die gelbe Grundfarbe ging auf die *schwere Kavallerie* über, welche eine Zeitlang rote, später hellblaue Beinkleider trug. Der Helm war anfänglich der Kürassierhelm, später ein Raupenhelm mit Bügel (Abb. 83 e, h). Um 1835 ist die gesamte Kavallerie mit Lanzen ausgerüstet. Die *leichte Kavallerie*, welche noch 1828 grüne Uniform trug, erscheint 1830 in hellblauen kurzen Kolletts mit roten Abzeichen und weißen Schulterstücken. Hosen waren dunkelblau (Abb. 83 f). 1835 erschien die ehemalige grüne Grundfarbe wieder, dazu rote Beinkleider. 1844 bestand die Kavallerie nur aus einem *Kürassierregiment*; die übrigen Regimenter waren *Lanzenreiter* (Lanceros) und *Jäger* (Cazadores). Das Kürassierregiment hatte gelbmetallene Helme mit schwarzem Busch, rotes Kollett mit hellblauen Abzeichen, gelbe Epauletten, hellblaue Hosen, stählernen, mit gelbem Metall garnierten Harnisch. Die Lanzenreiter (Abb. 85 i) in der gleichen Periode Bügelhelm mit gelber Garnitur, schwarzer Raupe und rotem Stutz. Grünes Kollett mit roten Abzeichen und Rabatten (Almansa) bzw. karminroten (Calatrava), gelben Schulterstücken und blau-grauen Hosen. Die reitenden Jäger hatten weiße Dragonerhelme mit gelbem Beschlag, später Tschakos, die Farbe der Uniform glich derjenigen der Lanzenreiter, doch im Gegensatz einreihige Kolletts ohne Rabatten. Die Husarenuniform änderte sich im ganzen wenig. 1815 trat eine Pelzmütze an Stelle des Tschakos, welche später wieder durch einen Tschako ersetzt wurde, dessen Form häufig wechselte. Eine Zeitlang trug das 1. Husarenregiment ganz hellblaue Uniformen, das 2. erhielt weiße Dolmans, sonst die gleiche Uniform wie das 1. Regiment, nur waren die Schaffellschabracken hier schwarz statt weiß. Der Dolman hatte kurze Kollettschöße. Die *Lanzenreiter* erhielten in den fünfziger Jahren Stahlhelme englischer Form mit weißem Haarbusch; ihre Uniform bestand damals aus einem blauen Waffenrock mit rotem Kragen, ebensolchen Achselwülsten und Ärmelvorstößen, weißen Knöpfen und krapproten Hosen. Die Lanzenflagge zeigte immer die spanischen Farben (oben rot, unten gelb). Die Kürassiere bekamen eine ähnliche Uniform, jedoch mit gelbem Kragen und Epauletten, dazu Kürasse. Um 1890 wurde der Waffenrock durch einen hellblauen Dolman mit schwarzen Schnüren und weißen Knöpfen ersetzt. Kragen und Aufschläge rot. Die roten Hosen hatten hellblaue Streifen. Der Stahlhelm zeigte gelbe Garnitur (Abb. 83 l). Um 1900 hellblaue einreihige Waffenröcke, hellblaue Hosen mit weißen Doppelstreifen. Die *reitenden Jäger* trugen eine Zeitlang die gleiche Uniform, nur anstatt des Helms ein hellblaues Käppi, oben mit roter Borte eingefaßt (Abb.

Abb. 83. Spanien. Reiterei 1815–1890.
a Kürassier – b Dragoner – c Husar – d, f, g, k Jäger zu Pferde (leichte Kavallerie) – e, h Linien-Kavallerie – i, l Lanzenreiter – m Husaren-Offizier

83 k). 1903 zweireihige hellblaue Waffenröcke, der Tschakorand wurde weiß. Die *Kürassiere* bildeten später eine Palasttruppe. Die Uniform bestand in kurzem blauen Waffenrock mit karmin Abzeichen und silbernen Borten, weißen Hosen, in hohen Stiefeln getragen. Kürassierhelm und Vollküraß. Von den *Husaren* (Abb. 83 m) trug das Regiment »Prinzessin« ganz hellblaue Uniform mit weißen Pelzen. Verschnürung gelb, Käppi weiß. Das Regiment »Pavia-Husaren« ebenso, nur rote Dolmans und hellblauen Pelz und blaues Käppi.

Beide Regimenter erhielten um 1910 Pelzmützen. Die Pelze des Regiments Pavia erhielten auf den Ärmeln riesige ungarische Knoten. Die neuerrichteten Dragoner bekamen die Lanzenreiteruniform, doch mit roten Kragen und roten polnischen Aufschlägen. Der Helm hatte später auch bei den Lanzenreitern die Form des Preußischen Kürassierhelms angenommen. Die farbigen Uniformen waren nach dem Stand von 1930 folgende:

Lanzenreiter-Regimenter Nr. 1–8. Kürassierhelm aus Nickel mit gelbem Beschlag (Regimentsabzeichen), zur Gala mit weißem Federbusch, für täglichen Dienst englische Tellermütze hellblau-rot, auch für Mannschaften. Waffenrock hellblau-rot. Spitzer Aufschlag, Knöpfe weiß, Lederzeug weiß. Auf dem Kragen des Waffenrocks das Regimentsabzeichen (meist Wappen) in Metall, am Kragen ohne, an der Mütze mit Krone darüber. Hose hellblau mit zwei roten Streifen. Mantel hellblau mit rotem Vorstoß am Kragenrand und vorn herunter. Interimswaffenrock gänzlich hellblau. Die Achselstücke der Offiziere sind aus Silbergeflecht, die der Mannschaft aus vierfach gelegter roter Schnur. Trompeter: roter Federbusch. Ihr Waffenrock trägt am 1., 3., 5., und 7. Knopf eine Verschnürung nach Husarenart in Abzeichenfarbe.

Dragoner-Regimenter Nr. 8–11. Die Uniform der Dragoner-Regimenter ist denen der Lanzenreiter-Regimenter völlig gleich, nur ist die Abzeichen- und Knopffarbe gelb, Trompeter: schwarzer Federbusch.

Jäger zu Pferde Regimenter Nr. 12–18, 21–30. Regimenter 12, 27, 24 hohe braune Pelzmütze, die Regimenter 17 und 22 schwarze Pelzmütze, die übrigen Regimenter hellblaue Tschakos mit schwarzem Lederschirm und breiter weißer Borte am oberen Rand. Die Pelzmützen haben Schuppenketten in Knopffarbe, Beutel in Abzeichenfarbe und Federbusch in wechselnden Farben. Außer Dienst werden von den mit Pelzmützen ausgerüsteten Regimentern englische Tellermützen mit Band in Abzeichenfarbe, von den anderen Regimentern Tschako im Wachstuchüberzug getragen. Der Gala-Waffenrock ist der gleiche wie bei den anderen Kavallerie-Regimentern. Die Abzeichenfarbe ist im allgemeinen weiß, jedoch findet sich auch rote Abzeichenfarbe resp. weiße Kragen mit rotem oder blauem Vorstoß. Die mit Pelzmützen ausgerüsteten Regimenter tra-

Abb. 84. Spanien. Verschiedenes.
a Artillerie-Offizier – b, c Artilleristen – d, e, f Genie – g Hellebardier – h Offizier der Kgl. Eskorte – i Gendarmerie-Offizier – k General

gen Husarenschärpen in Knopf- und Abzeichenfarbe. Am Kragen und vor der Pelzmütze wird das Regimentsabzeichen getragen. Hose hellblau mit zwei Streifen in Abzeichenfarbe. Regiment Jäger zu Pferde Nr. 12 Lusitania: Regimentsabzeichen Totenkopf mit gekreuzten Gebeinen. Pelzmütze braun, gelbe Schuppenketten, gelber Pelzmützenbeutel, weiß-schwarzer Reiherstutz. Waffenrock hellblauschwarz mit gelbem Kragen- und Rockvorstoß, gelbschwarze Husarenschärpe, gelbe Knöpfe, schwarzes Bandelier. Hose hellblau mit gelbem Vorstoß. Tellermütze hellblau mit schwarzem Band, gelbem Deckelvorstoß, Kragen- und Mützenabzeichen silberner Totenkopf, auf der Mütze mit goldener Krone darüber. Die Mäntel der Jäger zu Pferde sind hellblau ohne farbige Vorstöße. Der Interims-Waffenrock ist derselbe wie bei den anderen Kavallerieregimentern.

Husaren. Husarenregiment Nr. 19 Princesa. Schwarze Pelzmütze mit Kokarde, goldenem Regimentsabzeichen und Kinnkette. Weißer Pelzmützenbeutel mit goldener Verschnürung und Quasten, weißer Federbusch. Zum kleinen Dienst wird Tschako im schwarzen Wachstuchüberzug getragen; lichtblauer Dolman mit drei gelben Knopfreihen und enger gelber Verschnürung. Aufschlag spitz mit doppelten ungarischen Knoten. Der Dolman ist in allen Außennähten, der Kragen oben und unten mit gelber Bandlitze eingefaßt. Die Husarenschärpe ist gelb mit roten Schiebern, Hose hellblau, an der Seite gelber Vorstoß mit zwei schmalen gelben Streifen. Achselstücke aus doppelt gelegter gelber Schnur. Weißer Pelz mit derselben Verschnürung wie der Dolman. Schwarzer Pelzbesatz am Kragen, vorn herunter, unten herum und an den Ärmeln. Schwarzes Bandelier. Bei Offizieren aller Besatz golden. Zum kleinen Dienst hellblaue Jacke, einreihig, ohne Verschnürung. Sie ist am Kragen und an den Außennähten mit gelber Schnur besetzt. Hellblauer Mantel. Die Trompeter tragen blauen Federbusch und blauen Pelzmützenbeutel, weißen Dolman mit blauem Kragen und Ärmelaufschlag, blauen Pelz.

Nr. 20 Pavia. Pelzmütze wie Nr. 19, nur roten Beutel. Roter Dolman mit hellblauem Kragen und Ärmelaufschlag, gelbe Verschnürung. Schärpe gelb mit blauen Schiebern. Pelz hellblau mit gelber Verschnürung, schwarzer Pelzbesatz, alles übrige wie Nr. 19. Trompeter blauen Pelzmützenbeutel, weißen Busch, Dolman hellblau mit rotem Kragen und Ärmelaufschlag, Pelz rot mit gelber Verschnürung. Das Waffenabzeichen zur Felduniform sind gekreuzte Lanzen mit aufgelegten gekreuzten Säbeln, darüber bis 1931 Krone.

III. Palasttruppen, Artillerie, Genie

Von Palasttruppen sind zu erwähnen die *Hellebardiere* (Abb. 84g). Sie haben die Uniform, die sie schon im 18. Jahrhundert trugen, bis 1931 beibehalten, nämlich einen blauen Rock mit roten Rabatten, Aufschlägen und

165

Abb. 85. Spanien 1912–1936.
a, d, g Infanteristen – b Lanzenreiter – c Pavia-Husar, Offizier zur Parade – e Generalmajor – f Fremdenlegion

Schoßfutter, silbernen Besätzen, roter, silberbortierter Weste. Beinkleider weiß, Gamaschen schwarz. Den mit Silberborten eingefaßten Hut schmückte die rote Kokarde. Als Waffen Degen und Hellebarde, letztere mit roten Fransen verziert. Die Kürassiere, welche die *königliche* Eskorte bildeten, haben wir schon unter Kavallerie erwähnt. Zum Galadienst schmückten den blauen Frack breite karminrote Rabatten, seit etwa 1895 ohne Litzen und silberne Epauletten (Abb. 84 h). Helm mit weißem Haarbusch. Zum Dienstanzug zu Pferde gehörten Helm ohne Haarbusch, blauer einreihiger Waffenrock mit karminroten Abzeichen und Schulterwülsten, blaue Hosen mit karminroten breiten Streifen, hohe Stulpstiefel und Stulphandschuhe.

Gendarmerie trug blaue Fracks mit roten Kragen, Rabatten, Aufschlägen und Schoßumschlägen. Beinkleider weiß, in hohen Stiefeln getragen. Der Hut glich dem der Hellebardiere; Knöpfe weiß (Abb. 84 i). Trompeter trugen roten Frack mit blauen Abzeichen.

Die Uniformfarben der Artillerie waren stets dunkelblau mit roten Abzeichen und gelben Knöpfen; Waffenabzeichen gelbe Granate. Im übrigen folgt die Entwicklung der Infanterie. Die farbige Uniform 1930 war fast dieselbe wie schon 50 Jahre zuvor. Ros weiß mit roter Litze und Federbusch. Waffenrock dunkelblau-rot, Knöpfe gelb, Kragenabzeichen stehende flammende Granate. Statt Achselstücke rote Doppelschnur. Hose dunkelblau mit einem breiten roten Streifen. Lederzeug weiß. Mannschaftsmantel wie Infanterie, nur als Kragenabzeichen Granate. Waffenabzeichen der Felduniform gekreuzte Kanonenrohre. Die Genietruppe hatte dieselbe Uniform wie die Artillerie, aber Knöpfe und Metallteile weiß, Waffenabzeichen auch zur Felduniform ein Turm.

IV. Generale, Generalstab – Rangabzeichen

Die Generalsuniform folgt dem allgemeinen Zeitschnitt, dunkelblauer zweireihiger Rock, Kragen und Aufschläge rot, je nach Rang mit 1–3facher gemusterter breiter Goldborte besetzt. Bis zur Einführung des Waffenrocks wurden bei geschlossenen Kragen die oberen Knöpfe offen getragen und die rotgefütterten, mit breiter Goldtresse eingefaßten Brustteile reversartig umgeschlagen. Zur Gala gehört bis etwa 1880 ein schwarzer Hut mit schwarzer, für den General weißer Füllung. Um 1870 wird als Dienstuniform ein einreihiger langer dunkelblauer Rock ohne Stickerei und farbige Abzeichen, dazu weißer Ros mit 1–3 Reihen breiter Goldborten am unteren Rand getragen. Zu allen Anzugsarten gehört eine rotseidene Schärpe mit goldener Eichel und roter Quaste. Seit den 80er Jahren des vorigen Jahrhunderts war die farbige Generalsuniform folgende:

Zur Gala einreihiger dunkelblauer Waffenrock mit rotem, mit reicher goldener Eichenlaubstickerei bedecktem Stehkragen, roten runden Aufschlägen, die je nach Rang mit 1–3 breiten goldenen Borten eingefaßt waren, weiter goldene Epauletts, später goldene Achselstücke, gold-rote Schärpe mit goldenen Quasten, dunkelblaue Hose mit breiten Goldborten, schwarzer Lederhelm mit goldenem Beschlag und weißem Federbusch, seit etwa 1910 weißer Kürassierhelm mit gleichem Schmuck. Zur täglichen Uniform wurde zunächst ein dunkelblauer einreihiger Rock ohne farbige Abzeichen und Stickerei mit goldenen Achselschnüren, dazu weißer Ros, rote Schärpe sowie rote Hose mit zwei mittelbreiten dunkelblauen Streifen getragen. Seit etwa 1910 dunkelblauer Waffenrock mit gleichfarbigem, rot vorgestoßenem Kragen und rundem Aufschlag; Rangabzeichen gekreuzte Säbel und Kommandostab mit 1–3 Sternen in Gold in den Kragenenden, Tellermütze englischer Form mit rotem Deckelvorstoß und rotem Besatzstreifen, der ringsum Goldstickerei und vorn über dem Schirm 1–3 Rangsterne unter der Krone trägt. Der Feldrock der Generale ist abweichend von der allgemeinen Offiziersuniform hochgeschlossen mit 7 goldenen Knöpfen, Stehkragen und aufgesetzten Brusttaschen. Das Generalsabzeichen, bis 1931 mit der Krone darüber, und die Rangsterne sind am Kragen auf einer geschweiften Patte aus Grundstoff, auf dem Ärmelaufschlag und über dem Mützenschirm angebracht. Die rote Generalsschärpe wird auch zur Felduniform getragen. Im Spanischen Bürgerkrieg haben auch die Generale vielfach das gewöhnliche Offiziersjackett angelegt (Abb. 85e).

Die Uniformen des Generalstabes folgen im Schnitt und Ausstattung seit Mitte des vorigen Jahrhunderts der Infanterieuniform, jedoch ist die Abzeichenfarbe hellblau, ebenso die seidene Schärpe. Die Hose der farbigen Uniform war stets dunkelblau mit 2 breiten hellblauen Streifen. Paradekopfbedeckung war bis 1910 der weiße Ros mit goldenen Tressen am oberen Rand und hellblauem Federstutz, seitdem weißer Kürassierhelm mit gelbem Waffenabzeichen vorn und gleichfarbigem sonstigen Beschlag, hellblauem Federbusch. Das Waffenabzeichen ist ein fünfstrahliger Stern zwischen zwei Lorbeerzweigen.

Seit etwa Mitte des vorigen Jahrhunderts sind die Rangabzeichen fast unverändert geblieben. Sie werden zur farbigen und zur Felduniform auf beiden Unterarmen getragen und bestehen für Subalternoffiziere aus 1–3 knopffarbigen sechsstrahligen Sternen auf dem Aufschlag, für Stabsoffiziere aus 1–3 achtstrahligen Sternen auf dem Aufschlag von Rock, Mantel und Pelzrock. Am farbigen Waffenrock trat bis etwa 1910 eine Einfassung des Aufschlagrandes durch 1–3 knopffarbige schmale Metalltressen hinzu. Im Bürgerkrieg wurden besonders von den nationalen Truppen die Rangsterne auch auf dem Band der Schirmmütze mit dem Waffenabzeichen auf dem Rand und an der Feldmütze über der Stirn getragen. Die Rangabzeichen der Mannschaft und Unteroffiziere bestanden aus 1–3 vorstoß- bzw. knopffarbigen Schrägtressen über dem Aufschlag, das Portepee ist golden.

Tschechoslowakei
(Kokarde weiß-blau-rot)

Bereits während des I. Weltkrieges bildeten sich auf verschiedenen Kriegsschauplätzen aus Überläufern und Gefangenen tschechische Legionen, die auf Seiten der alliierten Mächte kämpften. Die stärkste war die russische Legion, deren Uniform aus kaki Grundstoff bestand. Feldrock mit einer Reihe von 6 Beinknöpfen, Brust- und Seitentaschen, für Offiziere aufgesetzt, runde Aufschläge, häufig Achselklappen. Auf dem Stehumlegekragen oben und hinten geschweifte Kragenpatten, bei Infanterie kirschrot, Artillerie scharlachrot, Kavallerie weiß mit rotem Vorstoß, Lederzeug naturfarben. Hose naturfarben ohne Vorstoß, Kavallerie zur Parade rot mit weißem Vorstoß. Der kakifarbene Mantel hatte zwei Reihen von je 6 Knöpfen, liegenden Kragen mit Patten und Achselklappen. Während die Fußtruppen eine Kakischirmmütze russischen Schnitts mit schrägem rot-weißem Band auf dem Besatzstreifen über dem Schirm trugen, hatte die Kavallerie einen niedrigen Kalpak mit rotem Deckel und weißem Stutz. Rangabzeichen befanden sich auf dem rot vorgestoßenen grundfarbenen Schild am linken Oberarm, Winkeltresse, Spitze oben, für Unteroffiziere gelb, Subalternoffiziere silbern, Stabsoffiziere golden, 1–4 schmale oder 1 breite oben und 1–3 schmale darüber. Von der Kavallerie und den Offizieren wurde der Säbel nach russischer Art getragen (Abb. 86a). Die italienische Legion hatte grüngraues Grundtuch, Mannschaftsbluse italienischen Schnitts, Offiziere vielfach auch Feldrock mit einer Reihe matter Knöpfe. Auf dem Stehumlegekragen eine rechteckige weiß-rot längsgestreifte Patte mit silbernen gekreuzten Gewehren am Vorderende. Die Rangabzeichen bestanden in kurzen waagerechten Tressen am Unterarm: Unteroffiziere violett, Offiziere silbern, Anzahl wie bei der russischen Legion. Am linken Oberarm wurde ein violett vorgestoßenes grundfarbenes Schild mit den Buchstaben Č.S. und Nummer in violetter Seide, bei Offizieren in Silber, getragen. Zweireihiger Mantel mit Kragenpatten wie am Rock. Alpinihut und Stahlhelm italienischen Modells. Die französische Legion trug horizontblaue Uniform französischen Schnitts. Feldrock mit einer Reihe matter Knöpfe; Offiziere aufgesetzte Taschen. Leder- und Schuhzeug braun. Rangabzeichen am Unterarm in Form von kurzen waagerechten Tressen, Offiziere in Silber, sonst aus dunkelblauer Seide. Die Kragenpatte war dunkelblau mit rotem Vorstoß und roter, für Unteroffiziere und Offiziere silberner Nummer. Stahlhelm französischen Modells, sonst dunkelblaues Barett. Offiziere Käppi, Deckel rot, Band schwarzer Samt mit silberner, rundum laufender Rangtresse. Der Mantel hatte zwei Reihen Knöpfe und die Kragenpatte des Rockes. Rangabzeichen am Ärmel. Auf den Achselklappen von Rock und Mantel befand sich ein ovales dunkelblaues, rot vorgestoßenes Schild mit den roten bzw. silbernen Buchstaben Č.S. Die Uniform dieser drei tschechischen Kriegslegionen wur-

Abb. 86. Tschechoslowakische Republik.
a, b, c Legionen in fremden Diensten: Rußland, Italien, Frankreich – d, g Infanteristen – e Offizier – f Kavallerist

de zugweise weiter von der die Wachtruppe des Präsidenten bildenden Burgwache zur Parade getragen (Abb. 86 a–c). Anfang der 20er Jahre sind die Uniformen der tschechischen Wehrmacht reglementiert und in der Hauptsache bis 1945 unverändert geblieben. Die Grundfarbe ist kaki. Der Feldrock hat eine Reihe von 7 Knöpfen, aufgesetzte Brust- und Seitentaschen und runde Aufschläge, die für Offiziere und Unteroffiziere in der Ärmelnaht drei kleine Knöpfe tragen. Die Knöpfe sowie sämtliche Rangabzeichen und Metallteile sind für Mannschaften aus matter Bronze, Unteroffiziere Silber, Offiziere Gold. Die Waffenbezeichnung erfolgt durch verschiedenfarbige viereckige, an der hinteren und oberen Seite einfach geschweifte Kragenpatten, die bei Generalen und Generalstabsoffizieren eine lange rechteckige Form haben. Generale und Generalstab scharlachrot, Burgwache, Infanterie, Gebirgsinfanterie, Grenzjäger und Panzertruppe kirschrot, Artillerie scharlachrot, Reiterei goldgelb, Train zunächst dunkelgrün, später orange, dann gelb wie Reiterei, Genie dunkelbraun, Nachrichtentruppe hellbraun, Kraftfahrtruppe dunkelgrün. Die Kragenpatten der Generale sind mit einer goldenen Lindenblattstickerei bedeckt. Auf den Kragenpatten der Grenzbataillone und der Gebirgstruppen befindet sich ein knopffarbiges Abzeichen, Hundekopf bzw. Falke. Die Rangbezeichnung befindet sich auf den spitzen, bei höheren Unteroffizieren und Offizieren waffenfarbig vorgestoßenen Achselklappen. Generale haben die Achselklappen mit einer goldenen Schnur eingefaßt und das Feld der Achselklappe für alle Generalsränge gleich mit einem dreiblättrigen goldenen Lindenzweig bestickt. Die Dienstgradunterscheidung erfolgt durch 2, 3 und 4 goldene fünfstrahlige Sterne auf den Unterarmen nach französischem Muster; Stabsoffiziere bis Anfang der 30er Jahre 1–4 silberne viereckige Sterne übereinander, seitdem goldene fünfstrahlige Sterne sowie Einfassung der Achselklappe durch eine goldene Schnur an den Außenseiten. Subalternoffiziere zunächst 1–4 silberne Querbalken, seitdem 1–4 dreistrahlige Goldsterne, höhere Unteroffiziere (Rottmeister) zunächst 1–3 silberne Knöpfe auf einem waffenfarbigen Mittelstreifen der Achselklappe, dann 1–3 silberne Querbalken. Mannschaftsgrade 1–4 silberne Knöpfe nebeneinander auf waffenfarbigem Streifen am unteren Ende der Achselklappe. Die Regimentsbezeichnung befindet sich auf beiden Kragenseiten über der Achselklappe in einem kleinen knopffarbigen Metallrechteck. Die kakifarbene Hose trägt keine farbigen Vorstöße, Generale haben rote Lampassen, Offiziere der Fußtruppe außerdienstlich zur langen Hose einfache, breite waffenfarbige Streifen. Der Stahlhelm hatte zunächst deutsche Form mit kleinem Bügel (Abb. 86 d); seit 1934 neues halbrundes Modell (Abb. 86 g). Die Feldmütze hat Bootsform, für Mannschaften waffenfarbigen Vorstoß um den Aufschlag. Auf der linken Seite des Kopfteiles befindet sich das kleine Staatswappenschild, dahinter die Rangsterne bzw. Knöpfe, auch für Offiziere. Außerdienstlich wird von Offizieren und

Unteroffizieren eine Schirmmütze englischen Modells mit Stoffschirm getragen, die am oberen Besatzrand einen waffenfarbigen Vorstoß und auf beiden Seiten die Rangsterne bzw. Knöpfe aufweist. Über dem für Generale mit einer goldenen Lindenblattstickerei am Rand besetzten Schirm befindet sich das Staatswappen in einem Metallrhombus, auf zwei gekreuzte Schwerter aufgelegt, in Knopffarbe. Die Mützenkordel ist in Knopffarbe. Generale tragen keine Rangsterne an den Mützen. Generalstabsoffiziere haben an der rechten Schulter doppelte, dunkelkakifarbene seidene Fangschnüre sowie die Generalskragenpatte ohne Stickerei. Reiterregimenter and Train tragen außerdienstlich dunkelrote Reithosen altösterreichischen Musters. Das Portepee ist geschlossen und in Knopffarbe. Spezialitätsabzeichen aus abzeichenfarbigem Tuch befinden sich bei den Mannschaften auf dem linken Oberarm.

Ungarn
(Kokarde rot-weiß-grün)

Die erste selbständige Armee Ungarns, die eine von der k. k. österreichischen Wehrmacht abweichende Uniform zeigt, bestand in den Jahren 1848/49. Ihre eigenartige, dem nationalen Charakter angepaßte Uniform kann hier nur kurz gestreift werden. Infanterie, Artillerie und Train trugen langschößige dunkelbraune Attilas, die für Mannschaften rote, für Offiziere goldene Verschnürung aufwiesen. Die Oliven und Rosetten waren für die Infanterie und Artillerie gelb, Train weiß. Die Artillerie hatte weißen Kragenvorstoß und weiße, für Offiziere goldene flammende Granate am Kragen über der Schulter. Rangabzeichen befanden sich in Gestalt von kurzen waagerechten Tressen an den Kragenenden, für Mannschaften rot, für Offiziere in Farbe der Oliven, Stabsoffiziere zusätzlich mittelbreite Gold- und Silbertresse am unteren Kragenrand und am Aufschlag unter dem ungarischen Knoten. Offiziere trugen eine rot-weiß-grüne Schärpe um den Leib, Quasten links, im Felddienst von der rechten Schulter zur linken Hüfte goldenes Portepee. Die Hosen waren lichtblau mit roter Verschnürung und roten Seitenstreifen. Als Kopfbedeckung diente der Tschako, wie er in der österreichischen Armee um diese Zeit getragen wurde. Der Tschako hatte über dem Lederschirm das ungarische gekrönte Wappen in Farbe der Oliven und darüber die rot-weiß-grüne Tschakorose. Um den oberen Rand eine dreifarbige Schnur; Unteroffiziere ebenfalls eine dreifarbige Borte, Offiziere 1–3 Gold- oder Silberborten mit roter Zwischenraumfüllung. Außerdienstlich eine blaue, beim 3. und 9. Infanteriebataillon rote Feldmütze österreichischer Art. Generale hatten karminrote, goldverschnürte Attilas mit breiter Kragen- und Aufschlagtresse, karmin Tschako mit breiter Goldborte oben und grünem Reiherstutz, Generalstabsoffiziere dunkelgrüne Attilas mit goldener Verschnürung. Hosen für beide dunkelgrau mit goldenem Seitenvorstoß. Von den neu errichteten Kavallerieregimentern trug das Hunyady-Husarenregiment Nr. 13 eine eigenartige, den nationalen Panduren nachgebildete Uniform, dunkelblaue kurze Jacke mit rotem Kragen und spitzem Aufschlag sowie reicher weißer Knopfbesetzung, dunkelblauen Pelz mit schwarzer Verschnürung und Pelzvorstoß, graue Hose mit roten Seitenstreifen, an beiden Seiten aufgeschlagenen Filzhut mit roter Feder. Die übrigen neuerrichteten Husaren-Regimenter erhielten Tschako-Rosen und Behänge in den Nationalfarben und folgende Abzeichen:

Regiment	Tschako	Dolman	Hosen	Schnüre	Oliven
				dreifarbig	
Nr. 14 Lehel	grün	dunkelblau	dunkelblau	rot-weiß-	gelb
Nr. 15 König Mathias	rot	hechtgrau	hechtgrau	grün, das	
Nr. 16 Karoly	licht-hechtgrau	kornblumenblau	kornblumengrau	Rot vorherrschend	weiß
Nr. 17 Bosckay	lichtblau	lichtblau	lichtblau	weiß	
Nr. 18 Attila	rot	lichtblau	rot	dreifarbig	

Die Pelze waren von der Farbe der Dolmans (Spenzer). Beim 14. Regt. trugen auch die Offiziere dreifarbige Verschnürung (rot mit grünen und silbernen Fäden durchzogen), beim 17. Regt. silberne, bei den anderen Regimentern goldene (rot-grün durchzogene) Schnüre. Schabracke und Säbeltasche rot mit grün-weiß-rotem Vorstoß und aufgelegtem Wappen. Das Ulanenkorps Poninski trug lichtblaue Ulankas mit weißem Kragen, spitzen Aufschlägen und Rabatten, alles mit roten Vorstößen, lichtblaue Hose mit weißen Seitenstreifen, Ledertschapka mit blauen Rabatten und weißem Busch, weiß-blaue Lanzenflagge, lichtblaue Schabracke mit rotem Vorstoß. Die Jäger und Pioniere trugen hechtgraue einreihige Röcke mit stahlgrünen Vorstößen und 6 Reihen grader Brustverschnürung, ungarischen Knoten auf den Ärmeln, hechtgraue Hosen mit grünem Vorstoß, Jäger gelbe Oliven und Hut, Pioniere weiße Oliven und Tschako mit schwarzem Busch. Das Lederzeug war in der ganzen Armee schwarz.

Als 1919 Ungarn als selbständiger Staat, wenn auch mit stark beschränktem Gebiet, ins Leben trat, wurden zunächst von den weißen Truppen, unter der Führung des Reichsverwesers Admiral von Horthy, die vorhandenen Bestände der

Abb. 87. Ungarn.
a Offizier im Mantel – b Inf.-Major, Gesellschaftsanzug – c Infanterist – d Krongarde

österreich-ungarischen Kriegsarmee aufgetragen. Als gemeinschaftliches neues ungarisches Wehrmachtsabzeichen wurde aber bereits damals eine Verschnürung der Kragenpattenaußenseiten eingeführt. Mit dem 1. 1. 1922 wurde eine neue, im Schnitt für alle Waffengattungen und Ränge gleiche Felduniform eingeführt. Die Grundfarbe der Felduniform ist ein ziemlich dunkles Kakibraun (Abb. 87c). Der Feldrock hat eine Reihe von 5 Knöpfen, aufgesetzte Brust- und Seitentaschen mit Quetschfalte und geschweifte, mit kleinem Knopf geschlossene Taschenklappen, runde Aufschläge, mit drei kleinen Knöpfen in der Naht für Offiziere und Unteroffiziere. Grundfarbene Hose im üblichen Schnitt ohne farbige Vorstöße; Generale rote Lampassen. Neben dem Stahlhelm deutscher Form wird außer Dienst und im kleinen Dienst eine schirmlose Feldkappe österreichischen Musters getragen. Das Lederzeug ist braun, für Offiziere Schulterriemen. Mannschaften und Unteroffiziere tragen waffenfarbige Achselklappen mit kleinem Knopf, Offiziere goldene, rot durchwirkte Schulterschlinge rechts, Offiziere der berittenen Waffen, Kavallerie, Artillerie, Train und Flügeladjutanten auch auf der Linken.

Waffenbezeichnung erfolgt durch die verschiedene Farbe der Mantel-, Rockkragen- und Feldmützenpatten sowie der Mannschaftsachselklappen. Die Waffenfarben sind folgende:

Generale: scharlachrot
Generalstab: schwarz Samt – scharlachroter Vorstoß
Technischer Generalstab: braun Samt – scharlachroter Vorstoß
Infanterie (auch Radfahrer): grasgrün
Grenzwache: grün mit rotem Vorstoß
Husaren: lichtblau
Artillerie: scharlachrot
Technische Truppen (auch Verbindungstruppen): dunkelstahlgrün
Panzertruppe: dunkelblau
Train: zunächst gelb, seit 1922 ebenso wie die Kraftfahrtruppe braun
Sanitätstruppe: schwarz
Musiken: violett

Offiziere der Militärkanzleien des Reichsverwesers weiß, Wirtschaftsoffiziere karmin, Offiziere in Lokalanstellungen orange.

Die Kragenpatte bildet am rückwärtigen Ende eine langausgezogene Spitze und ist oben und unten mit einer Schnur eingefaßt, die an den hinteren Ecken ein Auge und am hinteren Ende der Spitze bei Mannschaften und Unteroffizieren eine einfache Schlinge, bei Offizieren eine Kleeblattschleife bildet, während sie bei den Generalen längs der spitzen Seiten noch je drei Augen aufweist. Die Schnur ist für Mannschaften dunkelkakifarbene Seide, Unteroffiziere

Silber, Offiziere Gold, ebenso wie die Knöpfe, Rangabzeichen und sonstige Metallteile der Uniform. Die Patte an der linken Seite der Feldkappe ist ein auf der Spitze stehendes Dreieck, über das quer drei schmale Tressen in Knopffarbe verlaufen. An den Endpunkten der Tresse ist je eine knopffarbige Rosette angebracht. Bei Generalen ist zusätzlich neben den Langseiten des Dreiecks je ein goldgestickter Eichenzweig angebracht. Die Mantelkragenpatte hat Speerspitzenform, keine Verschnürung; Offiziere einen kleinen goldenen Knopf an der Spitze. Bei Generalen ist sie mit Goldtresse bedeckt. Der Mantel, zweireihig mit Rollumschlägen, hat liegenden Kragen, der für Offiziere aus dunkelkakifarbenem Samt verfertigt ist (Abb. 87a).

An der Feldmütze befindet sich die Kokarde über der Stirn auf dem Kopfteil. An der linken Seite wurde bisher vielfach eine aufrecht stehende Adlerfeder getragen. Das Schuhzeug ist schwarz, Mannschaften der Fußtruppen tragen auch kakifarbene Wickelgamaschen. Im Sommer tragen alle Truppen weißen Leinenanzug, Reithose der Berittenen ist jedoch aus Kaki-Tuch.

Die Rangabzeichen befinden sich auf den Kragenpatten und bestehen außer der verschiedenen Verschnürung aus je 1–3 sechsstrahligen Sternen, für Mannschaften weiß, Unteroffiziere, Stabsoffiziere, Generale Silber, Subalternoffiziere Gold. Die Kragenpatten der Unteroffiziere weisen am hinteren Ende vor der Spitze eine geschweifte mittelbreite Silbertresse auf. Der Unterleutnant hat einen silbernen Stern auf einer schmalen senkrechten Goldtresse. Der Fähnrich, der schon die Offiziersverschnürung der Patte hat, trägt einen silbernen Stern und eine kurze waagerechte, hinten spitze Goldtresse dahinter. Die Kragenpatten der Stabsoffiziere und Generale sind mit einer breiten Goldtresse belegt, die die Waffenfarbe vorstoßartig oben und unten und in der Spitze überstehen läßt. Auf der Generalskragenpatte sind zusätzlich in dem spitzen roten Teil zwei gekreuzte goldgestickte Eichenlaubzweige angebracht. Das goldene Offizierssportepee hat offene Form und auf dem Stengel rot-weiß-grünen Belag mit dem Landeswappen darauf. Außer Dienst wird zu allen Anzugsarten von sämtlichen Offizieren die schwarze Offizierskappe österreichischer Vorkriegsform getragen mit ungarischer Kokarde oben und goldener rotdurchzogener Schnur unten. Außerdienstlich wird von den Offizieren eine schwarze, rot vorgestoßene Hose, und für große festliche Gelegenheiten der Attila, sonst der kleine Gesellschaftsattila getragen. Die Farben der Attilas sind: Generale lichtblau, Infanterie dunkelgrün, Husaren dunkelblau, Artillerie, Train, Fahrtruppe braun, alle übrigen Truppen schwarz. Generale und Artillerie tragen Kragen und den spitzen Aufschlag rot; Generalstabsoffiziere haben den Attila in der Farbe ihrer Stammtruppe, Kragen und Aufschlag aus schwarzem Samt mit rotem Vorstoß. Die Kragenrangabzeichen der Offiziere und Stabsoffiziere sind nach altem österreichischem Muster auf dem Attila, d.h., die Stabsoffizierstresse geht ganz um den Kragen herum. Die Verschnürung des großen Attilas ist dieselbe wie beim früheren preußischen Attila, beim kleinen Attila finden sich auf der Brust fünf kurze gerade Verschnürungen, am Arm eine einfache Kleeblattschlinge. Die Verschnürung ist stets golden (Abb. 87b).

Die königlich ungarische Kronwache, die Garden: Trabanten, Leibgardereiter, Leibgardeinfanterie (Schloßwache) und die Parlamentswache sind Bestandteil des Heeres. Ihre Diensthofuniform trägt altungarischen Charakter in den Farben Rot-Weiß für die Garden, Rot-Grün für die Kronwache und Kirschrot-Silber für die Parlamentswache (Abb. 87d). Außerdienstlich tragen auch die Mannschaften schwarze Offizierskappen mit Silberschnüren, farbige Attilas mit weichselroter Verschnürung, und zwar Leibgardereiter und Parlamentswache dunkelblau, die übrigen dunkelgrün sowie schwarze Hosen mit weichselrotem Vorstoß.

Argentinien
(Kokarde seit 1821 blau-weiß-blau)

Bis zur Befreiung von der spanischen Herrschaft folgten die Uniformen dem spanischen Vorbild: Infanterie weiße Röcke mit verschiedenfarbigen Kragen und Aufschlägen, Rock noch bis zum Ende des 18. Jahrhunderts einreihig und ohne Rabatten; Kavallerie gelbe Röcke mit verschiedenfarbigen Aufschlägen, Pelzmütze; Artillerie dunkelblaue Röcke mit roten Aufschlägen und roten Westen. Nach der Selbständigkeitserklärung Argentiniens macht sich zunächst englischer Einfluß geltend neben starken nationalen Anklängen. Die Infanterie trägt durchgängig dunkelblaue Röcke und Hosen mit grüner Abzeichenfarbe. Beispiele werden in der Abb. 88a und b gegeben. Bei Figur a Rock und Überhose dunkelblau, Unterhose und Tornister weiß, Lederzeug schwarz. Bei b ist die Jacke türkisblau, Kragen, Aufschlag, Weste, Mütze und unterer Hosenumschlag rot, die Hose selbst weiß. Seit Mitte des 19. Jahrhunderts wird die Uniform im Schnitt vom französischen Muster stark beeinflußt (Abb. 88c). Infanterie: Waffenrock und Hose türkisblau, Kragen, Aufschläge, Epauletten und Tschakostutz grün, Lederzeug weiß, ebenso die Gamaschen, schwarzer Ledertschako, Knöpfe und Metallteile gelb. Artillerie trägt zu diesem Zeitpunkt schwarze Kragen und dunkelblaue Aufschläge, beides rot vorgestoßen, dunkelblaue Hose mit breitem roten Besatzstreifen. Zur Felduniform wird schon in dieser Zeit vielfach schutzfarbiges Drillichzeug ohne farbige Abzeichen angelegt. In den 70er und 80er Jahren hat die Infanterie rote Hosen. Auch die Kavallerie folgt durchaus dem französischen Vorbild. Um 1890 dunkelblauer Dolman mit rotem Kragen, spitzen Aufschlägen, Epauletten und weißem Lederzeug, rote Hosen, rotes Käppi mit rotem Busch. Artillerie ähnlich, aber mit dunkelblauen Hosen und zwei roten Streifen, dunkelblauem Käppi mit roten Vorstößen und rotem Busch. Um die Jahrhundertwende wird eine schwarze Pickelhaube deutschen Modells eingeführt mit gelbem Beschlag, der Waffenrock wird

Abb. 88. Argentinien.
a, c, e Infanterie – b, d Kavallerie (d Grenadier zu Pferd)

zweireihig. Kragen, Aufschläge und die Epauletten für Infanterie grün, Artillerie rot, Genie schwarz, Lederzeug und Stiefel naturfarben. Die Kavallerie, deren Helm mit weißem Busch versehen ist, behält den türkisblauen Dolman mit schwarzer Verschnürung, rote Kragen und Epauletten, rote Hose. Eine besondere Paradeuniform hat das Regiment Grenadiere zu Pferde (Abb. 88 d) seit 1821: Blauer Schoßrock mit gleichfarbigen Rabatten, roten Kragen, Vorstöße und Epauletten, gelbe Granate am Kragenende, türkisblaue Hose mit rotem Besatzstreifen, Ledertschako mit rotem Streifen oben, gleichfarbigen Stutz und Behänge. Die Felduniformen waren kakifarben mit waffenfarbigen Patten und Nummer in den Kragenecken. 1931 ist die Felduniform olivgrün, für Mannschaften in Blusenform mit Stehkragen und waffenfarbigen Patten, Offiziere Jackettschnitt mit silbernen oder goldenen Waffenabzeichen auf den Reversen und waffenfarbiger Besetzung der Achselklappen, auf denen auch die Rangabzeichen in Form von 1–3 goldenen Sonnen angebracht sind. Waffenfarben sind: Dunkelgrün bei Infanterie, Dunkelrot Kavallerie, Rot Artillerie, Schwarz Genie, Goldgelb Train. Die ebenfalls grüngraue Mütze trägt bei Mannschaften das Waffenabzeichen, bei Offizieren das Staatswappen über dem Schirm, darüber die Kokarde, waffenfarbigen Deckel- und Besatzstreifenvorstoß. Zweireihiger Mantel mit Rollumschlägen und liegendem Kragen. Zu Parade- und Ausgangszwecken gibt es noch eine graublaue Uniform mit waffenfarbigem Stehkragen und Vorstößen; die Mannschaften haben hohe grundfarbene Aufschläge mit waffenfarbigem Vorstoß, bei Offizieren sind die Aufschläge spitz und abzeichenfarbig; sie tragen auf den Aufschlägen die Rangabzeichen, 1–3 goldene Sonnen, bei Stabsoffizieren mit gestickter Randeinfassung des Aufschlages, am Kragen Regimentsnummer oder Waffenabzeichen, bei Stabsoffizieren mit goldener Randeinfassung; Knöpfe sind gelb. Bei den Generalen ist der Kragen und der hier schwedische Aufschlag mit dichter Eichenlaubstickerei bedeckt. Zu dieser Uniform gehört eine Schirmmütze amerikanischer Form, Deckel graublau, Deckelvorstoß und Besatzstreifen waffenfarbig, schwarzer Lederschirm, für Oberste und Generale mit einfacher bzw. doppelter Goldstickerei. Die Mütze der Generale hat einen weißen Deckel mit dunkelblauem Besatzstreifen, der oben und unten rot vorgestoßen ist. Die Offiziere tragen zu dieser Uniform Achselstücke aus vierfach nebeneinanderliegender Plattschnur, Stabsoffiziere in Gold, Subalternoffiziere in Silber mit 1–3 stets goldenen Rangsonnen, Generale goldene geflochtene Achselstücke auf roter Unterlage mit 2 oder 3 goldenen Sonnen. Unteroffiziere und Mannschaften goldene, waffenfarbig vorgestoßene Winkeltressen an beiden Oberarmen an Rock und Mantel sowohl der Feld- wie der farbigen Uniform. Die Schüler des Collegio militar tragen zur Parade weiße Tellermütze mit rotem

Deckelvorstoß und Band, graublauen Waffenrock mit rotem spitzem Aufschlag und Kragen, graublaue Achselstücke mit blau-silberner doppelter Schnurumrandung, weiße Hosen, Handschuhe und Lederzeug, schwarze Stiefel.

Brasilien

(Kokarden bis 1800 schwarz, bis 1822 blau-rot, seitdem grün-gelb-blau)

Brasilien war seit Mitte des 16. Jahrhunderts portugiesische Kolonie. 1806 siedelte der königlich-portugiesische Hof, von Napoleon vertrieben, nach Brasilien über und kehrte erst nach der Vertreibung Napoleons nach Portugal zurück. 1821 wurde Brasilien als Kaiserreich selbständig, 1889 Republik.

I. Infanterie und Jäger

Die Uniformen der in Brasilien garnisonierenden Regimenter richtete sich während des 18. Jahrhunderts nach portugiesischem Vorbild. 1806–1822 folgt die Uniform dem portugiesischen Heeresvorbild, die Negerregimenter hatten weißen Rock mit roten Abzeichen. 1823 erhielt die Infanterie eine dunkelblaue Uniform (Abb. 89a). Abzeichen zunächst grün mit gelbem Vorstoß, bei Grenadieren mit gelber Granate am Kragen, später rot mit roten Vorstößen. Weißes Lederzeug. Jäger hatten einen dunkelblauen Dolman mit schwarzer Brustverschnürung, grüne Kragen und spitze Aufschläge, schwarzes Lederzeug. 1834 wurde ein niedriger glockenförmiger Tschako mit gelbem Beschlag für Infanterie und Jäger eingeführt. 1845 wird der Rock für die Fußtruppen zweireihig mit dunkelblauem Aufschlag und geschweifter schmaler dreiknöpfiger Patte in Abzeichenfarbe. 1852 erhielt die Infanterie einen einreihigen dunkelblauen Waffenrock, der um Kragen, Kragenpatten, Vorderteile, Schoßtaschenleisten, Aufschläge und Aufschlagpatten rot vorgestoßen war; gelbe Knöpfe. Dunkelblaue Epauletten mit weißwollenem Puschel am Ende, bei Offizieren gelbem Halbmond. Weißes gekreuztes Lederzeug, dazu schmales Leibkoppel. 1. Bataillon Füsiliere graublaue, die anderen dunkelblaue lange Hosen ohne Vorstöße, im Sommer Hosen stets weiß. Käppi französischer Form mit rotem Vorstoß und Bandstreifen in Farbe der Aufschlagpatte, seit 1850 auch für die Mannschaften (Abb. 89c). Bei den Jägern sind Rock, Hose und Käppi dunkelgrün, Vorstöße schwarz, ebenso das Lederzeug. Die Unterscheidung erfolgt durch verschiedenfarbige Kragen- und Aufschlagpatten nach folgendem Schema:

Bez.	Kragenpatte	Aufschlagpatte	Bez.	Kragenpatte	Aufschlagpatte
Füs.Btl. 1	weiß	gelb	Füs.Btl. 8	gelb	weiß
Füs.Btl. 2	gelb	hellblau	Jäg.Btl. 9	rot	rot
Füs.Btl. 3	rot	gelb	Jäg.Btl. 10	grün	grün
Füs.Btl. 4	hellblau	rot	Jäg.Btl. 11	grün	rot
Füs.Btl. 5	rot	hellblau	Jäg.Btl. 12	gelb	gelb
Füs.Btl. 6	gelb	rot	Jäg.Btl. 13	gelb	grün
Füs.Btl. 7	hellblau	gelb	Jäg.Btl. 14	grün	gelb

1866 erhalten alle Füsiliere dunkelrote Kragen und Aufschlagpatten. Waffenrock, Hose und Käppi der Jäger werden dunkelblau mit gleichfarbigen Kragen und französischem Aufschlag, alles gelb vorgestoßen, die Knöpfe bleiben gelb. Zum Felddienst wird kakifarbenes Drillich, das Käppi mit weißem Überzug oder breitkrempiger Hut getragen, auch die Gürtelrüstung eingeführt. 1871 zur Parade konischer Tschako mit weiß-rotem Stutz, roten Fangschnüren, Stern über dem Schirm, dunkelblaue Epauletten mit Metallmond und roten Fransen, außerdienstlich kleines Lederkäppi mit Metallnummer über dem Schirm. Bei Jägern sind Stutz, Fangschnüre und Epaulettenfransen grün; auf den Tschakos ein kleines Horn.

Ab 1889 wird eine völlig neue Uniform im Typ der Abb. 89c eingeführt. Rock und Hose sind dunkelblau, Kragen- und Aufschlagpatten, Vorstöße, Rockverschnürung, Epaulettenfransen und Hosenstreifen rot, Lederzeug weiß, Gamaschen und Schuhzeug schwarz. Der Helm hat einen Kopf aus dunkelblauem Filz, Stirn- und Nackenschirm aus schwarzem Lackleder, Beschlag gelb. Bei Offizieren ist die Rockverschnürung golden; roter Federbusch auf dem Helm.

Zum Felddienst wird ein einreihiger Rock mit roten Kragen- und Aufschlagpatten sowie Achselklappen, dunkelblaues Käppi mit rotem Band und Vorstößen getragen. Jäger erhalten die gleiche Uniform, nur statt der gekreuzten Gewehre ein Horn als Waffenabzeichen. 1894 bekommt die Infanterie rote Hosen mit dunkelblauen Doppelstreifen, der Rockkragen wird rot mit dunkelblauer Patte, der Aufschlag rund, rot vorgestoßen, darauf eine dreiknöpfige grade rote Patte, das Käppi erhält völlig französische Form. 1903 wird der Rock einreihig, zur Parade mit aufgeknöpfter siebenreihiger roter, für Offiziere goldener Brustverschnürung. Weißer Tropenhelm mit gelber Spitze, Kinnkette, Waffenabzeichen vorn, weiße kurze Gamaschen. 1907 wird der Helm abgeschafft, dafür zur Parade auf dem Käppi ein

Abb. 89. Brasilien.
a, c, d, f Infanterie – b Ehrengarde – e Kavallerie – g Infanterie-Offizier

roter Stutz befestigt, gelbe Schuppenepauletts, einfache dunkelblaue Hosenstreifen. Seit 1908 wird eine hellkakifarbene Felduniform eingeführt, Bluse mit Stehkragen ohne farbige Abzeichen, spitzen Achselklappen; Lederzeug naturfarben, Käppi französischer Form, Deckel kaki, breites Besatzband dunkelblau mit rotem Vorstoß oben. Waffenabzeichen in Weiß über dem Schirm, braune Gamaschen. Seit 1917 werden Koppel, Patronentasche und Tragriemen aus grau-grünem Webstoff hergestellt (Abb. 89 f), auch tritt an Stelle des Käppis eine kakifarbene Tellermütze amerikanischer Form mit dunklerem Besatzstreifen, Kakischirm und Kinnriemen, bronzenem Waffenabzeichen darüber. Die Regimentsnummer befindet sich am Kragen. Offiziere tragen Feldrock mit einer Reihe schwarzer Knöpfe und aufgesetzten Brust- und Seitentaschen. Zur Parade blieben die farbigen Uniformen in Form des einreihigen dunkelblauen Rockes ohne Verschnürung, auch bei Offizieren, dazu braunes Lederzeug, schwarze Gamaschen. 1931/33 tritt eine völlige Neuuniformierung ein. Der Feldrock ist olivgrün mit aufgesetzten Taschen und Quetschfalten; eine Reihe von 7 schwarzen Knöpfen, der Stehumlegekragen, die spitzen Achselklappen und die runden Aufschläge aus dunkel-olivgrünem Tuch, ebenso die Hose. Lederzeug braun, bei Offizieren mit Schulterriemen rechts, Gamaschen graugrün, Schuhzeug schwarz. Der olivgrün angestrichene Stahlhelm hat französisches Modell mit waffenfarbiger runder Scheibe vorn (Abb. 89 g). Bootsförmige Feldmütze ohne farbige Abzeichen, am Rockkragen befindet sich das Waffenabzeichen, gekreuzte Gewehre mit aufgelegter Handgranate und Nummer darunter, für Mannschaften in Bronze, Offiziere in weißer Seide. Das Waffenabzeichen der Jäger ist ein Horn mit Nummer in der Schleife. Bei Offizieren ist der Aufschlag schottisch. Diese haben auch weiter eine Ausgangsuniform, dunkelgraues vierknöpfiges Jackett mit aufgesetzten Taschen, Seidenkoppel mit Koppelschloß, schottische Aufschläge, Spitze waffenfarbig, hier grün, vorgestoßene Achselklappen, hellgraue Hosen mit zwei dunkelgrauen Streifen an jeder Seite, hellgraue oder weiße Wäsche mit dunkelgrauem oder schwarzem Langbinder, dunkelgraue Tellermütze mit waffenfarbigem Deckelvorstoß, hellgrauen Zelluloid-Besatzstreifen, dunkelgraue Kinnriemen, schwarze Lederschirme. Auf dem Besatzstreifen ist die Nationalkokarde befestigt. Am Jackettkragen ist das Waffenabzeichen in Gold auf kleiner hellgrauer Emaillescheibe an den Enden befestigt; Knöpfe gelb. Im Sommer wird ein weißes Jackett und gleichfarbige Hose zur grauen Mütze getragen. Schließlich haben die Offiziere noch eine dunkelblaue Gesellschaftsuniform mit schwarzblauem Samtkragen und rundem Aufschlag mit goldener Stickereieinfassung, waffenfarbige geschweifte Kragenpatten mit goldenem Waffenabzeichen, dunkelblaue Tellermütze ohne Vorstoß mit schwarzblauem Samtband, goldenem Kinnriemen, für Stabsoffiziere mit gesticktem Mützenschirm, über dem sich im Blätterkranz die Nationalkokarde befindet.

Die graue Ausgangs-Uniform der höheren Unteroffiziere hat denselben Schnitt wie die der Offiziere, spitze Achselklappen und die runden Aufschläge dunkelblau mit rotem Vorstoß, Rangabzeichen in 3–6 schmalen Winkeltressen auf dunkelblauer Unterlage auf den Unterarmen, dunkelgraue Tellermütze mit dunkelblauem Deckelvorstoß und Besatzstreifen, über dem schwarzen Lederschirm ein halbkreisförmiges, stets rotes Tuchstück, darauf das goldene Waffenabzeichen. Die Hose hat roten Vorstoß. Diese Uniformen sind für alle Waffengattungen mit Ausnahme der Waffenfarbe für die Offiziere und des Waffenabzeichens die gleichen.

II. Kavallerie, Artillerie, Genie

Die Kavallerie erhält von 1822 an die gleiche Uniform wie die Infanterie, jedoch mit glockenförmigem Tschako und weißen Vorstößen, die das charakteristische Zeichen der Kavallerie bilden. Gelbe Knöpfe, Schuppenepauletts. Der Kragen ist zunächst grün, später rot, ebenso die Aufschläge, Lederzeug weiß. Das Regiment Ehrengarde (Abb. 89 b) erhielt einreihigen weißen Schoßrock mit roten Kragen, spitzen Aufschlägen und Vorstößen, gelbe Knöpfe und Schuppenepauletts, weiße Hosen und Stulpenhandschuhe, schwarzes Leder- und Fußzeug, gelben Bügelhelm mit schwarzem Schweif und grünem Busch links, vor dem Bügel geflügelten Drachen. 1831 schwarzer Lederhelm mit gelbem Bügel und Beschlag, rotem Stutz und Schweif. Diese Uniform wird später wieder von der Ehrengarde des Präsidenten getragen. Im übrigen folgt die Entwicklung der Kavallerieuniformen der Infanterie. Das Lederzeug ist stets weiß. Zum Waffenrock 1852 alle Vorstöße weiß, Kragenpatte rot, Aufschlagpatte rot oder dunkelblau für die damals vorhandenen vier Regimenter. 1890 hat der Helm roten Filzkopf, statt der Spitze gelben Bügel mit weißem Roßschweif und kleinem Stutz vorn. Die Vorstöße sind weiß, Hose königsblau mit breitem roten Streifen. 1894 rote Hose mit zwei mittelblauen Besatzstreifen, der Helm erhält einen roten Stutz links, Waffenabzeichen zwei gekreuzte Lanzen. 1903 wird der Rock königsblau, die Verschnürung der Mannschaften weiß, für Offiziere golden; zum weißen Tropenhelm roten Haarbusch (Abb. 89 e). 1908 königsblauer Rock, Kragenpatten- und Aufschlagvorstoß weiß, ebenso der Käppistutz. Felduniformen wie Infanterie mit entsprechenden Waffenabzeichen; dies gilt ebenso für die Uniformen 1933. Das Waffenabzeichen sind jetzt gekreuzte Lanzen mit der Nummer darunter. Die Waffenfarbe ist weiß.

Die Artillerie hat bis 1852 rote Abzeichen, gelbe Knöpfe und schwarzes Lederzeug, welche Abzeichen für die berittene Artillerie auch weiterhin bleiben. Zum Waffenrock erhält das 1. Bataillon rote Kragenpatten und schwarze Aufschlagpatten, das 2. Bataillon umgekehrt. Zur Uniform 1890 wird der Helm rot mit schwarz-rotem Busch bzw. Schweif für die berittene Artillerie; Hose wie Kavallerie. Die sonstigen Veränderungen der Uniform wie bei der Infanterie, das Waffenabzeichen zur Uniform 1931/1933 ist eine flammende Granate bzw. gekreuzte Kanonenrohre mit Nummer darunter. Die Waffenfarbe ist dunkelblau.

Das *Genie* hatte allgemein die Uniform der Artillerie, Abzeichenfarbe bis 1889 karmin, zur Uniform 1890 ebenso, schwarzen Helm mit schwarz-weißem Federbusch für Offiziere, Hose dunkelblau mit breitem karmin Besatzstreifen. Waffenabzeichen ein Turm, Waffenfarbe zur Uniform M 31/33 türkisblau.

Generale, Generalstab-Rangabzeichen

Die Generaluniform folgt dem allgemeinen Zeitschnitt und ist dunkelblau mit gleichfarbigen Kragen und Aufschlägen sowie goldenen Knöpfen und Epauletten, reicher Eichenlaubstickerei, deren verschiedene Ausgestaltung gleichzeitig den Rang bezeichnet. Paradekopfbedeckung bis zum I. Weltkrieg der Hut mit weißer Füllung und goldenem Bortenbesatz, im kleinen Dienst dunkelblaues Käppi mit goldenen Vorstößen, Eichenlaubstickerei auf dem Band. 1908 Paradeuniform: dunkelblauer Dolman mit schwarzer Brustverschnürung und Tresseneinfassung an den Außenrändern, der Kragen, die runden Aufschläge dunkelblau mit reicher Eichenlaubstickerei, rote Hose mit goldenen bzw. dunkelblauen Seitenstreifen, goldene Epauletts mit silbernen Rangsternen, rotes Käppi mit dunkelblauem, goldbesticktem Band und goldenen Vorstößen. Zur Felduniform sind die Käppistickerei und die Rangsterne am Kragen weiß. Hierzu werden 1920 goldene Knöpfe, dunkelblaue Achselklappen mit den Rangsternen in Silber getragen, die sich auch über dem Mützenschirm auf dem Besatzstreifen befinden. Zur Uniform M 31/33 wird in den Kragenenden der olivgrünen, grauen und weißen Uniform ein dreiblättriger Eichenzweig befestigt in weißer bzw. goldener Stickerei. Zum Gesellschaftsanzug sind Kragen und Aufschläge mit goldener Eichenlaubstickerei bedeckt, ebenso der Mützenschirm.

Die Uniformen des Generalstabes waren bis 1933 im allgemeinen Schnitt der Infanterieuniform, jedoch ganz dunkelblau mit gelben Knöpfen, zeitweise auch weißen Vorstößen. Zur Uniform M 31/33 wird die Uniform der Herkunftswaffe getragen und auf dem rechten Unterarm zwei gekreuzte Eichenlaubzweige in Goldstickerei.

Die Rangabzeichen im brasilianischen Heer haben sich nur in großen Zeitabschnitten geändert. Von 1806 bis 1852 bestehen sie in verschiedenen Fransen der Schuppenepauletten. Oberst starke Fransen an beiden Schultern, Oberstleutnant starke rechts, dünne links, Major dünne links, starke rechts, Hauptmann an beiden Schultern dünne Fransen, Oberleutnant rechts dünne, links keine, Leutnant umgekehrt. Von 1852 bis 1889 erfolgt die Rangbezeichnung durch Tressenbesatz auf dem Aufschlag unter der Aufschlagpatte hindurch: Leutnant 1 schmale, Oberleutnant 2 schmale, Hauptmann 1 mittelbreite, Major 1 mittelbreite mit einer schmalen darunter, Oberstleutnant 2, Oberst 3 mittelbreite Goldtressen. Die Unteroffiziere tragen 1–4 abzeichenfarbige, schwarz vorgestoßene Schrägtressen über dem Aufschlag. 1889–1930 Offiziere nach französischem Muster zur farbigen Uniform 1–6 schmale knopffarbige Tressen auf dem Aufschlag und auf dem Besatzstreifen des Käppis. Zur Felduniform werden die Rangschnüre in Schwarz und winkelförmig auf den Achselklappen angebracht. Die Unteroffizierstressen werden winkelförmig in gleicher Zahl über dem Aufschlag befestigt, zur Felduniform aus schwarzer Schnur. Zur Uniform M 31/33 tragen die Offiziere die Rangabzeichen auf den Achselklappen, Subalternoffiziere 1–3 fünfstrahlige Silbersterne mit aufgelegtem blauen Mittelschild, Stabsoffiziere tragen stets drei Sterne je nach Rang auf einer goldenen Scheibe aufgelegt. Generale haben auf den Achselklappen den Stern und das Mittelschild goldgestickt mit 1–3 Paaren gekreuzter goldgestickter Zweige darunter, Unteroffiziere 3–5 schmale Winkeltressen auf den Unterarmen, zur Felduniform aus dunkelblauer Seide, zur Ausgangsuniform aus Gold.

Chile
(Kokarde weiß-rot-blau)

Um 1820 trug die Infanterie türkisblauen einreihigen Frack mit rotem Kragen, spitzen Aufschlägen, Vorstößen und Epauletten, weiße Knöpfe, lederfarbene, für Offiziere türkisblaue Hose, schwarze Gamaschen und Schuhzeug, schwarzen Filztschako mit Lederbesatz, Silberbeschlag vorn, blau-weiß-roten Pompon oben; für Offiziere silberne Epauletten, silberner Pompon, gleichfarbige Besatzstreifen am Tschakorand (Abb. 90 a). Die Kavallerie trug verschiedenartige Uniformen, zum Beispiel die Husaren der Nationalgarde dunkelblauen Dolman mit schwarzem Kragen und Aufschlag und weißer Verschnürung, dunkelblauen Pelz mit gleicher Verschnürung und schwarzem Pelzbesatz, dunkelblaue Hosen mit schwarzen, für Offiziere silbernen Streifen, weiß-blaue Husarenschärpe, Ledertschako wie Infanterie mit weiß-blauem hohen Stutz und schwarzen Behängen. Bis zur Mitte des 19. Jahrhunderts folgte die Uniformentwicklung dem allgemeinen Modeschnitt. Von dieser Zeit an bis Ausgang der 80er Jahre beherrschte der französische Uniformeinfluß weitgehend die Uniformierung des chilenischen Heeres. Ein Beispiel für die 70er Jahre gibt die Abb. 90 c. Für den Felddienst wurde vielfach schon damals Drillichzeug getragen, neben dem Tschako Käppi französischer Form, ebenso die Offiziersrangabzeichen. Seit 1890 macht sich deutscher Einfluß bemerkbar, der sich dann bis zum I. Weltkrieg weiterhin so vollständig durchsetzt, daß die Uniformen der chilenischen Armee denen des deutschen Heeres bis auf Kleinigkeiten völlig gleich scheinen (Abb. 90 e). Während dieses Zeitraumes trug die chilenische Armee einen dunkelblauen Waffenrock mit schwedischen Aufschlägen, die ebenso wie der Kragen, die Achselklappen und die Vorstöße abzeichenfarbig waren. Infanterie und Generale rot, letztere mit reicher Kragen- und Aufschlagstickerei, Artillerie schwarz mit rotem Vorstoß, Genie türkisblau mit rotem Vorstoß, Militärschule schwarz mit gelbem Vorstoß, Generalstab grau, Knöpfe gelb, Lederzeug weiß, später naturfarben. Bei der Kavallerie war der Waffenrock hellblau, Abzeichenfarbe rot, Knöpfe weiß. An der blauen, später schwarzblauen Hose hatte die Infanterie roten Vorstoß, Kavallerie und Generalstab breite Streifen, Artillerie und Pioniere Lampassen in Vorstoßfarbe. Als Kopfbedeckung diente die preußische Pickelhaube mit gelbem bzw. weißem Beschlag (fliegender Kondor mit aufgelegtem chilenischen Stern). Die Kavallerie, Artillerie, die Offiziere des Generalstabes und der Militärschule trugen zunächst siebenreihige schwarze Brustverschnürung, die jedoch bis 1910 wieder verschwanden (Abb. 90 d). Die Offiziere hatten zur Parade silberne, blau-rot durchzogene Schärpe, berittene Truppen auch Bandelier. Achselstücke ganz nach deutschem Muster, aber golden; Subalternoffiziere 4 nebeneinander liegende Plattschnüre, Stabsoffiziere ein Geflecht aus dreifacher Schnur, die mittlere silbern, die äußeren golden, darauf je 1–3 fünfstrahlige Silbersterne. Zur Parade Epauletten nach preußischem Muster, bei Stabsoffizieren mit Fransen. In den Kragenenden wurde die Regimentsnummer bzw. das Waffenabzeichen in Metall befestigt getragen. Im Felddienst trugen auch die Mannschaften die Schirmmütze, die auf dem Besatzband das Nationalwappen in kleiner Ausführung, darüber die Kokarde aufwies. Die Leibwache des Präsidenten trug bis zum I. Weltkrieg Kürassierhelm und Stulpen-Stiefel. Während des Weltkrieges wurde eine grüngraue Felduniform eingeführt, deren Muster Abb. 90 f wiedergibt. Das Wappenschild an der Mütze war gelb, die Regimentsnummer und Mannschaftsrangabzeichen grün, bei Subalternoffizieren war die Achselklappe mit einfacher, bei Stabsoffizieren mit dreifacher grüner Schnur eingefaßt. Generale hatten auf den grundfarbenen Kragenpatten ein goldenes Eichenlaubblatt, auf den Schultern grün vorgestoßene, querlaufende Achselstücke amerikanischen Musters mit breiter Goldeinfassung, darin zwei oder drei Sterne. Die Felduniform erfuhr in der Folge einige Veränderungen, ebenso die für Gesellschafts- und Ausgangszwecke auch weiterhin getragene farbige Uniform. Sie sind nach dem Reglement von 1929 folgende:
Felduniform Grundtuch grüngrau, Bluse mit Stehkragen, versenkte Brust- und Seitentaschen mit geschweiften Klappen und kleinen Knöpfen, runde Aufschläge, Achselklappen, für Offiziere Achselstücke. Auf den Stehkragen rechteckige, hinten einen rechten Winkel bildende Kragenpatten in Abzeichenfarbe mit andersfarbigem Vorstoß, darauf die Regimentsnummer oder das Abzeichen. Grüngraue Tellermütze mit braunem Schirm und Kinnriemen ohne farbige Abzeichen. Auf dem Band das kleine Staatswappen in Knopffarbe, auf dem Rand die Kokarde. Der Mützendeckel ist zur Parade und für den täglichen Anzug versteift, für den Felddienst weich. Graugrüne Hosen, kurz oder lang, mit waffenfarbigem Vorstoß oder Lampassen. Grüngrauer

Abb. 90. Chile.
a, c, e, f Infanterie – b Husar – d Generalstabsoffizier

zweireihiger Mantel mit liegendem Kragen, für Offiziere in Waffenrockfarbe, Rollumschläge, hinten einknöpfigen Riegel, für Offiziere auch dreiknöpfige Schoßtaschenleisten, braunes Lederzeug, für Offiziere Schulterriemen rechts. Die Generale tragen keine Kragenpatten auf der Bluse, statt dessen das große Staatswappen in Gold oder Silber je nach Herkunftswaffe und über dem Mützenschirm den chilenischen fünfstrahligen Stern, eingerahmt zwischen zwei Lorbeerzweigen, alles goldgestickt auf rotem Untergrund, rote Lampassen. Zu feierlichen Gelegenheiten und zur Gesellschaft werden von den Offizieren farbige Uniformen getragen. Sie bestehen aus einreihigen Waffenröcken im preußischen Dragonerschnitt. Der Stehkragen hat Waffenfarbe, die schwedischen Aufschläge sind grundfarbig mit waffenfarbigem Vorstoß. Der Rock ist für alle Truppengattungen dunkelblau mit goldenen Knöpfen, nur die Kavallerie hat Hellblau mit weißen Knöpfen. Die Kragen- und Vorstoßfarben sind: für Generale und Infanterie rot, Kavallerie rot, Artillerie schwarz Samt mit rotem Vorstoß, Genie königsblauer Samt mit rotem Vorstoß, Train kaffeebraun mit rotem Vorstoß, Militärschule schwarzer Samt mit gelbem Vorstoß. Die Kragenpatten der Felduniform haben die Grundfarbe des Kragens mit entsprechendem Vorstoß. Hiervon abweichend Infanterie rot mit dunkelblauem Vorstoß, Kavallerie hellblau mit rotem Vorstoß. Die Hose zur farbigen Uniform ist schwarz mit waffenfarbigem Vorstoß,

Oberste und Generale tragen Lampassen. Als Kopfbedeckung dient eine Schirmmütze in Reichswehrform. Der Deckel hat Waffenrockfarbe, Besatzband und Vorstöße Waffenfarbe. Die sonstige Ausschmückung der Mütze ist wie bei der Feldmütze; Generale goldverzierte schwarze Kinnriemen und Lederschirm. Zu dieser Uniform gehört eine silberne, blau-rot durchzogene Feldbinde, für die Kavallerie gleichartiges Bandelier. Säbel mit silbernem, blau-rot durchzogenem Portepee. Die Rangabzeichen sind zu allen Uniformen die der Vorkriegsuniform. Zur farbigen Uniform werden auch die Epauletten mit waffenfarbigem Feld und Schieber, knopffarbigem Mond und stets silbernen Fransen für die Stabsoffiziere getragen. Auf dem Feld übereinander 1–3 Rangsterne. Die Generale tragen zur Felduniform *jetzt* rote, quer über die Schulter laufende Achselstücke mit Goldstickereieinfassung, auf dem Feld zwei bzw. drei fünfstrahlige Sterne. Auf dem Mantel werden keine Achselstücke getragen, vielmehr erfolgt hier die Rangbezeichnung durch Kragenpatten in Kragenfarbe, auf denen senkrecht 1–3 schmale Goldtressen, für Stabsoffiziere mit fünfstrahligem Stern dahinter, befestigt werden. Generale haben rote, mit Goldstickerei eingefaßte Kragenpatten mit zwei bzw. drei Goldsternen. Die Mannschaftsrangabzeichen bestehen aus vorstoß- bzw. knopffarbigen Schrägtressen an beiden Unterarmen. Die Regimentsabzeichen in den Kragenenden, stets in Knopffarbe, sind bei der

Abb. 91. China.
a, c, e, g, h Infanterie – b Kavallerie – d Infanterie-Offizier – f Boxer (irreguläre Infanterie) – i Garde-Kavallerie – k Infanterie-Hauptmann – l Garde-Infanterie – m Infanterie der Nordarmee

Infanterie arabische Ziffern, bei der Artillerie gekreuzte Kanonenrohre mit Nummer darüber, bei der reitenden Artillerie liegende flammende Granate mit Nummer auf dem Ball, beim Genie Beil und Anker gekreuzt, bei dem Nachrichtenbataillon flammende Blitze, beim Eisenbahnregiment ein Rad, beim Train das Steuerrad eines Autos mit Nummer, bei der Militärschule das Landeswappen. Die Regimentsabzeichen der Kavallerie, die sich unverändert schon seit vielen Jahren erhalten haben: Nr. 1 stehende flammende Granate, Nr. 2 Jagdhorn, Nr. 3 Totenkopf über gekreuztem Gebein, Nr. 4 ein Wappenschild, Nr. 5 gekreuzte Lanzen mit Fähnchen, Nr. 6 ein Drache, Nr. 7 gekreuzte Pfeile, Nr. 8 gekreuzte Säbel. Die Generalstabsoffiziere tragen jetzt die Uniform der Herkunftswaffe, dazu das Kragenabzeichen, von einem goldenen Lorbeerkranz umgeben, und goldene, zur Felduniform gelbe doppelte Fangschnüre rechts.

China

Von einer Uniform im europäischen Sinne kann im chinesischen Heer erst von der Zeit nach den Boxeraufständen Anfang des 20. Jahrhunderts gesprochen werden. Bis dahin trug das Militär Landeskleidung mit verschiedenfarbigen, meist dunkelblauen Seidenüberröcken und schwarzer Bandverzierung sowie chinesischen Schriftzeichen und Emblemen auf Brust und Rücken. Beispiele werden in Abb. 91a, b, c, e gegeben. Erste Ansätze zur Uniformierung kleiner Truppenteile nach europäischem Muster zeigen amerikanischen Uniformeinfluß (Abb. 91d). Während und kurz nach den Boxeraufständen trugen die regulären Truppen dunkelblaue Kittel, Hosen und turbanartige Mützen mit verschiedenfarbigen Achselklappen, auf der Brust chinesische Schriftzeichen (Abb. 91g), die Boxer Landestracht (Abb. 91f). Nach den Boxerkriegen 1900/01 setzte eine Neuorganisation mit europäischen Instrukteuren ein und gleichzeitig erfolgte auch eine Uniformierung nach europäischem Vorbild. Nach den um 1910 gültigen Vorschriften hatten die Truppen eine dunkelblaue Winteruniform mit gleichfarbigen Hosen, Mützen und zweireihigen Mänteln, weiße Gamaschen, braunes Lederzeug und Schuhe (Abb. 91h). Die Achselklappen sowie der Mützenbesatzstreifen waren waffenfarbig, Mannschaftsrangabzeichen in Gestalt von 1–4 roten Bändern um die Unterarme und einer gleichen Anzahl schmaler schwarzer Streifen um den Mützenbesatzstreifen. Die Sommeruniform hatte gleichen Schnitt, war aber aus hellkakifarbenem Stoff hergestellt. Die Waffenfarben waren: Infanterie rot, Kavallerie weiß, Artillerie gelb, Pioniere blau, Train dunkelbraun (Abb. 91h). Offiziere hatten für den Felddienst einen dunkelblauen Feldrock, gleichfarbige Hosen und Mütze (Abb. 91k). Waffenbezeichnung erfolgte durch eine farbige Tresse an den Unterarmen, darüber befand sich die

Dienstgradbezeichnung in Gestalt von 1–3 schwarzen schmalen Streifen, über diesen als Rangklassenunterscheidung für Subalternoffiziere eine, Stabsoffiziere 2, Generale 3 goldene Scheiben nebeneinander. Die Mütze hatte keine farbigen Besätze, aber einen roten Puschel auf dem Deckel. Dienstgradbezeichnung durch 1–3 schwarze Streifen um das Mützenband, Rangklassenunterscheidung durch 1–3 senkrechte an den Seiten. Vorn war ein rundes goldenes Schild mit Drachenverzierung, in der Mitte für Subalternoffiziere ein weißer, Stabsoffiziere ein blauer, Generale ein roter runder Stein. Die Gardedivision war abweichend hellgrau uniformiert mit waffenfarbigen Achselklappen und Mützenbesatzstreifen, der Mützendeckelvorstoß war stets rot (Abb. 91i). Offiziere trugen zu dieser Uniform Achselstücke nach preußischem Muster.

In der Zeit nach dem I. Weltkrieg wird eine grüngraue Uniform getragen mit waffenfarbigen Kragenpatten. Diese sind jetzt bei Infanterie rot, Kavallerie gelb, Artillerie blau, Genie weiß, Train schwarz. Dazu grundfarbige Tellermütze mit Kokarde über dem Schirm, bei den Südstaatentruppen die weiße geflammte Sonne auf hellblauem Grund, bei den Nordtruppen ein fünfstrahliger Stern in den Farben der Republik rot-schwarz-weiß-blau-gelb (Abb. 91l). Rangabzeichen nach japanischem Muster, quer über das Schulterende laufende schmale rote Tuchstreifen mit 1–3 gelben Sternen, für Unteroffiziere mit schmaler goldener Mittelschnur. Offiziere tragen die Schulterstreifen mit 3 nebeneinanderlaufenden Metalltressen bedeckt. Subalternoffiziere die beiden äußeren in Silber, die mittlere in Gold, Stabsoffiziere umgekehrt, Generale alle drei Tressen in Gold. Grundfarbiger zweireihiger Mantel, im Winter pelzgefüttert und mit breitem Pelzkragen. Dazu Tuch- oder Lederkappen mit aufgeschlagenem, pelzgefüttertem Schirm, Nacken- und Ohrenschutz. Das Lederzeug ist braun. Im Sommer hellgraue Leinenuniformen ohne farbige Abzeichen. Stahlhelm verschiedener Modells. Von den Südstaatentruppen wird auch eine dem deutschen Arbeitsdienst ähnliche Filzmütze getragen (Abb. 91m) und die Rangabzeichen an den Kragenenden befestigt. Um 1930 hat die Mütze die Form einer Skimütze mit sehr niedrigem Kopf angenommen. Über dem Tuchschirm ist auf dem Kopfteil die Kokarde befestigt.

Indien

Britisch-Indien unterstand bis zu seiner Übernahme als Kronkolonie 1857 der Verwaltung der Ostindischen Kompanie, einer Handelsgesellschaft, die weitgehende Staatsunterstützung und Staatsschutz genoß. Die Eroberung Indiens ging von drei verschiedenen Gebietsteilen aus, Bombay, Bengal und Madras, die im Laufe der Zeit zu selbständigen Präsidentschaften wurden und jede ihre eigenen europäischen und Eingeborenentruppen unterhielten. Die Uniformen der indischen Truppen wurden naturgemäß sehr stark von dem Vorbild der englischen Krontruppen beeinflußt, die schon seit 1754 in Indien garnisoniert wurden. Die Uniformen der europäischen Truppenteile der Ostindischen Kompanie unterschieden sich fast gar nicht von denen der britischen Heimattruppen, nur erfolgten Uniformänderungen im Schnitt und Stil stets eine gewisse Zeit später als in der Heimat, wie aus den damaligen schlechten Verkehrsverbindungen leicht erklärlich. Aber auch die Uniformierung der indischen Eingeborenentruppen wich bis zur Zeit des Sepoy-Aufstandes 1857 nur verhältnismäßig wenig von der der englischen Truppen ab. Insbesondere ist der rote Rock mit den regimentsweise verschiedenen Kragen und Aufschlägen auch für die eingeborenen indischen Truppenteile stets charakteristisch gewesen. Abweichungen finden sich hauptsächlich in der Ausgestaltung der Hosen, des Schuhzeuges und der Kopfbedeckung, die mehr einem zeitweise mißverstandenen landesüblichen Muster folgen. Die Kavallerieregimenter waren durchweg nach europäischem Vorbild, häufig als Husaren, eingekleidet. Ein Beispiel gibt Abb. 92c. Um 1812 waren die Abzeichen der indischen Nationaltruppen im Sold der Ostindischen Kompanie folgende: Infanterie (Abb. 92b) *Madras*. 2., 9., 12., 20. Regiment grün; 3., 15., 23., 24. Regiment weiß; 4., 11., 19. Regiment orange; 5., 14. Regiment schwarz; 6. Regiment nankingfarben; 1., 7. Regiment hellblau; 18. Regiment dunkelblau; 8., 17., 21. Regiment gelb; 13., 16., 22. Regiment strohgelb; 10. Regiment rot; 1., 2., 5., 10., 11., 17., 20., 21., 22., 23., 24. gelbe, die übrigen weiße Knöpfe. *Bengal*. Die 27 Regimenter hatten alle gelbe Abzeichen und weiße Knöpfe. *Bombay* weiße Knöpfe, Abzeichen: 1. Regiment gelb, 2. und 8. dunkelblau, 3. schwarz, 4. weiß, 5. und 7. grün, 6. orange, 9. strohgelb. Die Röcke aller Infanterieregimenter waren rot, der Litzenbesatz weiß, ebenso die Hosen, die an den unteren Enden dunkelblauen Zackenbesatz trugen. Die 8 bengalischen Kavallerieregimenter hatten hellblauen Dolman, ziegelrote Kragen und Aufschläge, weiße Knöpfe und Beschnürung, als Kopfbedeckung verschiedenfarbige Turbane, weiße Hosen, Stulpenstiefel. Die Madras-Kavallerie trug roten Dolman, weiße Knöpfe und Verschnürung, Offiziere des 1. und 2. Regiments goldene Schnüre. Kragen und Aufschläge waren verschiedenfarbig: 1. Regiment dunkelblau, 2. grün, 3. lederfarben, 4. orange, 5. schwarz, 6. hellblau, 7. gelb, 8. strohgelb. In späterer Zeit trug die bengalische Kavallerie schwarzen Lederhelm mit großer weißer Raupe (Abb. 92c). Die Artillerie war durchgängig in Dunkelblau mit Rot gekleidet, die reitende Artillerie hatte Dolman mit reicher Verschnürung, um 1845 Messinghelm mit Bügel und langem schwarzem hinten überfallendem Roßschweif.

Nach der Übernahme Indiens in die englische Staatsverwaltung wurde auch das Eingeborenen-Heer in englische Dienste übernommen, neu organisiert und unter weitgehender Berücksichtigung der Landestrachten neu uniformiert. Die Uniformen haben sich bis zum I. Weltkrieg

Abb. 92. Indien.
a, b, e Sepoys – c Offizier der leichten Kavallerie von Madras – d Sepoy-Offizier – f 16. Bengal. Kav.-Regt., Offizier – g 45. Rattray's Sikhs – h, k Gurkhas – i 20. Punjab-Inf.-Regt.

verhältnismäßig wenig verändert. Die Feldtracht wurde schon im letzten Drittel des 19. Jahrhunderts kakifarbenes Drillichzeug in Form einer Hemdbluse mit halblangen Schößen (Abb. 92i). Auch die Paradeuniform hatte vielfach denselben Schnitt, durchgängig rot für die Infanterie mit verschiedenfarbigen Vorstößen oder Kragenbesatz, jedoch finden sich auch einreihige Waffenröcke (Abb. 92g), bei denen der Kragen, die Aufschläge und ein breiter Streifen auf dem linken Rockvorderteil in Abzeichenfarbe gehalten sind. Die Turbane waren sowohl in Form wie in Farbe für jedes Regiment, ja sogar für jede Kompanie je nach Stammeszugehörigkeit verschieden. Die Kavallerieregimenter trugen durchgängig ähnlich geschnittene farbige Uniformen, meist dunkelblau mit verschiedenfarbigen Kragen, Aufschlägen und Vorderteilbesatz. Ein Beispiel wird in Abb. 92f gegeben, bei der der Rock dunkelblau, Kragen und Aufschlag gelb, die Stickerei golden ist. Bei Abb. 92g ist der Rock rot, die Abzeichen weiß, Knöpfe gelb, die Hose schwarz-blau mit rotem Vorstoß, der Turban gelb mit schwarzem Streifen. Eine besondere Uniform hatten die Gurkha-Regimenter 1–10, deren Grundtuch das Schwarzgrün der englischen Schützenregimenter war. Kragen und Aufschlagvorstoß beim 1. und 2. Regiment rot, bei den übrigen grün oder schwarz. Während des I. Weltkrieges waren die Gurkha-Regimenter besonders durch den an der linken Seite aufgeklappten Hut gekennzeichnet (Abb. 92k). Im übrigen folgt die Entwicklung der Felduniform völlig dem englischen Muster mit Ausnahme der Kopfbedeckung und der sonstigen nationalen Eigentümlichkeiten. Jedes Regiment hat auch hier sein besonderes Regimentsabzeichen (Badge). Die Rangabzeichen sind gänzlich englisch. Die eingeborenen indischen Offiziere tragen dieselbe Uniform wie die europäischen, jedoch mit der landesüblichen Kopfbedeckung (Turban).

Japan

Bis zur Mitte des 19. Jahrhunderts war Japan für alle Ausländer ein verschlossenes Land. Seine Krieger, insbesondere die Samurai, waren in Ritterrüstungen gekleidet, die der nationale Volkscharakter in jahrhundertelanger ungebrochener Folge entwickelt hatte. Von einer Uniform im jetzigen Sinne kann daher bis etwa um 1860 nicht gesprochen werden. Nach dieser Zeit wird das Heer nach europäischen und amerikanischen Vorbildern neu organisiert und auch uniformiert. An Stelle der mittelalterlichen Ausrüstung treten Gewehr, Lederzeug und Säbel. Zunächst blieben noch viele Anklänge an die Landestracht bestehen, jedoch wird das dunkelblaue Grundtuch schon bald vorherrschend (Abb. 93a). Auch kamen zunächst lose geschnittene Jacken und schmucklose Käppis amerikanischer Form vor

Abb. 93. Japan 1863–1935.
a, b, c, e, g Infanterie – d, f Kavallerie – h, i Infanterie-Offiziere

(Abb. 93b). Die Offiziers- und auch die ersten Mannschaftsuniformen lassen weitgehend französisches Vorbild erkennen. Die seit 1880 nach der Neuorganisation des Heeres eingeführten Uniformen haben sich bis zum I. Weltkrieg wenig verändert. Der Grundstoff der Mannschaftsuniformen ist dunkelblau; einreihiger Waffenrock mit 5 Knöpfen. Der Kragen und die Vorstöße sind waffenfarbig. Dunkelblaue Hose mit Vorstoß, Lederzeug schwarz, dunkelblaue Schirmmütze mit kleinem Deckel und hohem waffenfarbigem Band mit fünfstrahligem Messingstern über dem Schirm und Kinnriemen (Abb. 93c). Die Gardeinfanterie hatte vorübergehend weiße Brustlitzen, später zwei gekreuzte Kirschblätter unter dem Messingstern. Zur Parade wurde ein dunkelblauer, für die Garde roter Tschako mit schwarzem Vorderschirm, rot-weißem Busch, später Stutz, angelegt (Abb. 93c). Waffenfarben: Gardeinfanterie rot, Infanterie gelb, Artillerie weiß (bei Garde roter Mützenstreifen), Genie dunkelrot, Train hellblau. Nach dem russisch-japanischen Krieg hat die ganze Infanterie Rot als Waffenfarbe, Artillerie Gelb. Die Rangabzeichen bestanden für Mannschafen aus 1–3 waffenfarbigen Schnüren um die runden Aufschläge und bei Unteroffizieren einer breiten waffenfarbigen Tresse darunter; der Oberfeldwebel zusätzlich eine schmale knopffarbige Tresse unter den anderen Rangabzeichen. Das Grundtuch der Offiziersuniformen war stets schwarz-blau. Sie bestanden für gewöhnlich aus einer Attila mit 5 Reihen schwarzseidener Brustverschnürung ohne farbige Abzeichen. Die Rangbezeichnung erfolgte durch 1–6 schwarze Seidenschnüre, die auf den Unterarmen ein mit der Spitze hoch ausgezogenes Kleeblatt bildeten, dunkelblaue Hose mit breiten waffenfarbigen Streifen, Mannschaftsschirmmütze, um das Band für Subalternoffiziere 2, Stabsoffiziere 3, Generale 4 schmale schwarze Schnüre. Im russisch-japanischen Krieg wurden vielfach Mannschaftsröcke mit Rangsternen auf den Achselklappen getragen. Die Waffenfarbe der Generale war rot, sie hatten Lampassen an den Hosen und dreifachen ungarischen Knoten mit breiter Tressenaufschlagseinfassung darunter in schwarzer Seide auf dem Dienstattila.

Die Galauniform der Offiziere bestand aus dem zweireihigen Waffenrock mit mittellangen Schößen, der Stehkragen, die spitzen Aufschläge und die Vorstöße waren waffenfarbig, bei Infanterieoffizieren von Anfang an rot. Der Kragen war je nach Rang mit breiter, glatter oder gemusterter Goldtresse eingefaßt, bei Generalen ganz von ihr bedeckt. Die Ärmelrangschnüre waren golden. Rot-weiße, für Generale rot-goldene Schärpe mit roten Quasten links. Auf den Schultern geflochtene Achselstücke aus einer, 2 oder 3 nebeneinander liegenden Goldschnüren mit 1–3 fünfstrahligen Silbersternen. Der Feldwebelleutnant trug im Dienst und zur Parade Offiziersuniform ohne Ärmelverschnürung und Rangstern. Generale und Generalstabsoffiziere (Truppenuniform) tragen goldene Fangschnüre rechts. Die Hose war dieselbe wie zur Dienstuniform, schwarzblaues Käppi, zunächst mit oben enger werdendem Deckel und Seitenteilen, später gerade ansteigend, ohne farbige Abzeichen, alle Nähte mit goldenen Schnüren belegt, auf dem Band von unten beginnend durch alle Rangstufen bis zum Feldmarschall 1–9 Goldschnüre, auf dem Deckel sternförmige Verzierung. Rot-weißer hoher Stutz, über dem schwarzledernen Schirm eine goldene stilisierte Chrysanthemumblüte (Abb. 93i). Die Kavallerie trug dunkelblauen Husarenattila, Linie mit weißer, Garde mit roter Verschnürung, rote Hose mit grünen Seitenstreifen, sonst wie Fußtruppe (Abb. 93d). Die Verschnürung des Offiziersattilas war auch beim Paradeanzug schwarz, der Kragen und Aufschlag hier jedoch in Waffenfarbe grün. Die drei Reihen Knöpfe, der Kragenbesatz und die Rangtressen waren für die Linie in Silber, Garde in Gold. Im Sommer wurden weiße, später auch kakifarbene Uniformen ohne farbige Abzeichen getragen (Abb. 93f). Seit dem I. Weltkrieg ist die Felduniform kakifarben; einreihiger Waffenrock mit 5 matten Knöpfen, Stehkragen mit waffenfarbigen, hinten schwalbenschwanzförmig geschweiften Patten, darauf die Regimentsnummer oder das Spezialabzeichen aus Messing, Hose ohne farbige Vorstöße, Wickelgamaschen, Leder- und Schuhzeug braun, vielfach auch schwarz getragen, kakifarbene Tellermütze englischer Form, vorn bis 1935 nicht versteift. Deckelvorstoß und Besatzstreifen waffenfarbig, über dem schwarzen Schirm und Kinnriemen der fünfstrahlige Messingstern. Die Waffenfarben sind seit 1916 für Infanterie Rot, Kavallerie Grün, Artillerie Gelb, Genie (auch Flieger) Dunkelbraun, Train Blau. Quer über die Achselenden laufen stets rote schmale Tuchstreifen in der Art der Passanten. Auf diesen sind 1–3 Messingrangsterne angebracht, bei Unteroffizieren läuft zusätzlich längs der Mitte noch eine schmale goldene Schnur (Abb. 93g). Die Offiziere haben versenkte Brust- und Seitentaschen mit geschweiften Klappen, schwarze hohe Stiefel, goldene Knöpfe. Ihre roten Schulterstreifen tragen außer den jeweils 1–3 Sternen verschiedenartigen Tressenbesatz, bei Subalternoffizieren längs der Mitte einen goldenen Streifen und goldene Vorstöße an den Außenkanten, Stabsoffizieren 2 goldene Mittelstreifen und Außenvorstöße, Generalen breite Goldtressen mit eingewobenen roten Vorstößen an den Längskanten. Der Stahlhelm hat eigenes Modell mit Stern über der Stirn (Abb. 93h).

Zum Winterfeldanzug, besonders in den Kämpfen in Mandschukuo und Nordchina, gehörten zweireihige, halblange, mit Pelz gefütterte Mäntel mit breitem Pelzkragen und pelzgefütterte Kappen mit hochschlagbarem Schirm, Nakken- und Ohrenschutz.

Mexiko
(Kokarde grün-weiß-rot)

Zur Zeit der Befreiung Mexikos von der spanischen Herrschaft wird von der Infanterie ein einreihiger türkisblauer Rock mit rotem Kragen, runden Aufschlägen und Wings getragen. Dazu ein schwarzer Ledertschako mit gelbem Beschlag, dessen Deckel als Kokarde in den Landesfarben grün-weiß-rot angemalt ist. Hose, Lederzeug und kleine Gamaschen weiß. Die Miliz trägt auch weiße Röcke mit roten Abzeichen (Abb. 94a). In der Folgezeit blieb die türkisblaue Grundfarbe. Der Rock erhält Rabatten, die Abzeichenfarben werden für jedes Regiment verschieden. Die Gardegrenadiere trugen roten Rock mit hellblauen Kragen, Aufschlägen und Schoßumschlägen, weiße Rabatten mit 8 gelben Knopflochlitzen, gelbe Achselstücke, weiße Vorstöße, hellblaue Hosen mit weißem Vorstoß, große Pelzmütze mit Messinggranate. Die Kavallerieregimenter sind von Anfang an sehr verschieden uniformiert; gelbe, blaue, rote und grüne Kurtkas mit Abzeichen und Vorstößen in verschiedensten Farben. Die Gardehusaren trugen von 1823 bis etwa 1845 einen roten Dolman mit hellblauen Kragen und Aufschlägen, weiße Knöpfe und Verschnürungen, hellblaue Hose mit breiten weißen Streifen, schwarze Stiefel, weißes Lederzeug, hellblauen Pelz mit schwarzem Pelzvorstoß und weißer Verschnürung, rote Tschakos, bei denen der obere Randvorstoß, das Schild über dem Vorderschirm und die Schuppenketten von gelbem Metall waren, hellblauen Stutz, weiße Fangschnüre. Die Kürassiere von Tulacingo hatten einen hellblauen Rock mit karmin Kragen und Aufschlag, gleichfarbige Hose mit hellblauen Streifen, gelben Helm mit weißem Beschlag und schwarzem Schweif, weißes Lederzeug (Abb. 94b).

Bereits 1848 wird eine Einheitsuniform für das gesamte Heer eingeführt: Blauer einreihiger Rock, Kragen, runder Aufschlag und Vorstöße rot, Knöpfe gelb, blaue Achselklappen, am Kragen die Nummer oder der Anfangsbuchstabe der Formation in gelbem Metall. Tschako mit kleinem rotem Pompon und Messingschild mit der Nummer. Der Arbeitsrock (in Waffenrockform) blau oder grau, die Hose für den Winter blau, für den Sommer weiß. 1856 bestand das Heer aus zwei Bataillonen Schützen, 6 Bataillonen Infanterie, einem Bataillon Genie, 3 Regimentern Kavallerie, einem Bataillon Feldartillerie, einer Abteilung Festungsartillerie, einer Abteilung reitende Artillerie, einer Kompanie Train. Der Paradeanzug war ein dunkelblauer zweireihiger Waffenrock mit rotem Kragen und rundem Aufschlag, Hose dunkelblau mit roten Streifen, schwarzer Ledertschako mit rotem Randstreifen und Pompon, Schild mit Nummer oder Waffenbezeichnung gelb. Die Kavallerie und reitende Artillerie hatte ein graues Kollett, Kragenaufschlag und Schoßumschlag hellgrün, Hose grau mit hellgrünen Streifen und Lederbesatz am unteren Ende, Tschako wie bei den Fußtruppen. Die Feldtracht der Infanterie bestand bereits derzeit aus einem Leinenjackett mit dunkelblauen Vorstößen und glatten Knöpfen, Lederkäppi mit oder ohne Überzug. Später wurden unter Fortfall der Vorstöße an den Kragenenden des Rockes rote Platten angebracht (Abb. 94c). Die Uniform nach dem Muster von 1856 erhält sich für die Fußtruppen als Paradeanzug ziemlich unverändert bis zum Ausgang des 19. Jahrhunderts, das Lederzeug wird schwarz und erfährt verschiedene Änderungen (Abb. 94d). Nach dem Uniformreglement von 1900 erhalten die Mannschaften einen dunkelblauen zweireihi-

Abb. 94. Mexiko 1826–1935.
a, c, d, e Infanterie – b Kavallerie – f Kavallerie-Offizier – g Belgisches Hilfskorps, Voltigeur – h Österreichische Freiwilligen-Brigade, Jäger

gen Rock mit roten Vorstößen am Kragen, dem runden Aufschlag und den Rockvorderteilen. Die Hose ist dunkelblau mit rotem Vorstoß. Das dunkelblaue Käppi hat roten Deckelvorstoß und Agraffe mit kleinem Knopf, der Mantel ist dunkelblau mit roten Vorstößen. Bei der Artillerie sind alle Vorstöße karmin, die Hose hat Lampassen. Das Genie hat karmin Vorstöße, Kragen und Aufschlag sowie Käppirand sind aus schwarzem Samt. Die Garde des Präsidenten hat einen dunkelblauen Attila mit hellblauer Verschnürung, ebenso sind die Hosenstreifen und das Käppiband hellblau. Bei der Infanterie tragen die Offiziere den dunkelblauen Waffenrock mit roten Vorstößen auch am dunkelblauen Kragen und rundem Aufschlag, geschweifte Schoßtaschenleisten mit je drei Knöpfen und Vorstoß. Hose und Käppi wie Mannschaften, letzteres mit entsprechenden Rangabzeichen. Die Kavallerieoffiziere tragen einen dunkelblauen Dolman mit schwarzer Verschnürung, roten Vorstößen an den Achselklappen und Aufschlägen, Hose und Käppi wie die Truppen. Auch die Artillerieoffiziere tragen denselben Attila, aber mit karminfarbenen Vorstößen. Die Offiziere des Genie und der Garde des Präsidenten wie die Truppe. Die Rangabzeichen waren um diese Zeit: Oberst grundfarbene Achselklappen mit goldener Außenrandeinfassung und goldenem großen fünfstrahligen Stern in der Mitte, am Käppi und den Aufschlägen 3 mittelbreite goldene Streifen. Oberstleutnant Achselstücke mit 2 goldenen Balken in der Mitte; am Käppi und Aufschlag 2 mittelbreite Streifen mit einem schmalen in der Mitte. Majore einen Balken auf den Achselstücken, 2 schmale Streifen mit einem mittelbreiten in der Mitte am Käppi und den Ärmelaufschlägen. Kapitän 1. Klasse 3 schmale Streifen auf den Schulterstücken, Aufschlägen und am Käppi. Kapitän 2. Klasse ebenso, der mittlere Streifen in Silber resp. Gold je nach Waffe. Leutnants 2 Streifen, Unterleutnant einen Streifen, Sergeant 1. Klasse 3 schräge Streifen, Sergeant 2. Klasse 2 Streifen, Gefreite einen Streifen an den Unterarmen. Bei den Generalen, die stets dunkelblaue Röcke mit zunächst roten, später auch dunkelblauen Abzeichen trugen, waren Kragen und Aufschlag mit breiter Goldstickerei an den Außenrändern eingefaßt; Rangabzeichen durch Silbersterne auf den Epauletten, dazu Hut mit weißer Füllung. Etwa um 1910 wird neben dem Käppi auch die Pickelhaube preußischen Musters eingeführt. Die Generalstabsoffiziere tragen um diese Zeit einfache goldene Fangschnur an der rechten Schulter zum schwarzbeschnürten Attila und 3 kurze, oben spitze Litzen in Gold über den Aufschlägen (Sardinetten). Um die gleiche Zeit erhält auch das Heer eine der preußischen Infanterie sehr ähnliche Paradeuniform mit brandenburgischen Aufschlägen und weißem Lederzeug, Pickelhaube mit schwarzem Busch (Abb. 94e).

Einer besonderen Erwähnung bedürfen die Uniformen zur Zeit der Herrschaft Kaiser Maximilians 1864–67. Die des aktiven Heeres ist bereits oben erwähnt; die vielfach aufgebotenen Miliztruppen trugen meist die Uniform des aktiven Heeres, jedoch mit weißen Knöpfen. Kaiser Maximilian selbst trug einreihigen dunkelblauen Rock mit roten

Vorstößen an den Vorderteilen, gleichfarbige Hosen mit rotem Vorstoß und weiße Knöpfe, die Kragen- und Aufschlagaußenränder sowie die Passanten mit silberner, rot durchzogener Tresse besetzt. Dazu einen großen landesüblichen Sombrero aus grauem Filz mit breiter Silbertresseneinfassung. Zu seiner Unterstützung wurde ihm sowohl ein österreichisches wie ein belgisches Hilfskorps zugesandt. Das belgische bestand aus einem Grenadierbataillon und einem Voltigeur-Bataillon in eigenartiger Uniform (Abb. 94g). Der Rock war dunkelblau, die Hose hellblau, Gamaschen weiß, Lederzeug schwarz. Die Brustlitzen und Hutschnüre bei den Grenadieren rot, den Voltigeuren grün, den Spielleuten weiß. Die Offiziere trugen schwarzseiden bzw. golden verschnürte dunkelblaue Husarenattilas, die Rangabzeichen nach französischem Muster auf den Unterarmen; neben dem Hut auch ein dunkelblaues Käppi mit goldenen Vorstößen und Rangtressen. Der Hahnenfederbusch auf dem Hut war grün. Die österreichische Freiwilligen-Brigade bestand aus drei Jägerbataillonen, einem Husaren- und einem Ulanenregiment. Allen Truppen gemeinsam war die rote Feldmütze (in Form der österreichischen Kavalleriemütze) und der braune zweireihige Mantel. Die Ausrüstung bestand aus einer dunkelblauen schmucklosen Bluse, roter Hose, hellgrauem Hut mit verschiedenfarbiger Feder, Jäger lichtgrau, Artillerie rot, Pioniere weiß, schwarzem Lederzeug. Die Husaren hatten einen dunkelgrünen Dolman mit weißer Verschnürung, die Ulanen dunkelgrüne Ulankas österreichischen Schnitts mit roten Kragenpatten und Vorstößen, gleichfarbige Hosen mit breiten roten Streifen und eine Art Tschapka. Die Rangabzeichen waren nach österreichischem Muster (Abb. 94f).

Seit dem I. Weltkrieg und in der Nachkriegszeit wird die Uniformierung des mexikanischen Heeres weitgehend vom amerikanischen Vorbild beeinflußt. Um 1925 und auch später noch wird eine Felduniform aus grau-braunem Grundtuch getragen. Der Feldrock hat eine Reihe von 7 Bronzeknöpfen, aufgesetzte Brust- und Seitentaschen sowie Stehumlegekragen. Dieser, die Achselklappen, die brandenburgischen Aufschläge und die Hosen sind waffenfarbig vorgestoßen. Das Lederzeug ist braun. Offiziere tragen den Schulterriemen abweichend von dem sonst üblichen über die linke Schulter. Die Mütze ist aus Grundtuch ohne farbige Abzeichen, mit braunem Lederschirm und Kinnriemen. In den Ecken des Feldrockkragens und über dem Mützenschirm auf dem Besatzband befinden sich die Waffenabzeichen in Bronze. Der Mantel ist zweireihig mit breitem liegendem Kragen ohne farbige Vorstöße. Auf den Achselklappen von Rock und Mantel sind die Rangabzeichen angebracht, die Unteroffiziere und Mannschaften tragen 1–3 schmale waffenfarbige Bänder über das untere Ende der Achselklappe, die Subalternoffiziere 1–3 querlaufende Balken, Stabsoffiziere 1–3 Sterne übereinander, der Brigadegeneral den mexikanischen Wappenadler im Lorbeerkranz, der Generalmajor zusätzlich noch je einen Silberstern darüber und darunter. Die Rangabzeichen sind aus Bronze (Abb. 94f). Zur Parade und außer Dienst wird eine schwarze Uniform getragen, einreihiger Waffenrock mit waffenfarbigen Kragenpatten, Hosenstreifen und Mützenbesatzstreifen. Die Aufschläge sind aus Grundtuch und haben französische Form. Auf den Kragenpatten und über dem Mützenschirm ist das Waffenabzeichen in Knopffarbe befestigt, auf dem Rand die Nationalkokarde. Die Rangabzeichen der Unteroffiziere und Mannschaften werden zu dieser Uniform in 1–3 knopffarbigen Schrägtressen auf den Unterarmen befestigt. Die Offiziere tragen knopffarbige Epauletten, Subalternoffiziere ohne Fransen, auf dem Feld die Rangabzeichen wie am Feldrock sowie zusätzlich an den Unterarmen, um die Aufschläge und um den Mützenbesatzstreifen knopffarbige Rangtressen, Subalternoffiziere 1–3 schmale, Stabsoffiziere 1–3 mittelbreite, Major und Oberstleutnant zusätzlich darunter noch eine schmale Tresse, Generale einen Lorbeerzweig.

Truppenteil	Abzeichenfarbe	Waffenabzeichen	Knopffarbe der schwarzen Uniform
Generalstab	hellblau mit rotem Vorstoß	gekreuzte Schwert und Schlüssel auf einer Sonne	gold
Infanterie	rot	gekreuzte Gewehre und Horn	gold
Kavallerie	hellblau	gekreuzte Säbel	silber
Artillerie	karmin	flammende Granate auf gekreuzten Kanonen	gold
Genie	rot	gekreuzte Hammer, Spaten und Fackel	gold

Türkei

Gegen Ende des 17. Jahrhunderts bildeten die *Janitscharen* (Jegni-Zeri, d. i. neue Krieger) noch den Kern des türkischen Fußvolkes. »Längst bestanden sie nicht mehr bloß aus Christenkindern oder Kriegsgefangenen, obwohl immer noch eine Anzahl solcher dem Korps einverleibt wurde. Die Mehrzahl waren türkische Berufssoldaten, hauptsächlich wohl aus den europäischen Provinzen des Reichs. Sie bildeten ein geschlossenes Korps, das, in Ortas eingeteilt, in seinen Kasernen (Odas) abgeschlossen lebte, unter unbeschränktem Befehl des Janitscharen-Agasi. Alljährlich am Ramazan erhielten sie einen neuen Doliman oder langen Rock mit kürzen Ärmeln, um den Leib durch einen buntgestreiften Gürtel mit Gold- oder Silberfransen am Ende (Coussac) festgehalten, darüber zogen sie einen Spahi oder Oberrock von blauem Tuch. Zur Kopfbedeckung diente eine hohe Mütze von weißem Filz (Zarcola), deren Oberteil in Gestalt eines langen Sackes oder Ärmels hinten herabfiel (angeblich zur Erinnerung an den Ärmel des heiligen Derwischs Hadschi Bektasch, der das Korps eingesegnet hatte), zur Parade mit einem langen Federbusch geziert, der aus einer Tülle vorn aufstieg (Abb. 95a). Ihre Waffen waren Muskete und Säbel, dazu ein Handschar oder Dolchmesser im Gürtel, das Pulverhorn an einem Riemen am Gürtel herabhängend, die Lunte um die linke Hand gewickelt. Ähnlich war die Kleidung der *Solaks* oder *Gardeschützen* des Großherrn, 400 Mann, die seidene Spahis und goldverbrämte Mützen trugen. Von ihnen ist berichtet, daß sie die Schöße des Oberrocks in den Gürtel aufsteckten, um sich freier bewegen zu können. Darunter trugen sie enge Hosen (caleçons) von Drillich oder Wildleder. Ebenso die *Ichoglans* oder Offiziere, die aus Sklaven hervorgegangen waren. Die *Spahis* oder *regulären Reiter* wurden bereits unterschieden von den *Zaims* und *Timarioten*, die mit Lehns- oder Ritterpferden dienten. Sie führten Säbel, Lanze (Dscherid), Feuerwaffen. Die erste Truppe führte eine gelbe Standarte, die zweite eine rote; dann gab es noch eine rot-weiße, weiß-gelbe, grüne, weiße Standarte. Die *Dellis* oder *Tollköpfe* hatten Pantherfelle, Adlerschwänze auf den Mützen, Adlerflügel am Schilde, gelbe spitze Stiefel mit fußlangen Sporen. Sie waren Freiwillige und bildeten oft die Leibwache der Begler-Begs (Gouverneure). Die *Segbans*, eine Art Dragoner, deckten die Bagage. Die *Acanzi* oder *Azapas* waren Freiwillige, führten Pfeil und Bogen. Die *Petits Tartares* trugen lange Hosen nach Matrosenart (à la matelotte), einen faltenlosen Überwurf, lange spitze wollene Mütze, Säbel, Bogen, Pfeil und Wurfspieß (Dard). Es fiel auf, daß bei den Türken die Vorhut kein Ehrenposten war, sondern aus Irregulären, Kurden, Tartaren u. dgl. gebildet wurde, deren Haupttätigkeit im Plündern und Verwüsten bestand. Die *Guastodours* oder *Pioniere* waren größtenteils Armenier oder Griechen. Die *Artillerie* war eine sehr geachtete Waffe, während sie im Abendland noch lange mit der Nichtachtung zu kämpfen hatte, die man ihr als einer Art Handwerker bewies. Die *Topdschi (Topgi, Topchis)* oder *Kanoniere* bildeten bis in die letzte Zeit eine der zuverlässigsten Truppen des Sultans. An ihrer Spitze stand der Topdschi-Baschi, Grand-maître d'artillerie. An der Spitze des Heeres stand der Großvesier (Vizier-Azem). Sein Vertreter war der Kaimakan. Diese, wie die Paschas von Bagdad, Kairo und Buda, führten drei, die andern Paschas zwei Tugs oder Roßschweife, die Begs einen*.«

Von eigentlichen Uniformen war auch während des 18. Jahrhunderts nicht die Rede. Erst nach 1820 organisierte Sultan Mahmud die Armee nach westeuropäischem System. Es war der Befehl ausgegeben worden, daß die Janitscharen 150 Mann von jedem Bataillon zur Bildung neuer Truppenkörper abgeben sollten. Diese Maßregel empörte die mit vielen Privilegien ausgestattete Elitetruppe. Es kam zum offenen Aufruhr. Der Sultan ließ die Fahne des Propheten entfalten und warf in blutigem Kampf den Aufstand nieder. Es folgte nun ein erbarmungsloses Töten. 20 000 Janitscharen sollen hingerichtet oder auf andere gewaltsame Weise ums Leben gekommen sein. In Konstantinopel brauchte man zwei Tage, um die Leichen in den Bosporus zu werfen. Kaum war der Aufstand unterdrückt, als die Übungen der neuorganisierten Armeen begannen. Der Sultan erschien dabei nicht mehr im Turban und in den weiten Gewändern seiner Vorfahren, sondern in westeuropäischer Tracht, engen Beinkleidern, Überrock und Stiefeln, das Haupt mit dem Fez bedeckt. Auf Abbildungen türkischen Militärs aus jener Zeit erscheint die *Infanterie* (Abb. 95d) ganz in Blau gekleidet. Den Kopf bedeckt eine enganliegende Kappe. Der *Kanonier* trägt eine hellblaue Jacke und dunkelblaue Hosen. *Kavalleristen* erscheinen in hohen, rot und gelb gestreiften Mützen, grünen Jacken mit rot und weißen Schnüren. Roter Paßgürtel, blaue Hosen. Einem Zeitungsbericht von 1832** entnehmen wir folgende Schilderung: »Im allgemeinen ist der Schnitt bei allen Korps derselbe. Die Uniform der *Generale* und *Offiziere* überhaupt ist rot mit Gold gestickt, je nach dem Grade ist die Stickerei reicher oder einfacher. Die Unterscheidungszeichen sind folgende: Der Generalleutnant trägt zwei mit Diamanten besetzte Halbmonde, in deren Mitte sich drei Sterne, gleichfalls aus Diamanten, befinden; der Brigadegeneral trägt dieselben Halbmonde, aber nur mit zwei Sternen. Der Oberstleutnant einfache goldene Halbmonde mit goldenen Sternen, der Kapitän mit silbernen Sternen, die Leutnants und Unterleutnants bloß silberne Monde. Diese Abzeichen werden auf jeder Seite an der Brust getragen. Die *Chirurgen* tragen ein hellblaues Kleid, einen niedrigen Kragen und karminrote Aufschläge, die *Feldapotheker* bescheidene aschfarbige Röcke. Die *Schüler des Generalstabes* tragen die Uniform von Infanterie-Offizieren ohne Halbmnde und mit etwas anderer Stickerei. Die

---

* Dr. Brock »Die Brandenburger bei Szlankamen und im Türkenkriege 1691–1697«. Rathenow 1891

** Berliner Stadt- und Landbote

Abb. 95. Türkei 1680–1890.
a, b Janitscharen – d, e, g, h Infanterie – c, f, i Reiterei – k Artillerie-Offizier – l Pascha

Zöglinge der Reitschule tragen gleichfalls die scharlachrote Offiziersuniform. Die Kleidung des *Fußvolkes* ist im Schnitt ganz gleichförmig, die Farbe des Rockes ist nach dem Regimente verscheiden, und zwar sieht man dunkelblaue, hellblaue, rote und kastanienbraune. Die Kopfbedeckung besteht aus dem Tarbuche oder der griechischen Mütze und dem Tequi, einer fest anliegenden Kappe, die darunter getragen wird und von der ringsherum ein Stück vorsteht. Die Schuhe sind von rotem Maroquin, der Gürtel ist weiß. Die *Artillerie* und das *Geniekorps* tragen rote Uniformen mit ledernem Gürtel, das übrige ist wie beim Fußvolk. Das *Garde-Infanterie-Regiment* trägt kastanienbraune Uniform mit mehr Seidenstickerei, als die Linie hat. Die *Musikbande* hat bei allen Korps blaue Röcke, scharlachrote Kragen und Borten von derselben Farbe, die Stickerei von gelber Seide. Bei der Garde ist die Stickerei von Gold. Pfeifer, Trommler und Trompeter sind bis jetzt bekleidet wie die übrige Truppe. Die *Reiterei* trägt einen Dolman mit bunten Borten, fünf Reihen weißer Knöpfe, rote Aufschläge, Mamelucken-Beinkleider von derselben Farbe wie der Dolman, rote Gürtel. Die Kopfbedeckung ist, wie bei dem Fußvolke, der Tarbuche und der Tequi. Die Stiefel sind von schwarzem Leder, die Sporen von schwarz gefärbtem Eisen nach französischer Art. Die vier Reiterei-Brigaden tragen grüne, kastanienbraune, dunkelblaue und hellblaue Uniform, die Garde scharlach. Für sämtliche Truppengattungen gibt es eine kleine Uniform von weißer Leinewand mit Verzierungen von blauen Borten. Die Armatur des gesamten Fußvolkes besteht aus der Muskete samt Bajonett, Säbel, Patronentasche von gefirnistem Leder, weißem Lederwerk. Die Artillerie trägt auch die Muskete, aber statt des Säbels das Faschinenmesser nach französischem Muster. Die Armatur der Reiterei besteht in Karabiner, Patronentasche, Säbel nach französischer Art, weißem Riemenwerk.«

Später wurde die Uniformfarbe für die *Infanterie* durchgängig dunkelblau mit rotem, stehendem Kragen. Das Hauptmontierungsstück war eine Jacke ohne Schöße, mit einer Reihe von Knöpfen geschlossen, die kreuzweise getragenen Bandeliere für Patronentasche und Bajonett waren weiß, bei den Jägern schwarz. In dieser Uniform erschien die Infanterie im Krimkrieg. Die *Kavallerie* trug damals einen dunkelblauen Waffenrock, mit Husarenschnüren zwischen drei Knopfreihen geschmückt. Als Beinkleidung wollene Hosen, dazu Gamaschen oder bis unters Knie reichende Stiefel. Die Offiziere trugen blaue Röcke mit Pelzwerk an Kragen und Aufschlägen. Der Mantel, den übrigens auch die Infanterie trug, war von graubrauner Farbe und hinten mit einer Kapuze versehen (Abb. 95f). Über das Hinterteil waren weiße gestreifte Wolldecken gebreitet. Teils war die Kavallerie mit Karabiner, teils mit Lanze ausgerüstet. Mit Ausnahme des Fez war also die Uniformierung durchaus nach westeuropäischem Vorbild, später nahm man eine mehr nationale Bekleidung an. Während des russisch-türki-

Abb. 96. Türkei 1916–1930.
a, d Infanterie – b, c Infanterie, Offiziere – e Kavallerie – f Stabsoffiziere, Parade

schen Krieges 1877/78 erschien die ganze reguläre Armee in Zuavenjacken, Westen und faltigen, bis übers Knie reichenden Beinkleidern und Strümpfen (Abb. 95 g). Die Grundfarbe war durchgängig dunkelblau. Der Besatz auf der Jacke und Weste für Infanterie, Artillerie und Reiterei rot, für die Jäger grün.

Als Kopfbedeckung blieb der rote steife Fez mit dunkelblauer Quaste, der von den Fußtruppen unverändert bis in den I. Weltkrieg hinein getragen wird. Die Uniform des stehenden Heeres, das von wechselnden Militärmissionen verschiedener Länder betreut wird, nähert sich mehr und mehr dem westeuropäischen Vorbild. Um 1890 tragen die Fußtruppen einen dunkelblauen einreihigen Waffenrock mit waffenfarbigen Kragenpatten, Achselklappen und geraden oben und unten mit je einem Knopf versehenen Aufschlagpatten, Vorstöße an den Rockvorderteilen, den Schoßtaschenleisten und um die Unterarme in Höhe des oberen Randes der Aufschlagpatte, dunkelblaue Hose mit waffenfarbigem Vorstoß, schwarzes Lederzeug. Die Waffenfarben waren rot für Infanterie, dunkelgrün für Jäger, hellblau für Genie. Ende der 80er Jahre waren die Aufschläge vielfach spitz, aus Grundtuch mit waffenfarbigem Vorstoß. Die Waffenröcke der Offiziere waren größtenteils zweireihig mit waffenfarbigen Kragen und spitzen Aufschlägen, auf den waffenfarbigen Achselklappen Goldtressenbesatz, später Epauletten nach preußischem Muster. Außerdienstlich wurde ein langer dunkelblauer, zweireihiger Überrock mit waffenfarbigem Kragen und vorgestoßenen hohen Rollumschlägen getragen. Die Kavallerieregimenter hatten zunächst hellblaue Attilas mit schwarzer Verschnürung, seit etwa 1890 dunkelblaue Waffenröcke, einreihig mit abzeichenfarbigen Kragen und spitzen Aufschlägen, regimentsweise verschieden, meist rot oder grün, gelbe Achselschuppen, die Hose hellgrau mit farbigem Vorstoß, schwarzes Lederzeug. Der Karabiner wurde über die linke Schulter getragen. Als Kopfbedeckung diente der Kalpak, eine schwarze, ziemlich hohe, runde schirmlose Pelzmütze mit waffenfarbigem tressenbesetztem Deckel. Offiziersuniform wie Mannschaft. Die zwei Eliteregimenter, Gardeulanen und Leibregiment Ertogrul, trugen zum Kalpak dunkelblaue Ulanenuniformen mit roten Abzeichen, die Gardeulanen dazu rote Rabatten mit weißen Knöpfen und Gardelitzen an Kragen und Aufschlag, dunkelblaue Hosen mit breiten roten Streifen, Lanzen mit roten Fähnchen. Die Artillerie hatte dunkelblaue, schwarzverschnürte Attilas mit roten Kragen und spitzen Aufschlägen, gelbe Knöpfe, graue Hose mit breiten roten Streifen, Kalpak, schwarzes Lederzeug (Abb. 95 k). Die Generalität trug zur Parade den Fez sowie langschößige einreihige Röcke mit rotem Kragen und Aufschlag, beide mit reicher goldener Stickerei völlig bedeckt, breite goldene Bruststickerei, dunkelblaue Hose mit breiten goldenen Streifen (Abb. 95 l); seit Mitte der 90er Jahre auch schwere goldene Epauletts mit steifen Fransen. Für den Dienstanzug trat an seine Stelle ein langschößiger, zweireihiger dunkelblauer Überrock mit rotem, in den Ecken goldbesticktem Kragen, hohen, rot vorgestoßenen Rollumschlägen, dunkelblaue Hose mit roten Lampassen und hohen Stiefeln, rote Achselklappen mit breiten Goldtressen bedeckt, seit Anfang des 20. Jahrhunderts goldgeflochtene Achselstücke. Kavalleriegenerale trugen graue Hose mit roten Lampassen und den schwarzen Kavalleriekalpak. Die Rangabzeichen der Generale waren beim Überrock auf den Aufschlägen angebracht. Längs der Ärmelnaht liefen für alle Generalsränge gleichmäßig vier mittelbreite goldene Litzen und schräg über diese beim Marschall 4, beim Divisionsgeneral 3, beim Brigadegeneral 2 goldene mittelbreite Schrägtressen.

Die Generalstabsoffiziere trugen die Interimsuniform der Generale, dunkelblauen zweireihigen Überrock mit roten Vorstößen, in den Kragenecken eine goldene Stickerei, gekreuzte Waffen und Fahnen darstellend, dazu doppelte goldene Fangschnur an der rechten Schulter, an den Hosen Lampassen. Die Rangabzeichen der Unteroffiziere und Mannschaften bestanden aus 1–3 waffenfarbigen, ziemlich großen Winkeltressen, Spitze oben am Oberarm, beim Feldwebel tritt eine vierte, goldene, als unterste hinzu. Der Rang der Offiziere wurde durch Metalltressen über dem Aufschlag gekennzeichnet, dem Rand folgend. Der Oberst hatte vier mittelbreite knopffarbige, der Oberstleutnant ebenfalls, hierbei die erste und dritte von oben in gewechselter Knopffarbe, der Major drei mittelbreite Tressen, Hauptmann 2, Oberleutnant eine, der Leutnant eine in gewechselter Knopffarbe. In den letzten Jahren vor Ausbruch des I. Weltkrieges machte sich der Einfluß der deutschen Militärmission auch auf dem Gebiet der Uniform bemerkbar: Der Waffenrockschnitt ähnelte mehr und mehr dem deutschen, Offiziere trugen die einreihigen Waffenröcke wie Mannschaft.

Seit 1909 wurde eine kakifarbene Felduniform eingeführt. Sie bestand aus einem einreihigen Feldrock mit Stehumlegekragen, kurzen Hosen und Wickelgamaschen, braunem Leder- und Schuhzeug. Die an den Tropenhelm erinnernde Kopfbedeckung war aus kakifarbenem Tuch hergestellt (Abb. 96a). Daneben wurde besonders von Offizieren und den berittenen Truppen auch ein grauer Kalpak getragen. Die Waffenunterscheidung erfolgt durch verschiedenfarbige Kragen und Kalpakdeckelbesatz: Infanterie kaki, Schützen olivgrün, Kavallerie lichtgrau, Artillerie dunkelblau, Genietruppe hellblau, Train rot, Generale scharlachrot, Generalstab karmin. Die Mannschaftsrangabzeichen wurden unverändert in verkleinerter Form an den Oberarmen getragen. Offiziere hatten Achselstücke deutscher Form aus Goldschnüren mit Silbersternen darauf (Abb. 96b). In der Nachkriegszeit macht die Uniformierung des türkischen Heeres verschiedene Wandlungen durch. In der ersten Zeit Anfang der 20er Jahre wird ein schirmloses Käppi mit Halbmond und Stern über der Stirn, dreieckige waffenfarbige Kragenpatten und für die Offiziere goldene Rangsterne auf den Kragenpatten und Rangstreifen um das Käppi getragen (Abb. 96c). Um 1930 ist an dessen Stelle eine kakifarbene Mütze mit Stoffschirm getreten, die Kragenpatten erhalten eine andere Form (Abb. 96d und e). Zur Parade und außerdienstlich haben die Offiziere eine Bluse mit aufgesetzten Brust- und Seitentaschen, Stehumlegekragen und goldgeflochtenen Achselstücken. Hierzu gehört eine Schirmmütze englischen Modells. Die Rangbezeichnung erfolgt jetzt durch einen verschiedenen Tressenbesatz der Kragenpatten und des Mützenbesatzstreifens. Auf den Kragenpatten haben Subalternoffiziere, Stabsoffiziere und Generale 1–3 waagrechte mittelbreite Goldtressen, darüber je nach Dienstgrad 1–3 goldene Sterne nebeneinander (Abb. 96f).

Vereinigte Staaten von Amerika

I. Infanterie

Die ersten uniformierten Truppen in Nordamerika waren die Milizen der Gouverneure und der Städte. Mit Beginn der Unabhängigkeitskriege fochten diese Formationen noch in sehr verschiedenartiger, häufig den englischen Uniformen gleichender Bekleidung. Die neuaufgestellten Freiwilligen waren so abweichend bekleidet und ausgerüstet, daß wir für die erste Zeit nur Beispiele geben können. War doch Amerika zu dieser Zeit noch Kolonie und besaß noch keine eigenen Textilfabriken. So mußten notgedrungen die frühsten Aufgebote häufig in ihrer Zivilkleidung Dienst tun. Besser daran waren die Trapper und Jäger, die eine kriegsbrauchbare Berufskleidung besaßen (Abb. 97a). Im folgenden geben wir für die einzelnen Perioden einige Beispiele:

1772–75. »The bataillon of independent foot companies of militia, New York city.« Grenadier-Komp.: blau mit roten Abzeichen, Füsiliere blau mit roten Abzeichen, Pelzmützen, darauf Schild mit Inschrift: »Fusileers – salus populi suprema lex«. Deutsche Füsiliere ähnlich, dazu silberne Litzen; auf dem Pelzmützenbeschlag »German Fusileers«. Ebenfalls blaue Uniformen mit roten Abzeichen und weiße Unterkleider trugen ferner: »The Union«, »Light Infantry Company« und »Oswego Rangers«. Die »Bold Foresters« grüne Röcke, runde, seitlich aufgeschlagene Hüte, vorn ein Schild mit »Freedom«. »Sportsman's Company«, »Corsicans« und »Rangers« grüne Röcke mit lederfarbigen bzw. karminroten Abzeichen. »New York independent companies of rangers«: blau mit weißen Abzeichen, Kaskett, vorn weiß aufgemalt ein Totenkopf mit gekreuzten Knochen, darunter »LIBERTY«. Die »Massachusetts«- und »Connecticut«-Milizen trugen vorwiegend rote Röcke. Die meisten Formationen trugen jedoch Trapper- und Jägerkleidung. Die »Maryland Rifles« hatten größtenteils grüne Jagdhemden. »Morgans riflemen«, »The First Virginia Regiment of Infantry« und »Fifth Regiment South Carolina Riflemen«

trugen weiße Jagdwämser, die sie sich auf eigene Kosten besorgten, so daß hiermit eine Art Uniform geschaffen war. General Washington empfahl persönlich diese Bekleidung all denen, die sich eine Armeeuniform nicht beschaffen konnten, zumal sie damit dem Gegner so viele treffsichere Hinterwäldler vortäuschte. Die »First Company of Governers Foot Guards« von Connecticut trug noch 1774 rote Röcke mit schwarzen Rabatten, gelben Borten und Litzen, weißen Schößen, strohgelbe Hosen und Westen, Pelzmützen mit rotem Stutz. Die 2. Komp. rote Röcke mit lederfarbenen Abzeichen, weiße Knöpfe und weiße Westen und Hosen. 1775 trug die leichte Komp. des I. Btls. Philadelphia hellblaue Röcke mit lederfarbenen Abzeichen.

1775 sollten alle Truppen braune Uniformen mit regimenterweise verschiedenfarbigen Abzeichen anlegen. In diesem Jahr finden wir noch für die New Yorker Infanterie folgende Uniformen:

1. Rgt. blaue Röcke mit karminroten Abzeichen
2. Rgt. hellbraune Röcke mit blauen Abzeichen
3. Rgt. graue Röcke mit grünen Abzeichen
4. Rgt. dunkelbraune Röcke mit scharlachroten Abzeichen

In Connecticut wurden die roten Röcke aus der englischen Zeit auch jetzt noch getragen.

In Pennsylvania waren die Uniformen folgende:

1. Rgt. braun mit lederfarbenen Abzeichen
2. Rgt. blau mit roten Abzeichen, schwarze runde Hüte
3. Rgt. braun mit weißen Abzeichen, Dreispitz mit weißer Borte
4. Rgt. blau mit weißen Abzeichen
5. Rgt. blau mit weißen Abzeichen
6. Rgt. blau mit roten Abzeichen

In New Jersey wurden meist blaue Uniformen getragen, doch waren auch rote Röcke mit lederfarbenen Abzeichen anzutreffen. Die Unabhängigkeitserklärung erfolgte 1776. Im Jahre 1777 nahm die Buntscheckigkeit solche Ausmaße an, daß im August dieses Jahres die Kopfbedeckungen mit grünen Reisern als einheitliche Abzeichen versehen werden mußten. Baron v. Steuben berichtet, daß die Offiziere Röcke in allen Farben und Macharten trugen. 1777 werden als Farbzusammenstellungen genannt: Blau mit Weiß, Rot mit schwarzen Abzeichen, braune Uniformen mit seegrünen Abzeichen, weiß gefüttert mit silbernem Besatz, graue Röcke mit lederfarbenen Rabatten und Aufschlägen. Die Regimenter Pennsylvaniens zeichneten sich durch ihre schlichten, schmucklosen gelblich-braunen Röcke aus. Sie trugen den Spitznamen »Quäker-Brigade«.

Am 2. Okt. 1779 werden folgende Abzeichen erwähnt:
blau mit weißen Abzeichen: New Hampshire, Massachusetts, Rhode Island, Connecticut
blau mit lederfarben, weiße Schöße und Unterkleider: New York, New Jersey
blau mit rot: Pennsylvania, Delaware, Maryland, Virginia
blau mit blau: North Carolina, South Carolina, Georgia
Eine einheitliche Kokarde wurde nunmehr eingeführt, und zwar schwarz-weiß. Die weiße Farbe darin wurde ausdrücklich als Kompliment für Frankreich bezeichnet (Abb. 97c).

Offiziere und Unteroffiziere trugen Stangenwaffen. Die Rangabzeichen vgl. letztes Kapitel. Die Spielleute waren meist in Uniformen mit wechselnden Farben gekleidet. Washingtons Garde (The Commander-in-Chief's Guard) trug blaue Uniformen mit weißen Abzeichen, weiße Westen und Hosen, schwarze Halbgamaschen und einen Hut mit blau und weißer Feder.

1782 ergeht ein Befehl, daß die Infanterie und Kavallerie künftig blaue Uniformen mit roten Abzeichen, weißem Futter und weißen Knöpfen führen sollten. Erst 1796 scheinen diese Bestimmungen völlig durchgeführt zu sein. Die Musik trug rote Röcke mit blauen Abzeichen und Unterkleidern. 1799 wurde die schwarz-weiße Kokarde durch eine schwarze mit einem weißen Adler ersetzt. 1802 wurde der Dreispitz abgeschafft. An seine Stelle trat ein Raupen-Kaskett. Die Winterhosen wurden blau, doch wurden im Sommer weiterhin weiße Hosen getragen (Abb. 97d). 1808 wurde der lange Rock durch einen einreihigen Frack ersetzt. Die Brust war mit silbernen Litzen geschmückt. Als Kopfbedeckung dienten Zylinder mit linksseitig angebrachter Kokarde und Stutz. Die Sergeanten trugen ein gelbes Epaulett auf der rechten, die Korporale auf der linken Schulter. 1812 verschwanden die roten Abzeichen. Das blaue Kollett war durch 10 weiße Knöpfe geschlossen, von denen aus beiderseits waagrechte schwarze Streifen liefen. Der blaue Kragen hatte zwei Knöpfe mit schmalen weißen Litzen und weiße Vorstöße. Die blauen Aufschläge waren mit drei Knöpfen und drei schwarzen Streifen versehen. Die Knöpfe waren weiß. Der Tschako mit einem gelben Adlerbeschlag trug einen weißen Stutz und weiße Behänge sowie weiße Schuppenketten (Abb. 97f).

Die Jäger hatten ganz graue Uniformen. Die Bruststreifen standen schräg zueinander, so daß die Knöpfe die tiefsten Punkte eines Winkels bildeten. Die drei Aufschlagsknöpfe saßen hier übereinander und hatten den gleichen Winkelschmuck wie die Brust. Kragen wie Infanterie, doch grau mit schwarzen Litzen und schwarzer Borte. Alle Knöpfe gelb, Lederzeug weiß wie bei der Infanterie. Tschako wie Infanterie, jedoch als Beschlag ein gelbes Jagdhorn, grüner Stutz und Behänge und gelbe Schuppenketten. Das 4. Jäger-Regiment zeichnete sich in dieser Uniform in der Schlacht bei Chippewa Plains und Niagara aus. Zu Ehren dieses Sieges tragen noch heute die Kadetten der Militär-Akademie dieselbe Uniform. Die Infanterie- und Jäger-Offiziere hatten langschößige Fräcke und hohe Zweispitze.

1821 wird Blau zur Nationalfarbe erklärt. Es ist die Bestrebung zur Vereinfachung bemerkbar. Rote Röcke dürfen nur noch von der Musik getragen werden. Die Unteroffiziersabzeichen werden nunmehr auf den Ärmeln angebracht.

1835 erhielt der Tschako eine steilere Form, die Behänge fielen fort. Statt der blauen Achselklappen wurden weiße Epauletten angelegt. Die Schöße wurden weiß. Die Brustschnüre fielen weg, und die Hose wurde graublau. Das nunmehr weiße Tschakoemblem bestand jetzt aus dem Adler, darunter ein Jagdhorn. Sehr eigenartige Form hatte die Ärmelpatte. Ein Aufschlag war nicht vorhanden, die Patte war von brandenburgischer Form, an drei Seiten weiß

189

Abb. 97. Vereinigte Staaten von Amerika 1775–1861.
a Scharfschütze – c, d, f, g, h, i, k Infanterie – b, e Kavallerie – l Artillerie – m Infanterie-Offizier, Parade

vorgestoßen und hatte nur zwei Knöpfe mit weißen Litzen (Abb. 97g). Auch gab es bereits eine besondere Felduniform. Sie bestand aus einer schoßlosen Jacke von der graublauen Hosenfarbe. Die Ärmel hatten keine Patten, sondern hinten nur zwei Knöpfe. Im übrigen glich sie der vorgeschriebenen Uniform, dazu wurde eine blaue weiche Tellermütze getragen (Abb. 97f).
1851 wurde eine völlig neue Bekleidung eingeführt. Sie bestand aus einem dunkelblauen Waffenrock ohne Vorstöße, hellblauem Kragen, darauf vorn die gelbmetallene Regimentsnummer, hellblauen Epauletten und hellblauen polnischen Aufschlägen. Zur Parade wurden auf der Brust knopflose hellblaue Rabatten gehakt, die Brustknöpfe des Waffenrockes wurden durchgeknöpft. Statt des Tschakos dunkelblaue hohe Käppis mit hellblauem Besatzstreifen und hellblauem Pompon. Die Hose blieb die alte, nur kam noch eine blaue Biese dazu. Das Lederzeug wurde schwarz. Die Offiziere hatten keinerlei farbige Abzeichen, auch keine Rabatten. Zum kleinen Dienst und außerdienstlich wurden von den Offizieren passantenähnliche Schulterstücke angelegt. Auf diesen und auf den Epaulettschiebern waren die Rangabzeichen angebracht. Oberst: silberner Adler, Oberstleutnant: silbernes Blatt, Major: goldenes Blatt, Hauptmann: zwei goldene Barren, Oberleutnant: ein goldener Barren, Leutnant: nichts. Auf den Epaulettfeldern war auf dem erhabenen runden Tuchuntergrund die gelbe Regimentsnummer und auf dem Besatztuch des Käppis ein Horn mit Regimentsnummer angebracht. Die Mannschaften behielten die Dienstjacken bei (Abb. 97i). 1855 wurden die Epauletten und Paraderabatten abgelegt. Anstatt des farbigen Käppibesatzstreifens trat ein Vorstoß. 1857 verloren die Musiker die roten Röcke. 1861 waren Kragen und Aufschläge dunkelblau mit hellblauen Vorstößen. Gelbe Schuppenepauletten. Die Paradehose wurde dunkelblau. Das steife Käppi fiel fort. Zur Einführung gelangte ein linksseitig aufgeschlagener schwarzer Lackhut mit Regimentsbezeichnung und schwarzer Feder (Abb. 97m). Die Felduniform bestand aus einem sehr niedrigen dunkelblauen Käppi, einem kurzschößigen dunkelblauen Rock mit dunkelblauem Umlegekragen, ohne farbige Abzeichen; dazu gehörte die alte graublaue Hose ohne Biesen. In dieser Uniform focht die Infanterie der Nord-Staaten im Sezessionskrieg (Abb. 97k).

Mit Ausbruch des Krieges mußte die kleine Armee um ein Vielfaches verstärkt werden. Durch das Aufgebot der an sich schon bunten und häufig sehr auffällig uniformierten Milizen sowie durch die Errichtung von Freiwilligen-Formationen erhielt das Heer der Nordstaaten ein sehr uneinheitliches Gepräge. Die 1. Devision der New Yorker Miliz war schottisch gekleidet. Das 2. Regiment trug, wie verschiedene andere Formationen, noch das hohe Käppi, ähnlich dem M. 1851, zweireihige Röcke und Epauletten. Ohio-Rgt. kurze offene Jäckchen. Besonders beliebt war die französische Zuavenuniform, die von folgenden Truppenteilen geführt wurde: 55. Rgt. N. Y. St. M. (französische Zuaven), N. Y. St.-Freiwillige (New Yorker Zuaven), ferner Zuavische Feuermänner, Vortrapp-Garde, National-Zuaven, Kalb-Zuaven und andere. Jede dieser Zuaven-Uniformen war verschieden in Schnitt oder Farbe, die Hosen waren rot oder blau, bei den meisten dieser Formationen im arabischen Schnitt, doch kamen auch lange Hosen und neben Fez und Chechia auch Käppis vor. Außer den französischen Einflüssen machten sich auch italienische spürbar. So trugen die Zuavischen Feuermänner eine Zeitlang garibaldische Hemden, während die »Garibaldi' Guard« Bersaglieri-Uniform trug. Vom deutschen Einfluß wäre nur die häufig anzutreffende Turnerkleidung zu erwähnen.

Die Südstaaten trugen zur Felduniform einen grauen breitkrämpigen Hut oder ein graublaues Käppi mit blauem Besatzstreifen, graublaue kurze Jacke ohne farbige Abzeichen mit schwarz vorgestoßenen spitzen Aufschlägen und gelben Knöpfen; braunes Lederzeug. Die Dienstuniform bestand aus einem zweireihigen grauen Rock mit blauen Kragen, Vorstößen, spitzen Aufschlägen und Hosen, dazu Käppis wie vorher erwähnt. Schwarzes Lederzeug. Auch bei den Südstaaten gab es Freiwilligen-Formationen in Zuaven- und Turneruniformen. Mit Beendigung des Krieges hörte die besondere Südstaaten-Uniform zu bestehen auf.

1872 änderte sich die Infanterieuniform folgendermaßen: Neuer Waffenrock mit kürzeren Schößen, weißen Kragenpatten mit Regimentsnummer, weißen Achselklappen und weißen französischen Ärmelpatten. Nunmehr hatte der Rock auch vorn herunter eine Biese. Auch die Unteroffiziersborten wurden weiß. Es wurde ein mit blauem Tuch bezogener Tschako eingeführt. Das Tannenzapfenpompon und die Vorstöße waren weiß. Hose graublau mit blauer Biese (Abb. 98a). Der Offizierstschako war mit hängendem Busch versehen. Ferner trugen die Offiziere einen dunkelblauen zweireihigen Rock ohne farbige Abzeichen mit Epauletten. Die pattenlosen Aufschläge waren mit goldenen, oben spitzen Litzen geschmückt. Statt des schwarzen wurde ein goldenes Tressen-Koppel angelegt. Die bisher getragene karmesinrote Schärpe fiel weg. Auf den Hosen breite dunkelblaue Besatzstreifen.

1881 wurde eine Pickelhaube eingeführt. Der Kragen wurde ganz weiß und verlor die Regimentsnummer. Das über der Brust getragene Patronentaschenbandelier fiel fort. Die Musiker trugen auf der Brust weiße Litzen und auf den Hosen zwei weiße Streifen. Die Offiziersuniform blieb die alte, dazu kam eine einreihige blaue Bluse mit Brust- und Schoßtaschen und querstehenden Schulterstücken in Passantenform, 1896 ferner eine knopflose Bluse mit breitem Bandbesatz auf dem Kragen, vorn herunter und um den unteren Rand an den Hüften noch einmal hochstrebend. Zum Felddienst wurden seit 1888 seitlich genestelte Gamaschen getragen. Um die Offizierspickelhaube lief von rechts oben nach links unten ein Kettchen. Die Stabsoffiziere hatten waffenfarbigen nach hinten fallenden Roßhaarbusch und gleichfarbigen Behang. Die Schirmmütze war sehr niedrig, der Deckel nicht ausladend (Abb. 98b). Die Mannschaftsbluse hatte sich seit 1861 wenig geändert. Zu dieser wurde ein weicher grauer Hut mit einem Längs-

kniff getragen. Zum Tropendienst gehörten weiße Korkhelme.

1898, zur Zeit des Spanischen Krieges, gelangte die Kakiuniform zur Einführung. Sie war vorn mit fünf Knöpfen geschlossen und hatte aufgesetzte Brust- und Schoßtaschen. Im Sommer wurde meist das Hemd getragen, das bei den Offizieren noch mit den passantenähnlichen Schulterstücken versehen war (Abb. 98d).

1903 wurde die Abzeichenfarbe der Infanterie wieder hellblau. Kragen, Achselklappen und Aufschläge dunkelblau mit hellblauen Vorstößen. Die Ärmelpatten fielen fort. Zur Parade wurde eine mehrfach über die Brust gelegte Fangschnur getragen. Die Mannschaftshosen verloren die Biesen. Als Kopfbedeckung wurde anstatt der Pickelhaube und des Käppis eine Tellermütze mit zwei hellblauen Bandvorstößen eingeführt (Abb. 98c). Die Offiziere behielten den zweireihigen langen Rock. Kragen und Mützenbesatz der Offiziere nunmehr hellblau mit goldenen Borten. Die Epauletten wurden durch geflochtene Achselstücke ersetzt. Die Ärmelaufschläge trugen einen goldenen Vorstoß, darüber goldenen Knoten je nach Rang, dazwischen das Waffenabzeichen. 1912 traten einige modische Veränderungen ein. Der Teller der Mütze wird ausladender und nähert sich der englischen Form. Der Hut hat keine Quetschfalte mehr, dafür aber vier Beulen (Abb. 98f).

Die Felduniform aus kakifarbenem Grundstoff mit leicht olivgrünem Einschlag erfuhr während des I. Weltkrieges keine grundsätzlichen Änderungen. Nur wurden die durch den Krieg bedingten Ausrüstungsgegenstände, insbesondere der runde flachrandige Stahlhelm (Abb. 98g) neu eingeführt. Die Waffenunterscheidung erfolgt einmal durch die Hutkordel, die für die Infanterie hellblau ist, zum anderen durch zwei Bronzeknöpfe in den Kragenenden, deren rechter die Buchstaben U.S. und darunter die Regimentsbezeichnung, der Knopf links das Waffenabzeichen, hier gekreuzte Gewehre, mit dem Kompaniebuchstaben darunter trägt. Die Offiziere tragen an beiden Kragenenden in Bronze die Buchstaben U.S. und das Waffenabzeichen dahinter. Während des Krieges wurde auch eine bootsmäßige Feldmütze eingeführt (Abb. 98h), auf der Mannschaftswaffenbezeichnungsknopf auf der linken Aufschlagseite angebracht war. Offiziere tragen den Aufschlagrand der Mütze waffenfarbig, hier hellblau, vorgestoßen und an der linken Seite das Rangabzeichen. Die farbigen Uniformen wurden nach dem I. Weltkrieg abgeschafft. Die Felduniform wird 1926 insofern geändert, als die Knöpfe und Waffenabzeichen mattgolden statt bronzefarben werden; der Rock erhält Zivilschnitt. Die Waffenbezeichnungsknöpfe bzw. die Buchstaben werden auf den Rockaufschlägen befestigt. Das Lederzeug für Offiziere ist braun, die Gürtelrüstung für die Mannschaften aus grüngrauem Webstoff (Abb. 98k und i). Der Uniformschnitt ist für alle Waffengattungen der gleiche. Alle Offiziere tragen längs des Aufschlagrandes einen mittelbreiten dunkelbraunen Tuchstreifen. An der Schirmmütze haben die Offiziere den Wappenadler, Unteroffiziere und Mannschaften das Waffenabzeichen.

Abb. 98. Vereinigte Staaten von Amerika 1872–1934.
a, b, c, d, f, g, h, k, l Infanteristen – e Nationalkavallerie – d, k Offiziere – i Marine-Infanterist

II. Kavallerie, Artillerie, Genie

Die Kavallerie war noch bis Anfang des 19. Jahrhunderts eine reine Freiwilligentruppe und zählte nicht zum stehenden Heer. Während der Befreiungskriege waren die aufgestellten Kavallerieformationen in sehr mannigfaltige Uniformen gekleidet. Es können daher hier nur einige Beispiele gegeben werden: 1775 hatte die City Cavallery of Philadelphia braune Röcke mit weißen Abzeichen, schwarze Kasketts (Abb. 97b), Lees Kavallerie blaue Röcke mit weißen Abzeichen, weiße Westen, schwarze Hosen, 1776 das 1. Kontinental-Regiment leichte Dragoner blaue Röcke, rote Abzeichen, zum Teil braune Röcke mit grünen Abzeichen, 1770 das 4. Regiment leichte Dragoner rote Röcke, später grüne Röcke mit roten Rabatten. Washingtons reitende Leibgarde hatte weiße Uniformen mit hellblauen Kragen, Rabatten, Aufschlägen, Schößen und Westen, lederne Kasketts mit Fuchsschwänzen. Sehr auffallend waren die Reiter des Obersten Marion (Südkarolina), deren Lederhelm ein silbernes Spruchband mit der Devise »Liberty or death« zeigte. 1779 hatten die leichten Dragoner blaue Röcke mit weißen Aufschlägen, um 1800 grüne Röcke mit schwarzen Kragen, Rabatten und Aufschlägen; das Futter, die Weste und Hose waren weiß, Schuppenepauletten, Knöpfe und Knopflocheinfassungen gelb, Lederhelm mit schwarzem Roßhaarschweif, an der Vorderseite gelbes Schild, für Offiziere dazu grünen Stutz (Abb. 97e). In der Zeit von 1802–10 trägt die Kavallerie Infanterieuniformen, 1812 bleiben die Schöße weiß. 1814 erhält das Dragoner-Regiment orange, die übrigen Kavallerieregimenter gelbe Vorstöße und Litzen. Die Uniformentwicklung läuft auch weiterhin parallel zu der der Infanterie, nur mit gelber Waffenfarbe, die auch die Kavallerie der konföderierten Südstaaten von Nordamerika während des Sezessionskrieges zu ihrer im übrigen grauen Uniform trägt. 1835 erhält die Kavallerie den weißen Busch am Tschako; 1846 wurde ein Regiment berittener Schützen aufgestellt, bei dem die Vorstöße grün waren. 1861 wird die ganze Kavallerie in Reiterregimenter umbenannt; zur Felduniform schwarzer Filzhut, an einer Seite aufgeklappt und häufig mit schwarzer Straußenfeder verziert. Das Waffenabzeichen sind gekreuzte Säbel. Zur Parade dunkelblauer kurzer Rock mit gelben Vorstößen an allen Außennähten, dazu am Kragen je zwei gelb ausgestickte Knopflöcher mit kleinem Knopf am Ende, dunkelblaue Hosen. Der Waffenrock der von 1881–1903 getragenen Uniform unterschied sich außer der Waffenfarbe von dem Infanteriewaffenrock dadurch, daß die Schöße auch an den Unterseiten vorgestoßen waren und die Schoßtaschenleisten eine andere zweiknöpfige Form mit vollwaffenfarbigen Schoßtaschenpatten hatten. Die Pickelhaube hatte auch für Mannschaften gelben, nach hinten fallenden Busch und gleichfarbigen Behang (Abb. 98e).

Die etwa 1870 aufgestellten Indian Scouts (Indianische Späher) trugen die Kavallerieuniform mit weißen Abzeichen und roten Vorstößen, der Helmbusch war weiß mit Rot untermischt. Ihr Waffenabzeichen sind gekreuzte Pfeile mit den Buchstaben U.S.S. darüber. Die Kavallerieuniform M. 03 und die Felduniform unterschieden sich nur durch das Waffenabzeichen und die gelbe Waffenfarbe der Mannschaft von der Infanterieuniform.

Artillerie. 1777, bestätigt durch das Reglement von 1779, besteht die Artillerieuniform aus dunkelblauen Röcken mit roten Kragen, Rabatten, Aufschlägen und Schoßfutter, gelben Knöpfen. Die Rabatten und Knopflöcher sowie der schwarze, dreieckig aufgeschlagene Hut mit rotem Federstutz waren mit gelber schmaler Litze eingefaßt. Die Hose und das Lederzeug waren weiß. 1794 wird ein schwarzer Lederhelm mit schwarzer vom Hinter- bis zum Vorderschirm reichender Raupe und mit rotem Stutz links eingeführt (Abb. 97d). 1800 ist der Stutz abwechselnd rot und schwarz gestreift, die Offiziersepauletten waren stets golden. Seit 1812 trägt die Artillerie Infanterietschako, jedoch mit gekreuzten Kanonenrohren unter dem Wappenadler, ebenso die übrigen Uniformteile, aber mit gelben Vorstößen und Knöpfen. Erst seit 1835 werden die Vorstöße rot. Diese Abzeichenfarbe behält die Artillerie bei allen späteren, dem Infanteriemuster folgenden Uniformänderungen. Zur Paradeuniform M. 61 roter Roßhaarbusch am Tschako (Abb. 97l). Der Waffenrock der Uniform M. 81 hat für die reitende Artillerie Kavallerieschnitt. Das Waffenabzeichen zur Uniform M. 03 und der Felduniform sind zwei gekreuzte Kanonenrohre.

Genie (Corps of Engineers). Die Uniformentwicklung folgt im allgemeinen der der Infanterie und Artillerie. 1780 blauer Rock mit lederfarbenen Abzeichen und Unterzeug. Diese Farben verbleiben dem Genie bis 1821, zu welchem Zeitpunkt die Ingenieuroffiziere schwarzsamtene Kragen und Aufschläge sowie als Waffenabzeichen einen Stern im Lorbeerkranz erhalten. Die Mannschaften hatten gelbe Vorstöße an den blauen Uniformen. 1851 wird das Waffenabzeichen geändert in ein dreitürmiges Schloß. 1874 wird die Abzeichenfarbe Rot mit weißem Vorstoß. Die Uniformen folgen im übrigen der Infanterie unter Berücksichtigung von Waffenabzeichen und -farbe. Das Signalkorps ist seit Anfang der 80er Jahre eine selbständige Truppengattung. Seine Waffenfarbe ist orange mit weißem Vorstoß, sein Waffenabzeichen zwei gekreuzte Signalfähnchen über einer brennenden Fackel.

Generale, Generalstab – Rangabzeichen

Seit Beginn trug die Generalität grundsätzlich blaue Röcke mit lederfarbenen Abzeichen und gelben Knöpfen, lederfarbene Unterkleider, goldene Epauletten mit dicken Fransen und 1–3 fünfstrahligen Silbersternen, schwarze Dreispitze, der Oberstkommandierende weißen Federstutz, der Majorgeneral schwarz-weißen, der Brigadiergeneral rot-weißen. Der Hut wird seit 1802 mit den Spitzen nach vorn und hinten getragen. 1808 wird ein Frack mit einer Reihe von 10 Knöpfen eingeführt, lederfarbenem Kragen und runden Aufschlägen, die einen Knopf auf, drei Knöpfe senkrecht über dem Aufschlag tragen. Von jedem Brust- und Aufschlagknopf ziehen sich nach beiden Seiten schräg aufwärtsgehend ausgestickte lange Knopflöcher. 1812 verschwinden die Federstutze, 1835 ist die Bekleidung ein dunkelblauer zweireihiger Frack, auf dem die Knöpfe in Gruppen von 2 oder 3, je nach Rang, zusammengesetzt sind. Kragen und Aufschläge sowie Schoßumschlag und Schoßfutter sind lederfarben, die dunkelblaue Hose trägt breite lederfarbene Besatzstreifen. 1848 erhält auch die Generalität einen Tschako mit goldenem Pompon, seit 1851 mit dunkelblauem Samtband unten. 1857 verschwinden die lederfarbenen Abzeichen an Rock und Hose. An ihre Stelle treten dunkelblaue Samtkragen und Aufschläge, seit 1903 mit goldenem Eichenlaubzweig bestickt. Paradekopfbedeckung der Generale war seit 1861 der schwarze aufgeklappte Seidenfilzhut mit schwarzer Straußenfederfüllung und goldener Agraffe an der rechten Seite. Die Schärpe der Generale, die bis in die 90er Jahre von der linken Schulter zur rechten Hüfte, später zur Paradeuniform umgekehrt, im Dienst um den Leib getragen wird, war lederfarben. Das dunkelblaue Dienstjackett und Käppi, die seit dem Sezessionskrieg getragen wurden, unterschieden sich nur durch die Rangabzeichen auf den quer über die Schulter laufenden Achselstücken und die Buchstaben U.S. im Lorbeerkranz am Käppi von den übrigen Offiziersuniformen. Die Generale trugen dunkelblaue Hose, zur Gala mit breitem Goldbortenbesatz. Zur Uniform M. 03 erhielten auch die Generale die Schirmmütze mit dunkelblauem Deckel, schwarzsamtenem Besatzstreifen, der ebenso wie der Schirm mit einem goldenen Eichenlaubzweig bestickt war. Die Felduniform der Generale unterscheidet sich nur durch die Rangabzeichen von den übrigen. Die Generalstabsoffiziere trugen bis etwa 1820 die Generalsuniform mit entsprechenden Rangabzeichen, seitdem bis etwa 1851 dunkelblauen Kragen und Aufschlag mit lederfarbener Kragenpatte. Bis 1861 einreihigen, später zweireihigen dunkelblauen Waffenrock mit lederfarbenem Kragenvorstoß. Ihr Waffenabzeichen ist ein fünfstrahliger Stern mit dem aufgelegten Wappenadler. Der Ärmelbesatzstreifen an der Felduniform ist schwarz.

Als Rangabzeichen für Offiziere werden schon 1780 Epauletten in Knopffarbe verordnet, und zwar mit starken Fransen. Der Majorgeneral hatte zwei goldene Epauletts mit zwei goldenen Sternen darauf, der Brigadiergeneral nur einen Stern. Die Stabsoffiziere trugen zwei Epauletten ohne nähere Dienstgradbezeichnung, Hauptleute ein Epaulett auf der rechten Schulter, Leutnants auf der linken Schulter. Von den Unteroffizieren hatten die Sergeanten zwei Wollepauletten, die Gefreiten ein Wollepaulett auf der rechten Schulter, und zwar wahrscheinlich in Knopffarbe. Seit 1832 tragen alle Offiziere zwei Epauletten, Subalternoffiziere in abweichender Form. Diese erhielten sich für die Paradeuniform bis 1861. Um die gleiche Zeit werden für die Dienstuniformen Rangabzeichen vorgeschrieben, wie sie sich unverändert zur farbigen Uniform bis zum I. Weltkrieg erhalten haben. Quer über die Schulter laufende abzeichenfarbige Tuchstreifen, eingefaßt mit Goldstickerei. Auf dem Feld befinden sich für Generale 1–3 Silbersterne, beim Oberst ein fliegender silberner Adler, beim Oberstleutnant ein Eichenblatt an jedem Ende in Silber, beim Major desgleichen in Gold, beim Hauptmann 2 silberne Balken an jedem Ende, beim Oberstleutnant einer. Das Feld des Leutnantachselstücks trug keinerlei Abzeichen. Zur Uniform M. 81 wurde für die Galauniform der Offiziere eine neue Art Epaulett eingeführt. Der Schieber ist aus goldgeflochtener Schnur, der Mond ebenfalls. Das Feld aus waffenfarbigem Tuch trägt die Regimentsnummer und die Rangabzeichen in Silber. Die Generalsepauletts sind unverändert aus massivem Gold mit 1–3 silbernen Rangsternen. Der nur für den Fall des Krieges vorgesehene Generalsrang trägt zwischen zwei Silbersternen den fliegenden goldenen Wappenadler, ebenso auf den Schulterstücken. Zur Uniform M. 03 bleiben die Generalsepauletten unverändert, alle übrigen Offiziere erhalten an Stelle der Epauletten geflochtene Achselstücke aus dreifacher Goldschnur mit den silbernen Rangabzeichen auf flacher goldener Unterlage. Zur gleichen Uniform werden am Paradewaffenrock der Offiziere die Rangabzeichen durch 1–5 goldene Schnüre in Kleeblattform gekennzeichnet, während die Generale 1–3 Silbersterne über dem Aufschlag tragen. Die Rangabzeichen der Unteroffiziere und Mannschaften sind seit 1847 waffenfarbige Winkeltressen am Oberarm, von Naht zu Naht reichend mit der Spitze nach unten, seit 1861 mit der Spitze oben; seit der Uniform M. 03 sind sie in der Ausdehnung sehr verkleinert. Bei den höchsten Unteroffiziersgraden tritt zusätzlich ein runder Bogen, der die unteren Spitzen verbindet, hinzu. Bei der Felduniform befinden sich für die Offiziere die unveränderten Rangabzeichen auf den spitzen Achselklappen. Der für den I. Weltkrieg geschaffene Generalsrang erhält vier silberne fünfstrahlige Sterne. Der Leutnant hat seit 1918 auf den Achselstücken einen goldenen Balken. Die in Zahl und Form unveränderten Unteroffiziers- und Mannschaftsrangabzeichen bestehen aus kakifarbenen Tressen auf dunkelblauer Unterlage. Die neuerdings auch im amerikanischen Heer bestehenden höchsten Unteroffiziersgrade, die sogenannten Warrant Officers, tragen die Uniform im Offiziersschnitt, auf den Achselklappen keine Abzeichen, aber an Stelle des Waffenabzeichens an Kragenaufschlagende den Wappenadler in Mattgold. Die Generale tragen zur Felduniform auf beiden Unterarmen eine mittelbreite und eine schmale, 3 cm auseinanderstehende schwarze Seidentresse. In dem Zwischenraum sind die silbernen Rangsterne nebeneinander befestigt.

Bei den grauen Uniformen der Armee der konföderierten Südstaaten im Sezessionskriege waren die Rangabzeichen der Mannschaften und Unteroffiziere in Form von waffenfarbigen Winkeltressen gleicher Art und Zahl wie bei den Nordstaaten auf den Oberarmen befestigt. Die Offiziersränge waren durch goldene Rangschnüre in Kleeblattform auf den Unterarmen gekennzeichnet: Leutnants 1, Hauptleute 2, Stabsoffiziere 3, Generale 4 Schnüre; ferner hatten Subalternoffiziere 1–3 waagerechte kurze Goldtressen übereinander in den Kragenenden, Stabsoffiziere 1–3 goldene fünfstrahlige Sterne nebeneinander, Generale 3 goldene Sterne in einem ebenfalls goldenen Eichenlaubkranz. Die stets zweireihigen Röcke hatten waffenfarbigen Kragen und spitze Aufschläge: Infanterie hellblau, Kavallerie gelb, Artillerie rot, Generale und Generalstab lederfarben.

Die Kriegsmarinen

Die Entwicklungsgeschichte der Uniformen bietet bei der Kriegsmarine erheblich größere Schwierigkeiten als beim Heer. Das vorliegende Material ist äußerst beschränkt und war schwer zu beschaffen, da bei der hauptsächlichen Einstellung der größten Wehrmächte auf eine Landkriegsführung die Darstellung der Marineuniformen sehr in den Hintergrund getreten ist. Zum anderen war auch die Bekleidung der Kriegsmarinen lange Zeit nicht so streng reglementiert, wie wir es schon seit Mitte des 18. Jahrhunderts bei Landheeren gewohnt sind. Andererseits vereinfacht sich die Aufgabe, da seit etwa 1860 die Marineuniformen sämtlicher seefahrender Länder außerordentlich einheitlich werden und in großen Zügen in allen Kriegsmarinen dieselben Bekleidungsstücke in fast demselben Schnitt verwandt werden. Maßgebend für diese Uniformentwicklung ist das englische Vorbild. Großbritanniens Flotte, die im vergangenen Jahrhundert die Meere beherrschte, hatte auf die Gestaltung der Kriegsmarineuniformen einen sehr starken Einfluß. Gerade die Entwicklungsgeschichte im 20. Jahrhundert zeigt, wie sich die Marineuniformen mehr und mehr der englischen bezüglich des Schnitts einzelner Kleidungsstücke und der Art der Rangbezeichnung angleichen. Es genügt daher und dient gleichzeitig zur Einführung für den Leser, wenn zunächst eine Darstellung der allgemein gebräuchlichen Marinebekleidungsstücke gegeben wird, die bei der konservativen Einstellung der Marine zu Bekleidungsfragen für die Gesamtzeit von 1860 bis in die neueste Zeit Gültigkeit hat. Soweit erforderlich, werden die Uniformgeschichte der früheren Zeit sowie abweichende Einzelheiten bei den entsprechenden Ländern gesondert behandelt. Vorauszuschicken ist, daß die Grundfarbe aller Marinebekleidungsstücke grundsätzlich ein dunkles, oft bis an Blau-schwarz grenzendes Blau ist. Im Sommer und in den Tropen treten an seine Stelle Weiß (Leinen). Knöpfe, Rangabzeichen, Tressen und ähnliches sind ebenso grundsätzlich bei der Marine golden. Silber als Abzeichen- und Knopffarbe findet sich hauptsächlich beim Verwaltungspersonal. Die wesentlichsten, in allen Marinen fast unverändert wiederkehrenden Bekleidungsstücke sind folgende:

Hut: Schwarzer, zweiseitig aufgeklappter Seidenfilzhut, mit den Spitzen nach vorn und hinten getragen. Die englische Form hat hohe runde Aufschläge, die französische niedrige viereckige; goldene Agraffe, die bei der englischen Form von der Mitte des Hutaufschlags senkrecht nach unten, bei der französischen Form von rechts vorn zur Mitte geht. In den beiden Spitzen befinden sich goldene Quasten. Admirale tragen in den meisten Marinen die Hutaußenränder mit breiter Goldtresse eingefaßt, auch vielfach schwarze oder weiße Straußenfederfüllung.

Galarock: Zweireihig hochgeschlossen mit Stehkragen, als Rock oder als Frack geschnitten, mit reicher Kragenstickerei oder Tresseneinfassung, auf den Aufschlägen die Rangtressen oder Stickerei.

Galahose: Dunkelblaue lange Hose mit je nach Rang verschieden breiten Goldtressen an den Außennähten.

Säbel: Leicht gekrümmt mit goldenem Korb, weißem Elfenbeingriff, schwarzer Lederscheide mit Goldbeschlag, wird an einem schwarzen, zur Gala oft goldbestickten Leder- oder Seidenkoppel übergeschnallt getragen.

Epauletten: Die Epauletten der Marinen sind stets ganz aus Gold mit gewirktem Mond und auch für die Subalternoffiziere starken oder mittelstarken Fransen. Auf dem Feld häufig ein unklarer Anker, d. h. Anker mit Ankertau.

Offiziersmütze: Dunkelblaue Tellermütze mit schwarzem Lacklederschirm und Kinnriemen, schwarzem Seiden- oder Mohairbesatzband, über der Stirn ein Anker oder die Landeskokarde im Eichenlaubkranz mit der Krone oder einem sonstigen Hoheitszeichen darüber, ohne den Eichenlaubkranz vielfach auch für Deckoffiziere gebräuchlich. Der Teller ist je nach Mode kleiner oder größer. Englischem Vorbild folgend hat es sich eingebürgert, die Stabsoffiziere und Admirale durch einfache bzw. doppelte goldene Eichenlaubstickerei längs des Schirmaußenrandes zu kennzeichnen. In den romanischen Ländern traten vielfach an Stelle des Eichenlaubs Lorbeerblätter.

Rock: Mit langen Schößen und zwei Reihen von 3–6 Knöpfen, die meist Ankerprägung tragen. Der Rock wurde in vielen Marinen noch bis zum Ausgang des vorigen Jahrhunderts hochgeschlossen getragen, in der englischen Marine und, derem Beispiel folgend, in allen jetzigen Marinen über der Brust offen, der Mode des bürgerlichen Gehrocks im Schnitt folgend. Auf der Rückseite zwei- oder dreiknöpfige Schoßtaschenleisten, auf den Ärmeln befinden sich die goldenen Ranglitzen (siehe Schema). Auf den Schultern werden in vielen Marinen goldene Passanten getragen, jedoch nicht bei der englischen und den ihrem Vorbild folgenden Ländern.

Bordjackett: Ist zweireihig, hat denselben Schnitt wie der Rock, jedoch nur mittellange bis kurze Schöße. Keine Knöpfe im Rücken; hierzu nur Ärmelrangtressen gebräuchlich. Findet vielfach auch als Bekleidungsstück der Deckoffiziere und höheren Unteroffiziere Verwendung.

Ärmelrangtressen der Seeoffiziere nach dem Stand von 1934 bzw. 1913

In dem folgenden Schema sind mit s = schmal bezeichnet Tressen von 0,7–1 cm; mb = mittelbreit solche von 1,3–2,2 cm; b = breit solche von 5,3 cm Breite. Die Rangtressen sind golden und zählen stets von unten nach oben

Land	Subalternoffiz.: Lt. z. See Oblt. z. See Kapitänlt.	Stabsoffiz.: Korv.-Kapt. Freg.-Kapt. Kapit. z. See	Admirale: Konteradm. Vizeadm. Admiral (Großadm.)	Bemerkungen
Dänemark	1 mb 2 mb 1 mb + 1 s + 1 mb	1 mb + 2 s + 1 mb 2 mb + 1 s + 1 mb 4	2 mb + 1 b + 1 mb 1 mb + 2 b + 1 mb 3 b + 1 mb	Oberste Tresse mit Schleife; Ingenieure rote Unterlage.
Estland	1 mb 2 mb 1 mb + 1 s + 1 mb	1 mb + 2 s + 1 mb 3 4	1 b + 1 mb	Oberste Rangtresse m. Schleife; Ingenieure purpur Unterl.
Finnland	1 mb 2 mb 1 mb + 1 s + 1 mb	3 mb 2 mb + 1 s + 1 mb 4	1 b + 1 b – 3 mb	Über den Rangtressen stehen der Löwe; Ingenieure purpur Unterlage.
Frankreich	1 – 3 s	5 s, 2. u. 4. silber 5 s	2 fünfstrahlige 3 Silbersterne 4	Ohne Schleife und Dienstabzeichen, zwischen 3. und 4. Tresse doppelter Zwischenr.
Griechenland	1 mb 2 mb 1 mb + 1 s + 1 mb	3 mb 2 mb + 1 s + 1 mb 4 mb	1 b + 1 – 3 mb	Seeoffiziere mit Schleife, Ingenieure violette Unterlage

Land	Subalternoffiz.: Lt. z. See Oblt. z. See Kapitänlt.	Stabsoffiz.: Korv.-Kapt. Freg.-Kapt. Kapit. z. See	Admirale: Konteradm. Vizeadm. Admiral (Großadm.)	Bemerkungen
Großbritannien	1 mb 2 mb 1 mb + 1 s + 1 mb	3 mb 4 mb 4 mb	1 b + 1 − 4 mb	Alle Offiziere mit Schleife, Ingenieure mit purpur Unterlage
Italien	1 − 3 s	1 mb + 1 − 3 s	Greca und 1 − 4 s	Oberste Rangtresse m. Schleife; Ingenieure karmin Unterlage
Jugoslawien	1 − 3 s	1 mb + 1 − 3 s	1 b + 1 s mit 1–3 Sternen darüber	Oberste Rangtresse m. Schleife; Rangsterne nebeneinander über der Schleife
Lettland	1 mb + 1 − 3 fünfstrahlige Sterne	2 mb und 1 und 2 vierstrahlige Sterne	3 mb + 3 vierstrahlige Sterne	Oberste Rangtresse m. Schleife; Ingenieure silbergraue Unterlage
Niederlande	1 mb 2 mb 1 mb + 1 s +1 mb	3 mb 4 mb 4 mb	1 b + 1 mb, darüber 2, 3 u. 4 Silbersterne	Oberste Rangtresse m. Schleife
Norwegen	1 mb 2 mb	3 mb 4 mb 1 br. u. 3 mb	1 mb + 1 b + 1 − 3 mb	Oberste Rangtresse m. Schleife
Polen	1 − 3 s	1 mb + 1 − 3 s	1 b in Zickzackform + 1 − 3 s	Oberste Rangtresse Schleife; Ingenieure violette Unterlage
Portugal	1 − 3 s	1 mb + 1 − 3 s	1 b + 1 s, 3 silb. 3 gold., 4 gold. 5strahlig. Stern unter den Rangtressen	Seeoffiziere mit Schleife, Ingenieure violette Unterlage
Rumänien	3 s	1 mb + 1 − 3 s	1 b + 1 mb + 1 − 3 s	Oberste Rangtresse m. Schleife; Ingenieure violette Unterlg.
Rußland 1913	−	−	−	Keine Ärmelrangtressen, s. Text
Sowjetunion 1934	1 mb 1 mb + 1 s 2 mb	2 mb + 1 s 3 mb 4 mb	1 b + 1 − 3 mb	Über den Rangtressen roter fünfstrahliger Emaillestern
Schweden 1913	1 − 3 s	1 − 3 s + 1 mb darüber	1 b + 1−3 Silbersterne	Seeoffiziere oberste Rangtresse Schleife, Ingenieure purpur Unterlage
Schweden 1934	1 mb 2 mb	3 mb 1 mb + 1 s + 2 mb 4 mb	1 b + 1 − 3 Silbersterne	Seeoffiziere, oberste Rang-Schleife, Ingenieure auf der Spitze stehendes Dreieck und purpur Unterlage
Spanien	1 mb 2 mb 1 mb + 1 s + 1 mb	3 mb 4 mb 4 mb	1 b + 1 u. 2 mb	Seeoffiziere mit Stern darüber, Ingenieure grüne Unterlage

Land	Subalternoffiz.: Lt. z. See Oblt. z. See Kapitänlt.	Stabsoffiz.: Korv.-Kapt. Freg.-Kapt. Kapit. z. See	Admirale: Konteradm. Vizeadm. Admiral (Großadm.)	Bemerkungen
Ungarn	1 – 3 s	1 mb + 1 – 3 s	1 b + 1 s	Seeoffiziere mit Schleife, Ingenieure karmin Unterlage, Admirale über der Schleife noch goldene Krone im Eichenlaubkranz
Argentinien	1 mb 1 s + 1 mb 3 s	1 mb + 1 s + 1 mb 3 mb 4 mb	1 b + 1 – 3 mb	Oberste Rangtresse m. Schleife; Ingenieure hellblaue Unterlage
Brasilien 1913	1 – 3 s	4 – 6 s	2 u. 3 fünfstrahl. Sterne nebeneinander	In der Ärmelnaht drei kleine Knöpfe übereinander
Brasilien 1934	1 mb 1 s + 1 mb 2 mb	1 mb + 1 s + 1 mb 3 mb 4 mb	1 b + 1 – 3 mb	Seeoffiziere, Ingenieure, Flieger mit Schleife, Ingenieure zusätzlich Globus darüber, Flieger Adler
Chile	1 – 3 s	1 mb + 1 s + 1 mb 3 mb 4 mb	1 b + 1 – 2 mb	Über der obersten Rangtresse 5strahliger Stern; Ingenieure blaue Unterlage
China	1 mb 1 mb + 1 s 2 mb	2 mb + 1 s 3 mb 4 mb	1 b + 1 – 3 mb	Seeoffiziere mit offenem goldenen Kranz, Flieger mit Adler darüber, Ingenieure dunkelblaue Unterlage
Japan	1 mb 1 s + 1 mb 2 mb	1 s + 2 mb 3 mb 4 mb	2 b + 1 – 3 mb	Oberste Rangtresse m. Schleife; Ingenieure violette Unterlage
Mexiko	1 mb 1 s + 1 mb 2 mb	1 mb + 1 s + 1mb 3 mb 4 mb	goldene Lorbeerstickerei + 1 – 3 mb	Über der obersten Rangtresse Seeoffiziere fünfstrahligen Stern, Ingenieure Propeller
Türkei	1 mb 2 mb 1 mb + 1 s + 1 mb	3 mb 2 mb + 1 s + 1 mb 4 mb	1 b + 1 – 4 mb	Oberste Rangtresse m. Schleife
Vereinigte Staaten	1 mb 1 mb + 1 s 2 mb	1 mb + 1 s + 1 mb 3 mb 4 mb	1 b + 1 – 3 mb	Seeoffiziere fünfstrahligen Stern über der obersten Rangtresse, Ingenieure.

Matrosenmütze: Dunkelblaue, im Sommer weiße Tellermütze mit niedrigem Besatzband. Dieses wird von einem schwarzen Seidenband bedeckt, das über der Stirn in goldener oder gelber Beschriftung den Namen des Stammtruppenteils oder Schiffes trägt. Die Enden des Seidenbandes hängen hinten herunter oder bilden an der linken oder rechten Seite eine kleine Schleife. Der Teller ist nach deutschem Muster vorn, nach englischem Muster an allen Seiten versteift.

Hemd: Aus dunkelblauem Wollstoff, im Sommer aus wei-

Abb. 99. Marine 1750–1935.
England: a Admiral – c Seeoffizier – d Matrose – l Matrose – Frankreich: b Matrose – e Matrose – i Seeoffizier – Österreich-Ungarn: f Seeoffizier – Japan: g Seeoffizier – Rußland: h Seeoffizier – Vereinigte Staaten von Amerika: k Matrose

ßem Leinen mit hinten herabfallendem breitem Kragen, an der Brust einen tiefen Ausschnitt bildend, wird meist blusig in die Hose gesteckt getragen, in einigen Marinen auch lang überfallend. Hierzu gehört ein hell- bis mittelblauer, weit hinten überfallender Hemdkragen, dessen Außenkanten stets mit drei schmalen weißen Borten besetzt ist. Das Unterhemd, welches in dem Brustausschnitt sichtbar wird, ist weiß, meist mit blauer Bandeinfassung oder auch weißblau waagrecht gestreift. Unter dem Hemdkragen wird ein schwarzes Seidentuch, über der Brust einen Knoten bildend, getragen. Der Knoten wird vielfach durch eine kleine weiße Schleife am Hemdkragen festgehalten (Abb. 99l).
Pyjackett: Kurzer zweireihiger Mantel, bis zu den Hüften reichend, mit flachem liegendem Kragen, über der Brust offen, mit breiten Reversen. Zu diesem Jackett wird der Hemdkragen unter dem Mantel getragen.
Hose: Dunkelblau, vorn mit Klappenverschluß. Die Hosenbeine sind nach jahrhundertealter Seemannstradition unten trompetenförmig sehr weit geschnitten und bedecken fast das ganze Schuhzeug.
Matrosenjacke: Kurze, zweireihige schoßlose Jacke, wird offen getragen und über der Brust durch einen Doppelknopf gehalten, so daß das Hemd sichtbar bleibt. Dient in verschiedenen Marinen als Ausgangs- und Paradeanzug der Mannschaften. Der hellblaue Hemdkragen befindet sich hierbei über der Jacke.
Messejackett: Kurze schoßlose Jacke mit zwei Reihen von je drei Knöpfen, wird offen in Smokingform getragen, mit tief ausgeschnittener dunkelblauer oder weißer Weste, weißem steifem Hemd und Kragen, schwarzem Seidenquerbinder. Ärmelrangabzeichen. In einigen wenigen Staaten hierzu auch Achselschnüre oder Epauletten bei großen festlichen Anlässen. Dient als Gesellschaftsanzug der Offiziere, wird je nach dem Grad der Feierlichkeiten mit langer blauer oder mit Galahose getragen.
Umhang: Langer, dunkelblauer glockenförmiger Umhang mit liegendem Kragen, hellgrauem oder schwarzem Seidenfutter, über der Brust durch eine kleine, an zwei Löwenköpfen befestigte Kette geschlossen, fast in allen Staaten ohne Rangabzeichen getragen, hat in der deutschen Marine die Bezeichnung Spanier.
Weißes Zeug: Im Sommer und in den Tropen können fast sämtliche Kleidungsstücke durch gleichartige aus weißem Leinen ausgetauscht werden. Bei Offizieren tritt an Stelle des Rockes oder des Jacketts ein durchgängig einreihiges oder blusenförmig geschnittenes Jackett, seit dem I. Weltkrieg fast überall mit aufgesetzten Brust- und Seitentaschen mit kleinem Knopf und Quetschfalte. Hierzu weiße Wäsche und schwarzer Binder, meist Stehkragen, jedoch kommt auch Stehumlegekragen und Zivilschnitt vor; zu diesem Anzug stets Achselstücke bei Offizieren.

Dänemark

Die Uniformen der dänischen Kriegsmarine folgen dem allgemeinen Muster. Auf der Matrosenmütze bildet das Band an der rechten Seite eine kleine Schleife, auf deren

Mitte die rot-weiß-rote Landeskokarde angebracht ist. Die Rang- und Spezialitätenabzeichen befinden sich am rechten Oberarm, für Mannschaften in Rot, Unteroffiziere in Gold, sämtlich mit Krone darüber. Die verschiedenen Unteroffiziersgrade werden durch 1–3 kurze Winkeltressen darunter gekennzeichnet. Deckoffiziere haben Rock und Jackett im Offizierschnitt, in den Kragenecken ein goldenes gekröntes Spezialitätenabzeichen und auf den Unterarmen einen dreifachen rot unterlegten Tressenwinkel mit 1 oder 2 goldenen Knöpfen über der Spitze. Die Seeoffiziere haben einen zweireihigen Galafrack mit rotem Kragen und spitzem Aufschlag, bei Admiralen mit der Heeresgoldstickerei darauf. Der Hut hat französische Form, für Admirale mit schwarzer Straußenfederfüllung. Das Mützenabzeichen der Offiziere ist ein goldener unklarer Anker in Taukranz auf roter Unterlage, umgeben von einem Eichenlaubkranz mit der Krone darüber. Die goldenen Epauletten tragen auf dem Feld einen silbernen Anker.

Estland

Der Mantel ist zweireihig und trägt die Ärmeltressen auf den spitzen Achselklappen. Das Offiziersmützenabzeichen besteht aus einem Anker im Eichenlaubkranz mit dem Landeswappen darüber. Stabsoffiziere und Admirale haben Mützenschirmrandstickerei nach englischem Muster. Die Mannschaftsmütze hat keine herabfallenden Enden.

Finnland

Der Offiziershut trägt auf der rechten Seite eine weiß-blaue Seidenkokarde und goldene Agraffe. Bei Admiralen sind die Außenränder mit breiter gemusterter Goldborte eingefaßt. Die Mütze der Stabsoffiziere und Admirale mit 1- und 2facher Eichenlaubstickerei auf dem Schirm hat darüber die rote Kokarde mit dem stehenden goldenen Löwen, eingefaßt von einem goldenen Eichenlaubkranz; goldgestickter unklarer Anker darüber. Die goldenen Epauletten, für Admirale mit starken, Stabsoffiziere mittelstarken, Subalternoffiziere dünnen Fransen, tragen auf dem Feld den silbernen finnischen Wappenlöwen. Der Rock hat goldene Passanten. Offiziersschärpe wie im Heer. An Bord und außerdienstlich wird ein Dolch in schwarzer Lederscheide mit gelbem Beschlag am schwarzen Seidenkoppel getragen. Deckoffiziere tragen zum Offiziersrock und Jackett 1–3 schmale goldene Winkeltressen, Spitze oben, auf dem Unterarm mit dem Fachabzeichen darüber. Ihr Mützenabzeichen ist die weiß-blau-weiße Landeskokarde mit zwei goldenen Lorbeerblättern darunter und dem unklaren Anker darüber. Die Matrosenmütze deutscher Form hat die weiß-blau-weiße Landeskokarde auf dem Rand, die Enden des goldbeschrifteten Seidenbandes fallen hinten herunter. Waffenabzeichen in roter Stickerei: unklarer Anker für seemännisches Personal, Propeller für Maschinenpersonal, befinden sich am linken Oberarm von Hemd und kurzem Mantel, bei Obermatrosen mit 1 oder 2 schmalen roten Winkeltressen darunter. Die Unteroffiziere haben Offiziersjackett und weiße Wäsche, am linken Oberarm Waffenabzeichen und 2–4 schmale bzw. 1 breite Winkeltresse darunter, alles in Gold. Ihr Abzeichen an der Schirmmütze ist die Landeskokarde mit Anker darüber im Taukranz.

Lettland

Die lettischen Marineuniformen sind dadurch gekennzeichnet, daß das Grundtuch schwarz ist. Auch besteht die Hemdkrageneinfassung aus zwei dunkelroten schmalen Streifen mit einem weißen dazwischen. Die Offiziere tragen zum gewöhnlichen Anzug spitze Achselklappen aus Grundstoff mit goldenem Anker, zur Parade goldgeflochtene Achselstücke mit silbernem Anker. Das Seidenband der Matrosenmütze fällt hinten herunter. Die Deckoffiziere haben 1 breite, die anderen Unteroffiziere 1–3 schmale goldene Winkeltressen an den Oberarmen. Die darüber angebrachten Fachabzeichen sind dunkelrot.

Frankreich

Die dunkelblaue Rockfarbe wurde bei der französischen Marine schon im letzten Drittel des 18. Jahrhunderts eingeführt, jedoch waren Weste und Unterkleider noch lange Zeit rot. Um 1786 bestand die Uniform der Seeoffiziere aus folgenden Bekleidungsstücken:
Schwarzer Dreimaster mit weißer Kokarde und Goldeinfassung, dunkelblauer, einreihiger langschößiger Rock ohne Schoßumschlag und Rabatten, dreiknöpfige runde rote Ärmelaufschläge, goldene Epauletten, je nach Dienstgrad wie bei der Armee, liegende, später stehende Kragen in Farbe des Geschwaders. Rote Weste und Hose, weiße Strümpfe, schwarze Schuhe, Degen. Die Geschwaderfarben waren Nr. 1 karmin, Nr. 2 weiß, Nr. 3 grün, Nr. 4 zitronengelb, Nr. 5 hellblau, Nr. 6 orange, Nr. 7 violett, Nr. 8 rehfarben und schwarz für die Landmarinetruppenteile. Die Mannschaften trugen dunkelblaue, offene zweireihige Jacketts, rote Weste, dunkelblaue Hose, weißes Hemd, schwarze, runde oder seitlich aufgeklappte Lederhüte, schwarzes Lederzeug, an Bord vielfach auch rot-weiß oder blau-weiß gestreifte Überhosen und Hemden. Diese Uniform bleibt auch in napoleonischer Zeit in großen Zügen bestehen. An dem schwarzen Lederhut mit mehr oder weniger breiter Krempe befindet sich vorn ein messingner Anker (Abb. 99 b). Um 1812 wird die zweireihige hochge-

schlossene, mit Stehkragen versehene Matrosenjacke ganz dunkelblau. Der Hut erhält an der linken Seite gelbe Agraffe und Kokarde, die nach 1815 wieder weiß wird. Um 1848 tragen die Matrosen weißes Hemd mit schwarzem Binder, blauen Matrosenkragen, auf dem die vorderen Ecken ganz weiß sind. Dunkelblaues zweireihiges, offen getragenes Jackett mit großen Reversen, runde Aufschläge mit drei goldenen Knöpfen, dunkelblaue lange Hose, schwarzen, rundum aufgeschlagenen Lederhut und dunkelblaue Matrosenmütze mit weichem Kopf und rotem Puschel oben darauf, schwarzes Seidenband mit lang hinten herabfallenden Enden. Diese Uniform verändert sich auch in der späteren Zeit sehr wenig, ein Beispiel für die Zeit von 1870 gibt Abb. 99 e. Charakteristisch für die Matrosenmütze ist neben dem roten Puschel das weiße, quer über die Mütze laufende Mützenband. Um 1890 trug die französische Kriegsmarine folgende Uniformen: Admirale denselben Hut wie die Generale, die übrigen Seeoffiziere den Hut ohne Goldborteneinfassung und Straußenfederfüllung; als Galarock ein hochgeschlossener Frack, bei dem Kragen und runder Aufschlag für Admirale mit 1–3 Eichenzweigen, bei den anderen Offizieren mit Randeinfassung und in den Ecken Ankerstickerei bedeckt sind. Keine Ärmelrangabzeichen. Die goldenen Epauletten entsprechen dem Armeemuster, tragen jedoch auf dem Feld zusätzlich einen unklaren goldenen Anker. Der zweireihige Rock wird noch bis in die Nachkriegszeit hinein hochgeschlossen getragen und hat zwei Reihen goldener Knöpfe, goldene Passanten und goldene Ärmelrangtressen wie im Schema angegeben (Abb. 99 i). Admirale statt dessen Silbersterne. Die Mütze trägt um den Besatzstreifen die Ärmelrangtressen, auf dem Besatzstreifen darüber einen goldenen Anker. Der Besatzstreifen der Admirale weist die gleiche Eichenlaubstickerei auf wie das Käppiband der Generale; jedoch über dem Mützenschirm die silbernen Rangsterne. Die Deckoffiziere tragen den Offiziersrock mit einem schmalen rotdurchzogenen goldenen Ärmelstreifen, die Epauletten haben einen roten Längsstreifen. Die übrigen Unteroffiziere haben das kurze Jackett, Waffenabzeichen in den Kragenecken und 1–3 goldene Schrägstreifen auf den Unterärmeln. Die Matrosen tragen auf dem Hemd- und Manteloberarm die rotgestickten Waffen- und Spezialitätenabzeichen sowie auf den Unterarmen 1 und 2 rote Schrägtressen. Lederzeug schwarz. Seit 1934 wird Rock und Jackett der Offiziere im englischen Stil getragen, auch hat die Mütze die englische Form mit versteiftem Deckel angenommen. Das Mützenabzeichen ist jetzt ein goldener Anker im Lorbeerkranz, für Admirale oberhalb der Rangsterne auf dem Randstreifen befestigt. Schirmstickerei nach englischem Muster. Die Matrosenmütze hat roten Vorstoß oben und unten am Besatzstreifen, die Jacketts der Unteroffiziere sind einreihig und haben Stehumlegekragen.

Die Deckoffiziere haben zum großen Anzug zweireihig hochgeschlossenen Rock, auf den Unterarmen eine schmale Goldtresse mit einer silbernen und einer goldenen oder nur einer goldenen Schnur darunter. Ihre Schirmmütze trägt auf dem Besatzstreifen eine mittelbreite Goldtresse in der Mitte, auf dem Rand das verkleinerte Offiziersmützenabzeichen, bei den anderen Unteroffiziersgraden fällt der Mützenrangstreifen weg. Offiziersanwärter tragen eine schmale Ärmeltresse, die in gleichen Abständen durch hellblaue Quertressen durchbrochen ist.

Großbritannien

1758 wurden der britischen Kriegsmarine die Uniformfarben Blau und Weiß mit goldenen Knöpfen von König Georg II. verliehen und sind seitdem unverändert bestehen geblieben. Der Schnitt der Kleidungsstücke folgte dem allgemeinen Zeitgeschmack (Abb. 99 a). Zunächst lange einreihige Röcke, später mit weißen Rabatten, Ärmelaufschläge rund, nachher brandenburgisch. Unterzeug weiß. Schon 1783 wurden für die Admirale Ärmelrangtressen, 1–3 breite, eingeführt. Im übrigen fand eine Gradbezeichnung noch nicht statt. 1795 wurden Epauletten mit starken Fransen eingeführt: Admirale mit 1–3 Silbersternen, Kapitän zur See 2 Epauletten mit glatten Feldern, Fregattenkapitän 1 Epaulett auf der rechten Schulter, Korvettenkapitän 1 auf der linken Schulter, Subalternoffiziere hatten derzeit keine Epauletten. 1812 erhielten alle Stabsoffiziere zwei Epauletten, Kapitän zur See mit silberner Krone und Anker, Fregattenkapitän silbernem Anker, Korvettenkapitän nichts auf dem Feld. Die Leutnants erhielten 1 Epaulett auf der rechten Schulter. Der Kragen, dessen Entwicklung vom liegenden zum Stehkragen der Heeresentwicklung folgte, war weiß. Ebenso bis 1827 die Ärmelumschläge, die von da ab dunkelblau mit weißer, geschweifter dreiknöpfiger Patte wurden. In der Zeit von 1830/40 waren die Kragen und Aufschläge der Offiziersröcke, die in der Zwischenzeit doppelreihigen Frackschnitt angenommen hatten, rot, seit Beginn der Herrschaft der Königin Viktoria wiederum weiß (Abb. 99 c). 1847 erhalten auch die Leutnants 2 goldene Epauletten, gleichzeitig wird ein dunkelblauer, offen oder geschlossen zu tragender Rock mit weißer Wäsche sowie eine blaue Schirmmütze mit goldenem Besatzband eingeführt. Die Mannschaftsuniformen bestanden zu dieser Zeit und auch weiterhin in kurzen, blauen, offen getragenen Jacketts mit zwei Reihen gelber Knöpfe, weißer oder dunkelblauer Hose, weißem Hemd, schwarzem Seidenbinder, schwarzledernem Zylinderhut, der später eine niedrige Form mit ringsum aufgeklapptem Rand annahm, im Sommer gelbem Strohhut gleicher Form. Zum Offiziersüberrock wurden keine Epauletten, sondern Ärmelrangstreifen getragen, Kapitän zur See 3, Korvettenkapitän 2, Leutnants 1. Seit 1856 bildet der oberste Rangstreifen eine Schleife. 1861 erhält der Leutnant zur See 1 Streifen, der Oberleutnant 2, der Korvettenkapitän 3, der Kapitän zur See 4 Rangstreifen. Um diese Zeit erhielt auch die Seeoffiziersmütze das dunkelblaue Mohairband und über dem Schirm einen silbernen Anker im goldenen Eichenlaubkranz mit der Krone darüber. In den 80er Jahren wird zusätzlich die einfache oder doppelte Schirmaußenrandeichenlaubstickerei für Stabsoffiziere und Admirale eingeführt. Als Rangabzeichen für Unteroffiziere kommt der goldgestickte Anker mit Krone darüber auf dem linken Oberarm in Anwendung, später auch Waffenabzeichen mit goldenen Winkeltressen darunter. Die englische Marine kennt einen Galafrack, zweireihig, hochgeschlossen mit weißem Stehkragen mit mehr oder weniger breiter Goldtresseneinfassung, weißer mit Goldtresse außen eingefaßter dreiknöpfiger geschweifter Ärmelpatte und Goldtressenbesatz um die Taillenknöpfe. Bei Admiralen sind Kragen und Ärmelpatten mit reicher Eichenlaubstickerei bedeckt. Die Rangtressen laufen beim Galafrack unter der Patte hindurch. Die Seekadetten und Fähnriche zur See tragen die Offiziersmütze und das Offiziersjackett, in den Kragenecken Fähnriche zur See weiße Kragenpatten mit kleinem goldenen Knopf hinten, Seekadetten weiß eingefaßtes Knopfloch und kleinen goldenen Knopf am Ende. Dieselben Abzeichen befinden sich auf dem Stehkragen des seit alters her einreihigen, offen getragenen Paradejacketts. Zu diesem Anzug wird ein kleiner Dolch in schwarzer Lederscheide mit Elfenbeingriff getragen. Ein Beispiel der heutigen Matrosenuniform gibt Abb. 991. Die Epauletten der Offiziere sind aus goldener gestreifter Tresse und haben bis zum Oberleutnant einschließlich starke Fransen. Auf dem Feld befindet sich ein silberner unklarer Anker, beim Kapitänleutnant mit Silberstern, beim Korvettenkapitän mit Silberkrone darüber. Der Fregattenkapitän hat Krone und 1 Stern, Kapitän zur See Krone und 2 Sterne. Admirale haben auf dem Feld ein gekreuztes Schwert und Kommandostab mit 1–3 Sternen und Krone darüber. Das Epaulettabzeichen des Großadmirals ist dasselbe wie beim Feldmarschall der Armee. Auf dem zweireihigen Mantel werden die Rangabzeichen in Form der Ärmeltressen auf den Achselstücken angebracht. Die Admiralsachselstücke sind mit goldener Tresse belegt und weisen die Abzeichen der Epauletts auf. Dieselben Achselstücke werden auch zur weißen Uniform angelegt.

Zur englischen Marine gehören schon seit Mitte des 18. Jahrhunderts die sogenannten Royal Marines, die aus Infanterie und Artillerie bestehen. Die Uniform der Marineinfanterie folgt im allgemeinen der des Heeres. Die Röcke sind rot, die Abzeichen dunkelblau. Die Marineartillerie hat dunkelblaue Röcke mit roten Abzeichen. Das Waffenabzeichen der Royal Marines ist ein Globus im Lorbeerkranz. Sie tragen 1937 dunkelblauen einreihigen Rock mit dem Waffenabzeichen in den Kragenecken und dunkelblaue Hosen. Zur Parade weißes Lederzeug und weißen Tropenhelm mit goldenem Beschlag. Die Rangabzeichen waren immer die gleichen wie im Heer.

Italien

Die Uniformen der italienischen Kriegsmarine sind seit ihrer Errichtung in großen Zügen unverändert geblieben. Der Offiziershut hat die hohe englische Form, für Admirale mit breiter Goldstickereieinfassung und schwarzer Straußenfederfüllung. Der Galarock ist ein Frack mit zwei Reihen von je 5 goldenen Knöpfen, von denen 4 zugeknöpft werden, auf den Ärmeln die Rangtressen, auf den Kragenenden der silberne, für Admirale goldene Aktivitätsstern. Auf den Schultern tragen die Admirale goldgeflochtene Achselstücke und doppelte Fangschnüre an der rechten Schulter, die anderen Offiziere Passanten, Subalternoffiziere aus einfacher Goldtresse, Stabsoffiziere dunkelblaue Tuchstreifen mit Goldeinfassung und goldenem Ankertau in der Mitte, sowie goldene Schuppenepauletts mit glatter bzw. eckiger Randausprägung und dünnen bzw. starken Fransen; Galahose mit Goldstreifen. Der Rock hat in den Kragenecken ebenfalls den Aktivitätsstern, auf den Unterarmen die Rangtressen und zwei Reihen mit je 5 Knöpfen sowie Passanten, die auch das jetzt nur noch dreiknöpfige zweireihige Jackett aufweist. Auf dem Jackett sind die Ärmelrangtressen in Form von kurzen Litzen angebracht. Der zweireihige Mantel trägt neuerdings ebenfalls die Ärmelrangtressen. Die Seeoffiziersmütze hat über dem Schirm einen goldenen gekrönten Anker im Lorbeerkranz, um das ziemlich hohe Besatzband die Ärmelrangtressen. Die Seeoffiziere haben ebenfalls die hellblaue Schärpe des Heeres. Die Deckoffiziere tragen die Offiziersmütze ohne Rangtressen. Ihr Jackett hat dunkelblaue Passanten und darauf 1–3 schmale Goldlitzen, der Rock 1 mittelbreiten Ärmelstreifen mit dem Waffenabzeichen darüber. Die anderen Unteroffiziere haben 1–3 goldene Winkeltressen, Spitze unten an den Oberarmen. Bei den Mannschaften befindet sich der Aktivitätsstern in den Kragenecken des blauen Hemdkragens, der abweichend vom allgemein üblichen nur zwei weiße Besatzstreifen aufweist. Das Mützenband bildet an der linken Seite eine kleine Schleife. Waffenabzeichen und Rangabzeichen, Winkeltressen, werden an beiden Oberarmen in roter Stickerei getragen.

Die Stelle des Seebataillons nimmt bei der italienischen Marine das Bataillon San Marco ein. Die Mannschaften tragen graugrüne Matrosenuniform und auf den Aufschlägen eine rote Patte mit dem weißgestickten geflügelten Löwen von San Marco. Die Offiziere tragen bis 1934 Heeresuniform mit rotem Stehkragen; hinter dem Aktivitätsstern der goldgestickte Löwe. Seit 1934 hat die Offiziersuniform Jackettschnitt wie beim Heer und Rangabzeichen durch Ärmelrangtressen, auf den Kragen rote Kragenpatten mit dem silbernen Aktivitätsstern unten und darüber dem goldgestickten Löwen von San Marco. Zur Tellermütze wird das See-Offiziersmützenabzeichen getragen, das sich auch an der linken Seite des Baretts für den Felddienst befindet.

Niederlande

Die ersten reglementierten Bestimmungen für die Offiziersuniformen der Kriegsmarine finden sich schon seit 1792, vervollständigt 1798. Die große Uniform der Admirale bestand aus einem dunkelblauen Rock mit gleichfarbigem Kragen, Rabatten und runden Aufschlägen, die beiden letzteren mit einfacher bzw. doppelter breiter Goldborte besetzt. Weiße Weste und Kniehosen, schwarzer Dreimaster mit Goldborte und rot-weiß-blauen Straußenfedern. Die kleine Uniform aus einem dunkelblauen zweireihigen Frack mit Stehumlegekragen und schwedischen Aufschlägen aus Grundtuch. Hierzu wurden goldene Epauletten mit dicken Fransen und 2 bzw. 1 Silberstern im Feld getragen. Weiße oder dunkelblaue Hose, Hut ohne Federn. Die anderen Offiziere hatten einen dunkelblauen Rock mit rotem Stehkragen und gleichfarbigen brandenburgischen Aufschlägen. Die Rabatten und das Schoßfutter bei den Kapitänen und 1. Leutnants rot, bei den Kapitänleutnants und den 2. Leutnants dunkelblau, dazu goldene Epauletten mit Fransen, bei den Subalternoffizieren mit 1 und 2 Längsstreifen im Feld. Der Hut und der Interimsfrack wie bei den Admiralen mit entsprechenden Epauletten. Deckoffiziere trugen den Offiziershut, blauen, einreihigen langschößigen Rock mit stehendem Kragen und runden Aufschlägen mit drei Ankerknöpfen ohne weitere Verzierung, blaues Unterzeug. 1808 zur Zeit der französischen Herrschaft verschwinden die roten Abzeichen; Kragenaufschläge und Rabatten sind durchgängig dunkelblau. Die Besonderheiten an der Admiralsuniform bleiben dieselben. Die Epauletten werden von sämtlichen Offizieren nach französischem Muster getragen. Die Matrosen trugen um diese Zeit dunkelblaue offene Jacken mit zwei Reihen gelber Knöpfe, rote Weste, blaue oder weiße lange Hose, runde Mütze. 1824 besteht die große Uniform der Seeoffiziere aus einem dunkelblauen zweireihigen Frack mit stehendem rotem Kragen, der bei Admiralen mit breiter, Stabsoffizieren mit schmaler Goldtresse eingefaßt ist. Der runde Ärmelaufschlag ist rot und trägt den gleichen Tressenbesatz, Subalternoffiziere haben den Aufschlag dunkelblau und keine Tressen an Kragen und Aufschlag. Die Epauletten sind aus Gold mit dicken Fransen; Admirale mit 2 und 3 Silbersternen, Kapitäne zur See glattes Feld, Kapitänleutnants 1 Silberlängsstreifen, die Leutnants 1. und 2. Klasse nur ein Epaulett mit Fransen auf der rechten Schulter. Säbel in schwarzer Scheide und Goldbeschlag, lange dunkelblaue Hose, seit 1835 zur Gala mit breitem Goldstreifen. Hierzu schwarzer Hut, an der rechten Seite große orange Seidenkokarde und goldene Agraffe, für Admirale weiße Straußenfederfüllung.

Zur kleinen Uniform wird von allen Offizieren ein zweireihiger dunkelblauer Rock mit goldenen Passanten offen oder geschlossen getragen, dazu weiße oder dunkelblaue einreihige Weste. 1831 erhielten auch die Leutnants 1. und 2. Klasse goldene Epauletts mit Fransen, bei den Leutnants 2. Klasse mit dem silbernen Längsstreifen. 1835 wird für den Dienst an Bord eine dunkelblaue Schirmmütze mit kleinem Deckel und breitem rotvorgestoßenen Goldstreifen auf dem Besatzband eingeführt. Nach Einführung des Waffenrockes beim Heer wird auch der Galarock der Seeoffiziere ein zweireihiger hochgeschlossener Rock mit mittellangen Schößen, Stehkragen und runden Aufschlägen. Hierzu werden die Epauletten getragen, bei Admiralen ist Kragen und Aufschlag mit dichter Goldstickerei besetzt, bei Seeoffizieren nur das Kragenende mit einem liegenden Anker und goldenen Eichenlaubblättern bestickt. Auf den Ärmeln befinden sich die Rangtressen, siehe Schema, deren oberste eine Schleife bildet, goldene Passanten; die Offizierspauletts erhalten glattes Feld und Schieber, für Stabsoffiziere mit dicken, Subalternoffiziere mit dünnen Fransen. Der Hut bleibt unverändert. Beim zweireihigen langen Rock im Zivilschnitt werden zu den Ärmelstreifen goldene Passanten und Epauletts angelegt. Als charakteristisches Zeichen befindet sich in den Kragenecken hier wie auch beim Bordjackett ein goldener unklarer Anker mit Krone darüber, für Ingenieure eine Fackel auf zwei gekreuzten Pfeilen mit Krone darüber. Noch bis zum I. Weltkrieg trugen die Offiziere eine Mütze der gleichen Form wie die österreichische Marine um diese Zeit (Abb. 99 f), mit waagrechtem Lederschirm, über der Stirn das Kragenwaffenabzeichen im goldenen Eichenlaubkranz. Erst nach dem I. Weltkrieg nimmt auch die holländische Marine die englische Offiziersmützenform an, ebenso die Schirmrandstickerei für Stabsoffiziere und Admirale. Die Marinefliegeroffiziere haben als Waffenabzeichen einen Rotationsmotor mit Propeller und Krone darüber, sonst Seeoffiziersuniform. Die Entwicklung der Mannschaftsuniform folgt dem allgemeinen Vorbild. Auf dem linken Arm befindet sich das Waffenabzeichen, klarer Anker für das seemännische Personal, zwei gekreuzte Fackeln für das Maschinenpersonal in Rot, für Unteroffiziere in Gold mit Krone darüber.

Seit 1814 besteht auch ein Korps Mariniers, dem späteren deutschen Seebataillon entsprechend. Zunächst dunkelblauer Rock im Armeeschnitt mit gelben Kragen, Aufschlägen und Vorstößen, gelbe Ankerknöpfe, Tschako, seit 1817 dunkelblauer zweireihiger Rock mit gelben Knöpfen, roter stehender Kragen, dunkelblaue brandenburgische, rot vorgestoßene Aufschläge, dunkelblaue Hose mit rotem Vorstoß, lederner Hut, an der linken Seite aufgeschlagen mit gelber Agraffe, orange Kokarde und rotem Federbusch. Offiziere entsprechend mit goldenen Epauletten, je nach Rang. 1830 wird der Rock einreihig, der rote Kragen erhält auf beiden Seiten zwei gelbe, für Offiziere goldene Litzen. Die Aufschläge werden spitz mit rotem Vorstoß; Tschako nach Armeemodell, roter Pompon mit kleinem Busch, über der Stirn zwei gekreuzte Anker mit Krone darüber, Epauletten nach Rang. Nach Einführung des Waffenrocks in den 60er Jahren wird der Kragen dunkelblau, ringsum rot vorgestoßen, der Mannschaftsaufschlagrand rund mit rotem Vorstoß, der Tschako, der die Veränderung des Heerestschakos mitmacht, behält als Abzeichen die gekreuzten Anker mit der Krone darüber. Mannschaften tragen zum Waffenrock dunkelblaue rot vorgestoßene Achselklappen, die Offiziere goldene Achselverschnürungen und die ihrem Rang entsprechenden Ärmeltressen der Seeoffiziere an beiden Unterarmen, orangeseidene Schärpe. Ende des 19. Jahrhunderts tritt an Stelle des Tschakos ein dunkelblau bezogener Korkhelm englischen Modells mit gelben Beschlägen und Kinnkette, auf der Vorderseite auf gekröntem achtstrahligen Stern den niederländischen Wappenlöwen im Lorbeekranz auf gekreuzten Ankern. Diese Uniform wird zur Gala auch heute noch getragen. Beim Borddienst tritt an Stelle des Waffenrocks ein einreihiger dunkelblauer Feldrock mit Stehumlegekragen – die Unteroffiziersrangabzeichen sind entsprechend dem Heer – und eine Mütze nach Art der Offiziere, die über dem Schirm nur einen stehenden Anker mit Krone trägt.

Norwegen

Während der Zeit der Personalunion bis 1905 wich die norwegische Marineuniform im allgemeinen nicht von der schwedischen ab. Sie ist ihr auch nachher sehr ähnlich geblieben, bis auf die Nationalkokarde am Offiziershut.

Polen

Der Hut der polnischen Marineoffiziere hat die hohe englische Form, auf der rechten Seite große weiß-rote Seidenkokarde und darüber senkrecht von oben goldene Bandagraffe. Er ist für alle Rangstufen einschließlich der Admirale gleich. Einen Galarock für die Offiziere gibt es nicht. Zum langen zweireihigen Rock im Zivilschnitt werden goldene Passanten und zum großen Dienstanzug außer dem Ärmelstreifen, siehe Tabelle, goldene glatte Epauletten getragen, die für Stabsoffiziere und Admirale dicke, für Subalternoffiziere dünne Fransen haben. Der Säbel in schwarzer Lederscheide mit gelben Beschlägen üblichen Modells wird an einem schwarzseidenen Koppel mit goldenem Koppelschloß getragen. Hierzu gehört weiße Wäsche mit Querbinder. Zum Dienst- und Tagesanzug gehört eine dunkelblaue Tellermütze mit schwarzmohairnem Besatzband, schwarzem Lacklederschirm und Kinnriemen. Der Mützenschirm ist für Subalternoffiziere mit einfacher, für Stabsoffiziere mit zweifacher glatter, für Admirale mit breiter zickzackförmig verlaufender Goldtresse am Außenrand belegt. Auf dem Kinnriemen befinden sich je nach Diensgrad 1–3 kleine fünfstrahlige Goldsterne in der Mitte. Das Mützenabzeichen auf schwarzer Tuchunterlage besteht aus zwei gekreuzten Lorbeerzweigen, in deren Mitte der silberne, polnische gekrönte Adler auf goldenem Anker angebracht ist. Im Sommer hat der Deckel weißen Bezug. Kleiner Dienst- und Ausgangsanzug ist das zweireihige Jackett im Zivilschnitt mit Ärmelrangabzeichen ohne Passanten, weißem Stehumlegekragen mit schwarzem Langbinder, kleinem Dolch mit Elfenbeingriff und schwarzer Lederscheide mit goldenem Beschlag. Der Mantel ist zweireihig und trägt die Ärmelrangtressen auf den dunkelblauen stumpfen Achselklappen. Die Deckoffiziere tragen das Offiziersjackett. Die Rangabzeichen bestehen aus 1 und 2 schmalen goldenen Winkeltressen am Unterarm, Spitze unten. Beim obersten Deckoffiziersgrad läuft darunter noch eine schmale Goldtresse auf roter Unterlage rings um den Arm. Die gleichen Rangabzeichen sind auf den schwarzen Mantelachselklappen angebracht. Hierzu Offiziersmütze mit dem polnischen Silberadler auf goldenem Anker. Das gleiche Mützenabzeichen befindet sich auch auf dem Rand der dunkelblauen Mannschaftsmütze, deren goldbeschriftetes Seidenband keine freien Enden hat. Die Mannschaftsrangabzeichen zum blauen und weißen Hemd sowie zum kurzen zweireihigen Mantel bestehen aus 1–3 kurzen goldenen, rot vorgestoßenen Schrägtressen am linken Oberarm; darüber das Waffen- oder Spezialitätenabzeichen, z. B. Schiffsschraube auf Zahnrad, gekreuzte Kanonenrohre usw. in roter Stikkerei. Zum Dienst unter Waffen wird braunes Lederzeug und kurze weiße Gamaschen getragen.

Portugal

Um 1890 trug der Admiral den schwarzen Filzhut mit schwarzer Straußenfederfüllung. Zur Gala zweireihigen hochgeschlossenen Waffenrock mit goldbesticktem Kragen und runden Aufschlägen. Die übrigen Offiziersuniformstücke glichen der englischen. Die Ärmelrangtressen hatten dieselbe Zahl und Breite wie derzeit beim Heer, Admirale jedoch 3 breite und 1 mittelbreite darüber; oberste Rangtresse mit Schleife. Deckoffiziere hatten kurzes dunkelblaues Jackett mit zwei Reihen Knöpfen, in den Kragenenden ein goldenes gekröntes Waffenabzeichen. In der späteren Zeit hat sich die Uniform der Kriegsmarine auch bezüglich der Offiziersärmelrangtressen dem englischen Vorbild angeglichen.

Rumänien

Die Flußflotille der Walachei trug um 1852 grüne Waffenröcke mit gleichfarbigem Kragen und brandenburgischen Aufschlägen, alles weiß vorgestoßen, gelbe Knöpfe, Offiziere goldene Epauletten, goldene Gardelitzen auf den Ärmelpatten und einen liegenden goldenen Anker am Kragen, braunes Lederzeug, dunkelgrüne Hose mit weißem Vorstoß, schwarzem Ledertschako mit weißem Wappenadler und gelben Schuppenketten. Um 1870 wird zur Gala ein einreihiger, oben offen getragener dunkelblauer Frack von den Offizieren angelegt, mit goldenen Epauletten und gleichfarbigen Ärmelstreifen, in den Ecken des Stehkragens ein liegender goldener Anker. Dazu lange dunkelblaue Hose mit Goldbesatz, schwarzer Hut französischer Form mit rot-gelb-blauer Kokarde und goldener Agraffe. Marinesäbel am goldenen Paradekoppel. Im Dienst zweireihiger langer Rock mit goldenen Passanten und Ärmeltressen, weißer Wäsche und schwarzem Querbinder, in den Kragenecken des Rockes befindet sich ein gekrönter Anker, der auch als Mützenabzeichen der dunkelblauen Schirmmütze dient. Die Mannschaften haben zur Parade schwarzen, breitkrempigen, ringsum aufgeklappten Leder- oder Strohhut mit schwarzem Seidenband und lang herabfallenden Enden. Für gewöhnlich dunkelblaue Marinemütze mit rotem Puschel oben nach französischem Muster, sonst wie allgemein üblich. Der französische Einfluß bleibt auch weiterhin im Schnitt der Uniformstücke erkennbar. Nach dem I. Weltkrieg ist die Uniform bis auf die Offiziersrangtressen ganz nach englischem Muster. Das Mützenabzeichen besteht aus einem silbernen Anker mit goldenem aufgelegten königlichen Monogramm im goldenen Taukranz, umgeben von goldenem Eichenlaub mit der Krone darüber; Schirmstickerei nach englischem Vorbild. Waffen- und Rangabzeichen der Mannschaften und Unteroffiziere befinden sich in roter bzw. goldener Stickerei auf dem linken Oberarm. Die Deckoffiziere haben ein einreihiges hochgeschlossenes Jackett, die Waffenabzeichen in Goldstickerei auf den spitzen Achselklappen, die Rangabzeichen, 1–3 flache Winkeltressen in Gold, auf dem Oberarm. Das Mützenabzeichen der Deckoffiziere ist ähnlich dem der Offiziere, aber ohne die Eichenlaubstickerei. Die Offiziere haben neben dem Marinesäbel auch einen kleinen Dolch in Messingscheide mit Elfenbeingriff.

Rußland

Die russische Flotte war seit Beginn des 19. Jahrhunderts bis zu ihrer Auflösung 1917 nach dem französischen Muster der vornapoleonischen Zeit in sogenannte Equipagen zusammengefaßt, die jeweils aus einem Linienschiff und mehreren kleinen Fahrzeugen bestanden. Die Gardeequipage, in St. Petersburg stationiert, zeichnete sich durch besondere Uniformkennzeichen aus.
Bis Ende der 50er Jahre des 19. Jahrhunderts war die Marine ganz im Armeeschnitt uniformiert. Offiziere und Mannschaften trugen Tschakos mit gelbem Anker vorn, dunkelgrüne Röcke und Hosen mit weißen Vorstößen im jeweiligen Armeeschnitt, Rangabzeichen wie im Heer. Schwarzes Lederzeug. Seitdem fand eine Annäherung an die allgemein übliche Marinebekleidung statt, aber unter Beibehalt vieler Besonderheiten, insbesondere der dunkelgrünen Grundfarbe für die Marineuniform. Der schwarze Seidenfilzhut hatte eine hohe Form, auf der rechten Seite eine schräge goldene Agraffe, weiß-orange-schwarze Seidenkokarde. Der dunkelgrüne Paradewaffenrock mit mittellangen Schößen war zweireihig; für Admirale Stehkragen und französische Aufschläge mit dichter Eichenlaubstickerei. Die anderen Offiziere hatten am Stehkragen liegenden unklaren Anker, auf den schwedischen Aufschlägen zwei goldene Gardelitzen, goldene Epauletten mit gewirkten Monden, auf dem Feld Admirale 1–3 schwarze Emailleadler und dicke Fransen, Stabsoffiziere dünne Fransen, Kapitän zur See keine, Fregattenkapitän drei fünfstrahlige Silbersterne, Oberleutnant und Unterleutnant zur See keine Fransen, 3 bzw. 1 Silberstern auf dem Feld. Die anderen Offiziersrangstufen fehlten. Dunkelgrüne Hose mit breitem Goldstreifen, Säbel in schwarzer Scheide mit goldenen Beschlägen am schwarzen Lederkoppel mit goldenem Koppelschloß. Zum Dienstanzug gehörte die ganz dunkelgrüne Schirmmütze mit Kinnriemen, die um Deckel und Besatzband weiße Vorstöße trug. Über dem Schirm befand sich die ovale silber-orange-schwarze Kokarde auf dem Besatzstreifen. Im Sommer hatte die Mütze weißen Deckelüberzug. Der zweireihige lange Rock im Zivilschnitt mit weißer Wäsche und schwarzem Querbinder war aus dunkelgrünem Tuch hergestellt, trug zwei Knöpfe in der Ärmelnaht, jedoch keine Rangtressen, dafür schwarze Achselstücke mit Goldtressenbesatz nach Armeemuster; Dienstgradbezeichnung wie auf Epauletten, Hose ohne Goldstreifen, Dolch mit Elfenbeingriff am Überschnallkoppel. Zum großen Dienstanzug Hut und Epauletten. Zum Bordanzug wurde ein zweireihiges Jackett mit Achselstücken getragen, bis Ende des 19. Jahrhunderts hochgeschlossen (Abb. 99h). Der Mantel war dunkelgrün mit zwei Reihen gelber Knöpfe und liegendem Kragen. Die Mannschaft trug eine dunkelgrüne Matrosenmütze üblichen Formats mit weißem Deckelvorstoß und ovaler Kokarde auf dem Rand über der Stirn, schwarzes Seidenband mit goldener Beschriftung, die Enden hinten herabfallend. Blaues bzw. weißes Hemd mit dem üblichen hellblauen Hemdkragen und weiß-blau waagerecht gestreiftem Unterhemd, dunkelgrüne Hose, schwarzes Lederzeug, kurzer hochgeschlossener Mantel mit spitzen Achselklappen, auf denen die Anfangsbuchstaben der Equipagen in Gelb gemalt waren. Die Gardeequipage hatte rote Achselklappen, weißen Kragenvorstoß, gelbe Gardelitzen am Kragen und den runden Aufschlägen, orange-schwarz waagerecht gestreiftes Mützenband. Die Unteroffiziere und Obermatrosen trugen 1–4 schmale gelbe Tressen quer über die Achselklappen bzw. die Schultern beim Hemd. Die Deckoffiziere hatten ein zweireihiges Jackett, bis etwa 1900 hochgeschlossen, und weiße Wäsche, quer über die Achselklappen eine breite goldene Tresse, in den Kragenecken Waffenabzeichen, Anker, gekreuzte Kanonenrohre, Maschinisten, Zahnrad und Schiffsschraube, dazu Offiziersmütze mit Mannschaftskokarde auf dem Rand. Die Ingenieure hatten silberne Knöpfe, Epauletten und Achselstücke mit rotem Futter; sonst wie Seeoffiziere.

Sowjetunion

Nach der Revolution zeigten die russischen Marineuniformen zunächst eine Fülle von roten Verzierungen, Kokarde, Mützenbänder, Kragen usw. Ab etwa 1925 hat sich jedoch die Marineuniform im allgemeinen gänzlich dem westlichen Vorbild angenähert, insbesondere auch die dunkelblaue Grundfarbe angenommen. Offiziersrangabzeichen siehe Schema. Das Abzeichen der Offiziersmütze besteht aus einem goldenen Anker auf rotem Emailleknopf, umgeben von zwei goldenen Lorbeerzweigen; roter fünfstrahliger Emaillestern darüber. Deckoffiziere dasselbe ohne Lorbeerzweige. Diese haben an den Unterarmen 1–4 ganz schmale Goldschnüre mit dem roten Emaillestern darüber.

Schweden

Um 1800 trug die Stockholmer Bootsmannskompanie schwarze Zylinderhüte mit gelbem Band, dunkelblaue zweireihige gelbgefütterte Jacke mit gelbem Kragen und rundem Aufschlag, gelbe Weste, dunkelblaue Hose. Um 1830 hatten die Mannschaften kurze, dunkelblaue zweireihige schoßlose Jacken, weiße oder dunkelblaue Hose, dunkelblaue Tellermütze ohne Schirm mit weichem Deckel. Seit Mitte des 19. Jahrhunderts ist die Uniform dem allgemeinen Muster angepaßt. Die Matrosenmütze mit verhältnismäßig kleinem weichem Deckel hat das Seidenband mit gelber Beschriftung an der linken Seite zu einer kurzen Schleife mit herabhängenden Enden geknüpft. Die Waffenbezeichnungen in gelber Stickerei befinden sich auf dem linken Oberarm von Hemd und kurzem Mantel, z. B. gekreuzte Kanonenrohre, gekreuzte Signalflaggen, Schiffspropeller usw. Darunter in Gestalt von kurzen gelben Schrägtressen die Mannschaftsgradbezeichnungen. Die Unteroffiziere und Deckoffiziere tragen das zweireihige Offiziersjackett, auf beiden Unterarmen 2–3 kurze Winkeltressen, Spitze oben, mit dem Waffenabzeichen in Gold darunter, Steuerleute unklaren Anker oder Steuerrad. Sie tragen die Offiziersmütze, als Mützenabzeichen einen goldenen unklaren Anker zwischen 3 Kronen im Taukranz mit der Krone darüber. Die Seeoffiziere haben das gleiche Mützenabzeichen, jedoch statt des Taukranzes einen Eichenlaubkranz, Admirale an Stelle des schwarzmohairnen Bandes eine breite Goldtresse. Die Rangtressen der Offiziere befinden sich auch am zweireihigen Mantel auf den Unterarmen.

Die Küstenartillerie gehört in Schweden zur Flotte. Sie trägt im allgemeinen die gleichen Uniformen wie die Kriegsmarine, jedoch alle gelben Abzeichen in Rot. Beim Mützenabzeichen der Offiziere und Deckoffiziere treten an Stelle des unklaren Ankers zwei gekreuzte Kanonenrohre. Die oberste Rangtresse der Offiziere bildet eine nach oben ausgezogene Spitze. Die Offiziere haben auch einen dunkelblauen einreihigen Galawaffenrock mit goldenen Epauletten wie beim Heer. Der Kragen hat einen goldenen Randvorstoß. Auf den Ärmeln befinden sich die goldenen Rangtressen. Der Hut der See- und Küstenartillerieoffiziere hat die übliche Form, gelbe Seidenkokarde und goldene Agraffe, bei Admiralen goldene Außenrandbesetzung und schwarze Straußenfederfüllung. Die Admirale haben noch einen zweireihigen Galafrack mit stehendem Kragen und brandenburgischen Aufschlägen mit reicher Eichenlaubstickerei. Die weiß gefütterten Brustumschläge sind zurückgeknöpft, Schoßfutter ist weiß.

Bis etwa 1890 bestand noch ein Marineregiment. Dieses trug ganz dunkelblaue Waffenröcke mit weißen Kragen- und Aufschlagpattenlitzen, weiße Aufschlagvorstöße, Heereskopfbedeckung. Während der Zeit der Pickelhaube statt der Spitze eine Kugel, weißes Lederzeug, dunkelblaue Hose mit weißem Vorstoß.

Spanien

Ein besonderes Kennzeichen der im übrigen sonst nicht von dem Üblichen abweichenden Uniformen der Kriegsmarine war der Galafrack der Seeoffiziere, dessen Kragen, die aufgeknöpften breiten Brustumschläge und die runden Ärmelaufschläge mit je nach Rang verschieden breiter Goldtresse eingefaßt und von roter Farbe waren.

Ungarn

Die von Ungarn unterhaltene Donauflottille hat im wesentlichen Schnitt und Rangabzeichen nach den Uniformen der früheren österreichischen Kriegsmarine übernommen. Das Mützenabzeichen der Seeoffiziere besteht aus einem silbernen Anker im goldenen Eichenlaubkranz mit der goldenen Stephanskrone darüber.

Japan

Die Uniformen der japanischen Kriegsmarine gleichen den englischen. Am Offiziersmützenabzeichen und bei der Admiralsuniform ist das goldgestickte Eichenlaub durch Kirschblätter ersetzt. Das Jackett wird abweichend von England auch bis heute noch nach amerikanischem Muster getragen (Abb. 99 g). Die Ärmelrangtressen sind hier ebenfalls aus schwarzer Borte, die oberste Tresse bildet stets eine Schleife. Die Zahl der Ärmelrangtressen ist schon seit den 90er Jahren unverändert die gleiche geblieben.

Mexiko

Die Uniformen der Kriegsmarine zeigen stark amerikanischen Einfluß. Die goldenen Epauletten für alle Rangstufen mit mittelstarken Fransen haben auf dem Feld für Admirale 2 gekreuzte Silberanker, für Stabsoffiziere einen unklaren Anker, Subalternoffiziere glattes Feld, Deckoffiziere haben 1–3 schmale Rangstreifen um die Unterärmel, Unteroffiziere schmale goldene Winkeltressen, Spitze oben, am Oberarm, darunter das Waffenabzeichen.

Türkei

Die türkische Marine trug bis zum I. Weltkrieg den roten Fez. Der zweireihige Offiziersrock hatte goldene Passanten und Epauletten, Rangtressen nach englischem Muster mit Schleife an der obersten Tresse für Seeoffiziere. Die Mannschaften zum dunkelblauen und weißen Hemd dunkelblaue Hemdkragen mit rotem Randstreifen. Die Winkeltressen der Unteroffiziere und die Fachabzeichen am linken Oberarm waren rot. Im I. Weltkrieg trugen die Offiziere dunkelblaue, steife schirmlose Käppis, vorn Mützenabzeichen, Rangtressen um den unteren Rand. Nach dem Weltkrieg sind die Uniformen ganz nach englischem Muster. Mützenabzeichen ist ein silberner Anker im goldenen Taukranz, umgeben von 2 goldenen Eichenlaubzweigen; goldener Stern und Halbmond darüber. Einfache bzw. doppelte Eichenlaubstickerei auf dem Schirm für Stabsoffiziere und Admirale. Bis in die 30er Jahre zum großen Dienstanzug goldene Epauletts mit silbernem Anker auf dem Schieber und 1–3 silbernen Rangsternen auf dem Feld, starke, mittelstarke und dünne Fransen. Den Hut hat die türkische Marine für ihre Offiziere nicht eingeführt. Neuerdings treten an Stelle der Epauletten goldgeflochtene Achselstücke, darauf 1–3 waagerechte Goldbalken je nach Rangklasse, darüber 1–3 Goldsterne je nach Dienstgrad, z. B. Kapitän zur See 2 Balken und 3 Sterne darüber, ebenso auf den weißen Achselklappen der weißen Uniform.
Auf den Kragenenden von Rock und Jackett sind kleine, hinten spitze Kragenpatten mit kleinem Knopf am Ende angebracht, für Seeoffiziere dunkelblau, Ingenieure mittelblau mit schwarzem Rhombus. Die Ärmelrangabzeichen der Subalternoffiziere sind jetzt 1 mb, 1 s + 1 mb, 2 mb. Neben dem Säbel üblicher Ausstattung wird auch ein Dolch in Messingscheide mit Elfenbeingriff am schwarzen Seidenkoppel getragen.

Vereinigte Staaten von Amerika

Die dunkelblaue Rockfarbe für die Offiziersuniformen wurde bereits 1766 eingeführt. Kragen, Aufschläge und die noch bis in die 30er Jahre des 19. Jahrhunderts hinein getragenen Rabatten waren zunächst rot, später weiß, vielfach jedoch auch lederfarben, seit 1830 dunkelblau. Die Rangbezeichnung erfolgte durch Epauletten nach Heeresvorbild. Um 1840 trugen die Matrosen ein dunkelblaues Tuchjackett, gleichfarbige Hosen und ein weißes Hemd mit großem blauen Hemdkragen, schwarzen Lederhut. Ab etwa 1850 tragen die Offiziere im Dienst einen dunkelblauen, zweireihigen hochgeschlossenen Rock mit liegendem Kragen und weißer Wäsche, zum großen Anzug schwarzen Hut mit goldenen Epauletten, sonst Schirmmütze und dunkelblaue quer über die Achselstücke laufende, goldeingefaßte Schulterstücke nach Art der Passanten, auf denen sich ein silberner unklarer Anker und die Rangabzeichen wie beim Heer befanden. Zur Zeit des Bürgerkrieges um 1860 wurden dazu auch Ärmelrangstreifen getragen: Subalternoffiziere 1–3 schmale, Korvettenkapitän 4 schmale mit Zwischenraum zwischen dem 3. und 4., Fregattenkapitän 5 mit Zwischenraum zwischen dem 1. und 2. sowie 4. und 5., Kapitän zur See 6 mit Zwischenraum zwischen dem 3. und 4., der Kommodore 7 Streifen mit Zwischenraum zwischen dem 3. und 4. sowie 4. und 5. Der Konteradmiral 8 Streifen mit Zwischenraum zwischen dem 1. und 2., 4. und 5., 7. und 8., darüber für Seeoffiziere fünfstrahliger goldener Stern. Die Mannschaftsuniform war nach englischem Vorbild. Die Unteroffiziere hatten einen weißen Adler und Anker je nach Rang auf dem rechten oder linken Oberarm. Die Marine der konföderierten Staaten hatte Uniformen aus grauem Grundtuch, mittelbreite goldene Ärmelstreifen, die oberste mit Schleife, Admirale 4, Kapitän zur See 3, Korvettenkapitän 2, Leutnant 1 Streifen, sowie die gleiche Anzahl von Sternen auf den passantenförmigen, hellblauen goldeingefaßten Schulterstücken. Auf der Mütze befanden sich die Rangsterne über einem unklaren Anker im Eichenlaubkranz; Admirale hatten goldenes Besatzband. Die Mannschaften hatten weißes Hemd, schwarzen Seidenbinder, graues Jackett und Hosen und schwarzen Hut, Unteroffiziere einen schwarzen unklaren Seidenanker auf dem rechten Oberarm. Etwa um 1870 wird zur großen Uniform der Offiziere ein zweireihiger Frack mit goldenen Epauletten, auf denen die silbernen Heeresrangabzeichen angebracht sind, eingeführt und als Dienstuniform ein schwarzes hochgeschlossenes Jackett mit Stehkragen, das an allen Außennähten mit breiter schwarzer Tresse eingefaßt ist, etwa in der Form der Abb. 99 g, jedoch mit goldenen Ärmelrangtressen und silbernen Kragenrangbezeichnungen derselben Zahl und Art wie beim Heer. Die Admiralsrangtressen waren derzeit 1 breite, 1 breite und 1 mittelbreite darüber, 2 breite und 1 mittelbreite dazwischen. Die Mütze der Seeoffiziere erhielt die Form der derzeit in der österreichischen Marine üblichen (Abb. 99 f). Mützenabzeichen wurde der fliegende Adler über dem

Schild in Silber auf zwei gekreuzten goldenen unklaren Ankern. Die Seeoffiziersmütze nimmt nach der Jahrhundertwende die englische Form an. Das hochgeschlossene Jackett wird noch bis nach dem I. Weltkrieg getragen und erst seitdem durch das Bordjackett englischen Schnittes mit Ärmelrangtressen ersetzt. Deckoffiziere und Oberdeckoffiziere tragen die Offiziersuniform, jedoch mit einer schmalen oder mittelbreiten Rangtresse, die von 3 blauen breiten senkrechten Streifen durchbrochen ist. Ihr Mützenabzeichen sind die beiden gekreuzten unklaren goldenen Anker. Das typische Kennzeichen der amerikanischen Matrosen der neueren Zeit ist die auch zum dunkelblauen Anzug stets getragene weiße Kappe mit ringsum hoch aufgeschlagenem Rand und der Seidenbinder mit den lang herabfallenden Enden, in den Hemdkragenecken je ein weißer Stern (Abb. 99k). Die Unteroffiziersrangabzeichen werden an den Oberarmen getragen und bestehen aus Winkeltressen mit dem weißen Wappenadler darüber. Das Schirmmützenabzeichen der höheren Unteroffiziere ist ein stehender, unklarer goldener Anker.

Die amerikanische Kriegsmarine kennt schon seit ihrer Begründung ein sogenanntes Marinekorps, dem deutschen Seebataillon entsprechend. Seine Uniform wurde bereits 1797 als dunkelblau mit roten Abzeichen festgesetzt, Farben, die sich auch bisher noch erhalten haben. Die Uniformentwicklung des Marinekorps geht im allgemeinen parallel zu der des Heeres. Die Offiziersuniformen, deren Rangabzeichen denen des Heeres entsprechen, zeichneten sich durch reiche goldene Kragen- und Aufschlagbesetzung aus. Die Hosen sind hellblau mit rotem Vorstoß für Mannschaften, Besatzstreifen für Offiziere; weißes Lederzeug. Das Waffenabzeichen des Marinekorps ist der Globus auf schräg liegendem Anker mit dem Wappenadler darüber. Dieses Abzeichen wird auch zur Felduniform getragen, die der des Heeres gleich ist, aber im Tuch einen dunkleren, olivgrünen Einschlag hat. An Bord und zum Ausgang wird eine dunkelblaue einreihige Uniform mit Stehumlegekragen und Waffenabzeichen daran, weißem Lederzeug, gelben Knöpfen, hellblaue Hose mit rotem Streifen, dunkelblaue Mütze mit Waffenabzeichen auf dem Rand, angelegt (Abb. 98l).

Die Luftwaffe

Bis zum I. Weltkrieg war die militärische Luftfahrt in ihrer Entwicklung noch nicht weit fortgeschritten. Zwar bestanden schon seit den 80er Jahren des vorigen Jahrhunderts in vielen, besonders größeren Armeen Fesselballontrupps, die jedoch keine selbständige Waffengattung bildeten, sondern zum Genie gehörten und dessen Uniform trugen. Auch bis zum Krieg verblieb der innere Zusammenhang zwischen Genie und Luftfahrtruppe uniformmäßig gesehen in allen Heeren der gleiche. Erst die unerwartete Entwicklung während und besonders nach dem I. Weltkrieg machte die Fliegerwaffe zunächst zu einer selbständigen Truppengattung und zu einem eigenen, dem Heer und der Flotte gleichgestellten Wehrmachtsteil. Mit dieser Entwicklung Hand in Hand geht auch die Entwicklung einer eigenen Uniform für die Luftwaffe. Nur wenige Länder sind dabei verblieben, der Luftwaffe die Genieuniform zu belassen und ihr lediglich Spezialabzeichen zuzuerkennen. Sie werden im folgenden nicht besonders erwähnt. Die Mehrzahl aller Länder schuf für die Luftwaffe eine Uniform, die in sehr erheblicher Weise von den bisher gebräuchlichen Heeresuniformen abweicht. Es tritt bei dieser jüngsten Waffe international eine weitgehende Ähnlichkeit im Schnitt zutage, ist doch die Uniform der Luftwaffe der durch Tradition ungehinderte Ausdruck einer nach modernem Empfinden praktischen und gleichzeitig dem Auge gefälligen militärischen Bekleidung. Der internationale Uniformtyp der Luftwaffe, erkennbar englischen Ursprungs, ist danach das einreihige vierknöpfige Ziviljackett mit aufgesetzten Brust- und Seitentaschen möglichst großen Formats, farbige, außer Dienst weiße Wäsche, lange Hose, möglichst mit Umschlag, sowie eine Tellermütze mit Schirm und Sturmriemen.

Albanien

Die Uniform der Luftwaffe M. 29 ist die gleiche wie die Infanterieuniform. Zusätzlich in den vorderen unteren Kragenecken viereckige gelbe Patten. Zur Uniform M. 36 ist die Waffenfarbe gelb. Offiziere tragen in den Kragenenden einen fliegenden goldenen Adler; alles übrige wie beim Heer.

Dänemark

Die zur Fliegerwaffe kommandierten Offiziere tragen an sich die Uniform ihrer Herkunftswaffe, jedoch meistens die Uniform M. 23 mit dem Fliegerabzeichen über der rechten Brusttasche. Es besteht aus Goldstickerei; zwischen zwei stilisierten Adlerschwingen ein Kanonenrohr auf gekreuzten Gewehren mit der Krone darüber.

Abb. 100. Luftwaffe 1936.
Deutsches Reich: a Offizier, Dienst – b Mannschaft, Dienst – England: c Offizier, Parade – Frankreich: d Unteroffizier – Italien: e Offizier – Polen: f Offizier – Schweden: g Unteroffizier

Finnland

Die Uniform M. 22 im allgemeinen Heeresschnitt ist bei Offizieren ganz aus dunkelblauem Tuch. Die Hose hat breite hellgraue Streifen; dazu Seeoffiziersmütze mit fliegendem Adler über der roten Kokarde im goldenen Eichenlaubkranz. Bei der Mannschaftsuniform ist der Rock hellgrau, das Besatztuch, die Feldmütze und die Hose dunkelblau; die Aufschläge sind rund, die Achselklappen schwarz mit hellblauem Vorstoß. Das Waffenabzeichen der Luftwaffe ist ein geflügelter Propeller. Die Uniform M. 27 ist im Schnitt dieselbe wie beim Heer, aber ganz aus dunkelblauem Grundtuch hergestellt, Hemd und Kragen im Dienst graublau.

Frankreich

Vor und während des I. Weltkriegs zunächst Genieuniform mit Spezialabzeichen in roter bzw. goldener Stickerei am rechten Oberarm, geflügelter Propeller für Flieger, geflügelter Anker für Ballontruppen. Gegen Ende des 1. Weltkrieges erhielt zur horizontblauen Uniform die Fliegertruppe orange Kragenpatten mit schwarzen Winkelschnüren und Nummer, die Ballontruppe schwarze Patten mit orange Beschriftung und Schnüren. Seit 1924 hat die ganze Luftwaffe dunkelblaue Kragenpatten in Heeresform; die Beschriftung ist orange, für Unteroffiziere und Offiziere golden; die Winkelschnüre sind verschiedenfarbig: Ballontruppen orange, Jagdstaffeln grün, Bombenstaffeln rot, Beobachtungsstaffeln hellblau, Bodentruppe violett, Wetterdienst weiß.

Seit 1934 für Offiziere und Unteroffiziere, seit 1935 auch für Mannschaften Einführung einer neuen Uniform aus dunkelblauem, von Offizieren meist schwarz getragenem Tuch. Knöpfe und Rangabzeichen sind gelb bzw. golden. Die Offiziere und höheren Unteroffiziere (Adjutanten) haben ein Jackett, wie Abb. 100 Figur d zeigt, jedoch ohne Stoffgürtel und Kragenpatten, mit einer Reihe von nur 4 Knöpfen. Die Rangabzeichen sind dieselben wie im Heer. Zur Parade werden goldgeflochtene Achselstücke, am Schulterende breiter werdend, für alle Offiziersrangstufen gleich, getragen. Das Koppel mit Schulterriemen sowie das Pistolenetui sind aus dunkelblauem Leder, der Fliegerdolch hat weißen Griff, gelben Beschlag und dunkelblaue Lederscheide. Er wird untergeschnallt getragen. Die Mütze hat dieselbe Form und Farbe wie bei der Kriegsmarine. Auf dem Randteil der Mütze über dem Schirm und auf der rechten Brustseite wird ein goldgesticktes Waffenabzeichen getragen: zwei stilisierte Adlerflügel, darüber die Abteilungsnummer, bei Kolonialtruppen unklarer Anker, beim Generalstab ein fünfstrahliger Stern. Die Mannschaftsuniform ist wie Abb. 100 d, ohne Gürtel und Passanten, die Gradabzeichen sind orange, die Kragenpatten in derselben Farbe und Ausführung wie bisher; das Lederzeug, das nur im Dienst unter Waffen getragen wird, braun, die Wäsche graublau, der Besatzstreifen der Mütze schwarz Mohair mit orangefarbenem Vorstoß oben und unten. Auch das Waffenabzeichen ist in orange Stickerei. Im Sommer wird weißer Deckelüberzug getragen. Die Unteroffiziere haben die Ärmelrangtressen in Gold und die Offiziersmütze ohne Rangtressen, aber mit schmaler Goldschnur am oberen Rand des Besatzstreifens. Für die Tropen hat die Uniform gleichen Schnitt, ist aber aus hellkakifarbenem Stoff hergestellt. Offiziere haben außerdienstlich eine weiße Uniform und einen Gesellschaftsnzug, der aus einem dunkelblauen Frack nach Marinemuster mit goldgestickter Aufschlageinfassung, goldenen Tressenachselstücken mit fliegendem Adler und querlaufenden dunkelblauen Rangschnüren sowie aus einer dunkelblauen Galahose mit breitem Goldbesatz besteht.

Großbritannien

Als nach dem I. Weltkrieg die Luftwaffe als selbständiger Wehrmachtsteil aus den bisherigen Verbänden ausgeschieden wurde, erhielt sie eine Uniform im Heeresschnitt aus hellblauem Grundtuch. Offiziere Jackett mit und ohne Stoffgürtel, hellblaue oder weiße Wäsche mit schwarzem Binder, Rangabzeichen in gleicher Zahl und Anordnung wie bei der Marine aus schwarzer Tresse mit schmalem Goldstreifen in der Mitte, ohne Schleife an der obersten Tresse, gelbe Knöpfe. Waffenabzeichen: R. A. F. (Royal Air Force) in Silber zwischen zwei goldenen Adlerschwingen mit Krone darüber auf der linken Brust; Hose ohne farbige Vorstöße. Tellermütze mit Stoffschirm, für Stabsoffiziere und Generale mit Schirmrandstickerei, dazu auf dem schwarzen Mohairband silbernen fliegenden Adler in gekröntem goldenem Eichenlaubkranz. Zur Parade lichtblauer Waffenrock (Abb. 100 c) mit Goldtresse am Kragenaußenrand, Stickerei in den Ecken, Rangtressen ganz aus Gold, goldbetreßtes schwarzes Koppel mit Säbel in schwarzer Lederscheide, stilisierter Sturzhelm aus schwarzem Lackleder mit schwarzem Pelzbesatz und hellblauem Stutz, goldener Kinnkette. Die Mannschaften haben hochgeschlossenen Feldrock im Heeresschnitt, Waffenabzeichen (fliegender Adler) in Gelb auf rechteckiger dunkelblauer Unterlage an beiden Ärmeln unterhalb der Schulter. Darunter Rangabzeichen in grauer Tresse wie beim Heer; lichtblaue Feldmütze in Bootsform.

Irland

Heeresuniform. Das goldene Kragenabzeichen stellt einen von einem Fels auffliegenden Adler in durchbrochenem Kreis dar. Zur Paradeuniform der Offiziere ist der Rock aus mittelblauem Tuch, Kragen und Aufschlag scharlachrot, Metallteile golden.

Italien

Zunächst wie Genie mit Spezialabzeichen; seit Anfang der 20er Jahre mausgraue Uniform (Abb. 100 e). Knöpfe und Rangabzeichen wie im Heer zur Uniform M. 34. Die oberste Rangtresse bildet einen Rhombus. Der Kragen ist grundfarbig, nur mit Aktivitätsstern in der Ecke. Das Mützenabzeichen ist ein fliegender Adler im gekrönten Eichenlaubkranz. Offiziere Rangstreifen auch um das Mützenband, hellblaue Seidenschärpe, Marinesäbel.

Lettland

Der Uniformschnitt und die Rangabzeichen sind dieselben wie im Heer, aber das Grundtuch ist schwarz, alle Vorstöße blau, Kragenpatten und Mützenband dunkelkirschfarben.

Litauen

Wie Heer, Grundtuch schwarzblau, Abzeichenfarbe schwarz.

Niederlande

Zur Felduniform trägt die Mannschaft Infanterieuniform mit gelben Waffenabzeichen am Kragen: Rotationsmotor mit Propeller, die Offiziere die Uniform der Herkunftswaffe mit goldgestickten Waffenabzeichen. Zur schwarzblauen Uniform wird am Kragen das Waffenabzeichen getragen, aber keine farbigen Vorstöße an Rock und Hose.

Polen

Die Luftwaffe erhielt 1919 Heeresuniform mit dunkelgelben Kragenpatten und Mützenband. Gesellschaftshose lichtblau mit dunkelgelben Lampassen. Fliegerabzeichen silberner fliegender Adler für Offiziere und Unteroffiziere oben an der linken Brust, Mannschaften am linken Oberarm.

1936 wird eine neue Uniform eingeführt, von grauer Grundfarbe. Jackett mit einer Reihe von 4 Knöpfen, aufgesetzte Brust- und Seitentaschen, die runden Aufschläge bei Offizieren durch eine schwarze Seidentresse markiert. Graue oder weiße Wäsche mit schwarzem Binder, Rangabzeichen auf der Achselklappe wie beim Heer. Schirmmütze mit grauem Teller und schwarzem Mohairband, auf dem die Rangsterne sich befinden. Der schwarze Lacklederschirm hat bei Offizieren einfache oder doppelte Tresseneinfassung; Generale Zickzacktresse. Auf dem Randteil befindet sich der polnische Adler, eingefaßt von zwei aufrechten stilisierten Adlerflügeln. Knöpfe, Metallverzierungen und Rangabzeichen silbern, Hose grau mit schwarzem Besatzstreifen, Koppel braun (Abb. 100 f).

Rumänien

Die Luftwaffe erhielt 1923–25 die Kakiuniform des Heeres mit hellblauer Abzeichenfarbe, dazu Tellermütze mit gekröntem fliegendem Adler über dem königlichen Namenszug im Eichenlaubkranz als Mützenabzeichen, gelbe Knöpfe.

1931 wird die Grundfarbe graublau. Bei den Mannschaften Feldrock, Mantel und Hose im Heeresschnitt, am Mantel- und Rockkragen speerspitzenförmige Patten, für Jagdstaffeln dunkelgrün, Bombenstaffeln rot, Beobachtungsstaffeln hellblau, Ballontruppe braun, Schulen orange, Stäbe dunkelblau, Ingenieure königsblau, bei Seefliegern statt der Patte gelben Anker. Dazu dunkelblaues Barett mit verkleinertem Mützenabzeichen in gelber Seide. Offiziere und Unteroffiziere Jackett mit einer Reihe von vier Knöpfen, aufgesetzte Brust- und Seitentaschen, in den Kragenenden Kragenpatten wie die Mannschaft, ebenso am zweireihigen Mantel im Ulsterschnitt. Graublaues oder weißes Hemd mit schwarzem Langbinder. Neben dem Barett graublaue Tellermütze englischer Form mit goldenen Abzeichen vorn, schwarzer Lederschirm und Kinnriemen. Offiziere dunkelblaues Mohairband, Stabsoffiziere und Generale 1 und 2 Reihen goldene Eichenlaubstickerei am Schirmaußenrand. Rangabzeichen der Offiziere an beiden Unterarmen von Jackett und Mantel in Form von goldenen Tressen wie bei der Marine. Die oberste Tresse bildet einen Rhombus. Unteroffiziere 1–3 stumpfe Winkeltressen in Gold am rechten Oberarm. Offiziere tragen im Sommer weiße Uniform mit den Rangstreifen auf den graublauen Achselstücken, Mütze mit weißem Überzug.

Sowjetunion

Es wird zunächst die kakifarbene Heeresuniform getragen, Waffenfarbe hellblau, an den Kragenpatten mit schwarzem Außenvorstoß und geflügeltem Propeller in Weiß am hinteren Ende. Seit 1935 ist die Grundfarbe der Uniform hellblau, der Rock erhält unter Beibehalt der Kragenpatten Jackettschnitt mit taubenblauer bzw. weißer Wäsche; schwarzer Langbinder. Auf den Kragenpatten Rangabzeichen wie beim Heer. Auf den Unterarmen für Offiziere schmale, Stabsoffiziere 1–3 mittelbreite rote, bei Generalen goldene Winkeltressen, Spitzen unten.

Schweden

Die Fliegerwaffe wurde zunächst vom Genie betreut. Offizierflieger behielten die Uniform der Herkunftswaffe mit goldenem Fliegerabzeichen – geflügelter Propeller mit Krone – auf der Brust. Seit 1930 eigene Uniformen aus dunkelblauem Tuch (Abb. 100 g). Offiziere einreihiges Jackett mit 4 gelben Knöpfen, aufgesetzte Taschen, Unteroffiziere und Mannschaften hochgeschlossen mit Stehkragen, braunes Lederzeug, fliegendes Personal Dolch in brauner Lederscheide mit Elfenbeingriff, zweireihigen Mantel wie bei Marine. Rangabzeichen an beiden Unterarmen von Jackett, Rock und Mantel, gleicher Zahl und Anordnung wie bei Marine. Die oberste Tresse bildet keine Schleife, dafür ist darüber das goldene Waffenabzeichen, geflügelter Propeller mit Krone darüber, angebracht, das sich auch über dem Mützenschirm befindet. Die Unteroffiziers- und Mannschaftsgradtressen sind waagerecht.

Tschechoslowakei

Die Uniform ist dieselbe wie die allgemeine Heeresuniform. Die Waffenfarbe ist hellblau. Die Offiziere tragen ein Jackett mit einer Reihe von 4 Knöpfen, zweireihigen Mantel im Ulsterschnitt, beides ohne farbige Kragenpatten. Graugrünes Hemd mit gleichfarbigem Binder, außer Dienst weiße Wäsche, mit schwarzem Langbinder sowie untergeschnalltem Fliegerdolch mit Elfenbeingriff in brauner Lederscheide mit goldenem Beschlag. Lange Hose mit hellblauem Vorstoß. Das Fliegerabzeichen ist ein geflügeltes Schwert im Lindenblattkranz aus Silber auf der rechten Brustseite. Seit 1936 graublaues Grundtuch.

Argentinien

Wie Heer, Waffenfarbe königsblauer Samt, Fliegerabzeichen Staatswappen zwischen zwei Adlerschwingen in Gold auf der rechten Brust.

Brasilien

1921 olivgrünes Jackett mit gelben Knöpfen, dunkelbraune Achselklappen, hellkaki Hemd und Binder, olivgrüne Hose ohne farbige Abzeichen, schwarzes Schuhzeug, hellbraunes Lederzeug. Tellermütze amerikanischer Form, Deckel oliv, Besatzstreifen dunkelbraun, Schirm und Kinnriemen hellbraun. Rangabzeichen wie im Heer Sommerdienstuniform hellkaki. Zur Uniform 1931 wird in Schnitt und Ausführung die Heeresuniform getragen. Das Waffenabzeichen ist ein stehendes geflügeltes Schwert, Waffenfarbe zur grauen und dunkelblauen Uniform hellblau.

Chile

Wie Heer. Waffenfarbe gelb, Knöpfe weiß. 1929 für Offiziere Jackett mit einer Reihe von 4 Knöpfen ohne Kragenpatten. Graues Hemd mit gleichfarbigem Binder. Die große farbige Uniform ist wie bei der Kavallerie hellblau, aber mit gelben Abzeichen; silberne Knöpfe. Das Kragenwaffenabzeichen ist ein fliegender Adler, evtl. mit Nummer darüber.

Mexiko

Heeresuniform. Waffenabzeichen geflügelter Propeller.

Vereinigte Staaten

Während des I. Weltkriegs war die Fliegertruppe zunächst dem Signalkorps angegliedert und trug die gleiche Uniform. Die Offiziere trugen ein silbernes geflügeltes Schild auf der linken Brust, Mannschaften gekreuzte weiße Propeller auf dunkelblauem Feld am rechten Oberarm unter der Schulter. Später wurde die Fliegertruppe eine selbständige Waffengattung und erhielt zur allgemeinen Heeresuniform als Waffenfarbe (Hutkordel) Dunkelblau mit Orange sowie als Waffenabzeichen einen geflügelten Propeller. Bei Offizieren ist der Propeller silbern, die Adlerschwingen goldgestickt; beides befindet sich an den Kragenenden. Bei Mannschaften ist das Waffenabzeichen auf einen runden goldenen Knopf aufgeprägt und wird am linken Kragenende getragen, am rechten Kragenende der allgemeine Heeresknopf mit der Prägung U.S.